RECONVENÇÃO E EXCEPÇÃO NO PROCESSO CIVIL

[O DILEMA DA ESCOLHA ENTRE A RECONVENÇÃO
E A EXCEPÇÃO E O PROBLEMA DA FALTA
DE EXERCÍCIO DO DIREITO DE RECONVIR]

LUÍS MIGUEL DE ANDRADE MESQUITA

RECONVENÇÃO E EXCEPÇÃO NO PROCESSO CIVIL

[O DILEMA DA ESCOLHA ENTRE A RECONVENÇÃO E A EXCEPÇÃO E O PROBLEMA DA FALTA DE EXERCÍCIO DO DIREITO DE RECONVIR]

Dissertação para Doutoramento em Ciências Jurídico-Processuais apresentada à Faculdade de Direito da Universidade de Coimbra

RECONVENÇÃO E EXCEPÇÃO NO PROCESSO CIVIL

AUTOR
LUÍS MIGUEL DE ANDRADE MESQUITA

EDITOR
EDIÇÕES ALMEDINA, SA
Av. Fernão Magalhães, n.º 584, 5.º Andar
3000-174 Coimbra
Tel.: 239 851 904
Fax: 239 851 901
www.almedina.net
editora@almedina.net

PRÉ-IMPRESSÃO | IMPRESSÃO | ACABAMENTO
G.C. GRÁFICA DE COIMBRA, LDA.
Palheira – Assafarge
3001-453 Coimbra
producao@graficadecoimbra.pt

Maio, 2009

DEPÓSITO LEGAL
290363/09

Os dados e as opiniões inseridos na presente publicação
são da exclusiva responsabilidade do(s) seu(s) autor(es).

Toda a reprodução desta obra, por fotocópia ou outro qualquer
processo, sem prévia autorização escrita do Editor, é ilícita
e passível de procedimento judicial contra o infractor.

Biblioteca Nacional de Portugal – Catalogação na Publicação

MESQUITA, Luís Miguel de Andrade

Reconvenção e excepção no processo
civil. - (Teses de doutoramento)
ISBN 978-972-40-3818-6

CDU 347

A meus Pais

NOTA PRÉVIA

Este livro reproduz a dissertação de doutoramento que entreguei, no dia 8 de Outubro de 2007, na Faculdade de Direito da Universidade de Coimbra, e que defendi, em provas públicas, no dia 4 de Dezembro de 2008.

Para a realização deste trabalho, beneficiei de preciosos apoios que muito me ajudaram a atravessar o árduo caminho que conduziu ao meu doutoramento.

Ao Senhor Prof. Doutor Capelo de Sousa, meu orientador, deixo uma palavra de viva gratidão por tudo aquilo que me ensinou, pela força que me transmitiu e por toda a confiança que em mim depositou.

Ao Senhor Prof. Doutor Sinde Monteiro, manifesto o meu reconhecimento pelo inestimável apoio que, enquanto coordenador da área de Ciências Jurídico-Processuais, prestou ao Direito Processual Civil, reagindo contra um certo estado de letargia que, na nossa Faculdade, afectou esta disciplina num passado recente e defendendo a formação de processualistas, essencial para o progresso desta difícil área do saber jurídico.

Ao Senhor Prof. Doutor Lebre de Freitas, a quem tive o privilégio de prestar contas nas minhas provas de mestrado, em que aceitou ser arguente, agradeço a sua honrosa participação no Júri das provas de doutoramento.

E o mesmo agradecimento exprimo ao Senhor Prof. Doutor Calvão da Silva, sob cuja orientação dei os primeiros passos, como assistente, na cadeira de Direito Processual Civil e que integrou igualmente ambos os Júris.

O meu sentimento de gratidão estende-se também à Fundação Doutor Alberto dos Reis, não apenas pela aquisição de valiosas obras de Direito Processual Civil, imprescindíveis para a minha preparação, mas também pelo auxílio que me prestou quando, em 2004, numa das fases mais importantes do meu percurso académico, me desloquei a Itália para efectuar pesquisas bibliográficas nas Universidades estatais de Milão e de Pavia.

Agradeço, por fim, ao José Manuel, meu irmão, os elementos doutrinais e jurisprudenciais que me foi enviando da prestigiada e distante Universidade californiana de Berkeley, onde frequentou, com êxito, entre 2004 e 2007, o Curso de Doutoramento em Direito Civil, e que muito contribuíram para enriquecer a dissertação.

A monografia que agora publico ocupa-se de três problemas que, apesar da sua inquestionável importância, nunca foram antes, entre nós, objecto de uma dissertação de doutoramento:

1.º) *Existirá, para além da reconvenção e das excepções peremptórias, a figura híbrida da "excepção reconvencional"?*

2.º) *O réu, sempre que queira compensar uma dívida no processo, deverá recorrer a uma reconvenção ou a uma excepção?*

3.º) *O réu que não reconvém poderá sempre fazer valer o seu pretenso direito através de uma acção autónoma?*

Sobre o método seguido para resolver estes problemas, direi que fui dando pequenos e custosos passos, até me convencer do acerto das respostas obtidas. Como Carnelutti espirituosamente afirmou, na recta final da sua longa e admirável vida, "la strada della scienza non si percorre se non a piccoli passi", o que, bem o sabemos, é verdade absoluta no mundo da Ciência Jurídica.

Enquanto escrevi a tese, procurei ser claro e rigoroso, com a plena consciência de que nem sempre o conseguiria. No exílio do estudo e da escrita, fiz o melhor que soube e o melhor que pude, esforçando-me, diariamente, por respeitar a máxima segundo a qual "o estilo é uma maneira simples de dizer coisas complicadas."

O que me fez mover, o que realmente me fez continuar em frente, foi a forte atracção que sobre mim vem exercendo, desde os tempos de estudante, o Direito Processual Civil, disciplina por vezes árida, reconheço, mas também nos desertos, observou Exupéry, *há sempre coisas a brilhar em silêncio e poços escondidos em qualquer parte.*

Coimbra, Maio de 2009

Miguel Mesquita

ABREVIATURAS

Ac.	–	Acórdão
AcP	–	Archiv für die Civilistische Praxis
B.F.D.C.	–	Boletim da Faculdade de Direito de Coimbra
B.G.B.	–	Bürgerliches Gesetzbuch
BGH	–	Supremo Tribunal Federal alemão
B.M.J.	–	Boletim do Ministério da Justiça
C.	–	Codex Justinianus
C.C.	–	Código Civil
C.C.I.	–	Código Civil italiano
C.D.P.	–	Cadernos de Direito Privado
C.J.	–	Colectânea de Jurisprudência
Calif. L. Rev.	–	California Law Review
Cornell L. Q.	–	Cornell Law Quarterly
C.P.C.B.	–	Código de Processo Civil brasileiro
C.P.C.I.	–	Código de Processo Civil italiano
C.P.T.	–	Código de Processo do Trabalho
C.P.T.A.	–	Código de Processo dos Tribunais Administrativos
C.R.Pred.	–	Código do Registo Predial
D.	–	Digesta
Dig. Disc. Priv.	–	Digesto delle discipline privatistiche
D.G.	–	Diritto e Giurisprudenza
Dig. Ital.	–	Il Digesto Italiano (1884-1921)
E. Dalloz	–	Encyclopédie Dalloz
E.D.	–	Enciclopedia del Diritto
E.G.	–	Enciclopedia Giuridica
F.I.	–	Il Foro Italiano
F.P.	–	Il Foro Padano
Giust. Civ.	–	Giustizia Civile
G.I.	–	Giurisprudenza Italiana

G.R.L.	— *Gazeta da Relação de Lisboa*
Harv. L. Rev.	— *Harvard Law Review*
Iowa L. Rev.	— *Iowa Law Review*
IPRax	— *Praxis des Internationalen Privat-und Verfahrensrechts*
J.A	— *Juristische Arbeitsblätter*
J.F.	— *Jornal do Fôro*
J.R.	— *Jurisprudência das Relações*
JuS	— *Juristische Schulung*
Jus	— *Rivista di Scienze Giuridiche*
JZ	— *Juristenzeitung*
LEC	— *Ley de Enjuiciamiento Civil*
L.O.F.T.J.	— *Lei de Organização e Funcionamento dos Tribunais Judiciais*
Minn. L. Rev.	— *Minnesota Law Review*
N.D.I.	— *Nuovo Digesto Italiano (1937-1940)*
N.J.W.	— *Neue Juristische Wochenschrift*
NN.D.I.	— *Novissimo Digesto Italiano (1957-…)*
NRAU	— *Novo Regime do Arrendamento Urbano*
Rev. Der. Proc.	— *Revista de Derecho Procesal*
Rev. Der. Proc. Iber.	— *Revista de Derecho Procesal Iberoamericana*
R.D.C.	— *Rivista di Diritto Civile*
R.D.E.S.	— *Revista de Direito e de Estudos Sociais*
R.D.P.	— *Rivista di Diritto Processuale*
R.D.P.C.	— *Rivista di Diritto Processuale Civile*
R.F.D.U.L.	— *Revista da Faculdade de Direito da Universidade de Lisboa*
R.G.D.	— *Revista General de Derecho*
R.I.S.G.	— *Rivista Italiana per le Scienze Giuridiche*
R.L.J.	— *Revista de Legislação e de Jurisprudência*
R.O.A.	— *Revista da Ordem dos Advogados*
R.T.	— *Revista dos Tribunais*
Rev. Trim. Dr. Civ.	— *Revue Trimestrielle de Droit Civil*
R.T.D.P.C.	— *Rivista Trimestrale di Diritto e Procedura Civile*
Syrac. L. Rev.	— *Syracuse Law Review*
So. Calif. L. Rev.	— *Southern California Law Review*
St. Louis U.L.J.	— *Saint Louis University Law Journal*

S.T.J.	– *Supremo Tribunal de Justiça*
Tex. L. Rev.	– *Texas Law Review*
Yale L.J.	– *Yale Law Journal*
ZPO	– *Zivilprozeßordnung*
ZZP	– *Zeitschrift für Zivilprozeß*
Zeit. f. dts. Civilpr.	– *Zeitschrift für deutschen Civilprozess*

INTRODUÇÃO

SUMÁRIO: **Objecto da dissertação: 1 – O dilema da escolha entre a reconvenção e a excepção peremptória. 2 – O problema da omissão do exercício do direito de reconvir.**

Objecto da dissertação. Nas normas relativas à *contestação,* o Código de Processo Civil refere-se não apenas à «defesa por impugnação e por excepção» (art. 487.º), mas também à «reconvenção» (art. 501.º)[1].

Dentro deste vasto campo, o presente estudo ocupar-se-á das *excepções peremptórias* e da *reconvenção,* tendo por objecto *dois problemas* nucleares que vamos, de imediato, explicitar.

1. *O dilema da escolha entre a reconvenção e a excepção peremptória.* O *primeiro* problema, em rigor um *dilema,* pode expor-se do seguinte modo: sempre que a *factualidade* alegada na contestação permita deduzir tanto uma *reconvenção* como uma *excepção peremptória,* sobre qual dos meios há-de recair a escolha? Que papel caberá à vontade do réu na resolução do dilema? Independentemente desta vontade, haverá lugar ao nascimento «automático» de uma «excepção reconvencional», figura híbrida ou anfíbia ainda hoje envolta em boa dose de obscuridade?

---

[1] As disposições doravante citadas, sem menção do diploma a que pertencem, são do Código de Processo Civil.

Para um sector da doutrina, a meio caminho entre a reconvenção e a excepção peremptória, constituindo um *tertium genus*, situa-se a denominada «excepção reconvencional»[2]. Mas em que consistirá, afinal de contas, esta nebulosa e clássica figura, quase ignorada entre nós?

Concretizando: os factos reveladores de uma qualquer *nulidade substantiva*, de determinada *anulabilidade*, de que o crédito do autor se encontra extinto com base na *compensação* ou de que certa coisa foi adquirida por usucapião originam, quando alegados pelo demandado, uma *excepção*, uma *reconvenção* ou uma *«excepção reconvencional»*?

A primeira tarefa, de indiscutível interesse prático, a cumprir na parte I deste trabalho, consistirá, portanto, em delimitar estes três conceitos.

O nosso objectivo é o de demonstrar que, existindo factos susceptíveis de sustentar tanto a alegação de uma *excepção peremptória*, como a dedução de um pedido reconvencional (*condenatório, constitutivo* ou de *mera apreciação*)[3], o demandado é, em princípio, livre de optar por qualquer destes meios. Quer dizer, o dilema que recai

---

[2] MANUEL DE ANDRADE, ao dissertar sobre o complexo tema dos limites objectivos do caso julgado, faz, de passagem, referência à «excepção reconvencional» (cfr. *Noções elementares de processo civil*, p. 330, nota 1). Antes, o conceito apenas aparece genericamente enunciado a propósito da natureza processual da compensação de créditos (cfr. p. 151). E o mesmo acontece, acerca desta última matéria, no *Manual de processo civil* de ANTUNES VARELA/SAMPAIO E NORA/MIGUEL BEZERRA, p. 332, nota 2.

[3] Aos factos que, em abstracto, tanto podem servir de *causa excipiendi*, como de *causa petendi*, chamaremos *ambivalentes* (*v.g.*, factos constitutivos da usucapião), por contraposição aos factos *univalentes*, ou seja, aos factos que *somente* podem fundar uma excepção (*v.g.*, factos reveladores da prescrição, do perdão do comportamento gerador do divórcio) ou uma reconvenção (*v.g.*, factos constitutivos do direito ao divórcio; factos que conferem direito à constituição de uma servidão de passagem).

Introdução

sobre o réu deve resolver-se à luz do *princípio da liberdade de escolha entre a excepção e a reconvenção*, mero reflexo do genérico princípio do dispositivo.

A escolha, como veremos, depende dos concretos fins que o réu pretenda atingir no processo: uma vez julgada procedente, a *excepção peremptória* conduz apenas à absolvição do réu do pedido, sendo, *em regra*, insusceptível de gerar efeitos de natureza reconvencional; os efeitos *atípicos* decorrentes do julgamento de uma excepção somente podem ser determinados pelo legislador, com base num interesse público relevante.

Deve, portanto, rejeitar-se a teoria que, independentemente de qualquer fundamento legal, dilui a linha de fronteira entre a excepção e a reconvenção, legitimando o tribunal a extrair *ex officio* da procedência de uma excepção peremptória consequências próprias de um pedido reconvencional.

Problema diverso é o de saber se ao juiz, finda a fase dos articulados e no âmbito de um debate mantido com as partes, assistirá a faculdade de auscultar a real vontade do réu que, em vez de reconvir, se limitou a excepcionar. Um exemplo: o demandado alega em sua defesa factos constitutivos da usucapião, sem formular o pedido de reconhecimento do direito de propriedade sobre a coisa reivindicada pelo autor. Confrontado com este caso, poderá o juiz sugerir o desenvolvimento da contestação, no sentido de o réu deduzir o pedido que omitiu, sempre com o respeito pelo princípio do contraditório?

Algum interesse justificará o exercício deste poder de sugestão processual? Representará isto uma ofensa ao princípio da imparcialidade ou neutralidade do tribunal?

Eis outra questão a que nos propomos responder.

Num caso particular – o caso já referido da *compensação de créditos* – o dilema da escolha entre a excepção e a reconvenção atinge o grau máximo de dificuldade (um autêntico «quebra-cabeças», como já alguém espirituosamente afirmou), sendo bem conhecida a polémica doutrinal neste domínio.

Cabe, assim, averiguar se também para a compensação deduzida pelo réu vale o referido princípio da livre escolha entre a excepção e a reconvenção[4]. É o que faremos desenvolvidamente na parte II.

2. O problema da omissão do direito de reconvir. O segundo problema do nosso estudo – o problema da omissão do exercício do *ius reconveniendi* – será analisado na última parte e traduz-se em saber se o réu que, apesar do preenchimento dos requisitos de admissibilidade da reconvenção, por descuido ou por qualquer outro motivo, não reconvém, fica inibido, no futuro, de propor uma acção, pedindo precisamente aquilo que se absteve de solicitar, na lide em que foi demandado, por via reconvencional.

A *tese clássica*, até hoje pacificamente defendida entre nós, é a de que o direito de reconvir *não constitui um ónus do réu,* mas antes uma *mera faculdade* cuja falta de exercício jamais conduzirá à impossibilidade da proposição de uma acção autónoma. O problema, porém, não é assim tão simples.

Esforçar-nos-emos por demonstrar que esta tese não é defensável para todo e qualquer caso. O *princípio da liberdade de deduzir a reconvenção,* com o sentido de que o réu, apesar de deixar na sombra o pedido reconvencional, fica sempre com a via aberta para propor uma acção independente, comporta desvios e a falta de consciência desta realidade pode revelar-se muito perigosa.

Com efeito, por vezes, sobre o réu impende o *ónus* de apresentar, na acção principal, a respectiva reconvenção, sob pena de perder,

---

[4] Para PIRES DE LIMA e ANTUNES VARELA, *Código Civil anotado,* vol. II, p. 136, «os aspectos adjectivos» da compensação encontram-se «mal estudados na nossa literatura processual.»

de modo inelutável, a possibilidade do exercício judicial, no futuro, do seu direito.

Pensemos, por exemplo, nas hipóteses, já atrás referidas, em que os factos se apresentam dotados de *ambivalência* ou *dualidade adjectiva,* ou seja, tanto podem servir de base a uma *excepção,* como a uma *reconvenção,* e o réu, pura e simplesmente, ao contestar, não recorre a qualquer destas «armas», acabando por ver a acção julgada contra si.

Se não alegar tais factos, o demandado não poderá, em princípio, valer-se deles mais tarde com a finalidade de obter a sua apreciação no âmbito de um processo autónomo.

Sobre o tema que constitui objecto da presente dissertação, um problema que há muito nos inquieta vai merecer especial destaque: o problema da omissão, pelo demandado, da compensação de créditos. Independentemente da natureza processual desta particular forma de extinção das obrigações, que perderá, afinal de contas, o réu, na eventualidade de silenciar a existência, na sua esfera jurídica, de um crédito contra o autor? Perderá, para sempre, como defende um sector da doutrina e da jurisprudência, a pretensão de que é titular?

Eis, de forma sintética e no essencial, os pontos de que nos ocuparemos ao longo das três partes desta monografia.

PARTE I

A DISTINÇÃO ENTRE A EXCEPÇÃO PEREMPTÓRIA E A RECONVENÇÃO E O PROBLEMA DA «EXCEPÇÃO RECONVENCIONAL» COMO *TERTIUM GENUS*

[TESE: Para além da reconvenção e das excepções peremptórias, existe, no nosso sistema processual, a figura híbrida e rara da «excepção reconvencional», cuja origem assenta na lei e jamais na vontade do juiz.]

CAPÍTULO I

A EXCEPÇÃO PEREMPTÓRIA

SUMÁRIO: 1 – O problema da distinção entre a excepção peremptória e a reconvenção. 2 – Importância prática da distinção: a) *Requisitos de admissibilidade*; b) *Litispendência*; c) *Caso julgado*; d) *Desistência do pedido*; e) *Valor*; f) *Contraditório*; g) *Recursos*. 3 – Classificação legal das excepções. 4 – Excepções e prejudicialidade. 5 –Espécies de contrafactos subjacentes às excepções peremptórias: a) *Contrafactos impeditivos*; b) *Contrafactos modificativos*; c) *Contrafactos extintivos*. 6 – Regime de arguição das excepções peremptórias. 7 – Natureza do direito de excepcionar. 8 – Caso julgado. 9 – Crítica à classificação constante do Código de Processo Civil. 10 – Conceito de excepção material. 11 – Natureza da excepção de não cumprimento do contrato e do direito de retenção.

1. ***O problema da distinção entre a excepção peremptória e a reconvenção.*** É difícil traçar com inteira nitidez a fronteira que separa a *excepção material* da *reconvenção*. Trata-se de um complexo problema que, desde há muito, tem ocupado a doutrina processualista, especialmente a estrangeira.

A questão que escolhemos como ponto de partida do nosso trabalho reveste inegável interesse prático. Com efeito, quantas vezes, no momento em que se elabora a contestação, não surge o torturante dilema da escolha entre a defesa por excepção e a dedução de um pedido reconvencional?

Figuremos dois exemplos, destinados a ilustrá-lo.

Primeiro exemplo: no âmbito de uma acção de reivindicação, o réu que adquiriu a coisa por *usucapião* há-de reconvir ou excepcionar?

Segundo exemplo: se, numa acção de responsabilidade contratual, o demandado pretende alegar a *nulidade* do contrato, deverá fazê-lo através de uma excepção ou de uma reconvenção?

Sobre este último caso, ANTUNES VARELA entende que não estamos perante um pedido reconvencional quando, numa acção de cumprimento, o réu alega a nulidade do contrato, solicitando que «se reconheça e declare o vício por ele alegado e a inexistência do direito invocado pelo autor»[5]; e igualmente afasta a reconvenção quando o réu, na hipótese em análise, pede «a *condenação* do autor a *restituir* a prestação que dele recebeu.» Segundo explica, este efeito acaba por ser uma «pura consequência da excepção invocada e, por conseguinte, da carência de fundamento da pretensão do autor»[6].

Mas se assim é, se a excepção peremptória ou material[7] pode esconder um pedido de natureza substantiva (*v.g.*, o pedido de declaração de nulidade ou de restituição das prestações efectuadas ao abrigo do negócio inválido), como distingui-la da reconvenção? A existir autonomia conceitual entre a excepção e a reconvenção, por onde passa a linha divisória entre estes dois meios processuais?

Por fim, como dissemos, o problema da distinção entre a excepção e a reconvenção atinge a sua máxima acuidade no caso da deno-

---

[5] Ob. cit., p. 323. O problema era já objecto de forte controvérsia na vigência do Código de Processo Civil de 1939. Cfr. MÁRIO DE CASTRO, *Se a nulidade do contrato é matéria de excepção ou matéria de reconvenção*, R.O.A., Ano 7.º (1947), pp. 460 e ss.

[6] *Ibid.*

[7] Averiguaremos, mais adiante, se existe coincidência ou sinonímia entre estes dois termos. MANUEL DE ANDRADE chega a usá-los de forma indistinta. Cfr. *Noções elementares de processo civil*, p. 129.

minada *compensação de créditos*, forma de extinção das obrigações regulada nos artigos 847.° e ss. do C.C.

Tudo está em saber se o réu que, no processo, pretende obter a compensação, deve excepcionar ou reconvir. E tão acesa é a polémica doutrinal gerada, especialmente entre nós, por este problema (à primeira vista, insolúvel), que lhe dedicaremos, por inteiro, a parte II do trabalho.

2. *Importância prática da distinção.* Prevê a lei, para a excepção peremptória e para a reconvenção, *diversos regimes processuais* e disto deve estar bem ciente o réu no momento em que contesta.

Vejamos, de forma esquemática, alguns dos principais pontos por onde passa a destrinça de regimes.

a) Requisitos de admissibilidade. A excepção não depende, contrariamente ao que ocorre com a reconvenção, do preenchimento de requisitos de admissibilidade[8]. As excepções, tanto as *peremptórias* como as *dilatórias*, são livremente admissíveis, devendo apenas, nos termos do artigo 488.°, por razões de disciplina processual, deduzir-se de forma autónoma ou destacada na contestação.

Tem-se questionado – e bem – se o julgamento das excepções peremptórias implica o prévio conhecimento dos *pressupostos processuais*. Em princípio, como ensina Teixeira de Sousa, «o seu preenchimento em relação ao objecto definido pelo autor vale igualmente para a excepção invocada pelo réu»[9]. No respeitante ao pressuposto da competência, não podemos deixar de assinalar o regime constante do artigo 96.°, n.° 1, à luz do qual o tribunal onde corre a acção goza de competência para o julgamento da excepção, mesmo nos casos em

---

[8] A nossa lei, para além de exigir a existência de uma conexão entre o objecto da acção e o da reconvenção, prevê requisitos processuais de admissibilidade dos pedidos reconvencionais. Este ponto será desenvolvido no capítulo II.

[9] *As partes, o objecto e a prova na acção declarativa*, p. 166.

que a matéria subjacente a esta devesse ser apreciada por outro tribunal (*v.g.*, por um tribunal administrativo ou do trabalho).

*b) **Litispendência**.* A *reconvenção,* tal como qualquer acção, origina, quando admissível, uma causa *litispendente* que, nos termos dos artigos 497.º e 498.º, obsta ao julgamento de outra acção idêntica quanto aos sujeitos, ao pedido e à causa de pedir: contra esta nova acção pode sempre levantar-se, portanto, a *exceptio litis pendentis*[10].

«Sendo a reconvenção uma acção proposta num processo pendente – escreveu há muito JAEGER –, dificilmente se perceberia a possibilidade da coexistência de duas acções sobre o mesmo objecto, pois isto significava uma duplicação perigosa e inútil do exercício da função jurisdicional»[11].

Diferentemente, a arguição de uma *excepção* não equivale à proposição de qualquer causa, mas, antes, ao levantamento de uma questão susceptível de afectar ou prejudicar o *pedido* do demandante[12].

---

[10] Por outro lado, como explica SATTA, *Commentario al Codice di Procedura Civile,* I, p. 162, «não pode propor-se uma reconvenção se esta foi objecto de um julgamento no passado ou se é objecto de um julgamento presente.»

[11] *La riconvenzione nel processo civile,* p. 271. JAEGER afastava-se, assim, em 1930, nesta obra de referência, de uma tese germânica, defendida por LIPPMANN, segundo a qual a proposição da reconvenção, enquanto meio de defesa e de ataque, não originava qualquer litispendência (cfr. *Die Einrede der Rechtshängigkeit nach der neuen Civilprozeßordnung,* AcP, 1882, pp. 359 e s.; 431, e *Zur Lehre von der prozessualen Rechtshängigkeit,* AcP, 1887-1888, pp. 338 e s.). Refira-se, no entanto, que outros Autores alemães, no séc. XIX, jamais negaram a litispendência da reconvenção. Assim ENDEMANN, *Der deutsche Zivilprozess,* p. 60, e LOENING, *Die Widerklage im Reichs-Civilprozess,* ZZP, 1882, pp. 7 e s.

[12] Neste sentido, BETTERMANN, *Rechtshängigkeit und Rechtsschutzform,* p. 84; LÜKE, *Münchener Kommentar zur Zivilprozeßordnung* (LÜKE/WAX), vol. I, p. 1555; SORACE, «Litispendenza», *in* E.D., vol. XXIV, p. 856. Para TEIXEIRA DE SOUSA, *Litispendência e compensação no processo civil europeu – anotação ao Ac do T.J. de 8/5/203,* C.D.P., n.º 3, p. 33, «os meios de defesa são sempre insusceptíveis de desencadear a excepção de litispendência, isto é, nunca existe qualquer obstáculo

c) Caso julgado. A excepção, de acordo com o entendimento dominante, apoiado no direito positivo, não amplia o objecto do processo e, logo, os limites da decisão, sendo apreciada pelo juiz nos fundamentos da sentença, sem valor e força de caso julgado, ou seja, através de uma simples *incidentalis cognitio* (*incidenter tantum*): a sua eficácia – escreveu há muito CHIOVENDA – «restringe-se à acção» (*è limitata all'azione*)[13-14]. E assim se explica porque não interfere na determinação do tribunal competente, gozando sempre o tribunal da causa de competência para o julgamento da excepção[15].

Com a reconvenção ocorre exactamente o contrário, alargando-se o caso julgado à decisão relativa ao pedido formulado pelo réu e exigindo-se que este pedido seja apreciado pelo tribunal competente em razão da *nacionalidade,* da *matéria* e da *hierarquia* (art. 98.º, n.º 1)[16-17]. Consequentemente, improcedendo de modo definitivo

---

à sua alegação simultânea em várias acções.» Segundo MANUEL GONZÁLEZ, *Reconvención y excepciones reconvencionales en la LEC 1/2000,* p. 129, «as excepções não produzem litispendência, na medida em que constituem meios de defesa que não modificam o objecto processual determinado pelo pedido do autor.»

[13] «Sulla eccezione», *in* Saggi di Diritto Processuale Civile (1900-1930), vol. I, p. 151. Não fica, em princípio, impedida a reapreciação da questão num futuro processo. Para uma visão geral do problema, *vide* PROTO PISANI, *Note problematiche e no sui limiti oggettivi del giudicato civile,* F.I., 1987, pp. 448 e s.; ORIANI, «Eccezioni», *in* Dig. Disc. Priv., VII, pp. 282 e s.

[14] Entre nós, esta concepção dominante é seguida por MANUEL DE ANDRADE, *Noções elementares de processo civil,* pp. 327-336, e ANTUNES VARELA, *Manual de processo civil,* p. 717.

[15] Cfr. BORGHESI, «Compensazione nel diritto processuale civile», *in* Dig. Disc. Priv., XIII, p. 89.

[16] Prevalece o interesse público em que a causa seja julgada pelo órgão mais idóneo. Cfr. GARBAGNATI, *Domanda riconvenzionale e competenza inderogabile,* F.P., 1954, p. 636.

[17] A formação de caso julgado sobre a decisão relativa ao pedido reconvencional é devidamente realçada por SCHWAB, *Der Streitgegenstand im Zivilprozess,* p. 139, e por DINI, «Riconvenzione», *in* NN.D.I, vol. XV, p. 971.

o pedido do reconvinte, contra uma eventual e futura acção com o mesmo pedido levantar-se-á o obstáculo do caso julgado[18].

d) Desistência do pedido. A desistência do pedido por parte do autor conduz a diferentes consequências, consoante integremos no campo das excepções ou no domínio reconvencional a posição assumida pelo réu na contestação.

O facto de o autor desistir do pedido impede o juiz de se pronunciar sobre a *excepção peremptória* deduzida pelo réu, o que facilmente se compreende, pois, visando esta afectar o pedido apresentado na petição, esvazia-se de sentido no momento em que o autor desiste da pretensão formulada[19].

Se, por exemplo, contra uma acção de dívida, o réu deduziu a excepção da prescrição, a posterior desistência do pedido por parte do autor faz cair por terra a necessidade de apreciar a excepção material invocada pelo demandado.

E ocorrendo a desistência, o tribunal liberta-se também da análise das *excepções dilatórias*, pois esta tarefa apenas se impõe quando seja necessário julgar a pretensão do autor.

Diferentemente, de acordo com o disposto no artigo 296.º, a desistência do pedido «não prejudica a reconvenção, a não ser que o pedido reconvencional seja dependente do formulado pelo autor» (art. 296.º, n.º 2)[20].

---

[18] Ponto indiscutível também no direito norte-americano. Cfr. Restatement of the Law, Second, Judgements, § 23.

[19] Veja-se Cordón Moreno, *Proceso civil de declaración*, p. 209.

[20] A desistência da instância, sempre que ocorra após a apresentação da contestação, depende da aceitação do réu. Na eventualidade de existir um pedido reconvencional, como explica Teixeira de Sousa, *Estudos sobre o novo processo civil*, p. 205, tal pedido somente não deve ser julgado quando depender do pedido do autor. Nos demais casos, «deverá entender-se que a reconvenção subsiste após a desistência da instância.»

Se, concretizando, numa acção de reivindicação, o réu vem pedir, reconvencionalmente, a declaração de que é ele o titular do direito de propriedade sobre a coisa reivindicada, a desistência do pedido por parte do autor não conduz à queda da reconvenção, pois esta é independente do pedido formulado por aquele.

Mas se, em hipótese idêntica, o réu se limitasse a exigir o pagamento de benfeitorias, a desistência do pedido por parte do autor prejudicaria inevitavelmente a referida pretensão reconvencional: como adverte ALBERTO DOS REIS, «há casos excepcionais em que a extinção da acção proposta pelo autor arrasta consigo a da acção movida pelo réu»[21].

O que acabamos de dizer a propósito da desistência do pedido vale igualmente para a *improcedência da acção*: em princípio, a não ser que o pedido reconvencional dependa do pedido formulado pelo autor, a referida improcedência não impede o julgamento da reconvenção[22]. Quer dizer, este julgamento é *independente* da sorte da acção.

e) Valor. Enquanto a excepção não exerce qualquer influência sobre o valor da causa[23], já a reconvenção, na maior parte dos casos,

---

[21] *Comentário ao Código de Processo Civil*, vol. 3.º, p. 480. Debruçando-se sobre o problema de saber se a *absolvição do réu da instância*, fundada no facto de o autor não ter constituído mandatário, prejudica de algum modo o pedido reconvencional, CAMPOS COSTA, *Admissibilidade do pedido reconvencional de indemnização por perdas e danos em acção de venda de penhor – efeito da extinção da instância sobre a reconvenção*, R.D.E.S., 1959, p. 81, afirmou, com todo o acerto, que «a extinção da instância não prejudica, em regra, a reconvenção. Em princípio não a prejudicará quando os pedidos forem autónomos; mas a extinção da relação processual iniciada sob o impulso do autor já arrastará consigo a da reconvenção, se esta estiver na dependência da acção.»

[22] Cfr. SIEDLECKI, *Les demandes reconventionnelles*, Rev. trim. dr. civ., 1937, p. 774; TARZIA/BALBI, «Riconvenzione», *in* E.D., vol. XL, p. 672. Na doutrina alemã, HELLWIG, *System des deutschen Zivilprozeßrechts*, I, p. 316; HARTMANN, *Zivilprozessordnung* (BAUMBACH/LAUTERBACH/ALBERS/HARTMANN), p. 998 (§ 253 ZPO).

[23] À excepção não pode associar-se um valor pecuniário distinto daquele que corresponde ao pedido do autor. «Como a excepção peremptória produz um

em obediência ao disposto no artigo 308.º, n.º 2, conduz ao aumento desse valor. E esta alteração, acrescente-se, pode vir a desencadear, como veremos, importantes efeitos no processo instaurado (ao nível da *forma* do processo ou da *competência* do tribunal da causa para o julgamento da acção, por exemplo)[24].

f) Contraditório. Outro aspecto permite ainda compreender a importância do correcto enquadramento da posição processual assumida pelo réu. Tratando-se de uma defesa por excepção deduzida no âmbito de um processo com *forma ordinária,* o autor tem o direito de responder, através de *réplica,* no prazo de quinze dias[25]. Revestindo a contestação natureza reconvencional, ao autor assiste o direito de replicar no prazo de trinta dias (art. 502.º, n.º 3), pois este é o prazo para contestar e o reconvindo não passa, afinal de contas, de um demandado[26-27].

g) Recursos. Um último ponto relaciona-se com o problema do exercício – *em via de recurso* – do direito de reconvir ou de excepcionar.

---

efeito extintivo, modificativo ou impeditivo do objecto definido pelo autor – escreve TEIXEIRA DE SOUSA, *As partes, o objecto e a prova na acção declarativa,* p. 167 –, a sua dedução não implica qualquer alteração do valor da acção.» Assim também SCHWERDTFEGER, *Münchener Kommentar zur Zivilprozeßordnung* (LÜKE/WAX), vol. 1, pp. 107 e s., p. 114.

[24] Em fase mais avançada do trabalho nos pronunciaremos sobre o acerto desta regra que obriga à soma dos valores da acção e da reconvenção.

[25] Dez dias, no caso de o processo seguir a forma sumária.

[26] No processo sumário, o autor tem vinte dias para responder à reconvenção.

[27] «A falta da réplica ou a não impugnação dos factos novos alegados pelo réu – escreve TEIXEIRA DE SOUSA, *Estudos sobre o novo processo civil,* p. 295 – implica, em regra, a admissão por acordo dos factos não impugnados (art. 505.º).» Mas «se o réu tiver formulado um pedido reconvencional, a falta da réplica implica a revelia do reconvindo quanto a esse pedido (cfr. art. 484.º, n.º 1).»

A reconvenção está vedada ao recorrente, na medida em que este não pode formular pedidos novos perante o tribunal de recurso[28].

Mas o contrário vale para as excepções: desde que brotem de *factos novos supervenientes* (ocorridos após o encerramento, no tribunal de 1.ª instância, da audiência de discussão e julgamento), ao recorrente, como pacificamente se tem entendido, assiste a liberdade de os alegar perante o tribunal de recurso, com o objectivo de obter a absolvição do pedido (cfr. arts. 713.º, n.º 2, e 663.º)[29].

Estas diversas soluções, referidas de modo esquemático, evidenciam como, na prática, se torna muito importante distinguir, com a maior precisão possível, a excepção da reconvenção, pois estamos perante meios processuais que seguem regimes diferentes[30].

Passemos agora à análise das excepções no domínio do processo civil.

3. *Classificação legal das excepções.* Beneficiando do longo e árduo labor da doutrina, o nosso legislador apresenta, com elevado grau de clareza, os principais traços característicos das excepções e, porventura, nunca terá imaginado os problemas que pode-

---

[28] Igual solução tem sido defendida no direito italiano, com base no artigo 345 do C.P.C.I. Cfr. VICENZO DE PETRIS, «Connessione», in E.D., IX, p. 20; TARZIA/ /BALBI, «Riconvenzione», in E.D., vol. XL, p. 681, e MONTELEONE, *Limiti alla proponibilità di nuove eccezioni in appello*, R.D.C., 1983, p. 720. Entre nós, neste sentido, COLAÇO CANÁRIO, *Reconvenção e compensação*, p. 30.

[29] *Vide* AMÂNCIO FERREIRA, *Manual dos recursos em processo civil*, p. 151; CAPPELLETTI, *Nuovi fatti giuridici ed eccezioni nuove nel giudizio di rinvio*, R.T.D.P.C., 1959, p. 1614, nota 2; DENTI, *L'eccezione nel processo civile*, R.T.D.P.C., 1961, p. 37, e ORIANI, «Eccezione», *in* Dig. Disc. Priv., VII, p. 302.

[30] Há ainda outros aspectos reveladores da importância da distinção entre a excepção e a reconvenção. Assim, por exemplo, o réu que excepciona não pode requerer, no âmbito do processo pendente, qualquer providência cautelar, ao contrário do réu que reconvém. Cfr. ANTUNES VARELA, *Manual de processo civil*, p. 23, nota 1.

riam surgir na zona de fronteira entre estes meios puramente defensivos e a reconvenção[31].

Após separar a defesa por *impugnação* da defesa por *excepção*, o artigo 487.º, n.º 2, afirma que o réu se defende por excepção «quando alega factos que obstam à apreciação do mérito da acção ou que, servindo de causa impeditiva, modificativa ou extintiva do direito invocado pelo autor, determinam a improcedência total ou parcial do pedido.»

O preceito, apesar de sintético, diz muito: as excepções assentam em *factos* ou consistem, essencialmente, numa afirmação ou alegação de factos (em palavras que retratam factos)[32-33].

Reproduzindo a imagem de CARNELUTTI, há muito caída no uso comum, o réu que excepciona conduz o autor para um «terreno diverso daquele em que este se colocou, jamais passando para o ter-

---

[31] O resultado alcançado nesta matéria pelo legislador de 1939 chegou a ser elogiado por sectores da doutrina estrangeira. Veja-se MANUEL DE LA PLAZA, *Hacia una nueva ordenación del régimen de las excepciones en nuestro derecho positivo*, Rev. Der. Proc., 1945, pp. 51 e ss.

[32] Ver HÖLDER, *Über Ansprüche und Einreden*, AcP, 1902, pp. 59 e 65; JAHR, *Die Einrede des bürgerlichen Rechts*, JuS, 1964, p. 128, e LIEBMAN, *Manuale di diritto processuale civile*, p. 160.

[33] Ao contrário, a *defesa por impugnação* não aumenta o número de factos sobre os quais o juiz se deve pronunciar, limitando-se a contrariar a factualidade aduzida pelo autor. Note-se que, tal como a defesa assente em excepções peremptórias, a defesa por impugnação factual visa também a improcedência do pedido formulado pelo autor. No entanto, distinguem-se na medida em que a defesa por excepção se traduz na alegação de contrafactos, ou seja, na alegação de uma factualidade à partida ausente do processo.

É certo que a impugnação nem sempre é feita de forma directa ou rotunda, assumindo, por vezes, natureza indirecta (impugnação indirecta, motivada ou *per positionem*). Ora, este segundo tipo de impugnação implica a alegação de uma nova e diferente versão dos factos alegados pelo autor e, assim, de certo modo, a alusão a uma nova factualidade. Mas, em rigor, não estamos, nestes casos, perante a alegação de contrafactos impeditivos, modificativos ou extintivos que se integrem em contranormas do sistema jurídico.

reno alheio»[34]. Por que elementos é composto este distinto «terreno»? Por um facto ou, na maioria das vezes, por um *complexo* de factos novos.

Num segundo momento, a nossa lei refere-se não só àqueles factos que se traduzem num obstáculo ao conhecimento do mérito da acção, mas também aos que, acabando por colar-se ao próprio mérito, funcionam como causa *impeditiva*, *modificativa* ou *extintiva* do direito do autor, conduzindo, portanto, uma vez provados, à improcedência da acção.

Os primeiros factos originam as *excepções dilatórias* (arts. 493.º, n.os 1 e 2, e 494.º); os segundos estão na génese das denominadas *excepções peremptórias* (art. 493.º). Através desta formulação, a lei arruma, em dois hemisférios distintos, o complexo universo das excepções.

As *excepções dilatórias*, autênticas barreiras ao conhecimento do mérito da acção, porque atrasam a entrada no fundo do processo, reflectem *falhas* (anormais) de natureza adjectiva conducentes à *absolvição do réu da instância*. Mas esta drástica consequência somente ocorrerá quando, por *impossibilidade* ou por *inércia*, não venha a verificar-se, nos termos do artigo 288.º, n.º 2, a sanação da anomalia, pois o que verdadeiramente interessa à justiça cível é responder ao pedido, pondo termo ao litígio desencadeador do processo.

Como é sabido, apenas num caso muito específico – o da *incompetência relativa* –, a excepção dilatória, de acordo com o disposto nos artigos 493.º, n.º 2, *in fine*, e 111.º, n.º 3, não conduz à absolvição do réu da instância, mas antes «à remessa do processo para outro tribunal»[35].

---

[34] *Lezioni di diritto processuale civile*, vol. II, p. 289.

[35] O mesmo efeito pode ocorrer, uma vez verificadas as condições do artigo 105.º, n.º 2, nos casos de *incompetência absoluta*.

Ao contrário das excepções dilatórias, as *excepções peremptórias* assentam em factos relativos ao mérito da acção ou, se se quiser, numa factualidade regulada pelo direito substantivo, sendo, por esta razão, legítimo considerá-las *excepções materiais*, de *mérito* ou *substantivas*[36].

Pode seguramente afirmar-se que toda a excepção peremptória é material. No entanto, como teremos oportunidade de esclarecer, existem excepções materiais que, em bom rigor, não são peremptórias.

A lei também explicita os efeitos gerados pela procedência das excepções peremptórias, dispondo, no artigo 493.º, n.º 3, no seguimento do que enunciara já no artigo 487.º, que «importam a absolvição total ou parcial do pedido e consistem na invocação de factos que impedem, modificam ou extinguem o efeito jurídico dos factos articulados pelo autor.»

Vamos agora tratar, apenas, do problema da *distinção entre a excepção peremptória e a reconvenção*, pois a excepção dilatória, de índole processual, é de todo inconfundível com a reconvenção.

As dúvidas só nascem, em boa verdade, quando procuramos delimitar os campos da *excepção peremptória* e da *reconvenção*. Porquê? Porque paira há muito, na zona de fronteira entre estes dois conceitos, a figura ambígua ou cinzenta da «excepção reconvencional»[37].

Corresponderá a «excepção reconvencional» a uma pura quimera ou deverá entender-se, pelo contrário, que ela existe de «corpo

---

[36] As excepções peremptórias, conforme já foi referido, assentam em factos que conduzem à aplicação de contranormas Cfr. ROSENBERG/SCHWAB/GOTTWALD, *Zivilprozessrecht*, pp. 678 e s.

[37] MERLIN, *Codice di Procedura Civile commentato* a cura di CONSOLO/LUISO, p. 267, aponta precisamente a «excepção reconvencional» como a responsável pela quebra da nitidez na distinção entre a reconvenção e as excepções materiais, afirmando que torna ténue a linha separadora entre estes dois conceitos.

e alma» no nosso sistema? A presente parte da monografia destina-se a responder, através de ponderações sucessivas, a este problema[38].

Vejamos, para já, com fundamento na lei, os caracteres que essencialmente definem toda e qualquer excepção peremptória. É por aqui que devemos começar.

4. *Excepções e prejudicialidade.* A *excepção peremptória* pode definir-se, muito simplesmente, como um *meio* ou *instrumento de defesa* que origina uma *questão* susceptível de conduzir à *improcedência total ou parcial do pedido*[39].

Mas uma questão de que espécie? Uma questão «incidental» defensiva, diz o artigo 96.º, n.º 1. Esta norma, que consagra a regra clássica nos termos da qual *o tribunal da acção é competente para conhecer as questões que nesta se levantem*, classifica como «questões incidentais» (veja-se a epígrafe do preceito) não apenas os «incidentes», mas também as «questões que o réu suscite como meio de defesa»[40].

---

[38] Problema considerado «sumamente complexo.» Cfr. ROSA SANZ, *La reconvención en el proceso civil español*, p. 46.

[39] Para FAZZALARI, *Lezioni di diritto processuale civile*, vol. I, p. 39, o termo «questão» (*quaestio*) tem inerente um duplo sentido. Por um lado, toda a questão implica o levantamento de um problema ou, com mais rigor, de uma dúvida (*res dubia*); por outro lado, a questão pode traduzir-se numa «disputa sobre qualquer coisa.»

Ora, a *excepção* importa o nascimento, num processo, de um problema novo a que o tribunal vai ter de responder. Na esmagadora maioria dos casos, a parte que excepciona depara-se com a reacção do adversário: a excepção torna-se polémica, mas não implica, necessariamente, como veremos, o alargamento do objecto do processo.

[40] O legislador apoiou-se na antiga máxima francesa de que «o juiz da acção é o juiz da excepção» (*Le juge de l'action est juge de l'exception*). Segundo este princípio, explica SATTA, *Nuove riflessioni sugli accertamenti incidentali*, F.I., vol. LXXI (1948), p. 66, «o juiz da acção julga todos os meios de defesa opostos pelo réu, mesmo se estes levantam questões que ultrapassam

Para o legislador, as excepções introduzem no processo questões «incidentais» defensivas.

E será legítimo classificar as excepções peremptórias como «questões prejudiciais»? O artigo 97.º refere-se expressamente a estas, fixando um *regime especial* para as que revestem natureza *criminal* ou *administrativa*: de acordo com o n.º 1 deste preceito, «se o conhecimento do objecto da acção depender da decisão de uma questão que seja da competência do tribunal criminal ou do tribunal administrativo, pode o juiz sobrestar na decisão até que o tribunal competente se pronuncie»[41-42].

---

a sua competência, salvo se existir expressa disposição na lei que imponha o reenvio.»

Como toda a decisão com força de caso julgado deve proceder de um tribunal competente, daqui se conclui que o legislador consagra o princípio fundamental da não extensão do caso julgado ao julgamento das questões prejudiciais. Sobre este ponto ver CHIOVENDA, *Instituciones de derecho procesal civil*, t. I, pp. 406 e s., e CALIENDO, *A proposito delle questioni pregiudiziali nel processo civile*, R.D.P.C., 1924, vol. I – Parte II, p. 130.

[41] Ao juiz assiste a *faculdade* de decretar a suspensão ou de decidir, ele próprio, a questão prejudicial. Nesta segunda hipótese, como explica PALMA CARLOS, *Código de Processo Civil anotado*, p. 317, a decisão constitui mero *caso julgado formal*, «ininvocável fora do processo em que foi proferida.» Sendo decretada a suspensão, esta fica sem efeito, nos termos do n.º 2 do artigo 97.º, «se a acção penal ou a acção administrativa não for exercida dentro de um mês ou se o respectivo processo estiver parado, por negligência das partes, durante o mesmo prazo. Neste caso – *acrescenta-se* –, o juiz decidirá a questão prejudicial, mas a sua decisão não produz efeitos fora do processo em que for proferida.»

ANTUNES VARELA, *Manual de processo civil*, p. 222, nota 1, entende que o tribunal *deve* sobrestar na decisão até que o tribunal competente resolva a questão prejudicial, pois isto satisfaz o interesse fundamental «da *maior garantia* de *acerto* ou *perfeição* na decisão.»

[42] Tem-se defendido que a solução consagrada no artigo 97.º reveste carácter excepcional, não podendo «ser estendida por analogia a casos diferentes dos previstos.» Cfr. ANTUNES VARELA, ob. cit., p. 221, nota 2; LEBRE DE FREITAS, *Código de Processo Civil anotado*, vol. 1.º (com J. REDINHA e R. PINTO), p. 174. Assim, o juiz

A *Excepção Peremptória*

Analisemos com cuidado os artigos 96.º e 97.º, tentando ver que relação mantêm com as excepções peremptórias.

Resulta, como vimos, do artigo 96.º, n.º 1, que as excepções peremptórias se subsumem no vasto campo das «questões incidentais.» Este enquadramento legal era justificado por ALBERTO DOS REIS, com o argumento de que a *defesa por excepção*, ao contrário da defesa por *impugnação*, «provoca (...) questões de natureza diferente da que constitui o objecto da acção, e portanto questões incidentais»[43].

Em sentido contrário, afirma-se que o conceito de «questão incidental» deveria limitar-se a abranger os *incidentes* propriamente ditos. O principal representante desta frente crítica – CASTRO MENDES – assinala a «deficiência da terminologia» que, nas suas palavras, «salta aos olhos»: em rigor, somente reveste natureza «incidental» a questão que, em primeiro lugar, não pertence ao «encadeado de questões logicamente necessárias para a resolução do pleito tal como inicialmente pela demanda do autor ou pela reconvenção, se desenha», e que, em segundo lugar, exige «para a sua solução uma tramitação própria e autónoma»[44-45].

---

estará impedido de fazer funcionar o regime desta norma quando se depare, num processo a correr perante um tribunal de competência genérica, com uma questão de natureza laboral (mas, na eventualidade de a questão prejudicial estar já a ser apreciada pelo tribunal do trabalho, pode a suspensão ser ordenada à luz do artigo 279.º).

O regime do artigo 97.º vale, por força do disposto no artigo 20.º do C.P.T., para as questões de natureza civil, comercial, criminal ou administrativa que se levantem na pendência de um processo proposto num tribunal do trabalho.

[43] *Comentário ao Código de Processo Civil*, vol. 1.º, p. 283.

[44] *Limites objectivos do caso julgado em processo civil*, p. 198. Cfr., igualmente, LEBRE DE FREITAS, ob. cit., p. 169.

[45] Refira-se, a título de exemplo, o artigo 372.º, relativo ao incidente processual de habilitação de sucessores. Ver, neste ponto, CAPELO DE SOUSA, *Lições de direito das sucessões*, vol. I, pp. 103 e s.

Ora, como afirma Castro Mendes, «as excepções do réu processam-se sem tramitação própria e autónoma, por assim dizer dissolvidas no processamento normal, e por esse motivo nunca poderão considerar-se questões incidentais»[46].

Consideramos exacto este enquadramento dogmático: as excepções, seja qual for a sua natureza, não devem qualificar-se como «questões incidentais», apesar de esta terminologia aparecer, em termos genéricos e pouco esclarecedores, na epígrafe do artigo 96.º.

Na norma seguinte, a lei refere-se às «questões prejudiciais», mas apenas àquelas que sejam da «competência do tribunal criminal ou do tribunal administrativo.»

Note-se que a doutrina jamais circunscreveu o conceito de prejudicialidade às questões tipificadas no artigo 97.º, afirmando, pelo contrário, que «as questões incidentais de que se ocupa o artigo 96.º são também, na maior parte dos casos, questões prejudiciais»[47].

Para Alberto dos Reis, reveste natureza prejudicial a questão «cuja solução é necessária para se decidir uma outra» e que surge, portanto, «numa causa pendente, como condição ou requisito para se decidir a matéria fundamental da causa»[48].

Em consonância, entende Lebre de Freitas que a *questão prejudicial* «constitui pressuposto necessário da decisão de mérito, quer esta necessidade resulte da configuração da causa de pedir, quer da arguição ou existência duma excepção, peremptória ou dilatória, quer ainda do objecto de incidentes em correlação lógica com o objecto do processo, e seja mais ou menos directa a relação que ocorra entre essa questão e a pretensão ou o *thema decidendum*»[49].

---

[46] Ob. cit., p. 198.

[47] Alberto dos Reis, *Comentário ao Código de Processo Civil*, vol. 1.º, pp. 286 e s.

[48] Ob. cit., p. 286.

[49] *Código de Processo Civil anotado*, vol. 1.º (com J. Redinha e R. Pinto), p. 173, e *A confissão no direito probatório*, p. 438, nota 87.

É certo que o artigo 97.º só se ocupa das questões prejudiciais cujo conhecimento seja da competência do tribunal criminal ou administrativo, mas também é verdade que este preceito não nos impede de construir um conceito amplo de prejudicialidade e de classificar as *excepções*, em geral, como questões prejudiciais[50].

Avancemos, de forma sintética, com as *notas definidoras* do conceito de «questão prejudicial»:

Primeira nota, relativa à *ordem do seu julgamento*: é uma questão que tem de ser resolvida a fim de se poder, posteriormente, julgar o pedido ou, por outras palavras, que constitui autêntica *premissa* ou *condição* da sentença final[51-52].

A *prejudicialidade* traduz a relação entre duas questões, de forma que uma não pode ser resolvida se primeiro não for decidida a outra: a questão prejudicial coloca-se logicamente antes da questão principal, ou seja, antes do julgamento do pedido deduzido pelo autor, acabando por ser resolvida pelo juiz nos fundamentos da sentença[53].

---

[50] DENTI, «Questioni pregiudiziali», *in* NN.D.I., XIV, p. 678, sublinha, a propósito das excepções, a nota da prejudicialidade, o que, de resto, é comum na doutrina italiana.

[51] Cfr. CARNELUTTI, *Lezioni di diritto processuale civile*, vol. IV (*La funzione del processo di cognizione*), p. 56, e *Sistema di diritto processuale civile*, I, p. 930. A prejudicialidade em sentido técnico, para este Autor, abrangia apenas as questões cuja solução constituísse a premissa da decisão «também de outras lides» (*premessa della decisione anche di altre liti*). Veja-se, na mesma linha, BONACCORSO, *Questione pregiudiziale e accertamento incidentale nel processo civile*, G.I., 1960, p. 122.

[52] Só não será assim nos casos em que o pedido do autor se apresente, à partida, condenado à improcedência. Ver ABRANTES GERALDES, *Temas da reforma do processo civil*, vol. II, p. 131, nota 202.

[53] Cfr. FRANCHI, *La litispendenza*, p. 118. No sentido de que a prejudicialidade apela à ideia de anterioridade, *vide* BONACCORSO, est. cit., p. 124; FAZZALARI, *Lezioni di diritto processuale civile*, I, p. 41, e HABSCHEID, *Droit judiciaire privé suisse*, p. 370.

A segunda nota respeita ao *objecto* (matéria) da questão prejudicial: esta tanto pode ter origem na *causa de pedir*, como na factualidade aduzida na defesa. «Os factos constitutivos, impeditivos, modificativos e extintivos alegados – ensina PROTO PISANI – constituem «pontos prejudiciais» que o juiz deve tomar necessariamente em consideração a fim de decidir sobre a existência ou inexistência do direito que o demandante faz valer em juízo.»

«Os factos, se controvertidos – acrescenta –, têm de ser provados e dão lugar, num plano lógico, a questões prejudiciais que devem ser resolvidas pelo juiz para decidir a existência ou a inexistência do direito que o autor faz valer»[54-55].

Eis alguns exemplos de questões prejudiciais:

Primeiro exemplo: *A* intenta uma acção de reivindicação contra *B*, alegando que o réu, porteiro despedido com justa causa, continua a ocupar, agora ilicitamente, um apartamento que lhe estava destinado em certo edifício.

Na contestação, *B* põe em causa a licitude do despedimento, requerendo a sua absolvição do pedido. Ninguém duvidará de que a questão levantada pelo demandado – uma *questão de direito do trabalho* – é tipicamente prejudicial[56].

---

[54] *Lezioni di diritto processuale civile*, p. 62. No sentido de que o conceito de prejudicialidade abrange também os factos jurídicos que surgem no processo se pronuncia CALIENDO, *A proposito delle questioni pregiudiziali nel processo civile*, R.D.P.C., 1924, vol. I – Parte II, p. 126.

[55] Cfr. igualmente FABBRINI, «Eccezione», *in* E.G., vol. XII, pp. 3 e 5, e RECCHIONI, *Pregiudizialità processuale e dipendenza sostanziale nella cognizione ordinaria*, pp. 342 e s.

[56] Este interessante caso aparece descrito e analisado no Ac. da Relação de Lisboa de 9 de Jan. de 1979, C.J. 1979, t. I, pp. 73-75. Após se deparar, no âmbito de uma acção de reivindicação, com uma questão de natureza laboral, o juiz ordenou, apoiando-se para tanto nos artigos 97.º e 279.º, n.º 1, a suspensão da acção. Mas a Relação de Lisboa, chamada a pronunciar-se sobre o acerto desta suspensão, entendeu, por um lado, que o artigo 97.º só tem aplicação se as questões

Segundo exemplo: *C*, arrogando-se filho de *D*, vem, ao abrigo do artigo 2009.°, n.° 1, al. *c*), do C.C., pedir que o seu progenitor seja condenado a prestar-lhe alimentos; o réu defende-se, pondo em causa a pretensa *relação de paternidade*. A questão relativa à paternidade do demandado configura-se como uma questão prejudicial (sobre o estado civil, no âmbito de uma acção de alimentos)[57-58].

Terceiro exemplo: *E* vem pedir que *F* seja condenado no cumprimento de certa prestação contratual, mas o demandado, na contestação, alega a *prescrição* do direito de crédito do autor. O tribunal não poderá julgar o pedido sem antes averiguar se o direito do autor se encontra efectivamente prescrito. Também neste caso a questão – introduzida por via da excepção peremptória da prescrição – reveste natureza prejudicial.

---

prejudiciais forem da competência do tribunal criminal ou do tribunal administrativo e que, portanto, «não pode ser aplicável às questões da competência dos tribunais do trabalho.»

Por outro lado, como no momento em que foi decretada a suspensão ainda não havia sido proposta a acção no tribunal do trabalho, afigurava-se incorrecto fundamentar a suspensão no artigo 279.°, n.° 1. E, por isso, decidiu a Relação de Lisboa que o tribunal *a quo* tinha de julgar a questão prejudicial. Sobre a decisão desta questão, acrescentamos nós, não se formaria caso julgado material (veja-se o regime estabelecido no art. 96.°, n.° 2). Analisaremos, mais tarde (a propósito da compensação de créditos), se, *de iure constituendo*, se justifica o alargamento do âmbito do artigo 97.° às questões laborais.

[57] Exemplo análogo é apresentado por SATTA, *Nuove riflessioni sugli accertamenti incidentali*, F.I., vol. LXXI (1948), p. 67: certo indivíduo, invocando a qualidade de herdeiro de determinada pessoa, faz valer judicialmente um crédito do autor da herança sobre o respectivo devedor. O réu não contesta o crédito, mas nega que o autor seja herdeiro da pessoa que indica. Trata-se, segundo SATTA, de uma questão «tipicamente prejudicial que está fora do objecto do processo, precedendo-o, e que o juiz vai conhecer *incidenter tantum*.» SATTA apresenta mais exemplos no *Commentario al Codice di Procedura Civile*, I, p. 148.

[58] Como afirma TEIXEIRA DE SOUSA, *As partes, o objecto e a prova na acção declarativa*, p. 182, não é admissível, no âmbito de uma acção de alimentos, pedir a apreciação incidental da relação de paternidade invocada pelo autor, porque esta, de acordo com o disposto no artigo 1869.° do C.C., somente pode ser estabelecida através de «acção específica.»

Deduzida a excepção, o conteúdo da sentença de mérito fica dependente da existência ou da inexistência do novo facto defensivo alegado pelo réu[59].

Figuremos um derradeiro exemplo: se *G* pedir a condenação de *H* a efectuar determinada prestação contratual, a questão da *nulidade* do contrato, arguida pelo réu, não pode deixar de qualificar-se como tipicamente prejudicial[60].

Uma terceira nota distintiva da questão prejudicial diz respeito ao *efeito gerado pelo seu conhecimento*: o julgamento da questão prejudicial é susceptível de *afectar ou prejudicar o pedido principal*. Mas de que modo?

De dois modos distintos: ou *obstando ao seu conhecimento* (caso das *questões prejudiciais formais ou processuais*) ou conduzindo à sua *improcedência* (caso das *questões prejudiciais substantivas ou materiais*).

Pode dizer-se, pois, seguramente, que *as excepções* – tanto as dilatórias, como as peremptórias – *se traduzem em autênticas questões prejudiciais.*

No respeitante às *excepções peremptórias* – aquelas cuja análise mais nos interessa no âmbito do presente estudo –, deve ter-se em mente que elas se contrapõem ao *pedido,* sendo susceptíveis de o atingir com menor ou maior gravidade.

Com inteira clarividência, já conceituados processualistas assinalaram que a *excepção peremptória* se destina a provocar a pronúncia do juiz sobre uma questão susceptível de excluir a procedência

---

[59] Cfr. FABBRINI, «L'eccezione di merito nello svolgimento del processo di cognizione», nos Studi in memoria di Carlo Furno, p. 257.

[60] A este exemplo da nulidade recorre CARNELUTTI, *Lezioni di diritto processuale civile*, vol. 4.º, pp. 56 e s., para explicar o conceito de questão prejudicial.

do *pedido* ou, por outras palavras, sobre uma questão preliminar dotada de *prejudicialidade* relativamente ao pedido do autor[61-62].

A moderna doutrina italiana distingue entre a prejudicialidade «técnica» e a prejudicialidade «lógica»[63]. Esta terminologia, à primeira vista dificilmente perceptível, tem a vantagem de nos despertar para a existência de diversas situações de prejudicialidade[64].

Que hipóteses cabem na prejudicialidade «técnica» (*pregiudizialità in senso tecnico*)?

Em primeiro lugar, aquelas em que o direito invocado em juízo, derivado de certo preceito legal, depende da existência de outro direito relacionado com uma *hipótese normativa distinta*. O efeito previsto numa norma somente pode ser alcançado se se preencherem requisitos regulados em diferentes disposições do sistema jurí-

---

[61] DENTI, *L'eccezione nel processo civile*, R.T.D.P.C., 1961, p. 33. Também ORIANI, «Eccezione», *in* Dig. Disc. Priv., VII, p. 283, acentua o *estreitíssimo* nexo entre as excepções e as questões prejudiciais. No mesmo sentido se pronuncia COLESANTI, «Eccezione (dir. proc. civ)», *in* E.D., vol. XIV, p. 202. FABBRINI, est. cit., p. 264, nota 18 e p. 281, nota 35, critica esta característica da prejudicialidade, afirmando que a mera negação ou impugnação dos factos constitutivos é também susceptível de originar questões prejudiciais. Está certo, mas a diferença – e não se trata de uma diferença de somenos importância – radica no seguinte: a excepção introduz uma questão prejudicial baseada em novos factos.

[62] Para MANDRIOLI, *Diritto processuale civile*, I, p. 130, com a excepção pretende-se apenas a rejeição do pedido. Neste sentido, trata-se de um meio susceptível de conduzir a uma apreciação (declaração) negativa (*accertamento negativo*) do pedido do autor. Cfr. GIANNOZZI, *La modificazione della domanda nel processo civile*, p. 214.

[63] MENCHINI, *I limiti oggettivi del giudicato civile*, pp. 87 e ss.; *Il giudicato civile*, pp. 76 e ss.; PROTO PISANI, *Diritto processuale civile*, pp. 70 e s.; LUISO, *Diritto processuale civile*, I, pp. 146 e ss.

[64] Há quem considere que se trata de uma terminologia pouco feliz ou mesmo equívoca. Cfr. CONSOLO, *Oggetto del giudicato e principio dispositivo*, R.T.D.P.C., 1991, p. 233.

dico. A cada passo nos deparamos, realmente, com direitos entre os quais existe um laço de estreita dependência.

É esta «técnica», traduzida num autêntico jogo de normas, muito usada pelo legislador, que acaba por explicar a denominação da espécie de prejudicialidade em análise.

Pensemos, recordando um dos exemplos atrás apresentado, no dever de alimentos dos pais para com os filhos (consagrado em geral no artigo 1878.º do C.C.), que exige a alegação e a prova da relação de filiação (art. 1796.º do C.C.). Compreende-se que o juiz só decrete a pensão de alimentos se se convencer da existência desta relação. O estado de filho configura-se, portanto, como uma das premissas do direito aos alimentos, ou seja, reveste claramente a natureza de uma questão prejudicial, de uma questão de que depende a procedência do pedido.

Outro exemplo: quem pede uma indemnização, alegando ser proprietário de certo imóvel danificado por terceiro, tem de provar o direito de propriedade sobre a coisa, bem como os requisitos previstos no artigo 483.º do C.C. A questão da propriedade reveste natureza prejudicial, obrigando o juiz a recorrer a diferentes normas do sistema jurídico.

Em segundo lugar, a prejudicialidade «técnica» abrange as situações de *prejudicialidade por incompatibilidade*[65]. Aqui, o direito do autor não depende da verificação de outro direito, mas, antes, da *inexistência* de *contrafactos impeditivos, modificativos* ou *extintivos* alegados no processo e que se integram em contranormas do sistema jurídico: é este o campo da prejudicialidade, relacionado com as *excepções peremptórias,* que mais nos interessa.

---

[65] Cfr. MENCHINI, *Il giudicato civile*, p. 77.

Problema discutido, de que nos ocuparemos adiante sumariamente, consiste em saber se o *caso julgado* se estende apenas à *decisão relativa ao pedido* ou se abrange igualmente a *decisão sobre a questão prejudicial*.

O legislador, tanto entre nós (art. 96.°, n.° 2), como em Itália (art. 34 do C.P.C.I.), optou pela solução de que não ocorre esse alargamento, *salvo* se alguma das partes o requerer ou a lei o impuser.

Assim, se o juiz, no âmbito de uma acção de responsabilidade civil, afirmou ser o autor proprietário da coisa danificada, a resolução deste ponto escapa, em regra, à força que promana do caso julgado. No fundo, o legislador parte da ideia de que esta questão foi decidida *de passagem*, ou seja, sem a profundidade própria de um futuro processo que venha a tê-la por objecto exclusivo ou principal.

Quer dizer, os factos que integram a questão prejudicial – a *questão prejudicial em sentido técnico* – podem, em princípio, ser julgados de modo diverso num futuro processo, não ficando o tribunal amarrado à decisão anterior[66].

E em que consiste, para finalizar, a denominada prejudicialidade «lógica» (*pregiudizialità in senso logico*)? Esta designação é reservada para um grupo muito particular de hipóteses: aquelas em que vários direitos brotam de uma única fonte, de uma exclusiva relação jurídica (*v.g.*, laboral; de compra e venda; de fornecimento; de abertura de crédito; de arrendamento)[67]. O juiz, a fim de decidir sobre certo direito, tem de verificar a *existência* desta relação ou de proceder à sua *qualificação* jurídica.

Note-se que, ao contrário das situações de prejudicialidade técnica, em que a questão prejudicial nos conduz a diferentes normas

---

[66] Cfr. MENCHINI, últ. ob. cit., pp. 77 e s.; LUISO, ob. cit., pp. 149 e 150.
[67] Cfr. MENCHINI, últ. ob. cit., p. 81.

do sistema jurídico, a prejudicialidade lógica situa-se ao nível da relação matriz (*interna allo stesso rapporto*, nas palavras de PROTO PISANI)[68], ou seja, da relação de que nascem direitos variados, muitas vezes de modo sucessivo.

Levanta-se aqui o problema de saber se o caso julgado se forma também sobre o julgamento da *existência* ou sobre a *qualificação* da relação jurídica em causa.

Apresentemos um exemplo: *A*, alegando ter celebrado com *B* um contrato de fornecimento, pede a condenação do réu no pagamento de determinada prestação. Suponhamos que o tribunal, após reconhecer expressamente a existência do contrato, julga a acção procedente.

O ponto relativo à existência do contrato reveste obviamente a natureza de uma questão prejudicial. Se *A*, no futuro, voltar a pedir o pagamento de novas prestações em dívida, poderá o tribunal pôr em causa a existência do contrato?

Muitos respondem que o caso julgado não se alarga à decisão da questão prejudicial, ressalvando apenas a possibilidade de alguma das partes, nos termos da lei, pedir o julgamento com essa amplitude[69].

Mas uma forte tendência se vem desenhando, como veremos adiante, no sentido de admitir a extensão do caso julgado, no estrito domínio da «prejudicialidade lógica», ao denominado «antecedente lógico necessário»[70].

---

[68] *Lezioni di diritto processuale civile*, p. 71.

[69] Neste sentido se pronuncia, entre nós, ANTUNES VARELA, *Manual de processo civil*, pp. 717 e ss.

[70] PUGLIESE, «Giudicato civile», *in* E.D., vol. XVIII, p. 865, recorre, a este propósito, ao conceito de «caso julgado implícito.» Cfr. também LUGO, *Manuale di diritto processuale civile*, p. 60.

5. Espécies de contrafactos subjacentes às excepções peremptórias: a) Critérios classificadores; b) Os contrafactos impeditivos; c) Os contrafactos modificativos; d) Os contrafactos extintivos.

A excepção peremptória assenta em *factos novos que servem de «causa impeditiva, modificativa ou extintiva do direito invocado pelo autor»* (art. 487.º, n.º 2) e, neste sentido, determina um «alargamento da *quaestio facti*»[71]. No fundo, o réu reconhece a versão dos factos apresentada pelo autor, mas adiciona uma diversa factualidade susceptível de afectar o pedido por este formulado[72].

É sabido que os contrafactos *omitidos* não podem ser levados em conta pelo juiz, sob pena de nulidade da sentença. Por outro lado, deixa de ser possível a sua alegação posterior destinada a afectar um direito judicialmente reconhecido através de sentença transitada em julgado: os contrafactos omitidos ficam «perdidos» ou precludidos[73].

---

[71] FABBRINI, «L'eccezione di merito nello svolgimento del processo di cognizione», nos Studi in memoria di Carlo Furno, p. 264. Através da excepção material, escreve este Autor na p. 276, o demandado exerce «o poder processual de inserir na *quaestio facti* todas as circunstâncias de facto que, segundo a construção legal da *fattispecie*, se encontram ligadas ao facto constitutivo afirmado pelo demandante por um nexo de eficácia impeditiva, modificativa ou extintiva.» Mas a excepção não se reduz, em nosso entender, a este poder de alargamento da *quaestio facti*: o réu excipiente tem, fundamentalmente, o poder de exigir do tribunal uma decisão sobre os contrafactos alegados.

[72] *Vide* PAULUS, *Zivilprozessrecht*, p. 98, onde se refere que a *excepção* (*Einrede*), tal como deve ser entendida à luz da ZPO, implica um «sim, mas» (*ja, aber*) do demandado. No mesmo sentido, JAUERNIG, *Zivilprozessrecht*, p. 141. No entanto, isto apenas nos parece válido nos casos em que o demandado se limita a excepcionar, sem pôr em causa a veracidade dos factos alegados pelo autor. Se o réu *impugna* de forma absoluta e *excepciona*, a excepção não implica um «sim, mas.» Em rigor, encerra um «não, e para além do mais». Exemplificando: «não comprei a coisa ao autor e, logo, nada lhe devo; mas, para além do mais (se, porventura, lhe devesse alguma quantia), o seu direito sempre estaria prescrito.»

[73] Este ponto é sumariamente analisado por FABBRINI, «Eccezione», *in* E.G., vol. XII, p. 5.

Enquanto a *excepção dilatória* se alicerça em ocorrências reveladoras de anomalias ao nível da relação processual ou da instância (a incompetência do tribunal, a ilegitimidade das partes ou a sua falta de capacidade judiciária, por exemplo), a *excepção peremptória* encerra, ao invés, em si mesma, uma questão situada ao nível do mérito ou do fundo da causa.

Em que factos assentam as excepções peremptórias? A lei di-lo, de forma repetida e genérica, nos artigos 487.º, n.º 2, e 493.º, n.º 3.

Trata-se, declara este último preceito, de factos – em rigor, de *contrafactos*, isto é, factos que o réu pode *contrapor* ou *contra-alegar*[74] – e que «impedem, modificam ou extinguem o efeito jurídico dos factos articulados pelo autor.»

Ora, tem pertencido à doutrina a tarefa de caracterizar e distinguir, à luz do direito substantivo, os factos *impeditivos, modificativos* e *extintivos*, uma vez que o legislador, propositadamente silencioso, nada adianta a esse respeito.

O sentido desta factualidade encontra-se intimamente relacionado com o conceito de hipótese normativa ou de *fattispecie*[75]. Na realidade, como autêntico reverso da *fattispecie* de onde deriva o direito do autor, existem, no sistema jurídico, outras hipóteses em que o legislador prevê efeitos impeditivos, modificativos ou extintivos desse direito. Estes efeitos, contrários àquele que o autor pretende alcançar, somente se produzem se forem alegados e provados os contrafactos constitutivos destas *fattispecies* reactivas, previstos nas habitualmente denominadas *contranormas* (*v.g.*, os factos reveladores da prescrição ou da caducidade do direito do autor; os factos relativos a uma causa de extinção das obrigações)[76].

---

[74] *Gegenvorbringen*, na terminologia alemã. Cfr. ARENS/LÜKE, *Zivilprozessrecht*, p. 231.

[75] Assim, LUISO, *Diritto processuale civile*, I, p. 235. Ver também FABBRINI, «L'eccezione di merito nello svolgimento del processo di cognizione», nos Studi in memoria di Carlo Furno, p. 263.

[76] Sobre esta matéria, *vide* ROSENBERG/SCHWAB/GOTTWALD, *Zivilprozessrecht*, p. 679, e, entre nós, TEIXEIRA DE SOUSA, *As partes, o objecto e a prova na acção declarativa*, pp. 161 e ss.

A classificação dos contrafactos defensivos tem-se baseado, cumulativamente, num *critério finalista*, que apela ao efeito desencadeado no direito do autor, e num *critério cronológico*, que situa no tempo, sempre em confronto com o momento da ocorrência dos factos constitutivos, os contrafactos subjacentes às excepções peremptórias[77].

Comecemos pela análise dos *factos impeditivos*. Um facto serve de causa *impeditiva* sempre que *obste ao nascimento* do direito do autor ou, noutros termos, não permita, *ab initio*, que os factos constitutivos produzam a sua eficácia normal[78]. Dentro deste quadro, os factos geradores de qualquer *nulidade substantiva* devem qualificar-se como impeditivos (*v.g.*, os factos concernentes a um vício de forma ou de simulação)[79].

Outro exemplo de um facto impeditivo: proposta uma acção de preferência com fundamento no artigo 1380.º do C.C., o réu, apoiando-se no artigo 1381.º, al. *b*), do C.C., alega que o autor não pode ser considerado titular do direito de prelação, pois a venda

---

[77] É frequente o recurso ao critério temporal por parte da doutrina estrangeira. Ver, por exemplo, ORIANI, «Eccezione», *in* Dig. Disc. Priv., VII, p. 265.

[78] Correspondem, no direito alemão, aos *rechtshindernde Tatsachen*, ou seja, aos factos que impedem o nascimento do efeito jurídico pretendido pelo autor. Cfr. WETZELL, *System des ordentlichen Zivilprozesses*, p. 159; JAUERNIG, *Zivilprozessrecht*, p. 142; PAULUS, *Zivilprozessrecht*, p. 98. Na doutrina espanhola, ver MONTERO AROCA, *Derecho jurisdiccional,* II, p. 212.

[79] Para ALBERTO DOS REIS, *Código de Processo Civil anotado*, vol. III, p. 267, são impeditivos todos os factos *anormais*, ou seja, «todos os factos que se opõem à validade do facto constitutivo.» Mas o facto impeditivo pode obstar pura e simplesmente ao nascimento do direito do autor, não estando em causa qualquer problema de validade. Um exemplo: numa acção de despejo fundada na falta de residência permanente, o inquilino alega que somente deixou de residir no local arrendado porque este se tornou inabitável. Esta «causa de força maior» serve de facto impeditivo do direito de obter o despejo (cfr. os artigos 1083.º, n.º 2, al. *d*), e 1072.º, n.º 2, al. *a*), do C.C.), mas não é rigoroso dizer-se que invalida a relação locativa.

envolveu um conjunto de prédios integrantes de uma «exploração agrícola de tipo familiar.»

Provado este contrafacto a acção improcederá, porque o invocado direito de preferência não chegou sequer a nascer.

Tem-se ido, no entanto, mais longe, enquadrando igualmente na categoria em análise todo e qualquer facto que *impeça a válida constituição* do direito alegado pelo demandante. Os factos causadores das *anulabilidades* do negócio jurídico revestem, neste sentido, natureza impeditiva.

Questiona-se se não seria preferível integrar os factos geradores de qualquer anulabilidade – pensemos, por exemplo, no *erro*, no *dolo*, na *coacção moral* – na categoria dos factos extintivos, pois eles visam, em última análise, extinguir um negócio que produz, enquanto não for invalidado, os efeitos que lhe são próprios.

Contra este diferente enquadramento, a doutrina invoca o referido *critério cronológico*: os factos impeditivos são sempre *anteriores ou contemporâneos* relativamente aos factos constitutivos do direito do autor e é isto o que ocorre com os factos que tornam o negócio jurídico anulável.

Devem ainda subsumir-se na categoria dos factos impeditivos, «enquanto operem *ab initio*, os factos que apenas retardem o surgir» do direito do autor[80]. É o que ocorre, por exemplo, com os factos reveladores de uma *condição suspensiva* ou de uma *moratória*, quando estas tenham sido apostas ao contrato no momento da respectiva celebração[81].

O problema está em saber se não deveremos dar um passo em frente, enquadrando estes factos – note-se que apenas *retardam o surgimento* (*condição suspensiva*) ou *a exercitabilidade do direito do*

---

[80] Cfr. MANUEL DE ANDRADE, *Noções elementares de processo civil*, p. 131.

[81] Neste sentido, na doutrina italiana, MANDRIOLI, *Diritto processuale civile*, I, p. 127.

autor (moratória) – no conceito legal de *excepção peremptória*. Veremos, mais adiante, que tal passo se afigura desacertado. Mas é uma questão puramente terminológica.

O legislador refere-se, em segundo lugar, aos *factos modificativos*, sendo certo que nem sempre lhes fez expressa menção. O Código de 1939, no artigo 498.º, ao explicitar o sentido das *excepções peremptórias*, limitava-se a estabelecer o seguinte: «importam a absolvição do pedido por se verificar a existência de factos que impedem ou extinguem o efeito jurídico dos factos articulados pelo autor.»

Este silêncio em relação aos *factos modificativos* é quebrado, pela primeira vez, nos artigos 487.º, n.º 2, e 493.º, n.º 3, do Código de Processo Civil de 1961. A lei passou a referir-se a uma nova espécie de contrafactos defensivos: os que actuam como *causa modificativa* de um direito ou que, por outras palavras, *alteram o efeito jurídico dos factos articulados pelo autor*.

Factos modificativos são todos aqueles que, de algum modo, *alteraram os termos* de um direito validamente constituído: pensemos na *mudança do local de uma servidão de passagem* ou na *moratória* posteriormente concedida ao devedor[82].

Analisemos o exemplo da mudança do local de exercício de uma servidão: suponhamos que *A*, arrogando-se titular de determinada servidão de passagem, pede a condenação de *B*, proprietário do prédio serviente, a abster-se de perturbar o exercício do seu direito real limitado de gozo. E imaginemos que o réu reage, alegando, por um lado, que o exercício da servidão foi, através de escritura pública celebrada com o anterior proprietário do prédio dominante e inscrita no registo, transferido para local diverso do prédio serviente

---

[82] Cfr. MANUEL DE ANDRADE, ob. cit., p. 131. Também assim CAPELO DE SOUSA, *Teoria geral do direito civil*, I, p. 246.

e estranhando, por outro lado, a ignorância do autor relativamente a esta alteração válida e eficaz *erga omnes* ou a sua teimosia em desrespeitá-la.

Que temos aqui? Uma defesa através de *excepção peremptória* fundada, precisamente, num *facto modificativo* do conteúdo do direito do autor[83].

A *moratória* enquadra-se também na categoria dos factos modificativos, desde que, insistimos, seja concedida pelo credor ao devedor num momento posterior ao da constituição da dívida. Trata-se de um facto que vem alterar ou modificar as *condições de exercitabilidade* de um direito validamente constituído.

Sendo certo que a moratória jamais poderá conduzir à improcedência total ou parcial da acção, mas apenas à sua *improcedência temporária,* parece-nos, na linha do pensamento de ANTUNES VARELA, desajustado, para o caso, o conceito legal de *excepção peremptória.* Voltaremos a este ponto.

A última categoria enunciada pelo legislador é a dos *factos extintivos*[84]. *Temporalmente* posteriores aos factos que originaram o nascimento de um direito, acabam por ditar o fim deste.

Exemplificando, todos os factos que extingam uma qualquer obrigação (*v.g.*, o pagamento da dívida) ou que sejam reveladores da prescrição de um direito de crédito ou da caducidade de um direito potestativo devem qualificar-se como extintivos[85].

---

[83] À luz do critério temporal, o facto modificativo há-de ser posterior aos factos constitutivos alegados pelo demandante.

[84] Correspondem, no direito alemão, aos *rechtsvernichtende Tatsachen*, ou seja, aos factos que, após o nascimento de um direito, acabam por extingui-lo. Os Autores apresentam com frequência os exemplos do pagamento, da compensação e da remissão de uma dívida. *Vide* ROSENBERG/SCHWAB/GOTTWALD, *Zivilprozessrecht*, p. 680, e JAHR, *Die Einrede des bürgerlichen Rechts*, JuS, 1964, p. 129.

[85] TEIXEIRA DE SOUSA, *As partes, o objecto e a prova na acção declarativa*, p. 164, apresenta como exemplos de «excepções extintivas» a verificação de uma

A *Excepção Peremptória* 47

6. *Regime de arguição das excepções peremptórias.* No que concerne ao *regime de arguição das excepções*, dispõe o artigo 496.º, que «o tribunal conhece oficiosamente das excepções peremptórias cuja invocação a lei não torne dependente da vontade do interessado.»

Ao lado das excepções que podem e devem ser conhecidas oficiosamente pelo juiz (*excepções em sentido amplo ou em sentido impróprio*)[86], desde que os contrafactos se encontrem alegados e

---

condição resolutiva, a prescrição, a caducidade e ainda todas as causas de extinção das obrigações – o cumprimento, a dação em cumprimento e *pro solvendo*, a consignação em depósito, a *compensação* [sobre esta excepção nos ocuparemos na parte II do trabalho], a novação objectiva e subjectiva, a remissão da dívida e a confissão.

[86] *V.g.*, o pagamento e a caducidade no domínio dos direitos indisponíveis. Nos termos do artigo 333.º, n.º 1, do C.C., «a caducidade é apreciada oficiosamente pelo tribunal e pode ser alegada em qualquer fase do processo, se for estabelecida em matéria excluída da disponibilidade das partes» (para o caso dos direitos disponíveis, o n.º 2 desta norma remete para o regime consagrado no art. 333.º do mesmo Código). Assim, exemplificando, enquanto a caducidade do direito ao divórcio (art. 1786.º do C.C.) – direito indiscutivelmente indisponível – deve ser apreciada *ex officio* pelo tribunal, mesmo perante o silêncio da parte interessada, já a caducidade do direito de despejo tem de ser invocada pelo inquilino, não podendo o juiz conhecer da excepção peremptória.

Existem casos duvidosos: a caducidade do direito de preferência (prevista no art. 1410.º do C.C.) será do conhecimento oficioso do tribunal? Se o réu ou os réus nada disserem (os réus, se se entender que existe um litisconsórcio necessário passivo), deverá o juiz, perante a manifesta caducidade do direito do preferente, julgar a acção improcedente?

Para PIRES DE LIMA e ANTUNES VARELA, *Código Civil anotado*, vol. III, p. 372, com apoio em certa jurisprudência (cfr. o Ac. da Relação de Coimbra de 16 de Fev. de 1977, C.J. 1977, t. 1, pp. 25-27), «tratando-se (...) de matéria excluída da disponibilidade dos particulares, pode e deve o tribunal, nos termos do n.º 1 do artigo 333.º, conhecer *oficiosamente* da extinção do direito real de preferência.»

Divergimos deste entendimento, pois o exercício do direito de preferência encontra-se na esfera de disponibilidade do respectivo titular. Na realidade, uma pessoa, após ter sido notificada para exercer determinado direito de preferência,

provados[87-88], outras existem que necessariamente têm de entrar no processo através de um acto de vontade da parte interessada (*excepções em sentido estrito ou em sentido próprio*)[89].

E suscita-se, a este respeito, um problema: para que o tribunal possa tomar em linha de conta uma *excepção em sentido próprio*, será indispensável a sua inequívoca dedução pela parte ou bastará que a vontade desta se infira, de forma implícita ou indirecta, do conjunto das alegações defensivas?

No domínio das excepções em sentido próprio, deve entender--se que a excepção não expressamente deduzida implica, em termos processuais, uma renúncia que o tribunal está impedido de ultrapassar oficiosamente[90].

---

pode livremente renunciar a este direito. Parece-nos, portanto, que, na eventualidade de o réu não invocar a excepção da caducidade, ao juiz está vedado conhecer oficiosamente dessa excepção, absolvendo aquela parte do pedido.

[87] A doutrina italiana é muito clara ao afirmar que a posição activa e dominante do juiz na pendência do processo não pode traduzir-se, no domínio das excepções, em ofensas ao princípio do dispositivo. Cfr. CAPPELLETTI, *Nuovi fatti giuridici ed eccezioni nuove nel giudizio di rinvio*, R.T.D.P.C., 1959, p. 1613, nota 10; GUIDETTI, *Le eccezioni nel processo civile*, R.T.D.P.C., 1962, p. 779, e VACCA-RELLA/VERDE, *Codice di Procedura Civile commentato*, p. 218.

[88] LIEBMAN, *Intorno ai rapporti tra azione ed eccezione*, R.D.P., 1960, p. 451, acentua a injustiça da sentença que ignorasse certas excepções. Resultando das próprias alegações do autor que o réu já pagou total ou parcialmente certo preço, o tribunal proferiria uma sentença injusta se, por causa do silêncio do réu, viesse a condenar este no pagamento da quantia. Cfr. COLESANTI, «Eccezione (dir. proc. civ.)», *in* E.D., vol. XIV, p. 181.

[89] Exemplo da prescrição (art. 303.º do C.C.). Igual regime se encontra consagrado no artigo 2938 do C.C.I.. Com base neste preceito se tem afirmado que «o juiz não pode oficiosamente invocar a prescrição, mesmo se esta resultar *ictu oculi* dos factos deduzidos pelo demandado». Cfr. MENEZES CORDEIRO, *Tratado de Direito Civil português I* – Parte geral, t. IV, p. 165, e GUIDETTI, est. cit., p. 792.

[90] Neste sentido GUIDETTI, est. cit., pp. 785 e s. Entre nós, TEIXEIRA DE SOUSA, *As partes, o objecto e a prova na acção declarativa*, p. 161, e LEBRE DE FREITAS, *A confissão no direito probatório*, p. 29.

A *Excepção Peremptória* 49

7. Natureza do direito de excepcionar. O *direito de excepcionar* consiste no *poder processual de exigir*, uma vez preenchidos certos requisitos adjectivos, *a pronúncia judicial sobre contrafactos susceptíveis de afectar o efeito pretendido pelo autor.* Trata-se de um autêntico *direito subjectivo processual*, pois recai sobre o tribunal, como resulta do artigo 660.º, n.º 2, o dever de se pronunciar sobre a excepção arguida pela parte[91].

Lembremos que sobre o réu impende, nos termos do artigo 342.º, n.º 2, do C.C., o ónus da prova da excepção: assim como o autor tem de provar os factos constitutivos do direito alegado, também o demandado tem de convencer o juiz da existência da *causa excipiendi*, ou seja, dos *factos constitutivos da excepção* (*reus in excipiendo actor est*). Não basta, pois, alegar a excepção, é necessário prová-la[92].

Noutras hipóteses, como já dissemos, o tribunal, perante a inércia da parte, mas firmando-se em factos alegados e provados no processo, tem o *poder-dever* de conhecer, oficiosamente, das excepções peremptórias e de extrair delas as devidas consequências[93].

---

[91] Este dever judicial, cuja violação importa a nulidade da sentença, é acentuado por MICHELI, *Corso di diritto processuale civile*, I, p. 25, e por FABBRINI, «L'eccezione di merito nello svolgimento del processo di cognizione», nos Studi in memoria di Carlo Furno, p. 296. Entre nós, ver, por todos, ANTUNES VARELA, *Manual de processo civil*, p. 296.

[92] Ver, neste ponto, ALBERTO DOS REIS, *Código de Processo Civil anotado*, vol. III, pp. 274 e ss.; MANUEL DE ANDRADE, *Noções elementares de processo civil*, p. 202; ANTUNES VARELA, ob. cit., pp. 452 e s.; MICHELI, *Corso di diritto processuale civile*, II, pp. 78 e s.; GUIDETTI, est. cit., p. 782 (com ampla citação de jurisprudência italiana), e MONTERO AROCA, *Derecho jurisdiccional*, II, p. 262. O entendimento de que a excepção coloca o réu na posição de autor tem origem no Direito Romano, como explica CANNATA, «Eccezione-diritto romano», *in* NN.D.I., vol. VI, p. 347.

[93] O dever de pronúncia, note-se, existe mesmo que os contrafactos tenham sido alegados e provados pela parte a quem não aproveita a excepção. Neste sentido, CHIOVENDA, *Principii di diritto processuale civile*, p. 268.

A *excepção peremptória* e o *pedido* do autor ocupam pólos opostos da mesma linha, podendo configurar-se a primeira, metaforicamente, como um «projéctil» dirigido ao pedido[94].

Frequentemente, deparamo-nos com o facto de o réu solicitar, na *conclusão da defesa*, a sua *absolvição do pedido*[95]. Será isto indispensável? É prática habitual, mas inútil, uma vez que a procedência da excepção peremptória conduz de forma automática a esse efeito.

Conceituada doutrina defendeu, no passado, que a excepção tinha sempre por alvo principal o *direito de acção*. Trata-se, porém, de uma tese inaceitável, pois a excepção em nada interfere com este direito subjectivo processual[96].

Se fosse válido o clássico entendimento de que ao autor assiste o direito de obter uma decisão favorável, teria de concluir-se, congruentemente, que a excepção se destinava a afectar o direito de acção ou se traduzia num *jus ad impugnandam actionem*[97].

---

[94] «A excepção contrapõe-se ao pedido e destina-se a alcançar um resultado oposto, um resultado que vai colidir com o fim que se quer atingir através do pedido», escreve ORIANI, «Eccezione», *in* Dig. Disc. Priv., VII, p. 308. Já neste sentido, com clareza, se pronunciou BÜLOW, *Die Lehre von den Prozesseinreden und die Prozessvoraussetzungen*, pp. 222 e s.

[95] Prática com raízes no artigo 492.º do Código de Processo Civil de 1939, onde se estabelecia que o réu, na contestação, devia, para além do mais, individualizar «as conclusões da defesa.» A verdade é que, presentemente, o artigo 488.º não se refere a estas conclusões.

[96] Como bem assinala LIEBMAN, *Intorno ai rapporti tra azione ed eccezione*, R.D.P., 1960, p. 452, «o modo de entender a acção influi indubitavelmente no modo de entender a excepção.»

[97] Era esta a tese de CHIOVENDA, para quem a excepção se traduzia num contradireito (um *direito potestativo*) destinado a anular o direito de acção (*il diritto d'impugnare il diritto d'azione*). Cfr. «*Sulla eccezione*», *in* Saggi di diritto processuale civile, vol. I, p. 151. A mesma ideia foi seguida por JAEGER, *La riconvenzione*, p. 115. Apologista do conceito chiovendiano de excepção se mostrou, em tempos mais recentes, SERGIO COSTA, «Eccezione – diritto vigente», *in* NN.D.I., vol. VI, p. 350. As raízes desta tese encontram-se no Direito Romano: a «exceptio», inserida na fórmula processual pelo pretor, a pedido do demandado, permitia neutra-

Há muito, porém, é pacífico que o direito de acção não encerra em si mesmo o poder de exigir uma decisão judicial vantajosa[98-99].

---

lizar a «actio civilis.» Neste sentido, a «exceptio», como ensina SEBASTIÃO CRUZ, *Direito Romano*, I, p. 336, frustrava a «actio civilis» antes concedida pelo próprio pretor. A *exceptio*, acentua BÜLOW, ob. cit., pp. 259 e s., «dirigia-se contra o conteúdo da acção» (*gegen den Inhalt der Klage*). O consagrado Autor germânico reproduz, a propósito, uma passagem do Comentário *Ad Edictum* de ULPIANUS (*in* 1. 2 pr. de exc. 44, 1. – Ulp. libr. 74 ad Ed.; também *in* D. 44,1,2pr.): «Exceptio dicta est quasi quaedam exclusio, quae opponi actioni cuiusque rei solet ad (ex)cludendum id, quod in intentionem condemnationem deductum est.» Só acto de excepcionar (o «modus excipiendi») respeitava ao direito processual e não ao direito privado. Cfr. também SANTOS JUSTO, *A «fictio iuris» no Direito Romano* (*«actio ficticia»*), p. 350, e CANNATA, *Profilo istituzionale del processo privato romano*, II (*il processo formulare*), pp. 110 e s.

Sobre as várias teorias relacionadas com o moderno conceito de direito de acção, ver o minucioso estudo de PEKELIS, «Azione», *in* N.D.I., pp. 91 e ss. A cisão entre o direito subjectivo e o direito de acção, ocorrida na passagem do século XIX para o século XX, pode considerar-se uma das mais importantes contribuições em prol da emancipação da ciência processual.

[98] Cfr. MORTARA, *Manuale della procedura civile*, vol. I, pp. 12-15; CARNELUTTI, *Lezioni di diritto processuale civile*, vol. IV, p. 389; *Un lapsus evidente?*, R.D.P., 1960, p. 447, e SCHÖNKE, *Il bisogno di tutela giuridica*, R.D.P., 1948, vol. III-Parte I, pp. 137 e s. Ver, por todos, entre nós, PIRES DE LIMA, *Caso julgado em acções de filiação*, G.R.L., Ano 35.º (1921-1922), pp. 241 e ss. («O direito *à acção* é essencialmente diverso do direito invocado *na acção*»); ANTUNES VARELA, *O direito de acção e a sua natureza jurídica*, R.L.J., Ano 125.º, pp. 328 e s.; 358-361; OLIVEIRA ASCENSÃO, *Direito civil – Teoria Geral*, vol. III, p. 319; CASTRO MENDES, *O direito de acção judicial*, pp. 96, 101 e 134 e s.; TEIXEIRA DE SOUSA, *O objecto da sentença e o caso julgado material*, B.M.J. n.º 325, pp. 50 e s.; *O concurso de títulos de aquisição da prestação*, p. 83; LEBRE DE FREITAS, *A confissão no direito probatório*, p. 25, nota 16. Em sentido diametralmente oposto, PALMA CARLOS, *Direito processual civil*, I, p. 44, segue a teoria segundo a qual «o direito de acção é o direito de obter no Estado um acto de tutela jurídica sob forma de uma sentença favorável, ou justa (…).» Na *jurisprudência*, e em defesa da tese de que o direito de acção é um direito subjectivo autónomo e distinto do direito material, *vide* o Ac. da Relação de Lisboa de 8 de Fev. de 2007 (disponível no sítio *http://www.dgsi.pt*).

[99] O direito de acção é um direito-garantia consagrado no artigo 20.º da C.R.P. Cfr. GOMES CANOTILHO/VITAL MOREIRA, *Constituição da República portuguesa*

Trata-se, antes, de um *direito abstracto*, pois o seu exercício não pressupõe que a razão esteja do lado do autor[100]. «O direito a uma sentença favorável não existe», escreveu ZANZUCCHI: poderá afirmar-se, quando muito, que o autor tem a *legítima expectativa* ou a *esperança* de vir a obter uma sentença justa[101].

Sem grandes desenvolvimentos, diremos que o complexo *direito de acção*, indissociável do dinamismo processual, não apresenta um conteúdo estático, alterando-se ao longo da lide. Reveste natureza muito abstracta – o grau máximo de abstracção – no momento da entrega da petição em juízo, uma vez que, nesta fase primordial, é apenas o *poder de exigir do tribunal uma decisão*, qualquer que ela seja, de forma ou de mérito[102-103].

---

anotada, vol. I, pp. 406 e ss.; GOMES CANOTILHO, *Direito constitucional e teoria da Constituição*, pp. 396, 433 e 496 e s.; ALVES CORREIA, *Os direitos fundamentais e a sua protecção jurisdicional efectiva*, B.F.D.C., vol. LXXIX, 2003, pp. 73 e s.

[100] Cfr. KOHLER, *Ueber die Grundlagen des Civilprozesses*, AcP, 1905, p. 11, e HELLWIG, *Anspruch und Klagrecht*, pp. 146 e s. Contra a corrente, mas sem razão, se pronunciou INVREA, *Interesse e azione*, R.D.P.C., 1928, pp. 335, 337 e s.

[101] *Diritto processuale*, I, p. 56. Sobre o sentido da palavra *expectativa*, vide GALVÃO TELLES, *Expectativa jurídica (algumas notas)*, O Direito, 1958, pp. 2 e s.

[102] Assim CAPPELLETTI, *L'eccezione come controdiritto del convenuto*, R.D.P., 1961, p. 275, para quem, numa primeira fase, o direito de acção aparece como o direito a uma qualquer pronúncia, mesmo que exclusivamente processual (*anche esclusivamente processuale*). Não existe, na verdade, o direito a que se profira «*sempre* uma decisão sobre o *mérito da causa*.» Cfr. JORGE MIRANDA/RUI MEDEIROS, *Constituição portuguesa anotada*, t. I, p. 191. Sobre a natureza do dever que recai sobre o órgão judicial e, em especial, sobre os efeitos decorrentes da violação deste dever, veja-se BLOMEYER, *Der Rechtsschutzanspruch im Zivilprozeß*, in Festschrift für Eduard Bötticher, p. 67.

[103] O exercício do direito de acção, acompanhado pelo posterior chamamento do réu, está na génese da denominada *relação jurídica processual*. O processo não se reduz a uma mera sequência de actos, pois encerra em si mesmo uma relação jurídica ou instância. De acordo com certo entendimento, trata-se de uma relação *angular*, ou seja, de uma relação *entre o autor e o juiz*, por um lado, e *entre o réu e o juiz*, por outro. Nega-se, desta forma, a existência de uma directa ligação

Depois, e uma vez confirmada, no despacho saneador, a existência dos requisitos indispensáveis para o conhecimento do objecto

entre as próprias partes. Assim se pronunciam, na doutrina italiana, CARNELUTTI, *Lezioni di diritto processuale civile*, vol. IV, p. 364; UGO ROCCO, *Trattato di diritto processuale civile*, I, pp. 384 e 386. No mesmo sentido, entre nós, ALBERTO DOS REIS, *Processo ordinário e sumário*, vol. 1.º, pp. 138, 153 e 168; *Comentário ao Código de Processo Civil*, vol. 3.º, p. 67; MANUEL RODRIGUES, *Do processo declarativo*, p. 56; MANUEL DE ANDRADE, *Lições de processo civil* (MORENO/SECO/JUNQUEIRO), pp. 362 e ss.; *Noções elementares de processo civil* (1956), p. 12; LUSO SOARES, *A responsabilidade processual civil*, p. 80, e *Processo civil de declaração*, p. 245.

Esta tese, porém, não retrata fielmente a instância, na medida em que apaga algo evidente e muito relevante: a existência, entre as partes, de direitos e de deveres recíprocos de cariz estritamente processual. Assim, por exemplo, o dever de verdade (art. 266.º-A) é um dever para com o tribunal, mas também para com o adversário; o mesmo ocorre com o dever de cooperação (art. 266.º). A ofensa destes deveres faz recair sobre o lesante o dever de indemnizar, nos termos do artigo 456.º, a contraparte lesada. Ora, como explica CALAMANDREI, *Il processo come situazione giuridica*, R.D.P.C., Parte I, 1927, p. 224, em frontal e certeira crítica ao pensamento de GOLDSCHMIDT (expresso na obra *Der Prozess als Rechtslage – Eine Kritik des prozessualen Denkens*, pp. 76-133), os deveres processuais do juiz e das partes têm a sua origem na relação jurídica processual e não em qualquer «superior relação de direito público existente entre o Estado e os cidadãos.»

A relação jurídica processual é, em síntese, a nosso ver, uma relação de direito público, triangular, complexa, dinâmica e finita que, tendo origem no exercício do abstracto direito de accionar e na posterior citação do réu (art. 267.º, n.os 1 e 2), impõe ao juiz o dever de decidir, para além de lhe atribuir poderes relativos à boa condução do processo e à descoberta da verdade material, e faz recair sobre as partes um vasto conjunto de ónus e um número mais restrito, mas significativo, de deveres. Ultrapassado está o entendimento de GOLDSCHMIDT, *Derecho procesal civil*, p. 8, que considerava «infrutuoso para a ciência processual o conceito de relação jurídica processual, até porque não recai sobre os litigantes qualquer obrigação de natureza processual.» Na nossa doutrina, PAULA COSTA E SILVA, *Acto e processo*, p. 128, qualifica o processo como um facto e não como uma relação, argumentando que o processo não é uma «realidade estática» (assim também, na doutrina italiana, MANDRIOLI, *Diritto processuale civile*, vol. I, p. 40, quando afirma que o processo é bem mais do que uma relação jurídica, conceito estático e incapaz de exprimir o movimento ínsito a qualquer processo). Mas o conceito de «facto» está longe de traduzir a essência do processo ou a sua unidade intrínseca e o conceito de relação comporta perfeitamente

do processo, o direito de acção ganha novo conteúdo, passando a assistir ao autor o *direito a uma decisão sobre o mérito da causa*, mas nunca o direito ao êxito do pedido[104-105].

uma ideia de dinamismo, como de forma expressiva explicou BÜLOW, *Die Lehre von den Prozesseinreden und die Prozessvoraussetzungen*, pp. 2 e 3. A relação processual é, diríamos, *cinética* (isto mesmo é reconhecido por MANUEL DE ANDRADE, *Lições de processo civil*, p. 363, ao escrever que a relação processual é progressiva, pois «vai avançando gradualmente para o resultado último a que tende o processo – a decisão final»; assim também TEIXEIRA DE SOUSA, *Sobre a teoria do processo declarativo*, p. 69; ZANZUCCHI, ob. cit., p. 5; LUGO, *Manuale di diritto processuale civile*, p. 26, e OLIVA SANTOS, *Sobre conceptos básicos del derecho procesal*, Rev. Der. Proc. Iber., 1976, p. 207). PAULA COSTA E SILVA parece, no entanto, que acaba por não se afastar totalmente do conceito de relação jurídica processual, ao escrever, na p. 153, o seguinte: «Se o direito de acção coloca em relação um direito de exigir uma actuação concreta do tribunal e um dever deste tribunal de apreciar o acto praticado, podemos seguramente afirmar que do exercício do direito de acção decorre a constituição de uma relação jurídica entre a parte e o tribunal.» E na p. 169: «No que respeita à existência de relações jurídicas entre as partes e o tribunal, estas existem efectivamente e fundam-se no direito de acção. Com fundamento nesta situação jurídica, podemos afirmar que o processo determina a constituição de duas relações, estabelecendo-se cada uma delas entre cada uma das partes e o tribunal.»

Quanto a nós, conforme já dissemos, o conceito mais adequado, aquele que retrata fielmente as coisas, é o conceito de *relação jurídica triangular*, defendido, entre outros, por BARBOSA DE MAGALHÃES, *Estudos sôbre o novo Código de Processo Civil*, I, pp. 243 e 246 (a relação processual, *autónoma, de direito público, complexa* e *progressiva*, estabelece-se «entre o tribunal e cada uma das partes, mas também entre estas»); ANTUNES VARELA, *O direito de acção e a sua natureza jurídica*, R.L.J., Ano 126.°, p. 70; TEIXEIRA DE SOUSA, *Introdução ao processo civil*, p. 77; LEBRE DE FREITAS, *Introdução ao processo civil*, p. 138; LENT, *Zur unterscheidung von Lasten und Pflichten der Parteien im Zivilprozeß*, ZZP, 1954, pp. 345 e s.; ROSENBERG/SCHWAB/GOTTWALD, *Zivilprozessrecht*, p. 11; ZEISS/SCHREIBER, *Zivilprozessrecht*, p. 51; HARTMANN, *Zivilprozessordnung* (BAUMBACH/LAUTERBACH/ALBERS/HARTMANN) (§ 128 ZPO), pp. 622 e s.

[104] Sobre o juiz recai apenas o dever de decidir; ao autor, nos casos em que a acção se apresente fundada, há-de pertencer a *expectativa*, naturalmente forte, de vir a tornar-se vencedor da lide. Sobre o problema da responsabilidade dos juízes pelos erros que cometam nos seus julgamentos, *vide* HENRIQUE MESQUITA, «Arbitragem: competência do tribunal arbitral e responsabilidade civil do árbitro», *in* Ab uno ad omnes – 75 anos da Coimbra Editora, pp. 1388 e s.

Decorre do exposto que a excepção material, ao colocar-se precisamente ao nível do fundo da causa, jamais afecta o direito de acção[106].

O que a excepção encerra em si mesma, como ensina FABBRINI, é «o poder processual (…) de obrigar o juiz a condicionar o conteúdo da decisão de mérito à apreciação dos factos impeditivos, modificativos ou extintivos»[107].

Uma vez deduzida a excepção, sobre o juiz recai o *dever* de sobre ela se pronunciar, um dever análogo ao de julgar o pedido deduzido através da acção[108].

A nossa conclusão é simples: a excepção em nada afecta o direito de acção, limitando-se a influir no sentido da sentença relativa ao mérito[109]; a excepção também não se traduz no direito à

---

[105] Bem vistas as coisas, o direito de acção não se reduz ao poder de exigir uma decisão, mas antes se desdobra num amplo feixe de poderes que vão sendo exercidos ao longo do processo. Cfr. GARBAGNATI, *Azione ed interesse*, Jus, 1955, p. 327; PROTO PISANI, *Lezioni di diritto processuale civile*, p. 214, e *La trascrizione delle domande giudiziali*, p. 4, nota 3. Como afirma PAULA COSTA E SILVA, ob. cit., p. 150, «todos os direitos em que a parte (…) vai sendo investida ao longo do processo mais não são do que manifestações do direito de acção. Mais precisamente ainda, são faculdades integradas naquele direito subjectivo.»

[106] Cfr. BOLAFFI, *Le eccezioni nel diritto sostanziale*, p. 103; COLESANTI, «Eccezione (dir. proc. civ.)», *in* E.D., vol. XIV, pp. 179 e 188.

[107] *L'eccezione di merito nello svolgimento del processo di cognizione*, nos Studi in memoria di Carlo Furno, pp. 280 e 296. Este ensinamento é seguido por GARBAGNATI, *Questioni preliminari di merito e questioni pregiudiziali*, R.D.P., 1976, p. 264.

[108] Trata-se de uma nota devidamente realçada por CAPPELLETTI, est. cit., p. 268, em oposição ao pensamento de CARNELUTTI, que reduzia a excepção a uma mera alegação de contrafactos (cfr. *Eccezione ed analisi dell'esperienza*, R.D.P., 1960, p. 645). Para CAPPELLETTI, a excepção consiste num «verdadeiro e próprio contradireito (*controdiritto*) de acção do réu», seguindo a tese de LIEBMAN (*Manuale di diritto processuale civile*, p. 161; *Intorno ai rapporti tra azione ed eccezione*, R.D.P., 1960, p. 452), segundo a qual a excepção em sentido próprio ou substancial não passa de «um direito processual análogo ao direito de acção.» CARNELUTTI, *Un lapsus evidente?*, R.D.P., 1960, p. 447, acabou por reconhecer que a excepção equivale à *acção do réu*.

[109] A excepção material não interfere com o direito de acção, mas, naturalmente, como observa LA ROSA, *Per una triplice distinzione delle eccezioni*, G.I.,

imprecedência do pedido, mas antes e tão-só no direito à pronúncia judicial sobre os contrafactos defensivos oportunamente alegados[110].

8. *Caso julgado.* Ponto altamente problemático, já atrás aflorado, é o do alcance do julgamento das excepções peremptórias.

O juiz, em princípio, aprecia a excepção *incidentalmente* (*incidenter tantum*), no âmbito dos denominados *motivos*, ou seja, sobre a respectiva decisão não se forma caso julgado material (a excepção não alarga o *thema iudicandi*), podendo vir, no futuro, a ser objecto de uma decisão diferente.

Em regra, portanto, a decisão da *excepção material* tem o valor e o alcance de *caso julgado formal*, uma vez que a sua força se restringe ao processo onde a questão foi suscitada, influindo apenas ao nível da procedência da acção.

Este regime encontra-se expressamente consagrado no artigo 96.º, n.º 2, onde se dispõe que «a decisão das questões e incidentes suscitados não constitui (...) caso julgado fora do processo respectivo, excepto se alguma das partes requerer o julgamento com essa amplitude e o tribunal for competente do ponto de vista internacional e em razão da matéria e da hierarquia»[111].

Na linha da tradição há muito sedimentada no *direito continental europeu*, o caso julgado material fica confinado à parte decisória da sentença e só extraordinariamente as questões prejudiciais

---

1954, p. 83, conduz, quando procedente, à extinção da instância. Para La Rosa, «a excepção em sentido substancial é o poder de extinguir a acção antes que esta possa redundar numa sentença favorável ao autor.» No entanto, a extinção da acção não passa, em nosso entender, de um efeito reflexo da excepção, pois esta visa em primeira linha atingir o pedido deduzido pelo autor. Os conceitos devem compreender aquilo que é essencial ou nuclear – e não o secundário ou o acessório – e, por isso, afigura-se criticável a noção avançada por La Rosa.

[110] Cfr. Liebman, *Intorno ai rapporti tra azione ed eccezione*, R.D.P., 1960, p. 452.

[111] Cfr., a título meramente exemplificativo, o Ac. do S.T.J. de 18 de Out. de 2001, C.J. (Acs. do S.T.J.), vol. III, pp. 90 e ss.

A *Excepção Peremptória* 57

são apreciadas com essa especial força imperativa[112], tornando-se imprescindível, para que tal ocorra, o pedido expresso do autor ou do réu ou, como veremos, em hipóteses raríssimas, a vontade da lei nesse sentido[113-114-115].

---

[112] No direito processual vigente no sistema da *common law*, concretamente no sistema norte-americano, as questões (*issues*) prejudiciais são, em princípio, cobertas pela força do caso julgado, efeito designado pela expressão *collateral estoppel*. No fundo, trata-se de uma preclusão (*issue or fact preclusion*): *discutidas* e *decididas* em determinado processo, as questões não podem ser reexaminadas num segundo processo com as mesmas partes e baseado em diversa causa de pedir. No entanto, isto somente ocorrerá no âmbito das questões litigiosas, ou seja, daquelas que tenham sido objecto de efectiva e séria discussão. Razões de *ordem pública* (*motives of public policy*), como acentuou o Supremo Tribunal dos Estados Unidos na histórica decisão relativa ao litígio *Cromwell v. County of Sac* (94 US. 351, 24 L. Ed. 195, 1876), justificam o alargamento do caso julgado a estas questões.

A doutrina distingue duas espécies de *collateral estoppel*: o *estoppel* ofensivo (*offensive*) e o defensivo (*defensive*). Na primeira, o *autor* impede que uma questão que foi decidida contra o réu seja reapreciada; na segunda, o *réu* serve-se do *collateral estoppel* para travar a reapreciação de qualquer ponto já decidido, no passado, contra o autor. Cfr. FREEDMAN, *Res judicata and collateral estoppel*, pp. 31 e s. Sobre a matéria, em geral, da *res judicata* e do *collateral estoppel* no direito processual norte-americano, *vide* SCOTT, *Collateral estoppel by judgment*, Harv. L. Rev., 1942-1943, pp. 1-7; SMITH, *Res judicata in California*, Calif. L. Rev., vol. XL, 1952, pp. 413 e ss.; FRIEDENTHAL/KANE/MILLER, *Civil procedure*, pp. 645 e ss.; HAZARD/TARUFFO, *American civil procedure*, pp. 172 e ss.; 191 e s., e TARUFFO, *Collateral estoppel sulle questioni*, R.D.P., 1971, pp. 651-674.

Paralelamente, no direito inglês, o denominado *issue estoppel* recai sobre as questões decididas que constituem a base da sentença (o *groundwork* da decisão): mas, note-se, somente sobre as questões cujo julgamento seja *necessário* ou *imprescindível* para a decisão final. Cfr. SPENCER BOWER/TURNER/HANDLEY, *The doctrine of res judicata*, pp. 88 e s.; 103.

[113] Igualmente no direito italiano, ao desenvolvimento da *quaestio facti*, originado pela introdução de excepções materiais, não corresponde a ampliação automática dos limites objectivos do caso julgado. De acordo com o regime consagrado no artigo 34 do C.P.C.I., somente a vontade das partes ou do legislador têm força para transformar o julgamento *incidenter tantum* das questões prejudiciais (julgamento, diga-se, para o exclusivo efeito de se decidir sobre o direito dependente) num autên-

Isto é assim quanto às questões prejudiciais relacionadas com a denominada «prejudicialidade técnica.» Recordemos que esta abrange

tico *accertamento incidentale*. Como explica MONTESANO, *In tema di accertamento incidentale e di limiti del giudicato*, R.D.P., 1951, p. 334, a citada norma, que consagra o pensamento de CHIOVENDA, «reduz o número de casos em que a mera solução de uma questão é coberta com a autoridade do caso julgado, exigindo, para que se verifique a apreciação incidental, a vontade de uma parte.» Assim também MENESTRINA, *La pregiudiciale nel processo civile*, pp. 127 e ss.; ZANZUCCHI, *Diritto processuale civile*, I, p. 332, e FAZZALARI, *Istituzioni di diritto processuale*, pp. 424 e s.

«A excepção – escreve por sua vez DENTI, *L'eccezione nel processo civile*, R.T.D.P.C., 1961, p. 35 – coloca-se, pela sua própria natureza, fora do quadro das apreciações incidentais.» Para PROTO PISANI, *Note problematiche e no sui limiti oggettivi del giudicato civile*, F.I., 1987, p. 450, certo é que o direito positivo processual exclui, em princípio, a formação do caso julgado sobre as questões prejudiciais. E o mesmo entendimento é sufragado, sem a mais leve dúvida, por ANDRIOLI, *Commento al Codice di Procedura Civile*, vol. I, p. 113; COLESANTI, «Eccezione (dir. proc. civ.)», *in* E.D., vol. XIV, p. 203; ATTARDI, *In tema di limiti oggettivi della cosa giudicata*, R.T.D.P.C., 1990, pp. 483 e 496; LUISO, *Diritto processuale civile*, I, p. 149; II, p. 221, e por RICCI, *Principi di diritto processuale generale*, p. 245.

[114] Com fundamento no § 322 I da ZPO, que limita o caso julgado à decisão da pretensão (*Anspruch*) ou à parte dispositiva da sentença (*Urteilstenor*), a doutrina alemã defende que as *excepções* não são decididas com força de caso julgado, mesmo quando a partir dos factos que as sustentam fosse possível deduzir uma pretensão. Cfr. ROSENBERG/SCHWAB/GOTTWALD, *Zivilprozessrecht*, p. 1064; GOTTWALD, *Münchener Kommentar zur Zivilprozeßordnung* (LÜKE/WAX), vol. 1, (§ 322 ZPO), p. 2119; JAUERNIG, *Zivilprozessrecht*, p. 204; ARENS/LÜKE, *Zivilprozessrecht*, p. 346; MUSIELAK, *Grundkurs ZPO*, pp. 345 e s.; ZIMMERMANN, *Zivilprozeßordnung*, pp. 305 e 412 e s.; SCHILKEN, *Zivilprozessrecht*, p. 235; VOLLKOMMER, *Zivilprozessordnung* (ZÖLLER), p. 1011. Ver também LENT, *Diritto processuale civile tedesco*, p. 248.

Igualmente no direito suíço a autoridade do caso julgado abrange apenas a parte dispositiva do julgamento. Ver, por todos, HABSCHEID, *Droit judiciaire privé suisse*, pp. 312 e s.

[115] O Código de Processo Civil brasileiro consagra expressamente a solução segundo a qual sobre as questões prejudiciais não se forma, em princípio, caso julgado (cfr. art. 469). Isto somente não ocorrerá se alguma das partes deduzir um pedido de apreciação incidental (cfr. arts. 5.º e 470.º). Ver, sobre as normas citadas, as concisas anotações de NELSON JUNIOR/ROSA NERY, *Código de Processo Civil comentado* e, também, FORNACIARI JÚNIOR, *Da reconvenção no direito processual civil brasileiro*, pp. 43 e s.

A *Excepção Peremptória* 59

tanto as situações em que o juiz, para reconhecer um direito (*v.g.*, um direito indemnizatório), tem de declarar existente outro direito (*v.g.*, a propriedade do lesado)[116], como os casos em que o juiz, para dar luz verde à pretensão do demandante, tem de se convencer da inexistência ou da ineficácia de contrafactos impeditivos, modificativos ou extintivos (*v.g.*, contrafactos reveladores da prescrição do direito ou da coacção moral exercida pelo autor no momento da celebração do contrato)[117].

Contrariamente ao que ocorria no domínio do Código de Processo Civil de 1939, o actual artigo 96.º tem gerado, apesar de tudo, maior concordância na doutrina[118].

---

[116] Outros exemplos: se um indivíduo, invocando a qualidade de filho, pede a condenação de alguém a prestar-lhe alimentos, a existência da relação de paternidade não fica, em princípio, coberta pelo caso julgado. Cfr. TEIXEIRA DE SOUSA, *Estudos sobre o novo processo civil*, p. 580. Ver o mesmo exemplo em LANCELLOTTI, *Variazioni dell'implicito rispetto alla domanda, alla pronuncia ed al giudicato*, R.D.P., 1980, pp. 480 e s.

Noutro domínio, se alguém vem pedir, através de uma acção de demarcação, que se definam as estremas de prédios confinantes, a questão da propriedade destes prédios não fica, em regra, coberta pela força do caso julgado. Cfr. CARVALHO MARTINS, *Demarcação*, p. 20.

[117] Neste sentido PROTO PISANI, *Note problematiche e no sui limiti oggettivi del giudicato civile*, F.I., 1987, p. 448.

[118] Com efeito, nos termos do artigo 96.º do Código de Processo Civil de 1939, a decisão dos incidentes e das questões que o réu suscitasse como meio de defesa não constituía caso julgado fora do processo. No entanto, este princípio sofria desvios em duas hipóteses: 1ª) Se alguma das partes requeresse o julgamento com força de caso julgado e o tribunal tivesse, para tanto, competência em razão da matéria e da hierarquia; 2ª) Se o conhecimento da questão ou do incidente implicasse o conhecimento do objecto da acção. Esta segunda hipótese era deveras embaraçante. Para ALBERTO DOS REIS, *Código de Processo Civil anotado*, vol. III, pp. 144 e s., o conhecimento da questão incidental implicava o conhecimento do objecto da acção quando a solução daquela fosse condição necessária, embora não suficiente, para o julgamento da causa.

Mas esta interpretação – típica de uma teoria extensiva – reduzia a pouco ou a quase nada o princípio de que o caso julgado não se alarga à decisão das questões incidentais. Fundado precisamente nesta observação, MANUEL DE ANDRADE,

Como acentua CASTRO MENDES, «o art. 96.º, n.º 2, é suficientemente claro no sentido de que a solução judicial sobre os fundamentos não tem a força de caso julgado da decisão sobre o pedido»[119].

Apoiando-se na mesma norma, escreve TEIXEIRA DE SOUSA: «Se só a apreciação incidental possibilita que os fundamentos da decisão adquiram valor de caso julgado fora do processo respectivo, é porque tais fundamentos não possuem em si mesmos esse valor.» E logo acrescenta: «Isto vale tanto para os fundamentos que constituem a causa de pedir do pedido ou da reconvenção, como para os factos (impeditivos, modificativos ou extintivos) que são invocados pelo réu como excepção peremptória»[120].

Refira-se que também no domínio do *processo administrativo* se aplica, por força do disposto no artigo 1.º do C.P.T.A., quanto ao julgamento das *questões jurídico-administrativas* suscitadas pelo réu como meio de defesa (*excepções*), o regime instituído no artigo 96.º do Código de Processo Civil: assim, a decisão relativa a estas questões não vale fora do respectivo processo, salvo se se preencherem as condições previstas no n.º 2 deste preceito[121].

Noções elementares de processo civil, pp. 316 e ss., defendeu uma série de restrições à referida al. *b*) do artigo 96.º.

O problema está hoje, pelo menos de *iure constituto*, ultrapassado. À supressão, em 1961, desta alínea, como explica LEBRE DE FREITAS, *Código de Processo Civil anotado*, vol. 1.º (com J. REDINHA e R. PINTO), p. 172, «dificilmente pode ser negado o significado de afastar a eficácia automática de caso julgado material da decisão sobre os fundamentos da sentença, de acordo com a limitação do caso julgado pelo pedido (ou «efeito jurídico pretendido»), nos termos do art. 498-3: independentemente de o fundamento da sentença ser indiscutível como pressuposto da decisão proferida, ele não é invocável como fundamento de outras decisões, ainda que dependentes dos mesmos pressupostos.»

[119] *Limites objectivos do caso julgado em processo civil*, p. 220. Ver também p. 215.

[120] *Estudos sobre o novo processo civil*, p. 580.

[121] Cfr. MÁRIO ESTEVES DE OLIVEIRA/RODRIGO ESTEVES DE OLIVEIRA, *Código de Processo nos tribunais administrativos*, vol. I, p. 188.

A *Excepção Peremptória*

No respeitante às *questões de natureza não administrativa* nascidas na pendência de um processo administrativo, aplica-se a solução consagrada no artigo 15.º do C.P.T.A.: somente são abrangidas pela força do caso julgado na eventualidade de o juiz da causa «sobrestar na decisão até que o tribunal competente se pronuncie»[122]. Se assim não acontecer, a questão prejudicial é decidida *incidenter tantum*, ou seja, com efeitos restritos ao processo onde foi suscitada[123].

O nosso sistema assenta no princípio segundo o qual o caso julgado não se estende à decisão dos *pontos* e das *questões* prejudiciais. Mas em que razões se alicerça esta tese restritiva? Seria preferível uma concepção de cunho publicístico que consagrasse o alargamento da *res judicata* a toda a matéria conhecida e apreciada pelo juiz nos fundamentos da sentença?

A cabal resposta a estas perguntas implicaria a elaboração de outra monografia ou um profundo e longo desvio do tema central do nosso trabalho.

Limitar-nos-emos, por isso, a analisar sumariamente o problema do alargamento do caso julgado à decisão das *excepções peremptórias*, partindo, para tanto, de duas hipóteses:

1.ª) *A* pede a condenação de *B*, dono de uma oficina, a entregar-lhe um automóvel que nesta foi consertado. O réu, com fundamento no artigo 755.º, n.º 1, al. *e*), do C.C., invoca o *direito de retenção*, mas com a única finalidade de obter a improcedência do pedido do autor. O tribunal rejeita a excepção e condena o réu a efectuar a entrega;

---

[122] Trata-se, como explica VIEIRA DE ANDRADE, *A justiça administrativa*, p. 490, de uma «devolução facultativa.»

[123] Escrevem, a propósito, MÁRIO ESTEVES DE OLIVEIRA/RODRIGO ESTEVES DE OLIVEIRA, ob. cit., p. 191: «A decisão incidental da questão prejudicial é, claro está, de efeitos restritos ao processo administrativo e só pode ser objecto de recurso como parte do recurso dirigido contra a decisão da causa. Fora disso, a decisão prejudicial do tribunal administrativo é como se não existisse.»

2.ª) *C* intenta uma acção contra *D*, pedindo a condenação do réu no pagamento de parte do preço de um conjunto de alfaias agrícolas. *D* sustenta que deve ser absolvido do pedido, alegando, para tanto, o facto de o autor não ter ainda procedido à entrega de todas as coisas objecto do contrato de compra e venda (*exceptio non adimpleti contractus*). O tribunal, após afastar a excepção, condena o réu no pagamento do preço.

Deparamo-nos, nas duas situações expostas, com um elemento comum: os réus defendem-se através de puras excepções que acabam por improceder.

Pois bem, *de jure condito*, o caso julgado, em princípio, não se alarga às excepções e, logo, aos factos que lhes estão subjacentes, sendo as questões prejudiciais apreciadas e resolvidas apenas para efeito de poder ser proferida uma decisão sobre o pedido deduzido pelo autor[124].

Na primeira hipótese, *B* não fica, portanto, processualmente impedido de intentar uma acção para fazer valer o direito de crédito que não conseguiu provar a propósito da excepção alegada.

Ao analisarem a regra segundo a qual *o caso julgado não se alarga à decisão das excepções*, THOMAS e PUTZO defendem que isto também ocorre nas hipóteses em que, a partir dos *contrafactos*, teria sido possível deduzir, reconvencionalmente, determinada pretensão. E apresentam, para ilustrar o seu pensamento, precisamente o exemplo do direito de retenção (*Zurückbehaltungsrecht*). A decisão que o tribunal profira sobre a pura excepção fundada neste direito não fica, pois, em princípio, coberta pelo caso julgado[125].

---

[124] Assim, com inexcedível clareza, LIEBMAN, *Efficacia ed autorità della sentenza*, p. 41; «Giudicato», *in* E.G., vol. XV, pp. 13-14, e SERGIO COSTA, *Manuale di diritto processuale civile*, p. 249.

[125] *Zivilprozeßordnung*, p. 614 (§ 322 ZPO). No mesmo sentido se pronunciam ZEISS/SCHREIBER, *Zivilprozessrecht*, p. 223; GRUNSKY, *Zivilprozessrecht*, p. 215; SCHILKEN, *Zivilprozessrecht*, pp. 526 e s.; VOLLKOMMER, *Zivilprozessordnung* (ZÖLLER), p. 1028.

A Excepção Peremptória

E o mesmo se passa na segunda hipótese, relativa à *excepção de não cumprimento do contrato*: *D* pode, instaurando uma acção autónoma, vir pedir a condenação de *C* na entrega das coisas alegadamente devidas[126].

Como é fácil perceber, a teoria restritiva do caso julgado tem *pontos fracos*: propicia, por um lado, a formação de *decisões teoricamente contrastantes* (*antinomia dos julgados*) e é susceptível, por outro lado, de frustrar a *expectativa* da parte que, vendo um ponto julgado em certo sentido, corre o risco de ser confrontada com uma sentença de sentido diametralmente oposto proferida num processo posterior[127].

E quais os *pontos fortes* da teoria consagrada na nossa lei?

Em primeiro lugar, não veda ao réu a faculdade de fazer valer pedidos fundados em excepções anteriormente julgadas improcedentes. No entanto, como veremos na parte final do presente trabalho, aquela faculdade sofre um *limite*: o da *impossibilidade da afectação do caso julgado favorável ao autor*[128-129]. Não sucedendo

---

[126] O que não pode é pedir a *resolução* do contrato, pois isso iria afectar o caso julgado formado no processo anterior.

[127] Cfr. MANUEL DE ANDRADE, *Noções elementares de processo civil*, p. 334; ANTUNES VARELA, *Manual de processo civil*, p. 719, e TEIXEIRA DE SOUSA, *Estudos sobre o novo processo civil*, p. 578.

[128] Escreve TROCKER, «Giudicato», E.G., vol. XV, p. 2: «Estabelecida em concreto a relação jurídica entre as partes, não lhes é permitido intentar uma nova acção com base em razões ou excepções anteriormente omitidas, mas idóneas a alterar a relação já fixada entre elas.» E acrescenta: «Os factos não alegados apenas podem ser deduzidos se forem posteriores ao trânsito em julgado.»

[129] Um exemplo em que isto ocorreria: *A* reivindica um prédio em acção intentada contra *B*; este defende-se, alegando ser ele o proprietário do imóvel, porque o adquiriu por usucapião ou acessão. Vamos supor que a acção acaba por proceder e que o ponto relacionado com o direito de propriedade do réu foi apreciado sem força de caso julgado. *B* não pode, futuramente, através de uma acção autónoma, voltar a invocar o seu pretenso direito, com a finalidade de afectar a decisão alcançada por *A* no processo anterior. Como explica ATTARDI, *In tema di limiti*

isto, o réu fica com o caminho livre para tentar inverter uma decisão que, em virtude do julgamento de uma excepção, lhe foi desfavorável.

Os litígios relativos às *excepções*, defendeu HEINITZ (seguindo CHIOVENDA[130]), «podem sempre renovar-se, desde que isso não afecte a integridade da situação coberta por uma anterior sentença transitada em julgado»[131].

É justo e razoável que assim seja. Na prática, pode faltar *tempo* para se apresentar uma excepção cabalmente fundada em factos e em provas, ou pode até faltar a imediata *consciência* dos direitos susceptíveis de serem exercidos com base nos contrafactos. A invocação de uma excepção não desencadeia em regra um debate processual equiparável àquele que ocorre acerca do objecto da acção[132].

Em segundo lugar, como sobre a decisão das excepções não se forma caso julgado, é indiferente que o tribunal da causa seja, quanto a estas, desprovido de competência absoluta (cfr. art. 96.º, n.º 1): ao tribunal cabe julgar todas as questões prejudiciais, mesmo que para elas normalmente, isto é, quando constituam objecto próprio de causas autónomas, não seja competente[133]. Eis outra vantagem incontestável – *a vantagem de uma decisão célere* – da teoria res-

---

oggettivi della cosa giudicata, R.T.D.P.C., 1990, p. 500, «a declaração de um direito implica a negação de qualquer posição jurídica do réu inconciliável, no plano prático, com aquele direito.» Esta solução não traduz, ao contrário do que ZEUNER pretende fazer crer (*Die objektiven Grenzen der Rechtskraft in Rahmen rechtlicher Sinnzusammenhänge*, pp. 8 e s.), qualquer antinomia da teoria dominante, que afasta o caso julgado da decisão relativa às excepções. Voltaremos a este ponto na última parte da nossa monografia.

[130] Cfr. *Instituciones de derecho procesal civil*, I, pp. 397 e ss. (§ 16).

[131] *I limiti oggettivi della cosa giudicata*, pp. 227 e s.

[132] Cfr. ROSA SANZ, *La reconvención en el proceso civil español*, p. 48, nota 137.

[133] Cfr. BARBOSA DE MAGALHÃES, *Estudos sobre o novo Código de Processo Civil*, 2.º vol., p. 420.

tritiva e justificativa do princípio de que as questões prejudiciais são apreciadas «incidenter tantum»[134].

Por último, a solução consagrada no artigo 96.º respeita o princípio do pedido. Se o julgamento das excepções conduzisse a efeitos amplos, o tribunal acabaria por ultrapassar a vontade das partes (em especial, a vontade do réu)[135]. Uma orientação ampla, segundo a qual toda a matéria apreciada fica coberta pelo caso julgado – explica TEIXEIRA DE SOUSA – «favorece a harmonização de julgados, mas aumenta o campo da litigiosidade entre as partes e, ao vinculá--las às apreciações sobre aspectos colaterais ou acessórios da causa, pode trazer-lhes consequências inesperadas»[136].

Estas dificuldades são, aliás, reconhecidas nos sistemas onde vigora o princípio do alargamento do caso julgado à decisão das questões prejudiciais. Assim, por exemplo, POLASKY escreve o seguinte: «O *collateral estoppel* não serve apenas para pôr termo às questões – serve também para diminuir a litigiosidade entre as partes num posterior processo. Mas – *logo acrescenta* – a tendência para o alargamento do caso julgado às questões previamente decididas pode com facilidade conduzir ao aumento do esforço dispendido no processo e incrementar o uso dos recursos, especialmente quando a decisão é susceptível de afectar causas de pedir não envolvidas na lide.»

Fortes razões – *admite* – jogam contra o referido alargamento: «O facto de ser difícil prever o alcance do caso julgado em litígios futuros torna mais desejável a flexibilidade da decisão do que o efeito da preclusão do litígio» (… *make flexibility of decision more desirable than merely ending litigation*)[137].

---

[134] Cfr. ZANZUCCHI, *Diritto processuale civile*, I, p. 332, e MÁRIO ESTEVES DE OLIVEIRA/RODRIGO ESTEVES DE OLIVEIRA, *Código de Processo nos tribunais administrativos*, vol. I, p. 190.

[135] Cfr. MENESTRINA, *La pregiudiciale nel processo civile*, p. 129.

[136] *Estudos sobre o novo processo civil*, p. 578.

[137] *Collateral estoppel-Effects of prior litigation*, Iowa L. Rev., 1953-1954, pp. 220 e s.

Concluindo, diremos que, no caminho até à sentença final, o juiz vê-se obrigado a resolver uma série maior ou menor de *questões prejudiciais* que, devido à sua *lateralidade*, não integram o objecto do processo e, logo, ficam fora do alcance do caso julgado[138-139].

O princípio válido é, pois, o princípio clássico do afastamento, do âmbito do caso julgado, das questões prejudiciais surgidas no processo e resolvidas na parte motivatória da decisão[140-141].

Quanto às *excepções*, vale assim, em síntese, esta regra: *o caso julgado não se alarga à decisão das excepções materiais, a não ser que haja um pedido expresso de alguma das partes nesse sentido ou que*

---

[138] A simples contestação dos factos subjacentes às questões prejudiciais, explica PROTO PISANI, em divergência com SATTA, não é suficiente para alargar o objecto do processo. Cfr. *Petizione di eredità e mero accertamento della qualità di erede*, F.I., 1961, p. 1993.

[139] Recordemos que os pontos prejudiciais se relacionam também com a própria causa de pedir da acção. Se *A*, por exemplo, arrogando-se proprietário de um prédio rústico, pede a condenação de *B* a reparar os danos causados no imóvel, a existência da propriedade começa por aparecer como um ponto prejudicial. Mas, na eventualidade de o réu pôr em causa o direito real do autor, o ponto transforma-se em *questão prejudicial*. Em princípio, a não ser que alguma das partes formule expresso pedido nesse sentido, sobre a declaração (puramente incidental) da existência ou da inexistência do direito de propriedade de *A* não vai recair a força do caso julgado. Seguimos, de muito perto, ATTARDI, *In tema di limiti oggettivi della cosa giudicata*, R.T.D.P.C., 1990, pp. 482-483.

[140] Logo, ficam fora da decisão propriamente dita. A esta conclusão chegou há muito HEINITZ, na sua clássica obra dedicada aos limites objectivos do caso julgado. Cfr. *I limiti oggettivi della cosa giudicata*, p. 227. Vejam-se também os estudos mais recentes de TROCKER, «Giudicato», *in* E.G., vol. XV, p. 2, e de MONTESANO, *Questioni e cause pregiudiziali nella cognizione ordinaria del codice di procedura civile*, R.D.P., 1988, pp. 306 e s.

[141] Como há muito escreveu LIEBMAN, *Manuale di diritto processuale civile*, pp. 164 e s., «o exame da questão prejudicial faz-se *incidenter tantum*, ou seja, apenas como passagem obrigatória do *iter* lógico da decisão verdadeira e própria. Pode dizer-se que a questão prejudicial se torna objecto de conhecimento (*oggetto di cognizione*), mas não de decisão».

a lei imponha claramente o alargamento, através das denominadas «excepções reconvencionais.»

O princípio justifica-se pela natural dificuldade do demandado em prever todos os efeitos que podem resultar dos contrafactos subjacentes às excepções, dificuldade acrescida pela pressão do prazo fixado para a apresentação da defesa.

Apesar de tudo, sempre se levantaram e hão-de levantar vozes favoráveis à extensão do caso julgado às questões prejudiciais defensivas suscitadas na lide, afastando a ideia de que o objecto do processo não inclui as *excepções materiais*[142-143].

Este alargamento do caso julgado à decisão de excepções peremptórias tem sido defendido, à revelia da solução entre nós

---

[142] Ver Satta, *Nuove riflessioni sugli accertamenti incidentali*, F.I., 1948, I, p. 68; *Commentario al Codice di Procedura Civile*, I, pp. 90 e ss.; «Accertamento incidentale», *in* E.D., vol. I, p. 244. Nesta linha se situa também Taruffo, *Collateral estoppel e giudicato sulle questioni*, R.D.P., 1972, p. 285, nota 183, defendendo que a *excepção* deve ser alvo de uma apreciação plena (*accertamento pieno*) e não de um mero conhecimento lógico (*cognizione logica*). Taruffo entende que toda a decisão sobre uma questão prejudicial susceptível de determinar o sentido do julgamento (da decisão final) deve transitar em julgado (cfr. pp. 284 e s.).

Contra o entendimento dominante na doutrina alemã, Zeuner, *Die objektiven Grenzen der Rechtskraft in Rahmen rechtlicher Sinnzusammenhänge*, pp. 67 e ss., defende que, por exemplo, após a improcedência de uma acção para entrega de um imóvel com base no facto de ao réu assistir o direito de o habitar, não poderá proceder uma acção indemnizatória posterior baseada na ocupação abusiva do imóvel. Para a doutrina maioritária, ao contrário, o réu, ao alegar o direito de habitar o imóvel, defendeu-se por excepção e sobre esta não se formou caso julgado. Logo, a acção indemnizatória poderá vir a ter êxito, surgindo sentenças apenas teoricamente incompatíveis.

[143] É esta, como assinala Nappi, *La domanda proposta in via riconvenzionale*, R.T.D.P.C., 1989, p. 805, nota 125, uma tendência altamente difundida na jurisprudência italiana.

expressamente consagrada, pela jurisprudência e também por alguma doutrina.

Um Acórdão do Supremo Tribunal de Justiça espelha, de modo muito claro, o que acabamos de afirmar[144]. O litígio que originou o aresto foi o seguinte: uma sociedade (*A*) que ocupava, como lojista, certo espaço num Centro Comercial intentou contra a sociedade exploradora do Centro (*B*) uma acção indemnizatória, alegando que esta procedera, injustificadamente, ao corte de energia eléctrica, violando o dever de fornecimento deste bem.

A Ré alegou, em sua defesa, a *caducidade* do contrato de uso do espaço no Centro Comercial. Esta *excepção peremptória* foi julgada improcedente e o tribunal condenou a demandada a pagar à autora uma indemnização a liquidar em execução de sentença.

Decorrido algum tempo, porém, a sociedade exploradora do Centro Comercial (*B*) demandou a sociedade lojista (*A*), pedindo que fosse condenada a restituir-lhe o referido espaço. E como fundamento do pedido, invocou, precisamente, a *caducidade* do contrato de utilização do espaço. Quer dizer, a caducidade, que servira de *excepção* no primeiro processo, era invocada, desta feita, por *B*, como fundamento do pedido de restituição do espaço.

O tribunal, convencido de que o contrato caducara efectivamente, julgou a acção procedente, condenando a Ré (*A*) na entrega do lugar que ocupava no Centro Comercial.

O grande problema suscitado, em via de recurso, perante a Relação de Lisboa e perante o tribunal de revista, foi o de saber se, uma vez julgada improcedente a *excepção da caducidade* no primeiro processo, o tribunal, no segundo processo, podia decidir que o contrato tinha efectivamente caducado. Por outras palavras: podia o juiz do processo posterior desviar-se da decisão que afastara a excepção da caducidade?

---

[144] Ac. de 5 de Maio de 2005, disponível no sítio *http://www.dgsi.pt*.

A Excepção Peremptória

O Supremo, no já citado Acórdão, baseando-se no facto de o tribunal de 1ª instância, no primeiro processo, ter decidido expressamente a excepção da caducidade, entendeu que, no segundo processo (proposto por *B* contra *A*), o juiz estava impedido de contrariar a decisão anteriormente proferida, sob pena de violar, flagrantemente, o caso julgado.

Mas este entendimento desrespeitou o regime que, no domínio dos *limites objectivos do caso julgado*, se encontra consagrado no artigo 96.º[145]. A excepção da caducidade foi decidida no primeiro processo (entre *A* e *B*) *sem força de caso julgado*, pois nenhuma das partes requereu ao tribunal, através do indispensável *pedido de apreciação incidental*, o julgamento ampliado da excepção e dos factos a ela subjacentes. E não existe qualquer preceito legal onde se estabeleça que a excepção da caducidade é sempre decidida com força de caso julgado.

A tese defendida pelo Supremo parte do princípio de que vigora no nosso sistema uma espécie de «collateral estoppel», mecanismo de alargamento automático do caso julgado às *questões prejudiciais* (e, logo, também às *excepções*) efectivamente discutidas e decididas num processo.

---

[145] Em Itália tem ocorrido um fenómeno semelhante: a jurisprudência ignora, vezes sem conta, como assinala PROTO PISANI, *Note problematiche e no sui limiti oggettivi del giudicato civile*, F.I., 1987, p. 450, o regime do artigo 34 do C.P.C.I., fazendo recair o caso julgado sobre os denominados «antecedentes lógicos necessários» (*antecedenti logici necessari*). Esta corrente jurisprudencial defende o princípio de que a decisão de uma questão de facto preclude o reexame da mesma, na eventualidade de essa questão se apresentar de modo análogo num processo posterior e diverso (ou seja, num processo com um fim distinto do anterior): trata-se do problema do caso julgado sobre questões comuns (*giudicato sulle questioni comuni*). Cfr. COCCHI, *Orientamenti giurisprudenziali in tema di limiti oggettivi del giudicato e di impugnative negoziali*, F.I., 1984, p. 3000.

A realidade, porém, é que o artigo 96.º consagra o princípio inverso e, portanto, só esporadicamente o caso julgado se alarga à decisão desta espécie de questões.

O nosso sistema situa-se nos antípodas dos ordenamentos onde funciona a regra do «collateral estoppel.» Logo, uma vez que sobre a decisão da excepção não se formara caso julgado, o tribunal, na 2ª acção, em que se pediu a entrega do local com fundamento na caducidade do contrato, podia perfeitamente decidir que, afinal de contas, o contrato havia caducado, condenando, por consequência, a Ré a restituir o local que ocupava sem fundamento.

Violaria esta sentença a anterior decisão que condenou a sociedade exploradora do Centro Comercial (*B*) a pagar à sociedade *A* uma indemnização fundada no corte de energia? Haveria, por outras palavras, ofensa do caso julgado formado a partir desta sentença?

O Supremo Tribunal de Justiça pronunciou-se em sentido afirmativo: «Com a prolação da primeira sentença condenatória, com ela se precludiram as excepções, invocadadas ou invocáveis, contra o pedido deduzido. Assim, por exemplo – escreve-se no aresto, citando LEBRE DE FREITAS – 'obtida condenação do réu a cumprir uma obrigação contratual, não pode ele vir propor nova acção a sustentar a invalidade do contrato, ou a sua revogação por acordo anterior ao encerramento da discussão de facto na primeira acção, ainda que se trate de excepção não invocada'»[146].

A doutrina exposta nesta citação, inteiramente correcta, nada tem a ver, porém, com o caso descrito: entre tais decisões – a decisão que condenara *B* a pagar uma indemnização baseada no corte de energia e a decisão que condenasse *A* a restituir o local a *B* – não se vislumbra qualquer *incompatibilidade prática*: a segunda sentença

---

[146] *Código de Processo Civil anotado*, vol. 2.º (com M. MACHADO e R. PINTO), p. 321.

não afectaria jamais o teor da primeira; existiria, é certo, uma incompatibilidade teórica, mas suportável pelo sistema, em virtude do regime expressamente consagrado no artigo 96.º.

O tribunal de revista, concluindo, desrespeitou o princípio de que sobre as excepções não se alarga o caso julgado, salvo se alguma das partes solicitar expressamente esse alargamento.

O sistema comporta desvios, é certo, mas a excepção da caducidade de um contrato não se integra neles[147].

---

[147] Na doutrina, CALVÃO DA SILVA, *Estudos de direito civil e processo civil (pareceres)*, pp. 231-236, defende, numa situação concreta, o alargamento do caso julgado aos *fundamentos* da sentença. Eis a hipótese: *A, promitente-comprador*, baseado no incumprimento do contrato-promessa por parte de *B, promitente-vendedor*, veio exigir judicialmente deste a restituição do sinal em dobro. *B* defendeu-se, alegando que o incumprimento se ficou a dever exclusivamente ao autor, ou seja, alegou *contrafactos impeditivos* do direito do promitente-comprador ao dobro do sinal. O tribunal entendeu que o contrato prometido não tinha sido outorgado por facto imputável ao autor. Quer dizer, a *excepção peremptória* alegada pelo réu procedeu.

Mais tarde, *A* intentou nova acção com vista à *execução específica* do contrato-promessa. O problema que se colocou foi o de saber se podia invocar-se, neste segundo processo, a decisão que julgara imputável ao autor o incumprimento do contrato-promessa. CALVÃO DA SILVA pronunciou-se em sentido afirmativo. Segundo as suas palavras (p. 235), «seria inadmissível que, tendo o tribunal julgado inexistente o inadimplemento por parte do promitente-vendedor e existente o incumprimento por banda do promitente-comprador, viesse agora na segunda acção contradizer-se, atentando contra o mínimo da *certeza do direito* ou de *segurança jurídica* indispensável à vida de qualquer sociedade. A imodificabilidade daquela decisão transitada em julgado assegura à parte favorecida, o promitente-vendedor, a fortíssima expectativa de que a solução do ponto do incumprimento do contrato valha para qualquer outro efeito, e obsta a que o promitente-comprador volte a levantar a questão.»

Mas a tese exposta, em nosso entender, não respeita o regime consagrado no artigo 96.º. O réu (promitente-vendedor) defendeu-se através de uma *excepção peremptória*, mas *omitiu o pedido de apreciação incidental* dos contrafactos impeditivos. Logo, o caso julgado não podia abranger a excepção, ficando o tribunal,

Um problema frequente na prática, e sobre o qual existem muitas dúvidas, relaciona-se com a *nulidade dos negócios jurídicos*. O Supremo Tribunal de Justiça, através de Acórdão de 29 de Jun. de 1976[148], ocupou-se do seguinte caso: *A*, senhorio, intentou contra *B* uma *acção de despejo* que improcedeu por causa da *nulidade* do contrato de arrendamento (falta de forma do contrato). O despejo pressupõe, realmente, a existência de uma relação locatícia; sem esta, não pode ocorrer o despejo.

Naufragada a acção, *A* viu-se obrigado a recorrer novamente aos tribunais, desta feita para pedir a restituição do imóvel que *B* detinha sem título justificativo.

E levantou-se perante o Supremo o problema de saber se valia ou não, no segundo processo, com *força de caso julgado*, a decisão que antes julgara procedente a *excepção da nulidade* do contrato de arrendamento. Podia o juiz do segundo processo declarar válido o contrato?

De acordo com o entendimento sufragado no referido Acórdão, a questão da nulidade foi decidida, e decidida para sempre, no primeiro processo.

Em certa passagem do aresto, muito citada pela jurisprudência posterior, escreve-se: « (…) A solução mais conforme à economia processual, ao prestígio das instituições judiciárias e à estabilidade e certeza das relações jurídicas, é a de adoptar um critério moderado, que sem tornar extensiva a eficácia do caso julgado a todos os *motivos* objectivos da sentença, reconheça, todavia, essa autoridade à decisão das questões preliminares que forem antecedente lógico indispensável à emissão da parte dispositiva do julgado, desde que se verifiquem os outros requisitos do caso julgado material.»

---

no segundo processo, livre para decidir diferentemente a questão do incumprimento. Não vale entre nós, insistimos uma vez mais, a regra do «collateral estoppel», que conduz à formação do caso julgado sobre as questões preliminares e prejudiciais efectivamente discutidas e decididas.

[148] Publicado na R.L.J., Ano 110.º, pp. 229-232.

«Aplicando este critério (…) ao caso dos autos – *continuamos a transcrever o texto do aresto* –, vê-se que, tendo tido a acção de despejo intentada contra o réu (…) como causa de pedir a violação de certo contrato de arrendamento, o tribunal viu-se obrigado a conhecer, como questão preliminar, da existência e validade daquele contrato. Verificado que esse contrato era nulo, por falta de forma, assim o declarou, julgando, consequentemente, improcedente o pedido que dele emergia. Ficou, por essa forma definido, com trânsito em julgado, que o contrato de arrendamento, então invocado pela autora, era nulo; é manifesto que, entre *as mesmas partes*, não pode voltar a discutir-se a validade do *mesmo contrato*, só porque é o réu e não a autora a invocá-lo agora em juízo.»

Vaz Serra, em anotação ao Acórdão, apesar de partir do princípio de que os motivos «não são abrangidos pela autoridade do caso julgado», admite que, na hipótese em análise, o tribunal no primeiro processo «não se limitou a resolver uma questão preliminar ou prejudicial, tendo, pelo contrário, decidido uma questão que directamente lhe fora posta pelo autor, já que, tendo este invocado um contrato de arrendamento (que teria sido violado pela outra parte), pediu, embora porventura não expressamente, que este fosse julgado válido. Portanto – *conclui* –, ter-se-ia formado caso julgado quanto à decisão de declaração de nulidade do contrato»[149].

Em nosso entender, sobre a decisão relativa à nulidade do contrato formou-se efectivamente, no primeiro processo, caso julgado. Mas nem o S.T.J. nem Vaz Serra apresentam com nitidez a explicação certa para a solução que defendem.

A nulidade configura-se, no nosso sistema, como um *desvio* legal ao princípio de que o caso julgado não se estende às questões prejudiciais. Veremos, no próximo capítulo, que a nulidade, por

---

[149] Anotação ao Ac. do S.T.J. de 29 de Jun. de 1976, R.L.J., Ano 110.º, p. 239.

força do disposto no artigo 286.º do C.C., se enquadra no estrito domínio das «excepções reconvencionais.» O caso julgado não se formou, como entendeu VAZ SERRA, pelo facto de ter existido um *pedido implícito* do autor no sentido de ser declarada a validade do contrato.

Por sua vez, o Supremo, passando por cima do disposto no artigo 96.º, refugiou-se no vago princípio do alargamento do caso julgado à «decisão das questões preliminares que forem antecedente lógico indispensável à emissão da parte dispositiva do julgado, desde que se verifiquem os outros requisitos do caso julgado.»

Mas este ambíguo princípio era, na hipótese em análise, perfeitamente dispensável para chegar à razoável solução do alargamento do caso julgado à decisão concreta da nulidade: o alargamento do caso julgado resulta de uma imposição da lei.

Deparamo-nos, no direito italiano, com uma corrente doutrinal e jurisprudencial defensora do alargamento do caso julgado às questões inseridas na «prejudicialidade lógica», ou seja, às questões que constituem o denominado «antecedente lógico necessário da decisão»[150]. E uma corrente, diga-se, que chegou até nós, especialmente por intermédio da jurisprudência[151].

A «prejudicialidade lógica» não é, contudo, uma «bolsa sem fundo» onde tudo cabe; antes pelo contrário, tem *unicamente* a ver com as hipóteses em que da *mesma relação jurídica* brota uma série de direitos: recordemos os exemplos típicos dos *contratos de arrendamento*, de *fornecimento*, de *abertura de crédito* ou de *trabalho*.

---

[150] Nesta corrente se incluem MENCHINI, *Il giudicato civile*, pp. 81 e s.; PROTO PISANI, *Diritto processuale civile*, pp. 70 e ss.; LUISO, *Diritto processuale civile*, I, pp. 150 e ss. *Vide* também as referências jurisprudenciais feitas por PUGLIESE, «Giudicato civile», *in* E.D., vol. XVIII, p. 864 (nota 320).

[151] Cfr. TEIXEIRA DE SOUSA, *Estudos sobre o novo processo civil*, pp. 164 e s.

Exercido um direito proveniente do contrato, a *existência* e a *qualificação* deste configuram-se como verdadeiras questões prejudiciais. Pois bem. Tudo está em saber se, uma vez declarada, nos fundamentos da sentença, a existência de certo contrato (de arrendamento, por hipótese), assiste ao tribunal liberdade para, num futuro processo pendente entre as mesmas partes e relativo à mesma relação jurídica, negar essa existência[152].

Formulemos a pergunta: a sentença que declara a existência de certo contrato, ou que lhe atribui determinada qualificação, valerá com força de caso julgado num processo posterior?

Esta questão tem surgido vezes sem conta nos nossos tribunais.

Na vigência do R.A.U., decidiu-se o seguinte caso[153]: *A* intentou contra *B* uma acção de despejo fundada na falta de pagamento das rendas; o juiz considerou provado o contrato de arrendamento, mas, não convencido quanto à falta de pagamento das rendas, julgou a acção improcedente.

Mais tarde, com base em nova falta de pagamento das rendas, *A* propôs contra *B* outra acção de despejo.

Estava segura, neste processo, a existência do arrendamento entre as partes? Tanto o tribunal de 1ª instância, como o tribunal de 2ª instância, entenderam que a referida existência do contrato não tinha de considerar-se certa e inquestionável na acção posterior.

Mas o S.T.J., chamado a pronunciar-se sobre o problema, divergiu frontalmente desta tese: em nome da «economia processual, do prestígio das instituições judiciárias e da estabilidade e certeza das

---

[152] Nas palavras de PROTO PISANI, *Note problematiche e no sui limiti oggettivi del giudicato civile*, F.I., 1987, p. 450, a teoria restritiva do caso julgado confronta--se com o «delicadíssimo tema das relações complexas e da sua invocação fraccionada no processo», ou seja, com aquelas hipóteses em que «o direito exercido judicialmente através do *petitum* é parte ou depende de uma relação jurídica mais ampla.»

[153] Ac. de 10 de Jul. de 1997, C.J. (Acs. do S.T.J.) 97, t. II, pp. 165-166.

relações jurídicas», defendeu o alargamento do caso julgado «à decisão das questões preliminares que forem antecedente lógico indispensável à emissão da parte dispositiva do julgado, desde que se verifiquem os demais requisitos do caso julgado material.»

Existe no direito italiano, já o dissemos, uma forte corrente doutrinal e jurisprudencial a apontar neste sentido[154]: a *segurança jurídica*, a *economia processual* e a *compatibilidade teórica das decisões* justificam, para alguns, que a decisão sobre a existência da denominada «relação obrigacional continuativa» deva ficar abrangida pela força do caso julgado. E o mesmo vale – acrescentam – para aquelas relações que são fonte de *prestações simultâneas e sinalagmáticas*: a relação contratual originadora de direitos opostos ou correspectivos, desde que efectivamente discutida, apreciada e decidida, deve ficar igualmente coberta pela força do caso julgado[155].

Ocupando-se das situações típicas da denominada «prejudicialidade lógica», escreve LUISO: «Se o juiz, a fim de decidir sobre o direito invocado no processo, se ocupou (*antececente lógico*) da existência ou da qualificação da relação de onde deriva o direito, a resposta a estas últimas questões tem força de caso julgado num futuro processo em que venha a discutir-se outro direito derivado da mesma relação jurídica»[156]. No entanto, adverte: «Se o juiz não teve

---

[154] Nesta linha se situa SATTA, *Commentario al Codice di Procedura Civile*, vol. III (*processo di esecuzione*), pp. 62 e ss.; *Diritto processuale civile*, pp. 190 e s.

[155] Cfr. PROTO PISANI, est. cit., p. 451; CONSOLO, *Oggetto del giudicato e principio dispositivo*, R.T.D.P.C., 1991, pp. 234 e s. Na doutrina alemã, cfr. ZEUNER, *Die objektiven Grenzen der Rechtskraft im Rahmen rechtlicher Sinnzusammenhänge*, pp. 75 e ss.

[156] Assim, entre nós, TEIXEIRA DE SOUSA, para quem «a atribuição do valor de caso julgado com base numa relação de prejudicialidade verifica-se quando o fundamento da decisão transitada condiciona a apreciação do objecto de uma acção posterior»: assim, se *A* pede a *B*, com base num contrato de mútuo, o pagamento do capital e a acção improcede com fundamento na inexistência do contrato, esta sentença, para TEIXEIRA DE SOUSA, «é vinculativa numa

necessidade de se ocupar do problema da existência da relação, o caso julgado não se forma»[157]. Um exemplo ilustrativo desta última situação: *A*, com fundamento num contrato de compra e venda, pede judicialmente ao vendedor (*B*) a entrega de um imóvel. O réu consegue provar que já efectuou a entrega e a acção improcede. Como explica LUISO, nesta hipótese «a decisão sobre a relação não é um antecedente lógico necessário e, por isso, na sentença não se forma qualquer caso julgado sobre ela»[158].

Que dizer desta tese?

Começaremos por observar que lhe falta apoio no direito positivo em vigor tanto entre nós (art. 96.º)[159], como na Itália (art. 34 C.P.C.I.)[160]. O princípio que aqui vemos consagrado – na linha de uma antiga tradição doutrinal e jurisprudencial francesa – diz que sobre as questões prejudiciais não se forma caso julgado, a não ser que alguma das partes requeira o alargamento da eficácia da sentença ou, por outras palavras, a declaração, para todos os efeitos, dos direitos relacionados com a questão prejudicial[161].

Na doutrina encontramos muitos Autores que rejeitam, na hipótese em análise, o alargamento «automático» do caso julgado à

---

acção posterior em que o mesmo autor pede contra o mesmo réu o pagamento dos juros relativos ao mesmo capital» (cfr. *Estudos sobre o novo processo civil*, p. 581).

[157] *Diritto processuale civile*, I, pp. 152 e s.

[158] Ob. cit., p. 153.

[159] Cfr. ANTUNES VARELA, *Manual de processo civil*, p. 717.

[160] Também no § 322 I da ZPO se encontra consagrada a tese segundo a qual o caso julgado não se forma sobre os motivos (cfr. NIKLOWITZ, *Über die Grenzen der objecktiven Rechtskraft*, pp. 3 e s.; MANUEL DE ANDRADE, *Noções elementares de processo civil*, p. 331; TEIXEIRA DE SOUSA, *O concurso de títulos de aquisição da prestação*, p. 283, nota 55). E do § 256 II resulta que esse alargamento pode ser determinado pela vontade das partes, ou seja, por um expresso pedido do autor ou do réu nesse sentido. Voltaremos, mais à frente, a este ponto.

[161] Assim, expressamente, MANUEL DE ANDRADE, ob. cit., pp. 335 e ss.

decisão da questão prejudicial relativa à existência de uma *relação jurídica fonte de plúrimos direitos*[162].

LIEBMAN, por exemplo, critica, com muita veemência, aqueles que defendem o alargamento do caso julgado às decisões sobre os pontos que aparecem como *pressuposto lógico necessário* da parte dispositiva da sentença (*il presupposto logico necessario della decisione finale*), afirmando que estamos perante «palavras ambíguas e equívocas.» Se assim fosse – escreve –, o juiz ficaria com liberdade para incluir ou excluir do caso julgado as várias questões examinadas na sentença. É inaceitável tamanha incerteza.

Bem vistas as coisas – esta consideração só agrava o problema –, todas as questões resolvidas na sentença constituem pressuposto

---

[162] SCHWAB, nesta linha, apresenta a seguinte hipótese (Cfr.«Die Bedeutung der Entscheidungsgründe», *in* Festschrift für Eduard Bötticher, p. 332): certo indivíduo, baseando-se num contrato de mútuo, pede a condenação do mutuário na restituição da quantia emprestada. O pedido é julgado improcedente, com fundamento em que a obrigação não se encontrava vencida. Poderá em acção posterior, intentada após o efectivo vencimento da obrigação, pôr-se em causa a existência do contrato de mútuo? SCHWAB entende que sim (cfr. pp. 334 e s.), invocando o princípio da eficácia relativa do caso julgado: o que vale como elemento ou pressuposto de uma decisão não vale necessariamente como pressuposto de outra decisão.

Este pensamento é levado muito longe: assim, para HENCKEL, *Prozessrecht und materielles Recht*, p. 172, a decisão alcançada num processo relativo aos juros de um contrato de mútuo não vincula o juiz em posterior acção sobre o mesmo contrato (*v.g.*, para a restituição da quantia mutuada). O caso julgado deve, segundo HENCKEL, responsabilizar as partes por aquilo que, a título principal, foi discutido no processo. Igualmente, TEIXEIRA DE SOUSA, *O concurso de títulos de aquisição da prestação*, p. 283, escreve: «(…) Porque as partes não podem ser surpreendidas com a produção de efeitos jurídicos ou de resultados patrimoniais que extravasam da sua disponibilidade sobre esse objecto concreto, a decisão sobre aquela pretensão de juros não é vinculativa na causa referida à pretensão respeitante ao capital.» Este entendimento traduz uma evolução no pensamento do Autor, porquanto em anterior estudo (*O objecto da sentença e o caso julgado material*, B.M.J. n.º 325, p. 173, nota 131) defendera que o caso julgado sobre o crédito de juros implicava o caso julgado sobre o crédito do capital.

necessário da decisão, pois o juiz não examina, naturalmente, pontos supérfluos e estranhos ao julgamento[163].

Entre nós, ANTUNES VARELA, baseando-se no artigo 96.º, n.º 2, exclui, sem distinguir, as *questões prejudiciais* do âmbito do caso julgado, bem como toda a *qualificação jurídica* aceite na sentença[164].

Porque não vale para estas questões, sejam elas quais forem, o velho e arreigado princípio segundo o qual o tribunal decidiu, está decidido, e decidido para sempre?

Precisamente porque, segundo o Autor agora citado, a *boa administração da justiça* nada lucra com tal grau de vinculação às decisões proferidas sobre questões prejudiciais; muitas vezes aparecem *posteriores provas* e, portanto, interessa «libertar o julgador para a apreciação de novas pretensões das partes, em vez de o manter amarrado à precária decisão anterior, em homenagem a puras expectativas de coerência teórica alimentadas por uma das partes. Pode mesmo asseverar-se – *conclui* – que a concepção mais restrita da eficácia do caso julgado, expressamente perfilhada na nossa lei e nos sistemas processuais mais representativos, além de ser a mais justa, é também a que mais favorece a correcção de eventuais injustiças»[165].

---

163 Cfr. LIEBMAN, «Giudicato», *in* E.G., vol. XV, p. 13.

164 Pode ver-se, em idêntico sentido, JAUERNIG, *Zivilprozessrecht*, pp. 203 e s. Na doutrina alemã, alguns Autores entendem que, por vezes, a qualificação feita na sentença (*v.g.*, diz-se que determinada quantia constitui uma pensão de alimentos) pode e deve ser levada em linha de conta no domínio da posterior acção executiva, nomeadamente no julgamento da oposição à penhora. Cfr. SCHWAB, «Die Bedeutung der Entscheidungsgründe», *in* Festschrift für Eduard Bötticher, pp. 330 e s.

165 *Manual de processo civil*, p. 719. Novas provas, por vezes resultantes do avanço científico, podem tornar errada a anterior decisão relativa a uma questão prejudicial. Isto acaba por representar uma fraqueza dos sistemas baseados no denominado «collateral estoppel.» Cfr. FREEDMAN, *Res judicata and collateral estoppel*, p. 29. No direito inglês existe o princípio de que o caso julgado se pode

LEBRE DE FREITAS também considera «errada» «a orientação que persiste em reconhecer força de caso julgado material à decisão de questão que seja mero antecedente lógico da parte dispositiva da sentença»[166].

Afigura-se-nos inquestionável que o legislador seguiu, no artigo 96.°, n.° 2, o caminho restritivo, caminho que muitas vozes, especialmente vindas da jurisprudência, teimam em ignorar: o juiz decide as *questões prejudiciais* de forma *limitada, a não ser que alguma das partes requeira ou que a própria lei imponha o julgamento ampliado*[167]. É este, mesmo que dele porventura se discorde, o regime consagrado entre nós[168].

---

formar sobre certas questões interlocutórias decisivas para o julgamento da questão final. Mas, acrescente-se, também se entende que «a rejeição de um pedido relacionado com uma questão interlocutória não reveste sempre carácter definitivo e pode não impedir um ulterior pedido fundado em novas provas ou em diferente argumentação» (*supported by additional evidence or a different argument*). Cfr. SPENCER BOWER/TURNER/HANDLEY, *The doctrine of res judicata*, pp. 80-83.

[166] *Código de Processo Civil anotado* (com J. REDINHA E R. PINTO), vol. 1.°, p. 172.

[167] Não assiste razão a PUGLIESE, «Giudicato civile», *in* E.D., vol. XVIII, p. 868, quando afirma que do artigo 34 do C.P.C.I. resulta o princípio segundo o qual, no domínio das questões prejudiciais, «a eficácia do caso julgado é a regra e a ineficácia a excepção.» Na referida norma, o legislador italiano consagrou, precisamente, a regra inversa, como, de resto, se tem, de forma esmagadora, reconhecido.

[168] O Ac. do S.T.J. de 18 de Fev. de 1999, B.M.J., n.° 484, pp. 318-323, contra a tendência existente na nossa jurisprudência, pronunciou-se, com muita clareza, no sentido de que «o caso julgado material não abrange os fundamentos da sentença.» A hipótese de que se ocupou o aresto foi, em síntese, a seguinte: *A* intentou contra *B* uma acção especial para consignação em depósito da renda relativa a um pretenso contrato de arrendamento. Neste processo, o tribunal decidiu negativamente a questão prejudicial da existência, entre as partes, de tal contrato, sendo certo que nenhuma delas requereu, nos termos do artigo 96.°, n.° 2, a apreciação, com força de caso julgado, dessa questão.

Em posterior acção de reivindicação do imóvel intentada por *B* contra *A*,

Ao fim e ao cabo, o sistema desconfia das respostas encontradas, de modo sumário e marginal, para as questões prejudiciais no âmbito de um processo. Fica muitas vezes a sensação de que o tribunal e as partes não fizeram tudo no sentido da cabal descoberta da verdade[169]. Para isso, seria necessário tempo. Ora, o tempo não joga com a celeridade que o legislador quer imprimir ao julgamento destas questões.

A nosso ver, o afastamento do caso julgado é o «preço» a pagar por esta desejável rapidez.

O princípio consagrado na nossa lei, em conclusão, é o de que as questões prejudiciais são decididas *incidenter tantum*, sem os efeitos do caso julgado; só excepcionalmente ficam decididas para sempre ou de forma definitiva[170]. Porque haveria o tribunal, chamado

---

este pediu, reconvencionalmente, que o tribunal reconhecesse e declarasse a sua qualidade de arrendatário. Perante isto, levantou-se o problema de saber se a sentença proferida no anterior processo especial de consignação em depósito teria força de caso julgado, na parte em que excluiu a existência da relação locativa. Tanto o tribunal de 1.ª instância – onde foi intentada a acção de reivindicação –, como o da Relação entenderam que sim.

Mas o S.T.J. divergiu das instâncias e, num Acórdão muito bem fundamentado, entendeu que, à luz do direito constituído, sobre a decisão da inexistência do arrendamento não se formara caso julgado.

[169] Se, em teoria, a questão prejudicial deve merecer ao tribunal o mesmo cuidado que deve dispensar-se a uma questão principal, a verdade, na prática, como observa MENESTRINA, *La pregiudiciale nel processo civile*, p. 164, é que «as questões de maior importância são tratadas, na vida, com maior circunspecção (*oculatezza*) do que as questões passageiras (*di lieve momento*), apesar de estas, porventura, apresentarem dificuldades acrescidas.» A doutrina espanhola invoca este argumento para justificar a regra do não alargamento do caso julgado à decisão das excepções. Cfr. OLIVA SANTOS, *Sobre la cosa juzgada*, pp. 64 e s.; TAPIA FERNÁNDEZ, *La compensación en el proceso civil*, pp. 88 e s., 197, e ROSA SANZ, *La reconvencíon en el proceso civil español*, p. 48, nota 137.

[170] Como há muito explicou MANUEL DE ANDRADE, *Noções elementares de processo civil*, p. 335, a propósito do problema dos *limites objectivos do caso julgado*, «talvez (…) só se possa chegar à solução mais razoável acolhendo o princípio de

a decidir acerca de outro pedido, ficar, em regra, amarrado à questão prejudicial julgada num processo anterior?

O princípio é, pois, o da liberdade de julgamento, da não vinculação à decisão anterior: confrontado com a escolha entre a *certeza* e a *previsibilidade*, por um lado, e a *justiça* e a *verdade*, por outro, o nosso sistema – no estrito domínio das *questões prejudiciais* – propendeu claramente para estes segundos valores[171].

Sintetizemos, finalmente, os principais pontos acerca dos limites objectivos do caso julgado:

1.º) O nosso sistema consagra, no artigo 96.º, a regra, de raiz romanista, segundo a qual *o caso julgado não se alarga às questões prejudiciais resolvidas no decurso do processo*;

2.º) Sobre as *excepções* – que originam uma questão prejudicial substantiva – não se forma, portanto, caso julgado;

3.º) O princípio do não alargamento do caso julgado às excepções visa acautelar o demandado contra os efeitos imprevisíveis ou dificilmente previsíveis decorrentes do meio de defesa alegado, evitando ainda a nefasta cristalização das decisões judiciais;

4.º) Os contrafactos defensivos não podem, no entanto, ser novamente alegados com o objectivo de destruir o caso julgado formado no passado;

5.º) O alargamento do caso julgado às excepções, bem como a qualquer outra questão prejudicial, depende de expresso pedido de alguma das partes nesse sentido ou da existência de uma norma que o imponha.

9. Crítica à classificação das excepções constante do Código de Processo Civil. Dispõe o artigo 487.º, n.º 2, que a excepção

---

uma das teorias e suplementando-lhe um esquema bastante complicado de restrições mais ou menos avulsas.»

[171] O contrário se passa, como já vimos, no direito processual norte-americano. Cfr. MORRIS, *Nonparties and preclusion by judgment: the privity rule reconsidered*, Calif. L. Rev., 1968, p. 1100.

peremptória, uma vez julgada procedente, conduz à «improcedência total ou parcial do pedido.»

Ao classificar as excepções, o legislador levou em linha de conta o referido *critério dos efeitos* e, deste modo, consoante as consequências que provocam, as excepções dizem-se *dilatórias* ou *peremptórias*[172].

Comecemos pelas primeiras. De acordo com o disposto no artigo 493.º, n.º 3, elas «obstam a que o tribunal conheça do mérito da causa e dão lugar à absolvição da instância ou à remessa do processo para outro tribunal.»

Quer dizer, o *efeito* da procedência das excepções dilatórias – previstas, de forma não taxativa, no artigo 494.º – é o de *adiarem* ou *retardarem* o conhecimento do mérito, ou seja, do *pedido*, assim se justificando a sua denominação. No entanto, esta ideia não serve para explicar a excepção «dilatória» do *caso julgado* que, uma vez procedente, impossibilita, em definitivo, a reapreciação do pedido.

Existem, no entanto, excepções que provocam uma consequência mais drástica sobre o *direito* que o autor pretende ver reconhecido: *perimem-no ou extinguem-no*. Apoiando-se nesta ideia, o legislador designa-as por «peremptórias.»

De acordo com a parte final do artigo 487.º, n.º 2, os factos que servem de causa impeditiva, modificativa ou extintiva do direito invocado pelo autor determinam a improcedência total ou parcial do pedido.

Para o réu, o êxito da excepção peremptória tanto pode implicar a sua *absolvição total*, como a sua *absolvição parcial* do pedido (cfr. art. 493.º, n.º 3).

As designações formais encontradas para as excepções relacionam-se directamente com os *efeitos* que estas são susceptíveis de gerar.

Em muitos casos – até, porventura, na maior parte –, as excepções peremptórias atingem ou afectam, com a máxima amplitude,

---

[172] Trata-se de uma distinção muito antiga, como acentua TEIXEIRA DE SOUSA, *Introdução ao processo civil*, p. 84.

o pedido do autor, conduzindo, portanto, à *improcedência total da acção* e à absolvição, também por inteiro, do réu do pedido.

Com extrema facilidade encontramos excepções deste tipo: aquelas que assentam em factos novos reveladores de uma *nulidade substantiva* (*v.g.*, simulação), do efectivo e integral *cumprimento* de uma obrigação (*v.g.*, pagamento total de uma dívida) ou, num domínio bem diferente, do *perdão* por parte do cônjuge inocente (autor de uma acção de divórcio).

Noutras hipóteses, porém, as excepções peremptórias não afectam, na íntegra, o pedido, conduzindo tão-só à *improcedência parcial da acção* e, logo, à absolvição, igualmente parcial, do réu do pedido. Pensemos, para exemplificar, na alegação de factos relativos ao cumprimento parcial de uma obrigação.

A terminologia usada pelo legislador para a classificação das excepções não está, de forma alguma, imune a críticas. Em vez de se ter inspirado no *critério dos efeitos* – como critério decisivo para a designação formal das excepções –, o legislador poderia ter partido, antes, do *critério da origem, do objecto ou do conteúdo das excepções.*

Com base neste diferente critério, as excepções seriam *processuais* e *materiais,* consoante se relacionassem com *razões de ordem meramente processual* ou *de direito substantivo* (de *mérito*)[173].

Ponto é saber se realmente se afigura preferível esta diferente classificação. Entendemos que sim, adiantamos desde já, pois, ao contrário da fixada na lei, permite captar, em toda a sua amplitude ou com maior correcção formal, o complexo universo das excepções.

---

[173] BULÖW, *Die Lehre von den Prozesseinreden und die Prozessvoraussetzungen,* p. 12, distinguiu as excepções processuais (*exceptiones declinatoriae iudicii*) das excepções materiais. É muito frequente o recurso a este critério por parte da doutrina italiana. Cfr. ZANZUCCHI, *Diritto processuale civile,* I, pp. 322 e 329; ROCCO, *Trattato di diritto processuale civile,* I, pp. 308 e ss.; REDENTI/VELLANI, *Lineamenti di diritto processuale civile,* p. 43.

A *Excepção Peremptória*

Ninguém duvidará de que todas as *excepções peremptórias* – aquelas cuja análise nos interessa – são, atendendo ao seu *conteúdo*, *materiais ou substantivas*.

Existem, contudo, excepções materiais (de fundo) – e aqui reside a deficiência formal da classificação acolhida pelo legislador – *que não podem, em rigor, considerar-se peremptórias, mas, antes, dilatórias*. O que acabamos de afirmar está longe de constituir uma originalidade.

Observando a «realidade», a doutrina deparou-se com *factos defensivos* que não conduzem nem à «improcedência total», nem à «improcedência parcial do pedido», mas que antes geram o efeito da *improcedência temporária da acção e a consequente absolvição momentânea do réu do pedido*, efeito não previsto nos artigos 487.º, n.º 2, e 493.º, n.º 3.

Tais factos subsumem-se em duas espécies. A primeira é constituída pelos factos que, sendo *contemporâneos* dos factos alegados na petição, *retardam o nascimento* (*v.g.*, condição suspensiva aposta, *ab initio*, no contrato que serve de causa de pedir à acção) ou a *exercitabilidade* (*v.g.*, moratória concedida, no momento da constituição da dívida, pelo credor ao devedor) do direito do autor.

Uma vez que impedem, ora o nascimento, ora a exercitabilidade deste direito, são típicos *factos impeditivos*.

Da segunda espécie fazem parte os factos que, sendo temporalmente *posteriores* aos factos relatados na petição inicial, vêm *alterar os termos do nascimento* (*v.g.*, condição suspensiva aposta ao contrato depois da celebração deste) ou as *condições de exercitabilidade* do pretenso direito do autor (*v.g.*, moratória concedida pelo credor ao devedor após a constituição da dívida).

E porque alteram os termos do nascimento ou as condições de exercitabilidade deste direito, estamos perante *factos modificativos*.

Fixemos a nossa atenção no exemplo da *moratória* concedida pelo credor ao devedor. Suponhamos que, numa acção de dívida, o réu (devedor) alega, em seu benefício, a existência de uma cláusula contratual que lhe confere um prazo suplementar, ainda não esgotado ao tempo da defesa, para o cumprimento da obrigação.

No seguimento do que atrás foi dito, levantemos ainda duas hipóteses:

1.ª) A cláusula é *contemporânea* do contrato;
2.ª) A cláusula foi *posteriormente aposta ao contrato*[174].

Enquanto na primeira hipótese somos confrontados com a alegação de um *facto impeditivo* do direito do autor, na segunda o facto aparece-nos como *modificativo* das condições de exercitabilidade desse mesmo direito.

Provada, em qualquer dos casos, não apenas a existência do direito de crédito do demandante, mas também a *moratória* (a cláusula que concede um prazo suplementar para o cumprimento da obrigação), torna-se imprescindível verificar se nos encontramos na fase do *saneamento* do processo ou na fase do *julgamento final*, e isto porque as consequências previstas na lei processual são diversas, consoante estejamos perante um ou outro momento.

Encontrando-se o juiz em condições de decidir a causa no *despacho saneador*, deverá absolver *temporariamente* o réu do pedido[175]. O caso julgado que entretanto vier a formar-se não impede o autor de propor, mais tarde, uma nova acção. Esta solução está consagrada no artigo 673.º, onde se dispõe que, «se a parte decaiu por não estar verificada uma condição, por não ter decorrido um prazo ou por não ter sido praticado determinado facto, a sentença não obsta a que o pedido se renove quando a condição se verifique, o prazo se preencha ou o facto se pratique.»

Mas se, porventura, o processo chegou à fase do *julgamento final*, tem-se entendido, com base no artigo 662.º, que, por razões

---

[174] Veja-se o interessante caso decidido pelo S.T.J. no Ac. de 2 de Jul. de 1987 (B.M.J., n.º 369, pp. 501-503).

[175] Solução expressamente defendida por ALBERTO DOS REIS, *Código de Processo Civil anotado*, vol. V, p. 73.

de *economia processual*, e independentemente de qualquer pedido do autor nesse sentido, o juiz deverá condenar o réu a cumprir *no futuro* a obrigação em falta, ou seja, e atendendo à hipótese exposta, condená-lo a realizar a prestação logo que se esgote a moratória[176-177].

Estaremos no caso agora apresentado, e em todos os casos análogos, perante uma «excepção peremptória»?

Em bom rigor, não estamos.

Os factos materiais em análise, uma vez que retardam a prolação da sentença favorável ao autor (no caso de absolvição temporária do pedido) ou a produção dos efeitos da sentença favorável (no caso de condenação *in futurum*), somente podem ser compreendidos à luz de um conceito ignorado no Código de Processo Civil: o conceito de «excepção material dilatória.»

«A noção de excepções peremptórias dada no n.º 3 do artigo 493.º – sublinha ANTUNES VARELA – cinge-se apenas às excepções materiais (às que «*importam a absolvição total ou parcial do pedido*»), sendo certo que as excepções materiais *dilatórias* não cabem, nem na noção legal das excepções *dilatórias*, nem na definição legal das excepções *peremptórias*»[178].

---

[176] Cfr. ALBERTO DOS REIS, ob. cit., pp. 73 e 76. Na p. 80, entende que a doutrina contida no artigo 662.º «só pode considerar-se exacta quando referida à conduta do juiz na altura da sentença final; não é de aceitar se a referirmos ao momento do despacho saneador.» Talvez não seja de seguir à risca este entendimento. Se, na fase do saneamento, o processo contiver todos os elementos que permitam a respectiva decisão, porque não há-de o juiz proferir uma sentença de condenação *in futurum*?

[177] Para LEBRE DE FREITAS, *Código de Processo Civil anotado*, vol 2.º (com M. MACHADO e R. PINTO), p. 685, nas hipóteses de falta de decurso de um prazo, há que articular os artigos 673.º e 662.º: este último preceito «permite a condenação do réu a cumprir *in futurum* obrigação não vencida, pelo que o art. 673 só se aplica quando não esteja em causa a exigibilidade duma obrigação ou quando o tribunal não haja, apesar do disposto no art. 662, proferido a condenação *in futurum*.»

[178] *Manual de processo civil*, p. 304.

De acordo com este entendimento, as *excepções materiais dilatórias* serão todas aquelas que assentam «em quaisquer faltas ou vicissitudes próprias da relação substantiva» em virtude das quais «o direito do autor *não existe* ou *não é exercitável* no momento em que a decisão é proferida, por falta de algum requisito material, mas *pode vir a existir* ou a *ser exercitável mais tarde*»[179-180].

Já se sustentou que estas excepções cabem ainda no conceito legal de *excepção peremptória*. Neste sentido, ANSELMO DE CASTRO entende que a «excepção material dilatória» está «implícita na fórmula genérica do n.° 2 do artigo 487.° – excepção que determine a improcedência parcial do pedido e que mais correctamente se diria improcedência temporária do pedido»[181].

Esta interpretação, porém, força demasiadamente a letra da lei: «improcedência parcial» não pode significar o mesmo que «improcedência temporária» do pedido, pois, na verdade, são dois efeitos bem distintos.

Nem com esforço se consegue apagar a imperfeição da terminologia legal, e isto porque à palavra «peremptória» está, naturalmente, associada a ideia de «matar na raiz» o pedido, de lhe pôr termo para sempre ou de forma definitiva: pôr termo, sem hipótese

---

[179] Ob. cit., p. 298. Ver também CAPELO DE SOUSA, *Teoria geral do direito civil*, I, p. 246.

[180] Na doutrina italiana, já em 1917, MORTARA, *Manuale della procedura civile*, vol. 1.°, p. 30, se referia às *excepções dilatórias de mérito* (*eccezioni dilatorie di merito*) como aquelas que conduzem à improcedência da acção pelo facto de esta ser *prematura*, mas que não obstam à sua *reproposição* quando tenha desaparecido o obstáculo levantado pelo demandado (*quando sia tolto di mezzo l'ostacolo fatto valere dal convenuto*). Na doutrina alemã, no séc. XIX, tanto BÜLOW, *Die Lehre von den Prozesseinreden und die Prozessvoraussetzungen*, pp. 261-266, como WETZELL, *System des ordentlichen Zivilprozesses*, pp. 163 e ss., analisam, com especial cuidado, as excepções (*dilatórias*) que conduzem a uma improcedência *temporária* da acção (*Abweisung der Klage zur Zeit*).

[181] *Direito processual civil declaratório*, vol. III, p. 220.

de a pretensão renascer, dir-se-ia[182]. Os processualistas clássicos, com apoio no direito romano, designavam a excepção peremptória por *exceptio peremptoria* ou *perpetua exceptio*, distinguindo-a da *exceptio temporalis* ou *dilatoria*: nas palavras de GAIO, *Peremptoriae sunt quae perpetuo valent nec evitari possunt* (Inst., IV-121); *Dilatoriae sunt exceptiones quae ad tempus valent* (IV-122)[183-184].

Nas Institutiones de JUSTINIANO encontra-se também uma larga passagem dedicada à distinção entre as excepções peremptórias e dilatórias (I.4,13,9): *Perpetuae et peremptoriae sunt, quae semper agentibus obstante et semper rem de qua agitur peremunt*: (…). *Temporales atque dilatoriae sunt, quae ad tempus nocent et temporis dilationem tribuunt* (…).

O adjectivo «peremptório» é impróprio para classificar os factos que apenas *retardam a prolação da sentença favorável ao autor* ou a *produção dos efeitos da sentença favorável*[185].

Esta deficiente classificação legal das excepções assenta na adopção, única e exclusiva, do apontado *critério dos efeitos*. Se, ao invés, tivesse sido escolhido o *critério do objecto ou do conteúdo das excepções* – com a distinção básica entre *excepções processuais* e *materiais*

---

[182] No direito suíço é comum o uso do adjectivo «destruidor» (*zerstörlich*) para designar as excepções peremptórias. Linguagem expressiva, pois estas visam aniquilar o pedido (e, logo, o direito) do autor. Cfr. GULDENER, *Schweizerisches Zivilprozeßrecht*, p. 225.

[183] Cfr. CAMPOGRANDE, «Eccezioni», *in* D.I., vol. X, p. 18, e MOTA PINTO, *Cessão da posição contratual*, p. 361, nota 1. Como explica SANTOS JUSTO, *Direito privado romano*, I, p. 324, as excepções peremptórias ou perpétuas podiam ser opostas em qualquer momento em que o demandante instaurasse a sua *actio*. *Vide* também CANNATA, «Eccezione-diritto romano», *in* NN.D.I., vol. VI, pp. 346-349.

[184] Enquanto a *perpetua exceptio* «destruía a acção para sempre», a *exceptio dilatoria* «afastava a acção por certo tempo.» Cfr. MACKELDEN, *Manuel de droit romain*, p. 118, e BULÖW, *Die Lehre von den Prozesseinreden und die Prozessvoraussetzungen*, pp. 262 e 284.

[185] Pensemos nas hipóteses em que o tribunal condena o réu, mas só para o futuro.

90   *Reconvenção e Excepção no Processo Civil*

– não surgiriam, estamos certos, tantos embaraços na sua classificação e enquadramento formal.

Por tudo isto, MANUEL DE ANDRADE há muito afirmou, em estilo lacónico, mas impressivo, que a distinção doutrinal entre excepções *substanciais ou materiais* e *processuais* «é de preferir»[186].

LEBRE DE FREITAS defende igualmente a ideia de que teria sido «mais rigoroso denominar como *excepção processual* a excepção dilatória e como *excepção material* a peremptória, tanto mais quanto há excepções de direito material que, sem deixarem de conduzir à absolvição do pedido, têm como efeito, não a improcedência *definitiva* da acção, mas a sua *paralisação* enquanto determinado requisito não se verificar, por isso sendo no direito civil qualificadas como dilatórias»[187].

Estamos em perfeita consonância com estes Autores. Preferível seria que, entre o Código Civil, onde se adoptou o correcto conceito de excepção material dilatória (ver o art. 847.º, n.º 1, al. *a*)), e o Código de Processo Civil, existisse a desejada uniformidade na classificação das excepções.

Apesar de estar em causa, fundamentalmente, uma questão terminológica ou conceitual, de sabor porventura bizantino, não deixaríamos de aplaudir uma classificação que, nos dois diplomas (afinal tão próximos), partisse da distinção básica entre *excepções processuais* e *materiais*, aliás seguida noutros ordenamentos[188].

---

[186] R.L.J., Ano 78.º, p. 413.

[187] *Código de Processo Civil anotado*, vol. 2.º (com M. MACHADO e R. PINTO), p. 289.

[188] *Eccezioni di rito* e *di merito*, na terminologia italiana corrente. É também desta distinção simplificada que parte o actual Código de Processo Civil espanhol (Ley de Enjuiciamiento Civil – LEC 1/2000), referindo-se, no artigo 405, por um lado, às «excepciones materiales» e, por outro lado, às «excepciones procesales.» A «arcaica» classificação usada pela LEC de 1881, que distinguia as excepções *dilatórias* das excepções *peremptórias*, foi, assim, posta de lado. *Vide* LA PLAZA, *Hacia una nueva ordenación del régimen de las excepciones en nuestro derecho positivo*, Rev. Der. Proc., 1945, pp. 29 e ss.; OLIVA SANTOS/DÍEZ PICAZO GIMÉNEZ, *Derecho procesal civil – El proceso de declaración*, p. 264; MONTERO

A *Excepção Peremptória* 91

Importa referir, porém, que nem todos pensam desta forma. TEIXEIRA DE SOUSA defende a inclusão das *excepções materiais dilatórias* no «âmbito legal das excepções peremptórias», qualificando-as como «excepções (peremptórias) modificativas»[189]. Isto porque, segundo as suas palavras, o êxito de uma excepção material dilatória conduz «ao efeito característico de qualquer excepção peremptória», ou seja, «à improcedência do objecto originário da acção», a uma improcedência total.

Eis o exemplo apresentado: *A* pede a condenação de *B* no cumprimento de uma prestação; *B* invoca uma *condição suspensiva*, afirmando que esta ainda não se verificou. Qual o efeito desta excepção?

Para TEIXEIRA DE SOUSA, o pedido do autor improcede totalmente, devendo o tribunal condenar *B* «nesse cumprimento caso se verifique a condição.»

Assim, conclui, «a arguição de uma excepção modificativa implica uma absolvição (implícita) do réu quanto ao pedido originário e uma condenação, normalmente condicional, dessa mesma parte, em relação ao objecto subsequente»[190].

A excepção material dilatória não gera, à luz desta tese, a absolvição temporária do réu do pedido.

Os argumentos de TEIXEIRA DE SOUSA não salvam a deficiente classificação das excepções plasmada na nossa lei. Num plano formal, a expressão «absolvição total», continuamos a dizê-lo, está longe de espelhar com perfeita nitidez o fenómeno relacionado com a procedência de excepções que apenas travam, temporariamente, o pedido, não o inviabilizando para sempre.

AROCA, *Derecho jurisdiccional*, II, p. 209, e MANUEL GONZÁLEZ, *Reconvención y excepciones reconvencionales en la LEC 1/2000*, p. 49.

[189] Cfr. *As partes, o objecto e a prova na acção declarativa*, p. 164.

[190] Ob. cit., p. 165. *Vide* também *Estudos sobre o novo processo civil*, p. 587.

Noutro plano, muitas dúvidas nos assaltam quanto à admissibilidade, defendida por Teixeira de Sousa, da denominada *condenação condicional* (*v.g.*, «fica o réu condenado a pagar se ...»)[191]. Parece-nos que o artigo 673.º, ao referir-se expressamente ao decaimento (*rectius*, à absolvição do réu do pedido) pelo facto de *não se encontrar verificada uma condição* ou por *não ter sido praticado determinado facto*, exclui a possibilidade da referida condenação condicional.

A lei prevê, é certo, no artigo 662.º, a condenação *in futurum* nas hipóteses de inexigibilidade da obrigação, mas esta espécie de condenação não se confunde com a condenação condicional[192].

Enquanto a eficácia da condenação *in futurum* depende da ocorrência de um *facto futuro e certo* (o réu fica condenado a restituir uma coisa ou a pagar determinada quantia a partir do dia *x*), a *condenação condicional* somente ganha «vida» se ocorrer um *facto futuro e incerto* (o réu fica obrigado a entregar o automóvel se e quando emigrar para o estrangeiro, por exemplo).

A condenação condicional é *injusta* e pode traduzir-se, para o réu, numa carga insuportável.

Por um lado, os tribunais devem abster-se de condenar pessoas que não merecem ser condenadas: se determinada condição não se verificou, porque há-de condenar-se o demandado, ainda que condicionalmente?

Por outro lado, a condenação condicional vale *indefinidamente* e, neste sentido, pode eternizar-se. O legislador, e bem, não quer que

---

[191] A condenação do réu a título condicional é também defendida por Remédio Marques, *Acção declarativa à luz do Código revisto*, p. 288.

[192] Em sentido divergente se pronuncia Antunes Varela, *Manual de processo civil*, p. 683: «Se (...), ao contrário do sustentado pelo autor, o juiz entender que a obrigação por ele pleiteada se encontra sujeita a *determinada condição*, ainda não verificada, poderá o juiz proferir uma *sentença de condenação condicional*, em termos paralelos aos previstos no artigo 662.º.»

isto aconteça, antes impondo, com muita justeza, a *absolvição temporária* do réu do pedido[193].

Dizermos que esta resulta da procedência de uma «excepção peremptória» ou de uma «excepção material (dilatória)» acaba por ser uma questão terminológica menor. Em todo o caso, parece-nos, para as situações em análise, mais rigorosa e adequada a segunda expressão.

10. *Conceito de excepção material.* Em síntese, o legislador, designa por «peremptórias» as excepções materiais que, assentando em factos impeditivos, modificativos ou extintivos, conduzem à improcedência total ou parcial do pedido.

Toda a «excepção peremptória» pode considerar-se, deste modo, *material, substancial* ou de *mérito*, mas nem toda a excepção material é «peremptória», pois, como vimos, existem factos (ora impeditivos, ora modificativos) susceptíveis de gerar a mera *improcedência temporária* da acção e a consequente *paralisação* do direito subjectivo, sem ficar afastada a possibilidade do seu exercício futuro.

Por isso, alguma doutrina distingue as *excepções materiais peremptórias* das *excepções materiais dilatórias*: enquanto as primeiras põem termo, *para sempre*, ao direito, as segundas apenas o paralisam *temporariamente*[194].

A *excepção material* pode, enfim, definir-se como um meio de defesa que introduz no processo uma *questão substantiva prejudicial*

---

[193] Para LEBRE DE FREITAS, *Código de Processo Civil anotado* (com M. MACHADO e R. PINTO), vol. 2.º, p. 684, «o nosso sistema jurídico não admite a figura da condenação condicional: quando o juiz constate que a condição suspensiva (…) não está verificada (…), o direito não pode ser reconhecido ou constituído e o réu há-de ser absolvido do pedido.» E já antes, na p. 652, escreve: «A condenação *in futurum* surge quando o prazo, certo ou incerto, não esteja ainda decorrido à data da sentença (…), mas não quando a condição suspensiva não tenha ainda ocorrido.»

[194] *Vide* ALBERTO DOS REIS, *Código de Processo Civil anotado*, vol. III, p. 80.

que, sendo suscitada pela parte ou pelo juiz, é em princípio *apreciada incidentalmente*, conduzindo, uma vez provados os contrafactos em que assenta, à absolvição *total, parcial* ou *temporária* do pedido[195-196].

Resta acrescentar que as excepções «não vivem exclusivamente no processo», ou seja, podem ser alegadas antes e fora do processo[197]. Mas o problema da «vivência» extrajudicial das excepções foge ao âmbito do presente trabalho. As excepções interessam-nos enquanto puros meios *processuais* defensivos. Nada mais do que isto.

11. Natureza da excepção de não cumprimento do contrato e do direito de retenção. A *excepção de não cumprimento do contrato*, cujos contornos substantivos estão regulados nos artigos 428.º a 431.º do C.C., configura-se, processualmente, como uma típica *excepção material dilatória*.

Vejamos porquê, partindo de uma hipótese típica: *A*, alegando ter vendido a *B* determinada coisa móvel, pede a condenação deste no pagamento do preço em dívida.

Suponhamos que *B*, sem negar o incumprimento, vem afirmar que somente está em falta porque o autor (*vendedor*) não procedeu à entrega da coisa e, apoiando-se neste facto, pede apenas a improcedência da acção[198].

---

[195] Esporadicamente, nos casos em que o cumprimento está dependente de um prazo ainda não decorrido, poderá, como vimos, conduzir a uma condenação *in futurum*.

[196] Para COLESANTI, «Eccezione (dir. proc. civ.)», *in* E.D., vol. XIV, p. 202, a excepção deve ser vista como «um direito do réu ao julgamento de uma questão prejudicial susceptível de produzir, quando fundada, um efeito preclusivo sobre a procedência do pedido.»

[197] Cfr. CARNELUTTI, *Lezioni di diritto processuale civile*, II, p. 289. Entre nós, ver OLIVEIRA ASCENSÃO, *Direito civil – Teoria geral*, vol. III, p. 320, e MENEZES CORDEIRO, *Tratado de direito civil português. Parte geral*, t. I, pp. 350-353.

[198] Na eventualidade de o réu pedir a entrega da coisa comprada, passaríamos a ter uma pura reconvenção. Como explicam SATTA/PUNZI, *Diritto processuale*

A *Excepção Peremptória*   95

Que defesa foi usada e que efeitos é susceptível de desencadear? O réu tenta esquivar-se à condenação, alegando, com fundamento no artigo 428.º, n.º 1, do C.C., a «excepção de não cumprimento do contrato.» De acordo com o disposto nesta norma, desde que não haja prazos diferentes para o cumprimento das prestações, qualquer dos contraentes tem o direito de «recusar a sua prestação enquanto o outro não efectuar a que lhe cabe ou não oferecer o seu cumprimento simultâneo.»

Sendo certo que a causa de pedir da acção se traduz nos factos reveladores do contrato de compra e venda e da concreta forma de incumprimento, já a *causa da excepção* consiste na circunstância de o autor, por não ter procedido à entrega da coisa vendida, se encontrar igualmente numa situação de incumprimento.

Este último facto apenas impede, de forma transitória ou momentânea, a exercitabilidade do direito de crédito, jamais o extinguindo definitivamente.

Afastada no nosso sistema, como resulta do artigo 673.º, a figura da *condenação condicional,* o tribunal não deve, uma vez provada a *exceptio non adimpleti contractus,* condenar o réu a cumprir a prestação *se* e *quando* o autor realizar a correspondente contraprestação[199].

Ficando o juiz convencido de que também o autor se encontra em falta, deverá proferir uma sentença absolvendo *temporariamente* o réu do pedido[200].

---

civile, p. 59, em nota, a propósito de casos análogos, «a reconvenção tem carácter complementar relativamente à excepção.» Os factos relativos ao incumprimento tanto podem fundamentar a *exceptio,* como um pedido condenatório. Cfr. SAN-PONS SALGADO, *La reconvención,* p. 16.

[199] Tese diferente é defendida, como vimos, por TEIXEIRA DE SOUSA, *As partes, o objecto e a prova na acção declarativa,* p. 165.

[200] No direito alemão, os *rechtshemmende Tatsachen* são aqueles factos que suspendem ou paralisam o direito do autor e que, neste sentido, legitimam o réu a recusar o cumprimento. A excepção de incumprimento do contrato é exemplo clássico nesta matéria. Cfr. JAUERNIG, *Zivilprozessrecht,* p. 142.

ALBERTO DOS REIS explicou, com grande clareza, o efeito da procedência desta *exceptio*: «O réu opôs (…) a *exceptio non adimpleti contractus*; fez-se a prova da excepção e o juiz absolveu-o do pedido. Mais tarde, o autor satisfaz aquilo a que estava obrigado e demanda novamente o réu; este não poderá defender-se com o caso julgado, porque a situação é, agora, diferente da primitiva. A excepção *non adimpleti contractus* já não actua; o réu – conclui ALBERTO DOS REIS – terá de ser condenado a prestar ao autor a coisa ou o facto a que se obrigara»[201].

Concluindo, a excepção de não cumprimento do contrato configura-se como uma autêntica *excepção material dilatória* (uma *exceptio temporalis*, como se dizia no séc. XIX)[202].

Que ocorrerá se o réu omitir a alegação da *exceptio non adimpleti contractus*?

TEIXEIRA DE SOUSA responde a este problema, escrevendo que «a não alegação (…) preclude, quando muito, a possibilidade de o réu condenado recusar a realização da prestação enquanto a parte contrária não efectuar a que lhe cabe ou oferecer o seu cumprimento simultâneo, mas não lhe retira o direito à contraprestação. Ou seja, a falta de alegação dessa excepção não implica a extinção da relação sinalagmática entre as prestações»[203].

O *direito de retenção*, previsto nos artigos 754.º a 761.º do C.C., tem sido apresentado como outro caso típico de *excepção material dilatória*[204].

O seu nome espelha bem o poder que confere ao titular: o poder de reter uma coisa, de a não largar, de recusar legitimamente a entrega desta enquanto o respectivo proprietário não cumprir certa

---

[201] *Código de Processo Civil anotado*, vol. III, pp. 80 e s.
[202] Cfr. CAPELO DE SOUSA, *Teoria geral do direito civil*, I, p. 246.
[203] *Estudos sobre o novo processo civil*, p. 582.
[204] Assim, ANTUNES VARELA, *Manual de processo civil*, p. 298.

A *Excepção Peremptória* 97

obrigação. Mais: a coisa retida passa a constituir um «alvo» privilegiado numa futura e eventual execução para pagamento de quantia certa; a penhora acabará por incindir sobre a coisa «marcada», à partida, pelo *jus retentionis*[205].

Interessa-nos saber através de que meio processual pode o *demandado* valer-se deste direito.

Para responder a este problema, imaginemos o seguinte exemplo: proposta por *A* contra *B* uma acção visando a restituição de certo prédio rústico, o réu, para além de alegar ter sido legítimo usufrutuário do imóvel durante uma década e de reconhecer a extinção do usufruto, afirma ter procedido, enquanto usufrutuário, a obras de melhoramento no prédio, o que, nos termos dos artigos 754.º e 1450.º, n.os 1 e 2, do C.C., lhe atribui o *direito de retenção* sobre o imóvel.

O réu, ao contestar, fez uso de uma *excepção material dilatória*. O êxito desta não conduz à improcedência definitiva da acção, já o sabemos, mas apenas à sua *improcedência temporária*. Afinal de contas, o autor jamais conseguirá obter a coisa enquanto não cumprir a obrigação a que está adstrito.

É claro que, após cumprir, fica processualmente livre de intentar nova acção, desta feita com êxito (cfr. o regime do art. 673.º).

Mas o réu que baseia a sua defesa em factos reveladores do direito de retenção, para além de excepcionar com a finalidade de ser absolvido do pedido de entrega da coisa, pode ainda solicitar, reconvencionalmente, a condenação do autor no pagamento da quantia em dívida, com o objectivo de ficar, desde logo, portador de um título executivo. É, aliás, natural que não deixe na sombra este pedido.

---

[205] Ver, sobre este direito, MANUEL DE ANDRADE, *Teoria geral das obrigações*, pp. 324 e ss.; e ANTUNES VARELA, *Das obrigações em geral*, vol. II, pp. 577 e ss.; ALMEIDA COSTA, *Direito das obrigações*, pp. 974 e ss., e CALVÃO DA SILVA, *Cumprimento e sanção pecuniária compulsória*, pp. 339 e ss.

Voltamos a acentuar que ao retentor, de acordo com o disposto no artigo 759.º, n.º 1, do C.C., assiste a faculdade de executar a coisa «nos mesmos termos em que o pode fazer o credor hipotecário, e de ser pago com preferência aos demais credores do devedor.»

Problema interessante consiste em saber o que ocorrerá na eventualidade de o réu omitir a invocação do direito de crédito e do respectivo direito de retenção.

Neste caso, pressupondo a efectiva condenação do demandado na entrega da coisa, *o direito de retenção ficará para sempre precludido* (a excepção omitida equivale, por força do disposto o art. 489.º, a excepção perdida).

Mas o mesmo fenómeno não atingirá o crédito, que pode naturalmente ser exercido através de uma acção autónoma posterior[206]. Este problema será objecto de análise na III parte da presente monografia.

---

[206] Cfr. ORIANI, «Eccezione», *in* Dig. Disc. Priv., VII, p. 293.

CAPÍTULO II

A RECONVENÇÃO

SUMÁRIO: 1 – Conceito de reconvenção. 2 – Reconvenções atípicas. 3 – Espécies de reconvenção. 4 – Materialidade da reconvenção. 5 – Autonomia da reconvenção. 6 – Forma da reconvenção. 7 – Recebimento da contestação pela secretaria. 8 – Problemas relativos ao valor da reconvenção: o princípio da soma do valor da reconvenção ao valor da acção; apreciação crítica. 9 – O registo da reconvenção. 10 – Admissibilidade da reconvenção: o requisito material ou objectivo (análise do artigo 274.º, n.º 2). 11 – A proibição de reconvir. 12 – Questões finais relativas à admissibilidade da reconvenção: a) Efeitos da admissibilidade; b) Efeito da inadmissibilidade; c) Apreciação crítica do sistema restritivo.

1. *Conceito de reconvenção.* Definidos os contornos da *excepção material*, analisemos a *reconvenção*, começando por enunciar o seu *conceito* e os respectivos *requisitos*.

Uma vez cumprida esta tarefa, procuraremos averiguar, no capítulo III, qual o exacto sentido da denominada «excepção reconvencional», figura que se situa numa «zona cinzenta» entre os dois conceitos previamente analisados, e indagaremos também se esta excepção terá cabimento no nosso ordenamento jurídico.

A *reconvenção* consiste, tipicamente, numa *acção declarativa* (*condenatória, constitutiva* ou de *mera apreciação*) intentada, através da contestação, pelo réu (*reconvinte*) contra o autor (*reconvindo*), assente em factos materiais e causadora, quando admissível, de uma *acumulação*, no âmbito de um *processo pendente*, de *acções cruzadas e sincrónicas* (a acção inicial ou originária e a acção reconvencional: *conventio et reconventio pari passu ambulant*)[207-208].

A reconvenção constitui, portanto, *parte integrante* da acção inicial, formando com esta *um todo*[209].

A possibilidade do exercício do *ius reconveniendi* compreende--se não só à luz do *princípio da igualdade* (a doutrina alemã invoca, a propósito, o princípio da igualdade de armas: *Grundsatz der Waffen-*

---

[207] Em poucas palavras, a reconvenção é a «demanda do demandado.» Cfr. SANPONS SALGADO, *La reconvención*, p. 8, e MÁRQUEZ ROMERO, *La reconvención*, pp. 17, nota 7, e 21. Para MANUEL GONZÁLEZ, *Reconvención y excepciones reconvencionales en la LEC 1/2000*, p. 141, a reconvenção «constitui uma acção autónoma, nova e independente, proposta pelo demandado contra o autor originário.» Já entre nós, há muito, MANUEL RODRIGUES, *Do proceso declarativo*, p. 88, definiu a reconvenção como a «acção do réu num processo pendente.» Neste sentido, o direito de acção é bilateral. Cfr. ZANZUCCHI, *Diritto processuale civile*, I, p. 316; AMARAL SANTOS, *Da reconvenção no direito brasileiro*, pp. 110 e 155 e s. A reconvenção origina o nascimento, no processo pendente, de uma nova relação jurídica processual (em rigor, *justaposta* à inicial). Cfr. LOENING, *Die Widerklage im Reichs-Civilprozess*, Zeit. f. dts. Civilpr., 1882, p. 20, e VOLLKOMMER, *Zivilprozessordnung* (ZÖLLER), p. 156.

[208] A acção principal e a reconvenção «caminham juntas», sendo julgadas na mesma sentença. Esta, como explica BARBOSA MOREIRA, *O novo processo civil brasileiro*, pp. 46 e s., desdobra-se em duas partes, cada qual com uma decisão autónoma para efeitos de recurso e de formação de caso julgado. Refira-se, ainda, que a reconvenção produz, tanto a partir da data em que é apresentada em juízo, como a partir da data em que é notificada ao autor, os efeitos processuais (*v.g.*, litispendência da acção reconvencional) e materiais (*v.g.*, constituição do reconvindo em mora; má fé do reconvindo possuidor) equivalentes à proposição de qualquer acção.

[209] Cfr. Ac. do S.T.J. de 23 de Fev. de 1937, J.F., 1937, p. 162. «O julgamento do pedido e da reconvenção – pode ler-se ainda neste aresto – é uno e indivisível; profere-se uma única sentença para ambos.»

gleichheit), mas também com base no *princípio da economia processual*[210-211]. A reconvenção aparece, pois, como um dos instrumentos idóneos para se realizar o *interesse público* da máxima eficiência da máquina judiciária, diminuindo ainda o número de processos[212-213].

---

[210] Cfr. SCHUMANN, *Kommentar zur Zivilprozeßordnung* (STEIN/JONAS), vol. I, p. 544; PATZINA, *Münchener Kommentar zur Zivilprozeßordnung* (LÜKE//WAX), vol. I, p. 268; PAULUS, *Zivilprozessrecht*, p. 103; CARNELUTTI, *Diritto e processo*, p. 101; NAPPI, *La domanda proposta in via riconvenzionale*, R.T.D.P.C., 1989, p. 811, e, no direito inglês, NEIL ANDREWS, *Principles of civil procedure*, p. 120. Pronunciando-se, em termos genéricos, sobre o fenómeno processual da junção de causas conexas, ALBERTO DOS REIS, *Código de Processo Civil anotado*, vol. I, p. 381, acentua, para além do benefício da «economia de actividade», a vantagem da «uniformidade de julgamento (as questões comuns são julgadas no mesmo sentido).» CASTRO MENDES, *Sobre a admissibilidade da reconvenção em processo sumaríssimo*, R.F.D.U.L., vol. XVI, 1963, p. 313, escreve que «é sobretudo por razões de economia, para evitar uma duplicação de acções – *mutuae actiones* – que a reconvenção se justifica.» TEIXEIRA DE SOUSA, *As partes, o objecto e a prova na acção declarativa*, p. 168, encontra a «justificação para a admissibilidade da reconvenção» em «razões de economia processual.» Também LEBRE DE FREITAS, *Introdução ao processo civil (conceito e princípios gerais)*, pp. 163 e 172, analisa o instituto da reconvenção a propósito do princípio da economia processual.

[211] No sentido de que a reconvenção não pode ser deduzida no âmbito do *processo executivo* pronunciam-se TARZIA/BALBI, «Riconvenzione», *in* E.D., vol. XL, p. 683; LIEBMAN, *Le opposizioni di merito nel processo di esecuzione*, p. 254; FORNACIARI JÚNIOR, *Da reconvenção no direito processual civil brasileiro*, pp. 78 a 80. Cfr. também CASTRO MENDES, *Direito processual civil*, II, p. 295; REMÉDIO MARQUES, *Curso de processo executivo comum à luz do Código revisto*, p. 157. Estamos perante um entendimento há muito seguido entre nós. Cfr. G.R.L., Ano 25.º (1911-1912), p. 738. No entanto, a reconvenção é admissível nos casos em que, no âmbito de uma acção executiva para entrega de coisa certa, o executado, com fundamento no artigo 929.º, n.º 1, peça, nos embargos, o pagamento de benfeitorias sobre a coisa cuja entrega é pedida. Cfr. PAULO PIMENTA, *Reconvenção*, Separata do B.F.D.U.C., vol. LXX (1994), p. 496. AMARAL SANTOS, *Da reconvenção no direito brasileiro*, pp. 244 e s., aceita ainda a reconvenção sempre que o executado, após se defender nos embargos através da *excepção da compensação*, exige do exequente o *saldo* que lhe é favorável.

[212] A reconvenção permite, nas palavras de JAEGER, *Riconvenzione di accertamento e suoi pretesi limiti territoriali; onere della prova; delegazione generica per*

E sempre que o tribunal decide sobre factos comuns à acção e à reconvenção, afastado fica o *risco dos julgados contraditórios*, perturbador do prestígio da Justiça.

Ninguém duvidará, por outro lado, do *interesse do demandado* em reconvir, com vista a diminuir despesas; aproveitar a prova produzida pelo autor; dificultar a posição deste, forçando-o a transigir; evitar a morosidade de certos actos (*v.g.*, do acto da citação)[214].

Noutro plano, o *autor* tem, na maior parte das vezes, naturalmente, todo o interesse em que o adversário não deduza qualquer pedido reconvencional. Mas, ainda assim, poderá considerar vantajosa a reconvenção, na medida em que esta permite a «composição global das lides entre ambos», evitando, nalguns casos, que tenha de vir a defender-se, contra uma acção autónoma, em diferente tribunal[215].

Apesar de tudo, o instituto da reconvenção precisou de séculos para se impor. No Direito Romano, enquanto vigorou o processo das *Legis Actiones*, os pedidos do demandado seguiam o seu próprio

---

assunzione di prove, R.D.P.C., 1930, pp. 83 e s., que o «funcionamento da máquina judiciária dê, com o mesmo dispêndio de tempo e de forças, ou com um pouco mais, o maior rendimento.» Como bem acentua HAU, *Widerklageprivileg und Widerklagelast*, ZZP, 2004, pp. 35 e s., a reconvenção, para além de satisfazer o interesse público da economia processual, evitando a multiplicação e a dispersão dos processos, permite resolver, de uma vez por todas, os litígios existentes entre as partes, abrindo as portas ao diálogo e à consequente transacção.

[213] A reconvenção prescinde de uma série de actos e aumenta o rendimento do processo, como sublinha FORNACIARI JÚNIOR, ob. cit., p. 61. Na realidade, não ocorre a *distribuição*; torna-se desnecessária a *citação* do reconvindo; aproveitam-se as *provas* comuns e é proferida uma única *sentença* para a acção e para a reconvenção.

[214] Seguimos, de muito perto, BARBOSA MOREIRA, *A conexão de causas como pressuposto da reconvenção*, pp. 143 e ss.

[215] BARBOSA MOREIRA, ob. cit., p. 145.

A Reconvenção

caminho, jamais sendo apreciados em simultâneo com a pretensão do demandante[216].

No domínio do processo *per formulas*, e contra a corrente que nega, neste sistema da *época clássica* (130 a.C.), a faculdade de reconvir, têm-se invocado, com base nas fontes, várias passagens que comprovam o conhecimento, pelos juristas romanos, de instrumentos análogos à reconvenção. As expressões *mutua actio* (D. 2,1,11,1) ou *actio contraria* (no âmbito do *commodatum*; D. 13,6,17,3; D. 13,6,18,4) expressam a possibilidade de, no mesmo processo, ser criada uma *fórmula* para determinadas pretensões do demandado[217].

Posteriormente, na Época Justinianeia (530-565), sob influência da obra de PAPINIANUS, passou a autorizar-se, com grande abertura, a reconvenção destinada à condenação do demandante[218-219].

---

[216] Ver, neste ponto, VITALI, *La riconvenzione in materia civile nella storia e nel diritto giudiziario*, p. 39, nota 1.

[217] *Vide* SANTOS JUSTO, «Comodato (Direito Romano) – Breve referência ao direito português», *in* Estudos jurídicos em homenagem ao Prof. Doutor Motta Veiga, pp. 623 e s., 648; *As acções do pretor* (*actiones praetoriae*), p. 22, nota 10. Se as duas fórmulas contivessem a nomeação do mesmo juiz, as recíprocas pretensões (a do *actor* e a do *defensor*) eram por ele apreciadas simultaneamente. Cfr. VITALI, ob. cit., pp. 46 e s.

[218] Atentemos no teor da C.,7,45,14: «Quum Papinianus, summi ingenii vir, in Quaestionibus suis rite disposuit, non solum iudicem de absolutione rei iudicare, sed et ipsum actorem, si e contrario obnoxius fuerit inventus, condemnare, huiusmodi sententiam non solum roborandam, sed etiam augendam esse sancimus, ut liceat iudici vel contra actorem ferre sententiam, et aliquid eum daturum vel facturum pronuntiare, nulla ei opponenda exceptione, quod non competens iudex agentis esse cognoscatur.» Para uma análise do Codex Justinianus, no qual se consagrou a possibilidade de o réu deduzir pedidos condenatórios contra o autor, *vide* FUCHS, *Das Recht der Widerklage*, AcP, 1870, pp. 154 e s., e VITALI, ob. cit., pp. 50 e ss.

[219] Sobre o processo civil romano *vide*, entre nós, as obras de SEBASTIÃO CRUZ, *Direito romano*, I, pp. 334-335, e de SANTOS JUSTO, *Direito privado romano*, I, pp. 264-266. Quanto à reconvenção no direito romano, cfr. MORTARA, *Commentario del Codice delle leggi di procedura civile*, II, pp. 100 e ss.; DINI, *La domanda riconvenzionale nel diritto processuale civile*, pp. 3-9, e JAEGER, *La riconvenzione nel processo civile*, pp. 47-55.

2. Reconvenções atípicas. A reconvenção, acabámos de o dizer, é a acção – uma *verdadeira acção* – proposta, num processo em curso, através da contestação, pelo *réu contra o autor*. A lei – concretamente, o artigo 274.°, n.° 1 – reflecte, com clareza, este conceito clássico de reconvenção ou a sua «configuração normal»[220].

Mas a reconvenção pode – entende-se hoje de modo pacífico – ser proposta *contra o autor e contra terceiro*; ou unicamente *contra terceiro* que, em consequência da intervenção no processo, passa a ser parte activa; e pode também ser deduzida, em conjunto, *pelo réu e por terceiro*[221]. Com efeito, a intervenção de novos sujeitos, ao lado do reconvinte ou do reconvindo, foi, após a Reforma de 1995/96, abertamente permitida no artigo 274.°, n.° 4[222].

Os processualistas confrontam-se, no entanto, com a complexa questão de saber se existem *reconvenções atípicas*. Assistirá ao *autor o direito reconvir contra o demandado?* E será admissível, em situações de pluralidade passiva, a *reconvenção de um dos demandados contra outro demandado?*

O primeiro problema consiste em saber se o autor está legitimado a deduzir pedidos contra o réu, no seguimento de uma excepção peremptória ou de uma reconvenção por este apresentada em juízo. Será aceitável, entre nós, a denominada «reconvenção da reconvenção» (*reconventio reconventionis*)?

---

[220] TEIXEIRA DE SOUSA, *As partes, o objecto e a prova na acção declarativa*, p. 178.

[221] Seguimos de perto TEIXEIRA DE SOUSA, ob. cit., p. 179.

[222] Durante largo tempo, entendeu-se que a reconvenção envolvia apenas dois sujeitos (o réu e o autor). Neste sentido se pronunciou LOENING, *Die Widerklage im Reichs-Civilprozess*, Zeit. f. dts. Civilpr., 1882, p. 73; SIEDLECKI, *Les demandes reconventionnelles*, Rev. trim. dr. civ., 1937, p. 777. Refira-se também o estudo, com amplas referências de direito comparado, de SCHRÖDER, *Widerklage gegen Dritte?*, AcP, 1964, pp. 517 e ss. Cfr. igualmente NIEDER, *Die Widerklage mit Drittbeteiligung*, ZZP, 1972, p. 439.

Um exemplo: *A* exige judicialmente de *B* o pagamento de certa quantia; o réu reconhece a dívida, mas alega ser titular de um contracrédito de montante superior proveniente de determinado contrato celebrado com o autor. Em consequência, pede não só que se proceda à compensação, mas que *A* seja condenado a pagar a parte excedente do referido contracrédito.

Imaginemos, agora, que o autor pretende, com fundamento em coacção moral, a anulação do contrato invocado pelo réu: comportará a réplica este pedido?

A resposta negativa decorre do artigo 502.º, n.º 1, onde se estabelece que este articulado «serve (…) para o autor deduzir toda a defesa quanto à matéria da reconvenção, mas a esta não pode ele opor nova reconvenção.»

Na medida em que os factos constitutivos da coacção moral gozam de natureza ambivalente, é claro que ao autor assiste sempre o direito de excepcionar; o que não pode é reconvir.

A lei põe, deste modo, travão à «espiral de pedidos», porque receia que os pedidos do autor, surgidos no encadeamento do articulado do réu, tornem o processo complexo, imprevisível e interminável[223].

_____

[223] Estas razões levam a doutrina espanhola a pôr em causa a possibilidade da *reconventio reconventionis*. Veja-se FEDERICO SOLANO, *La demanda reconvencional en la legislación española*, Rev. Der. Proc., 1950, p. 294; ROSA SANZ, *La reconvención en el proceso civil español*, pp. 150 e s.; JOSÉ SEIJO, *El proceso civil* (SILVIA BARONA VILAR), vol. IV, pp. 2989 e s. De todo o modo, o ponto é considerado hoje muito duvidoso, havendo quem admita, em certos termos, a reconvenção em análise (pelo menos, para as ditas excepções reconvencionais). Ver MANUEL GONZÁLEZ, *Reconvención y excepciones reconvencionales en la LEC 1/2000*, pp. 249-259. Contra a possibilidade de o autor reconvir, se pronuncia, na doutrina brasileira, FORNACIARI JÚNIOR, *Da reconvenção no direito processual civil brasileiro*, pp. 175 e ss.

Mas a proibição da *reconventio reconventionis*, traduzida na antiga máxima *reconventio reconventionis non admittitur*[224], entra em choque com o «princípio da igualdade de armas» e, com base nesta ideia, ordenamentos processuais como o italiano passaram a admitir, para agrado da corrente dominante (doutrinal e juris-prudencial), os pedidos reconvencionais do autor[225].

Atentemos no teor do artigo 183, par. 4.º, do C.P.C.I.: «Na mesma audiência [o legislador refere-se à audiência preliminar], o autor pode deduzir os pedidos ou as excepções que sejam consequência do pedido reconvencional ou das excepções do demandado» (*che sono conseguenza della domanda riconvenzionale o delle eccezioni proposte dal convenuto*).

Quer dizer, o direito italiano permite, actualmente, que o autor faça uso da «reconvenção da reconvenção», tanto para o caso em que o réu reconvém (o autor transforma-se aqui num autêntico réu), como para a hipótese em que o réu se limita a excepcionar, devendo, nesta última situação, existir um nexo estreito entre a «reconvenção do autor» e a excepção[226].

---

[224] Equivalente ao clássico axioma francês: *réconvention sur réconvention ne vaut*. Cfr. VINCENT/GUINCHARD, *Procédure Civile*, p. 799.

[225] Já VITALI, no séc. XIX, defendia a admissibilidade desta espécie de recon-venção (cfr. *La riconvenzione in materia civile nella storia e nel diritto giudiziario*, pp. 165 e s.). Mais tarde, CHIOVENDA, *Principii di diritto processuale civile*, p. 1148, igualmente se mostrou favorável à dedução pelo autor (*reconvindo*) de pedidos reconvencionais: «Do princípio segundo o qual o autor não passa de um réu rela-tivamente à reconvenção deriva a possibilidade de reconvir.» Ver, no mesmo sentido, ZANZUCCHI, *Diritto processuale civile*, I, p. 334; DINI, *La domanda ricon-venzionale nel diritto processuale civile*, pp. 93-97; PAJARDI, *Sulla proponibilità della domanda riconvenzionale oltre i limiti di cui all'articolo 36 codice di procedura civile, quando non implichi spostamento di competenza*, G.I., 1957, Parte I-Sez. II, pp. 382 e s.; FALQUI-MASSIDDA, *Le domande riconvenzionali*, R.D.C., 1962, pp. 175-177, e EVANGELISTA, «Riconvenzionale (domanda)», *in* E.G., vol. XXVII, p. 2.

[226] É ponto pacífico na doutrina, como assinalam PROTO PISANI, *La nuova disciplina del processo civile*, pp. 141 e s.; TARZIA/BALBI, «Riconvenzione», *in* E.D., vol. XL, p. 670, e VULLO, *La domanda riconvenzionale*, p. 318.

De iure constituendo, por razões de elementar igualdade e de justiça, afigura-se-nos defensável a consagração, entre nós, da *reconventio reconventionis*[227].

Fazemos nossas as palavras de DINI: «A admissibilidade, no processo, de pretensões fundadas no mesmo título ou em títulos conexos não pode deixar de ser vantajosa para a justiça. O princípio *reconventio reconventionis non datur* é hoje desprovido de sentido; nada deve impedir que a réplica possa conter um novo pedido conexo com a pretensão já introduzida no processo pelas partes»[228-229].

Problema difícil – e que tem surgido com alguma frequência nos tribunais – é o de saber se, em situações de *pluralidade passiva*, assiste aos réus o direito de deduzirem pedidos entre si: poderá um dos réus *reconvir* contra outro réu?

---

[227] Na doutrina alemã, em defesa desta espécie de reconvenção (*Wider--Widerklage*), veja-se LOENING, *Die Widerklage im Reichs-Civilprozess*, Zeit. f. dts. Civilpr., 1882, pp. 80 e s.; HELLWIG, *System des deutschen Zivilprozeßrechts*, I, p. 318; JAUERNIG, *Zivilprozessrecht*, p. 151; HARTMANN, *Zivilprozessordung* (BAUMBACH/LAUTERBACH/ALBERS/HARTMANN), pp. 999 e s. (§ 253 ZPO); VOLLKOMMER, *Zivilprozessordnung* (ZÖLLER), p. 161; THOMAS/PUTZO, *Zivilprozessordnung*, p. 58, e RIMMELSPACHER, «Zur Bedeutung des § 33 ZPO», *in* Verfahrensrecht am Ausgang des des 20. Jahrhunderts: Festschrift für Gerhard Lüke zum 70. Geburtstag, p. 668. Para além do princípio da igualdade, refere-se a circunstância de a lei autorizar o autor a deduzir *pedidos de apreciação incidental*. Exemplificando, o autor pede que o tribunal declare, com força de caso julgado, que o contrato invocado pelo réu sofre de determinado vício gerador de anulabilidade. Afirma-se que, nesta hipótese, o autor propõe, no fundo, uma *reconventio reconventionis* meramente declarativa. Porque não se há-de ir mais longe, admitindo a dedução, pelo autor, de pedidos constitutivos ou condenatórios? Ver amplas referências à doutrina alemã no estudo de ZAPPAROLI, *Note sulla «reconventio reconventionis»*, R.D.C., 1958, pp. 316 e ss.

[228] Ob. cit., p. 95.

[229] Entre nós, a admissibilidade da «reconventio reconventionis» é defendida por COLAÇO CANÁRIO, *Reconvenção e compensação*, pp. 79 e s.

Antes de analisar o problema, ilustremo-lo com um exemplo: *A* vende a *B* um prédio, enfermando o negócio de *coacção moral* exercida pelo comprador. Seguidamente, *B* vende o imóvel a *C*, por € 50.000.

Decorridos alguns meses após o primeiro negócio, *A* decide reagir judicialmente, intentando acção contra *B* (coactor) e *C* (proprietário do imóvel), ao abrigo da figura da *coligação* passiva regulada no artigo 30.°: o autor pretende que o tribunal anule a primeira venda e condene o terceiro (*C*), por força da nulidade subsequente, a restituir-lhe o imóvel[230]. Este pedido de restituição depende, como é bom de ver, do êxito do pedido de anulação deduzido contra *B*.

Vamos agora supor que *C* contesta, pedindo, para a eventualidade de vir a «perder» o imóvel, a condenação de *B* a devolver-lhe a quantia correspondente ao preço que por ele pagou.

Estaremos perante um pedido reconvencional? Independentemente da sua natureza, será admissível à luz da nossa ordem jurídica?

Respondendo ao primeiro problema, diremos que o *pedido deduzido por um demandado contra um co-demandado*, ao contrário do que vulgarmente se afirma, não se integra no conceito de reconvenção que decorre do artigo 274.°, n.° 1. A reconvenção consiste num instrumento processual de que o réu se pode servir contra o autor ou, se quisermos, numa acção que se cruza, num *plano horizontal*, com a acção do autor.

A reconvenção pressupõe, portanto, o exercício simultâneo, por partes que ocupam *pólos distintos* da instância, do direito de acção. Ora, na hipótese em análise, *B* e *C* encontram-se no mesmo pólo da relação processual, não havendo para além disso, entre estas partes, nenhum exercício simultâneo do direito de acção.

---

[230] Pressupomos, obviamente, que a segunda venda não se encontra convalidada (veja-se o art. 291.° do C.C.).

A Reconvenção   109

Em suma, o pedido de um réu contra outro réu não é enquadrável no conceito de reconvenção, antes se traduzindo, em nosso entender, numa acção enxertada, lateral ou polarizada, isto é, situada no pólo passivo da instância[231].

Mas será esta admissível?

A faculdade de um réu deduzir pedidos contra outro réu não se encontra regulada na nossa lei.

Existe, é certo, uma norma – o artigo 329.º, n.º 2 – que, no domínio da «intervenção provocada», prevê a possibilidade de o devedor demandado, estando a obrigação sujeita ao regime da solidariedade, chamar outro condevedor ao processo com a finalidade de conseguir a condenação deste «na satisfação do direito de regresso que lhe possa vir a assistir.»

Seria, no entanto, um erro deduzir a partir daqui a regra da aceitabilidade genérica ou indiscriminada da acção lateral.

A citada norma, como explica LEBRE DE FREITAS, regula uma «situação inédita no nosso direito processual: o chamado, se intervier, ocupa, ao mesmo tempo, a posição de réu ao lado do réu primitivo (…) e de réu no confronto do réu primitivo (…)»[232].

A lei prevê, pois, uma situação rara ou excepcional e, neste sentido, as pretensões que existam entre os demandados devem, em princípio, ser exercidas através de processos independentes.

Com isto se facilita a tarefa de julgar e se protege o autor contra o fraccionamento do processo numa série de acções laterais que não lhe dizem respeito.

---

[231] Também no direito italiano FALQUI-MASSIDDA, *Le domande riconvenzionali*, R.D.C., 1962, p. 178, observa que «os pedidos deduzidos por um réu contra outro réu não são propriamente reconvencionais. Não se trata de um ataque directo contra o autor, mas contra outro sujeito presente no processo que não deduziu neste qualquer pedido.»

[232] *Código de Processo Civil anotado*, vol. 1.º (com J. REDINHA e R. PINTO), p. 581.

É claro que situações existem em que o afastamento destas acções atenta contra a economia processual, sendo lamentável o facto de o tribunal estar impedido de, através de um esforço complementar, porventura pequeno, resolver, de uma vez por todas, os vários problemas existentes entre as partes. Para evitar esta crítica, o direito norte-americano prevê, na Norma 13, *g)* das Federal Rules, a *acção lateral.* Ao lado da reconvenção («counterclaim»), existe a denominada «cross-claim» ou «cross-bill» («cross-claim against co-party»), ou seja, uma *acção deduzida, no processo pendente, pelo réu contra outro réu.* Trata-se de um meio que, segundo a doutrina, evita a multiplicação dos processos, encorajando as partes – todas elas – a resolverem os litígios com brevidade.

A «cross-claim» – advertem FRIEDENTHAL, KANE e MILLER[233] – é inconfundível com a *reconvenção*: enquanto esta põe em confronto o réu e o autor, a «cross-claim» é deduzida pelo *réu contra outro réu* (a possibilidade de um autor formular pedidos contra outro autor é, geralmente, afastada). Mais: ao contrário da reconvenção, a «cross--claim» nunca assume natureza obrigatória e, a ser deduzida, tem de apresentar um nexo relevante com a acção original (deve, segundo a lei, basear-se no mesmo negócio jurídico, nos factos subjacentes à acção original ou relacionar-se com direito de propriedade nesta discutido).

Assim, será porventura defensável que um processo civil mais aberto e liberal admita a acção lateral e polarizada. Mas esta admissibilidade deverá estar condicionada não apenas à ocorrência de um nexo factual ou jurídico entre os vários pedidos, mas também a um juízo de oportunidade sobre o julgamento simultâneo da acção originária e da acção a que chamámos lateral[234-235].

---

[233] *Civil procedure*, pp. 377-380.

[234] TARZIA/BALBI, «Riconvenzione», *in* E.D., vol. XL, p. 670, aceitam a reconvenção entre réus, fazendo um uso incorrecto do conceito de reconvenção. Mas a tendência geral, no direito italiano, é para afastar a possibilidade de o réu deduzir pedidos contra outro réu. Neste sentido, EVANGELISTA, «Riconvenzionale

3. *Espécies de reconvenção.* O reconvinte introduz no processo pendente um novo objecto constituído por certa *causa de pedir* e por uma pretensão *autónoma*, compatível ou incompatível com o pedido do autor, cujo julgamento depende de se encontrarem preenchidos, por um lado, os *requisitos de admissibilidade* da reconvenção e, por outro, os *pressupostos processuais gerais*[236].

(domanda)», *in* E.G., vol. XXVII, p. 4, e SPARANO, *Domanda riconvenzionale tra convenuti*, D.G., 1958, pp. 920-922.

[235] No direito espanhol, a corrente dominante rejeita a «reconvenção contra o co-demandado.» Na doutrina mais recente, e apesar do silêncio da lei, FERNÁNDEZ-BALLESTEROS, *Comentarios a la nueva Ley de Enjuiciamiento Civil*, pp. 1860 e s., e MANUEL GONZÁLEZ, *Reconvención y excepciones reconvencionales en la LEC 1/2000*, pp. 197-204, argumentando com base no princípio da economia processual, acabam por aceitar a figura, fazendo uso acrítico e errado do conceito de reconvenção. ROSA SANZ, *La reconvención en el proceso civil español*, pp. 92 e s., entende que tal espécie de reconvenção desvirtuaria o próprio conceito de reconvenção, «criando-se uma figura híbrida que não integraria os caracteres próprios de um pedido reconvencional.» Em todo o caso, a Autora reconhece que essa figura poderia ser um instrumento útil para alcançar a desejada economia processual.

[236] A causa de pedir não consiste num facto natural puro e simples, mas antes num facto (ou complexo de factos) susceptível de pôr em movimento uma norma jurídica substantiva. Cfr. CHIOVENDA, «Identificazione delle azioni. Sulla regola *ne eat iudex ultra petita partium*», *in* Saggi di Diritto Processuale Civile, vol. I, p. 162; GIANNOZZI, *La modificazione della domanda nel processo civile*, p. 17, e MANDRIOLI, *Riflessioni in tema di «petitum» e di «causa petendi»*, R.D.P., 1984, pp. 474 e s. Nas palavras de TEIXEIRA DE SOUSA, *O objecto da sentença e o caso julgado material*, B.M.J. n.º 325, p. 103, «a causa de pedir é (…) o conjunto factual que individualiza a pretensão processual.» «Não basta – *escreve* – reconduzir (…) a causa de pedir a um acontecimento da vida (…), entendido como o facto ou o composto factual isoladamente tomado da sua temporalidade e da sua abstracta relevância jurídica» (sobre este ponto, ver também, do mesmo Autor, *Introdução ao processo civil*, pp. 32 e ss.).

A definição da causa de pedir como um «agregado de factos operativos» (*aggregate of operative facts*) é comum no direito norte-americano. Cfr. WHEATON, *The code "cause of action"*, Cornell L. Q., 1936-1937, pp. 1 e 13.

E tal como em qualquer acção, o réu tem a possibilidade de deduzir um pedido de *mera apreciação, condenatório* ou *constitutivo*[237]. Este ponto exige algum desenvolvimento.

Para ilustrar a *reconvenção de simples apreciação*, imaginemos que, no âmbito de uma acção de anulação de um testamento fundada na incapacidade acidental do testador, o réu reconvém, pedindo que o tribunal declare, para todos os efeitos, a validade do testamento[238].

Outro exemplo: estando a correr uma acção de reconhecimento do direito de propriedade sobre certo prédio rústico, o demandado, invocando a usucapião, pede que o tribunal o declare comproprietário, juntamente com o autor, desse imóvel.

Mais numerosos são, na prática, os pedidos reconvencionais *condenatórios*: pensemos no pedido de pagamento de benfeitorias deduzido pelo demandado (inquilino) contra o demandante (senhorio), no pedido reconvencional de entrega de uma coisa ou no pedido puramente indemnizatório.

Por último, exemplifiquemos a reconvenção *constitutiva* com o frequente caso em que, no domínio de uma acção de divórcio, o cônjuge demandado pede igualmente a dissolução do matrimónio, mas em seu benefício, com base em razões por si deduzidas.

A reconvenção reveste a mesma natureza quando, no âmbito de uma acção negatória de servidão de passagem, o réu vem pedir que o tribunal decrete, em seu benefício, a constituição dessa servidão.

---

[237] Cfr. ROSENBERG/SCHWAB/GOTTWALD, *Zivilprozessrecht*, p. 641, e FRANCHI, *Commentario del Codice di Procedura Civile* (ALLORIO), t. I, p. 356. Na doutrina mais antiga, ver LOENING, *Die Widerklage im Reichs-Civilprozess*, Zeit. f. dts. Civilpr., 1882, p. 46; HEINSHEIMER, *Klage und Widerklage*, Zeit. f. dts. Civilpr., 1909, p. 30; HELLWIG, *System des deutschen Zivilprozeßrechts*, p. 315, e SIEDLECKI, *Les demandes reconventionnelles*, Rev. trim. dr. civ., 1937, pp. 773 e s.

[238] Cfr. ALBERTO DOS REIS, *Comentário ao Código de Processo Civil*, vol. 3.°, p. 653.

Já se levantou o embaraçoso problema de saber se assiste ao demandado a liberdade de formular um *pedido de simples apreciação* quando, à partida, se encontrem reunidas condições para a dedução de um *pedido condenatório ou constitutivo.*

Exemplifiquemos.

Primeiro exemplo: o réu limita-se a pedir o reconhecimento do direito às benfeitorias efectuadas na coisa cuja entrega lhe é solicitada, sem requerer a condenação do autor no pagamento das mesmas.

Segundo exemplo: o réu pede apenas a declaração da existência de certa causa de anulabilidade que afecta um contrato, sem exigir a «destruição» do negócio ou a condenação do autor a restituir o que quer que seja.

Em tese geral, pensamos que ao autor assiste o direito de escolher entre o *pedido de mera apreciação* (com efeitos limitados) e o *pedido condenatório* (mais agressivo e susceptível de permitir uma posterior acção executiva).

Processualistas clássicos, como CHIOVENDA e ZANZUCCHI, defenderam esta ideia, argumentando que o tribunal deve abster-se de interferir nos pedidos deduzidos pelas partes: o réu, concretamente, pode não querer, por achar inútil, a condenação do autor[239-240].

Deverá o tribunal violentar esta vontade, justificando-se com razões de ordem publicística? Deverá o tribunal considerar desprovido de *interesse processual* o pedido de mera apreciação[241]?

A resposta, quanto a nós, tem de ser negativa. É certo que a concepção puramente privatística do processo civil se encontra há

---

[239] CHIOVENDA, *Azioni e sentenze di mero accertamento*, R.D.P.C., 1933, pp. 11, 19 e 20, e ZANZUCCHI, *Diritto processuale civile*, I, p. 231.

[240] Certos motivos íntimos, de natureza estritamente moral, podem afastar a vontade da formulação de um pedido condenatório: a um filho, por exemplo, pode repugnar a condenação do pai, pretendendo, apenas, que o tribunal declare a existência de certo direito.

[241] Neste sentido, TEIXEIRA DE SOUSA, *O interesse processual na acção declarativa*, pp. 11 e s.

muito ultrapassada, mas isto não nos deve levar ao ponto de sobrestimar os interesses de ordem pública, desistindo de descobrir o ponto de equilíbrio entre os interesses privados e públicos.

Em teoria, torna-se impossível impedir a formulação de pedidos de mera apreciação, quando é certo que a nossa lei os autoriza genericamente.

Num plano prático, todavia, é perfeitamente razoável e desejável que o juiz, no domínio da *audiência preliminar,* sempre que esta ocorra, oiça e questione o réu (e o mesmo vale para o autor), averiguando qual a sua efectiva vontade[242]. Na eventualidade de concluir pela insuficiência do pedido de simples apreciação, o tribunal deve dar à parte a possibilidade de o ampliar, jamais a forçando e sempre com o necessário respeito pelo princípio do contraditório[243].

Evita-se, deste modo, uma provável futura acção condenatória, com prejuízo, afinal de contas, para ambas as partes e para a administração da justiça. O reforço dos poderes activos do juiz, no domínio da direcção formal e substancial do processo, não deve ser palavra vã, mas, antes, efectivar-se, com justa medida, na prática[244].

Problema amplamente tratado na doutrina estrangeira é o da denominada *reconvenção eventual,* ou seja, aquela que somente deve ser julgada se a defesa vier a improceder.

---

[242] Esta abertura, fundada nos princípios da economia processual e da efectividade ou máxima eficácia da tutela jurisdicional (*massima strumentalità del processo*) é defendida por PROTO PISANI, *Lezioni di diritto processuale civile,* p. 149; «Appunti sulla tutela di mero accertamento», nos Studi in memoria di Salvatore Satta, vol. 2.°, p. 1190. Seguimos, pois, de perto, a tese do processualista de Florença. Em igual sentido, advogando a aplicação do § 139 da ZPO, se pronunciam HAASE, *Besondere Klagearten im Zivilprozeß,* JuS, 1967, p. 406, e PETERS, *Münchener Kommentar zur Zivilprozeßordnung* (LÜKE/WAX), vol. I, p. 1092.

[243] O artigo 273.°, n.° 2, *in fine,* autoriza a ampliação do pedido até ao encerramento da discussão em primeira instância «se a ampliação for o desenvolvimento ou a consequência do pedido primitivo.»

[244] Cfr., a propósito, PESSOA VAZ, *Direito processual civil,* pp. 326-331, e SOVERAL MARTINS, *Processo e direito processual,* 2.° vol., p. 230.

A Reconvenção   115

Imaginemos o seguinte exemplo: no âmbito de uma acção de preferência, o demandado, na qualidade de proprietário, vem pedir, para o caso de o tribunal julgar procedente a pretensão do autor, o pagamento de determinadas benfeitorias realizadas na coisa[245].

Apresentemos agora outro exemplo, retirado da obra clássica de Hellwig: «O réu põe em causa a validade de um contrato de compra e venda, mas, para o caso de a defesa improceder, pede, reconvencionalmente, que o autor seja condenado a cumprir certa contraprestação derivada desse negócio»[246].

Como se vê, a reconvenção eventual aparece no seguimento de uma defesa: o pedido do réu somente deve ser apreciado se esta naufragar.

A reconvenção eventual ou subordinada não pode rejeitar-se, sob pena de ocorrer uma flagrante violação do princípio da igualdade: no fundo, ela apresenta forte analogia com os *pedidos subsidiários* previstos no artigo 469.°[247-248].

---

[245] Veja-se o interessante caso decidido pelo Ac. da Relação de Évora de 10 de Maio de 1977, C.J. 1977, pp. 546-547: citados para uma acção de reivindicação de certa terra de semeadura, os réus deduziram, «à cautela», ou seja, para a hipótese de a acção vir a proceder, um pedido reconvencional indemnizatório relativo a benfeitorias efectuadas no prédio. Como bem se afirma no citado aresto, «tendo a acção sido julgada improcedente, ficou *ipso facto* prejudicado o conhecimento do pedido reconvencional.» O pedido dos réus dependia, portanto, da procedência da acção e da consequente entrega do prédio disputado. Era – reproduzindo as palavras do Ac. – um «pedido subsidiário.»

[246] *System des deutschen Zivilprozeßrecht*, I, p. 317.

[247] É de seguir o ensinamento de Anselmo de Castro, *Direito processual civil declaratório*, I, p. 176: «No exercício do pedido reconvencional goza o réu da mesma liberdade que a lei concede ao autor. Pode, pois, deduzir pedidos alternativos, subsidiários, cumulados, líquidos ou ilíquidos.»

[248] Sobre a figura da *reconvenção eventual*, e no sentido da sua admissibilidade, ver, na doutrina italiana, Tarzia/Balbi, «Riconvenzione», *in* E.D., vol. XL, p. 671; na literatura alemã, Rosenberg/Schwab/Gottwald, *Zivilprozessrecht*, pp. 642 e s.; Lüke, *Münchener Kommentar zur Zivilprozeßordnung* (Lüke/Wax), vol. I, p. 1541; Schumann, *Kommentar zur Zivilprozeßordung* (Stein/Jonas), I, p. 553;

Ponto discutido é o de saber se ao réu, receoso da improcedência da *compensação de créditos*, assiste a faculdade de, através de uma *reconvenção eventual*, pedir a condenação do autor no pagamento do contracrédito. Imaginemos que *A* intenta uma acção contra *B*, pedindo a condenação deste no pagamento de € 25.000; o réu, por seu lado, exige a compensação de um contracrédito de € 10.000.

Poderá *B*, para a eventualidade de a compensação não vir a ter êxito por qualquer motivo, pedir reconvencionalmente a condenação de *A* no pagamento dos € 10.000? Será isto admissível?

Pensamos que sim, pois seria absurdo, um autêntico atentado à economia processual, que o tribunal, após rejeitar a compensação, mas plenamente convicto da existência do contracrédito, não pudesse condenar o autor, forçando o réu a intentar uma acção autónoma[249].

O caso que acabámos de analisar aparece, muitas vezes, na literatura estrangeira, como um exemplo aceitável de reconvenção eventual[250-251]. É claro que a nossa resposta abre uma fissura no

---

Hartmann, *Zivilprozessordnung* (Baumbach/Lauterbach/Albers/Hartmann), p. 999; Schilken, *Zivilprozessrecht*, p. 396. Jauernig, *Zivilprozessrecht*, pp. 151 e 283, defende expressamente a analogia entre a reconvenção eventual e a formulação de um pedido principal e de um pedido subsidiário. No mesmo sentido se pronuncia, entre nós, Teixeira de Sousa, *Reconvenção subsidiária, valor da causa e responsabilidade pelas custas*, C.D.P., n.º 7, Jul./Set. 2004, p. 12.

[249] Trata-se, para Teixeira de Sousa, est. cit., p. 14, de uma hipótese, não de reconvenção subsidiária, mas de «cumulação subsidiária na reconvenção.» Isto porque, como veremos na parte II do trabalho, o citado Autor defende que a compensação deve ser deduzida processualmente através de reconvenção. Ao invés, para quem entenda, como nós, que a compensação deve ser objecto de excepção, o pedido reconvencional condenatório do demandante origina uma reconvenção eventual ou subsidiária.

[250] *Vide* Vollkommer, *Zivilprozessordnung* (Zöller), p. 217, e Schumann, ob. cit., p. 545.

[251] Para o caso em que o demandante desista do pedido, Alberto dos Reis, *Comentário ao Código de Processo Civil*, vol. 3.º, pp. 480-481, defende o seguinte: «Como já não pode ter lugar a compensação, o tribunal tem de condenar o autor a pagar a dívida de que o réu é credor, se chegar à conclusão de que essa dívida existe.»

princípio segundo o qual somente deve ser admitida a reconvenção conexa com o objecto da acção. Veremos, adiante, porquê.

4. *Materialidade da reconvenção.* Este ponto relaciona-se com o problema de saber se o pedido indemnizatório fundado na *litigância de má fé*, quando formulado pelo réu, goza de natureza reconvencional. Tem-se respondido negativamente, dizendo, por um lado, que não se integra em nenhuma das alíneas do artigo 274.º, n.º 2, e, por outro lado, que tem de ser deduzido no processo pendente, o que se afigura contrário à natureza facultativa típica da reconvenção[252].

Vejamos o real peso destes argumentos.

É sabido que as partes, no âmbito da instância, devem agir de forma *honesta, correcta e leal*[253]; que não vale tudo para vencer um processo, fazendo a lei recair sobre aquelas o *dever de boa fé processual.*

Que conteúdo apresenta este princípio? Para nós, dois sentidos evidentes: um *negativo* e outro *positivo.*

À luz do primeiro, os litigantes devem abster-se de praticar os actos previstos no artigo 456.º, n.º 2: não devem deduzir pretensões ou defesas desprovidas de fundamento; não devem faltar à verdade, afirmando, negando ou omitindo factos «contra o seu melhor saber ou contra a sua própria convicção»[254]; não devem, por fim, fazer um uso reprovável dos meios processuais.

---

[252] Cfr. Ac. do S.T.J. de 2 de Mar. de 1945, R.T., Ano 63.º (1945), pp. 168--169; Ac. da Relação de Lisboa de 18 de Maio de 1977, C.J. 1977, pp. 617-619.

[253] Transpomos, para o processo civil, a formulação que, no domínio do direito civil, é apresentada por RUI DE ALARCÃO, *Direito das obrigações*, p. 110: «A boa fé objectiva reporta-se a um princípio normativo que exige a valoração da conduta das partes como *honesta, correcta* e *leal.*»

[254] Cfr. ZEISS/SCHREIBER, *Zivilprozessrecht*, p. 81 (cfr., a propósito, o § 138 da ZPO). Como explica BAUMGÄRTEL, *Treu und Glauben, gute Sitten und Schikaneverbot im Erkenntnisverfahren*, ZZP, 1956, p. 108, a liberdade inerente ao princípio do dispositivo encontra-se limitada pelo princípio da boa fé.

Mas a boa fé, agora na sua vertente positiva, impõe também às partes o dever de cooperarem com o tribunal no sentido da descoberta da verdade material (cfr. o disposto nos arts. 266.º, 266.º-A e 519.º): devem não só responder às perguntas do juiz, como também submeter-se às inspecções por este ordenadas ou facultar aquilo que pelo tribunal for requisitado.

Como é sabido, da violação deste amplo dever de boa fé processual decorrem sanções. Para além da multa aplicável à parte prevaricadora, a lei prevê, no artigo 456.º, n.º 1, *in fine*, a possibilidade de ser requerida, pela parte lesada, uma *indemnização* que tanto pode ser *simples*, se se destinar a cobrir as despesas efectuadas, especialmente com os honorários dos advogados, como *agravada*, se tiver a finalidade de cobrir prejuízos mais avultados.

O problema que nos preocupa é apenas o seguinte: *reveste ou não natureza reconvencional o pedido indemnizatório deduzido pela parte prejudicada pela litigância de má fé?*

Realmente, não reveste. A nossa lei exclui este pedido do domínio reconvencional, pois não lhe faz qualquer referência no artigo 274.º. E seguiu este caminho porque quis, em nosso entender, que o pedido indemnizatório baseado na litigância de má fé não provocasse os efeitos de qualquer pedido reconvencional, nomeadamente o aumento do valor da acção, a eventual alteração da forma do processo ou, até, a remessa do processo para outro tribunal competente em razão do valor[255].

Trata-se, acrescente-se, como explica LEBRE DE FREITAS, de um pedido que pode ser deduzido muito para além da contestação, pois «a actuação por má fé pode ser posterior ao momento da apresentação dos articulados em que tais pedidos são admissíveis e mesmo

---

[255] «O pedido de condenação da parte contrária como litigante de má fé – escreve-se no Ac. do S.T.J. de 22 de Nov. de 2006 – não releva para a determinação do valor da causa» (disponível no sítio *http//:www.dgsi.pt*).

posterior ao encerramento da discussão da matéria de facto em 1.ª instância (art. 506-1)»[256].

Em síntese, o pedido indemnizatório formulado pelo réu, baseado em actos ou omissões relativos à litigância de má fé do autor, não reveste, por opção legislativa, natureza reconvencional. Assim, o pedido formulado pelo réu somente se integra no conceito de reconvenção, estando sujeito ao regime deste instituto, se assentar exclusivamente em factos materiais ou, por outras palavras, numa causa de pedir baseada em factos não estritamente relacionados com o acto de litigar.

Refira-se que o pedido indemnizatório baseado na litigância de má fé tem *necessariamente* de ser deduzido no processo pendente, sob pena de preclusão[257]. Mas este regime, que resulta de uma leitura atenta do artigo 456.º, não devia servir, como tem servido, para afastar, no caso, a reconvenção, pois, como iremos ver, esta pode assumir natureza obrigatória ou compulsiva, nem sempre revestindo carácter facultativo.

Só a omissão, no artigo 274.º, n.º 2, do pedido indemnizatório fundado em litigância de má fé se configura, para nós, como sinal inequívoco da vontade do legislador em ligar a reconvenção, exclusivamente, a pretensões assentes em factos do domínio da relação material subjacente ao processo.

O ponto em análise reveste grande importância, pois assiste-se, com frequência, na prática judiciária, à formulação, por parte dos demandados, de pedidos indemnizatórios fundados no facto de as acções lhes causarem acentuados transtornos e incómodos ou, por outras palavras, *danos não patrimoniais*.

---

[256] *Código de Processo Civil anotado*, vol. 2.º (com M. MACHADO e R. PINTO), p. 197.

[257] Assim também, no direito italiano, como explicam CARPI/TARUFFO, *Commentario breve al Codice di Procedura Civile*, p. 96.

Um recente Acórdão da Relação do Porto[258] analisa e decide precisamente uma situação análoga à que acabámos de enunciar: determinada sociedade intentou uma acção, pedindo que os réus fossem condenados a pagar-lhe a quantia de € 150.000, relativa a trabalhos efectuados num terreno.

Os réus, após alegarem que a acção lhes provocou «profunda angústia» e «forte inibição na sua vida social», «perda de tranquilidade, perturbação do sono e perda da alegria de viver», vieram requerer – *por via reconvencional* – o pagamento de uma indemnização pelos *danos não patrimoniais sofridos* por causa da acção judicial.

Confrontado com esta reconvenção, o tribunal de 1.ª instância julgou-a *inadmissível*, argumentando que o respectivo pedido não se enquadrava em nenhuma das alíneas do artigo 274.º, n.º 2.

Mas a Relação do Porto, chamada a pronunciar-se sobre o acerto do despacho do magistrado do tribunal *a quo*, entendeu, no citado Acórdão, que o pedido reconvencional de indemnização por danos morais emergia, no fundo, da defesa dos réus ou, melhor, da *impugnação* dos factos essenciais em que assentava o processo.

Este entendimento, porém, tendo em conta o que atrás dissemos, não se afigura correcto.

Cumpre acentuar que o pedido dos réus assentava apenas no *exercício alegadamente abusivo do direito de acção* por parte da sociedade autora e, por conseguinte, fundamentava-se no *instituto da litigância de má fé*: o exercício do direito de acção que, de forma consciente ou inconsciente, causa qualquer espécie de ofensa moral traduz-se, em rigor, num exercício reprovável dirigido (dolosa ou negligentemente) a atingir um «objectivo ilegal» (cfr. o art. 456.º, n.º 2, al. *d*)) ou a lesar direitos ou interesses do demandado[259].

---

[258] Ac. de 25 de Jun. de 2007, disponível no sítio *http://www.dgsi.pt*.
[259] *Vide* DE STEFANO, *Note sull'abuso del processo*, R.D.P., 1964, pp. 593 e ss.

Por tudo isto, o pedido dos réus, perfeitamente legítimo, deveria ser processualmente regulado, não pelas normas relativas à reconvenção (reconvenção que se traduziria numa perturbação intolerável do exercício do direito de accionar), mas, antes, pelas disposições próprias do *instituto da litigância de má fé*[260]. Concluindo este ponto, diremos que o tribunal não deverá, em casos como o que analisámos, recusar liminarmente o pedido indemnizatório, pois este é admissível, somente não devendo ser recebido sob a forma da reconvenção.

5. *Autonomia da reconvenção.* A reconvenção exige, como dissemos, um pedido que, devendo ser a lógica conclusão dos «fundamentos» da reconvenção (cfr. art. 501.º, n.º 1), pode assumir natureza *condenatória, constitutiva* ou de *mera apreciação.*

Mas nem todo o pedido formulado na contestação reveste natureza reconvencional, pois, para que tal ocorra, tem de gozar de *autonomia* relativamente à pretensão do autor.

Significa isto que o réu, através do pedido reconvencional, tem de querer alcançar um *efeito distinto da mera improcedência do pedido do autor*: «um pedido que se destina apenas a afastar o direito alegado pelo autor não é uma reconvenção», escreve CHIOVENDA[261-262].

---

[260] No sentido de que não é admissível a reconvenção em que o réu pede que o autor lhe pague uma indemnização por danos não patrimoniais causados com a proposição da acção, *vide* o Ac. do S.T.J. de 18 de Dez. de 2003, disponível no sítio *http://www.dgsi.pt*. E veja-se também o mais antigo e já citado Ac. da Relação de Lisboa de 18 de Maio de 1977, C.J. 1977, p. 619.

[261] *Principii di diritto processuale civile*, p. 560. Ver, na doutrina recente, LUISO, *Diritto processuale civile*, I, p. 269. Igualmente, para a doutrina espanhola, o reconvinte tem de pretender algo que ultrapasse a mera absolvição: cfr. MONTERO AROCA/ORTELLS RAMOS/GOMEZ COLOMER/REDONDO, *Derecho jurisdiccional*, vol. II, p. 174, e ROSA SANZ, *La reconvención en el proceso civil español*, pp. 25 e 101.

[262] Para distinguir a excepção da reconvenção, como explica CARNELUTTI, *Sistema di diritto processuale civile*, I, p. 934, torna-se essencial averiguar o *fim* que

A autonomia do pedido reconvencional existe sempre que o réu visa obter um *efeito que jamais poderá decorrer ou ser o natural resultado da improcedência da acção*; a reconvenção tem de possuir um *objecto* próprio e autónomo ou, se quisermos, tem de conter uma *pretensão nova*.

Este aspecto reveste-se de muita relevância prática.

Atentemos neste caso: *A*, alegando ter vendido a *B* certa coisa, propõe contra este uma acção para pagamento do preço; o réu, na contestação, para além de invocar o efectivo cumprimento da dívida, pede, por sua vez, que o autor seja condenado a entregar-lhe a coisa alienada.

Ninguém duvidará, estamos certos, de que o pedido de *B* goza de autonomia, pois os objectos da acção e da reconvenção distinguem-se claramente, não se sobrepondo nem se confundindo.

Outro exemplo: *C*, baseando-se nos artigos 953.º e 2196.º, n.º 1, do C.C., intenta contra o seu marido (*D*) e contra *E* (com quem, segundo alega a autora, *D* cometeu adultério) uma acção destinada a declarar a *nulidade* da doação de uma jóia efectuada por *D* em benefício de *E*. Os réus contestam, alegando que o negócio não enferma de qualquer causa de nulidade ou de anulação e pedindo que seja *declarado válido*. Este pedido goza da *autonomia* típica das pretensões de natureza reconvencional, bastando, para provar que assim é, pensar que, sem ele, em caso de improcedência da acção, o tribunal teria de limitar-se a absolver os réus do pedido, sem lhe assistir qualquer poder para declarar a validade do contrato. Como se percebe, esta situação comportaria um risco para os réus, na medida em que o autor ficaria livre para propor outra acção idêntica, desde que fundada em diversa causa de pedir (recordemos que

---

se pretende alcançar através destes meios. Não existe qualquer reconvenção quando o demandado visa apenas obter a improcedência do pedido do autor.

A *Reconvenção*

a causa de pedir nas acções de nulidade, nos termos do art. 498.º, n.º 4, é o vício específico, gerador de invalidade, que se invoca)[263].

Tem por vezes surgido dificuldade em entender a autonomia da reconvenção no domínio das *acções de simples apreciação negativa*.

Revestirá natureza reconvencional o pedido do réu no sentido de ser declarada a existência do direito de que se arroga titular? Ou será este um típico pedido defensivo, desprovido de autonomia relativamente à pretensão do autor?

O problema foi analisado no Acórdão do Supremo Tribunal de Justiça de 23 de Jan. de 2001[264], a propósito do seguinte caso: *A* intentou contra *B* uma acção de simples apreciação negativa, pedindo a declaração da inexistência, na esfera jurídica do réu, de uma servidão de escoamento; *B* reconveio para pedir, com base em fundamentos de facto e de direito que invocou, o reconhecimento judicial de que o prédio do autor se encontrava onerado com a referida servidão.

Seria a reconvenção admissível?

Tanto o tribunal de 1.ª instância, como o tribunal da Relação[265] consideraram-na *inadmissível*, com fundamento em que os factos alegados e a consequente prova da existência da servidão se inseriam na defesa típica das acções de simples apreciação negativa. O réu, no fundo, estaria tão-só a defender-se, cabendo-lhe, aliás, nos termos do artigo 343.º, n.º 1, do C.C., fazer prova dos factos constitutivos do direito que se arrogava.

---

[263] Cfr. ALBERTO DOS REIS, *Comentário ao Código de Processo Civil*, vol. 3.º, p. 114; MANUEL RODRIGUES, *Do processo declarativo*, p. 92, e MANUEL DE ANDRADE, *Noções elementares de processo civil* (1956), p. 142.

[264] C.J. (Acs. do S.T.J.) 2001, t. I, pp. 77-80.

[265] No caso, a Relação de Évora.

Mas não foi este o entendimento do tribunal de revista, que adoptou, quanto a nós, a solução juridicamente correcta. Vejamos porquê.

Proposta uma *acção de simples apreciação negativa*, o réu pode trilhar um de dois caminhos:

1.º) Alegar factos, limitando-se com base neles a excepcionar para tentar obter a absolvição do pedido;

2.º) Alegar factos, fazendo assentar neles o pedido de reconhecimento do seu próprio direito. Este pedido goza de natureza reconvencional: trata-se de um pedido de simples apreciação positiva autónomo, pois o efeito que com ele se quer obter *jamais resultará da mera improcedência da acção*. Logo, distingue-se claramente da pura defesa.

Cite-se, a propósito, a seguinte passagem do Acórdão: «Se a acção de declaração negativa improcede, apenas fica o réu absolvido do pedido, por falta de prova, mas não fica reconhecido e declarado que o seu arrogado direito *existe*, dado que na acção o réu se limitou a defender-se.

Para que numa acção de declaração negativa o direito do réu possa ser reconhecido e declarado, é necessário não só que o réu alegue e prove o seu direito, mas ainda que peça, naturalmente em reconvenção, que o seu direito seja reconhecido e declarado.»

Teixeira de Sousa ensina que, nas acções de simples apreciação negativa, o réu «deverá utilizar a reconvenção para pedir, caso o deseje, a apreciação positiva do direito negado pelo autor.» E logo acrescenta: «Para que o réu obtenha o reconhecimento do direito negado pelo autor, não basta que impugne procedentemente essa afirmação do autor, pois que a improcedência de uma acção de apreciação negativa não implica o reconhecimento de qualquer situação jurídica, mas só a não demonstração da inexistência da situação jurídica. Por exemplo: a improcedência da acção de apreciação negativa da paternidade (ou maternidade) implica que não é reconhecido que o réu não seja filho do autor, mas não determina o reconhecimento de que o é efectivamente»[266-267].

Esta doutrina merece integral concordância[268].

Imaginemos, agora, três hipóteses distintas:

1.ª) *F*, com fundamento em vício de forma, intenta contra *G* uma acção com vista a obter a declaração da nulidade de determinado contrato; o réu, ao contestar, pede a declaração judicial da inexistência, nesse contrato, da concreta nulidade invocada pelo autor;

2.ª) *H* reivindica judicialmente um imóvel, baseando-se, para tanto, na usucapião; ao contestar, o réu (*I*) vem pedir que o tribunal declare que o autor jamais adquiriu o imóvel por usucapião;

3.ª) Proposta por *J* uma acção de investigação de paternidade contra *L*, este pede que o tribunal declare a inexistência do vínculo da filiação.

---

[266] *As partes, o objecto e a prova na acção declarativa*, pp. 220 e s. (*vide* também a p. 169). Cfr. ainda *O interesse processual na acção declarativa*, p. 31. No passado, porém, o Autor seguiu tese diversa (cfr. *O objecto da sentença e o caso julgado material*, B.M.J. n.º 325, pp. 133 e s.). Na doutrina italiana, refira-se TAVORMINA, *In tema di condanna, accertamento ed efficacia esecutiva*, R.D.C., 1989, p. 27; MERLIN, «Azione di accertamento negativo di crediti ed oggetto del giudizio (casi e prospettive)», nos Studi in onore di Luigi Montesano, II, p. 484.

[267] No mesmo sentido se pronuncia MARIA JOSÉ CAPELO, *Interesse processual e legitimidade singular nas acções de filiação*, pp. 138 e s. Não é de seguir a tese sustentada pelo Ac. da Relação de Coimbra de 27 de Fev. de 2007 (disponível no sítio *http://www.dgsi.pt*).

[268] Assim também PRIETO-CASTRO, *Tratado de derecho procesal civil*, pp. 500 e s.; ROSA SANZ, *La reconvención en el proceso civil español*, p. 102.

Repare-se que, em todas as hipóteses expostas, estamos perante pedidos reconvencionais desprovidos da indispensável autonomia: o efeito desejado pelo demandado é uma consequência directa da improcedência da acção principal[269-270].

Podemos dar como assente que um pedido, para ser reconvencional, tem sempre de ir além da mera rejeição do pedido do autor[271].

Isto mesmo nos é dito por MANUEL DE ANDRADE, ao escrever que a reconvenção «apenas tem lugar quando o réu tende a obter, no mesmo processo instaurado pelo autor, a actuação duma vontade de lei em seu favor, embora independentemente da rejeição do pedido do autor»[272].

Também para ANTUNES VARELA «o pedido reconvencional é *autónomo*, na medida em que transcende a simples improcedência da pretensão do autor e os corolários dela decorrentes»[273].

---

[269] «Se – explica MONTERO AROCA, *Derecho jurisdiccional*, II, p. 220 – o autor formula um pedido de declaração positiva e o demandado pede a absolvição e a declaração negativa contrária, normalmente não existirá reconvenção porque, a ocorrer a absolvição, o segundo pedido fica coberto pela força do caso julgado.»

[270] «É pacífico – afirma FORNACIARI JÚNIOR, *Da reconvenção no direito processual civil brasileiro*, p. 82 – que o julgamento pela improcedência de qualquer das ações de conhecimento, salvo as declaratórias negativas, leva a uma sentença de natureza declaratória negativa do direito do autor.»

[271] «O réu – escreve ALBERTO DOS REIS, *Valor de acção de despejo seguida de reconvenção*, R.L.J., Ano 79.º, p. 146 – pode formular pedidos contra o autor, sem que tenham carácter reconvencional. É o que sucede quando pede que a acção seja julgada improcedente, que o autor seja condenado em custas, que seja condenado em multa e indemnização como litigante de má fé.» Mas, note-se, estamos perante situações diferentes: o pedido de improcedência não é reconvencional por lhe faltar autonomia; aos restantes falta, como tivemos oportunidade de explicar, a necessária materialidade.

[272] *Lições de processo civil*, p. 414, reproduzindo CHIOVENDA, *Istituziones de derecho procesal civil*, vol. I, p. 359.

[273] *Manual de processo civil*, p. 323.

Castro Mendes assinala igualmente que o pedido reconvencional é autónomo, «no sentido de diferente do pedido normal de absolvição»[274].

O Supremo Tribunal de Justiça, através do citado Acórdão de 23 de Janeiro de 2001, na linha desta doutrina, afirmou que «o simples pedido do réu para ser julgada improcedente a acção (rejeição do pedido do autor), ou o seu pedido para ser absolvido do pedido (reverso do pedido do autor) não constituem reconvenção, porque não se traduzem num pedido autónomo do autor»[275].

A doutrina estrangeira tem com insistência sublinhado esta nota da autonomia dos pedidos reconvencionais.

Vitali há muito esclareceu que «a excepção se destina a eliminar o pedido e a reconvenção a obter a declaração positiva de um direito»[276].

Satta e Punzi ensinam, na mesma linha, que o reconvinte «jamais se limita a pedir a sua absolvição ou a improcedência parcial da acção, antes requer, contra o autor, uma providência *positiva* desfavorável»[277].

Zeiss e Schreiber acentuam com muita clareza a ideia de que a reconvenção, no confronto com a acção, tem de conter um *objecto diverso*, o que não ocorre, por exemplo, quando, proposta uma acção

---

[274] *Direito processual civil*, II, p. 293.

[275] C.J. (Acs. do S.T.J.) 2001, t. I, p. 78. Igualmente no sentido de que o pedido reconvencional fundado na defesa tem de ser substancial e não meramente formal, se pronunciou a Relação de Coimbra, no Ac. de 9 de Jan. de 2001, C.J. 2001, t. I, pp. 7-9.

[276] *La riconvenzione in materia civile nella storia e nel diritto giudiziario*, p. 279.

[277] *Diritto processuale civile*, p. 59. O réu tem de querer um resultado prático que não se identifique com o efeito da improcedência da acção, sublinha Evangelista, «Riconvenzionale (domanda)», *in* E.G., vol. XXVII, p. 2.

para pagamento de certa dívida, o réu pede a declaração judicial de que não deve a quantia ao autor[278-279].

Igualmente, numa das obras mais conhecidas do direito processual civil francês, ensinam VINCENT e GUINCHARD: «O certo é que, para que exista um pedido reconvencional torna-se necessário que o pedido acrescente um benefício (*ajoute un avantage*) à simples improcedência da acção». E logo esclarecem o seu pensamento do seguinte modo: «Se o réu, ao defender-se, deduz um pedido que, no caso de vir a ser aceite, nada acrescenta à improcedência do pedido do autor (*n'ajoute rien au rejet de la prétention adversaire*), existe uma defesa de mérito (*défense au fond*)»[280-281].

Refira-se, por último, que o legislador francês, no artigo 64 do Nouveau Code de Procédure Civile, define, com total transparência,

---

[278] *Zivilprozessrecht*, p. 161. Cfr. os estudos clássicos de LOENING, *Die Widerklage im Reichs-Civilprozess*, Zeit. f. dts. Civilpr., 1882, pp. 49 e s., e de PAGENSTECHER, *Zur Lehre vom Rechtschutzanspruch des Beklagten*, AcP, 1905, p. 29. No mesmo sentido, na doutrina mais recente, ROSENBERG/SCHWAB/GOTTWALD, *Zivilprozessrecht*, p. 638, sublinham que «nenhuma reconvenção existe nos casos em que o réu se limita a pedir a improcedência da acção» (*Klageabweisung*). Vide igualmente GRUNSKY, *Grundlagen des Verfahrensrechts*, p. 141, e SCHUMANN, *Kommentar zur Zivilprozeßordnung* (STEIN/JONAS), p. 820. Para BETTERMANN, *Rechtshängigkeit und Rechtschutzform*, p. 28, contra a reconvenção de simples apreciação negativa deve levantar-se a excepção da litispendência.

[279] Em idêntico sentido, BERNHARDT, *Das Zivilprozeßrecht*, p. 195: «O objecto da reconvenção não pode ser igual ao objecto da acção principal.» De forma impressiva, escreve PAULUS, *Zivilprozessrecht*, p. 105, que «o objecto da reconvenção não é a negação do pedido da acção principal.» Cfr. ainda LESSING-BLUM, *Die Zulässigkeit der Widerklage*, p. 7.

[280] *Procédure civile*, p. 797. Cfr. também DESDEVISES, «Demande reconventionnelle», *in* E. Dalloz (Répertoire de Procédure Civile), t. II, p. 1.

[281] Esta nota aparece igualmente explicitada pela doutrina italiana. *Vide* CARPI/COLESANTI/TARUFFO, *Commentario breve al Codice di Procedura Civile*, p. 36, e LUISO, *Diritto processuale civile*, I, p. 269. No direito suíço, acentua-se também, como condição indispensável da reconvenção, a dissemelhança entre o objecto desta e o objecto da acção principal. Cfr. HABSCHEID, *Droit judiciaire privé suisse*, p. 274.

A Reconvenção

a essência da reconvenção, declarando que «constitui pedido reconvencional o pedido através do qual o demandado pretende obter uma vantagem diversa da simples rejeição da pretensão do seu adversário.»

Não pode hoje aceitar-se, portanto, como correcta a clássica tese que enquadrava a reconvenção nos meios de defesa[282]. Nesta linha ultrapassada se situava ainda SATTA, para quem «a reconvenção corre sempre no plano da defesa do réu» e, neste sentido, somente seria admissível aquela que estivesse «em contradição com o pedido do autor»[283].

A reconvenção é, antes, um *meio de ataque,* visando sempre *mais* ou *coisa diferente* da mera improcedência do pedido do autor[284-285]. É ponto há muito sedimentado entre nós. Assim, por

---

[282] Em finais do séc. XIX, POUCHAIN, *La teoria e la pratica della riconvenzione nel diritto e nella procedura civile,* pp. 7 e 85 e s., via ainda na reconvenção um meio de defesa (*un mezzo di difesa*). Assim também LIPPMANN, *Zur Lehre der prozessualen Rechtshängigkeit,* AcP, 1887-1888, p. 331 e s. Este entendimento foi ainda sufragado, em pleno séc. XX, por alguns Autores, como, por exemplo, MICHELI, *Corso di diritto processuale civile,* I, p. 26. Entre nós, PALMA CARLOS, *Direito processual civil,* II, p. 281, descreve a reconvenção como um «meio de defesa», mas logo acrescenta: «talvez melhor, de contra-ataque.» CASTRO MENDES, *Sobre a admissibilidade da reconvenção em processo sumaríssimo,* R.F.D.U.L., vol. XVI (1963), p. 313, entende que «a reconvenção é uma forma especialíssima de defesa, mas é uma defesa apesar de tudo.» Logo de seguida, recorre à expressão «defesa-ataque» para caracterizar os pedidos reconvencionais que se opõem, de qualquer modo, ao pedido do autor. Já na mesma linha SIEDLECKI, *Les demandes reconventionnelles,* Rev. trim. dr. civ., 1937, p. 774, apontava dupla natureza – de *meio defensivo* e de *ataque* – à reconvenção.

[283] *Commentario al Codice di Procedura Civile,* I, p. 157. Mas o Autor, logo na página seguinte, acaba por contradizer-se, admitindo hipóteses em que não se verifica tal incompatibilidade. É muito antiga a ideia de que a reconvenção se traduz numa acção dirigida contra a acção pendente. Assim, POLLAK, *Die Widerklage,* p. 3 (*Widerklage ist die wider eine Klage gerichtete Klage*).

[284] A reconvenção, segundo ZEISS/SCHREIBER, *Zivilprozessrecht,* p. 160, encerra um ataque (*Angriff*) ou, nas palavras de LORFF, *Die Widerklage,* JuS, 1979, p. 570,

exemplo, DIAS FERREIRA, em comentário ao artigo 331.º do Código de Processo Civil de 1876, afirmou que «a reconvenção recahe sobre objecto differente do objecto da acção; e por isso não é excepção, porque, longe de se limitar a excluir a intenção do auctor, encerra pedido especial e directo, como verdadeira acção»[286].

Ninguém deverá confundir, para finalizar, a nota da autonomia com a *compatibilidade* ou a *incompatibilidade* existente entre a reconvenção e a acção: por vezes, a reconvenção é *compatível* com a acção, ou seja, a procedência da reconvenção não afecta, de forma alguma, o efeito pretendido pelo demandante[287]. Pensemos, por exemplo, no pedido reconvencional de pagamento de benfeitorias deduzido contra o reivindicante de certa coisa.

Noutras situações, porém, a reconvenção é *incompatível* com o pedido do autor. Assim ocorrerá quando o réu, no âmbito de uma

---

traduz-se num contra-ataque (*ein Gegenangriff*) e não num meio de defesa (*ein Verteidigungsmittel*). No mesmo sentido, *vide* ROSENBERG/SCHWAB/GOTTWALD, *Zivilprozessrecht*, p. 638; SCHUMANN, *Kommentar zur Zivilprozeßordnung* (STEIN/JONAS), p. 820; PATZINA, *Münchener Kommentar zur Zivilprozeßordnung* (LÜKE/WAX), I, pp. 269 e ss. (define a reconvenção como um (*Gegen-*) *Angriffsmittel*). HARTMANN, *Zivilprozessordnung* (BAUMBACH/LAUTERBACH/ALBERS/HARTMANN), p. 999 (§ 253 ZPO), e GRUNSKY, *Zivilprozessrecht*, p. 94. No direito austríaco, igual entendimento é sufragado por HOLZHAMMER, *Österreichisches Zivilprozeßrecht*, p. 181, e por RECHBERGER/SIMOTTA, *Grundriß des österreichischen Zivilprozeßrechts*, p. 219.

[285] Como escreve MONTERO AROCA, *Derecho jurisdiccional*, II, p. 220, «com a reconvenção ultrapassa-se o objecto do processo fixado pelo autor e entra-se noutro objecto, noutra pretensão.» No mesmo sentido, CORDÓN MORENO, *Proceso civil de declaración*, p. 203; ROSA SANZ, *La reconvención en el proceso civil español*, pp. 57 e s. Formulado um pedido genérico, não reveste natureza reconvencional o pedido do réu no sentido de ser liquidada a obrigação. Na verdade, não estamos perante uma pretensão nova relativamente ao pedido do autor. Cfr. COLESANTI, *Riconvenzionale d'accertamento nel giudizio per danni?*, G.I., 1959, p. 566.

[286] *Código de Processo Civil annotado*, t. I, p. 424.

[287] Cfr. CASTRO MENDES, *Direito processual civil*, II, p. 307; LEBRE DE FREITAS, *Introdução ao processo civil*, p. 188, e SATTA/PUNZI, *Diritto processuale civile*, p. 59, em nota.

acção de reivindicação, pede o reconhecimento, em seu exclusivo benefício, do direito de propriedade sobre a mesma coisa.

Ao julgamento do objecto da reconvenção estende-se o *caso julgado* material e, por consequência, uma vez transitada em julgado, a decisão não pode mais ser posta em causa, pois projecta a sua eficácia para fora do processo respectivo[288].

6. *Forma da reconvenção.* Tal como qualquer petição inicial, a contestação-reconvenção tem de conter uma *narração articulada* e implica necessariamente, como resulta dos artigos 274.º, n.º 1, e 501.º, n.º 1, a formulação de um *pedido*, visando-se, com esta exigência, afastar as denominadas reconvenções implícitas.

O *pedido* e a respectiva *causa de pedir* permitem delimitar o objecto reconvencional, sendo indiscutível que a sua falta ou ininteligibilidade tornam a reconvenção *inepta*.

Mas a falha do demandado pode não assumir tamanha gravidade. Suponhamos que da contestação constam, efectivamente, os factos e o pedido, mas desrespeitou-se a regra segundo a qual «a reconvenção deve ser expressamente identificada e deduzida separadamente na contestação» (art. 501.º, n.º 1 (1ª parte))[289]. Ou imaginemos, numa hipótese mais rara, que o réu qualifica erra-

---

[288] Na doutrina italiana, VULLO, *La domanda riconvenzionale*, p. 229, acentua que a existência de um pedido e a subsequente formação, sobre este, de caso julgado constituem, no confronto da reconvenção com o conceito de excepção, as principais marcas distintivas da reconvenção. Nos mesmos termos, ver DESDEVISES, «Demande reconventionnelle», *in* E. Dalloz, Répertoire de Procédure Civile, t. II, p. 6

[289] Já há muito se entende que a reconvenção deve ser apresentada na contestação e *não em articulado separado*. Cfr. BARBOSA DE MAGALHÃES, *Comentário ao Ac. da Relação de Lisboa de 13 de Dez. de 1919*, G.R.L., Ano 33.º (1919-1920), p. 284.

damente como excepção peremptória uma pretensão nitidamente reconvencional.

Facilmente se compreende que a reconvenção deva aparecer devidamente assinalada e, no caso da contestação mista, destacada de toda e qualquer defesa, pois pretende-se algo que ultrapassa os fins desta e tal vontade deve ficar bem expressa no articulado.

Ora, se o réu, descuidado, deduz atabalhoadamente a reconvenção, não a identificando de forma nítida, não lhe dando o devido destaque ou envolvendo-a sob a falsa capa de uma excepção, que consequências vai desencadear esta dedução pouco ortodoxa?

É sabido que a omissão de formalidades prescritas na lei processual somente origina a *nulidade* do acto quando, nos termos do artigo 201.º, «possa influir no exame ou na decisão da causa.»

O juiz deve sempre perguntar a si mesmo, portanto, após a análise cuidada da contestação, se, apesar das falhas formais, o pedido reconvencional é ainda discernível. Se o for, tem de fazer vista grossa às meras irregularidades do articulado[290].

Não será de mais lembrar que esta tolerância finda quando a reconvenção contenha falhas que, à luz do artigo 193.º, n.º 2, a tornem inepta, pois contra tão grave deficiência não existe remédio algum[291].

---

[290] Cfr. ALBERTO DOS REIS, *Código de Processo Civil anotado*, vol. III, pp. 155 e s. TARZIA/BALBI, «Riconvenzione», *in* E.D., vol. XL, p. 679, desvalorizam o facto de faltar, na contestação, a expressa referência à reconvenção: esta tem de ser atendida se resultar do próprio articulado, ou seja, dos factos alegados e do pedido aí formulado. No mesmo sentido, VOLLKOMMER, *Zivilprozessordung* (ZÖLLER), p. 156, e HAASE, *Besondere Klagearten im Zivilprozeß*, JuS, 1967, p. 406. Em defesa da admissibilidade da reconvenção que «externamente não está acompanhada de qualquer menção que a revele, mas cuja existência se deduz do facto de o réu pedir algo que vai para além da mera absolvição», se pronuncia PRIETO-CASTRO, *Tratado de derecho procesal civil*, p. 503.

[291] Para LEBRE DE FREITAS, o princípio da economia processual deveria permitir a emenda da petição inepta, salvando-se o processo, com as inerentes vantagens económicas para as partes. Cfr. *Revisão do processo civil*, R.O.A., 1995 (Ano 55), p. 450.

A Reconvenção

7. *Recebimento da contestação pela secretaria.* Tem suscitado respostas discordantes o problema de saber se a contestação se encontra sujeita à barreira que o legislador levanta, para a petição inicial, no artigo 474.º, ou seja, se certas falhas formais podem conduzir à recusa da contestação pela secretaria (*v.g.*, a falta de assinatura ou de indicação do domicílio profissional do advogado; a redacção em língua estrangeira ou o uso de papel que não respeite os requisitos regulamentares).

O alargamento do regime fixado nesta norma ao articulado da contestação é defendido por TEIXEIRA DE SOUSA[292] e por LEBRE DE FREITAS[293].

Em sentido oposto, há quem sustente não ser possível a recusa pela secretaria judicial, com o argumento, à primeira vista forte, de que a contestação se encontra subordinada a um prazo peremptório e, portanto, a recusa seria susceptível de prejudicar gravemente o exercício atempado da actividade processual do réu.

Quer dizer, a secretaria, apesar de confrontada com qualquer falha formal da contestação, teria sempre de receber este articulado[294].

Estamos perante um entendimento que carece de razoabilidade, não sendo o que corresponde à melhor interpretação da lei.

Havendo recusa do recebimento de uma petição inicial, dispõe o artigo 476.º que «o autor pode apresentar outra petição (…) (…) dentro dos dez dias subsequentes à recusa de recebimento (…) da petição, ou à notificação da decisão judicial que a haja confirmado,

---

[292] *Estudos sobre o novo processo civil*, pp. 285 e s. E já antes, na obra *As partes, o objecto e a prova na acção declarativa*, p. 179.

[293] *Código de Processo Civil anotado*, vol. 2.º, p. 248.

[294] A tese que restringe a aplicação do artigo 474.º à *petição inicial* é defendida por LOPES DO REGO (*Comentários ao Código de Processo Civil*, vol. I, p. 403), para quem o regime instituído neste preceito não deve alargar-se aos demais articulados, pois a submissão destes «a prazos peremptórios sempre inviabilizaria a aplicação do preceituado no art. 476.º, tornando, consequentemente, de uma extrema gravidade para a parte a recusa de recebimento pela secretaria.»

considerando-se a acção proposta na data em que a primeira petição foi apresentada em juízo.»

Ocorrendo a recusa da contestação, ao réu tem de ser dado igual prazo para a correcção do vício, considerando-se a nova contestação entregue, para todos os efeitos, no dia em que o articulado deficiente deu entrada na secretaria.

Como ensina Teixeira de Sousa, a *aplicação analógica* do artigo 474.º à contestação «também determina a possibilidade de o réu usar a reclamação e o recurso previstos no art. 475.º e de beneficiar da apresentação de um novo articulado nos termos do art. 476.º»[295].

Igualmente para Lebre de Freitas, «o art. 474.º, bem como o art. 475.º, são, com as devidas adaptações, aplicáveis à contestação e aos articulados posteriores»[296].

É este, sem dúvida, o entendimento correcto: tanto a *contestação-defesa*, como a *contestação-reconvenção* devem, com base em falhas de natureza formal, ser recusadas pela secretaria do tribunal. Se a contestação, por exemplo, não se encontra assinada ou aparece escrita em língua estrangeira, o funcionário não deverá recebê-la.

O caso em que a contestação-reconvenção é omissa quanto ao *valor do pedido* escapa, no entanto, ao regime geral consagrado no artigo 474.º. Com efeito, dispõe o artigo 501.º, n.º 2, que «o reconvinte deve ainda declarar o valor da reconvenção; se o não fizer, a contestação não deixa de ser recebida, mas o reconvinte é convidado a indicar o valor, sob pena de a reconvenção não ser atendida.»

Contrariamente àquilo que acontece com a petição inicial, a reconvenção jamais pode ser recusada pela secretaria por causa da omissão do *valor* do pedido reconvencional.

Este regime tem a sua origem no pensamento de Alberto dos Reis. Em comentário ao artigo 506.º do Código de Processo Civil de 1939 (norma correspondente ao actual art. 501.º), escreveu: «Se o

---

[295] *Estudos sobre o novo processo civil*, p. 286.
[296] Ob. cit., p. 248.

réu não declarar o valor do pedido reconvencional, não pode aplicar-se à letra a cominação do art. 318.º. A contestação não deixa de ser recebida, visto que, além de funcionar como petição inicial relativamente à reconvenção, funciona também como articulado de defesa; o que sucederá, em tal caso, é que a reconvenção não será atendida enquanto o réu não indicar o valor»[297].

Quanto a nós, o regime consagrado na lei somente se justifica nos casos em que a contestação se apresente com natureza *mista*, ou seja, contenha a *defesa* do réu e, simultaneamente, a dedução de um *pedido reconvencional*: a falta do valor deste não pode conduzir à recusa do articulado pela secretaria, pois existe uma defesa que tem sempre de ser apreciada[298].

Mas se a contestação contém apenas um pedido reconvencional e este aparece sem a indicação do respectivo *valor*, não há razões para desaplicar o regime da recusa previsto no artigo 474.º.

8. Problemas relativos ao valor da reconvenção: o princípio da soma do valor da reconvenção ao valor da acção; apreciação crítica. Como se viu, o reconvinte tem de indicar o *valor* do pedido reconvencional. E compreende-se que assim tenha de ser, pois a reconvenção é, para todos os efeitos, uma *acção*. Mas que influência exercerá este novo valor no processo pendente? Estamos perante uma questão elementar, mas causadora de algumas confusões na prática.

O princípio de que o valor da causa se determina no momento da proposição da acção sofre *desvios*, vindo, por vezes, o valor inicialmente fixado a sofrer alterações mais ou menos relevantes no decurso do processo.

A reconvenção constitui uma das fontes modificadoras do valor da causa, dispondo o artigo 308.º, n.º 2, que «o valor do pedido

---

[297] *Código de Processo Civil anotado*, vol. III, p. 155.

[298] «A contestação propriamente dita não pode ser prejudicada por um vício que é só da reconvenção», escreve LOPES CARDOSO, *Projectos de Revisão do Código de Processo Civil*, III, 1960, p. 133.

formulado pelo réu (…), quando distinto do deduzido pelo autor, se soma ao valor deste.»

Ao acentuar a necessidade de o pedido reconvencional ser *distinto* do pedido inicial, o legislador não quer, com certeza, referir-se a um pedido com valor quantitativamente diferente, pois é óbvio que a soma poderá dar-se entre quantias exactamente iguais.

O sentido do preceito é o de que a soma depende da existência de um valor novo a adicionar, ou melhor, de um «pedido novo a que corresponda valor económico distinto do do pedido do autor»[299].

Quer dizer, tal operação só se justifica nos casos em que o pedido reconvencional traga para o processo uma «mais-valia», afastando-se qualquer aumento artificial do valor da acção fundado num pedido indistinto. Se, por exemplo, ambas as partes pedem, em simultâneo, o reconhecimento da propriedade sobre certo imóvel, a duplicação do valor da acção é desprovida de sentido.

Se, noutro exemplo, o réu, em acção de divórcio, requer igualmente a dissolução do matrimónio com fundamento em violação culposa e grave dos deveres conjugais por parte do autor, o facto de este pedido não se distinguir, substancialmente, do pedido principal conduz à imutabilidade do valor da acção[300-301].

---

[299] Cfr. ALBERTO DOS REIS, *Comentário ao Código de Processo Civil*, vol. 3.º, p. 652.

[300] Exemplo frequentemente apresentado pela doutrina. Cfr. EURICO LOPES CARDOSO, *Código de Processo Civil anotado*, p. 247.

[301] A Relação de Lisboa, em Ac. de 27 de Maio de 1977, C.J. 1977, pp. 641--643, analisou o caso em que, no âmbito de uma acção declarativa, o autor, alegando que o réu não realizou certa obra a que se obrigara, veio pedir a *resolução do respectivo contrato* de empreitada e o *pagamento* de uma quantia indemnizatória por perdas e danos resultantes do incumprimento. O demandado reconveio, pedindo que o autor fosse condenado a cumprir o contrato, tornando possível a conclusão dos trabalhos que estavam por realizar. Como bem se afima em voto de vencido constante do Ac., o pedido reconvencional não acrescentou «um valor novo ao que já se havia tomado em conta para a determinação do valor do pedido inicial.»

A Reconvenção 137

Analisemos agora um problema que, apesar do seu interesse prático, tem sido negligenciado pela doutrina e que só muito recentemente foi resolvido, e bem resolvido, pelo legislador no Decreto-Lei n.º 303/2007, de 24 de Agosto.

Trata-se da questão de saber se *a soma, ao valor da acção, do valor da reconvenção deve ser feita de forma automática pela secretaria ou, diferentemente, depende da prévia verificação, pelo juiz da causa, dos requisitos de admissibilidade do pedido reconvencional.*

A prática corrente ia no sentido de que os possíveis efeitos da elevação do valor se verificavam *automaticamente,* sem dependerem de qualquer despacho a admitir a reconvenção.

Assim sendo, no momento do recebimento da contestação, a secretaria adicionava, ao *valor inicial da acção,* o *valor do pedido reconvencional,* desencadeando esta operação por vezes, de imediato, relevantes efeitos processuais, como a alteração da forma da acção ou a remessa do processo, nos termos do artigo 98.º, n.º 2, de um Juízo Cível para uma Vara Cível.

Esta tese – que designaremos por *tese da junção automática dos valores* – foi sufragada pelo Supremo Tribunal de Justiça[302], a propósito do seguinte caso: proposta acção sumária e deduzido pedido reconvencional cujo valor, somado ao da acção, determinava que a causa passasse a ter um valor superior ao da alçada da Relação, o tribunal de revista confrontou-se com o problema de saber se o efeito da elevação do valor na *forma do processo* se verificava automaticamente ou dependia de despacho a admitir a reconvenção.

O Supremo entendeu que «o despacho do juiz declarando o novo valor da acção, em consequência do pedido reconvencional, a fim de a acção prosseguir com a forma do processo ordinário, constituiria um acto inútil (…), visto a alteração da forma processual resultante da soma dos dois valores – da acção e da reconvenção – efectuar-se *ope legis,* a partir da defesa do réu. É um efeito jurídico que decorre imediatamente da lei.»

---

[302] Ac. de 13 de Nov. de 1962, B.M.J. n.º 121, pp. 216-219.

ANTUNES VARELA, ao tratar o problema da indicação do valor do pedido reconvencional, referia-se, de modo concordante, à tese defendida no Acórdão agora citado[303].

TEIXEIRA DE SOUSA, nesta linha, entendia que a alteração do valor só produzia efeitos nos actos e termos posteriores à reconvenção[304]. Igualmente LEBRE DE FREITAS, anotando o artigo 308.º, n.º 2, escreveu que o aumento de valor resultante do novo pedido produzia efeitos posteriormente ao articulado em que este era deduzido[305].

Esta doutrina tinha raízes no passado. Na verdade, já o Código de Processo Civil de 1939 estabelecia, no artigo 313.º, que a soma do valor do *pedido reconvencional* ao valor do *pedido inicial* somente produzia efeitos no que respeitava «aos actos e termos posteriores à defesa do réu», não existindo, portanto, qualquer diferença substancial relativamente ao que hoje está prescrito no artigo 308.º, n.º 2. Ora, ALBERTO DOS REIS, ao interpretar o artigo 313.º, defendia que *a partir da data do oferecimento da contestação, a causa passava a ter, para efeitos da forma de processo e de recursos, o valor correspondente à soma*[306].

De acordo com o entendimento exposto, a soma dos valores não dependia da prévia verificação dos requisitos de admissibilidade da reconvenção, devendo, antes, ser efectuada *imediatamente* após a apresentação da contestação.

Os defensores da tese da junção automática dos valores partiam da regra do n.º 2 do artigo 308.º, interpretando-a no sentido de que

---

[303] ANTUNES VARELA, *Manual de processo civil*, p. 340, nota 1.

[304] Cfr. *As partes, o objecto e a prova na acção declarativa*, p. 180.

[305] *Código de Processo Civil anotado*, vol. 1.º (com J. REDINHA e R. PINTO), p. 548.

[306] *Comentário ao Código de Processo Civil*, vol. 3.º, pp. 647, 648 e 655. Ver também *Código de Processo Civil anotado*, vol. I, p. 411.

o aumento do valor era uma consequência imediata da apresentação da contestação-reconvenção.

Mas seria esta interpretação da lei a mais adequada?

Quanto a nós, a soma dos referidos valores jamais podia deixar de depender da resolução, no despacho saneador, da «questão prévia» da admissibilidade do próprio pedido reconvencional e só uma resposta positiva a este problema permitiria a soma e os efeitos dela decorrentes.

A seguir-se a tese da junção automática, o processo podia vir a sofrer imediatas alterações, mas alterações, acrescente-se, alicerçadas numa admissibilidade artificial ou não fundamentada que, em muitos casos, acabava por ser negada, no despacho saneador, pelo juiz. Sempre que viesse a barrar-se o caminho à reconvenção, todos os efeitos resultantes da anterior soma tornar-se-iam inúteis e desnecessariamente perturbadores da boa ordem processual. A junção automática dos valores poderia assim traduzir-se, e quantas vezes se traduzia, num autêntico «passo em falso».

Mas a tese dominante falhava também, quanto a nós, por outra razão: ao reconvindo, por aplicação analógica do disposto no artigo 314.º, deveria reconhecer-se o direito de impugnar o valor apresentado para o pedido reconvencional, revelando-se injusta uma soma automática de valores alheia a esta possibilidade de reacção e, por consequência, violadora do princípio do contraditório.

A soma do valor da acção ao valor da reconvenção tinha de depender da admissibilidade do pedido reconvencional, devendo interpretar-se o artigo 308.º, n.º 2, no sentido de que o aumento de valor somente produzia efeitos relativamente aos actos e termos posteriores à *admissibilidade da* reconvenção.

À tese da soma automática opunha-se, desta forma, a *tese da soma condicionada,* cuja razoabilidade não passou despercebida a um sector da nossa jurisprudência.

Na vigência do Código de Processo Civil de 1939, o Supremo Tribunal de Justiça afirmou que a questão da admissibilidade da reconvenção devia ser resolvida no *despacho saneador* e que da decisão aqui proferida dependia «absolutamente a determinação do valor da causa e a correspondente aplicação, à posterior marcha do processo, dos termos do processo ordinário ou sumário (…)»[307].

Mais tarde, o mesmo tribunal reafirmou que só com a admissão *definitiva* do pedido reconvencional, no despacho saneador, o valor da causa ficava determinado à luz do artigo 308.º, n.º 2[308-309].

No domínio das *custas*, dispõe o artigo 10.º, n.º 1, do C.C.J., que «quando haja reconvenção (…) com pedido distinto do formulado pelo autor, o valor a considerar para efeito de custas é a soma dos pedidos.»

Também aqui sempre se entendeu que a soma pressupõe a admissibilidade da reconvenção. Neste sentido, escreve SALVADOR DA COSTA que «a soma dos pedidos formulados pelo autor e pelo réu em reconvenção só deverá operar para efeitos tributários se o pedido reconvencional tiver sido admitido.» E logo adianta: «Decidida a inadmissibilidade da reconvenção (…), é condenado o reconvinte (…), com base no valor indicado no respectivo instrumento, com a redução da taxa de justiça a metade (art. 14.º, n.º 1, alíneas *a*) e *x*) deste Código)»[310].

A tese da junção automática dos valores foi definitivamente afastada pelo recente Decreto-Lei n.º 303/2007, de 24 de Agosto.

---

[307] Ac. de 18 de Mar. de 1949, B.M.J. n.º 12, p. 263.

[308] Ac. de 30 de Nov. de 1994, B.M.J. n.º 441, p. 230.

[309] Note-se que, uma vez proposta a acção e aceite a reconvenção, o valor da causa determinado pela soma dos respectivos valores não se altera pelo destino que os pedidos venham a ter. A improcedência do pedido reconvencional no despacho saneador, por exemplo, não influirá no valor da causa.

[310] *Código das Custas Judiciais anotado e comentado*, p. 140. É citado nesta obra, muito oportunamente, o Ac. da Relação do Porto de 21 de Jan. de 1988 (sumariado no B.M.J., n.º 373, p. 603), segundo o qual, «no caso de reconvenção,

A *Reconvenção* 141

Com efeito, nos termos do actual artigo 315.º, n.º 1, cuja redacção o diploma citado alterou, «compete ao juiz fixar o valor da causa, sem prejuízo do dever de indicação que impende sobre as partes.»

E o n.º 2 do mesmo preceito dispõe o seguinte: «O valor da causa é fixado no despacho saneador (...).»

Nos casos, portanto, em que o réu deduza um pedido reconvencional e se deva efectuar a soma entre os valores da acção e da reconvenção, esta somente se efectuará, no despacho saneador, após a confirmação, neste mesmo despacho, da admissibilidade do pedido deduzido pelo demandado.

Apresentada a interpretação que consideramos mais adequada para o artigo 308.º, n.º 2, não podemos deixar de manifestar, a um nível mais profundo, as perplexidades que este preceito nos suscita.

O princípio da soma do valor da reconvenção ao valor da acção tem sido pacificamente aceite[311]. Levantaram-se contra ele, é certo, aquando da sua consagração no Código de Processo Civil de 1939, algumas vozes discordantes, mas que logo se esfumaram para sempre[312]. Sinal de que estamos perante um princípio perfeito e inabalável? De forma alguma.

---

a soma dos pedidos só terá cabimento para efeitos tributários quando o pedido reconvencional seja admitido.»

[311] Nesta linha se encontra, por exemplo, TEIXEIRA DE SOUSA, *As partes, o objecto e a prova na acção declarativa*, p. 180. Noutro estudo, este Autor defende que «mesmo quando a reconvenção tem carácter subsidiário perante a procedência da acção, o valor da causa é aquele que resulta da soma do valor do pedido do demandante com o valor do pedido reconvencional. Ainda que a reconvenção nunca venha a ser apreciada – o que só pode suceder na reconvenção subsidiária –, o seu valor é sempre considerado para efeitos de aferição do valor da causa» (*Reconvenção subsidiária, valor da causa e responsabilidade pelas custas*, C.D.P., n.º 7, Jul./Set. 2004, p. 15).

[312] Cfr. a crítica desferida por HEITOR MARTINS ao artigo 313.º do Projecto do Código de Processo Civil de 1939, *in* ALBERTO DOS REIS, *Comentário ao Código de Processo Civil*, vol. 3.º, pp. 644 e s.

Ao contrário do que pensava ALBERTO DOS REIS, a apresentação de um pedido reconvencional num processo não tem de implicar qualquer soma dos valores, existindo, aliás, ordenamentos em que esta operação é, em absoluto, afastada. A ZPO, por exemplo, estabelece no § 5 o seguinte: «Faz-se a soma dos vários pedidos formulados numa acção; isto não é válido para o objecto da acção e da reconvenção (*dies gilt nicht für den Gegenstand der Klage und der Widerklage*)»[313].

Seguindo o mesmo caminho, dispõe o artigo 252, n.º 5, da LEC, que «a reconvenção não afecta o valor da acção ou a forma de processo a seguir por causa do valor.» E preceito idêntico já existia na LEC de 1881 (cfr. art. 489, n.º 17)[314].

O tratamento sincrónico da acção e da reconvenção continua a ser possível, mesmo que se ponha fim ao regime previsto no artigo 308.º, n.º 2. Vejamos porquê.

Imaginemos, colocando o problema no plano prático, que *A* intenta uma acção de reivindicação contra *B*, vindo este a pedir, reconvencionalmente, o pagamento de benfeitorias efectuadas sobre a coisa reivindicada. A acção tem o valor de € 27.500, seguindo, portanto, a forma sumária; ao pedido reconvencional é atribuído o valor de € 3.000. Ora, aplicando o princípio consagrado na nossa lei, o processo em causa passará a ter o valor de € 30.500.

Que efeitos derivam desta soma?

Desde logo, a *forma da acção* passará de sumária a ordinária, pois o valor global ultrapassa o valor fixado para a alçada da Relação (€ 30.000) e, nos termos do artigo 462.º, «se o valor da causa exceder a alçada da Relação, empregar-se-á o processo ordinário.»

---

[313] A doutrina não põe em causa a solução legal. Cfr., para além da clássica obra de WACH, *Manual de derecho procesal civil*, vol. II, p. 83, SCHWERDTFEGER, *Münchener Kommentar zur Zivilprozeßordnung* (LÜKE/WAX), vol. 1, pp. 107 e 114; THOMAS/PUTZO, *Zivilprozessordnung*, pp. 34 e s.; ZIMMERMANN, *Zivilprozeßordnung*, p. 17.

[314] Sobre esta matéria ver MANUEL GONZÁLEZ, *Reconvención y excepciones reconvencionales en la LEC 1/2000*, p. 174, e ROSA SANZ, *La reconvención en el proceso civil español*, p. 152.

Trata-se, quanto nós, de um regime irrazoável.

A verdade é que a acção seguia a sua marcha, adequada ao respectivo valor, sendo perturbada por um pedido que, a ser deduzido autonomamente, teria de obedecer à forma sumaríssima. Não se compreende que o processo passe a seguir a forma ordinária, com manifesto prejuízo para o autor e também para o próprio réu reconvinte.

A alteração da forma sumária para a forma ordinária só faria sentido se o pedido do réu tivesse de obedecer a esta tramitação mais complexa. Aceitável seria, por isso, a regra segundo a qual, após a admissibilidade da reconvenção, *o processo passaria a seguir a forma correspondente ao pedido de maior valor.*

Depois, a soma dos valores acaba por desencadear efeitos ao nível da competência. No caso exposto, o processo deverá transitar de um Juízo Cível para uma Vara Cível, sendo certo que ambos os pedidos, isoladamente considerados, jamais poderiam dar entrada neste tribunal.

A remessa do processo para a Vara Cível apenas deveria ocorrer se o pedido reconvencional, por si só, tivesse um valor que implicasse o seu julgamento por este tribunal estruturalmente diverso e se as ambas as partes requeressem que a discussão e o julgamento da causa se fizessem com intervenção do tribunal colectivo[315-316].

---

[315] A intervenção do tribunal colectivo no julgamento da causa depende, nos termos do actual artigo 646.º, n.º 1, da solicitação de ambas as partes. Mas como, na prática, o acordo das partes é pouco provável, o processo acaba por ser remetido para um tribunal colectivo (Vara Cível) que funciona, na esmagadora maioria dos casos, como mero tribunal singular. Cfr. TEIXEIRA DE SOUSA, *As recentes alterações na legislação processual civil*, Separata da R.O.A., Ano 61 (2001), p. 76.

[316] Em caso algum, explica HARTMANN, *Zivilprozessordnung* (BAUMBACH/ /LAUTERBACH/ALBERS/HARTMANN), p. 82 (§ 5 ZPO), a competência se determina com base na soma. Vale apenas o valor mais alto (*der höhere Wert*). Cfr. também THOMAS/PUTZO, *Zivilprozessordnung*, p. 34; HERGET, *Zivilprozessordnung* (ZÖLLER), p. 94, e MUSIELAK, *Grundkurs ZPO*, p. 204 (o facto de o pedido do autor ter valor de € 3000 e o pedido reconvencional ser fixado em € 4000 não afasta a competência do *Amtsgericht* para o julgamento da causa).

No direito italiano, apenas se somam os pedidos deduzidos no processo con-

No específico domínio dos *recursos*, a soma dos valores origina consequências inaceitáveis. ALBERTO DOS REIS, neste ponto, justificava a soma do seguinte modo: «Fixado o valor da causa, tomando-se em conta o valor da acção e da reconvenção, fica-se sabendo, de uma vez para sempre, qual é o regime dos recursos: é o que estiver em harmonia com o valor que se estabeleceu. Que se queira recorrer só da decisão relativa à acção, que se queira recorrer só da parte relativa à reconvenção, que se queira recorrer das duas, é tudo o mesmo»[317].

Permitimo-nos discordar desta visão das coisas: não é tudo o mesmo, uma vez que a acção e a reconvenção, apesar do andamento simultâneo, não perdem a própria identidade. Vejamos porquê.

Partindo do caso atrás apresentado, imaginemos que o pedido reconvencional improcede. Se tivesse sido deduzido através de uma acção autónoma, o reconvinte vencido jamais poderia recorrer para a Relação, pois o valor do pedido (€ 3.000) ficava aquém do valor da alçada do tribunal de 1.ª instância (€ 5.000). Mas, por causa da despropositada soma dos valores, *B* passa a poder recorrer, visto que o valor que conta é o da soma, ou seja, o valor de € 30.500.

Trata-se de um regime sem qualquer justificação plausível.

Calcular, finalmente, as custas à luz do valor global do processo, em vez de as fixar tendo em conta, isoladamente, o valor dos pedidos contrapostos, parece-nos outra solução criticável[318].

---

tra a mesma pessoa (cfr. art. 10 C.P.C.I.). Assim, como explicam CARPI/COLESANTI//TARUFFO, *Commentario breve al Codice di Procedura Civile*, p. 10, «para efeitos da determinação da competência em razão do valor, o pedido reconvencional não é somado ao pedido principal, pois o cúmulo está previsto apenas para os pedidos deduzidos contra a mesma parte.» Cfr. também LUISO, *Diritto processuale civile*, I, p. 84.

[317] *Comentário ao Código de Processo Civil*, vol. 3.º, p. 646.

[318] Havendo um pedido reconvencional, explica ROSA SANZ, *La reconvención en el proceso civil español*, p. 166, «devem ocorrer duas pronúncias independentes sobre custas, uma para a acção e outra para a reconvenção.» Atendendo à *autonomia* das duas demandas, FORNACIARI JÚNIOR, *Da reconvenção no direito processual civil brasileiro*, p. 196, entende que «o vencido na reconvenção é responsável pelo pagamento de todas as despesas feitas no processo em função da reconvenção; da mesma forma, o vencido na acção responde por todas as despesas desta decorrentes.»

A Reconvenção   145

Diremos, para finalizar esta reflexão crítica, que a regra técnico-
-jurídica consagrada no artigo 308.º, n.º 2, conduz a um *valor artificial* que não corresponde nem ao valor da acção, nem ao valor da
reconvenção e que olvida a independência existente entre as duas
acções cruzadas. Insistimos: com a reconvenção passam a existir
duas acções cruzadas no mesmo processo e não uma única acção. Logo,
é injustificável atribuir à acção e à reconvenção um *valor único*, como
se de uma só acção se tratasse[319-320].

9. O registo da reconvenção. O artigo 501.º contém ainda um
terceiro número que lhe foi aditado – em boa hora – pela Reforma
de 1995/96. Veio o legislador estabelecer que «quando o prosseguimento da reconvenção esteja dependente da efectivação de registo
ou de qualquer acto a praticar pelo reconvinte, será o reconvindo
absolvido da instância se, no prazo fixado, tal acto não se mostrar
realizado.»

Pretendeu-se, com este preceito, pôr termo a um problema que
vinha causando grande embaraço aos tribunais e que pode ser
enunciado através do seguinte exemplo: determinado indivíduo
intentava contra outro uma *acção de divisão de coisa comum*, proce-
dendo de imediato, com fundamento no artigo 3.º do C.R.Pred., ao
registo desta.

O réu, na contestação, após alegar ser proprietário exclusivo do
imóvel, pedia reconvencionalmente o reconhecimento do seu pretenso direito, mas não registava a reconvenção.

---

[319] Contra a soma dos valores se manifestou SIEDLECKI, *Les demandes reconventionnelles*, Rev. trim. dr. civ., 1937, pp. 789 e s.

[320] Após acentuar a necessidade de se indicar o valor da reconvenção,
FORNACIARI JÚNIOR, *Da reconvenção no direito processual civil brasileiro*, pp. 163
e ss., logo afirma que «a importância do valor da causa na demanda reconvencional é reduzida», servindo «apenas de base de cálculo para a imposição de multas
processuais (…) e para cobrança de custas (…).» O «rito e a competência, que são
dois dados determinados a partir do valor da causa, já estão consolidados desde a
propositura da acção.»

Uma vez que se aplica também a esta o citado preceito do C.R.Pred., o processo tinha de ficar suspenso até o demandado fazer prova do registo da reconvenção (cfr. o disposto no art. 3.º, n.º 2, do C.R.Pred. e no art. 276.º, n.º 1, al. *d*), do Código de Processo Civil).

E se o réu, como tantas vezes sucedia, não procedesse ao registo?

Neste caso, conseguia paralisar ardilosamente o processo[321], o que levava certa corrente jurisprudencial a entender que o artigo 3.º do C.R.Pred. tinha de ser interpretado restritivamente, de forma a deixar de fora a reconvenção[322].

A Reforma de 1995/96 veio resolver o problema, através de uma solução muito simples: em todas as situações análogas à que apresentámos, o tribunal deve fixar ao réu um prazo para proceder ao registo da reconvenção. A falta de cumprimento deste ónus afecta apenas o reconvinte, pois, nos termos do actual n.º 3 do artigo 501.º, o reconvindo é «absolvido da instância se, no prazo fixado, tal acto não se mostrar realizado.»

10. *Admissibilidade da reconvenção: os requisitos materiais ou objectivos (análise do art. 274.º, n.º 2).* Para que a reconvenção seja admissível, tem de verificar-se, desde logo, uma *conexão objectiva ou material* entre as duas acções cruzadas ou, por outras palavras, uma ligação ou nexo entre os *objectos da causa inicial e da causa reconvencional.*

A nossa lei, ao contrário do que acontece noutros ordenamentos, não se fica por esta exigência genérica, prevendo, nas três alíneas do artigo 274.º, n.º 2, os casos em que tal nexo se verifica. Nas referidas alíneas enunciam-se os denominados *requisitos objectivos,* «pressupostos» ou «requisitos substantivos» da reconvenção[323].

---

[321] E poderia mesmo provocar a deserção da instância se esta estivesse interrompida durante o período de dois anos (art. 291.º, n.º 1).

[322] Ver os Acs. da Relação de Évora de 19 de Maio de 1988, C.J. 1988, t. IV, p. 247, e da Relação de Coimbra de 21 de Dez. de 1993, C.J. 1993, t. V, pp. 52 e ss.

[323] A doutrina e a jurisprudência têm defendido a natureza *taxativa* das hipóteses legais de admissibilidade da reconvenção. Pronunciando-se sobre o

A *Reconvenção*

Facilmente se percebe tamanha prudência: pretende evitar-se que o pedido do réu conduza a um forte distúrbio ou a uma situação de «caos» no processo, com grave prejuízo para a economia judicial[324].

Analisemos as hipóteses de admissibilidade da reconvenção previstas, com espírito regulamentar, no artigo 274.º, n.º 2, e que se mantêm praticamente inalteradas desde o Código de Processo Civil de 1939.

Declara-se na primeira parte da al. *a*) do artigo 274.º, n.º 2, que a reconvenção é admissível quando «o pedido do réu emerge do facto jurídico que serve de fundamento à acção.»

---

artigo 279.º do Código de Processo Civil de 1939, preceito equivalente ao actual artigo 274.º, ALBERTO DOS REIS, *Código de Processo Civil anotado*, vol. I, p. 379, afirmava que ao réu era «lícito deduzir, em reconvenção, pedidos contra o autor» se se verificasse «algum dos casos» previstos nos números da referida norma. ANTUNES VARELA, *Manual de processo civil*, p. 327, não se desvia deste entendimento, escrevendo, de forma incisiva, que «quanto ao laço substantivo de conexão que deve existir entre o pedido principal e o pedido reconvencional, a lei distingue taxativamente três tipos ou categorias de situações.» No mesmo sentido, aliás, se pronunciam MANUEL DE ANDRADE, *Noções elementares de processo civil*, p. 415, e CASTRO MENDES, *Direito processual civil*, II, pp. 296 e 307. Mais recentemente, LEBRE DE FREITAS, *Introdução ao processo civil*, p. 186, é muito claro a este respeito: «Para que a reconvenção seja admissível, tem de se verificar algum dos elementos de *conexão* com o pedido do autor que vêm indicados no art. 274-2.»

A jurisprudência está há muito em consonância com a doutrina. Assim, por exemplo, no Ac. da Relação de Coimbra de 1 de Abr. de 1977, C.J. 1977, p. 292, afirma-se que a reconvenção «só é admissível quando o nexo ou relação intercedente entre o pedido do réu e o do autor se integra em qualquer dos casos taxativamente previstos no artigo 274.º, n.º 2. Trata-se de disposição que faz excepção à regra da estabilidade da instância afirmada no artigo 268.º e, por isso, há que interpretá-la e aplicá-la cautelosamente, no âmbito dos restritos limites que a lei lhe fixa.»

[324] Ver a apologia do sistema restritivo feita por ALBERTO DOS REIS, *Comentário ao Código de Processo Civil*, vol. 3.º, p. 99.

Trata-se de uma forma clássica de conexão entre a acção e a reconvenção, já prevista, aliás, no artigo 279.º, n.º 1, do Código de Processo Civil de 1939 e consagrada também em legislações estrangeiras[325-326].

De acordo com esta espécie de conexão, o pedido reconvencional é admissível se assentar nos «alicerces» factuais abertos pelo autor ou, recorrendo a um termo técnico, na *causa de pedir* da acção[327]. Autoriza-se, portanto, a reconvenção sempre que haja coincidência ou identidade entre as causas de pedir da acção e da reconvenção.

Resta averiguar qual o grau de coincidência exigível: terá de ser *total* ou bastará que seja *parcial*? Quer dizer, poderá o pedido reconvencional assentar numa parte limitada dos factos que sustentam o pedido do autor ou, ao invés, terá de existir uma total identidade entre as causas de pedir?

É suficiente, segundo o melhor entendimento, que ocorra uma *coincidência meramente parcial* entre as causas de pedir da acção e da reconvenção, sendo esta, aliás, a situação mais frequente na prática.

Na doutrina italiana, Proto Pisani defende que a identidade da *causa petendi* não tem de ser total, devendo dar-se ao conceito

---

[325] Quanto ao nosso direito, e recuando no tempo, pode ler-se no artigo 94.º do Decreto n.º 21.287 («Nova Reforma do Processo Civil e Comercial» de 1932): «A contestação será deduzida por artigos (…) (…) e nela deverá o réu deduzir toda a defesa, podendo também formular contra o autor qualquer pedido que diga respeito ao acto ou facto jurídico de que a acção emerge.»

[326] Nas acções intentadas nos tribunais do trabalho, a reconvenção é igualmente admitida «quando o pedido do réu emerge do facto jurídico que serve de fundamento à acção» (cfr. art. 30.º, n.º 1, C.P.T.).

[327] O conceito de causa de pedir é, a propósito da al. *a*) do artigo 274.º, n.º 2, usado por Teixeira de Sousa, *As partes, o objecto e a prova na acção declarativa*, p. 170; Lebre de Freitas, *Código de Processo Civil anotado*, vol. 1.º (com J. Redinha e R. Pinto), p. 488, e, mais recentemente, por Mariana Gouveia, *A causa de pedir na acção declarativa*, p. 245.

de «título», constante do artigo 36 do C.P.C.I., um sentido amplo e elástico[328-329].

Para LUISO, «a conexão relativa aos factos constitutivos existe quando as respectivas *fattispecies* constitutivas tenham em comum, ao menos, um dos factos que as integrem»[330]. Trata-se de uma tese que nada tem de original e que há muito é seguida na doutrina. Em estudo clássico sobre a reconvenção, HEINSHEIMER, no dealbar do séc. XX, já ensinava que os pedidos do autor e do réu se encontravam ligados *quando os seus fundamentos coincidissem total ou parcialmente* (*ganz oder teilweise übereinstimmen*)[331].

Entre nós, também LEBRE DE FREITAS entende que «o pedido reconvencional pode fundar-se na mesma causa de pedir – *ou em parte da mesma causa de pedir* – que o pedido do autor»[332-333].

---

[328] Neste preceito estabelece-se o seguinte: «O juiz competente para a causa principal conhece também dos pedidos reconvencionais que dependam do título invocado em juízo pelo autor ou daquele que já pertença à causa como meio de excepção, desde que não excedam a sua competência em razão da matéria ou do valor.» Dedicaremos mais atenção a esta norma nas pp. 193 e ss. da presente monografia.

[329] *Lezioni di diritto processuale civile*, p. 351. «Título» é sinónimo de *causa petendi*, explica ZANZUCCHI, *Diritto processuale*, I, p. 335. Ver igualmente MERLIN, *Codice di Procedura Civile* a cura di CONSOLO/LUISO, I, p. 268.

[330] *Diritto processuale civile*, I, p. 266.

[331] *Klage und Widerklage*, Zeit. f. dts. Civilpr., 1909, p. 33. É este também o entendimento seguido pelos processualistas austríacos. Cfr. HOLZHAMMER, *Österreichisches Zivilprozeßrecht*, p. 182, e FASCHING, *Zivilprozeßrecht*, p. 660.

[332] *Código de Processo Civil anotado*, vol. 1.º (com J. REDINHA e R. PINTO), p. 488 (é nosso o itálico). Ao analisar a al. *a*) do artigo 274.º, n.º 2, BARBOSA MOREIRA, *A conexão de causas como pressuposto da reconvenção*, pp. 54 e s., também afirma: «é razoável concluir que se reputa suficiente a comunhão *parcial* dos fundamentos para justificar a abertura da via reconvencional.»

[333] Sem defender a livre e total admissibilidade da reconvenção, MARIANA GOUVEIA, *A causa de pedir na acção declarativa*, pp. 253 e ss., adere expressamente à tese de que se deve «admitir a reconvenção sempre que haja factos comuns às duas acções, ainda que se pretenda a aplicação de diferentes teorias jurídicas ou previsões normativas» (p. 268). Mas, como afirma, torna-se indispensável «que a comunhão de factos (…) seja uma comunhão de factos principais, essenciais ou

Esta doutrina merece inteira concordância: não sendo defensável uma «política» que admita sem quaisquer barreiras a reconvenção, também não deve cair-se no extremo oposto, dificultando ao máximo o recurso a este meio processual.

Apresentemos uma hipótese em que a reconvenção se apoia limitada e parcialmente na causa de pedir da acção principal: determinado automobilista, lesado num acidente de viação que envolveu o choque do seu veículo com o de um terceiro, propõe contra este condutor uma acção indemnizatória e o demandado, sem negar a ocorrência da colisão, afirma pertencer ao autor a culpa exclusiva do acidente. Com base nesta afirmação, pede não apenas a absolvição do pedido, mas também a condenação do autor no ressarcimento dos danos.

Tratando-se de uma acção cuja causa de pedir é complexa, o réu, ao deduzir o pedido reconvencional, restringiu-se à factualidade reveladora da colisão propriamente dita, não se apoiando naturalmente nos restantes factos alegados pelo autor e tendentes a demonstrar a culpa, o dano e o nexo de causalidade.

Mas a falta de coincidência total entre as causas de pedir da acção e da reconvenção não deve ser vista como um entrave a esta última. Um forte interesse público joga a favor do julgamento simultâneo dos pedidos contrapostos[334].

---

constitutivos», quer dizer, ainda segundo as suas palavras, «que entre acção e reconvenção exista pelo menos identidade de um facto principal» (p. 268).

Também para HEINSHEIMER, est. cit., p. 35, a conexão relevante entre a acção e a reconvenção não deve assentar em factos secundários e irrelevantes, mas, ao invés, em factos essenciais para os pedidos contrapostos. No mesmo sentido se pronunciou mais tarde SIEDLECKI, *Les demandes reconventionnelles*, Rev. trim. dr. civ., 1937, p. 790.

[334] LEBRE DE FREITAS, *Introdução ao processo civil*, p. 173, nota 30, ilustra precisamente a tese de que a coincidência das causas de pedir «não tem de ser total, bastando que seja *parcial*», com o exemplo da reconvenção baseada em acidente de viação alegado pelo autor. Na doutrina italiana, LUISO, *Diritto processuale civile*, I, pp. 266 e s., apresenta o mesmo caso.

A *Reconvenção*

Reparemos ainda, com vista a explicitar melhor o acerto desta tese, no seguinte caso apreciado pelos nossos tribunais[335]: determinado sujeito, na qualidade de arrendatário, propôs contra o senhorio, com fundamento no artigo 1031.°, al. *b*), do C.C., uma acção declarativa, para que este fosse condenado a realizar um conjunto de obras no local arrendado.

Na contestação, o réu alegou, em síntese, que o autor deixara há muito de exercer qualquer actividade no imóvel e que, para além disto, não procedia ao pagamento das rendas. Com base nestes factos, pediu que o tribunal decretasse a resolução do contrato de arrendamento, com o consequente despejo do autor.

O juiz considerou inadmissível a reconvenção: por um lado, entendeu que o pedido do demandado seguia uma forma especial, ao contrário da acção principal, pelo que não estava preenchido o requisito da forma previsto no artigo 274.°, n.° 3.

Por outro lado, faltava a indispensável conexão material entre a acção e a reconvenção, ou seja, o caso não se subsumia em qualquer das alíneas do artigo 274.°, n.° 2.

«A reconvenção – escreveu-se no despacho que a rejeitou – não emerge nem do facto jurídico que serve de fundamento à acção, nem à defesa, não se enquadrando na previsão do art. 274.° C.P.Civil (…).»

Inconformado, o réu interpôs recurso para a Relação de Coimbra, vindo esta instância a revogar o despacho recorrido e a ordenar, contra o decidido pelo tribunal *a quo*, que a reconvenção fosse admitida.

Afastou a Relação, desde logo, a existência do obstáculo fundado no artigo 274.°, n.° 3, e isto porque a acção de despejo, na sua forma declarativa, segue, embora com alguns desvios, a tramitação do processo comum[336]. Ora, apesar destes desvios, a «tramita-

---

[335] Ac. da Relação de Coimbra de 28 de Jan. de 1997, C.J. 1997, t. I, pp. 38-39.

[336] Era assim à luz do revogado artigo 56.°, n.° 1, do R.A.U. Igualmente o artigo 14.°, n.° 1, do N.R.A.U. dispõe que a acção de despejo «segue a forma de processo comum declarativo.»

ção processual – nos termos do Acórdão – tem por objectivo permitir ao tribunal chegar a uma solução justa, sem atropelar os direitos das partes.»

Realmente, a diferença entre as formas da acção e da reconvenção, como veremos, somente deve constituir um obstáculo à admissibilidade do pedido reconvencional nos casos em que se torne de todo em todo impossível conjugar ou harmonizar, num único processo, as distintas formas de acção[337].

É este o entendimento expressamente consagrado, pela Reforma de 1995/96, na parte final do artigo 274.º, n.º 3.

Mas o problema essencial era outro. De facto, tudo estava em saber se existia alguma conexão objectiva entre a acção condenatória e a reconvenção que visava o despejo do arrendatário autor.

A Relação de Coimbra, decidindo em sentido contrário ao do tribunal de primeira instância, respondeu afirmativamente a esta questão. Após afastar, sem hesitações, as espécies de conexão previstas nas alíneas *b)* e *c)* do artigo 274.º, n.º 2, concentrou-se, naturalmente, na alínea *a)* do mesmo preceito, tentando averiguar se o pedido reconvencional emergia do facto jurídico alegado como fundamento da acção.

Ora, o certo é que o autor, na qualidade de inquilino, fez derivar o seu direito à prestação (direito à realização de certas obras por parte do senhorio) da *relação jurídica de arrendamento*, pois esta, como ninguém ignora, impõe ao senhorio uma série de obrigações, entre as quais se conta a de assegurar ao arrendatário o gozo da coisa locada (art. 1031.º, al. *b)*, do C.C.).

Mas assentaria o pedido de despejo na mesma e exclusiva causa?

Em rigor, não. O pedido reconvencional fundava-se numa causa complexa, traduzida não apenas na relação jurídica de arrendamento, mas também nos concretos factos susceptíveis de conduzirem à extinção da própria relação locatícia.

---

[337] Quando, fazendo uso da expressão constante no artigo 31.º, n.º 2, os pedidos «sigam uma tramitação manifestamente incompatível.»

A Reconvenção · 153

Faltando, portanto, uma inteira coincidência entre as causas de pedir da acção e da reconvenção, naturalmente se perguntou se isto constituía um obstáculo intransponível para a aceitação do pedido do demandado.

A resposta não podia deixar de ser negativa e o tribunal de segunda instância bem decidiu ao mandar admitir, no caso, o pedido reconvencional.

Afinal de contas, basta a mera coincidência parcial das causas de pedir para ficar garantida a conexão objectiva indispensável entre a acção e a reconvenção.

No caso, ambos os pedidos tinham como «pano de fundo» o contrato de arrendamento. Reproduzindo as palavras do Acórdão, o «pedido reconvencional move-se (...) no interior da mesma relação jurídica invocada pelo autor (...)» e, neste sentido, era conveniente a apreciação simultânea, num único processo, dos pedidos do autor e do réu[338].

Outro exemplo revelador de que a reconvenção se pode basear, *parcialmente*, na causa de pedir da acção: *C*, alegando ter celebrado certo contrato de compra e venda com *D*, reclama judicialmente o pagamento do preço em dívida e o réu, sem se opor à existência ou à validade do negócio, pede, por sua vez, a condenação do autor na entrega da coisa vendida[339].

---

[338] O Ac. do S.T.J. de 17 de Jan. de 1975, B.M.J., n.º 243, p. 206, admitiu a reconvenção num caso em que esta assentava no mesmo contrato (contrato de prestação de serviço) alegado pela autora.

[339] Exemplo exposto por Proto Pisani, *Lezioni di diritto processuale*, p. 351; Amaral Santos, *Da reconvenção no direito brasileiro*, p. 181, e, entre nós, por Lebre de Freitas, *Código de Processo Civil anotado*, vol. I (com J. Redinha e R. Pinto), p. 488. Contra o entendimento dominante, Barbosa Moreira acentua, e bem, que não existe, no exemplo, uma *identidade absoluta* das *causae petendi*, pois nestas devemos integrar, para além do contrato de compra e venda, tanto o *inadimplemento do réu* (falta de pagamento do preço), como o *inadimplemento do autor* (falta de entrega da coisa). Cfr. *A conexão de causas como pressuposto da reconvenção*, pp. 28, 87, 94, 109 e s. Sobre a obrigação de entregar a coisa no âmbito do

Enquanto a causa de pedir da acção consiste no *contrato* e na *falta de pagamento do preço*, a causa do pedido reconvencional, para além do mesmo contrato, integra ainda os *factos relativos à falta de entrega da coisa*.

Para terminar este ponto, analisemos a razão de ser da espécie de conexão consagrada na *primeira parte* da al. *a*) do artigo 274.°, n.° 2. Trata-se, como vimos, de uma conexão baseada na *identidade dos factos constitutivos* não contestados pelo réu (reconvinte) ou, dizendo o mesmo, numa conexão fundada na *identidade total ou parcial da causa de pedir*[340].

Tanto a *economia processual*, como a sempre desejável *harmonia* entre as decisões judiciais justificam esta forma de conexão legitimadora da reconvenção.

Por um lado, afigura-se vantajoso que a apreciação dos factos se esgote num só processo, pois o julgamento sucessivo da mesma factualidade redunda, há-de convir-se, num dispêndio pouco racional da actividade judiciária. E se ambos os pedidos nascem dos mesmos factos, a reconvenção acaba por não prejudicar seriamente o andamento e o julgamento da causa[341].

Por outro lado, a possibilidade de se encerrar o julgamento de certo facto ou conjunto de factos num único processo obsta à eventual ocorrência do fenómeno, pouco prestigiante para a justiça, das *decisões contraditórias*.

A impossibilidade do *simultaneus processus* conduziria, nas palavras de PROTO PISANI, «a uma apreciação judicial não homogénea dos factos comuns»[342]. Contra isto, a reconvenção permite

---

contrato de compra e venda, *vide* CALVÃO DA SILVA, *Compra e venda de coisas defeituosas*, pp. 18 e s.

[340] Sobre este tipo de conexão, *vide* as considerações feitas por PROTO PISANI, ob. cit., pp. 351 e ss.; *Appunti sulla connessione*, D.G., 1993, p. 9.

[341] Cfr. ANSELMO DE CASTRO, *Direito processual civil declaratório*, I, p. 174.

[342] PROTO PISANI, ob. cit., p. 364, acentua um aspecto importante. Uma vez que a apreciação dos factos é feita *incidenter tantum* e não com força de caso julgado, os sucessivos julgamentos da mesma factualidade não originam um conflito

alcançar a *uniformidade do julgamento,* na medida em que as questões comuns aos dois litígios acabam por ser decididas de forma idêntica[343].

A *segunda hipótese* legal de admissibilidade da reconvenção – prevista na parte final da al. *a)* do artigo 274.°, n.° 2 – é aquela em que o pedido do réu «emerge do facto jurídico que serve de fundamento à defesa.»

Esta forma de conexão, consagrada, pela primeira vez, no artigo 279.°, n.° 1, do Código de Processo Civil de 1939, é susceptível de gerar problemas complexos[344].

Aliás, desde cedo a doutrina mais atenta se apercebeu da dificuldade da apresentação de hipóteses ilustrativas desta espécie de conexão entre a causa principal e a causa reconvencional. Manuel de Andrade foi especialmente assertivo, escrevendo o seguinte: «os casos (…) em que a reconvenção pode fundar-se num nexo existente entre o pedido do réu, e a defesa por ele mesmo apresentada, são de mais difícil determinação»[345].

Com vista a delimitar o campo de aplicação da segunda parte da alínea *a)* do n.° 2 do artigo 274.°, onde se admite a denominada *reconvenção baseada na defesa,* figuremos alguns exemplos.

---

de julgados, mas apenas decisões contraditórias sobre a mesma matéria de facto. Quer com isto dizer que a contradição não envolve a ofensa do caso julgado. O processo simultâneo configura-se como um instrumento que evita a apreciação divergente da mesma factualidade. Cfr. também Fabbrini, «Connessione», *in* E.G., vol. VIII, pp. 6 e s.

[343] Cfr. Alberto dos Reis, *Código de Processo Civil anotado,* vol. I, p. 381.

[344] No processo laboral, a reconvenção não é admissível quando o pedido do réu emerge do acto ou facto que serve de fundamento à defesa (art. 30.°, n.° 1, C.P.T.). Cfr. Soveral Martins, *A organização dos tribunais judiciais portugueses,* I vol., p. 235.

[345] *Lições de processo civil* (coligidas por T. Moreno/Sousa Seco/P. Augusto Junqueiro), p. 416. Veja-se, no mesmo sentido, Barbosa Moreira, *A conexão de causas como pressuposto da reconvenção,* p. 34.

Tendo em conta a atrás enunciada nota da autonomia, necessário se torna distinguir, com nitidez, as reconvenções verdadeiras e próprias das falsas ou aparentes.

Primeiro exemplo: *A*, alegando ter celebrado com *B* certo contrato de compra e venda, pede a condenação do réu no cumprimento de determinada prestação contratual. *B*, ao contestar, nega ter celebrado com o autor o referido contrato e deduz o pedido de *declaração judicial da inexistência* do direito de crédito de *A*.

Haverá, neste caso, um autêntico pedido reconvencional fundado na defesa? Atendendo ao que atrás dissemos a propósito da *autonomia da reconvenção*, chegamos facilmente a uma resposta negativa.

O réu defendeu-se por impugnação, negando o facto jurídico essencial alegado pelo autor e, de seguida, deduziu um pedido de simples apreciação negativa, mero corolário da impugnação desprovido de autonomia relativamente ao pedido da contraparte. Ao fim e ao cabo, o réu quer apenas a improcedência da acção.

Mesmo nos casos em que o pedido reconvencional seja incompatível com o pedido do autor, o reconvinte tem de pretender algo que ultrapasse a simples improcedência da acção ou que não resulte directamente da absolvição. Torna-se evidente que este *algo mais* não se verifica na hipótese em análise.

Uma vez efectuada a impugnação dos factos alegados pelo autor, de duas uma: ou o autor consegue provar os factos constitutivos do seu pretenso direito, e a acção procede, ou essa prova fracassa e o tribunal, sem que para isso seja necessário qualquer pedido reconvencional de simples apreciação, declarará inexistente o direito do demandante e absolverá o réu do pedido.

Não nos esqueçamos de que o pedido feito pelo réu somente pode considerar-se genuinamente reconvencional quando goza de *autonomia* em relação ao pedido do autor. Deste modo, se, pela improcedência da acção, a pretensão do demandado fica automaticamente satisfeita, a autonomia tem de ser negada[346]. Há sempre que questionar, portanto, se o resultado que o réu visa alcançar vai para além da eventual improcedência da acção.

Em caso afirmativo, estaremos em presença de um pedido que deve ser apresentado sob a forma reconvencional; pelo contrário, se a resposta for negativa, o que temos é um *falso* ou *aparente* pedido reconvencional, uma defesa erradamente qualificada, pelo réu, como reconvenção[347].

---

[346] JAUERNIG, *Zivilprozessrecht*, p. 150, apresenta um bom exemplo de falsa reconvenção: Determinada pessoa (*A*) propõe acção para que o tribunal a declare proprietária de certa coisa; o réu (*B*), por sua vez, pretende a declaração judicial de que ao autor não pertence o direito de propriedade de que se arroga titular. Como explica JAUERNIG, não estamos aqui em presença de qualquer reconvenção, uma vez que a declaração negativa já é, afinal, obtida por via da improcedência da acção declarativa. O mesmo exemplo é usado por SCHILKEN, *Zivilprozessrecht*, p. 394.

[347] «O demandado – escreve CHIOVENDA, *Azioni e sentenze di mero accertamento*, R.D.P.C., 1933, p. 11 – não necessita de pedir reconvencionalmente uma declaração negativa quando este resultado seja fruto da absolvição do pedido.» Para TARZIA/BALBI, «Riconvenzione», *in* E.D., vol. XL, p. 669 (texto e nota 39), estamos perante uma reconvenção «inútil» sempre que esta se destine a obter um efeito indistinto da eventual improcedência da acção. BARBOSA MOREIRA, *O novo processo civil brasileiro*, p. 45, defende que na hipótese em análise falta ao réu o indispensável interesse processual. Entre nós, no mesmo sentido se pronuncia TEIXEIRA DE SOUSA, *As partes, o objecto e a prova na acção declarativa*, p. 169, escrevendo o seguinte: «Observe-se que, quanto à apreciação do interesse processual na reconvenção, este pressuposto falta sempre que o efeito pretendido através do pedido reconvencional coincide com aquele que resulta da improcedência da acção.» Igualmente, na doutrina alemã, HAASE, *Besondere Klagearten im Zivilprozeß*, JuS, 1967, p. 405. Em nosso entender, porém, parece mais rigoroso dizer-se que, pura e simplesmente, não existe qualquer reconvenção ou existe uma «falsa» reconvenção.

Casos diferentes são aqueles em que é deduzido um pedido reconvencional autónomo, mas um pedido *desnecessário*, *inútil* ou, se quisermos, uma reconvenção relativamente à qual o réu se encontra desprovido do imprescindível interesse processual. Um exemplo: no âmbito de uma acção intentada por um trabalhador

Segundo exemplo: *C*, proprietário de uma coisa móvel que teria emprestado a *D*, pede, em acção declarativa, que este seja condenado a restituir-lha. O réu defende-se, alegando que a coisa não lhe foi emprestada, mas, antes, doada e, no seguimento desta alegação, pede o reconhecimento judicial do seu direito de propriedade sobre a coisa.

Aqui, o réu, em rigor, não se defende por excepção, antes *nega indirectamente* ou «per positionem» os factos, apresentando uma «contraversão» ou «contra-exposição» dos mesmos[348].

Parece líquido que o réu se torna, neste caso, reconvinte, fazendo assentar o referido pedido de reconhecimento do direito de propriedade na nova versão dos factos apresentada, ou seja, não em qualquer excepção, mas nos factos que fundamentam a impugnação «per positionem.»

Terceiro exemplo: *E*, invocando a titularidade de um *direito de superfície* relativo a certo edifício, vem pedir a condenação de *F*, proprietário do solo, não só na desocupação do edifício, mas também na abstenção de actos que impeçam a passagem para este.

O réu, na contestação, após alegar que o direito do superficiário já se encontra extinto pelo decurso do prazo convencionado (art.

---

para cobrança de determinada prestação, o empregador pede reconvencionalmente o despedimento do autor.

A falta de interesse processual – do *puro interesse adjectivo* – reduz-se a dois grupos de situações. *Primeiro*: aos casos em que o resultado pedido é, objectivamente, *inútil* ou para nada serve à parte (cfr. SASSANI, *Note sul concetto di interesse ad agire*, p. 32). *Segundo*: às hipóteses em que a acção se revele *inapropriada* ou *desadequada*, pois o legislador impõe o exercício extrajudicial do direito, como no exemplo enunciado (seguimos, nesta matéria, a lição de LUISO, *Diritto processuale civile*, I, pp. 205-207; *Istituzioni di diritto processuale civile*, pp. 90-93; ver também GRASSO, *Note per un rinnovato discorso sull' interesse ad agire*, Jus, 1968, p. 359; CONSOLO, *Codice di Procedura Civile commentato* a cura di CONSOLO/LUISO, pp. 581-589, e HABSCHEID, *Rechtsverhältnis und Feststellungsinteresse*, ZZP, 1999, pp. 37 e ss.).

[348] MANUEL DE ANDRADE, *Noções elementares de processo civil*, p. 127.

1536.º, n.º 1, al. *c*), do C.C.), pede, em primeiro lugar, a *declaração da extinção* deste direito e, em segundo lugar, a *condenação* de *E* a abster-se de entrar no terreno onde a obra se situa.

É nítida a existência de uma contestação-reconvenção na qual os dois pedidos feitos pelo réu assentam em factos defensivos ou, se quisermos, em contrafactos extintivos.

A vontade do réu é susceptível de originar o fenómeno da transmutação da defesa em reconvenção, sendo indispensável, para tanto, que o demandado faça derivar dos contrafactos (da *causa excipiendi*) determinadas pretensões autónomas.

O pedido reconvencional pode ainda, como vamos ver de seguida, basear-se em contrafactos de natureza ora *impeditiva*, ora *modificativa*.

Quarto exemplo: *G*, alegando ter vendido determinado prédio a *H*, propõe contra este uma acção de condenação, com o objectivo de obter o pagamento da parte do preço em dívida. Fundamentando-se no artigo 251.º do C.C., *H* afirma ter existido um «erro sobre o objecto do negócio» e pede, em consequência, não apenas a *anulação* da compra e venda, mas também a *condenação* do autor na restituição das prestações anteriormente realizadas.

Nesta hipótese, estamos em presença de pedidos reconvencionais alicerçados em contrafactos de natureza impeditiva, pois, à luz do critério temporal, são contemporâneos dos factos constitutivos da pretensão deduzida pelo autor.

O réu, após a alegação dos contrafactos, podia, é certo, ter-se limitado a excepcionar, com o objectivo de obter única e simplesmente a improcedência da acção e a absolvição do pedido. Mas quis ir mais longe, deduzindo pretensões autónomas (de natureza *constitutiva* e *condenatória*) derivadas desses contrafactos. E estava no seu pleno direito, cumpre dizê-lo.

Ao deduzir tais pretensões, os contrafactos perdem, em rigor, natureza defensiva, transformando-se em factos constitutivos da reconvenção. O réu pretende, afinal, alcançar uma vantagem que se situa para além da pura e simples improcedência da acção[349].

Quinto exemplo: um senhorio pede o despejo do inquilino com fundamento na falta de uso do local arrendado por mais de um ano (cfr. o disposto no art. 1083.º, n.º 2, al. *d*), do C.C.); na contestação, o réu, sem negar os factos, afirma que se viu forçado a abandonar o local arrendado por causa do acentuado e perigoso estado de degradação do imóvel, pedindo, em consequência, a condenação do autor na realização de obras. O pedido reconvencional condenatório assenta no conjunto de contrafactos destinados a obter a improcedência da acção (reveladores de um «caso de força maior», situação prevista no art. 1072.º, n.º 2, al. *a*), do C.C.) e que revestem natureza impeditiva. Na verdade, eles obstam ao nascimento do direito do senhorio (direito potestativo de despejo)[350].

Por último, o pedido reconvencional pode fundar-se em contrafactos *modificativos*. Ilustremos este ponto com um último exemplo: *I*, proprietário actual de determinado prédio rústico, arrogando-se titular de uma servidão de passagem que exerce sobre certa faixa de terreno de um prédio pertencente a *J*, propõe acção contra este, a fim de que seja condenado a deixar de praticar actos impeditivos da passagem.

J, na contestação, vem alegar que, através de escritura pública celebrada com o anterior proprietário do prédio dominante e inscrita no registo, a servidão foi mudada para local diferente do indi-

---

[349] Cfr. VINCENT/GUINCHARD, *Procédure civile*, p. 797.

[350] Outro exemplo de um pedido reconvencional baseado em contrafactos impeditivos é apresentado por TEIXEIRA DE SOUSA, *As partes, o objecto e a prova na acção declarativa*, pp. 176 e s.: «O autor propõe uma acção pedindo o cumprimento de um contrato; o réu pode excepcionar o dolo na celebração do contrato e, cumulativamente, pedir, através de reconvenção, o pagamento de uma indemnização pelos prejuízos sofridos.»

A *Reconvenção*   161

cado pelo autor. Uma vez que este teima em não reconhecer tal facto, o réu pede a declaração judicial, para todos os efeitos, da referida mudança e a condenação de *I* a abster-se de passar no primitivo local.

Nesta hipótese, o demandado faz derivar as suas pretensões de um contrafacto pretérito que veio modificar os termos do conteúdo do direito objecto da acção principal.

É claro que o réu podia ter-se ficado pela mera invocação do facto modificativo, com o estrito fim de alcançar a improcedência da acção e a absolvição do pedido. No entanto, tal como nas hipóteses anteriores, fez derivar do contrafacto alegado um pedido de *mera apreciação positiva* e outro *condenatório*. Ao fazê-lo, saiu, *sponte sua*, do estrito terreno das excepções peremptórias e entrou no domínio reconvencional.

Em todas as situações analisadas, com exclusão da primeira, os contrafactos alegados pelo réu perdem a sua natureza estritamente defensiva no momento em que, com base neles, é formulado um pedido reconvencional.

A estes contrafactos, que tanto podem originar excepções peremptórias, como pedidos reconvencionais, chama a doutrina italiana «factos-direitos» (*fatti-diritti*).

Trata-se, na terminologia por nós usada, de *factos ambivalentes*, pois a partir deles é possível alcançar um de dois efeitos: ou a mera improcedência da acção ou qualquer efeito mais complexo situado para além deste fim[351-352].

---

[351] Esta possibilidade foi assinalada por HEINSHEIMER, *Klage und Widerklage*, Zeit. f. dts. Zivilpr., 1909, p. 38.

[352] Mas, como observa TEIXEIRA DE SOUSA, ob. cit., p. 177, «o pedido reconvencional também pode ser cumulado com a defesa por excepção peremptória, no regime de cumulação subsidiária, se for incompatível a procedência de ambos os pedidos. Neste caso, o réu formula, como principal, o pedido de absolvição do pedido e, como subsidiário, o pedido de procedência da reconvenção.» Exemplo:

Como adverte Capelo de Sousa, «vários dos tipos de defesa, indirecta, por ‹excepção› podem ser arguidos, directa e prioritariamente, por via de ‹acção›, normalmente através de acções declarativas com processo comum»[353].

Facilmente se entende por que razão, nas hipóteses expostas, o legislador autoriza o pedido reconvencional: este apresenta-se como uma decorrência natural da actividade defensiva do réu.

Processualistas italianos falam, a propósito, de uma conexão assente numa *relação de prejudicialidade-dependência*. Por outras palavras, o pedido do réu, baseado num facto *extintivo, impeditivo* ou *modificativo,* faz nascer uma *questão prejudicial* relativamente à causa principal[354].

Bem vistas as coisas, o êxito desta causa (causa condicionada ou dependente) passa também a depender da inexistência (*rectius,* da falta de prova) do «facto-direito» extintivo, impeditivo ou modificativo alegado através da reconvenção[355].

Ao admitir os pedidos reconvencionais alicerçados numa relação de prejudicialidade-dependência, o legislador visa promover, para além da óbvia economia processual, a harmonia entre as decisões judiciais.

---

o demandado invoca a excepção da nulidade do contrato, mas, para o caso de esta não proceder, pede a condenação do demandante no cumprimento de certa contraprestação derivada desse mesmo contrato.

[353] *Teoria geral do direito civil,* I, p. 247.

[354] Cfr. Proto Pisani, *Lezioni di diritto processuale civile,* p. 363. «Esta conexão – escreve noutro estudo (*Appunti sulla connessione,* D.G., 1993, p. 23) – verifica-se quando o réu, em vez de se limitar a excepcionar com base num facto impeditivo, modificativo ou extintivo da relação jurídica alegada na acção, deduz um pedido reconvencional cujo objecto é o facto-direito impeditivo, modificativo ou extintivo do direito de que o autor se afirma titular.»

[355] A reconvenção origina, pois, uma questão prejudicial ou condicionante.

A Reconvenção

Com efeito, se, por hipótese, a ordem jurídica não autorizasse a reconvenção fundada em contrafactos defensivos, o demandado, limitado a reagir através de excepção peremptória, teria de propor uma acção autónoma para fazer valer o seu pretenso direito. Ora, nesta outra lide o tribunal gozaria de liberdade para julgar diferentemente os mesmos factos, o que potenciaria o risco de desarmonia das decisões judiciais[356].

A terceira hipótese de admissibilidade da reconvenção, prevista na primeira parte do artigo 274.º, n.º 2, al. *b*), é aquela em que «o réu se propõe obter a compensação.»

Este segmento do preceito, à primeira vista tão simples, está na origem de uma das mais complexas polémicas no domínio do direito processual civil. Tamanha é a profusão de interpretações suscitadas pela primeira parte da alínea em causa, que nos veremos forçados a analisar, em parte autónoma do presente trabalho[357], o problema da denominada «reconvenção compensativa.»

Mas adiantamos, desde já, que a compensação, independentemente de saber se deve ser invocada através de uma contestação- -defesa por *excepção* ou por *via reconvencional*, implica, na maior parte dos casos, a introdução, no processo, de uma relação jurídica distinta daquela em que assenta o pedido do autor.

O êxito deste pedido passa a depender da resposta que vier a ser dada à compensação, sendo, portanto, este *nexo de prejudicialidade* entre os créditos contrapostos que justifica a admissibilidade da introdução, no processo pendente, de uma relação jurídica que pode não apresentar a mínima ligação com os factos alegados pelo autor.

Em quarto lugar, reconvenção é ainda admissível, nos termos da 2ª parte da al. *b*) do artigo 274.º, n.º 2, sempre que o réu se proponha

---

[356] Cfr. Proto Pisani, ob. cit., p. 346.

[357] Na parte II.

«tornar efectivo o direito a benfeitorias ou despesas relativas à coisa cuja entrega lhe é pedida.»

Consagra-se aqui uma hipótese que, com frequência, ocorre na prática[358]. Alguém, por exemplo, na qualidade de senhorio, intenta uma acção de despejo (com fundamento na falta de uso do local arrendado) e o réu, uma vez citado, após impugnar os factos constitutivos do pretenso direito do autor e alegar que efectuou, no local arrendado, um conjunto de *benfeitorias* necessárias, pede o pagamento da quantia dispendida.

Estamos perante um pedido reconvencional cuja admissibilidade ninguém pode pôr em dúvida.

Mas qual a razão justificativa da admissibilidade deste tipo de reconvenção? Haverá qualquer conexão objectiva entre a causa principal (para resolução do contrato locativo e consequente restituição da coisa locada) e a causa reconvencional (para pagamento de benfeitorias ou despesas efectuadas com a coisa)?

É claro que sempre se dirá que os pedidos da acção e da reconvenção se relacionam com a coisa cuja entrega é pretendida e, neste sentido, com o *objecto mediato* da acção[359]. Mas haverá, nestas hipóteses, coincidência entre os pedidos e as causas de pedir da acção e da reconvenção? Não é forçosa essa coincidência. Fixemos a nossa atenção no exemplo exposto: os pedidos são, obviamente, distintos. Já a coincidência ao nível da causa de pedir tem de ser analisada com especial cuidado.

A causa de pedir da acção de despejo traduz-se, para além da relação de locação, nos factos demonstrativos da falta de uso do

---

[358] Sobre a distinção entre *benfeitorias* e *despesas*, ver MANUEL DE ANDRADE, *Teoria geral da relação jurídica*, vol. I, p. 274, e OLIVEIRA ASCENSÃO, *Direito civil – – Teoria geral*, vol. I, pp. 390 e ss.

[359] O *objecto mediato* é a coisa que se pretende obter em juízo. Cfr. COSTA, «Domanda giudiziale», *in* NN.D.I., VI, p. 166.

local arrendado por mais de um ano (fundamento de resolução previsto no art. 1083.º, n.º 2, al. *d*), do C.C.)[360].

Já quanto à reconvenção, e com base no artigo 1046.º do C.C., a causa de pedir é constituída pela relação de locação e pelos factos reveladores das benfeitorias efectuadas na coisa. Existe, portanto, no caso, uma coincidência parcial ao nível da causa de pedir, na medida em que ambas as partes têm de apoiar-se na relação de arrendamento.

Mas esta conexão objectiva, existente no exemplo apresentado, pode não ocorrer noutros casos ilustrativos da hipótese referida no artigo 274.º, n.º 2, al. *b*) (2.ª parte).

Suponhamos que, no âmbito de uma acção de reivindicação intentada contra um possuidor, o demandado alega ter efectuado, na coisa reivindicada, um conjunto de obras necessárias, pedindo a condenação do autor no pagamento do preço destas benfeitorias.

As causas de pedir da acção e da reconvenção divergem. Enquanto, à luz do artigo 498.º, n.º 4, a causa de pedir da acção de reivindicação (acção real) é o «facto jurídico de que deriva o direito real», já a causa de pedir da reconvenção consiste nos factos reveladores não apenas da posse, mas também da efectiva realização do conjunto de benfeitorias necessárias. Tecnicamente não coincidem (nem sequer parcialmente) as causas de pedir e os pedidos das duas acções cruzadas.

E, acrescente-se, não se verifica aqui qualquer conexão fundada numa relação de prejudicialidade-dependência, pois a questão reconvencional não reveste natureza prejudicial relativamente à pretensão exposta pelo autor.

Diremos, para concluir, que a reconvenção – no caso em que sirva para «tornar efectivo o direito a benfeitorias ou despesas relativas à coisa cuja entrega é pedida» – pode não ter, ao nível dos ele-

---

[360] Sobre a causa de pedir na acção especial de despejo, *vide* ABRANTES GERALDES, *Temas da reforma do processo civil*, vol. I, p. 202.

mentos objectivos identificadores da acção (ou seja, do *pedido* e da *causa de pedir*), qualquer ligação à causa principal. Ocorre, tão-só, uma *conexão subjectiva*, na medida em que a acção e a reconvenção implicam a presença, em juízo, das mesmas partes[361]. E pode sempre dizer-se que o *objecto mediato* da acção e da reconvenção é o mesmo.

Ao estabelecer, na 2.ª parte da al. *b*) do artigo 274.°, n.° 2, a admissibilidade da reconvenção, o legislador pretende tutelar, por um lado, o interesse do demandado em ser ressarcido, aproveitando o processo que contra ele foi proposto.

Mas visa-se também, por outro lado, salvaguardar o interesse da *economia processual*. Estando em causa o julgamento de pedidos diferentes, mas relativos à mesma coisa, pode ser útil (pense-se, por exemplo, nas questões da prova) o seu julgamento simultâneo.

Analisemos, agora, a derradeira hipótese de admissibilidade da reconvenção prevista na nossa lei. Nos termos da alínea *c*) do artigo 274.°, n.° 2, a reconvenção é admissível «quando o pedido do réu tende a conseguir, em seu benefício, o mesmo efeito jurídico que o autor se propõe obter»[362].

Eis um exemplo clássico desta hipótese: em acção de divórcio litigioso, o réu pede também o divórcio e a declaração do autor como único e principal culpado. Neste caso, ambos os pedidos visam extinguir o matrimónio, não sendo indiferente que o divórcio seja decretado por causa imputável ao réu ou por causa imputável ao autor[363-364].

---

[361] Para uma noção de conexão subjectiva, *vide* Carnelutti, *Istituzioni del nuovo processo civile italiano*, t. I, p. 15, e Proto Pisani, *Lezioni di diritto processuale civile*, p. 349.

[362] No rigor das coisas, é o demandado, e não o pedido, que visa alcançar o benefício.

[363] Cfr. Alberto dos Reis, *Comentário ao Código de Processo Civil*, vol. 3.°, p. 110; Amaral Santos, *Da reconvenção no direito brasileiro*, p. 109. Ver, sobre o

Para além do exemplo apresentado, é frequente ilustrar esta alínea com a hipótese em que ambas as partes pretendem a declaração da propriedade sobre a mesma coisa[365].

Mas o réu que se arroga proprietário alega factos constitutivos do seu direito e, portanto, factos que funcionam como autênticos contrafactos defensivos (*v.g.*, contrafactos reveladores da aquisição da coisa por usucapião), pretendendo alcançar um *efeito jurídico contrário* ao que é visado pelo autor e com ele incompatível. Se o juiz reconhece o direito de propriedade a uma das partes, não pode reconhecê-lo também à outra. No caso em análise, portanto, não pode dizer-se, em rigor, que as partes pretendem alcançar o mesmo efeito jurídico. Neste sentido, a hipótese normativa onde o exemplo exposto se enquadra é, quanto a nós, a da al. *a*) do n.º 2 do artigo 274.º.

Não é fácil saber o que pretende o legislador quando autoriza a reconvenção destinada a alcançar o «mesmo efeito jurídico que o autor se propõe obter.»

Estará a lei a referir-se ao efeito *condenatório, constitutivo* ou de *mera apreciação*? Quer-nos parecer que não, pois, se assim fosse,

---

tema, Pereira Coelho/Guilherme de Oliveira, *Curso de direito da família*, I, pp. 708-711.

[364] É claro que tanto a acção como a reconvenção podem assentar em fundamentos que conduzam à respectiva procedência. Trata-se de um caso há muito conhecido pela nossa jurisprudência. O S.T.J., no Ac. de 31 de Mar. de 1916, G.R.L., Ano 30.º (1916-1917), pp. 108 e s., entendeu que o divórcio deve ser decretado «pelos fundamentos da acção e da reconvenção quando uns e outros estiverem provados.»

[365] Cfr. Castro Mendes, *Direito processual civil*, II, p. 306; Teixeira de Sousa, *As partes, o objecto e a prova na acção declarativa*, p. 171; Lebre de Freitas, *Código de Processo Civil anotado*, vol. 1.º (com J. Redinha e R. Pinto), p. 489; Remédio Marques, *Acção declarativa à luz do Código revisto*, p. 300; Paulo Pimenta, *Reconvenção*, Separata do B.F.D.U.C., LXX (1994), p. 481. Trata-se de uma hipótese de reconvenção referida há muito na doutrina estrangeira. Cfr. Heinsheimer, *Klage und Widerklage*, Zeit. f. dts. Zivilpr., 1909, p. 38.

acabava por admitir a reconvenção desconexa: se o autor formulasse um pedido condenatório, o réu poderia também apresentar um pedido da mesma natureza; se o autor se limitasse a pedir a mera apreciação, o demandado teria liberdade para formular um pedido idêntico, etc... Ora, ninguém aceitará, como princípio válido, tamanha amplitude do direito de reconvir.

Relevante é, antes, se bem interpretamos a lei, o *efeito jurídico substantivo* que as partes pretendem alcançar através do exercício judicial dos pretensos e opostos direitos subjectivos e isto conduz--nos ao domínio dos denominados *direitos potestativos*, ou seja, daqueles direitos que encerram no seu núcleo o poder de produzir, na esfera jurídica de outrem, de forma inelutável, um efeito *constitutivo, modificativo* ou *extintivo*.

O campo de aplicação da al. *c)* do artigo 274.º, n.º 2, relaciona--se com o exercício, no processo, por ambas as partes, da mesma espécie de direito potestativo, quer dizer, com aquelas hipóteses em que tanto o autor como o réu visam alcançar, em seu exclusivo benefício, igual efeito *constitutivo, modificativo* ou *extintivo*.

Bem andou ANSELMO DE CASTRO quando, apercebendo-se da dificuldade inerente a esta última alínea do artigo 274.º, n.º 2, escreveu que o campo de aplicação da norma se situa principalmente «no domínio das acções constitutivas, isto é, dos direitos potestativos»[366-367].

---

[366] *Direito processual civil declaratório*, I, p. 176.

[367] Acabámos de analisar as formas de conexão objectiva legalmente exigidas para a admissibilidade da reconvenção no âmbito dos processos cíveis. Diga--se, para finalizar este ponto, que também nos *processos laborais* a reconvenção somente pode ser aceite se «o pedido do réu emerge do facto jurídico que serve de fundamento à acção» ou se o pedido reconvencional estiver relacionado com o pedido do autor por *acessoriedade, complementaridade* ou *dependência* (cfr. arts. 30.º do C.P.T. e 85.º, al. *p)*, da L.O.F.T.J.).

O legislador deixou ao intérprete a concretização destes três genéricos e ambíguos conceitos. No fundo, o pedido do réu *tem de derivar* de uma relação ale-

11. *A proibição de reconvir.* Acabámos de ver que entre a acção e a reconvenção tem de existir uma conexão material mais ou menos estreita. Não se pense, contudo, que, uma vez verificada esta conexão, o pedido reconvencional é logo, sem mais, aceite. Na realidade, necessário se torna que não se levante alguma das proibições de índole processual à reconvenção[368].

Discute-se, desde há larguíssimo tempo, a efectiva existência de uma proibição de reconvir no domínio dos processos que seguem a *forma comum sumaríssima*, forma introduzida no nosso ordenamento pelo Decreto n.º 21.287, de 26 de Maio de 1932.

---

gadamente conexa com a relação de trabalho que integra a causa de pedir da acção inicial.

Pode tratar-se, em primeiro lugar, de uma relação conexa por *acessoriedade*, ou seja, de uma relação não essencial, talvez mesmo fortuita, nascida entre a entidade empregadora e o trabalhador, mas ainda, de alguma forma, ligada ao contrato de trabalho (*v.g.*, mútuo através do qual a primeira empresta ao segundo certa quantia, a fim de este poder suportar, por sua conta e risco, despesas relacionadas com a frequência de um curso superior).

Em segundo lugar, admite-se a reconvenção quando a relação que serve de fonte a esta se encontra conexa, por *complementaridade*, com a relação de trabalho: a relação complementar integra-se de algum modo no contrato de trabalho, complementando-o ou integrando-o. Exemplo: a obrigação através da qual a entidade empregadora se vincula a proporcionar habitação ao trabalhador.

Por último, o pedido reconvencional pode assentar numa relação conexa por *dependência*. Nesta espécie de conexão, explica SOVERAL MARTINS, *A organização dos tribunais judiciais portugueses*, I vol., p. 234, «a relação conexa não se constitui com ou no desenvolvimento modificativo da relação principal de trabalho, mas antes autonomamente, embora na sua dependência causal.» Exemplo: o contrato de seguro celebrado em benefício dos trabalhadores de uma empresa.

[368] Como explica LEBRE DE FREITAS, *A acção declarativa comum*, p. 107, a admissibilidade da reconvenção depende também da não verificação de *requisitos negativos*.

Comecemos por figurar hipóteses em que o problema se suscita:

1.ª) *A* intenta contra *B* uma acção sumaríssima de reivindicação de certa coisa móvel; o réu, invocando a usucapião, pede a declaração do seu direito de propriedade sobre a coisa. Deverá ou não o tribunal julgar este pedido de mera apreciação?

2.ª) *C*, afirmando ter comprado a *D* uma mobília no valor de € 600, pede a condenação deste na entrega da mesma; o réu (vendedor), após alegar que o autor jamais efectuou o pagamento da mobília, requer o pagamento do preço em dívida (€ 600).

3.ª) *E* intenta contra *F* uma acção sumaríssima de dívida, com vista ao pagamento de € 2.500. O réu alega ser titular de um contra-crédito de € 3.000 e pede a condenação do autor no pagamento da parte residual do seu direito. Quanto a esta parte, ninguém duvida de que a reconvenção é o meio apropriado para a fazer valer. Mas recairá sobre o tribunal o dever de julgar o pedido condenatório no valor de € 500?

A doutrina e a jurisprudência defendem a impossibilidade da reconvenção no domínio do processo sumaríssimo, raras sendo as vozes que se têm ouvido contra este entendimento[369-370].

Vejamos, pois, os argumentos em que se apoia a tese negativa dominante[371].

---

[369] Favorável à admissibilidade da reconvenção no processo sumaríssimo manifestou-se BARBOSA DE MAGALHÃES, G.R.L., Ano 54.º (1940-1941), p. 328.

[370] Contra a corrente, o Ac. da Relação de Coimbra de 19 de Nov. de 2002 (disponível no sítio *http://www.dgsi.pt*) considerou admissível a reconvenção no domínio do processo sumaríssimo. «Numa acção com processo sumaríssimo – *escreve-se no aresto* –, se o conteúdo material do articulado do réu tem um sentido reconvencional, há que liminarmente avaliar da sua validade própria à luz das regras gerais da instância, designadamente da regra do artigo 274.º do C.P.C.»

[371] A proibição da reconvenção no processo sumaríssimo é defendida por ALBERTO DOS REIS, *Código de Processo Civil anotado*, vol. VI, p. 493; MANUEL DE ANDRADE, *Noções elementares de processo civil*, p. 368; ANTUNES VARELA, *Manual de*

O primeiro argumento é o de que a lei, ao regular a forma sumaríssima nos artigos 793.º e ss., e ao contrário do que ocorre no processo sumário (cfr. art. 786.º), silencia, em absoluto, a reconvenção[372].

Qual o peso deste argumento? Muito pouco ou nenhum. Por um lado, o legislador não afasta expressamente a reconvenção[373].

Por outro lado, o artigo 794.º refere-se, em termos genéricos, à «contestação.» Ora, esta tanto pode consistir numa *defesa*, como numa *reconvenção*.

O segundo argumento aponta para o facto de não se encontrar prevista a *resposta* defensiva contra o pedido reconvencional, sinal inequívoco da inadmissibilidade legal da reconvenção[374]. Mas também este obstáculo é, hoje, facilmente ultrapassável.

Se, contra as *excepções*, a *resposta* pode ser apresentada com base no artigo 3.º, n.º 4, o mesmo deve valer para os casos em que é deduzida uma «excepção reconvencional» (como, por exemplo, a nulidade) ou uma pura reconvenção no âmbito de um processo sumaríssimo.

TEIXEIRA DE SOUSA resolve o problema, afirmando que o regime previsto nesta norma tem de valer, por via de *interpretação extensiva*, sempre que o réu exerça o direito de reconvir no âmbito de um processo sumaríssimo[375]. Uma vez deduzida a reconven-

---

processo civil, p. 746; CASTRO MENDES, *Sobre a admissibilidade da reconvenção em processo sumaríssimo*, R.F.D.U.L., vol. XVI, 1963, pp. 307 e ss.; ANSELMO DE CASTRO, *Direito processual civil declaratório*, I, pp. 171 e 173; ABÍLIO NETO, *Código de Processo Civil anotado*, p. 178, e MONTALVÃO MACHADO, *O dispositivo e os poderes do tribunal à luz do novo Código de Processo Civil*, pp. 110 e s.

[372] A lei, escreve PAULO PIMENTA, *Reconvenção*, Separata do B.F.D.U.C., LXX (1994), p. 493, não faz «qualquer referência à figura da reconvenção.»

[373] Como ocorre no artigo 30.º, n.º 1, do C.P.T.: no domínio do processo laboral, o legislador dispõe que a reconvenção somente será admissível quando o valor da acção ultrapasse a alçada dos tribunais de 1.ª instância.

[374] Argumento mais forte avançado por CASTRO MENDES, est. cit., p. 326, e seguido por PAULO PIMENTA, est. cit., pp. 493 e s.

[375] Cfr. *Estudos sobre o novo processo civil*, p. 366. TEIXEIRA DE SOUSA entende, com razão, que «não é viável, apesar do estipulado no art. 464.º, aumentar a enu-

ção, ao autor (reconvindo) assistirá o direito de se defender no início da audiência final[376].

O argumento mais forte contra a admissibilidade da reconvenção no processo sumaríssimo é o de que a *celeridade* própria desta forma não se coaduna com a dedução e o julgamento de pedidos reconvencionais: estes subvertem o espírito inerente à forma regulada nos artigos 793.° a 800.°[377].

Com efeito, o pedido reconvencional, cujo valor, nos termos do já analisado artigo 308.°, n.° 2, deve ser adicionado ao valor da acção inicial, poderia transformar a acção sumaríssima numa acção *sumária* ou *ordinária*. Quer dizer, a acção, que nasceu leve e lesta, acabaria por ficar, para mal do autor e da Justiça, pesada e vagarosa[378].

Como rebater isto?

Antes de tudo, importa afirmar que nem sempre a reconvenção é susceptível de produzir este nefasto efeito, podendo até acontecer que a forma sumaríssima, após a soma do valor da reconven-

---

meração legal dos articulados num processo sumaríssimo pela aplicação subsidiária do regime estabelecido para o processo sumário.» Relativamente a este último ponto, ver *Observações críticas sobre algumas alterações ao Código de Processo Civil*, B.M.J., n.° 328, pp. 94 e s.

[376] Em sentido contrário pronuncia-se LOPES DO REGO, *Comentários ao Código de Processo Civil*, vol. I, p. 658: «Continua a não se prever a dedução de pedido reconvencional, já que se não admite, na estrutura do processo, resposta à contestação – e sendo certo que a alegação, oral e complementar, estabelecida no n.° 4 do art. 3.°, apenas se reporta à resposta a excepções deduzidas (e não a um pedido reconvencional).» Posição idêntica pode ver-se em SALVADOR DA COSTA, *A injunção e as conexas acção e execução*, p. 74.

[377] Houve, no passado, tentativas para terminar com esta forma de processo, deixando apenas de pé as formas ordinária e sumária. Cfr., a propósito, RIBEIRO MENDES/LEBRE DE FREITAS, *Parecer da Comissão de Legislação da Ordem dos Advogados sobre o Anteprojecto de Código de Processo Civil*, R.O.A., 1989, p. 630.

[378] Cfr. CASTRO MENDES, *Sobre a admissibilidade da reconvenção em processo sumaríssimo*, R.F.D.U.L., vol. XVI, 1963, pp. 333 e s.; PAULO PIMENTA, *Reconvenção*, Separata do B.F.D.U.C., LXX (1994), pp. 494 e s.

ção ao valor da acção, continue inalterada (pensemos nos exemplos atrás expostos).

Depois, constitui um erro elevar a celeridade ao estatuto de valor absoluto, a que todos os demais princípios norteadores do processo se devam subjugar[379]. O eventual acréscimo da morosidade é compensado pelo afastamento de uma futura acção independente: o interesse público, fundado na economia processual, acaba por não sair a perder.

Como defende TEIXEIRA DE SOUSA, «não releva o argumento de que a reconvenção retarda a celeridade específica do processo sumaríssimo. Factualmente, a reconvenção implica, indubitavelmente, um atraso na decisão da causa, mas isso não sucede sem contrapartidas, nomeadamente a economia de uma acção autónoma com o objecto que podia ter sido apresentado no processo anterior»[380-381].

Tudo isto nos leva a concluir que, mesmo em face do direito constituído, os tribunais devem aceitar a reconvenção no processo sumaríssimo. A tese contrária, assente em argumentos típicos de um juspositivismo ultrapassado, é fruto de um pensamento que desvaloriza o meio da reconvenção, bloqueando o exercício dos direitos e esquecendo os princípios da igualdade e da economia processual.

A rejeição, à partida, de forma radical, dos pedidos reconvencionais afigura-se intolerável à luz de um Processo Civil

---

[379] Cfr., a propósito, BARBOSA MOREIRA, *Temas de direito processual*, p. 50.

[380] *Observações críticas sobre algumas alterações ao Código de Processo Civil*, B.M.J., n.º 328, p. 95.

[381] Para AMARAL SANTOS, *Da reconvenção no direito brasileiro*, p. 135, a crítica segundo a qual a reconvenção aumenta o trabalho do juiz, tornando o processo mais lento, esquece que, através dela, «se evita mais um processo, em que os mesmos atos processuais (...) teriam de se realizar, onde muito comumente se repetiria a produção das mesmas provas, exigindo maior dispêndio de energias e de tempo do órgão judicante, quantas vezes representado por mais de um juiz ou tribunal.»

moderno, de um Processo suficientemente maleável para se adaptar aos interesses da vida.

De qualquer modo, pensamos que o legislador deveria intervir nesta matéria, clarificando, de uma vez por todas, o problema. Já o fez, diga-se, a propósito das acções que correm os seus termos nos Julgados de Paz.

Com efeito, o artigo 48.°, n.° 1, da Lei dos Julgados de Paz (Lei n.° 78/2001, de 13 de Julho) determina que, nestes tribunais, «não se admite a reconvenção» (note-se que, a propósito da forma sumaríssima, o legislador nunca disse algo semelhante, apesar de já ter tido inúmeras ocasiões para o fazer). Mas mesmo aqui o legislador não proíbe, em termos absolutos, a reconvenção. Esta é admissível quando «o demandado se propõe obter a compensação ou tornar efectivo o direito a benfeitorias ou despesas relativas à coisa cuja entrega lhe é pedida.»

Parece-nos que os desvios enfermam de alguma dose de arbitrariedade, se não vejamos: o réu que, em acção de reivindicação, alega ser proprietário da coisa móvel reivindicada tem de silenciar o pedido de declaração do seu direito? O demandado que alega certa causa de anulabilidade do contrato em que o autor fundamenta a sua pretensão não pode pedir que se decrete o fim do contrato e a condenação do autor a restituir determinada prestação efectuada ao abrigo do negócio inválido? Porque não há-de a reconvenção ser admissível nestas hipóteses e em tantas outras?

O erro do legislador – erro de política legislativa – está no facto de proibir a reconvenção, admitindo-a em casos contados[382],

---

[382] Após relacionar os pressupostos substantivos ou requisitos objectivos de admissibilidade da reconvenção, previstos no artigo 274.°, n.° 2, com o problema da reconvenção no processo sumaríssimo, CASTRO MENDES, *Sobre a admissibilidade da reconvenção em processo sumaríssimo*, R.F.D.U.L., vol. XVI, 1963, p. 317, escreveu: «Nem francamente vemos como se pode defender (...) que a reconvenção em processo declarativo sumaríssimo só é possível *para invocar a compensação*, e não com base em qualquer das outras alíneas (alíneas *a*), *c*) e *b*) – 2.ª parte) do n.° 2 do art. 274.° do Código de Processo Civil.» Também nós não entendemos a restrição.

quando o caminho a seguir deveria ser precisamente o inverso, ou seja, o da abertura do processo aos pedidos reconvencionais relacionados com a acção ou com a própria defesa.

No domínio dos *processos de baixo valor*, o afastamento da reconvenção não deveria ser a regra, mas, muito pelo contrário, a excepção.

De iure constituendo, afigura-se defensável uma solução análoga àquela que o legislador espanhol estabeleceu para os denominados «processos verbais.» Após afastar a soma dos valores da acção e da reconvenção, apenas permite que esta seja rejeitada quando conduza à extinção do «juicio verbal», ou seja, quando o pedido do réu ultrapasse o valor de € 3.000 (cfr. art. 438, n.ᵒˢ 1 e 2, da LEC)[383].

Bom caminho, já há muito seguido entre nós, seria, portanto, o de abrir as portas a todos os *pedidos reconvencionais conexos que não ultrapassassem o valor do processo principal sumaríssimo*, afastando-se também, neste campo, a regra da soma do valor da acção ao valor da reconvenção[384].

---

[383] No direito espanhol, seguem a forma ordinária as acções de valor superior a € 3.000; as de valor igual ou inferior originam os denominados processos verbais (cfr. arts. 249, n.º 2, e 250, n.º 2, da LEC). Sobre a reconvenção no «processo verbal», ver OLIVA SANTOS/DÍEZ-PICAZO GIMÉNEZ, *Derecho procesal civil*, p. 268, e MANUEL GONZÁLEZ, *Reconvención y excepciones reconvencionales en la LEC 1/2000*, pp. 279 e ss., em especial p. 286.

[384] No Ac. da Relação do Porto de 18 de Maio de 1911, que mereceu o aplauso de BARBOSA DE MAGALHÃES, entendeu-se que nos *processos de pequenas dívidas* apenas não era admissível a reconvenção quando o valor desta fosse superior ao determinado no artigo 1.º do Decreto de 29 de Maio de 1907. Cfr. G.R.L., Ano 24.º (1910--1911), pp. 780 e s. Solução análoga constava do § único do artigo 794.º do *Projecto da Reforma do Código de Processo Civil de 1939*, onde se estabelecia o seguinte: «A reconvenção só será admitida se ao pedido do réu corresponder processo sumaríssimo. Neste caso não se atenderá à soma dos valores da acção e da reconvenção para efeitos de competência e forma de processo.» Cfr. *Projectos de Revisão do Código de Processo Civil*, vol. VIII, p. 794. As divergências suscitadas entre os membros da Comissão Revisora acabaram, infelizmente, por ditar o afastamento da solução do Projecto.

A favor da admissibilidade da reconvenção nos processos de valor mais reduzido pode hoje invocar-se o denominado *regime processual civil experimental*, regulado no Dec.-Lei n.º 108/2006, de 8 de Junho.

Este regime – que termina com as formas do processo comum *ordinário, sumário* e *sumaríssimo* – consagra uma diferente *forma de processo* aplicável, por enquanto, às acções cíveis comuns intentadas num reduzidíssimo número de tribunais[385].

A forma experimental – forma *única aplicável às acções independentemente do respectivo valor* – não constringe as partes e o juiz a um caminho rígida e previamente traçado, antes lhes dando liberdade para fixarem a tramitação mais adequada às especificidades da causa (cfr. art. 2.º do «regime processual experimental»)[386].

Quanto à *reconvenção*, esta é admissível desde que, nos termos do artigo 274.º, aplicável *subsidiariamente* às acções que seguem o novo regime, exista qualquer forma de conexão material. O legislador foi neste ponto pouco arrojado e nada de novo quis adiantar[387].

Em todo o caso, ressalta o justo princípio de que o baixo valor do processo não se traduz, por si só, num obstáculo à dedução de pedidos pelo demandado.

---

[385] O artigo único da Portaria n.º 955/2006, de 13 de Setembro, indica os tribunais onde se aplica o regime processual civil experimental: os Juízos de Competência Especializada Cível do Tribunal da Comarca de Almada; os Juízos Cíveis do Tribunal da Comarca do Porto; os Juízos de Pequena Instância Cível do Tribunal da Comarca do Porto; os Juízos de Competência Especializada Cível do Tribunal da Comarca do Seixal.

[386] *Vide* Lebre de Freitas, «Experiência-piloto de um novo processo civil», *in* Associação Jurídica do Porto (AJP), 1 (Novas exigências do processo civil), 2007, pp. 209 e ss.; Mariana Gouveia, *Regime processual experimental*, p. 83; Lemos Jorge, «Notas sobre o regime processual experimental», *in* Associação Jurídica do Porto (AJP), 1 (Novas exigências do processo civil), 2007, pp. 175 e ss.

[387] Brites Lameiras, *Comentário ao regime processual experimental*, p. 81, confessando ter dúvidas, entende, no entanto, que, no domínio do regime processual experimental, o juiz pode admitir a reconvenção «*fora dos casos previstos e elencados no artigo 274.º, n.º 2 (…)*». *De iure constituto*, não vislumbramos fundamento para esta solução.

Imaginemos que *A* intenta, nos Juízos de Pequena Instância Cível do Porto (tribunal aderente ao novo regime), uma acção para exigir de *B* a restituição de uma mobília avaliada em € 1.500. Poderá o réu pedir a condenação do autor no pagamento de despesas efectuadas no restauro desta mobília (despesas, por exemplo, no valor de € 400)? Sem dúvida que sim.

Agora, reparemos nisto: se a acção seguisse a *forma comum sumaríssima*, grande parte da doutrina e da jurisprudência afastaria, no caso, a possibilidade de o réu deduzir o referido pedido. Mas não faz sentido que assim seja.

É claro que um problema pode surgir: que sucederá na eventualidade de a soma do valor da reconvenção ao valor da acção originar um valor global superior à alçada dos tribunais de 1.ª instância (€ 5.000)?

Deverá o processo ser automaticamente enviado, ao abrigo do princípio geral previsto no artigo 98.º, n.º 2, para um Juízo Cível ou para uma Vara Cível (no caso de o valor global ultrapassar o valor da alçada da Relação)?

Parece que sim, pois o legislador, ao regular o regime processual experimental, nada diz sobre o problema e, consequentemente, tem de aplicar-se a referida regra geral.

Mas a remessa é uma má solução no caso em que o pedido reconvencional, por si só, não ultrapassa o valor da alçada dos tribunais de 1.ª instância (precisamente o que se passa no exemplo apresentado). Também neste domínio, *de iure constituendo*, a remessa somente deveria ocorrer se a reconvenção admissível apresentasse um valor superior ao valor da alçada dos tribunais de 1.ª instância (remessa do processo para os Juízos Cíveis competentes) ou um valor superior superior ao valor da alçada dos tribunais da Relação (remessa do processo para a Vara Cível competente).

Duas palavras sobre outro ponto. O artigo 274.º, n.º 3, proíbe a reconvenção que siga uma *forma de processo* diversa da forma da acção pendente. Logo, se a causa principal seguir uma *forma comum* de processo e a causa reconvencional uma *forma especial*, ou o contrário, a reconvenção é, em princípio, inadmissível. Tornar-se-ia realmente muito difícil harmonizar o andamento da acção e da reconvenção nos casos em que não existisse sintonia entre as respectivas tramitações[388]. Noutros termos, seria inconveniente que a acção e a reconvenção andassem com o «passo trocado», pois isso afectaria com gravidade o desenvolvimento racional do processo[389].

A heterogeneidade ou diversidade das formas processuais não é, hoje, porém, um obstáculo absolutamente intransponível, uma barreira que em caso algum possa ser ultrapassada, pois a parte final do artigo 274.º, n.º 3, alterada pela Reforma de 1995/96, permite que o juiz, através de um juízo de oportunidade, venha, apesar da referida diversidade, a autorizar a reconvenção[390].

Por último, decorre do nosso sistema a *proibição da reconvenção nos casos em que o tribunal não goze de competência absoluta para a julgar*. De acordo com o artigo 98.º, exige-se que o tribunal da causa seja competente em razão da *matéria*, da *hierarquia* e da *nacionalidade* para o julgamento do pedido reconvencional.

---

[388] Hipóteses, nas palavras de Prieto Castro, *Acumulación de acciones*, Rev. Der. Proc., 1956, p. 17, em que as acções são «heterogéneas quanto ao respectivo procedimento.»

[389] Certa doutrina admitiu a denominada «reconvenção imprópria», ou seja, a reconvenção que, por seguir uma tramitação incompatível com a da acção, deveria ser julgada *autonomamente* pelo juiz da causa principal, sem originar, portanto, qualquer processo simultâneo. Após descrever esta espécie de reconvenção, Amaral Santos, *Da reconvenção no processo brasileiro*, p. 159, escreve que ela implicaria «sacrificar não poucos interesses processuais de ordem prática, que a técnica processual não pode relegar, inclusive princípios dominantes da doutrina da competência.»

[390] Sobre este ponto, ver Lebre de Freitas, *Código de Processo Civil anotado*, vol. 1.º (com J. Redinha e R. Pinto), p. 490.

Já a competência *em razão do território* está longe de ser um problema para o nascimento do *processus simultaneus*, exercendo o tribunal da causa uma autêntica *vis attractiva* sobre os pedidos reconvencionais que, à luz do critério do território (previsto nos arts. 73.º e ss.), devessem dar entrada noutra comarca[391].

12. *Questões finais relativas à admissibilidade da reconvenção: a) Efeitos da admissibilidade; b) Efeito da inadmissibilidade; c) Apreciação crítica do sistema restritivo.* Finda a análise dos requisitos de admissibilidade da reconvenção, vamos agora ocupar-nos de três problemas que passamos, de imediato, a enunciar.

O *primeiro* pode expor-se assim: que efeitos derivam, para o processo, da admissibilidade da reconvenção?

O *segundo* é este: que ocorrerá nos casos em que a reconvenção não preencha qualquer dos requisitos substantivos de admissibilidade ou infrinja alguma das proibições de natureza adjectiva?

E o *terceiro*, em jeito de reflexão final, traduz-se nesta pergunta: deveria a nossa lei ser menos rigorosa quanto à admissibilidade da reconvenção, especialmente no respeitante aos requisitos materiais ou objectivos?

12. a) *Efeitos da admissibilidade.* Após a confirmação, no *despacho saneador*, dos requisitos de admissibilidade da reconvenção, o juiz deve declarar o novo valor da causa e, sendo caso disso, explicitar os efeitos derivados da soma dos valores.

Esta junção dos valores é susceptível de conduzir, desde logo, à alteração da *forma* da acção inicial: uma acção sumária pode transformar-se em acção ordinária, bastando, para que tal ocorra, que o valor obtido pela soma ultrapasse o valor fixado para a alçada da Relação.

---

[391] Cfr. TEIXEIRA DE SOUSA, *A competência declarativa dos tribunais comuns*, p. 120.

O novo valor da causa, obtido após a admissibilidade da reconvenção, acaba, nalguns casos, por afectar a *competência* do tribunal onde a acção inicial deu entrada, concretamente a competência em razão do valor deste tribunal para o julgamento da acção.

Correndo a acção num tribunal de comarca, a posterior admissibilidade de uma reconvenção pode vir a implicar, nos termos do artigo 98.º, n.º 2 (e também do art. 97.º, n.º 3, da L.O.F.T.J.), a remessa do processo para a Vara Cível competente, com a possibilidade de ambas as partes requererem a intervenção do tribunal colectivo na fase da audiência final. Basta, para que isto ocorra, que o valor da causa ultrapasse, após a efectivação da soma, o valor da alçada da Relação.

Finalmente, para efeitos de interposição de recurso ordinário, o valor da acção será o correspondente ao da soma efectuada.

12. b) *Efeito da inadmissibilidade.* E que efeitos gera a inadmissibilidade da reconvenção? Comecemos por expor um caso apreciado pela nossa jurisprudência[392].

Com fundamento no cumprimento defeituoso de um contrato de fornecimento, certa empresa têxtil accionou a sua fornecedora de fios de algodão, pedindo o pagamento de avultada quantia indemnizatória.

Na contestação, a demandada, para além de negar com firmeza a existência de qualquer defeito no produto vendido, deduziu, ela própria, um pedido indemnizatório, fundamentando-se no facto de a autora ter publicitado, junto de outros empresários, e com gravíssimos prejuízos para a ré, a falta de qualidade dos fios de algodão.

O tribunal considerou a reconvenção *inadmissível* e absolveu, quanto ao pedido reconvencional, a autora da instância[393]. Incon-

---

[392] Ac. da Relação do Porto de 16 de Setembro de 1991, C.J. 1991, t. IV, pp. 247-249.

[393] «No despacho saneador – escreve-se no Ac. – foi decidido julgar a acção improcedente (com a consequente absolvição da Ré do pedido) e a reconvenção

formada, interpôs a ré o competente recurso de agravo, pedindo a revogação do despacho, com substituição por outro que ordenasse o prosseguimento dos autos para produção de prova.

Mas o tribunal de *segunda instância* confirmou a decisão do tribunal *a quo*, concluindo também pela *inadmissibilidade* do pedido reconvencional. E a razão, obviamente, voltou a ser a mesma: o caso não se enquadrava em qualquer das alíneas do artigo 274.º, n.º 2.

Saltava à vista que o pedido do réu não emergia do facto que fundamentava a acção: a autora alegara a existência de um contrato de compra e venda e o cumprimento defeituoso pela contraparte; a ré, por seu turno, imputou àquela a prática de um facto ilícito susceptível de gerar responsabilidade civil, concretamente a ofensa do crédito ou do bom nome, regulada no artigo 484.º do C.C.

O pedido reconvencional também não assentava em qualquer facto jurídico potencialmente defensivo. A ré limitara-se a negar que os fios de algodão contivessem algum defeito, fazendo, com isto, recair o ónus da prova do defeito sobre a demandante.

Mas a alegação, pela ré, de que a autora teria divulgado informações falsas e prejudiciais para o seu bom nome não se integrava, bem vistas as coisas, em qualquer defesa dirigida contra o pedido formulado na acção principal.

Também não tinha cabimento no caso o problema da *compensação*, na medida em que a ré negou a existência do crédito da autora. Quer dizer, a demandada jamais manifestou vontade de compensar o seu pretenso contracrédito com o crédito de que a demandante se arrogou titular, mesmo na eventualidade de vir a ser judicialmente reconhecido.

Por último, era de rejeitar liminarmente a aplicação da al. *c*) do artigo 274.º, n.º 2, pois não estava em causa a obtenção do mesmo efeito que a autora se propunha alcançar.

---

inadmissível (com a consequente absolvição da Autora da instância)» (C.J. 1991, t. IV, p. 247).

O despacho do tribunal da causa, inteiramente confirmado pela Relação, julgou a reconvenção inadmissível, «com a consequente absolvição da autora da instância.»

Estava-se, sem dúvida, perante uma *reconvenção desconexa*, desprovida de qualquer ligação objectiva à causa principal e, portanto, inadmissível.

Mas terá sido acertada a decisão de absolver a reconvinda da instância?

A generalidade dos processualistas descura o problema e os poucos que sobre ele se pronunciam enquadram a falha dos requisitos de admissibilidade da reconvenção no conceito de *excepção dilatória.*

MANUEL DE ANDRADE trata, ao de leve, a questão. A propósito das matérias que se tornam objecto do despacho saneador, começa por referir as excepções dilatórias, logo adiantando: «Só se trata aqui das excepções que levam à absolvição da instância – devendo elas ser apreciadas pela ordem do artigo 288.º (...) (...). São de incluir nesta rubrica as questões pertinentes à admissibilidade da reconvenção»[394].

De modo mais expressivo, também ANSELMO DE CASTRO integra o caso em que «entre a reconvenção e o pedido principal não haja qualquer dos nexos a que a lei a subordina (...)» no conceito de *excepção dilatória*, fundamentando, da seguinte forma, o seu pensamento: «(...) Não faria sentido que a lei tivesse elevado à categoria de pressuposto processual a falta de conexão entre os pedidos exigida para a coligação, e não adoptasse solução idêntica para a inobservância dos nexos justificativos da reconvenção. Não só se trata de casos análogos, como na base de uma e outra figura estão razões idênticas.»

«Em ambos os casos – explica o mesmo Autor – o que se procura é a boa administração da justiça, eliminando, através de adequadas

---

[394] *Noções elementares de processo civil*, pp. 174 e s.

A *Reconvenção* 183

normas limitativas, os embaraços que à consecução desse objectivo adviriam do reconhecimento ilimitado da faculdade de autores e réus se coligarem e de o réu reconvir. Estão, pois, em jogo interesses marcadamente públicos, e não simples interesses das partes»[395-396].

Nada temos a opor a este entendimento. O conceito de excepção dilatória é próprio para traduzir a falha ocorrida ao nível dos requisitos de admissibilidade da reconvenção.

Já se defendeu, no entanto, que o desrespeito pelo preceituado no artigo 274.º, n.os 2 e 3, origina, antes, uma *nulidade secundária*[397].

Segundo o artigo 201.º, «(...) a prática de um acto que a lei não admita, bem como a omissão de um acto ou de uma formalidade

---

[395] *Direito processual civil declaratório*, vol. II, p. 241.

[396] No sentido de que a falha ao nível dos requisitos de admissibilidade da reconvenção origina uma excepção dilatória, pronunciam-se também LEBRE DE FREITAS, *A acção declarativa comum*, p. 107, nota 99, e ABRANTES GERALDES, *Temas da reforma do processo civil*, vol. II, p. 128.

[397] Em voto de vencido constante do Ac. do S.T.J. de 18 de Abr. de 1958 (B.M.J., n.º 76, p. 361), o Conselheiro SOUSA MONTEIRO escreveu que «a indevida dedução de reconvenção constitui uma nulidade, ou seja, a do erro na forma do processo (art. 199.º do Código de Processo Civil) ou, talvez mais rigorosamente, a de irregularidade consistente na prática dum acto não admitido pela lei e que influi no exame e na decisão da causa (art. 201.º).» No direito estrangeiro, VULLO, *La domanda riconvenzionale*, p. 283, integra no domínio das nulidades processuais de conhecimento oficioso a falha decorrente da reconvenção desconexa. Mas existe doutrina que, erradamente, sufraga a tese segundo a qual a inadmissibilidade por falta de conexão opera apenas se for tempestivamente arguida pelo autor, não podendo ser conhecida *ex officio*. Neste sentido, TARZIA/BALBI, «Riconvenzione», *in* E.D., vol. XL, p. 674, nota 69. Esta tese encontra-se também defendida na clássica obra de JAEGER, *La riconvenzione nel processo civile*, pp. 146 e s., bem como no estudo de PAJARDI, *Sulla proponibilità della domanda riconvenzionale oltre i limiti di cui all'articolo 36 codice di procedura civile, quando non implichi spostamento di competenza*, G.I., 1957, Parte I-Sez. II, p. 383. Se assim fosse, bastava o silêncio do reconvindo para se admitir tacitamente a reconvenção desconexa.

que a lei prescreva, só produzem nulidade quando a lei o declare ou quando a irregularidade cometida possa influir no exame ou na decisão da causa.»

À primeira vista, parece ser esta uma via igualmente sedutora para o enquadramento da reconvenção ilegal: ao apresentar uma reconvenção materialmente desconexa ou que segue uma forma incompatível com a tramitação da causa principal, o réu pratica um acto inadmissível.

E sempre se pode dizer que não estamos perante uma mera irregularidade, pois a reconvenção desrespeitadora dos requisitos legais, a ser admitida, teria uma influência negativa «no exame ou na decisão da causa» (art. 201.º, n.º 1, *in fine*).

Vejamos, então, porque preferimos o caminho da excepção dilatória.

A reconvenção, uma vez notificada ao autor, gera uma relação processual que se sobrepõe à relação originária (art. 267.º)[398-399]. Ora, concluindo-se pela inadmissibilidade do meio, o tribunal deve *absolver o autor (reconvindo) da instância reconvencional*[400].

Para esta solução torna-se indiferente que classifiquemos a ilegalidade da reconvenção como uma pura *excepção dilatória* ou como uma *nulidade secundária*: tratando-se de uma nulidade, o tribunal tem de anular todo o processado relativo à reconvenção, retirando daí o efeito previsto na parte final do artigo 288.º, n.º 1, ou seja, a absolvição do autor da instância reconvencional.

---

[398] HELLWIG, *System des deutschen Zivilprozeßrechts*, I, p. 318, há muito explicou que «através da proposição da reconvenção nasce uma segunda relação processual (*entsteht ein zweites Prozeßverhältnis*).»

[399] Em caso de revelia do reconvindo, aplica-se o regime previsto para a revelia do réu. Cfr. LEBRE DE FREITAS, ob. cit., p. 118.

[400] CASTRO MENDES, *Direito processual civil*, II, pp. 311 e s., escreve, a este propósito, que «quer faltem os requisitos substantivos, quer algum dos processuais, sempre o pedido reconvencional é inadmissível, e deve ser objecto, no despacho saneador, de absolvição do autor da instância reconvencional.» No mesmo sentido, TEIXEIRA DE SOUSA, *As partes, o objecto e a prova na acção declarativa*, p. 175.

O *único problema* relativo ao enquadramento da falha em análise no domínio das nulidades processuais previstas no citado artigo 201.º diz respeito à possibilidade do seu *conhecimento oficioso*.

Anselmo de Castro rejeitou a via da nulidade secundária, argumentando precisamente que, à luz deste diferente enquadramento, passava a recair, em exclusivo, sobre o autor a arguição da ilegalidade da reconvenção, o que, de todo em todo, seria indesejável[401].

Salta à vista a existência de *interesse público* em travar reconvenções desconexas ou cuja forma seja incompatível com a acção principal, sendo aberrante negar ao tribunal o poder de analisar *ex officio* os requisitos de admissibilidade da reconvenção[402].

Lembramos que, de acordo com o disposto no artigo 202.º, 2.ª parte, o tribunal está legitimado para conhecer das nulidades secundárias «sobre reclamação dos interessados, salvos os casos especiais em que a lei permite o conhecimento oficioso.»

Enquanto não existir um preceito que preveja expressamente o conhecimento oficioso da nulidade resultante da reconvenção ilegal, parece-nos também preferível integrar a falha dos requisitos da reconvenção no domínio das excepções dilatórias[403].

---

[401] Rejeitando-se o enquadramento nas excepções dilatórias, «a nulidade da reconvenção viria a constituir uma nulidade simples, e como tal dependente da arguição do autor, o que não é bastante para resultar protegido o interesse geral da boa decisão da causa, implícita na exigência daqueles nexos» (*Direito processual civil declaratório*, II, p. 241).

[402] Como afirma Siedlecki, *Les demandes reconventionnelles*, Rev. Trim. Dr. Civ., 1937, p. 788, «é necessário observar que as regras relativas à admissibilidade da reconvenção afastam a autonomia da vontade das partes. Assim, o juiz deve examinar oficiosamente se existe conexão entre o pedido reconvencional e o pedido inicial.»

[403] Talvez se possa defender o conhecimento oficioso da nulidade em causa com base numa interpretação extensiva do artigo 274.º, n.º 5. Mas seria sempre uma via mais sinuosa do que aquela que nos é oferecida pelas excepções dilatórias.

12. c) *Apreciação crítica do sistema restritivo de admissibilidade da reconvenção*. Um problema que se coloca nas mais variadas ordens jurídicas é o de saber se ao demandado assiste a faculdade de deduzir, indiscriminadamente, pedidos contra o autor ou se, ao invés, devem impor-se limites ou restrições ao direito de reconvir. Vimos já que, entre nós, a reconvenção somente é admissível nos casos previstos no artigo 274.º, n.º 2.

Terá o legislador português seguido a via mais correcta? Deveria a nossa lei tornar-se futuramente mais «liberal» ou menos fundamentalista quanto ao requisito objectivo, atribuindo aos juízes uma maior liberdade decisória quanto à admissibilidade da reconvenção?

De uma análise de direito comparado, resulta que têm sido trilhados diferentes caminhos. Ordenamentos mais liberais optaram por um *sistema de livre admissibilidade da reconvenção*, à luz do qual o pedido do reconvinte, mesmo na ausência de qualquer nexo com o objecto da acção, é sempre, à partida, admissível.

Do lado oposto, ordenamentos mais cautelosos seguem um *sistema de admissibilidade condicionada*, que comporta variações: enquanto certos ordenamentos preferem um controlo judicial da admissibilidade da reconvenção baseado em critérios legais rígidos, outros confiam, diferentemente, num critério de conexão mais genérico e abstracto que, caso a caso, deverá ser concretizado pelos juízes. A escolha legislativa entre o arrojado sistema liberal e o prudente sistema restritivo, em qualquer das suas modalidades, implica uma difícil e sempre subjectiva ponderação de interesses[404].

---

[404] Trata-se, como bem assinala BARBOSA MOREIRA, *A conexão de causas como pressuposto da reconvenção*, p. 8, de uma «questão de política jurídica, diante da qual inúmeras opções de conveniência se deparam ao legislador, pressionado por fatores às vezes contraditórios, uns a solicitá-lo no sentido de maior liberalidade, outros a aconselhar-lhe moderação.»

A Reconvenção

O direito processual norte-americano é, de todos os que tivemos a oportunidade de analisar, o menos constringente relativamente à admissibilidade da reconvenção, seguindo, neste domínio, uma «política liberal» (*liberal counterclaim policy*) destinada a reduzir o número de acções pendentes em juízo. Vemos esta política plasmada no Código de Processo Civil dos Estados Unidos (*Federal Rules of Civil Procedure*), em cuja Norma 13 (*b*) se admite a dedução de «qualquer pedido», mesmo que não brote do negócio ou do contrato (*transaction*) ou da ocorrência (*occurrence*) alegados pela parte contrária.

Escreve-se, a propósito, em célebre comentário ao mencionado Código, que «ao réu assiste o direito de, no âmbito de um processo já proposto, através de reconvenção, deduzir todas e quaisquer pretensões (*any and all claims*) que tenha contra o autor»[405].

Estando sempre abertas as portas à reconvenção, torna-se óbvio que aumenta a probabilidade de um único processo vir a resolver todos os possíveis litígios existentes entre as partes, alcançando-se, assim, a sempre desejável economia processual (*judicial economy*).

«O direito processual moderno – nas palavras de FRIEDENTHAL, KANE e MILLER – encoraja o recurso à reconvenção como medida de uma política que promove a decisão, do modo mais expedito e económico possível, de todos os litígios existentes entre as partes»[406].

É claro que tamanha abertura à reconvenção tem um «preço», e um «preço», diga-se, elevado, pois, como é bom de ver, a admissibilidade da reconvenção desconexa torna o processo, na maior parte dos casos, bem mais enredado e, por conseguinte, mais moroso.

---

[405] *United States Code annotated* (Federal Rules of Civil Procedure – Rules 12 to 16), nota 47 à Norma 13, p. 470.

[406] *Civil procedure*, p. 369.

Quer dizer, o remédio encontrado, à primeira vista benéfico, acaba por causar efeitos secundários muito pouco desejáveis[407].

A introdução de factos e de questões que nada tenham a ver com o objecto inicial – alerta HOWELL – é susceptível de criar confusão e de acarretar, por causa disso, erros judiciários (*a possible miscarriage of justice*)[408].

Sensível a este problema, o sistema processual norte-americano confere aos juízes o poder de, no caso concreto, impedirem o julgamento simultâneo da acção e da reconvenção.

Assim, a Norma 13 (*i*) (com expressa remissão para a Norma 42 (*b*)) do Código de Processo Civil dos Estados Unidos autoriza o tribunal a ordenar, *ex officio*, a separação das duas acções cruzadas quando previsivelmente o julgamento unitário for prejudicial para o autor e para a economia do processo[409].

Concluindo, o facto de, à partida, toda a reconvenção ser admissível não significa, necessariamente, que venha a ser apreciada no processo pendente, tendo o tribunal a última palavra quanto ao julgamento, em simultâneo, dos pedidos deduzidos pelas partes.

Numa sucinta análise crítica, diremos que o sistema que acabamos de descrever entra em rota de colisão com o princípio, há muito consagrado entre nós, que proíbe a junção, num mesmo processo, de objectos desconexos. A este princípio, que vale para o autor (cfr. arts. 470.°, n.° 1 e 30.°), não pode ficar imune o réu.

Também nos parece irrazoável franquear totalmente as portas à reconvenção para, depois, se conceder ao tribunal, caso a caso, o poder de rejeição do julgamento conjunto das acções cruzadas.

---

[407] Evitar a duplicação das acções, sem afectar demasiadamente a celeridade do processo, parece ser o desafio subjacente ao complexo problema da admissibilidade da reconvenção.

[408] *Counterclaims and cross-complaints in California*, South. Cal. L. R., vol. X (1936-1937), p. 415.

[409] Sobre este ponto, *vide* WRIGHT/MILLER/KANE, *Federal practice and procedure*, vol. 6, p. 47.

No *direito europeu continental* é notória a tendência para a restrição legal do direito de reconvir, apesar de vozes críticas de sectores minoritários da doutrina. Estamos realmente perante um ponto em que a concordância de opiniões está longe de ser alcançada e, porventura, nunca o será.

Sistemas tradicionalmente liberais, como o sistema espanhol, têm-se transformado em sistemas restritivos. A «Ley de Enjuiciamiento Civil» de 1881 (LEC/1881) não impunha qualquer específica conexão objectiva entre as pretensões deduzidas pelo demandante e os pedidos reconvencionais apresentados pelo demandado, admitindo a denominada «reconvención inconexa»[410].

Tamanha liberdade assentava numa justificação histórica: sendo o acesso aos tribunais difícil (pensemos nas deficientes vias de comunicação e nos meios de transporte da época), havia que aproveitar, ao máximo, o processo pendente para resolver todos os litígios existentes entre as partes[411].

Este regime, defendido por alguns e criticado por muitos, veio a ser alterado pela LEC 1/2000, dispondo-se hoje que somente é admissível a reconvenção se existir uma *conexão* entre o pedido reconvencional e o pedido do autor[412-413].

---

[410] Exigia-se, contudo, que o tribunal da causa fosse competente em razão da matéria e do valor para o julgamento da reconvenção. Em certos processos, no domínio do arrendamento urbano ou no âmbito da relação matrimonial, a admissibilidade da reconvenção dependia da existência de um nexo causal. Cfr. SIERRA POMARES, «Reconvención», *in* Enciclopedia Jurídica Española, t. XXVI, p. 682; CORDÓN MORENO, *Processo civil de declaración*, p. 41, e ROSA SANZ, *La reconvención en el proceso civil español*, pp. 66 e s.; 113 e ss.

[411] Cfr. FEDERICO SOLANO, *La demanda reconvencional en la legislación española*, Rev. Der. Proc., 1950, pp. 273 e s.

[412] SANPONS SALGADO, *La reconvención*, p. 138, acentuava a confusão gerada pelos pedidos reconvencionais desconexos. MÁRQUEZ ROMERO, *La reconvención*, pp. 120 e ss., após apresentar um rol de posições doutrinais e jurisprudenciais, escreveu: «É difícil entender que num processo instaurado para

Com efeito, nos termos do artigo 406, n.º 1, da LEC, «ao contestar a acção, o réu poderá, através de reconvenção, formular a pretensão ou pretensões que entenda competirem-lhe perante o demandante». Mas o preceito logo acrescenta que somente se admite a reconvenção «se existir conexão entre as pretensões do demandado e as que sejam objecto do pedido principal.»

A norma abstém-se, portanto, de indicar os casos em que devem ser admitidos os pedidos reconvencionais, onerando a doutrina e a jurisprudência com a tarefa de concretizarem as espécies de conexão relevante[414].

Trata-se, portanto, de um sistema que não assenta em critérios rígidos, antes atribuindo ao juiz o dever de, caso a caso, decidir sobre a admissibilidade do pedido reconvencional.

---

exigir o preço de uma coisa vendida, o réu possa vir reivindicar determinado imóvel.» E concluía, afirmando que a reconvenção inconexa era geradora de «maior confusão, entorpecendo e retardando a decisão definitiva sobre a acção intentada inicialmente.» PRIETO-CASTRO, *Tratado de derecho procesal civil*, p. 497, sublinhava os inconvenientes que o sistema liberal acarretava para o autor.

Outras vozes defendiam, ao contrário, o sistema de livre admissibilidade da reconvenção. Era o caso de MIGUEL MOCHOLI, *Reconvención y compensación*, Rev. Der. Proc., 1951, pp. 491 e s. DAMIAN MORENO, *La reconvención en el proceso civil*, p. 22, afirmava que a reconvenção perturbava ou atrasava sempre o processo, sendo pouco relevante, quanto a este efeito, o seu conteúdo. Segundo as suas palavras, «o processo ressente-se do mesmo modo, independentemente de a pretensão reconvencional ser conexa ou inconexa; o efeito resultante não varia com base nesta circunstância.»

Discordamos deste entendimento: a reconvenção inconexa, em princípio, obriga o tribunal a seguir um caminho que nada tem a ver com o inicialmente aberto pela proposição da acção. Ao contrário, sendo a reconvenção conexa, os pontos comuns entre os dois caminhos abertos (ao nível da prova, por exemplo) acabam por facilitar o julgamento do pedido do réu.

[413] Sobre o novo regime, ver MONTERO AROCA, *Derecho jurisdiccional*, II, pp. 219 e ss. Para OLIVA SANTOS/DÍEZ-PICAZO GIMÉNEZ, *Derecho procesal civil*, p. 267, a conexão objectiva exige a identidade do *pedido* ou da *causa de pedir*.

[414] Cfr. GARCÍA-MORA, *La reconvención en la nueva Ley de Enjuiciamiento Civil*, R.G.D., Mar.-Abr. 2001, pp. 1859 e s.; MANUEL GONZÁLEZ, *Reconvención y excepciones reconvencionales en la LEC 1/2000*, pp. 225 e ss.

A *Reconvenção*

Triunfou, no direito espanhol, a corrente franco-belga que há muito defende um conceito mais amplo e flexível de *conexão*, em detrimento de uma delimitação rigidamente fixada na lei (corrente legalista)[415].

No direito processual francês, o problema da admissibilidade da reconvenção encontra-se disciplinado no artigo 70 do «Nouveau Code de Procédure Civil», onde se estabelece que «os pedidos reconvencionais não são admissíveis se não estiverem conexos com os pedidos originários através de uma ligação suficiente (*par un lien suffisant*)»[416].

Perante uma norma tão vaga, cumpre ao juiz apreciar, com base no seu prudente critério, se entre os pedidos – o pedido do autor e o pedido do réu – existe uma ligação «especial» justificativa do julgamento simultâneo das duas causas e, logo, do maior esforço do tribunal[417].

---

[415] Sobre a origem desta corrente, *vide* FOURCADE, *La connexité en procédure civile*, pp. 18 e s.

[416] Ver, em idêntico sentido, o artigo 4 do mesmo Código. Este critério acabou por influenciar, de forma decisiva, no domínio do direito processual civil internacional, tanto a Convenção de Bruxelas (cfr. o art. 22), como o Regulamento (CE) n.º 44/2001. Para os efeitos do artigo 28 deste diploma comunitário, «consideram-se conexas as acções ligadas entre si por um nexo tão estreito que haja interesse em que sejam instruídas e julgadas simultaneamente para evitar soluções que poderiam ser inconciliáveis se as causas fossem julgadas separadamente.» O artigo 6, n.º 3, dispõe, por sua vez, que uma pessoa com domicílio no território de um Estado-membro, «se se tratar de um pedido reconvencional que derive do contrato ou do facto em que se fundamenta a acção principal», pode também ser demandada perante o tribunal onde esta última foi instaurada. Como explica NEVES RIBEIRO, *Processo Civil da União Europeia*, p. 73, não estão aqui em causa os estreitos critérios de admissibilidade da reconvenção vigentes no nosso direito interno (no artigo 274.º).

[417] Sobre as condições de admissibilidade da reconvenção, ver VINCENT/ /GUINCHARD, *Procédure civile*, pp. 795, 796 e 799.

Tem de verificar-se uma conexão factual ou jurídica entre as duas pretensões, recaindo sobre o juiz o poder de admitir a reconvenção nos casos em que, nas palavras de DESDEVISES, esta não venha a «perturbar excessivamente a instância»[418-419].

O *critério da oportunidade* substitui o critério da legalidade estrita.

De acordo com o entendimento dominante, a referida «ligação suficiente» verifica-se sempre que o pedido reconvencional se apoie na própria defesa (*v.g.*, pedido de resolução de um contrato) ou nos fundamentos da acção (*v.g.*, pedido indemnizatório fundado em acidente de viação alegado pelo autor).

Sistema semelhante vigora no direito belga, como claramente resulta das palavras que o tratadista ROUARD dedica à «conexão»: «Ao juiz é concedido o mais amplo poder de apreciação para considerar se existe ou não oportunidade na junção de duas ou mais acções. Ele tem um poder discricionário de decidir se se verifica ou não essa conexão (…)»[420].

---

[418] «Demande reconventionnelle», *in* E. Dalloz, t. II, p. 3.

[419] Na Suíça, a Lei Federal de Processo Civil (Loi Fédérale de Procédure Civile, de 4 de Dez. de 1947) exige, no artigo 31, n.º 1, para a admissibilidade da reconvenção, a existência de uma conexão jurídica (*connexité juridique*) com o pedido principal. Este requisito, nas palavras de HABSCHEID, *Droit judiciaire privé suisse*, p. 274, visa limitar as complicações que a reconvenção, naturalmente, acarreta para qualquer processo.

GULDENER, *Schweizerisches Zivilprozeßrecht*, p. 218, concretiza os casos em que ocorre esta conexão jurídica: o caso em que o pedido do autor e o pedido do réu derivam da mesma relação jurídica; o caso em que é idêntico o objecto da acção e da reconvenção; o caso em que o pedido do réu se encontra relacionado com a defesa por este apresentada na contestação. Cfr. também KUMMER, *Grundriss des Zivilprozessrechts*, pp. 116 e s.

[420] *Traité élémentaire de droit judiciaire privé*, I, pp. 284 e 292. Cfr. também FETTWEIS, *Manuel de procédure civile*, pp. 26 e s. A admissibilidade dos pedidos das partes é regulada, no artigo 808 do Code Judiciaire, com grande largueza. Nos termos do artigo 810, ao juiz assiste, no entanto, o poder de ordenar o *julgamento separado* da reconvenção, na eventualidade de esta contribuir para um acentuado atraso (*un trop long retard*) da decisão do pedido principal.

A Reconvenção

No direito italiano, é controvertido o problema da admissibilidade do pedido reconvencional, existindo, desde os primórdios do século XIX, uma disputa entre os autores que defendem e os que afastam a liberdade (*discricionariedade*) do juiz neste domínio[421].

Dispõe o artigo 36 do CPCI, expressamente inserido numa secção relativa às modificações da competência por efeito da conexão de causas, que «o juiz competente para a causa principal conhece também dos pedidos reconvencionais que dependam do título invocado em juízo pelo autor (*dal titolo dedotto in giudizio dall'attore*) ou daquele que já pertença à causa como meio de excepção (*mezzo di eccezione*), desde que não excedam a sua competência em razão da matéria ou do valor (...).»

Ora, deste preceito derivam duas diferentes interpretações.

Para um sector da doutrina, o artigo 36 somente regula a competência no particular domínio dos *pedidos reconvencionais conexos* com o pedido do autor[422].

Da lei, segundo esta corrente, retira-se que o tribunal da causa tem de ser competente em razão da *matéria* e do *valor* para proceder ao julgamento do pedido reconvencional que assenta no *título invocado em juízo pelo autor* ou na *excepção invocada pelo demandado*. Ou seja, o legislador apenas pretende dizer que *a existência de conexão material entre os pedidos não dispensa o preenchimento do*

---

[421] Esta polémica é sumariamente analisada por Tarzia, *Connessione di cause e processo simultaneo*, R.T.D.P.C., 1988, pp. 399-401.

[422] Tese já defendida na vigência do Código de Processo Civil italiano de 1865, a propósito do artigo 100, n.º 3, correspondente ao actual artigo 36. Vitali, *La riconvenzione in materia civile nella storia e nel diritto giudiziario*, pp. 155, 161 e 180, considerava admissível tanto a reconvenção conexa com a causa principal (*ex eadem causa, vel negotio*), como a reconvenção desconexa (*ex dispari causa*). Vide, sobre este ponto, D'Onofrio, *Commento al nuovo Codice di Procedura Civile*, vol. I, p. 46, e Massari, *Riconvenzione e connessione strumentale*, G.I., 1952, pp. 860 e s.

pressuposto processual da competência em razão da matéria e do valor[423].

Mas, conclui-se, sempre que o tribunal da causa seja competente em razão da *matéria*, do *valor* e do *território* para o julgamento do pedido reconvencional, não é exigível que este apresente qualquer espécie de conexão objectiva com o pedido do autor.

Luiso, um dos principais defensores desta interpretação, entende que «se a causa reconvencional pertence à competência do juiz da acção originária, então aquela é ilimitadamente admissível, mesmo na ausência dos requisitos de conexão previstos no artigo 36»[424].

Abrem-se assim as portas, segundo este entendimento, à denominada «reconvenção imprópria», ou seja, à reconvenção materialmente desligada da acção pendente. Para esta tese, dita «liberalista» (*teoria liberista*), torna-se impossível extrair do citado artigo 36 uma regra geral limitadora da actividade processual do réu[425].

Em favor desta posição tem-se invocado o *princípio da igualdade*: a lei que permite ao *autor* a cumulação de pedidos desconexos (concretamente, o art. 104 do C.P.C.I.) não pode, sob pena de flagrante violação do princípio da igualdade, negar ao *demandado* o mesmo direito[426].

---

[423] O tribunal da causa não tem, no entanto, de ser competente em razão do território para o julgamento dos pedidos reconvencionais que se apresentem, nos termos do artigo 36 do CPCI, conexos com a acção.

[424] *Diritto processuale civile,* I, p. 265.

[425] Veja-se a análise desta doutrina levada a cabo por Nappi, *La domanda proposta in via riconvenzionale,* R.T.D.P.C., 1989, pp. 770 e ss.

[426] Estamos perante um argumento invocado por Proto Pisani, *Lezioni di diritto processuale civile,* p. 350. Defende ainda que ao tribunal assiste sempre o poder de ordenar o julgamento separado da reconvenção quando esta seja susceptível de atrasar ou de tornar mais complexo o processo (arts. 103 § 2 e 104 § 2). Assim também Tarzia/Balbi, «Riconvenzione», *in* E.D., vol. XL, p. 681. O argumento fundado no princípio da igualdade é também acolhido por Luiso, ob. cit., p. 265.

A Reconvenção

E há mesmo quem chegue a invocar o *princípio da economia processual*: se um processo deve resolver o maior número possível de litígios, seria um contra-senso proibir de forma absoluta os pedidos reconvencionais desconexos, sempre, claro está, que o tribunal da causa goze de competência para os julgar[427].

Para a doutrina clássica dominante, porém, o artigo 36 do CPCI, apesar de se encontrar inserido numa secção relativa ao pressuposto da competência, é uma *norma de carácter geral que afasta a admissibilidade indiscriminada da reconvenção* e que limita esta às duas hipóteses aí previstas[428-429].

---

[427] A lei italiana exige que o tribunal da causa seja competente, em razão da matéria e do valor, para o julgamento do pedido reconvencional. Cfr. COMOGLIO, *Il principio di economia processuale*, t. I, pp. 103 e s.

[428] A tese restritiva é seguida por ZANZUCCHI, *Diritto processuale civile*, I, p. 334; LIEBMAN, *Manuale di diritto processuale civile*, pp. 189 e s.; MICHELI, *Corso de diritto processuale civile*, I, p. 27; FAZZALARI, *Lezioni di diritto processuale civile*, I, p. 31. Ver também TARZIA/BALBI, est. cit., p. 673. Tese, acrescente-se, defendida esmagadoramente pela doutrina na vigência do C.P.C.I. de 1865, a propósito do já referido artigo 100, n.° 3. Assim, MORTARA, *Commentario del Codice e delle Leggi di Procedura Civile*, vol. 2.°, p. 103; JAEGER, *La riconvenzione nel processo civile*, pp. 140 e ss. CHIOVENDA, *Principii di diritto processuale civile*, pp. 560 e s., apesar de defender que a reconvenção tem de apresentar uma especial ligação com a acção, acaba por aceitar a «variedade dos direitos em questão e a variedade das relações jurídicas» (*varietà dei diritti in questione e varietà di rapporti giuridici*) a apreciar no processo. Este entendimento foi criticado por JAEGER, *Riconvenzione di accertamento e suoi pretesi limiti territoriali; onere della prova; delegazione generica per assunzione di prove*, R.D.P., 1930, pp. 82 e s.

[429] PAJARDI, *Sulla proponibilità della domanda riconvenzionale oltre i limiti di cui all'articolo 36 codice di procedura civile, quando non implichi spostamento di competenza*, G.I., 1957, Parte I-Sez. II, p. 379, opondo-se à interpretação liberal do artigo 36, invoca os trabalhos preparatórios, nos quais se dá conta da rejeição, pela Comissão encarregada da elaboração do C.P.C.I. de 1940, de uma proposta apresentada pelo Tribunal de Apelação de Nápoles que apontava no sentido de a reconvenção ser admissível sem necessidade de qualquer nexo objectivo.

Não deixa de ser curioso observar que o princípio da economia processual, esgrimido, como acabámos de ver, pelos defensores da liberdade de reconvir, acaba por voltar-se contra eles, ajudando a sustentar, de acordo com o entendimento dominante, a tese restritiva.

Satta, para quem é um *absurdo* teórico e prático dizer-se que ao réu assiste o direito de propor *toda e qualquer* reconvenção, apresenta, para demonstrar o seu entendimento, o exemplo de uma acção de estado deduzida reconvencionalmente no âmbito de uma acção de reivindicação[430].

Pajardi argumenta de forma semelhante, lembrando que a livre aceitação da reconvenção tornaria possível, por exemplo, o pedido reconvencional de resolução de um contrato de arrendamento no âmbito de uma acção de responsabilidade civil baseada num acidente de viação[431].

Também para Mandrioli, «a admissibilidade dos pedidos reconvencionais deverá rejeitar-se enquanto evidente causa de sobreposição desordenada e caótica de diversas matérias num único processo»[432].

«É difícil pensar – afirma por sua vez Vullo – que a possibilidade de propor livremente acções reconvencionais possa responder a exigências de economia processual»[433]. Tal abertura acabaria por originar processos muito complexos que inevitavelmente se tornariam mais morosos, ficando com isto a perder a tão desejada economia processual[434].

---

[430] *Commentario al Codice di Procedura Civile*, I, pp. 158 e s.

[431] Est. cit., p. 380.

[432] *Diritto processuale civile*, I, p. 137.

[433] *La domanda riconvenzionale*, p. 271.

[434] Cfr. Chiovenda, *Principii di diritto processuale civile*, p. 1140; Jaeger, *La riconvenzione nel processo civile*, pp. 153 e ss.; Sanpons Salgado, *La reconvención*, p. 138. *Vide* também Vicenzo de Petris, «Connessione», *in* E.D., vol. IX, p. 19. Existe ainda uma tese intermédia, situada entre a tese liberalista e a tese restritiva, de acordo com a qual o tribunal competente estaria obrigado a julgar a reconvenção desconexa, a não ser que o autor, tempestivamente, excepcionasse a falta de

Tem-se ainda afirmado que a livre admissibilidade dos pedidos reconvencionais funcionaria, na prática, como um factor inibidor ou disuasor da proposição da acção ou, fazendo uso de outras palavras, como um obstáculo à liberdade de agir do autor[435]. Neste sentido, a tese liberalista prejudicaria inaceitavelmente o autor que almeja alcançar uma rápida tutela jurisdicional.

De acordo com a ideia subjacente a este segundo argumento, a pessoa que necessitasse de demandar outra, receosa de ver proposta contra si uma reconvenção, perderia a vontade de recorrer aos tribunais.

Há nisto, obviamente, um acentuado exagero. O princípio da liberdade de reconvir é desconfortável para qualquer autor, mas ninguém plenamente convicto dos seus direitos fica paralisado pelo receio do provável surgimento de uma reconvenção desconexa.

A tese restritiva dominante, com raízes no artigo 100 do C.P.C.I. de 1865, acabou por influenciar o Código de Processo Civil alemão (*Zivilprozessordnung*)[436], em cujo § 33 se dispõe, desde 1877 até aos nossos dias, que «a reconvenção pode ser deduzida perante o tribunal da causa quando o pedido do réu esteja em conexão (*in Zusammenhang*) com a pretensão (*Anspruch*) do autor ou com os meios de defesa (*Verteidigungsmitteln*) usados contra esta.» O § 33 da ZPO

---

nexo entre os pedidos cruzados. Quer dizer, a falta de conexão material não poderia ser conhecida *ex officio* pelo tribunal que para o julgamento do pedido reconvencional dispusesse de competência. Cfr. FALQUI-MASSIDDA, *Le domande riconvenzionale*, R.D.C., 1962, p. 161.

435 CHIOVENDA, ob. cit., pp. 1139 e s.

436 Escreveu POUCHAIN, em finais do séc. XIX (*La teoria e la pratica della riconvenzione nel diritto e nella procedura civile*, p. 117): «A Alemanha aceitou o instituto tal como foi regulado em Itália», acrescentando que «as teorias, os princípios, as questões enunciadas pelos processualistas italianos foram estudadas e aceites pelos processualistas germânicos, penetrando no seu direito e revelando-se nas suas leis imperiais.» Acrescente-se que o actual § 33 da ZPO corresponde, no essencial, à mesma disposição da «Civilprozessordnung» de 1877.

encontra-se inserido num conjunto de normas relativas à competência territorial.

Tal como em Itália, também entre os processualistas germânicos o problema da admissibilidade da reconvenção está longe de ser pacífico. Para certa corrente antiga e minoritária[437], com raízes na jurisprudência, o que transparece deste parágrafo é a necessidade geral de uma ligação objectiva entre a acção e a reconvenção: quer dizer, o § 33 contém também um requisito geral de admissibilidade (*Zulässigkeitsvoraussetzung*)[438].

De acordo com outro entendimento, largamente maioritário na doutrina, esta norma limita-se a consagrar um *foro especial* para os pedidos reconvencionais materialmente conexos, permitindo o afastamento das regras de competência territorial[439]. Quer dizer, desde que exista essa conexão material, o tribunal da causa não tem de gozar de competência territorial para o julgamento do pedido do demandado. Mas, sendo o tribunal da causa territorialmente competente para a reconvenção, pouco importa que esta seja desprovida de um nexo com a acção, devendo ser admitida[440].

---

[437] Trata-se da denominada «teoria da dupla função da conexão» (*Theorie von der Doppelfunktion der Konnexität*).

[438] Assim, WIECZOREK, *Zivilprozeßordnung und Nebengesetze*, vol. I, p. 244 (§ 33 ZPO); HAASE, *Besondere Klagearten im Zivilprozeß*, JuS, 1967, 407, e GRUNSKY, *Grundlagen des Verfahrensrechts*, p. 140. Refira-se que, já antes da entrada em vigor da ZPO de 1877, a ideia da necessidade da conexão entre a acção e a reconvenção era amplamente aceite no direito germânico. Cfr. FUCHS, *Das Recht der Widerklage, insbesondere nach den neueren Civilprozeßordnungen*, AcP, 1870, pp. 173 e s.; LIPPMANN, *Die Einrede der Rechtshängigkeit nach neuen Civilprozeßordnung*, AcP, 1882, pp. 358 e 414; HEINSHEIMER, *Klage und Widerklage*, Zeit. f. dts. Civilpr., 1909, pp. 2 e ss.

[439] O § 33 é assim visto como uma norma do domínio da pura competência (*Theorie von der reinen Zuständigkeitsfunktion*). Tese antiga, já defendida por LOENING, *Die Widerklage im Reichs-Civilprozess*, Zeit. f. dts. Civilpr., 1882, p. 59.

[440] Cfr. SCHUMANN, *Kommentar zur Zivilprozeßordnung* (STEIN/JONAS), I (§ 33), pp. 546 e s. Atentemos nas suas palavras: «O § 33 tem apenas relevância para os casos em que falta a competência em razão do território para o julgamento do pedido reconvencional. Assim, se houver conexão, este deve ser julgado; no

Note-se, no entanto, que ao tribunal assiste o poder de, *ex officio*, nos termos do § 145 II da ZPO, ordenar a separação da reconvenção (*Die Trennung von Klage und Widerklage*) que não se apresente juridicamente ligada ao pedido principal[441]. Este último preceito parece realmente apontar para a admissibilidade da reconvenção desconexa[442].

E, apesar de se reconhecer que a reconvenção desconexa, na maior parte dos casos, não acarreta grandes vantagens processuais, considera-se inaceitável a restrição dos pedidos do réu às hipóteses em que exista efectivamente uma conexão material entre a acção e a reconvenção[443].

---

caso contrário, o juiz deverá rejeitar a reconvenção.» A validade desta tese é confirmada por LEIPOLD, *Zivilprozeßordnung* (STEIN/JONAS), II (§ 145), p. 773; GRUNSKY, *Zivilprozessrecht*, pp. 94 e s.; VOLLKOMMER, *Zivilprozessordnung* (ZÖLLER), p. 155.

[441] Não é necessário qualquer pedido da parte interessada na separação. Cfr. LEIPOLD, ob. cit., p. 776; GREGER, *Zivilprozessordnung* (ZÖLLER), p. 632.

[442] É o entendimento perfilhado por HARTMANN, *Zivilprozessordnung* (BAUMBACH/LAUTERBACH/ALBERS/HARTMANN), p. 129; BLOMEYER, *Zivilprozessrecht*, pp. 317 e ss.; JAUERNIG, *Zivilprozessrecht*, p. 150; ZEISS/SCHREIBER, *Zivilprozessrecht*, p. 162; SCHUMANN, ob. cit., pp. 821 e 832; PATZINA, *Münchener Kommentar zur Zivilprozeßordnung* (LÜKE/WAX), vol. 1, p. 273; SCHILKEN, *Zivilprozessrecht*, p. 395, e LESSING-BLUM, *Die Zulässigkeit der Widerklage*, pp. 32 e s. Contra, RIMMELSPACHER, «Zur Bedeutung des § 33 ZPO», *in* Verfahrensrecht am Ausgang des 20. Jahrhunderts: Festschrift für Gerhard Lüke zum 70. Geburtstag, p. 658, considera que do § 145 II da ZPO não se deduz qualquer argumento favorável à admissibilidade da reconvenção desconexa, pois o juiz apenas poderá ordenar a separação das acções cruzadas quando o autor não se oponha ao julgamento simultâneo do pedido reconvencional desconexo.

[443] Cfr. SCHILKEN, ob. cit., p. 395. Como sinal altamente revelador desta tendência, apontemos o facto de a clássica obra de ROSENBERG, SCHWAB e GOTTWALD se ter convertido, na edição mais recente, à *tese da admissibilidade dos pedidos reconvencionais desconexos*. Hoje, ao contrário do que nela se defendeu no passado (*Zivilprozeßrecht*, 15 Auf., 1993, p. 554), aceita-se que, na eventualidade de o tribunal da causa gozar de competência, podem ser deduzidos pedidos que não apresentem ligação aos fundamentos da acção ou da defesa. No caso de tornarem a acção muito complexa, ao juiz assiste a faculdade de accionar o mecanismo previsto no citado § 145 II da ZPO. Cfr. *Zivilprozessrecht*, 16 Auf., 2004, p. 640.

Depois desta análise de direito comparado, impõem-se algumas considerações finais sobre o sistema de admissibilidade da reconvenção consagrado há muito entre nós.

Vimos que o Código de Processo Civil, cauteloso, não franqueia totalmente as portas à reconvenção, impondo «barreiras» à sua aceitabilidade[444]. Este regime, ninguém se atreverá a negá-lo, é sensato e gerador de certeza. Pode, pois, dizer-se que assenta numa *razão de boa administração da justiça*: abrir de par em par as portas aos pedidos reconvencionais desconexos, obrigando o juiz a aceitá-los, acabaria por trazer, numa larga série de casos, confusão, morosidade e o consequente risco de erros judiciários. Tal abertura *indiscriminada* provocaria, estamos certos, o «descarrilamento» do processo.

O demandado desprovido de escrúpulos seria tentado a deduzir os pedidos mais impensáveis, com a exclusiva finalidade

---

[444] Recuando no tempo, verificamos que o Código de Processo Civil de 1876 era menos restritivo quanto ao exercício do direito de reconvir. O corpo do artigo 331.º conferia ao réu o direito de «pedir ao auctor o cumprimento de qualquer obrigação.» No entanto, logo o § 1.º do mesmo preceito mencionava uma larga série de situações em que a reconvenção era inadmissível. Assim, era excluída a reconvenção nas acções sobre o «estado das pessoas» ou nas acções sobre «bens immobiliarios», por exemplo. Nem o pagamento de benfeitorias a lei permitia pedir através de reconvenção. MANUEL RODRIGUES, *Do processo declarativo*, p. 90, observava que, nesta matéria, «as excepções eram mais do que a regra.» Ver a minuciosa análise destas excepções em DIAS FERREIRA, *Código de Processo Civil annotado*, t. I, pp. 424 e s. Note-se que, quanto aos pedidos cumulados, o Código era muito liberal. Atentemos nas seguintes palavras de ALBERTO DOS REIS, *Processo ordinário civil e commercial*, vol. I, p. 344: «Um indivíduo póde numa só acção fazer a outro quantos pedidos quizer, por mais dissemilhantes e desconexos que esses pedidos sejam. Não exige a lei qualquer ligação ou relação entre os pedidos para poderem cumular-se entre as mesmas pessoas.»

Diga-se, a terminar, que as Ordenações, nos séculos XV (Ordenações Afonsinas – Livro 3.º, título XXIX), XVI (Ordenações Manuelinas – Livro 3.º, título XXIV) e XVII (Ordenações Filipinas – Livro 3.º, título XXIII), sob nítida influência do direito justinianeu, admitiam a reconvenção com grande amplitude, não exigindo, para além de requisitos processuais, qualquer espécie de conexão relevante entre o pedido do demandado e o pedido do autor.

de atrapalhar a acção e de protelar uma eventual sentença prejudicial[445-446].

Enfim, o controlo dos processos pelos juízes tornar-se-ia muito difícil; ter mão no processo passaria a ser tarefa deveras complexa e penosa.

Mas a tese restritiva encontra uma segunda razão de ser no *princípio da igualdade*: se o próprio autor está proibido de cumular pedidos para além dos limites fixados no artigo 470.º, preceito que remete para o artigo 30.º, como poderia aceitar-se uma dedução indiscriminada, pelo demandado, de pedidos reconvencionais?

Tal admissibilidade chocaria com o princípio segundo o qual o juiz deve assegurar, ao longo de todo o processo, «um estatuto de igualdade substancial das partes, designadamente no exercício de faculdades» (cfr. art. 3.º-A)[447].

---

[445] Para ANSELMO DE CASTRO, *Direito processual civil declaratório*, I, p. 172, a reconvenção incondicionada, sem quaisquer entraves, acabaria por trazer «graves inconvenientes para o autor, ocasionados sobretudo pelo retardamento da concessão da tutela judiciária.» Apesar de defender uma maior abertura no domínio da admissibilidade da reconvenção, LOPES DA SILVA, *Pressupostos da reconvenção*, R.O.A., Ano 12.º (1952), p. 230, não deixou de escrever que somente a presença do nexo objectivo «torna útil e oportuno o exame do pedido reconvencional junto ao do autor, e elimina a suspeita de que a reconvenção tenha sido levantada para desviar a atenção e estender inoportunamente a competência do tribunal da acção principal, demorando com tal artifício a decisão desta.»

[446] É claro que, como afirma AMARAL SANTOS, *Da reconvenção no direito brasileiro*, p. 135, «para obviar esse mal, a lei estabelece sanções aos litigantes inescrupulosos.»

[447] MANUEL RODRIGUES, ob. cit., p. 89, aponta como razão principal para a restrição dos pedidos reconvencionais o facto de o autor se encontrar igualmente limitado. Ver, sobre a necessidade de o legislador respeitar o princípio da igualdade, CASALTA NABAIS, *Por uma liberdade com responsabilidade – Estudo sobre direitos e deveres fundamentais*, p. 46.

Conclui-se, portanto, que existem fortes razões justificativas da necessidade da existência de um *nexo* entre os objectos da acção e da reconvenção[448].

Não se pense, no entanto, que o nosso sistema é desprovido de pontos fracos e totalmente imune a críticas. Vejamos porquê.

Em primeiro lugar, o artigo 274.º, n.º 2, na ânsia de tudo prever, sofre do mal da *excessiva regulamentação*, retirando espaço de ponderação ao tribunal ou, se quisermos, espaço a um juízo de oportunidade.

Acabámos de ver que, noutros ordenamentos processuais, apesar da acentuada tendência restritiva, não se foi tão longe no pormenor, falando-se, em geral, da necessidade de conexão entre a acção e o pedido reconvencional, mas deixando para a jurisprudência a tarefa de apurar, no caso concreto, a existência deste requisito material. A conexão acaba por situar-se ao nível do *objecto imediato* da acção e da reconvenção (isto é, ao nível da *causa de pedir* e do *pedido*) ou ao nível do próprio *objecto mediato* (a coisa móvel ou imóvel que se discute no processo): por exemplo, o pedido de pagamento de benfeitorias ou de despesas relativas a certa coisa. É o que se passa claramente, hoje, no sistema espanhol[449-450].

---

[448] Por isso mesmo, como observa BARBOSA MOREIRA, *A conexão de causas como pressuposto da reconvenção*, p. 65, «largamente prevalece, no direito contemporâneo, a directriz consistente em subordinar a admissibilidade da reconvenção à existência de requisito substancial, atinente à relação entre a causa reconvencional e a primitiva.»

[449] Refira-se também, pelo seu extremo interesse, que o Código de Processo Civil brasileiro, no artigo 315, se limita a dizer, em termos latos, que «o réu pode reconvir ao autor no mesmo processo, toda vez que a reconvenção seja conexa com a ação principal ou com o fundamento da defesa.» Estamos, como bem afirma BARBOSA MOREIRA, *O novo processo civil brasileiro*, p. 45, perante um conceito amplo de conexão que, aliás, segundo o mesmo processualista, não tem de interpretar-se em conformidade com o conceito de conexão constante do

Há muito que se defende também entre nós, em termos gerais, a necessidade da elaboração de uma lei processual menos asfixiante, ou seja, «não regulamentarista, mas com faculdades adequáveis às circunstâncias concretas»[451]. Como conseguir isto? Desde logo, através do recurso a conceitos mais flexíveis que o juiz deve preencher no momento da aplicação, levando sempre em linha de conta as particularidades do caso[452].

Em segundo lugar, ninguém poderá afirmar que o nosso sistema seja totalmente puro ou intransigente ao proibir a cumulação de objectos desconexos, pois, ao referir-se, no artigo 274.°, n.° 2, à *compensação de créditos*, o legislador acaba por aceitar a introdução no processo de uma matéria ou relação jurídica que, na esmagadora maioria dos casos, nada tem a ver com os factos constitutivos do direito do autor[453-454].

---

artigo 103 do C.P.C.B. Cfr. *A conexão de causas como pressuposto da reconvenção*, pp. 149 e 151.

[450] Nas palavras de BARBOSA MOREIRA, últ. ob. cit., p. 66, «as fórmulas adoptadas são quase sempre elásticas, denotando o propósito de não cercear em excesso o uso da reconvenção. Ainda quando se empregam termos como 'conexão' ou outros que lhe correspondem, não se acorrenta o respectivo entendimento a definições legais vinculativas. Tudo indica subjazer a ideia de que é preferível – conclui o processualista brasileiro – deixar ao órgão judicial boa margem de liberdade na apreciação dos casos concretos.»

[451] Cfr. PAIS DE SOUSA/CARDONA FERREIRA, *Processo civil*, p. 207.

[452] Sobre os conceitos gerais usados na lei, *vide*, por todos, MANUEL DE ANDRADE, *Ensaio sobre a teoria da interpretação das leis*, pp. 47-49.

[453] Assim, LOPES DA SILVA, *Pressupostos da reconvenção*, R.O.A., Ano 12.° (1952), p. 233: «A própria lei (…) admite um caso em que existe, apenas, conexão subjectiva – a mais simples e débil das conexões: o caso de o réu se propor obter a compensação (…).» Igualmente a compensação é admitida, sem necessidade de conexão objectiva, no domínio do processo laboral (cfr. o disposto no art. 85.°, al. *p*), da L.O.F.T.J.). Solução criticável é a de limitar a dedução da compensação – erradamente qualificada como reconvenção – aos processos cujo valor seja superior à alçada dos tribunais de 1.ª instância (art. 30.° do C.P.T.).

[454] «Uma vez que a compensação é uma excepção que visa a improcedência

Por último, o princípio da economia processual pode sublevar--se contra o princípio da admissibilidade restrita da reconvenção. Ocasionalmente, apesar da inexistência de qualquer nexo objectivo, afigura-se conveniente apreciar no mesmo processo, em simultâneo, os pedidos do autor e do réu.

A pergunta que surge no nosso espírito é a de saber se não deveria dar-se ao juiz o poder de, através de um juízo casuístico de oportunidade, abrir as portas à reconvenção. Será isto perigoso, demasiadamente arriscado? Pensamos que não. Aceitável, *de iure constituendo*, seria o princípio segundo o qual, desde que o tribunal da causa gozasse de competência absoluta, *a reconvenção desconexa deveria admitir-se sempre que se mostrasse oportuno o seu julgamento e sempre que não acarretasse para o processo uma excessiva morosidade*. O juiz passaria a ter, assim, um *poder discricionário* relativo à admissibilidade da reconvenção desconexa[455-456].

---

do pedido do autor – escrevem SATTA/PUNZI, *Diritto processuale civile*, p. 60 –, não há necessidade de uma particular conexão com o título da própria acção.» A compensação introduz uma brecha na necessidade de conexão, até porque, no caso de o contracrédito ser de valor superior, ao réu assiste o direito de formular um pedido condenatório. Precisamente por causa da normal diversidade dos factos em que assenta o pedido do autor e da factualidade relativa ao contracrédito, é frequente dizer-se que a compensação pouco ou nada contribui para a economia processual. Cfr. BORGHESI, «Compensazione nel diritto processuale civile», *in* Dig. Disc. Priv., XIII, p. 88; VOLLKOMMER, *Zivilprozessordnung* (ZÖLLER), p. 156; PRÜTTING, *Teilurteil zur Verhinderung der Flucht in die Widerklage?*, ZZP, 1985, p. 153, e LESSING-BLUM, *Die Zulässigkeit der Widerklage*, p. 29.

455 Em Itália, a jurisprudência mais permissiva, contra a doutrina dominante, tem entendido que pertence à *discricionariedade* do juiz a admissibilidade da reconvenção desconexa. Cfr. TARZIA/BALBI, «Riconvenzione», *in* E.D., vol. XL, p. 672. Sobre a distinção entre os deveres de conteúdo discricionário e os deveres de conteúdo vinculado, veja-se o breve apontamento de FAZZALARI, *Processo e giurisdizione*, R.D.P., 1993, pp. 14-16. Entre nós, LOPES DA SILVA, est. cit., p. 233, defendia que não se devia atribuir à conexão estabelecida nos vários números do artigo 279.º do Código de Processo Civil de 1939 «o carácter e o valor dum prin-

Em tese, afigura-se defensável que a legalidade devia ser temperada com uma certa dose de discricionariedade, o que não significa aceitar a reconvenção em qualquer caso ou sejam quais forem as circunstâncias (*ex omni causa*): admiti-la, diríamos, para além das hipóteses em que esta se encontra *directamente* ligada à acção (aos fundamentos da acção ou da defesa), nos casos em que haja uma ligação *indirecta* mais ou menos relevante.

O juiz não teria, neste último domínio, o *dever* de aceitar a reconvenção, mas apenas a *possibilidade* de a receber, se considerasse isso oportuno – se a reconvenção, numa palavra, não lhe parecesse ter sido deduzida com um propósito puramente *retardante*.

Na doutrina estrangeira, encontrámos Autores a apontar claramente para este caminho. TARZIA, numa nítida evolução do seu pensamento sobre a matéria, sustenta que «devia sujeitar-se o processo simultâneo a juízos de apreciação não apenas legais, mas também de oportunidade (*a valutazione che siano, non solo, di legalità, ma anche di opportunità*)»[457]. Também para NAPPI, «a oportunidade do processo simultâneo parece ser cada vez mais a única chave para a leitura do instituto da reconvenção (...)»[458].

O alargamento da admissibilidade da reconvenção é apontado, por FETTWEIS, como uma das medidas destinadas à *modernização*, à *desformalização*, à *flexibilidade* (*souplesse*) e à *eficácia* da Justiça[459].

LÜKE, na esteira da doutrina dominante na Alemanha, nega que o julgamento de duas acções num único processo somente

---

cípio de ordem pública, absoluto e inderrogável», reproduzindo, aliás, palavras de JAEGER, *La riconvenzione nel processo civile*, p. 147.

[456] Mas, por causa do princípio da igualdade, o mesmo regime teria de valer para os pedidos do autor materialmente desconexos.

[457] *Connessione di cause e processo simultaneo*, R.T.D.P.C., 1988, pp. 408 e s.

[458] *La domanda proposta in via riconvenzionale*, R.T.D.P.C., 1989, pp. 811 e s.

[459] *Manuel de procédure civile*, p. 26.

faça sentido quando exista uma conexão (*Konnexität*) entre os pedidos[460].

Vemos, assim, que a admissibilidade da reconvenção desconexa está, no nosso tempo, longe de constituir qualquer espécie de heresia.

Temos de reconhecer que a realidade nos apresenta, por vezes, situações em que, apesar de, à luz do artigo 274.°, n.° 2, a admissibilidade da reconvenção se tornar extremamente difícil ou mesmo impossível, se justifica, por razões de *economia processual*, o julgamento simultâneo do pedido do réu.

Vejamos um caso conhecido. Alguém solicita ao tribunal, com êxito, o decretamento de uma providência cautelar; decorrido algum tempo, esta medida provisória é considerada *injustificada* ou *caduca* por facto imputável ao requerente.

Como é sabido, ao requerido assiste o direito de exigir, com fundamento no artigo 390.°, uma indemnização pelos danos que a providência lhe causou[461]. Mas poderá o requerido, uma vez demandado para a acção principal, reconvir, pedindo o ressarcimento dos danos sofridos?

A nossa doutrina, sentindo a dificuldade do problema, tem-se inclinado ora para uma resposta afirmativa, ora para uma resposta negativa[462-463]. O caso não se integra em nenhuma das alíneas do

---

[460] Cfr. *Zivilprozessrecht*, p. 247. Assim também LESSING-BLUM, *Die Zulässigkeit der Widerklage*, p. 36, argumentando que o processo visa, acima de tudo, a efectivação dos direitos substantivos.

[461] Em rigor, não estamos perante um caso de litigância de má fé. Como afirma LOPES DO REGO, *Comentários ao Código de Processo Civil*, vol. I, p. 360, o regime específico de responsabilidade previsto no artigo 390.° «tem autonomia relativamente ao instituto da litigância de má fé, não pressupondo tal qualificação do comportamento da parte.»

[462] *Vide*, no sentido afirmativo, ALBERTO DOS REIS, *A figura do processo cautelar*, p. 69, e LEBRE DE FREITAS, *Código de Processo Civil anotado*, vol. 2.° (com M. MACHADO e R. PINTO), p. 61.

artigo 274.º, n.º 2, pois o pedido encontra-se materialmente desligado do objecto da acção. E, apesar disto, apesar de a ligação ou conexão ser meramente indirecta ou remota, a oportunidade do seu julgamento simultâneo parece incontestável.

A abertura do sistema permitiria resolver a dificuldade.

Igualmente um sistema mais aberto não deixará de admitir o pedido reconvencional condenatório deduzido para a eventualidade de a *excepção da compensação* vir a improceder. Feita a prova da existência do contracrédito, mas ficando por provar o crédito do autor, porque não há-de o juiz, perante o pedido expresso do réu nesse sentido, condenar o autor no pagamento da quantia respeitante ao contracrédito do demandado?[464]

Também noutros casos o sentido de oportunidade do juiz poderia dar luz verde a reconvenções cuja ligação ao processo fosse meramente indirecta. Um exemplo: *A*, senhorio, intenta contra *B*, seu inquilino, uma acção de despejo, alegando que este fez, sem o seu consentimento, obras que alteraram a estrutura do prédio e o descaracterizaram.

O réu, na contestação, afirma que o local arrendado se encontrava deteriorado e que, por causa disso, sofreu um grave acidente doméstico.

Baseado neste factos, *B* formula um pedido reconvencional indemnizatório. Será a reconvenção materialmente conexa com a acção principal?

---

[463] Em sentido negativo, ABRANTES GERALDES, *Temas da reforma do processo civil*, vol. III, p. 322. Escreve, em nota, este Autor: «Teoricamente, uma tal pretensão apenas seria viável se introduzida através da reconvenção. Ora, no art. 274.º, não se configura a possibilidade de ser exercido um direito de crédito assente na responsabilidade civil, na sua vertente processual.»

[464] A jurisprudência italiana admite esta possibilidade. Cfr. FALQUI-MASSIDDA, *Le domande riconvenzionali*, R.D.C., 1962, p. 140. Na Alemanha, já doutrina muito antiga aceitava, neste caso, a reconvenção. Assim, PFIZER, *Aufrechnung im Prozess*, ZZP, 1899, p. 51. Mais recentemente, e no mesmo sentido, se pronunciam GREGER, *Zivilprozessordnung* (ZÖLLER), p. 635; MÖLLER, *Die Prozessaufrechnung*, JA, 2001, p. 52.

Em rigor, a factualidade relativa ao acidente não se encontra directamente relacionada com os factos da acção ou da defesa: existe uma relação indirecta, mas falta uma relação de causalidade entre o pedido principal e o pedido reconvencional. No entanto, talvez fosse oportuno apreciar simultaneamente ambas as pretensões, dependendo isto de um juízo discricionário do tribunal.

Num domínio diverso – pensemos numa *acção de demarcação* –, porque não há-de levar-se a julgamento o pedido do réu destinado a condenar o autor a tapar uma janela que abriu a menos de metro e meio da linha divisória e relativamente à qual não adquiriu ainda qualquer direito por usucapião (*vide* arts. 1360.º e 1362.º do C.C.)?

O apelo ao sentido de *oportunidade* do juiz, sempre dependente das circunstâncias do caso concreto, não poderia ditar a abertura do processo à reconvenção? Parece-nos, por um lado, que isso seria vantajoso para a *economia processual*; por outro lado, o pedido do réu poderia eventualmente contribuir para uma *transacção* das partes[465].

Encontramos, para além da já indicada, boa doutrina a apontar neste mesmo sentido. BARBOSA MOREIRA, após analisar o artigo 315 do C.P.C.B., questiona se existem casos em que, apesar da falta de «*objecto* ou de *causa petendi* comum, se impõe a permissão de reconvir qual meio de atender aos interesses merecedores de tutela»[466].

E logo apresenta algumas hipóteses em que, apesar de *não* ocorrer qualquer conexão com a *causa de pedir* ou com a *defesa*, se justifica, de acordo com a sua tese, a abertura da via reconvencional[467].

---

[465] Este argumento, nada despiciendo, é pontualmente usado pela doutrina italiana favorável à admissibilidade da reconvenção desconexa. Cfr. EVANGELISTA, «Riconvenzionale (domanda)», *in* E.G., vol. XXVII, p. 5.

[466] *A conexão de causas como pressuposto da reconvenção*, p. 152.

[467] Reproduzimos *um dos exemplos* expostos (ob. cit., p. 154): «Tício, inquilino de Caio, propõe em face deste ação para ressarcir-se de danos pessoais que alega terem-lhe sido causados por agressão física do locador. Caio nega haver agredido Tício; diz que os ferimentos, ocorridos por ocasião de um tumulto, tiveram outra causa. Quer, por seu turno, demandar Tício, afirmando que este, pelo

É claro que as reconvenções totalmente desconexas, onde nem sequer se vislumbra qualquer ligação indirecta, jamais deveriam ser, à luz da nossa tese, admitidas. Com efeito, nenhuma conveniência existirá, por exemplo, no julgamento simultâneo de um pedido de reivindicação de um imóvel e de um pedido reconvencional de investigação da paternidade.

E nunca seriam de aceitar pedidos reconvencionais desconexos que importassem, para o processo pendente, uma morosidade intolerável.

Como bem afirma EVANGELISTA, «reconhecer a admissibilidade de uma reconvenção desconexa não significa aceitar qualquer pedido, nem complicar ou fazer funcionar anormalmente o tribunal»[468].

A liberdade própria dos juízos discricionários, como entre nós ensina CASTANHEIRA NEVES, não se confunde com o *arbítrio*, antes devendo respeitar os princípios fundamentais da ordem jurídica «que se louva num certo sistema de valores»[469].

---

comportamento escandaloso no episódio, infringiu o regulamento do edifício e por conseguinte o contrato de locação, que o obrigava a respeitá-lo; deve, assim, ser despejado.» Para BARBOSA MOREIRA afigura-se razoável, apesar da falta de conexão, que Caio utilize a reconvenção. E explica: «Se há terceiros que assistiram ao episódio, é lícito supor que possam prestar depoimentos relevantes para a solução de ambos os litígios. Os próprios depoimentos pessoais das partes autorizam igual expectativa. Ademais – *conclui* – ficará definida de uma só vez, em globo, a situação jurídica de Tício e Caio, evitando-se a instauração de outro feito. A economia processual é manifesta.»

Reage, assim, contra o entendimento clássico segundo o qual, no direito brasileiro, «se exige como pressuposto de admissibilidade da reconvenção a existência entre ela e a ação originária de um traço de ligação, um nexo jurídico, que justifique a sua especialidade de seguir o mesmo juízo e no mesmo processo da ação do autor» (AMARAL SANTOS, *Da reconvenção no direito brasileiro*, p. 183).

[468] Est. cit., p. 5.

[469] *Questão-de-facto – Questão-de-direito ou o problema metodológico da juridicidade*, p. 359.

Num plano inverso, deveria, entre nós, na linha do regime instituído no artigo 31.º, n.º 4, atribuir-se ao tribunal o poder de considerar inoportuno, por razões de economia processual, o julgamento simultâneo da acção e da reconvenção com ela conexa. Se fosse previsível que esta trouxesse para o processo uma morosidade intolerável, o sistema devia ter, tal como ocorre no direito italiano (cfr. o disposto nos arts. 103 e 104, § 2.º), uma «válvula de segurança» que conduzisse ao julgamento separado da acção e da reconvenção[470-471].

---

[470] Em defesa da aplicação do regime consagrado nestes preceitos ao instituto da reconvenção se pronuncia MASSARI, *Riconvenzione e connessione strumentale*, G.I., 1952, p. 863.

[471] No domínio do direito brasileiro, acentua BARBOSA MOREIRA, ob. cit., p. 172, a conveniência em que a lei preveja «a possibilidade da separação, para a hipótese de retardar-se demasiado a solução da causa originária, em virtude de complexidades inerentes ao processamento da reconvenção.»

CAPÍTULO III

A «EXCEPÇÃO RECONVENCIONAL»

SUMÁRIO: 1 – A conversão da excepção material em questão reconvencional, por força da exclusiva intervenção do juiz (tese de MORTARA): a «excepção reconvencional» como *tertium genus* entre a excepção e a reconvenção. 2 – A doutrina de ALBERTO DOS REIS e de ANTUNES VARELA. 3 – Crítica, pela moderna doutrina italiana, à teoria da «excepção reconvencional.» 4 – Em defesa do princípio do efeito limitado da excepção material. 5 – Regime processual do pedido de apreciação incidental (reconvenção incidental).

1. *A conversão da excepção material em questão reconvencional, por força da exclusiva intervenção do juiz* (tese de MORTARA): *a «excepção reconvencional» como* tertium genus *entre a excepção e a reconvenção.* Há largo tempo, entre os processualistas, discute-se a existência de uma diferente espécie de excepções situada entre a *reconvenção* propriamente dita e a *excepção material*. Esta figura híbrida, designada por «excepção reconvencional», encontra-se envolta em sombras, havendo tanto quem a aceite, como quem a rejeite em absoluto, considerando-a desprovida de utilidade[472].

---

[472] Neste último sentido se pronuncia FALQUI-MASSIDDA, *Le domande riconvenzionali*, R.D.C., 1962, p. 145.

Como defini-la rigorosamente? Estará de algum modo consagrada no direito positivo? Nas páginas seguintes, vamos tentar demonstrar a *efectiva existência* desta rara figura processual, divergindo daqueles que consideram não existir, hoje, qualquer razão prática ou teórica para distinguir as *excepções simples* das *excepções reconvencionais*[473].

O conceito de «excepção reconvencional» (*eccezione riconvenzionale*) foi amplamente estudado e divulgado, em Itália, por Mortara, em finais do séc. XIX e no dealbar do séc. XX[474].

Na extensa e complexa obra, baseada no Código de Processo Civil italiano de 1865, Mortara começa por distinguir a *reconvenção propriamente dita* das *excepções*, definindo a primeira (*azione in riconvenzione* ou *controazione*) como um contra-ataque (*contro-attacco*) dirigido pelo réu ao autor, nem sempre destinado ao afastamento da pretensão deste[475].

Eis um exemplo de um pedido tipicamente reconvencional: *A*, na qualidade de vendedor, solicita a condenação de *B* no pagamento do preço estipulado e este, por sua vez, pede que o autor seja condenado a entregar-lhe a coisa que constituiu o objecto do contrato de compra e venda que ambos celebraram[476].

Refira-se que, para o tratadista italiano, a questão típica, introduzida através da «azione in riconvenzione», está indissociável e exclusivamente ligada a *pedidos condenatórios*[477].

---

[473] Cfr., neste último sentido, Falqui-Massidda, est. cit., p. 145.

[474] Atribui-se normalmente a este Autor a criação do conceito. No entanto, Mortara rejeitava tal «paternidade», afirmando que o conceito não era novo. Cfr. *Commentario del Codice e delle Leggi di Procedura Civile*, vol. II, p. 105, nota 1, e *Manuale della procedura civile*, vol. I, p. 28.

[475] *Commentario del Codice e delle Leggi di Procedura Civile*, vol. II, p. 103.

[476] Cfr. *Manuale della procedura civile*, vol. I, p. 29.

[477] Outros Autores seguiram fielmente esta ideia. Cfr., a título de exemplo, Grassi, «Riconvenzione (domanda in)», *in* Dig. Ital., vol. XX, p. 618.

A reconvenção era assim vista como um contra-ataque desferido pelo réu, com o fim de obter a *condenação do demandante* e, deste modo, «a reintegração de um direito subjectivo próprio»[478].

Este entendimento não pode hoje ser aceite, pois o pedido reconvencional também reveste – e reveste vezes sem conta – natureza *constitutiva* ou de *mera apreciação*[479].

Ao analisar as *excepções*, MORTARA propõe, numa tentativa de as classificar de modo diferente do tradicional, a distinção entre «excepções simples» (*eccezioni semplici*) e «excepções reconvencionais» (*eccezioni riconvenzionali*)[480].

As primeiras caracterizam-se pela «contraposição, ao pedido, de uma falha relativa ao processo (*difetto della procedura*) ou ao direito invocado pelo autor (*difetto sostanziale del diritto*)»[481]. Ao alegar, por exemplo, a *incompetência* do tribunal, a *prescrição* do direito creditório do autor ou o pagamento da dívida, o réu está a defender-se através de «excepções simples», ora de direito processual (*eccezioni d'ordine*), ora de direito material (*eccezioni di merito*) (e tanto as excepções processuais, como as materiais são classifi-

---

[478] *Commentario del Codice e delle Leggi di Procedura Civile*, vol. II, p. 106

[479] A íntima associação entre os termos *reconvenção* e *condenação* encontra-se também na clássica obra de POUCHAIN, *La teoria e la pratica della riconvenzione nel diritto e nella procedura civile*, p. 7. Para a doutrina actual, porém, é indiscutível a existência de reconvenções *constitutivas* e de *mera apreciação*. Ver MERLIN, *Codice di Procedura Civile commentato* a cura di CONSOLO/LUISO, p. 267. Aliás, as reconvenções constitutivas e de simples apreciação aparecem já expressamente referidas em monografias clássicas. Assim, HELLWIG, *System des deutschen Zivilprozeßrechts*, I, p. 315 (obra publicada em 1912), advertindo, no entanto, que, no domínio dos pedidos declarativos, tem de pretender-se mais do que a pura negação do direito do autor.

[480] *Commentario del Codice e delle Leggi di Procedura Civile*, vol. II, p. 105, e *Manuale della procedura civile*, p. 27.

[481] *Manuale della procedura civile*, vol. I, p. 27.

cadas, à luz do critério dos respectivos efeitos, como *dilatórias* e *peremptórias*)[482-483].

Que tinham de diferente, para MORTARA, as *excepções* ditas *reconvencionais*?

Elucidemos este ponto, reproduzindo três exemplos típicos com que o consagrado processualista ilustrava esta espécie de excepções:

> Primeiro exemplo: Em acção de reivindicação proposta por *A* contra *B*, este, na contestação, alega uma série de factos demonstrativos de que adquiriu a propriedade da coisa por *usucapião* e pede, em consequência, a absolvição do pedido (*l'assoluzione della pretesa dell'attore*);

> Segundo exemplo: Em acção de cumprimento de certa prestação contratual, intentada por *C* contra *D*, este, na contestação, sustenta que o contrato é *nulo* por simulação ou por outro motivo;

> Terceiro exemplo: *E* pede a condenação de *F* no pagamento de determinada quantia e o réu, baseando-se noutro contrato, alega que o autor lhe deve, também, quantia igual, razão determinante para a improcedência do pedido.

À luz da tese de MORTARA, nas três hipóteses expostas os Réus defenderam-se através de «excepções reconvencionais»[484], levando cada um deles para o processo um «tema novo» (*nuovo tema*) que

---

[482] Cfr. *Manuale della procedura civile*, vol. I, p. 29.

[483] A *excepção simples de direito material* traduzir-se-ia, de acordo com o pensamento de MORTARA, não só na negação da existência do direito do autor, mas também na alegação do motivo dessa negação (*motivo della negazione*). Exemplo: o réu alega que o autor não é titular do direito de crédito que invoca, uma vez que já efectuou o pagamento do preço. Cfr. *Commentario del Codice e delle Leggi di Procedura Civile*, vol. II, p. 106.

[484] Excepções reconvencionais que, sendo tão variadas e numerosas, tornam a tarefa de fornecer delas um elenco completo numa missão impossível. Cfr. últ. ob. cit., p. 104.

ora se integra «na órbita da relação jurídica introduzida no processo pelo autor» (*v.g.*, a questão da nulidade), ora se situa «fora desta órbita» (*v.g.*, a questão da compensação)[485].

O «tema» subjacente à «excepção reconvencional» – e ao qual deve corresponder um *valor* próprio – pode quase sempre tornar-se objecto de uma acção autónoma[486]. Sendo, no entanto, deduzido em acção pendente, o juiz ver-se-á obrigado a fazer uma «dupla averiguação» (*doppia indagine*): a primeira, sobre a existência do direito alegado pelo autor; a segunda, relativa ao direito afirmado pelo réu[487].

A «excepção reconvencional», acompanhada em regra por um pedido, tem por objectivo principal a *improcedência da acção* e é nisto, precisamente, que se distingue da reconvenção[488].

Enquanto meio defensivo, a excepção reconvencional está, pois, em «directo antagonismo» com o pedido do autor[489].

O ponto nevrálgico do conceito de «excepção reconvencional» assenta no facto de a omissão do pedido não acarretar graves consequências para o réu, pois, desde que tenham sido alegados os contrafactos (nos exemplos referidos, os contrafactos reveladores da *usucapião*, da *nulidade substantiva* e da *compensação*), o tribunal

---

[485] Para MORTARA, últ. ob. cit., p.104, a compensação funciona, em princípio, como um *meio de defesa*, mas pode traduzir-se num contra-ataque, precisamente na hipótese em que o montante do crédito oposto pelo réu ultrapassa o valor do crédito do autor. De acordo com a tese de MORTARA, até ao limite em que funciona como meio defensivo, a compensação configura-se como uma autêntica «excepção reconvencional».

[486] Ob. cit., p. 106, nota 2. *Vide* também o clássico estudo de CAMPOGRANDE, «Eccezioni», *in* Dig. Ital., vol. X, p. 20.

[487] Ob. cit., p. 107.

[488] *Vide*, sobre esta matéria, CARPI/COLESANTI/TARUFFO, *Commentario breve al Codice di Procedura Civile*, p. 36.

[489] Cfr. *Manuale della procedura civile*, vol. I, p. 29.

216   *Reconvenção e Excepção no Processo Civil*

fica obrigado a apreciar, *com força de caso julgado*, a correspondente excepção[490].

Este aspecto, dada a sua importância, merece ser aclarado.

Suponhamos que, em acção para pagamento de rendas, proposta por alguém na qualidade de senhorio, o réu defende-se, alegando ser ele próprio o proprietário do imóvel. Que o demandado venha pedir a declaração da existência do seu direito ou a mera improcedência da acção é, à luz da doutrina da «excepção reconvencional», *indiferente* ou *secundário*[491]. Porquê?

Muito simplesmente, porque a sentença, na parte em que venha a apreciar a questão da propriedade, não pode deixar de ter força de *caso julgado*. Quer dizer, uma vez julgada procedente a «excepção reconvencional», o tribunal não se limita a julgar a acção improcedente. Mesmo na ausência de pedido expresso nesse sentido, o juiz terá sempre de declarar, para todos os efeitos, a existência do direito de propriedade na esfera jurídica do réu excipiente.[492]

«A sentença que se pronuncia sobre a excepção reconvencional – escreve MORTARA relativamente à hipótese que acabamos de referir

---

[490] Não assiste razão a LUISO, *Diritto processuale civile*, I, p. 269, quando, ao definir o conceito de *excepção reconvencional*, afirma que a procedência desta conduz, tão-só, à rejeição do pedido do autor, sem que o direito do réu seja apreciado com força de caso julgado. Se assim fosse, não estaríamos perante qualquer excepção reconvencional, mas, antes, perante uma excepção material pura e simples.

[491] O pedido do réu é, para MORTARA, *desnecessário*. Cfr. *Commentario del Codice e delle Leggi di Procedura Civile*, vol. II, p. 123. «O inquilino que, demandado em juízo – escreve –, alega ser proprietário do imóvel não tem necessidade de concluir pela declaração do seu direito de propriedade (...); basta que peça a absolvição do pedido (*bastando che egli chieda di essere assoluto dalla pretesa del suo avversario*).»

[492] Para que sobre a questão prejudicial (relativa a um direito ou a um *status*) se forme caso julgado, escreve MONTESANO acerca da tese de MORTARA (*In tema di accertamento incidentale e di limiti del giudicato*, R.D.P., 1951, p. 341), «basta que a excepção tenha sido levantada e discutida na causa», e isto mesmo quando a sentença, na sua parte dispositiva, se limite a responder ao pedido.

– decidirá a questão da propriedade entre dois sujeitos que estão em litígio quanto a esse mesmo direito»[493]. Vindo o autor (senhorio) a intentar nova acção, desta feita para obter a declaração judicial de que é ele o titular do direito de propriedade, o réu, se vitorioso aquando do julgamento da «excepção reconvencional», poderá, com êxito, invocar, no segundo processo, a excepção de caso julgado.

Se assim não fosse, ficaria sempre a dúvida sobre a real profundidade do exame levado a cabo pelo juiz acerca das excepções e esta suspeita de ligeireza na apreciação dos contrafactos pairaria, como uma sombra, sobre a justiça[494].

Para afastar o que entende ser intolerável, MORTARA defende, portanto, a *transformação automática* em «excepção reconvencional» de todo o contrafacto defensivo susceptível de gerar uma pretensão incompatível com o direito do autor. E, insistimos, mesmo quando esta pretensão tenha sido silenciada pelo demandado (não formulando o pedido de declaração de nulidade, de declaração do direito de propriedade, de declaração da compensação, etc.), o tribunal deve, não obstante tal omissão, julgar a existência dos contrafactos com força de caso julgado material, poupando-se, assim, a futuras e eventuais reapreciações[495].

Quer dizer, a «excepção reconvencional» exclui, pela sua própria natureza, a possibilidade de uma apreciação *incidenter tantum*[496].

---

[493] Ob. cit., p. 123.

[494] Argumento exposto por MORTARA no *Manuale della procedura civile*, vol. I, p. 125.

[495] Como assinala BONACCORSO, *Questione pregiudiziale e accertamento incidentale nel processo civile*, G.I., 1960, p. 122, a tese de MORTARA visava não apenas tutelar os interesses das partes, mas também o interesse da sociedade, ou seja, o *interesse público*.

[496] Reproduzimos as palavras de FERRI, *Profili dell'accertamento costitutivo*, p. 150.

Não se pense que a teoria de MORTARA pertence ao arquivo das doutrinas passadas, pois outros processualistas, já em pleno séc. XX, reavivaram a figura da «excepção reconvencional».

SATTA, fazendo tábua rasa do disposto no artigo 34 do C.P.C.I., defendeu que «todas as questões objecto de julgamento são sempre decididas pelo juiz com força de caso julgado»[497].

E DENTI, em comentário crítico a uma decisão do Tribunal da Cassação italiano, em que o autor e o réu se arrogavam titulares do mesmo direito de propriedade, entendeu, na esteira de MORTARA, que certas *excepções materiais* implicam, pela sua natureza, uma apreciação com força de *caso julgado* da questão a elas subjacente, devendo para tanto averiguar-se, por um lado, se a *excepção* assenta num *direito incompatível* com o direito do autor e, por outro lado, se o direito do réu se enquadra nas «situações jurídicas caracterizadas pela *absolutidade (assolutezza)*»[498-499]. Nesta eventualidade, a *excepção simples* converte-se em *excepção reconvencional*, ficando naturalmente afastada uma apreciação *incidenter tantum* dos contrafactos alegados pelo réu[500].

Refira-se o caso analisado pelo Tribunal da Cassação que serviu de apoio à análise de DENTI: proposta uma acção de reivindicação contra certo indivíduo, este, na contestação, limitou-se a alegar fac-

---

[497] *Nuove riflessioni sugli accertamenti incidentali*, F.I., 1948, I, p. 68.

[498] *In tema di eccezioni riconvenzionali*, G.I., 1964, pp. 119-124.

[499] Est. cit., p. 121.

[500] Para DENTI, *L'eccezione nel processo civile*, R.T.D.P.C., 1961, pp. 36 e s., a «excepção reconvencional» traduzia «o fenómeno da conversão em controvérsia da questão suscitada pelo réu com a excepção.» Mas nem todas as excepções, segundo o Autor, se podem converter em «excepções reconvencionais». Esta impossibilidade ocorrerá sempre que a questão inerente à excepção seja insusceptível de dar origem a uma autónoma acção de simples apreciação (*non possono costituire la causa petendi di un'autonoma domanda di accertamento*). Como exemplo típico, DENTI apresenta o caso da prescrição. Cfr. «Questioni pregiudiziali», *in* NN.D.I., vol. XIX, p. 677.

tos demonstrativos da aquisição por usucapião da propriedade da coisa reivindicada, abstendo-se, no entanto, de formular qualquer pedido de simples apreciação da existência deste seu direito.

O problema que se levantou foi o de saber se, uma vez provada a usucapião, o tribunal deveria apenas absolver o réu do pedido ou ir mais além, declarando a existência do direito de propriedade na esfera jurídica do demandado.

O Supremo Tribunal italiano entendeu que a «usucapião oposta com o único objectivo de paralisar a reivindicação do adversário constitui um exemplo típico de excepção, importando a sua procedência, *sic et simpliciter*, a improcedência da acção (*rigetto della domanda*).»

Ora, DENTI, em tom discordante, veio defender que no caso estavam preenchidos os requisitos para a conversão da excepção simples em «excepção reconvencional.» Apesar da falta de um expresso pedido (pedido admissível à luz do art. 34 do C.P.C.I.), o tribunal não devia ter deixado de apreciar com *força de caso julgado* a questão subjacente à excepção, declarando a existência do direito de propriedade do réu[501-502].

---

[501] Para DENTI, *In tema di eccezioni riconvenzionali*, G.I., 1964, p. 124, «a excepção reconvencional acaba por constituir uma terceira hipótese de conversão da questão em controvérsia, ao lado das outras duas previstas no artigo 34 do Código de Processo Civil italiano» (sobre o conteúdo desta norma, *vide supra*, nota 113). Ainda segundo o Autor, seria de aplicar o regime processual da reconvenção à «excepção reconvencional.»

[502] DENTI não é o único apologista da tese de MORTARA. Também BONACCORSO, *Questione pregiudiziale e accertamento incidentale nel processo civile*, G.I., 1960, p. 128, defendera já que a dedução pelo réu de um direito incompatível com o direito alegado pelo autor exigia um «igual conhecimento de ambos os direitos, não podendo reconhecer-se a existência de um sem se reconhecer, em simultâneo, a inexistência do outro.» Assim, a questão relativa à existência do direito deduzido pelo demandado não admitia, segundo o referido processualista, uma mera resolução *incidenter tantum*.

As questões prejudiciais controvertidas não podiam, portanto, excluir-se do objecto do processo, especialmente se estivessem na origem de questões autónomas. O caso julgado haveria de formar-se sobre estas[503].

Mas tudo isto está longe de ser pacífico e DENTI tornou-se alvo de fortes críticas vindas de um largo sector da doutrina italiana. Deixemos, no entanto, em suspenso a exposição e a análise dos ataques movidos à teoria delineada por MORTARA.

O que se impõe agora é expor, em jeito de síntese, os traços distintivos do conceito de «excepção reconvencional», figura que nunca chegou a ser explicitada pelo legislador italiano[504].

a) A «excepção reconvencional», originariamente apresentada como um puro meio defensivo, assenta em *factos* que introduzem no processo pendente uma *questão diversa ou nova*;

b) Destes factos nasce, em benefício do réu, um *direito (ou um interesse) incompatível* com a pretensão do autor, susceptível de conduzir à improcedência da acção[505-506];

---

[503] Cfr. DENTI, «Questioni pregiudiziali», *in* NN.D.I., vol. XIV, p. 679. Para este processualista, o artigo 34 do C.P.C.I. apenas regulava as situações em que faltasse ao tribunal da causa competência (em razão da matéria e do valor) para o julgamento da questão prejudicial.

[504] Como bem assinalou GRASSI, «Riconvenzione (domanda in)», *in* D.I., vol. XX, p. 618. «O legislador desconhece o termo excepção reconvencional», escreveu, mais recentemente, RICCI, *Principi di diritto processuale generale*, p. 162.

[505] COLAÇO CANÁRIO, *Reconvenção e compensação*, p. 16, explica, com clareza, que «existe excepção reconvencional quando o objecto da excepção corresponde ao objecto *possível* de uma demanda autónoma.»

[506] A excepção reconvencional, observa GUIDETTI, *Le eccezioni nel processo civile*, R.T.D.P.C., 1962, p. 801, apoiando-se numa decisão do tribunal da Cassação italiano de 5 de Mar. de 1959, baseia-se em factos dos quais brota um direito que poderia ser exercido através de um processo. No entanto, a parte alega tal factualidade não para exigir o que quer que seja do autor, mas apenas para obter a *rejeição do pedido* por este formulado (*soltanto per ottenere la reiezione della domanda*): por outras palavras, com a excepção reconvencional o réu não formula

c) Apesar de o réu não ter formulado expressamente qualquer pedido, este direito *é apreciado com força de caso julgado*, o que obriga o tribunal naturalmente a analisar e a decidir a questão com particular cuidado. Quer dizer, a excepção reconvencional procedente concede ao réu aquele *quid pluris* de efeitos que jamais poderiam resultar de uma excepção simples[507];

d) A «excepção reconvencional» não se confunde com a *reconvenção* propriamente dita, pois nesta o demandado formula expressamente, *sponte sua*, um pedido (de *simples apreciação; constitutivo* ou *condenatório*) contra o adversário.

Incorrecto é dizer-se que, na «excepção reconvencional», existe um «novo e autónomo pedido do réu, deduzido contra a pretensão do autor» (ROCCO)[508]. A característica essencial desta excepção encontra-se, muito pelo contrário, na *ausência* de qualquer pedido por parte do réu. Este limita-se a alegar no processo novos factos que, uma vez provados, originam efeitos típicos de uma reconvenção, afinal de contas inexistente.

---

qualquer pedido, limitando-se a pedir a improcedência da acção. Cfr. também SATTA, *Diritto processuale civile*, p. 42, nota 1, e FALQUI-MASSIDDA, *Le domande riconvenzionali*, R.D.C., 1962, p. 139. Como escreve COLESANTI, «Eccezione (dir. proc. civ.)», E.D., vol. XIV, p. 204, «o sinal distintivo das excepções reconvencionais está na exigência da apreciação incidental da questão proposta, mesmo sem pedido da parte.» No mesmo sentido, cfr. MERLIN, *Codice di Procedura Civile commentato a cura di* CONSOLO/LUISO, p. 252.

[507] MANUEL GONZÁLEZ, *Reconvención y excepciones reconvencionales en la Lec 1/2000*, p. 24, explica que as excepções reconvencionais produzem efeitos semelhantes aos de uma reconvenção, apesar de se basearem em alegações deduzidas sob a forma de excepção. Ver também a p. 62 da mesma obra, na qual o Autor acentua a ideia, exacta, de que neste tipo de excepções o réu se limita a pedir a absolvição do pedido. No mesmo sentido, DAMIAN MORENO, *La reconvención en el proceso civil*, pp. 28 e s.; MÁRQUEZ ROMERO, *La reconvención*, p. 60.

[508] *Trattato di diritto processuale civile*, I, p. 311.

2. A doutrina de ALBERTO DOS REIS e de ANTUNES VARELA.

ALBERTO DOS REIS, que jamais fez uso expresso do conceito de «excepção reconvencional», antes se movendo no quadro da distinção clássica entre a *excepção* e a *reconvenção*, acaba, contudo, por defender a ideia de que um certo tipo, muito limitado, de excepção material é susceptível, independentemente da vontade do demandado, de produzir efeitos para além da estrita ou mera improcedência da acção. Muito limitado, dizemos, pois a *excepção* de que, a tal propósito, se ocupa relaciona-se tão-só com o estrito domínio das invalidades do negócio jurídico. Ora, nisto parece-nos existir uma adesão pontual à teoria de MORTARA.

ALBERTO DOS REIS começou por analisar o seguinte caso: *A* e *B* eram comproprietários de vários prédios. O primeiro vendeu a *C*, por escritura, o seu direito sobre estes imóveis e o comprador, pretendendo pôr termo à compropriedade, propôs contra *B* uma acção de divisão de coisa comum.

Na contestação, o réu veio alegar que o autor não era comproprietário de quaisquer prédios, pois a venda feita por *A* a *C* tinha sido simulada e tratava-se, por consequência, de uma alienação nula. No seguimento desta alegação, *B* pediu que o tribunal declarasse a nulidade do negócio[509].

O que havia aqui: um *pedido reconvencional* ou a dedução de uma mera *excepção peremptória*?

Inicialmente, ALBERTO DOS REIS defendeu que o pedido revestia natureza reconvencional. O pedido do réu – escreveu – «emerge do facto que serve de fundamento à sua defesa: a simulação da venda»[510]. E logo acrescentou: «Com o seu pedido o réu ampliou consideravelmente o objecto da acção; esta tinha por único fim obter a divisão de prédios comuns; em consequência da defesa do réu e do seu pedido reconvencional o objecto da acção passou a ser outro,

---

[509] Cfr. *Jurisprudência crítica sobre processo civil*, vol. II, pp. 6 s.

[510] Ob. cit., p. 6.

mais largo: apreciar se havia fundamento para declarar nula a venda invocada pelo réu como título da sua compropriedade, isto é, se devia subsistir o acto jurídico fundamental, origem da compropriedade a que o autor pretendia pôr termo com o pedido de divisão»[511].

No entanto, em obras posteriores, invocando uma mais profunda reflexão sobre o caso, ALBERTO DOS REIS inverte claramente o seu pensamento e acaba por excluir do domínio reconvencional o *pedido de declaração da nulidade substantiva*[512].

O problema é agora enunciado nos seguintes termos: «O autor pede o cumprimento dum contrato; o réu alega que o contrato é nulo por simulação; terá de limitar-se a concluir que seja julgada improcedente a acção, ou poderá pedir que o contrato seja declarado nulo?»

E concretizando mais, através de outro exemplo, questiona: «O autor, com base num testamento, pede que o réu seja condenado a entregar os bens da herança; o réu alega que o testamento é nulo por incapacidade mental do testador; há-de concluir, pura e simplesmente, pela improcedência da acção, ou terá o direito de pedir a declaração de nulidade do testamento?»[513].

A resposta surge, agora, bem diferente daquela que, tempos antes, expusera na *Jurisprudência crítica sobre processo civil*: «Nos exemplos que acabamos de apresentar, o pedido de nulidade do contrato ou de nulidade do testamento não constituirá, a nosso ver, pedido reconvencional, que haja de ser deduzido nos termos do artigo 506.º. O réu, opondo a nulidade por simulação do contrato

---

[511] Ob. cit., p. 7. ALBERTO DOS REIS enquadrava o caso em análise não apenas no artigo 279.º, n.º 1, do Código de Processo Civil de 1939, mas também no n.º 4 deste preceito, onde se considerava admissível a reconvenção quando o pedido do réu tivesse por fim ampliar o objecto da acção de modo a apreciar-se a subsistência ou insubsistência do acto ou da relação jurídica fundamental.

[512] *Vide Código de Processo Civil anotado*, vol. III, p. 41, e *Comentário ao Código de Processo Civil*, vol. 3.º, pp. 101 e ss.

[513] *Código de Processo Civil anotado*, vol. III, p. 41.

ou por incapacidade do testador, mantém-se estritamente dentro do campo da defesa; alega um facto impeditivo que obsta a que o acto jurídico constitutivo, invocado pelo autor, produza o seu efeito útil normal; quer dizer, defende-se por excepção peremptória. Estamos fora do domínio da reconvenção»[514].

E conclui assim: «Desde que a nulidade do contrato ou do acto é o corolário lógico da defesa deduzida pelo réu, não se vê razão para que ele esteja inibido de formular o respectivo pedido. Que o pedido de declaração de nulidade é perfeitamente legítimo, resulta da seguinte consideração: o juiz, se der acolhimento à excepção alegada pelo réu, não faz outra coisa senão verificar que o contrato é nulo por incapacidade do testador; de maneira que o réu, pedindo a declaração de nulidade, pede precisamente a expressão da actividade jurisdicional que o magistrado exerceu»[515].

As mesmas ideias encontram-se também expressas no *Comentário ao Código de Processo Civil*. «Desde que o réu – escreve – alega a nulidade do contrato, o tribunal tem de apreciar essa matéria; e se julgar procedente a alegação do réu, não pode deixar de considerar nulo o contrato e de assim o declarar.»

«Mesmo sem o pedido, o tribunal haveria de declarar nulo o contrato, por força da arguição oposta; tanto basta para que não deva elevar-se o pedido à categoria de pedido reconvencional»[516].

O pensamento de ALBERTO DOS REIS resume-se a dois pontos essenciais:

1.º) A procedência da *excepção peremptória da nulidade* origina, mesmo na falta de qualquer pedido do demandado, a prolação de uma sentença de mera apreciação positiva[517];

---

[514] Últ. ob. cit., p. 41. No sentido de que a nulidade deveria originar uma excepção, e não uma reconvenção, se pronunciou VITALI, *La riconvenzione in materia civile nella storia e nel diritto giudiziario*, p. 151, nota 2.

[515] Últ. ob. cit., p. 41.

[516] Vol. 3.º, p. 102.

[517] E, assim sendo, a excepção é apreciada com força de caso julgado.

2.º) A existir um pedido do réu (pedido «perfeitamente legítimo»), no sentido da declaração da nulidade, este pedido não reveste natureza reconvencional, pois a declaração judicial da nulidade acaba por ser um efeito necessário ou automático da procedência da excepção.

Notemos a coincidência existente entre a posição agora exposta e a tese de MORTARA, recordando que, para o processualista italiano, certas excepções – ditas «reconvencionais» – tinham, necessariamente, de ser apreciadas com força de caso julgado, independentemente de um expresso pedido do demandado nesse sentido.

Aliás, MORTARA chegou mesmo a ilustrar a sua «teoria da excepção reconvencional» com o caso da *nulidade por simulação ou por outro motivo* (*nullità per simulazione o per altro motivo*)[518].

Por razões de ordem da exposição, deixemos, para mais tarde, a apreciação da tese de ALBERTO DOS REIS.

Entre nós, em tempos mais recentes, também ANTUNES VARELA procurou distinguir a *reconvenção* da *excepção material*.

O que caracteriza a primeira – ensina – é a existência de um «pedido autónomo» deduzido pelo réu contra o autor, ou seja, um pedido que «transcende a simples improcedência da pretensão do autor e os corolários dela decorrentes»[519].

E que pretenderá o réu, pergunta a seguir, quando se defende através de excepções peremptórias?

«O réu também deduz um *contradireito* perante o autor e formula um pedido ao tribunal: o de que se declare a *inexistência* ou a *extinção* do direito invocado pelo autor e *se extraiam dessa declaração as consequências correspondentes*»[520].

---

[518] *Commentario del Codice e delle Leggi di Procedura Civile*, vol. II, p. 126, em nota.

[519] ANTUNES VARELA, *Manual de processo civil*, pp. 322 e s.

[520] Ob. cit., p. 322 (*é nosso o itálico*).

Tem larguíssimo alcance esta noção de excepção material, pois, no fundo, exprime a ideia de que a procedência da excepção, *por si só*, é susceptível de produzir efeitos que extravasam a improcedência da acção, ou seja, *efeitos mais complexos do que a simples absolvição do pedido*[521].

Para exemplificar o seu pensamento, ANTUNES VARELA parte, como ALBERTO DOS REIS, da *nulidade substantiva*.

Fixemos a nossa atenção no seguinte trecho: «Numa acção judicial de cumprimento, em que o autor peça a condenação do réu numa prestação contratual, o réu que alegue a excepção de *nulidade* do contrato pedirá que se reconheça e declare o vício por ele alegado e a inexistência do direito invocado pelo autor; e poderá requerer mesmo – acrescenta – a *condenação* do autor a *restituir* a prestação que dele recebeu»[522].

«Quando assim seja – conclui –, não há ainda *pedido reconvencional*, porque a pretensão deduzida pelo réu (contra o autor) não passa de uma pura consequência da excepção invocada e, por conseguinte, da carência de fundamento da pretensão do autor»[523].

ANTUNES VARELA recusa-se, portanto, a classificar como reconvencionais os pedidos de *declaração* da nulidade ou de *condenação* na restituição das prestações efectuadas ao abrigo de um negócio nulo.

Tais *pedidos*, a existirem, correspondem, afinal, e se bem interpretamos o seu pensamento, a efeitos que, de *forma automática*, decorrem da procedência da excepção peremptória. Na medida em que visam conduzir, sem mais, à improcedência da acção, não gozam de natureza reconvencional, consistindo, no fundo, em meros apêndices desnecessários.

Para além da excepção peremptória da nulidade, ANTUNES VARELA refere o caso da excepção da *anulabilidade* do negócio jurídico.

---

[521] Cfr. ob. cit., p. 297.

[522] Ob. cit., pp. 322 e s.

[523] Ob. cit., p. 323.

E também aqui, levando ainda mais longe o seu entendimento, afirma que a excepção pode conduzir por si só, sem necessidade de qualquer pedido, à «anulação do negócio que serve de base à pretensão do autor»[524].

Desenvolve do seguinte modo este ponto: «Se na *acção de condenação* destinada a exigir o cumprimento de uma obrigação contratual o réu invocar a excepção da *incapacidade*, do *erro*, *dolo* ou *coacção* e o juiz a julgar procedente, na decisão não vai contida apenas a rejeição da pretensão formulada pelo autor. Nela vai ainda explícita ou implicitamente contida a *anulação do contrato*, com todas as consequências que dela possam decorrer, *mesmo que na acção nenhum outro efeito tenha sido pedido pelas partes*»[525].

Resumidamente, eis a *tese* do saudoso e ilustre processualista: a procedência de uma excepção material pode gerar, *mesmo na absoluta ausência de um pedido do demandado*, uma *sentença de mera apreciação positiva* (caso da declaração, para todos os efeitos, da *nulidade* do negócio jurídico); uma *sentença condenatória* (caso da condenação na restituição das prestações efectuadas ao abrigo do negócio inválido) ou, por fim, uma *sentença constitutiva* (caso da anulação do negócio jurídico)[526-527].

---

[524] Ob. cit., p. 297.

[525] Ob. cit., p. 297, nota 2 (*é nosso o itálico final*).

[526] É certo que Antunes Varela também afirma, noutro contexto (*Manual de processo civil*, p. 332), que «a excepção peremptória tem o efeito de *paralisar* ou *extinguir* o direito do autor, sem *realizar* positivamente nenhum direito substancial do réu, *distinto e autónomo dele.*»

[527] A tese de que a excepção da anulabilidade é susceptível de gerar, por si só, a anulação do negócio e não apenas a improcedência do pedido tem sido seguida por alguma doutrina mais recente. Assim, Montalvão Machado/Paulo Pimenta, *O novo processo civil*, p. 170, entendem que o «pedido de anulação do negócio» é «estritamente defensional», um pedido naturalmente inerente à excepção peremptória em causa.

Compreende-se agora melhor a afirmação de ANTUNES VARELA, segundo a qual a excepção peremptória «pode apontar mesmo para um *efeito mais complexo* do que a absolvição do pedido (alegação do erro, dolo, coacção, simulação ou incapacidade, para obter a declaração de nulidade ou a anulação do negócio que serve de base à pretensão do autor e o pedido de restituição da prestação eventualmente realizada pelo réu)»[528].

Esta tese – vamos designá-la por *tese do efeito amplo da excepção material* – coincide, grandemente, com a doutrina da «excepção reconvencional» de MORTARA.

Aliás, ANTUNES VARELA, como veremos na parte II deste trabalho, chega a referir-se, em termos genéricos, ao conceito de «excepção reconvencional» quando analisa a natureza jurídico-processual da *compensação de créditos*. A compensação é, nas suas palavras, uma «figura híbrida, um produto misto de *reconvenção* e de *excepção peremptória*», citando expressamente MORTARA e REDENTI[529].

As posições de ALBERTO DOS REIS e de ANTUNES VARELA suscitam no nosso espírito dúvidas que passamos a enunciar de forma genérica.

Desde logo, em que normas ou princípios gerais se baseiam?

Depois, o que vale para as excepções da *nulidade* e da *anulabilidade* valerá, analogamente, para todas as outras excepções materiais das quais seja possível extrair efeitos que ultrapassem a mera

---

[528] Ob. cit., p. 297. REMÉDIO MARQUES, *Acção declarativa à luz do Código revisto*, p. 296, inclina-se para esta doutrina. Sempre que o réu – escreve –, no âmbito de uma acção de cumprimento, alega a *resolução do contrato*, o «*pedido da restituição das quantias*, que, eventualmente, haja entregue ao autor não passa de uma *mera consequência* da procedência dessa excepção.» Mas já entende que o pedido de declaração da resolução do contrato, com força de caso julgado, goza de natureza reconvencional. Voltaremos adiante a este ponto.

[529] Ob. cit., p. 332 (ver também a nota 2 da mesma página).

improcedência do pedido (*v.g.*, para a excepção da usucapião julgada procedente)?

E, por último, a ser válida a tese enunciada por estes processualistas, por onde passa, afinal de contas, a linha divisória entre a *reconvenção* e a *excepção material*?

3. Crítica, pela moderna doutrina italiana, à «teoria da excepção reconvencional». A «teoria da excepção reconvencional» tem sido muito criticada por parte de um vasto sector da doutrina italiana, que afirma não ser possível conjugar os conceitos de «reconvenção» e de «excepção» e que, portanto, a tentativa, iniciada por MORTARA, de fundir estes termos antitéticos conduziu ao nascimento de uma figura «intimamente contraditória» (COLESANTI)[530] ou «ambígua e incoerente» (VULLO)[531-532].

Vejamos as principais linhas argumentativas em que assenta esta corrente crítica.

Os opositores do conceito de «excepção reconvencional» começam por aceitar que certos contrafactos inerentes às excepções materiais são, em simultâneo, constitutivos de contradireitos do réu e,

---

[530] *Alcune osservazioni in tema di «eccezioni riconvenzionali»*, R.D.P., 1964, p. 496; «Eccezione (dir. proc. civ.)», *in* E.D., vol. XIV, p. 204. Já em 1936, ZANZUCCHI, *Diritto processuale*, I, p. 330, escreveu que «excepção e reconvenção são termos contraditórios».

[531] *La domanda riconvenzionale*, p. 214. Na p. 222, VULLO faz notar que uma forte corrente crítica, apoiada no pensamento de CHIOVENDA, sempre assinalou que os dois termos – *excepção* e *reconvenção* – «exprimem conceitos antitéticos.» Este entendimento é seguido por MANDRIOLI, *Diritto processuale civile*, I, p. 136, nota 36.

[532] Uma denominação criadora de «incerteza», nas palavras de ROLLA, *Eccezione riconvenzionale o domanda di accertamento incidentale?*, G.I., vol. XCI (1939), p. 915, para quem a «excepção reconvencional» não conduz ao efeito típico das excepções, nem consiste, em rigor, em qualquer reconvenção, ou seja, numa «acção do réu contra o autor cujo exercício depende da verificação de requisitos previstos na lei».

neste sentido, podem fundamentar uma *acção autónoma*. Este ponto encerra uma verdade indiscutível e universalmente aceite, para a qual, de resto, temos vindo a chamar a atenção desde as primeiras páginas do presente trabalho[533-534].

No âmbito de uma acção de reivindicação, por exemplo, os contrafactos reveladores da *usucapião* configuram-se não apenas como impeditivos ou extintivos do direito do autor (neste sentido, defensivos), mas também como *constitutivos do direito de propriedade do demandado.*

Tudo está em saber se o tribunal deve, como sustentam os seguidores da «teoria da excepção reconvencional», por sua livre e exclusiva iniciativa (*ex officio*), proferir uma sentença que venha a tutelar os referidos contradireitos (ou interesses juridicamente relevantes) que derivam dos contrafactos defensivos. Quer dizer, perante contrafactos defensivos oportunamente alegados e devidamente provados (factos reveladores, por exemplo, de que o réu adquiriu a coisa por usucapião ou de que certo contrato se encontra

---

[533] Neste sentido, ZANZUCCHI, ob. cit., p. 336; COLESANTI, est. cit., p. 499; GUIDETTI, *Le eccezioni nel processo civile*, R.T.D.P.C., 1962, p. 779; SERGIO COSTA, «Eccezione-diritto vigente», *in* NN.D.I., vol. VI, pp. 350 e s.; RICCI, *Principi di diritto processuale generale*, p. 162. PROTO PISANI, *Lezioni di diritto processuale civile*, p. 62, distingue, a este propósito, duas espécies de factos: os meros factos (*meri fatti*) e os factos-direitos (*fatti-diritti*). Os primeiros, nas palavras do processualista italiano, «têm relevância unicamente como factos constitutivos, impeditivos, modificativos ou extintivos do direito que o autor faz valer em juízo.» Como exemplos, aponta os factos reveladores da culpa ou da prescrição.

Os segundos são incomparavelmente mais complexos: com indiscutível relevância no domínio de determinado processo, os *fatti-diritti* permitem, por si próprios, sustentar uma pretensão (e, logo, uma acção) autónoma. É o caso dos factos reveladores de que o réu tem a qualidade de proprietário ou da existência de um qualquer vício da vontade. Destes factos – que nós designamos por *factos ambivalentes* – derivam os mais diversos direitos.

[534] Ver, na doutrina espanhola, DAMIAN MORENO, *La reconvención en el proceso civil*, p. 29.

afectado por um vício da vontade), ao juiz caberá absolver o réu do pedido ou ir mais longe, declarando o direito ou decretando certo efeito que a lei não impõe ou que os litigantes não pediram?

Para os críticos da «concepção mortariana», o Código de Processo Civil italiano de 1940 liquidou a figura da «excepção reconvencional», e isto porque foi consagrada no artigo 34 a *concepção chiovendiana*, à luz da qual apenas a *pedido das partes* (do autor ou do réu) ou por *força da lei* pode ocorrer o fenómeno da transformação de uma «questão prejudicial» em «causa prejudicial»[535].

Logo, a excepção de mérito, enquanto típica questão prejudicial, somente é decidida, com força de caso julgado, em duas situações: em primeiro lugar, se da própria lei – *se per legge* – resultar que a excepção tem de ser apreciada com força de caso julgado (*accer-*

---

[535] Cfr. Falqui-Massidda, *Le domande riconvenzionali*, R.D.C., 1962, p. 145, e Vullo, *La domanda riconvenzionale*, pp. 220 e s. Chiovenda, *Instituciones de derecho procesal civil*, t. I, p. 407, reconhece as vantagens da *extensão automática* do caso julgado às questões prejudiciais. Para além de afastar possíveis acções futuras, evitaria decisões contraditórias. Mas os inconvenientes da solução ultrapassariam as vantagens: por um lado, sobre as partes recairia um esforço de ataque e de defesa muito superior e, por outro lado, tendo em conta que o caso julgado somente se forma se a decisão for proferida pelo tribunal competente, o julgamento de certos pontos prejudiciais com força de caso julgado teria de conduzir, num grande número de pleitos, à *suspensão* do processo e à remessa do mesmo para outro juiz.

O pensamento de Chiovenda teve logo forte adesão, mesmo antes da entrada em vigor do C.P.C.I. de 1940. Ver, por exemplo, Raselli, *Della cosa giudicata in rapporto alle eccezioni e alle domande riconvenzionali*, R.D.P.C., vol. III – – Parte II, 1926, pp. 241 e ss. Mas a tese nunca foi totalmente pacífica. Assim, para Satta, *Commentario al Codice di Procedura Civile*, I, p. 148, o «equívoco» deste entendimento está na «ideia de que o objecto do processo se determina apenas com base na acção e não também com fundamento na excepção deduzida pelo réu», o que leva a criar uma série de desvios ao princípio do conhecimento *incidenter tantum*. Satta, porém, não apresenta argumentos que convençam da superioridade da tese contrária.

tamento incidentale ex lege)[536]; em segundo lugar, se houver um explícito pedido de alguma das partes nesse sentido (*se per esplicita domanda di una delle parti...*), não bastando, portanto, a simples impugnação para que o ponto prejudicial seja resolvido com força de caso julgado[537].

Torna-se, pois, evidente que o preceito citado, ao consagrar uma solução ignorada pelo Código de 1865, fez cair por terra a ideia segundo a qual certas excepções teriam em si mesmas, *independentemente da vontade da lei ou da vontade das partes*, o gérmen da apreciação incidental, ou seja, da *apreciação judicial com força de caso julgado*. Ao juiz, por sua livre e exclusiva vontade, está vedado decla-

---

[536] Trata-se de um *accertamento* necessário. O juiz, neste caso, tem de decidir a questão prejudicial *para todos os efeitos*. As disposições que fixam a necessidade da «apreciação incidental» aparecem, nas palavras de CARNELUTTI, *Lezioni di diritto processuale civile*, vol. IV, p. 61, isoladas e desligadas umas das outras. VICENZO DE PETRIS, «Connessione», *in* E.D., vol. IX, p. 15, apresenta exemplos de questões prejudiciais que devem ser objecto de caso julgado e não de simples apreciação incidental: entre eles, sobressai a *excepção da compensação*, regulada no artigo 35 do C.P.C.I.

[537] Como argutamente observou ROLLA, num estudo publicado em 1939 (*Eccezione riconvenzionale o domanda di accertamento incidentale?*, G.I., vol. XCI, p. 916), podem as partes, nomeadamente o réu, não ter interesse em que a questão levantada seja apreciada com força de caso julgado.

Existem, no entanto, interpretações diferentes do artigo 34 do C.P.C.I. Assim, GIANNOZZI, *La modificazione della domanda nel processo civile*, p. 210, aderindo ao pensamento de MORTARA, entendeu que o legislador, ao referir-se ao «pedido de uma parte», está a exigir, tão-somente, a explícita contestação (*esplicita contestazione*) susceptível de desencadear, automaticamente, o nascimento de uma questão a resolver na sentença com força de caso julgado. Estamos, porém, perante uma claríssima distorção do artigo 34 do C.P.C.I.

Para MONTESANO, *In tema di accertamento incidentale*, R.D.P., 1951, p. 335, a expressão «pedido explícito», contida no artigo 34 do C.P.C.I., significa que o pedido deve extrair-se de uma específica conclusão, não bastando a simples contestação do réu.

rar ou decretar efeitos que a lei não impõe ou que as partes não requereram expressamente[538].

Com acerto, pois, afirma actualmente PROTO PISANI que «quando seja alegado um facto-direito (*fatto-diritto*) gerador de uma questão prejudicial, o único direito sobre o qual o juiz deverá pronunciar--se com força de caso julgado é o alegado pelo autor e não também o facto-direito litigioso; o juiz conhecerá deste apenas *incidenter tantum* (ou seja, somente para efeitos da decisão sobre o direito originariamente invocado pelo autor, sem qualquer efeito relativamente a outros processos entre as mesmas partes em que seja deduzido e alegado o mesmo facto-direito) e, por conseguinte, sem força de caso julgado»[539].

Os críticos da «teoria da excepção reconvencional» observam que os conceitos de *excepção* e de *reconvenção* revestem natureza antitética, não sendo rigoroso fundi-los, pois eles excluem-se mutuamente[540].

A *excepção material*, por um lado, assenta em contrafactos e origina uma questão prejudicial que, julgada em favor do excipiente,

---

[538] Refira-se, como nota de direito comparado, e antes de analisar o nosso direito positivo, que o regime instituído no artigo 34 do C.P.C.I. tem paralelo noutros ordenamentos jurídicos. É o caso do ordenamento processual alemão, em cujo § 256 II da ZPO se dispõe o seguinte: «Até à conclusão da audiência final, pode o demandante, ampliando o pedido, ou o demandado, apresentando uma reconvenção, pedir que o tribunal se pronuncie sobre alguma relação jurídica que tenha sido objecto de discussão durante o litígio e de cuja existência ou inexistência dependa no todo ou em parte a resolução da acção.» E do § 322 I, recordemos, resulta que o caso julgado se forma apenas sobre a decisão final e não sobre os motivos.

[539] *Lezioni di diritto processuale civile*, p. 62. *Vide* também, no mesmo sentido, o conhecido estudo de FABBRINI, «L'eccezione di merito nello svolgimento del processo di cognizione», nos Studi in memoria di Carlo Furno, pp. 258 e s.; 278 e s.; 298 (nota 49).

[540] Esta crítica é seguida por AMARAL SANTOS, *Da reconvenção no direito brasileiro*, p. 129.

conduz apenas à *improcedência total, parcial* ou *temporária* do pedido do autor.

E uma vez que os *contrafactos são conhecidos incidenter tantum,* ou seja, sem força de caso julgado, as excepções não ampliam o objecto do processo, limitando-se a alargar a matéria do conhecimento do juiz (*ampliamento della materia logica della cognizione del giudice*)[541].

Ao contrário, a *reconvenção,* que se pode basear, é certo, nos contrafactos acabados de referir, implica necessariamente a formulação de um pedido por parte do réu e, logo, o alargamento do objecto do processo ou, talvez com mais rigor, a acumulação de objectos.

Pois bem. Para que o pedido revista natureza reconvencional – como acentua VULLO – basta que se peça a declaração, com força de caso julgado, da existência de determinado contrafacto[542].

A ideia segundo a qual os pedidos puramente declarativos estariam fora do âmbito da reconvenção é de afastar, a não ser, claro está, que lhes falte a indispensável autonomia.

O pedido de apreciação incidental feito pelo demandado, nos termos do citado artigo 34, tem sido classificado como um *pedido reconvencional* (de mera apreciação) fundado na própria defesa, fonte de uma autêntica causa prejudicial enxertada na acção pendente. Assim ocorrerá, por exemplo, quando o réu, pretendendo tutelar o interesse legítimo da certeza jurídica, peça que certo *status*

---

[541] O objecto do processo e, por consequência, os limites objectivos do caso julgado são fixados pelo autor na petição inicial. O réu que, numa acção de reivindicação – escreve COLESANTI, *Alcune osservazioni in tema di «eccezioni riconvenzionali»,* p. 500 –, se defende mediante a *excepção da usucapião* «limita-se a levar ao conhecimento do juiz uma questão prejudicial que tem, se fundada, um efeito preclusivo sobre a procedência da acção; questão que, na falta de expresso pedido do réu, será resolvida somente *incidenter tantum* pelo juiz, em sede do julgamento sobre o fundamento da acção do reivindicante.»

[542] *La domanda riconvenzionale,* p. 228.

(v.g., de filho) seja apreciado com força de caso julgado ou que o direito de propriedade, derivado da usucapião, seja reconhecido e declarado com o mesmo efeito[543].

Sobre a classificação do pedido de apreciação incidental, escreve PROTO PISANI: «O artigo 167 (preceito relativo à contestação) não diz se a expressão *domande riconvenzionali* compreende ou não também os pedidos de apreciação com força de caso julgado das relações prejudiciais referidas no artigo 34.»

E após afirmar que a questão foi sempre muito discutida, conclui que, em seu entender, «o pedido baseado no artigo 34 se integra no mais vasto âmbito dos pedidos reconvencionais»[544].

4. Em defesa do princípio do efeito limitado da excepção material. Tanto a «teoria da excepção reconvencional», como, entre nós, as posições mais restritas de ALBERTO DOS REIS e de ANTUNES VARELA acabam por tornar extremamente fluida ou quase invisível a linha de fronteira que separa a excepção material da reconvenção.

---

[543] Como explica CAPPELLETTI, *Il valore delle sentenze straniere in Italia*, R.D.C., 1965, p. 205, na apreciação incidental ocorre apenas o conhecimento, por parte do juiz, de uma situação já existente, mas não a constituição de uma situação jurídica nova. «Inconcebível – escreve – é uma pura e simples apreciação incidental constitutiva.» Na verdade, para se alcançar esse novo efeito jurídico, torna--se indispensável a formulação de um pedido reconvencional constitutivo.

[544] *Lezioni di diritto processuale civile*, p. 97. Já CHIOVENDA, *Principii di diritto processuale civile*, p. 277, afirmava que «o réu pode provocar a apreciação de direitos diversos daqueles que o autor faz valer, ampliando o alcance do caso julgado e, portanto, provocando uma alteração na competência do juiz; mas – concluía – trata-se nestes casos de verdadeiros pedidos reconvencionais (*di vere domande riconvenzionali*); uma forma de reconvenção é justamente o pedido de apreciação incidental (*la domanda d'accertamento incidentale*).» Cfr., do mesmo Autor, «Sulla eccezione», *in* Saggi di Diritto Processuale Civile (1900-1930), vol. I, p. 152. Sobre o efeito alargado da apreciação incidental, *vide* também CARNELUTTI, *In tema di accertamento incidentale*, R.D.P.C., 1943, p. 18.

Na verdade, se a procedência de uma excepção peremptória é susceptível de provocar, *por si só*, efeitos que ultrapassam a mera improcedência (total ou parcial) do pedido, qual o espaço que sobeja para a reconvenção? Não se tornará esta, num número incontável de casos, desnecessária?

E existirá real fundamento para a doutrina do efeito amplo da excepção peremptória? Estará ela em consonância com os princípios fundamentais que regem o nosso direito processual?

Esta doutrina causa, à partida, estranheza, pois os referidos efeitos deveriam, em regra, ser fruto de pedidos reconvencionais.

A fim de aclarar a distinção entre os conceitos de *excepção peremptória* e de *reconvenção*, torna-se necessário tomar como ponto de partida a própria *lei*.

Como em qualquer acção, a essência da reconvenção está no *pedido*. Isto retira-se, de modo inequívoco, do artigo 501.°, preceito que exige, além do mais, a identificação expressa e a dedução separada da reconvenção na contestação apresentada pelo réu. E sendo a reconvenção uma autêntica *acção* (uma *acção cruzada*), não vemos como seja possível e legítimo restringir-lhe o fim[545]. Desta forma, e em conformidade com o tipo de pedido apresentado pelo reconvinte, a acção reconvencional pode, como vimos, à luz do disposto no artigo 4.°, n.° 2, revestir natureza de *simples apreciação, condenatória* ou *constitutiva*, e a sua procedência gerará os correspondentes efeitos.

Noutro plano, nos termos explícitos do artigo 493.°, n.° 3, as *excepções peremptórias* «importam a absolvição total ou parcial do pedido». Por consequência, é possível extrair da lei o seguinte *princípio geral: a excepção peremptória procedente é insusceptível*

---

[545] Autores como MORTARA associavam, como vimos, a reconvenção apenas a pedidos de natureza condenatória.

de gerar outras consequências para além dos efeitos típicos da impro-cedência da acção[546].

Ora, todo e qualquer desvio a este princípio terá de encontrar expresso apoio na própria lei.

Não deixa de ser exacto, por outro lado, que certos contrafactos subjacentes às excepções peremptórias são, simultaneamente, como bem acentua a doutrina italiana, *constitutivos de direitos ou interesses legalmente protegidos do demandado.*

O nosso legislador tem plena consciência desta realidade, ao dispor, no artigo 274.º, n.º 2, al. *a*), que a reconvenção é admissível quando *o pedido do réu emerge do facto jurídico que serve de funda-mento à defesa.*

Existem, portanto, *factos ambivalentes* que tanto permitem sus-tentar uma *defesa pura*, como uma *reconvenção*[547]. E é precisamente aqui que nasce o problema que nos propusemos resolver: na even-tualidade de faltar o pedido reconvencional, poderá o juiz tutelar *ofi-ciosamente*, uma vez alegados e provados os contrafactos, o direito ou o interesse do demandado?

Respondem afirmativamente, como vimos, os seguidores da «teoria da excepção reconvencional.»

Mas esta teoria é inaceitável. *Em princípio*, não pode existir a mencionada tutela oficiosa e os referidos contrafactos, desacom-

---

[546] «A excepção – escreve TEIXEIRA DE SOUSA, *As partes, o objecto e a prova na acção declarativa*, p. 168 – produz um efeito circunscrito à improcedência da acção.» É, desta forma, limitado o objectivo da excepção baseada em factos extin-tivos, impeditivos ou modificativos, como bem afirma EVANGELISTA, «Riconven-zionale (domanda)», *in* E.G., vol. XXVII, p. 1.

[547] FRIEDENTHAL/KANE/MILLER, *Civil procedure*, p. 675, chamam a atenção para a existência de factos susceptíveis de fundamentar uma *defesa* ou uma *recon-venção*. «O dolo – escrevem – tanto pode ser alegado defensivamente no âmbito de uma acção de responsabilidade contratual, como pode servir de base a uma acção de danos» (*fraud may provide a defense to a contract action and also serve as the basis for a tort claim*).

panhados de qualquer pedido (de *mera apreciação, condenatório* ou *constitutivo*), apenas são susceptíveis de conduzir à improcedência da acção e à consequente *absolvição do réu do pedido*.

Somente este entendimento poderá colocar nos seus devidos lugares as figuras da *excepção* e da *reconvenção*, sem as baralhar ou confundir e permitindo compreender ou delimitar a função própria que a cada uma delas compete.

Existem fortes razões para sustentar a *tese do efeito limitado ou restrito da excepção material*.

Se o réu alega, na contestação, um facto impeditivo, modificativo ou extintivo do direito que o autor pretende ver reconhecido, sem lhe acrescentar qualquer pedido ulterior, o tribunal está, em regra, impossibilitado de suprir a omissão do demandado. Logo, uma vez feita a prova do contrafacto, o tribunal deve apenas julgar a acção improcedente.

O fundamento para o que afirmamos encontra-se no *princípio do pedido*, à luz do qual o juiz, para além de não poder iniciar, por sua livre iniciativa, um processo cível (art. 3.º, n.º 1, 1.ª parte), está limitado, quanto ao seu poder jurisdicional, pela concreta pretensão formulada pelas partes (art. 661.º, n.º 1)[548].

Há muito se afirma, entre nós, que «os juízes devem regular as suas decisões tão-somente pelo petitório feito na acção que julgam»[549].

---

[548] Um largo sector da doutrina integra o princípio do pedido no princípio do dispositivo (assim, entre nós, MANUEL DE ANDRADE, *Noções elementares de processo civil*, pp. 373-375; CASTRO MENDES, *Direito processual civil*, I vol., p. 184; TEIXEIRA DE SOUSA, *Sobre a teoria do processo declarativo*, p. 65; *Introdução ao processo civil*, pp. 58 e 60; LEBRE DE FREITAS, *Introdução ao processo civil*, p. 136). Pela nossa parte, parece mais rigoroso distinguir os dois princípios, em conformidade, aliás, com o Código de Processo Civil (cfr. os arts. 3.º e 264.º). No mesmo sentido, no direito italiano, se pronuncia LIEBMAN, *Fondamento del principio dispositivo*, R.D.P., 1960, p. 552 (nota 2).

[549] Cfr. ANTÓNIO DE VASCONCELOS, *in* G.R.L., Ano 35.º (1921-1922), p. 242.

A «*Excepção Reconvencional*» 239

Se o demandado omite, com base nos contrafactos por si alegados, determinada pretensão, o juiz não deve, *em princípio*, proferir
sentença que a tutele[550].

E ninguém estranhe o que acabamos de dizer, pois o mesmo
ocorre no caso de ser o *autor* a omitir total ou parcialmente o
pedido. Onde radica a razão fundamental do princípio que acabamos de explicitar?

Radica, reproduzindo as palavras de PESSOA VAZ, «na consideração de que, atribuindo em geral o direito objectivo privado
substancial aos particulares o poder de disporem livremente da sua
própria esfera jurídica (autonomia da vontade privada), é naturalmente a estes (partes) que compete determinar quais e em que limites os seus direitos e relações jurídicas devem ser exercidos processualmente»[551].

Na eventualidade de o juiz, extravasando os seus poderes, vir
a decretar um efeito não requerido por qualquer das partes, a sentença enfermará, à luz do artigo 668.º, n.º 1, al. *e*), de um vício de
nulidade[552].

Outra norma, já por nós referida no presente capítulo, permite
confirmar a tese de que o tribunal está impedido de retirar dos contrafactos outros efeitos para além da típica ou normal improcedência da acção.

---

[550] Para DAMIAN MORENO, *La reconvención en el proceso civil*, p. 30, «como o
juiz não pode deixar de fazer caso daquilo que aparece sob a forma de excepção,
parece prudente que não considere reconvenção aquilo que o não é, sob pena de
estarmos em presença de um acto abusivo que excede os limites próprios do exercício da jurisdição.»

[551] *Atendibilidade de factos não alegados*, p. 47.

[552] A tese de MORTARA conduz a sentenças que ultrapassam o pedido, conclui, em tom crítico, MONTESANO, *In tema di accertamento incidentale e di limiti del
giudicato*, R.D.P., 1951, p. 341. Sobre a função do pedido em geral, ver COSTA,
«Domanda giudiziale», *in* NN.D.I., VI, p. 165, e OLIVA SANTOS, *Sobre la congruencia de la sentencia civil*, La Ley, 1982, p. 894.

Efectivamente, na esteira do artigo 34 do C.P.C.I., o artigo 96.º, n.º 2, dispõe, concretizando, no fundo, o *princípio do pedido*, que «a decisão das questões e incidentes suscitados não constitui (...) caso julgado fora do processo respectivo, excepto se alguma das partes requerer o julgamento com essa amplitude e o tribunal for competente do ponto de vista internacional e em razão da matéria e da hierarquia.»

Deste preceito resulta que o juiz está legalmente impedido de declarar, com força de caso julgado, a *existência* e os *efeitos jurídicos* de certo contrafacto defensivo. Por outras palavras, o juiz encontra-se impedido de proferir, por sua única iniciativa, com base nos contrafactos provados, uma sentença *meramente declarativa*. E o que acaba de dizer-se vale, igualmente, por maioria de razão, para sentenças *condenatórias* ou *constitutivas*.

Refira-se que o regime consagrado no artigo 34 do C.P.C.I. se opõe também à formação dos denominados *julgados implícitos*. Como afirma RICCI, «se este preceito impede, em princípio, a formação do caso julgado sobre questões decididas pelo juiz de forma expressa, *a fortiori* o caso julgado não se pode alargar a questões resolvidas apenas implicitamente»[553].

Resta acrescentar que se assim não fosse, ou seja, se o juiz pudesse ir para além do objecto delimitado pelas partes, o processo acarretaria uma grande dose de insegurança jurídica, pois estas teriam dificuldade em prever o conteúdo das decisões judiciais.

---

[553] *Principi di diritto processuale generale*, p. 246. Sem razão, LANCELLOTTI, *Variazioni dell'implicito rispetto alla domanda, alla pronuncia ed al giudicato*, R.D.P., 1980, p. 465, defende o caso julgado implícito baseado numa vontade de pedido (*volontà di domanda*) não manifestada (*non espressa*) ou mal manifestada (*male espressa*). Em sentido contrário, porém, há muito se pronunciou ALLORIO, «Critica della teoria del giudicato implicito», *in* Sulla dottrina della giurisdizione e del giudicato e altri studi, pp. 226 e s.

A garantia do efectivo contraditório ficaria, deste modo, fortemente afectada[554-555].

O actual Código de Processo Civil espanhol (LEC) veio resolver, correctamente e com a máxima clareza, o problema de saber se, de certas contestações defensivas, é possível extrair pedidos implícitos que o tribunal se encarrega de descobrir e de tutelar.

O artigo 406, n.º 3, da LEC dispõe que «a reconvenção tem de exprimir com clareza a concreta forma de tutela que se pretende obter (...)» e que, por conseguinte, «em nenhum caso se poderá considerar formulada a reconvenção no escrito do demandado que solicite a absolvição relativamente ao pedido ou aos pedidos da acção principal.»

Esta norma, merecedora do nosso aplauso, pôs termo a uma forte polémica que dividia a doutrina e a jurisprudência espanholas.

---

[554] Para MANUEL GONZÁLEZ, *Reconvención y excepciones reconvencionales en la LEC 1/2000*, pp. 38 e 214 e ss., a denominada *reconvenção implícita* conduz a «uma intolerável indefinição relativamente aos limites da defesa e do ataque processual e, em consequência, do objecto do processo, circunstância que prejudica tanto o autor, como o demandado.» Como vamos ver em texto, o actual Código de Processo Civil espanhol cortou pela raiz a reconvenção implícita ou oculta que, segundo CAROLINA RODRIGUEZ, *La acumulación objectiva de acciones en el proceso civil*, p. 52, era uma criação jurisprudencial.

Sobre a íntima relação entre o princípio do contraditório e o princípio, consagrado no artigo 112 do C.P.C.I., da correspondência entre o pedido e o sentenciado (*corrispondenza tra il chiesto e il pronunciato*), *vide* CARPI/COLESANTI/ /TARUFFO, *Commentario breve al Codice di Procedura Civile*, p. 337. Como explica PROTO PISANI, *Lezioni di diritto processuale civile*, p. 215, os limites resultantes do artigo 112 do C.P.C.I. valem tanto para o *pedido*, como para as *excepções*.

[555] Com muita clareza, escreve FORNACIARI JÚNIOR, *Da reconvenção no direito processual civil brasileiro*, p. 159, a propósito do artigo 299 do C.P.C.B., que «não se admite a chamada *reconvenção implícita*, mas somente a expressa, existindo, destarte, maior segurança na constatação da existência ou não da demanda reconvencional.»

Uma ampla corrente doutrinal e jurisprudencial, com efeito, entendia que a *reconvenção* não estava sujeita a qualquer exigência formal e, neste sentido, podia confundir-se com uma *excepção material* quando ambas assentassem num direito do réu susceptível de originar uma acção independente. Tratava-se, portanto, de um entendimento que aceitava a reconvenção implícita, ou seja, aquela que, sem adoptar a *forma* da reconvenção, se inferia da defesa do réu[556].

À luz de tudo o que expusemos até este momento, diremos, a concluir, que também entre nós se deve considerar válida a tese de que o tribunal não pode deduzir da procedência de uma excepção peremptória, quer esta seja ou não seja de conhecimento oficioso, outro efeito para além da típica e legalmente prevista improcedência (*total*, *parcial* ou *temporária*) da acção.

Logo nas primeiras páginas desta monografia perguntámos se o juiz poderá ou deverá averiguar a real vontade do réu que, em vez de reconvir, tendo para isso fundamento, se limita a excepcionar, sugerindo-lhe a expressa dedução do pedido omitido.

Trata-se de uma questão delicada que põe em confronto interesses antagónicos. Por um lado, o *interesse público* em que sejam retirados todos os efeitos possíveis dos contrafactos alegados, evitando futuras acções declarativas. Por outro lado, o *interesse privado*, assente no princípio do dispositivo, que afasta as incursões do juiz em domínios atribuídos à disponibilidade das partes. Se o réu se limitou de forma clara e inequívoca a apresentar uma excepção peremptória, pedindo a consequente absolvição do pedido, é inaceitável que o juiz interfira com este interesse manifestamente expresso.

---

[556] Seguimos de perto CORDÓN MORENO, *Proceso civil de declaración*, p. 204, e DAMIÁN MORENO, *Comentarios a la nueva Ley de Enjuiciamiento Civil* (LORCA NAVARRETE), t. II, pp. 2098 e s. Ver também OLIVA SANTOS/DÍEZ-PICAZO GIMÉNEZ, *Derecho procesal civil*, p. 267; MANUEL GONZÁLEZ, ob. cit., pp. 57-60, e ROSA SANZ, *La reconvención en el proceso civil español*, p. 29.

Acresce que o autor veria sempre na interferência do juiz uma quebra na indispensável imparcialidade do tribunal e, por tudo isto, pensamos que deve respeitar-se a liberdade de escolha entre a excepção e a reconvenção.

Formulemos, agora, nesta fase crucial do trabalho, a seguinte questão: *até que ponto o princípio do efeito limitado da excepção peremptória aniquila o conceito de «excepção reconvencional»? Que espaço de sobrevivência restará a esta espécie de excepção?*

Uma corrente radical defende que este conceito não faz hoje qualquer sentido. Aponte-se HEINITZ, para quem a «excepção reconvencional» somente teria cabimento num «sistema que admitisse a extensão do caso julgado aos motivos»[557].

Discordamos em absoluto desta tese.

A figura existe, na realidade, não enquanto produto da vontade exclusiva do juiz, mas enquanto criação legislativa. Em hipóteses contadas, a lei prevê ou poderá prever, sempre que exista nisso um interesse relevante, «excepções reconvencionais.» Elas constituem, segundo a nossa tese, um saudável desvio ao princípio de que o caso julgado não se alarga aos denominados «motivos» da decisão.

Mas onde se encontram estas especiais excepções? Devido à sua raridade, torna-se difícil identificá-las. Vamos tentar descobri-las, partindo de alguns exemplos.

Primeiro exemplo: *A* propõe uma acção de reivindicação contra *B*, limitando-se este, na contestação, a alegar um conjunto de *factos* reveladores de que adquiriu a coisa reivindicada por *usucapião*;

Segundo exemplo: *C* intenta uma acção de simples apreciação contra *D*, pedindo que o tribunal reconheça e declare a existência de certa servidão de passagem.

---

[557] *I limiti oggettivi della cosa giudicata*, p. 226. No mesmo sentido aponta, como já vimos, FALQUI-MASSIDDA, *Le domande riconvenzionali*, R.D.C., 1962, p. 145.

O réu, na contestação, alega que a servidão se extinguiu, nos termos da al. *b)* do n.º 1 do artigo 1569.º do C.C., porque não é usada há mais de vinte anos;

Terceiro exemplo: *E* pede judicialmente que *F* seja condenado a realizar determinada prestação contratual e este, por sua vez, alega factos reveladores de que o autor, aquando da celebração do contrato, actuou *dolosamente* (art. 253.º do C.C.);

Quarto exemplo: *G* propõe acção contra *H*, pedindo a condenação deste na entrega de um imóvel. O réu alega que o contrato, fonte da referida obrigação não cumprida, foi *simuladamente* celebrado.

Qual o elo entre as hipóteses acabadas de expor?

Em todas elas, o réu invoca contrafactos defensivos (factos reveladores da *usucapião*; da *extinção da servidão por não uso*; da ocorrência de *dolo* e, por último, da *existência de simulação*), não deduzindo, com fundamento neles, qualquer espécie de pedido.

Uma vez feita a prova dos contrafactos defensivos, que atitude deverá tomar o juiz na sentença final? Absolver o réu do pedido ou ir para além disto, proferindo decisão que produza efeitos mais amplos?

Quanto à *primeira hipótese*, poderá o juiz declarar, para sempre, a ocorrência da usucapião e a consequente existência do direito de propriedade do réu?

Na *segunda hipótese*, assistirá ao juiz a possibilidade de, através de uma sentença constitutiva, declarar a servidão extinta por não uso?

Na *penúltima hipótese*, será legítima, à luz do nosso sistema, uma sentença que decrete a anulação do contrato ou que, indo ainda mais longe, como defende ANTUNES VARELA, condene o autor a restituir ao demandado aquilo que recebeu ao abrigo do negócio inválido?

Finalmente, quanto à *última hipótese* exposta, deverá o tribunal declarar a nulidade do contrato, ficando a sentença a valer com força de caso julgado?

A «Excepção Reconvencional»

Há que colocar num plano as três primeiras hipóteses e, noutro plano, o último caso apresentado.

À luz da tese por nós defendida – que designámos por *tese do efeito limitado da excepção peremptória* –, impõe-se uma resposta negativa para as questões colocadas a propósito das *três primeiras hipóteses*: o réu limita-se a invocar contrafactos e, assim sendo, tem de concluir-se que não pretende mais do que a improcedência da acção que contra ele foi proposta. Da atitude do demandado (da sua *vontade*), resulta, por um lado, que o *objecto do processo não sofreu qualquer ampliação* e, por outro lado, que o caso julgado não vai recair sobre o julgamento dos contrafactos[558].

Em síntese, diremos que o réu se limitou a levantar uma pura questão substantiva prejudicial susceptível de conduzir à improcedência da acção e, logo, a uma sentença meramente absolutória. Ora, o tribunal, se entender que efectivamente assiste razão ao demandado, não deve – sob pena de violação do *princípio do pedido* – ir além disso e decretar, com força de caso julgado, qualquer novo efeito.

O réu teve, em todas as assinaladas hipóteses, a possibilidade de, através de *reconvenção*, deduzir um pedido, mas não o fez. Sempre que isto suceda, o juiz terá de decidir, tão-só, o pedido que o autor deduziu em juízo[559].

---

[558] «É verdade que geralmente a escolha entre a reconvenção e a excepção depende da vontade do réu», escreve MERLIN, *Codice di Procedura Civile commentato* a cura di CONSOLO/LUISO, p. 268.

[559] Na doutrina espanhola, MÁRQUEZ ROMERO, *La reconvención*, p. 141, entendia, mesmo antes da entrada em vigor da LEC 1/2000, «não ser possível inferir a pretensão reconvencional dos factos e dos fundamentos ínsitos na contestação, tornando-se imprescindível fixar de forma clara e precisa aquilo que se pede.» Se, exemplificava, «o réu alega que não deve triunfar a acção de reivindicação pelo facto de ter adquirido certo imóvel por usucapião, mas sem pedir expressamente que seja declarada em seu benefício a propriedade, o juiz não pode declarar este direito na esfera do demandado, mesmo ficando provadas as suas alegações.»

Quanto ao caso exposto na terceira hipótese – o caso em que o réu alega, em sua defesa, factos reveladores de um vício da vontade, concretamente do *dolo*[560] –, torna-se necessário lembrar a tese contrária de Antunes Varela, segundo a qual a prova de factos reveladores da *anulabilidade* conduz, independentemente do pedido do réu, a dois efeitos.

O *primeiro* consiste na *anulação* do negócio; o *segundo* traduz--se na *condenação* das partes na restituição das prestações efectuadas ao abrigo do negócio inválido.

Tudo isto porque a excepção peremptória – nos casos de erro, dolo, coacção, etc. – pode, segundo as palavras do autorizado processualista, apontar para um «*efeito mais complexo* do que a absolvição do pedido»[561].

Recordemos que, segundo esta tese, os eventuais pedidos de anulação (*pedido constitutivo*) e de restituição (*pedido condenatório*) nada têm de reconvencional. Porquê?

Porque, muito simplesmente, «a pretensão deduzida pelo réu (contra o autor) não passa de uma pura consequência da excepção invocada e, por conseguinte, da carência de fundamento da pretensão do autor»[562].

Esta tese, porém, não corresponde à melhor interpretação da lei.

Por um lado, o artigo 274.º, n.º 2, al. *a*), autoriza o demandado a deduzir pretensões alicerçadas em factos defensivos. Sempre que isto ocorra, a contestação passará a revestir natureza reconvencional, tendo de obedecer à forma fixada no artigo 501.º.

O tribunal deve limitar-se a julgar a acção improcedente, pois «não cabe presumir que o réu quis, também, a declaração judicial do seu direito de propriedade.»

[560] Relativamente aos vícios que geram a *anulabilidade* de um negócio jurídico, o artigo 287.º, n.º 2, do C.C., estabelece que enquanto o negócio não estiver cumprido, «pode a anulabilidade ser arguida, sem dependência de prazo, tanto por via de acção como por via de excepção.»

[561] *Manual de processo civil*, p. 297.

[562] Ob. cit., p. 297.

Por outro lado, nunca é de mais reafirmar que, na eventualidade de o réu silenciar qualquer pretensão (de *mera apreciação, condenatória* ou *constitutiva*), o juiz não deve, sob pena de violar flagrantemente o *princípio do pedido*, proferir sentença que a satisfaça. E isto tanto há-de ser válido para os casos em que os pedidos derivam de factos não defensivos, como para as hipóteses em que os pedidos se alicerçam na defesa propriamente dita.

Por último, também não pode dizer-se que o pedido de anulação reveste natureza defensiva e não goza da autonomia típica dos pedidos reconvencionais. O pedido em causa é *incompatível* com o pedido principal deduzido pelo autor, mas, simultaneamente, um pedido *autónomo*.

A reconvenção tanto pode ser, já o dissemos, *compatível* como *incompatível* com o pedido do autor. É claro que os pedidos assentes em factos defensivos estão numa óbvia relação de incompatibilidade com a pretensão do autor, pois a sua procedência há-de conduzir, inevitavelmente, ao fracasso da acção: mas esta relação nem sempre implica a falta de autonomia dos pedidos estruturados em factos defensivos.

Pedido *não autónomo*, reafirmamos, é tão-só o que visa atingir um efeito que já resulta, afinal de contas, da improcedência do pedido do autor; pedido *autónomo* será apenas o que tenha por escopo alcançar um efeito que jamais derivará daquela improcedência.

Em síntese, se, com fundamento em dolo, é pedida, pelo réu, a anulação de um contrato, existe um pedido reconvencional autónomo destinado a destruir, com força de caso julgado, a relação jurídica em que o autor se apoia.

E requerendo-se, para além da anulação, a restituição daquilo que antes se prestou, o pedido do réu, para além de constitutivo, será, quanto a esta segunda parte, condenatório.

A quarta hipótese, relativa ao caso da *nulidade substantiva*, merece atenção redobrada. Trata-se, numa palavra, de um caso *especial* e que com frequência se levanta na prática. Efectivamente, a tese do efeito limitado da procedência da excepção sofre, aqui, um desvio introduzido pelo legislador, pois, segundo o artigo 286.°, do C.C., «a nulidade é invocável a todo o tempo por qualquer interessado e pode ser declarada oficiosamente pelo tribunal»[563].

Resultando da lei que ao juiz assiste o *poder-dever* de *declarar ex officio* a nulidade, o tribunal deve declará-la para todos os efeitos, não se limitando a julgar a acção improcedente[564].

Quer dizer, mesmo perante a falta de pedido, o juiz, sendo confrontado com qualquer pretensão assente num contrato nulo, desde que os factos reveladores da nulidade constem do processo, tem o *poder-dever* de declarar a existência da concreta nulidade que afecta *ab initio* o negócio jurídico, alargando-se o *caso julgado* ao julgamento da excepção[565].

---

[563] O artigo 1421 do C.C.I. dispõe que «salvo disposição em contrário da lei, a nulidade pode ser invocada por quem nisso tiver interesse e pode ser conhecida oficiosamente pelo juiz» (*e può essere rilevata d'ufficio dal giudice*). Tem-se naturalmente entendido que o tribunal não pode declarar *ex officio* a nulidade do contrato cujo cumprimento ninguém solicitou em juízo. Cfr., com amplas referências jurisprudenciais, Guidetti, *Le eccezioni nel processo civile*, R.T.D.P.C., 1962, p. 784, e Pescatore/Ruperto, *Codice Civile annotato*, t. I (art. 1421), p. 2383.

[564] Também em Itália se pergunta se o tribunal apenas pode, com fundamento na nulidade, julgar o pedido improcedente ou se está autorizado a ir mais além, *declarando essa nulidade com força de caso julgado*. Importante doutrina pronuncia-se neste último sentido. Cfr. Proto Pisani, *Note problematiche e no sui limiti oggettivi*, pp. 448 e ss.; Oriani, «Eccezione», *in* Dig. Disc. Priv., VII, p. 288.

[565] Paralelamente, no direito espanhol, o actual artigo 408, n.° 3, da LEC dispõe que *a sentença relativa à nulidade tem força de caso julgado*. O tribunal deve assim declarar a nulidade do negócio, sendo desnecessária a formulação do correspondente pedido. Ocorre, como explicam Ortells Ramos/Ricardo Sánchez/

O tribunal, como explica MENEZES CORDEIRO, «não constitui a nulidade do negócio: *limita-se a declará-la*, de modo a que não restem dúvidas»[566].

Mas que razões justificam este regime?

Um interesse superior de ordem pública explica o desvio a que, nesta matéria, se sujeita o princípio do pedido: o Estado pretende que os tribunais não julguem de forma limitada as nulidades substantivas, impondo *ex lege* a sua apreciação incidental[567-568].

ALBERTO DOS REIS teve, portanto, razão prematuramente, ao defender que a *nulidade* podia e devia ser declarada *ex officio* pelo tribunal, mesmo na ausência de qualquer pedido do demandado e desde que, claro está, do processo constassem os factos reveladores do vício. No entanto, antes de 1966, não existia na lei fundamento expresso para este efeito necessário ou automático da excepção.

Diferente problema consiste em averiguar se ao tribunal assiste também o poder de *oficiosamente* condenar as partes a restituir, nos termos do artigo 289.º, n.º 1, do C.C., «tudo o que tiver sido prestado ou, se a restituição em espécie não for possível, o valor correspondente.»

O Supremo Tribunal de Justiça, confrontado com esta questão, pronunciou-se no sentido de que «o artigo 286.º do Código Civil

---

/JUAN RUIZ, *Derecho procesal. Introducción*, p. 275, uma «modificação *ex officio* do objecto do processo.»

[566] *Tratado de direito civil português I*. Parte geral, t. I, p. 861.

[567] Fazendo uso das palavras de FABBRINI, «L'eccezione di merito nello svolgimento del processo di cognizione», nos Studi in memoria di Carlo Furno, p. 261, nota 16, rompe-se nestes casos com o «cânone» da correspondência entre o pedido e o decidido (*il chiesto e il pronunciato*).

[568] Trata-se, como assinala TEIXEIRA DE SOUSA, *Estudos sobre o novo processo civil*, p. 582, de um desvio ao princípio de que o caso julgado não se estende aos fundamentos da decisão. «As relações sinalagmáticas (…) podem – escreve – fundamentar a atribuição do valor de caso julgado a certos fundamentos de facto da decisão.» Assim, «se (…) o réu invoca a nulidade do contrato alegado pelo autor, não pode, com fundamento nesse mesmo contrato, pedir, numa acção posterior, a condenação do autor a realizar a prestação sinalagmática dele emergente.»

250   *Reconvenção e Excepção no Processo Civil*

atribui ao tribunal o poder de oficiosamente declarar a nulidade do negócio jurídico, mas já não é certo que tenha idêntico poder quanto aos efeitos do negócio nulo, nomeadamente aqueles que se caracterizam pela disponibilidade»[569].

Mas nem toda a jurisprudência enveredou por este caminho. Em várias decisões entendeu-se que, uma vez conhecida *ex officio* a nulidade, assistia igualmente ao julgador o poder de condenar as partes na restituição do que houvessem recebido, sem que isto implicasse uma violação do princípio do pedido. Ficaria, assim, salvaguardada a *economia processual*, evitando-se eventuais acções condenatórias.

A existência de Acórdãos contraditórios originou um Assento – Assento n.º 4/95 –, segundo o qual sempre que o tribunal conheça «oficiosamente da nulidade do negócio jurídico invocado no pressuposto da sua validade, e se na acção tiverem sido fixados os necessários factos materiais, deve a parte ser condenada na restituição do recebido, com fundamento no n.º 1 do artigo 289.º do Código Civil.»

Será acertada a doutrina do Assento?

Há um ponto de partida inquestionável: o artigo 286.º do C.C. impõe ao tribunal o dever de declarar a nulidade substantiva.

O problema está em saber se o tribunal pode, legitimamente, ir além de uma pura sentença declarativa, condenando as partes na restituição daquilo que hajam recebido. A resposta a esta questão é difícil, pois existem argumentos *contrários* e argumentos *favoráveis* à possibilidade da condenação oficiosa.

Comecemos por explicitar os primeiros. Por um lado, nenhuma norma substantiva ou processual prescreve que o juiz, para além da declaração da nulidade, deva oficiosamente condenar as partes a restituírem aquilo que hajam recebido.

---

[569] Ac. do S.T.J. de 30 de Out. de 1973, B.M.J. n.º 230, p.105.

E, por outro lado, poderá argumentar-se que o tribunal não deve interferir num direito – o *direito à restituição* – que pertence, em exclusivo, à esfera da *disponibilidade* dos litigantes. Ora, a parte titular deste direito pode não querer, pura e simplesmente, exigir que lhe seja restituída a prestação que efectuou na sequência da celebração do contrato nulo.

E que argumentos ajudam a sustentar a doutrina do Assento? Dir-se-á que a condenação acaba por ser a *natural decorrência adjectiva* do regime instituído no artigo 289.º, n.º 1, do C.C. Segundo este preceito, a declaração da nulidade tem *efeito retroactivo*, «devendo ser restituído tudo o que tiver sido prestado ou, se a restituição em espécie não for possível, o valor correspondente.»

Assim, se ao tribunal assiste *extraordinariamente* o dever de declarar a nulidade com força de caso julgado, não se compreenderia que estivesse impedido de concretizar – por via de uma *condenação oficiosa* – o dever que a lei impõe às partes no n.º 1 do artigo 289.º do C.C.

A condenação acaba por libertar o juiz de uma futura acção condenatória que muito provavelmente viria a ser intentada pela parte que não conseguisse reaver aquilo que prestou ao abrigo do contrato já declarado nulo. Quer dizer, um *interesse público* ligado à *economia processual* e à *eficácia da justiça* justifica a ultrapassagem, na hipótese em análise, da omissão do pedido condenatório.

Estes fortes argumentos levam-nos a aderir à doutrina fixada no Assento n.º 4/95[570-571]. Como forma de minorar a crítica segundo

---

[570] Neste sentido se pronunciara, antes do citado Assento, o Ac. do S.T.J. de 31 de Mar. de 1993, B.M.J. n.º 425, p. 542, defendendo que «o tribunal deve conhecer oficiosamente da nulidade do negócio e condenar a ré na restituição do recebido (…), por aplicação do n.º 1 do artigo 289.º do Código Civil.» Na doutrina, o Assento n.º 4/95 é mencionado, sem qualquer comentário discordante, por LEBRE DE FREITAS, *Código de Processo Civil anotado*, vol. 2.º, p. 648, e PAULA COSTA E SILVA, *Acto e processo*, p. 63. Abertamente favoráveis à solução, MENEZES

a qual a condenação oficiosa é susceptível de ofender a vontade das partes, o juiz, em nosso entender, não deverá condená-las, sem antes as ouvir. Os princípios da *cooperação* (art. 266.º) e da *proibição das decisões-surpresa* (art. 2.º, n.º 3) justificam plenamente este entendimento e o seu respeito evitará condenações indesejadas pelos litigantes.

Se as partes, de modo inequívoco, manifestarem ao juiz a desnecessidade da condenação, este deverá limitar-se a declarar o negócio nulo.

Suponhamos, agora, que o réu deduz, efectivamente, o pedido de declaração da nulidade substantiva (pede, por exemplo, a declaração, com base em vício de forma ou de simulação, da nulidade do negócio jurídico). Como tratar processualmente este pedido?

ALBERTO DOS REIS entendia que tal pedido, a existir, não gozava de natureza reconvencional, pois era, no fundo, irrelevante[572]. Mas será esta irrelevância suficiente para lhe retirar o carácter reconvencional? Não nos parece.

Recordemos que ao actual artigo 274.º correspondia, no Código de Processo Civil de 1939, o artigo 279.º, em cujo n.º 4 (número entretanto revogado pela Reforma de 1961) se autorizava a reconvenção quando o «pedido do réu tivesse por fim ampliar o objecto da acção de modo a apreciar-se a subsistência ou insubsistência do acto ou da relação jurídica fundamental.»

MANUEL DE ANDRADE, reconhecendo a dificuldade do problema, qualificava como reconvencional o *pedido de declaração da nulidade,*

CORDEIRO, *Tratado de direito civil português I.* Parte geral, t. I, p. 874, e SALVADOR DA COSTA, *A injunção e as conexas acção e execução,* p. 74.

[571] Em sentido contrário, na doutrina espanhola, afirmando, para os casos de nulidade absoluta, a necessidade da reconvenção destinada à devolução da coisa entregue, ver MANUEL GONZÁLEZ, *Reconvención y excepciones reconvencionales en la LEC 1/2000,* p. 113.

[572] *Comentário ao Código de Processo Civil,* vol. III, p. 113.

apoiando-se no artigo 96.º, al. *a*), do Código de Processo Civil de 1939. Este pedido reconvencional – apelidado de *pedido de apreciação incidental* – existiria sempre que o réu viesse alegar a nulidade do contrato invocado pelo autor, solicitando que «fosse declarado nulo para todos os efeitos – e não apenas para o da improcedência da acção»[573].

Na revogação, em 1961, do mencionado n.º 4 do artigo 279.º, poderá ver-se um sinal do legislador no sentido de retirar a natureza reconvencional ao pedido de declaração de nulidade?

Pensamos que não. O legislador limitou-se a apagar uma parte supérflua do preceito. Em boa verdade, o pedido reconvencional previsto no revogado artigo 279.º, n.º 4, do Código de Processo Civil de 1939, acaba por ser um pedido que deriva de factos defensivos e a possibilidade de a reconvenção assentar na defesa já estava prevista, afinal de contas, neste mesmo Código e continuou a estar no Código de 1961 (art. 274.º, n.º 1, al. *a*), 2ª parte).

Não vemos, pois, como possa afastar-se a natureza reconvencional do pedido de declaração da nulidade[574].

No entanto, e uma vez que o tribunal dispõe de poderes para, oficiosamente, declarar, para todos os efeitos, a nulidade, estamos perante um pedido reconvencional *inútil* ou *desnecessário* e, neste sentido, perante uma manifesta falta de *interesse processual*[575-576].

---

[573] *Noções elementares de processo civil* (1956), p. 142. No mesmo sentido se pronunciara já Manuel Rodrigues, *Do processo declarativo*, p. 92.

[574] Teixeira de Sousa, *As partes, o objecto e a prova na acção declarativa*, p. 181, integra o pedido de declaração da nulidade na denominada reconvenção incidental.

[575] Ao contrário do que ocorre com as anulabilidades, como bem observa Manuel González, *Reconvención y excepciones reconvencionales en la LEC 1/2000*, p. 103, «a nulidade absoluta não precisa de ser invocada expressamente pelo réu através de reconvenção, tornando-se suficiente a sua alegação mediante excepção.» De acordo com o regime consagrado no artigo 408, n.º 3, da LEC (e também no art. 222, n.º 2), logo acrescenta na p. 114, «não é preciso que o demandado

Mas já gozará desta utilidade o pedido – a deduzir necessariamente sob a forma reconvencional – de condenação por danos derivados da nulidade do contrato[577].

A *nulidade substantiva* configura um caso raro de «excepção reconvencional», fazendo sentido o seu enquadramento nesta categoria autónoma híbrida, misto de excepção e de reconvenção[578].

Na verdade, a factualidade apresentada originariamente sob a forma de excepção material deve, *por força da lei,* tornar-se objecto de uma decisão judicial que, sendo favorável ao réu, adquire força de caso julgado.

---

reconvenha com a finalidade de obter uma decisão sobre a nulidade com força de caso julgado, já que se trata de um efeito que se produzirá *ex lege.*»

O Autor não retira qualquer consequência do facto de o demandado deduzir reconvencionalmente o pedido de declaração da nulidade substantiva, chegando a admitir, na p. 24, esta possibilidade. Ora, não é assim, pois ao demandado falta, nesta hipótese, o indispensável interesse processual em reconvir. Não é aceitável, por isso, a posição de RICCI, «Sull'accertamento della nullità e della simulazione dei contratti come situazioni preliminari», nos Studi in onore di Luigi Montesano, vol. 2.º, p. 616, segundo a qual, apesar do disposto no artigo 1421 do C.C.I., é admissível, à luz do artigo 34 do C.P.C.I., o pedido de apreciação incidental da nulidade. No mesmo erro cai, na doutrina italiana, GIANNOZZI, *Pregiudizialità e dipendenza di cause,* R.T.D.P.C., 1965, p. 1036.

[576] Em sentido contrário pode ver-se MARIA JOSÉ CAPELO, *Interesse processual e legitimidade singular nas acções de filiação,* p. 139, nota 205, defendendo que «o juiz só pode declarar a nulidade (…) se se formular pedido reconvencional incidental.» Assim também se pronuncia REMÉDIO MARQUES, *Acção declarativa à luz do Código revisto,* p. 295.

[577] Cfr. DAMIAN MORENO, *La reconvención en el proceso civil,* p. 30.

[578] Não pode hoje seguir-se a doutrina contemporânea do Código de Processo Civil de 1939, à luz da qual a *nulidade* podia ser deduzida tanto por *via de excepção,* como por *via de reconvenção.* Sobre o problema ver MÁRIO DE CASTRO, *Se a nulidade do contrato é matéria de excepção ou matéria de reconvenção,* R.O.A., 1947, p. 476. Também no direito processual espanhol, antes da entrada em vigor da LEC 1/2000, se defendeu igual tese. Cfr. ROSA SANZ, *La reconvención en el proceso civil español,* p. 47.

JAEGER refere-se, neste ponto, ao fenómeno da *transformação legal e automática* da questão em controvérsia (*transformazione di una questione in controversia*)[579], acentuando que o legislador, movido por interesses de ordem pública, introduz, por vezes, desvios no princípio do pedido, fazendo recair sobre o tribunal o dever de proferir sentença que não se limite a julgar a acção improcedente[580].

CHIOVENDA explica que «a razão pela qual a vontade da lei pode exigir que um ponto prejudicial seja objecto, mais do que de um simples conhecimento, de uma verdadeira declaração incidental, tem a ver com uma razão de conveniência.» E logo acrescenta: «O legislador, empenhado em salvaguardar a economia processual, pode achar conveniente que um ponto prejudicial seja declarado para sempre com efeitos que transcendem o litígio pendente»[581].

O nascimento de uma «excepção reconvencional» tem, assim, na sua génese, um *interesse público relevante*[582].

---

[579] *La riconvenzione nel processo civile*, pp. 118 e ss. RECCHIONI, em obra mais recente (*Pregiudizialità processuale e dipendenza sostanziale nella cognizione ordinaria*, p. 343), refere-se à transformação da questão prejudicial em verdadeira causa prejudicial.

[580] A procedência de certas excepções materiais pode, aliás, originar sentenças favoráveis ao próprio autor, independentemente de qualquer vontade expressa deste. É o que se passa com as excepções materiais dilatórias, sempre que a acção não seja logo decidida no despacho saneador. Na verdade, arrastando-se o processo até à fase final, porque não foi possível pôr-lhe termo na fase do saneamento, e uma vez provados os contrafactos relativos à excepção material dilatória, o tribunal deverá condenar o réu para o futuro. Mas este regime vale exclusivamente para o caso em que, nos termos do artigo 662.º, n.º 2, fique provado que o prazo relativo ao cumprimento ainda não se esgotou.

[581] *Instituciones de derecho procesal civil*, p. 408.

[582] O *princípio do pedido*, explica LIEBMAN, *Fondamento del principio dispositivo*, R.D.P., 1960, p. 559, nota 1, reveste-se de uma acentuada carga «técnico-política» e, neste sentido, o legislador pode ter interesse em introduzir-lhe desvios.

Problema diferente, de *carácter formal ou terminológico*, consiste em saber se a expressão «excepção reconvencional» é a mais rigorosa para designar a excepção da nulidade e todas as que apresentem semelhante natureza.

Tem-se afirmado ser incorrecto o acoplamento dos conceitos de *excepção* e de *reconvenção*, devendo guardar-se o termo *reconvenção* para os casos em que haja, por parte do demandado, a efectiva dedução de um pedido no âmbito de um processo pendente. Neste sentido, como vimos, se pronuncia um largo sector da doutrina italiana.

Para JAEGER – acérrimo crítico do conceito de «excepção reconvencional»–, «a reconvenção é acção por definição» e, por isso, não pode aceitar-se uma acção forçada (*azione coatta*) que se «move por si mesma, independentemente da vontade do sujeito titular e eventualmente, até, contra a sua vontade»[583].

Não alinhamos nesta frente crítica. O conceito em causa não sofre de qualquer anomalia intrínseca, justificando-se o *adjectivo* «reconvencional» à luz dos *efeitos* produzidos por estas excepções atípicas, efeitos que, se nada houvesse em contrário, teriam de resultar necessariamente de um pedido formulado pelo réu[584]. Trata-se de um conceito que, para além de cientificamente correcto, se encontra há muito solidificado pelo peso da tradição.

Problema complexo é o de saber se as «excepções reconvencionais» devem obedecer ao regime das *excepções* ou, antes, ao regime da *reconvenção*. Na doutrina, existem Autores que defendem a apli-

---

[583] *La riconvenzione nel processo civile*, p. 119. As excepções puras são meramente defensivas e, portanto, não alargam o objecto do processo. Como explica JAEGER, elas ampliam «as questões que o juiz deve resolver, mas sempre com a finalidade de se decidir a questão litigiosa deduzida pelo autor» (cfr. p. 118).

[584] «A designação de reconvencional que se junta à excepção – escreve, entre nós, COLAÇO CANÁRIO, *Reconvenção e compensação*, p. 16 – destina-se a apontar ao juiz a necessidade que existe de uma maior apreciação da excepção em causa, que se vai reflectir nomeadamente na instrução e, em âmbito mais lato, na eficácia do caso julgado da decisão que vai ser proferida.»

cação das normas relativas a este último instituto[585], tese, porém, que não se nos afigura correcta, pois, se assim fosse, a excepção transformar-se-ia em pura reconvenção.

O entendimento certo é o de que as «excepções reconvencionais» não perdem a natureza de excepções, apesar de – *por força da lei* – produzirem efeitos reconvencionais. Logo, a dedução destas excepções especiais não deve ser tratada, pelo menos em todos os seus aspectos, como autêntica acção enxertada num processo pendente[586].

Pontualmente, porém, poderá justificar-se o alargamento do regime da reconvenção às «excepções reconvencionais». Assim, por exemplo, quanto ao *prazo* concedido ao autor para as contestar, deveria fixar-se na lei um prazo igual ao da resposta a qualquer reconvenção, sendo esta, aliás, a solução hoje expressamente consagrada no ordenamento espanhol[587].

Noutro domínio, e tendo em conta os efeitos produzidos pela procedência destas excepções, seria razoável exigir que o tribunal da causa fosse, em termos absolutos, *competente* para as julgar.

Quanto aos demais *pressupostos processuais*, e uma vez que a *excepção reconvencional* contém um *pedido implícito* e conduz a uma *tutela judiciária*, afigura-se-nos que o juiz deveria certificar-se da presença de tais requisitos, nomeadamente da *capacidade judiciária* e da *legitimidade*[588].

---

[585] Cfr. Denti, *In tema di eccezioni riconvenzionali*, G.I., 1964, p. 124, e Ferri, *Profili dell'accertamento costitutivo*, p. 150.

[586] Neste sentido se pronuncia a doutrina dominante alemã, relativamente à excepção da compensação. Cfr. Noltze, *Aufrechnung und Prozeß*, pp. 47 e s.

[587] Cfr. o artigo 408 da LEC. Solução há muito defendida por Tapia Fernández, *La compensación en el proceso civil*, pp. 193 e 195.

[588] Como explica Teixeira de Sousa, *Sobre o sentido e a função dos pressupostos processuais*, R.O.A., 1989 (Ano 49), p. 102, a consagração legal dos pressupostos «visa acautelar determinados interesses que devem ser observados na concessão da tutela judiciária.»

5. Regime processual do pedido de apreciação incidental (reconvenção incidental). O Código de Processo Civil autoriza qualquer das partes a pedir que as *questões prejudiciais de mérito* sejam apreciadas com força de caso julgado. Faltando este pedido (que também pode ser feito pelo autor), e na ausência de previsão legal em contrário, o juiz fica impedido de proferir uma decisão com tal grau de autoridade. É o que resulta do artigo 96.°, n.° 2.

Mas gozará de natureza reconvencional o *pedido do réu* no sentido de os contrafactos controvertidos serem decididos com força de caso julgado? Qual a forma através da qual deve ser deduzido pelo demandado o pedido de apreciação incidental de uma questão prejudicial[589]?

Um sector minoritário da doutrina rejeita a natureza reconvencional deste pedido. A doutrina dominante, porém, afasta-se desta tese, afirmando que o pedido de apreciação incidental, sendo deduzido pelo réu, tem de seguir o regime da reconvenção.

A corrente minoritária apoia-se em argumentos pouco convincentes. Processualistas como Satta, por exemplo, excluem do domínio reconvencional o pedido de apreciação incidental, afirmando que o demandado não estaria, aqui, a fazer valer um «direito próprio» baseado nos factos constitutivos da acção (*in base al titolo della domanda stessa*)[590]. Trata-se da tese que limita a reconvenção às denominadas *pretensões consequentes* (*domande conseguenziali*) de restituição, de indemnização[591].

---

[589] Pode chamar-se-lhe *pedido de declaração incidental de certeza*. Para Carnelutti, *Lezioni di diritto processuale civile*, vol. IV, p. 65, a denominada «declaração incidental facultativa» integra-se na noção de cúmulo objectivo sucessivo, pois introduz no processo uma nova lide.

[590] *Commentario al Codice di Procedura Civile*, I, p. 158. Para Satta, não poderia considerar-se reconvencional, no âmbito de uma acção para restituição de coisa, o pedido do réu no sentido de lhe ser reconhecido o direito de continuar no gozo da coisa por força de determinada relação obrigacional.

[591] Esta tese restritiva, que limita a reconvenção aos *pedidos condenatórios*, é defendida por Vicenzo de Petris, «Connessione», in E.D., vol. IX, p. 18. As raízes de tal entendimento são muito antigas: ver, por exemplo, Pollak, *Die Widerklage*, p. 77. Paulo Cunha, em 1937 (*Curso de processo civil e comercial*, t. I, p. 80), seguia

Tarzia e Balbi, na esteira de Satta, mas sem grande clareza, integram no domínio da excepção o pedido de apreciação incidental, dizendo que a autêntica reconvenção apenas ocorre quando o réu deduz pedidos que transcendem o objectivo da simples apreciação, com força de caso julgado, de pontos prejudiciais[592].

A doutrina dominante, a que aderimos, rejeita esta concepção restritiva. Quando o réu pede que o tribunal declare, por exemplo, que se verificou a usucapião, que existe qualquer causa de anulabilidade, que a servidão se encontra extinta, não se vislumbram razões para excluir estes pedidos (de *mera apreciação*, afinal de contas) do domínio reconvencional[593]. A excepção transforma-se, por força do pedido do réu, numa reconvenção destinada à tutela do *interesse legítimo da certeza jurídica*[594].

Sempre que, em termos gerais, *o pedido de acertamento da existência ou da inexistência da relação jurídica subordinante* seja formulado pelo réu, «a ação declaratória incidente – nas palavras de Barbosa Moreira – assume em substância carácter reconvencional.»

---

esta linha de pensamento, sustentando que o reconvinte deduz «na contestação um pedido contrário ao formulado pelo autor na petição inicial, tendente a determinar uma condenação do autor (condenação recíproca).» No entanto, no sentido de que a reconvenção abrange qualquer espécie de pedidos (e, portanto, também os pedidos de mera apreciação) pronunciou-se há muito Heinsheimer, *Klage und Widerklage*, Zeit. f. dts. Civilpr., 1909, p. 30.

[592] «Riconvenzione», *in* E.D., vol. XL, p. 669.

[593] O pedido de apreciação incidental, segundo Montesano, *In tema di accertamento incidentale e di limiti del giudicato*, R.D.P., 1951, p. 336, é uma espécie de pedido de mera ou de simples apreciação. O mesmo é afirmado por Proto Pisani, «Appunti sulla tutela di mero accertamento», nos Studi in memoria di Salvatore Satta, vol. 2, pp. 1185 e s. Para Agostino D'Angelo, *Appunti sull'accertamento incidentale*, G.I., 1954, p. 440, estamos perante uma «causa nova.» Cfr. também Falqui-Massidda, *Le domande riconvenzionali*, R.D.C., 1962, pp. 142 e s.

[594] Cfr. Chiovenda, «Del sistema negli studi del processo civile», *in* Saggi di Diritto Processuale Civile (1900-1930), vol. I, p. 235; «Sull'eccezione» (na mesma obra), p. 152.

E escreve ainda: «Não se afigura fundada a opinião que pretende distanciá-la da reconvenção»[595-596].

Estamos aqui claramente, acrescente-se, fora do âmbito das *excepções reconvencionais*, pois nestas deve omitir-se, por desnecessário, o pedido de mera apreciação; quer dizer, a questão prejudicial é introduzida no processo através de uma simples excepção que a própria lei transforma em causa prejudicial[597].

Ao contrário, como acentua JAEGER, nas hipóteses de «transformação voluntária da questão em controvérsia», sendo o próprio demandado a provocar este fenómeno, passa a existir «uma reconvenção (*de simples apreciação*) e não mais uma excepção, apesar de se poder admitir que a mesma questão funcione para ambos os fins»[598-599].

---

[595] *A conexão de causas como pressuposto da reconvenção*, p. 156. Em sentido contrário se pronuncia PONTES DE MIRANDA, *Comentários ao Código de Processo Civil*, t. I, p. 206. Para este processualista, «a ação declaratória incidental é embutida noutra ação, que pode ser na própria ação reconvencional.» Mas logo acrescenta: «Diz-se que se parece com a reconvenção, mas equipará-la a essa é fora dos princípios.»

[596] FORNACIARI JÚNIOR, *Da reconvenção no direito processual civil brasileiro*, p. 47, defende, ao contrário, que existem «traços diferenciais acentuados» entre a «declaratória incidental» e a reconvenção. Segundo o seu entendimento, enquanto a reconvenção pode gozar de natureza *declaratória, condenatória* ou *constitutiva*, a «declaratória incidental» somente «poderá ser de natureza declaratória.» Mas se a reconvenção pode ser *meramente declarativa*, como o Autor reconhece também na p. 82, então o pedido de apreciação incidental, quando deduzido pelo réu, origina uma reconvenção desta espécie. O argumento do processualista brasileiro só seria válido se fosse legítimo excluir do âmbito da reconvenção os pedidos puramente declarativos, o que, de todo em todo, está longe de ser aceitável e não é aceite, de resto, pelo próprio FORNACIARI.

[597] Cfr. LIEBMAN, *Manuale di diritto processuale civile*, p. 165 (texto e nota 11).

[598] *La riconvenzione nel processo civile*, pp. 119 e s.; *Riconvenzione di accertamento e suoi pretesi limiti territoriali; onere della prova; delegazione generica per assunzione di prove*, R.D.P.C., 1930, I, p. 87.

[599] Note-se que o pedido de apreciação incidental pode nada ter a ver com excepções. Assim, por exemplo, se o autor, arrogando-se proprietário de certa coisa, vem pedir o pagamento de uma indemnização por danos que lhe foram

GIANNOZZI é também muito claro, afirmando que «o mecanismo formal para a dedução do pedido de apreciação incidental é o da reconvenção»[600].

PROTO PISANI, na linha do Autor agora citado, acentua a ideia de que a «apreciação incidental» (ou seja, a decisão com força de caso julgado das questões prejudiciais) *não é gerada pela mera contestação*, mas, antes, por um pedido expresso nesse sentido. E acrescenta: «A acção de apreciação incidental deve, por causa da estreita analogia com a reconvenção, ser deduzida nos termos desta última»[601].

Mais recentemente, LUISO defende, sem divergir, que o pedido de apreciação incidental deve obedecer às normas disciplinadoras da reconvenção[602].

Pela nossa parte, insistimos, não vemos qualquer razão válida (teórica ou prática) para afastar esta espécie de pedido do regime reconvencional, atribuindo-lhe um «estatuto de menoridade.»

Refira-se, aliás, que a generalidade da doutrina alemã qualifica, sem hesitar, como reconvencional o pedido de apreciação incidental de uma questão prejudicial suscitada pelo demandado à luz do § 256 II da ZPO (*Zwischenfeststellungswiderklage* ou *Inzidentklage*)[603-604].

---

causados, ao réu assiste o direito de negar a existência do direito real na esfera do demandante e de, em consequência, requerer que essa questão prejudicial seja apreciada com força de caso julgado. Este pedido reveste natureza reconvencional.

[600] *Pregiudizialità e dipendenza di cause*, R.T.D.P.C., 1965, p. 1031. GIANNOZZI, na p. 1042, chega mesmo a falar em «reconvenção prejudicial.»

[601] *Petizione di eredità e mero accertamento della qualità di erede*, F.I., 1961, p. 1995. Esta tese é reafirmada no estudo *Pregiudizialità e ragionevole durata dei processi civili (Osserv. a Cass. 7 gennaio 1981)*, F.I., 1981, p. 1066. Na mesma linha, FALQUI-MASSIDDA, *Le domande riconvenzionali*, R.D.C., 1962, pp. 147 e s.; 149; GIALLONGO, *Note in tema di sospensione, pregiudizialità e connessione nel processo di cognizione*, R.T.D.P.C., 1985, pp. 645 e s.

[602] *Diritto processuale civile*, p. 249. Igualmente RECCHIONI, *Pregiudizialità processuale e dipendenza sostanziale nella cognizione ordinaria*, pp. 322, 337 e s., e 345.

[603] O fim de tal pedido é o da *extensão do caso julgado* aos fundamentos da acção ou da reconvenção, explica HARTMANN, *Zivilprozessordnung* (BAUMBACH/

262 — Reconvenção e Excepção no Processo Civil

Entre nós, a lei, como vimos, admite expressamente a *reconvenção baseada em factos de natureza defensiva*, sendo precisamente isso

---

/LAUTERBACH/ALBERS/HARTMANN), p. 1022 (§ 256 ZPO), e MUSIELAK, *Grundkurs ZPO*, p. 346.

[604] LOENING, *Die Widerklage im Reichs-Civilprozess*, Zeit. f. dts. Civilpr., 1882, pp. 66 e 81; GOLDSCHMIDT, *Derecho procesal civil*, p. 329; ZIMMERMANN, *Zivilprozeßordnung*, p. 305. LORFF, *Die Widerklage*, JuS, 1979, pp. 570 e 572, qualifica este pedido como uma *reconvenção especial*. O Autor apresenta uma série de notas definidoras desta reconvenção para apreciação incidental. Em primeiro lugar, implica o preenchimento dos pressupostos processuais (neste sentido, na doutrina italiana, se pronunciou, há muito, CARNELUTTI, *Sistema di diritto processuale civile*, I, pp. 932 e s.). Em segundo lugar, há-de ter por objecto uma relação jurídica (ou, acrescentamos nós, factos juridicamente relevantes) cuja existência ou inexistência condiciona a pretensão deduzida através da acção ou da própria reconvenção (uma relação prejudicial a cujo julgamento não se estende, em princípio, nos termos do § 322 I, da ZPO, a força do caso julgado). Em terceiro lugar, tal relação (ou factualidade) deve ser litigiosa. Na doutrina alemã tem-se entendido que o pedido de apreciação incidental pressupõe que o ponto prejudicial seja litigioso ou controvertido (*streitig*). Cfr. BLOMEYER, *Zivilprozßrecht*, pp. 217 e s.; ZEISS/SCHREIBER, *Zivilprozessrecht*, p. 119; JAUERNIG, *Zivilprozessrecht*, p. 116. Ver também ROSENBERG//SCHWAB/GOTTWALD, *Zivilprozessrecht*, p. 644; SCHUMANN, *Kommentar zur Zivilprozeßordnung* (STEIN/JONAS), pp. 826 e s.; BRUNS, *Zivilprozessrecht*, p. 179; PATZINA, *Münchener Kommentar zur Zivilprozeßordnung* (LÜKE/WAX), vol. 1, p. 274; HABSCHEID, *Rechtsverhältnis und Festellungsinteresse*, ZZP, 1999, pp. 51 e s.; MUSIELAK, ob. cit., p. 346, e PAULUS, *Zivilprozessrecht*, p. 152. No direito italiano, CHIOVENDA, *Instituciones de derecho procesal civil*, t. I, pp. 237 e 360, considerou como requisito indispensável para a apreciação incidental a mera contestação do ponto prejudicial feita por uma das partes no processo. Ou seja, a mera contestação da questão prejudicial determina o *interesse em agir* para a respectiva apreciação. Cfr. CARNELUTTI, *Sistema di diritto processuale civile*, I, p. 933; MONTESANO, *In tema di accertamento incidentale*, R.D.P., 1951, pp. 334 e 338. Na doutrina nacional, pronunciou-se sobre este ponto TEIXEIRA DE SOUSA, *O interesse processual na acção declarativa*, p. 33. MONTESANO/ARIETA, *Diritto processuale civile*, I, p 218, nota 17, dão-nos, no entanto, conta de que certa jurisprudência vai mais longe, exigindo, para a existência do referido interesse, que a questão – objecto do pedido de apreciação incidental – «seja idónea a influir noutras causas que previsivelmente possam vir a nascer entre as partes.»

A «Excepção Reconvencional» 263

o que ocorre com o «pedido de apreciação incidental» previsto no artigo 96.º, n.º 2, al. *a*). Estamos no domínio da designada «reconvenção para apreciação incidental.»

Se o réu, exemplificando, requer que sobre a decisão de uma excepção se venha a formar *caso julgado* – numa acção de despejo, por exemplo, o réu alega ser proprietário da coisa locada e pede que esta questão seja decidida com força de caso julgado – estamos perante um pedido de declaração da existência de um direito assente em contrafactos e, portanto, em bom rigor, perante um *pedido reconvencional* de mera apreciação cujo fim principal, insistimos, consiste na tutela do *interesse material da certeza jurídica* [605-606].

Segundo CASTRO MENDES, «o exercício da faculdade conferida pelo art. 96 n.º 2 *in fine* tem a natureza de um *pedido*: de um pedido adicional do autor, de um pedido reconvencional do réu. Com efeito, trata-se da solicitação de uma providência do tribunal, ver-

---

[605] Também BARBOSA MOREIRA, *A conexão de causas como pressuposto da reconvenção*, p. 157, exemplifica com o caso em que o autor, arrogando-se proprietário de certa coisa, pede que esta lhe seja restituída, e o réu «pleiteia o reconhecimento, sobre ela, de seu próprio domínio, deduzindo assim 'pretensão positiva'.» E adianta: «Nenhum problema se precisa armar quanto à conexão entre a causa prejudicial e a causa primitiva, porque está presente, e basta, a conexão entre aquela e o *fundamento da defesa*.»

[606] Precisamente porque o juiz *se limita a declarar, com força de caso julgado*, a existência ou a inexistência de determinados factos prejudiciais à causa, certa doutrina entende ser este o aspecto que permite distinguir o *pedido de apreciação incidental* de um *pedido reconvencional* propriamente dito. Na reconvenção, ao invés, diz-se, o juiz aprecia outros factos (há, neste sentido, uma «maior actividade») e a decisão final tem outras «implicações jurídicas.» Cfr. FORNACIARI JÚNIOR, *Da reconvenção no direito processual civil brasileiro*, pp. 47 e 145. Contra estes argumentos, sempre se pode objectar que a declaração com força de caso julgado se traduz num típico efeito reconvencional e que, na prática, na esmagadora maioria das situações, o tribunal, para dar este passo, acaba por apreciar, de forma cuidada, mais factos e mais provas, sendo incorrecto afirmar-se que o pedido de apreciação incidental origina uma actividade reduzida e apressada do juiz.

dadeiramente jurisdicional, uma pronúncia com trânsito em julgado»[607].

ANSELMO DE CASTRO aponta no mesmo sentido, escrevendo o seguinte: «Casos a assimilar à reconvenção e em tudo sujeitos ao mesmo regime são os constituídos pelos pedidos de declaração de caso julgado sobre questões ou incidentes levantados por qualquer das partes na acção respectiva – Cod. Proc. Civ. art. 96.º – pedidos de declaração incidental dependentes dos mesmos limites formais»[608].

Também de forma inequívoca se exprime TEIXEIRA DE SOUSA: «Devem ainda referir-se, como modalidade muito específica das acções de simples apreciação, as acções de apreciação incidental previstas no art. 96.º, n.º 2. Trata-se de uma eventualidade de cumulação objectiva superveniente, pois ao pedido inicial do autor soma-se um outro pedido, formulado pela parte activa ou passiva – neste caso sob a forma de reconvenção incidental –, para que determinadas questões ou incidentes sejam apreciados com a força de caso julgado material»[609].

---

[607] *Limites objectivos do caso julgado*, p. 216. Servem as palavras do ilustre processualista para responder àqueles que, com vista a afastar a aplicação do regime da reconvenção ao pedido de apreciação incidental, acentuam o facto de a legitimidade para a dedução deste pertencer tanto ao réu, como ao autor. Neste sentido, FORNACIARI JÚNIOR, ob. cit., p. 46, escreve que «a reconvenção (...) somente pode ser utilizada pelo réu, ao passo que a declaratória incidental pode partir tanto do *autor* como do *demandado*.» Naturalmente que só o pedido deduzido pelo demandado deverá obedecer às regras ditadas para a reconvenção.

Entre nós, também REMÉDIO MARQUES, *Acção declarativa à luz do Código revisto*, p. 294, distingue «a *reconvenção* prevista no artigo 274.º (...) da *reconvenção incidental* deduzida pelo réu», com base na ideia de que o pedido de apreciação incidental pode igualmente ser feito pelo autor.

[608] *Direito processual civil declaratório*, I, p. 176, nota 1.

[609] *Acções de simples apreciação (objecto; conceito; ónus da prova; legitimidade)*, R.D.E.S., 1978, p. 135. Ver, do mesmo Autor, *Prejudicialidade e limites objectivos do caso julgado*, R.D.E.S., 1977, p. 311. «A apreciação incidental – escreve em obra mais recente (*As partes, o objecto e a prova na acção declarativa*, pp. 180 e s.) – é o pedido

A «*Excepção Reconvencional*»

Para finalizarmos este ponto, recordemos ainda que LEBRE DE FREITAS se refere, a propósito do artigo 96.°, n.° 2, ao «pedido reconvencional de declaração incidental»[610].

Concluindo, diremos que o *pedido de apreciação incidenter tantum de uma questão prejudicial* (relativa à *acção* ou à própria *defesa*), quando deduzido pelo *réu*, tem de ser processualmente tratado à luz das normas reguladoras da reconvenção[611].

---

do autor para que, sobre uma questão incidental ou uma excepção, recaia uma decisão com valor de caso julgado material (art. 96.°, n.° 2): a apreciação incidental destina-se, por isso, a obter uma decisão com esse valor de caso julgado quanto a uma situação prejudicial ao objecto decidido.» E mais adiante afirma: «À apreciação incidental requerida pelo réu chama-se reconvenção incidental.»

[610] *A confissão no direito probatório*, p. 438, nota 87.

[611] Cfr. TEIXEIRA DE SOUSA, *As partes, o objecto e a prova na acção declarativa*, p. 182.

PARTE II

A COMPENSAÇÃO PROCESSUAL
E O DILEMA DA ESCOLHA
ENTRE A RECONVENÇÃO E A EXCEPÇÃO

[TESE: A dedução processual da compensação de créditos deve fazer-se sob a forma de excepção peremptória; *de iure constituendo*, esta excepção deveria transformar-se numa «excepção reconvencional»]

CAPÍTULO I

ASPECTOS SUBSTANTIVOS DA COMPENSAÇÃO

> SUMÁRIO: **1 – Conceito de compensação. 2 – Razão de ser do instituto: a simplicidade e a equidade. 3 – Os sistemas da compensação: a) O sistema da compensação legal automática; b) O sistema da compensação voluntária. 4 – Natureza do direito de compensar. 5 – Requisitos substantivos da compensação. 6 – Formas de exercício do direito de compensar: a) O exercício do direito de compensar à luz do Código Civil de 1867; b) O exercício do direito de compensar à luz do Código Civil de 1966.**

1. *Conceito de compensação.* O Código Civil regula nos artigos 847.º e ss. – num capítulo relativo às «causas de extinção das obrigações além do cumprimento» – a denominada *compensação*. Trata-se de uma figura que, apesar do seu carácter substantivo, não pode deixar de merecer especial destaque na presente monografia, pois suscita, entre nós, como é sabido, precisamente quanto ao dilema da escolha entre a *excepção* e a *reconvenção*, fortíssima controvérsia doutrinal.

Torna-se imprescindível analisar, desde já, os contornos civilísticos da compensação, com especial incidência nos aspectos mais relevantes para um trabalho de índole essencialmente processual. Cumprida esta tarefa, estaremos em condições de reflectir sobre o referido dilema, que assume, no domínio da compensação, como alguém sugestivamente escreveu, a natureza de um autêntico «quebra-cabeças»[612].

De acordo com o disposto no artigo 847.º, n.º 1, do C.C., preenchidos determinados requisitos, qualquer pessoa «pode livrar-se da sua obrigação por meio de compensação com a obrigação do seu credor». Quer dizer, ao devedor assiste, em certos casos, a possibilidade de se exonerar total ou parcialmente da sua dívida, invocando um *contracrédito* sobre o credor[613]. A compensação pressupõe, portanto, uma situação em que alguém (*compensador*) se apresenta, simultaneamente, devedor e credor de outra pessoa (*compensatário*)[614].

---

[612] Cfr. R.T., Ano 94.º (1976), p. 425.

[613] O devedor livra-se da dívida, obtendo ao mesmo tempo a satisfação do crédito de que é titular. A este crédito pode chamar-se crédito *activo* ou crédito *compensatório.*

[614] A compensação, segundo o Digesto, «est debiti et crediti inter se contributio» (D.16,2,1). Refira-se que a compensação, no Direito Romano clássico, na época do *agere per formulas,* somente era admitida em casos especiais, resultando o efeito extintivo da pronúncia do *iudex.* O instituto estava consagrado no domínio das *actiones bonae fidei.* Existiam ainda a compensação do *argentarius* (banqueiro) e a compensação do *bonorum emptor* (adquirente dos bens do falido).

A boa fé, no âmbito de certas acções (baseadas num contrato de compra e venda, de locação ou de depósito, por exemplo), justificava a dedução da *exceptio* sempre que o contracrédito tivesse nascido *ex eadem causa.* Assim, por exemplo, na *actio venditi,* o juiz apenas estava autorizado a ocupar-se da compra e venda, não podendo levar em linha de conta créditos derivados de diferentes negócios existentes entre o autor e o réu. Cfr. Patti, *La compensazione nei suoi aspetti giuridici,* p. 9.

Nas acções propostas pelos banqueiros contra os respectivos clientes, na fórmula concedida ao autor procedia-se à *compensatio* (fórmula *cum compensatione*), devendo, portanto, o *argentarius agere cum compensatione.*

Finalmente, ao adquirente dos bens do falido (*bonorum emptor*) assistia o direito de deduzir os créditos que tivesse para com este último e, perante terceiros (devedores do falido), era forçado a deduzir as quantias que o falido lhes devia.

Nas Institutiones de Justiniano (séc. VI d.C.), deparamo-nos com uma genérica referência à compensação (I.4,6,30): «Sed nostra constitutio eas compensationes, quae iure aperto nituntur, latius introduxit, ut actiones ipso iure

Atendendo aos valores dos créditos em confronto, é possível distinguir três hipóteses:

1.ª) O contracrédito do devedor compensante apresenta valor *igual* ao do crédito que ele tem de satisfazer. Exemplo: *A* tem sobre *B* um crédito de € 10.000, sendo de igual montante o contracrédito de *B* sobre *A*;

2.ª) O contracrédito tem valor *inferior* ao do crédito de que o compensante é devedor. Exemplo: *A* tem sobre *B* um crédito de € 20.000, sendo apenas de € 10.000 o contracrédito de *B* sobre *A*;

3.ª) O contracrédito do compensante é de valor *superior* ao do que o seu credor é titular. Exemplo: *A* tem sobre *B* um crédito de € 10.000, sendo de € 20.000 o contracrédito de *B* sobre *A*.

Enquanto na primeira hipótese a compensação é susceptível de extinguir na totalidade os dois créditos contrapostos, nas duas restantes a compensação, após operar eficazmente, não impedirá a subsistência de parte do crédito de *A* (*segunda hipótese*) *ou de parte do contracrédito de B* (*terceira hipótese*).

---

minuant sive in rem sive personales sive alias quascumque, excepta sola depositi actione (...).» Aqui se afirma que a compensação adquiriu contornos mais amplos, alargando-se tanto às *acções reais*, como às *acções pessoais*, com excepção das *acções de depósito*.

O facto de a compensação passar a operar «ipso iure», como afirma Menezes Cordeiro, *Da compensação no direito civil e no direito bancário*, p. 30, transformou-se «numa das mais discutidas proposições jurídicas de todos os tempos.» Mas a expressão «ipso iure» apenas significaria, de acordo com a melhor doutrina, que a compensação resultava das regras do Direito substantivo e não da vontade do *iudex*, necessitando, no entanto, de ser invocada pela parte interessada e não operando automaticamente ou *sine facto hominis*. Cfr. Eisele, *Zur Lehre von der Compensation*, AcP, 1872, pp. 171-173; Cuturi, *Trattato delle compensazioni nel diritto privato italiano*, pp. 166 e ss.; Caravelli, *Teoria della compensazione*, pp. 6 e s.; Astuti, «Compensazione (storia)», *in* E.D., vol. VIII, pp. 9 e s.

Por isso se dispõe, no artigo 847.º, n.º 2, do C.C., que «se as duas dívidas não forem de igual montante, pode dar-se a compensação na parte correspondente»[615].

Assim, insiste-se, se *A* invoca um crédito de € 20.000 e *B* (*compensador*) um contracrédito de € 10.000, a compensação (ou seja, a *extinção simultânea dos dois créditos recíprocos*) há-de fazer-se, precisamente, pelo limite de € 10.000. E o mesmo valerá para a hipótese inversa.

A compensação extingue os créditos *na medida em que eles coincidirem* ou extingue-os «até à convergência do mesmo valor»[616-617-618].

Em suma, estando em jogo quantias desiguais, a fasquia pela qual a compensação opera corresponde ao montante do crédito *inferior* e, portanto, a parte sobejante ou o saldo do crédito de maior valor resiste sempre ao efeito destrutivo desta causa de extinção de dívidas.

A compensação distingue-se do *pagamento*, uma vez que este implica uma *prestação*[619]. E tanto se distingue, que o nosso legisla-

---

[615] No artigo 766.º do C.C. de 1876, estabelecia-se, igualmente, o seguinte: «Se as dívidas não fôrem de igual soma, poderá dar-se a compensação na parte correspondente.»

[616] Cfr. TRABUCCHI, *Istituzioni di diritto civile*, p. 572. Nas palavras de LUISO, *Diritto processuale civile*, I, p. 259, «com a excepção da compensação o réu mete em jogo uma parcela do seu contracrédito equivalente ao valor do crédito do autor.»

[617] Partindo do disposto no artigo 766.º do Código Civil de 1867, CUNHA GONÇALVES, *Tratado de direito civil*, vol. V, p. 9, definia, deste modo, a compensação: «É a extinção de duas obrigações recípocas ou existentes em sentido inverso entre as mesmas pessoas, obrigações que se reputam pagas, seja totalmente, se fôrem iguais, seja até à concorrência da menor, se fôrem desiguais.»

[618] Na doutrina alemã, ROSENBERG/SCHWAB/GOTTWALD, *Zivilprozessrecht*, p. 686, explicam, igualmente, que «o crédito principal é extinto até ao limite do contracrédito.»

[619] Como fazem notar CARAVELLI, *Teoria della compensazione*, p. 23; RAGUSA-MAGGIORE, «Compensazione», *in* E.D., vol. VIII, p. 18; REDENTI, *La com-*

Aspectos Substantivos da Compensação

dor, cuidadoso, a inseriu num capítulo relativo às «causas de extinção das obrigações além do cumprimento.»

No entanto, de outro ponto de vista, como os nossos juristas clássicos assinalaram, a compensação conduz, de certo modo, a um «pagamento forçado» ou, ainda melhor, a «dois pagamentos simultâneos, sem que nenhum dos devedores tenha de fazer qualquer desembolso»[620].

Em termos muito simples, o devedor compensante declara ao seu credor o seguinte: *na medida em que também me deves a quantia x, considera-te pago na justa medida do valor do meu contracrédito*[621-622].

2. Razão de ser do instituto da compensação: a simplicidade e a equidade. Tem-se afirmado que o instituto da compensação assenta em razões de natureza essencialmente privada. Não é difícil perceber porquê.

Desde logo, esta forma de extinção das obrigações evita que uma pessoa (simultaneamente devedora e credora de outrem) seja obrigada a dar aquilo que, afinal de contas, tem direito a receber. A compensação é, como facilmente se compreende, susceptível de impedir um inútil e longo circuito de pagamentos[623].

---

pensazione dei debiti nei nuovi codici, R.T.D.P.C., 1947, pp. 12 e s., e GIULIANO, *La compensazione (com particolare riguardo alle procedure concorsuali)*, pp. 58 e s.

[620] CUNHA GONÇALVES, ob. cit., p. 9.

[621] No sentido de que a compensação encerra em si mesma um pagamento, *vide* PIRES DE LIMA/ANTUNES VARELA, *Código Civil anotado*, vol. III, p. 140. «Compenser c'est payer», escreve CARBONNIER, *Droit civil-Les obligations*, p. 557.

[622] Após caracterizar a compensação como um meio oneroso de extinção das obrigações (na medida em que implica o gasto do contracrédito), LUISO, *Diritto processuale civile*, I, p. 256, afirma: «Em substância, compensar um crédito é como pagá-lo com um direito próprio, em vez de o fazer com dinheiro (*anziché con il denaro*).»

[623] Evita, segundo PLANIOL/RIPERT, *Traité pratique de droit civil français*, t. VII (II Partie), p. 685, um «duplo pagamento de sentido inverso» ou, nas palavras

Suponhamos que *A* tem sobre *B* um crédito de € 10.000 e que este último é, por sua vez, titular de um contracrédito de igual valor sobre o primeiro. Imaginemos, agora, que *A* vem exigir de *B* o pagamento da quantia em dívida.

Se a nossa ordem jurídica ignorasse o salutar mecanismo da compensação, *B* ver-se-ia obrigado a cumprir, sendo certo que lhe assistia o direito de obter de *A* o pagamento de igual quantia!

Este *duplo pagamento* (ou duplo desembolso) *de sentido inverso* seria, realmente, absurdo ou irracional e inútil. Como já se dizia com argúcia nas antigas Ordenações, «mais razão é não pagar alguem o que deve, se lhe outro tanto é devido, que pagal-o e depois repetil-o»[624].

A impossibilidade de compensar acarretaria, além disso, para aquele que, zelosamente, cumprisse em primeiro lugar, o risco da futura *insolvência* da contraparte[625-626]. Ao permitir o afastamento deste eventual perigo, a compensação impede a ocorrência de uma situação que seria sumamente injusta e coloca os credores num desejável plano de *igualdade*[627-628].

---

da CASTELAZZO, «Compensazione», *in* N.D.I. (1938), p. 430, «uma inútil circulação de dinheiro.»

[624] Ordenações Filipinas, Livro 4.º, título 78. Cfr. ALEXANDRE DE SEABRA, *O Código Civil na pratica do foro (da compensação)*, O Direito (1869), t. I, p. 338.

[625] Cfr. CUNHA GONÇALVES, *Tratado de direito civil*, vol. V, p. 9; VAZ SERRA, *Compensação*, pp. 6 e s.; ALMEIDA COSTA, *Direito das obrigações*, p. 1100; SCHLESINGER, «Compensazione», *in* N.D.I., vol. III, p. 722; CARBONNIER, *Droit Civil-Les obligations*, pp. 557 e s.; MENDEGRIS, *La nature juridique de la compensation*, pp. 11 e 16; LUISO, ob. cit., pp. 263 e s.; NEIL ANDREWS, *Principles of civil procedure*, p. 122.

[626] KOHLER há muito acentuou que a compensação é uma forma segura e plena de satisfação dos créditos. Cfr. *Aufrechnung nach dem B.G.B.*, Zeit. f. dts. Civilpr., 1898, p. 4.

[627] Refira-se que, com a compensação, o credor se subtrai ao eventual concurso dos outros credores. Cfr. VAZ SERRA, *Compensação*, p. 7 (nota) e PIRES DE LIMA/ANTUNES VARELA, *Código Civil anotado*, vol. II, p. 140. A justeza do direito de

Eis as razões de *utilidade* e de *equidade* que, no plano civilístico, conduziram à consagração, nas mais diversas ordens jurídicas, do instituto em análise e que legitimam o *processo simultâneo* sobre o crédito e sobre o contracrédito[629-630].

Note-se que a compensação não é normalmente um mecanismo privilegiado para a consecução da desejada *economia processual*, na medida em que os dois créditos contrapostos (o *crédito principal* e o *contracrédito*), na maior parte dos casos, derivam de relações diversas e, logo, de factos distintos. Assim sendo, a apreciação do contracrédito no mesmo processo acaba por não representar uma poupança de tempo e de esforço.

3. *Os sistemas da compensação: a) O sistema da compensação legal automática.* A dupla extinção dos créditos por efeito da compensação pode operar através de sistemas diversos. No denominado *sistema da compensação legal ou automática*, a extinção dos créditos recíprocos dá-se por força da lei (*ipso iure*), logo que se encontrem preenchidos certos requisitos (a *fungibilidade*, a *liquidez* e a *exigibilidade* dos créditos).

Trata-se, diríamos, de uma compensação *silenciosa*, pois ocorre independentemente da vontade e do conhecimento das partes,

---

compensar leva a que, nos termos do artigo 18.º, al. *h*), do Decreto-Lei n.º 446/85, de 25 de Out. (Regime das Cláusulas Contratuais Gerais), sejam em «absoluto proibidas» quaisquer cláusulas que «excluam a faculdade de compensação, quando admitida na lei.» Sobre as «normas de proibição» do agora citado diploma, *vide* CALVÃO DA SILVA, *Banca, bolsa e seguros*, t. I, pp. 178 e s.; SOUSA RIBEIRO, *Direito dos contratos (Estudos)*, pp. 105 e ss.

[628] GALLUPPI, *La teoria della compensazione secondo il diritto civile italiano*, p. 10, afirma que «um motivo moral, para além da utilidade, justifica a necessidade da compensação.»

[629] Para maiores desenvolvimentos, CUTURI, *Trattato delle compensazione nel diritto privato italiano*, pp. 190 e ss.

[630] Sobre a relevância prática da compensação no âmbito da relação bancária, *vide* MENEZES CORDEIRO, *Depósito bancário e compensação*, C.J. (Acs. do S.T.J.), 2002, t. I, pp. 5-10.

ou seja, mal se verifique a «situação de compensabilidade», os créditos recíprocos extinguem-se *automaticamente* (*sine facto hominis*)[631].

Este sistema está consagrado no Código Civil francês, em cujo artigo 1290 se dispõe que «quando duas pessoas se tornem devedoras uma da outra, opera entre elas uma compensação que extingue as duas dívidas (...)», logo se adiantando no preceito seguinte que «a compensação opera de pleno direito pela exclusiva força da lei, mesmo sem o conhecimento dos devedores; as duas dívidas extinguem-se reciprocamente, no momento em que coexistem, até ao limite dos seus valores respectivos.»

Errado seria entender, no entanto, em termos puros, o princípio de que a *compensação legal* opera de modo automático (*de plein droit, par la seule force de la loi*). Com efeito, os Autores vêm há muito assinalando que esta não pode realizar-se «imperativamente, apesar do silêncio do interessado ou mesmo contra a sua vontade»[632]. E isto, segundo afirmam, porque a compensação tutela interesses de natureza privada, devendo respeitar-se a sua *renúncia* pelo titular do direito de crédito (*droit de renoncer à la compensation déjà acquise*). Assim, se o devedor silencia, em *juízo*, a compensação legal (isto é, se o réu não se defende, excepcionando a compensação), o tribunal tem de o condenar no cumprimento

---

[631] Sobre a origem deste sistema, *vide* CUNHA GONÇALVES, *Tratado de direito civil*, vol. V, p. 10, e VAZ SERRA, *Compensação*, p. 8. Cfr. também EISELE, *Zur Lehre von der Compensation*, AcP, 1872, pp. 168 e s.; 184.

[632] Assim escrevem PLANIOL/RIPERT, *Traité pratique de droit civil français*, t. VII (II Partie), p. 703, e MENDEGRIS, *La nature juridique de la compensation*, p. 128. Este ponto é analisado, entre nós, por VAZ SERRA, *Compensação*, p. 10, nota 6; *Algumas questões em matéria de compensação no processo*, R.L.J., Ano 104.º, p. 291 (nota 1), e por MENEZES CORDEIRO, *Da compensação no direito civil e no direito bancário*, pp. 40 e s. A jurisprudência, conforme também assinala este último Autor, tem tido um papel determinante na introdução de «correctivos à natureza forçada da compensação.»

da dívida (desde, claro está, que fique provado o direito de crédito do autor)[633].

Este entendimento, ainda no domínio do sistema da compensação automática, foi expressamente seguido no Código Civil italiano, dispondo-se, no artigo 1242, que «a compensação extingue as duas dívidas desde o dia da sua existência»[634], mas logo se estabelecendo que «o juiz não pode oficiosamente declará-la».

Quer dizer, no âmbito de um processo, o juiz está impedido de, *ex officio*, julgar os créditos compensados, tornando-se indispensável a alegação pelo autor ou pelo réu (este, através da *exceptio compensationis*) do efeito extintivo decorrente da compensação legal[635-636].

---

[633] Resta acrescentar que, para além da compensação legal, o direito francês prevê ainda a compensação *facultativa* ou *convencional*, ou seja, aquela que resulta da vontade das partes e é válida para as hipóteses em que a compensação legal não pode operar (pelo facto de um dos créditos não ser líquido ou exigível, por exemplo).

A compensação *judicial*, por último, é, nos termos do § 2 do artigo 70 do Nouveau Code de Procédure Civile, *reconvencionalmente* pedida pelo devedor que, demandado em tribunal para o cumprimento de certa dívida, se arroga titular de um contracrédito sem as condições indispensáveis para a compensação legal (o contracrédito não é líquido, por exemplo). Cfr. PLANIOL/RIPERT, *Traité pratique de droit civil français*, t. VII (II Partie), p. 708; DESDEVISES, «Demande reconventionnelle», *in* E. Dalloz, t. II, p. 4.

[634] Esta compensação legal ou automática exige, no entanto, como resulta do artigo 1243 do CCI, que os créditos recíprocos sejam *homogéneos*, quer dizer, tenham por objecto uma quantia em dinheiro ou uma quantidade de coisas fungíveis do mesmo género; sejam *líquidos* e, portanto, com o objecto determinado em qualidade e quantidade; finalmente, têm de ser *exigíveis*, não podendo, portanto, estar sujeitos a um termo inicial ou a uma condição suspensiva. *Vide* TRABUCCHI, *Istituzioni di diritto civile*, p. 572, e REDENTI, *La compensazione dei debiti nei nuovi codici*, R.T.D.P.C., 1947, pp. 11 e ss.

[635] Ainda sobre este ponto, ver TRABUCCHI, ob. cit., p. 572. A mera coexistência dos créditos recíprocos é um pressuposto necessário, mas *não suficiente* da compensação. Cfr. PROTO PISANI, *Appunti sulla connessione*, D.G. 1993, p. 20;

À luz do entendimento doutrinal e jurisprudencial dominante, através desta excepção o devedor manifesta a vontade de se valer da extinção dos créditos já operada por força da lei[637].

Para alguns, porém, a compensação somente ocorre no momento em que o devedor-credor declara a vontade de extinguir os créditos[638].

O *sistema da compensação legal* foi, entre nós, consagrado no Código Civil de 1867. Nos termos do artigo 768.º deste diploma, *a compensação operava de direito os seus efeitos e extinguia ambas as dívidas com todas as obrigações correlativas, desde o momento em que se realizasse.*

No entanto, a extinção *ipso iure* somente ocorria se se encontrassem preenchidos certos requisitos, nomeadamente o da *liquidez* e o da *exigibilidade* dos créditos (art. 765.º)[639].

DALBOSCO, *La compensazione per atto unilaterale (la c.d. compensazione legale) tra diritto sostanziale e processo*, R.D.C., 1989 (parte prima), pp. 363-366.

[636] A compensação, no direito italiano, pode ainda revestir natureza *judicial* ou *voluntária*. A primeira, prevista no artigo 1243 do CCI, vale para a hipótese em que um dos créditos não se apresenta líquido, *mas é de fácil e pronta liquidação*. Uma vez liquidado o crédito, o juiz, através de uma sentença constitutiva, decreta a compensação. Neste caso, portanto, a compensação deve ser objecto de um pedido (*domanda riconvenzionale a scopo compensativo*) e não, como na compensação legal, de uma mera excepção. Cfr. REDENTI, est. cit., p. 40; RAGUSA-MAGGIORE, «Compensazione (dir. civ.)», *in* E.D., vol. VIII, pp. 20 e 22. A compensação voluntária resulta, nos termos do artigo 1352 do mesmo Código, de um acordo celebrado entre os credores.

[637] Neste sentido, PATTI, *La compensazione nei suoi aspetti giuridici*, pp. 23 e s.

[638] Aderem a esta segunda concepção, em nosso entender não conforme ao direito positivo italiano, GIULIANO, *La compensazione (com particolare riguardo alle procedure concorsuali)*, pp. 56 e s., e DALBOSCO, *La compensazione per atto unilaterale (la c.d. compensazione legale) tra diritto sostanziale e processo*, R.D.P, 1989, pp. 363; 370 e 404.

[639] «Nem todas as dividas são compensaveis», escreveu ALEXANDRE DE SEABRA, *O Código Civil na pratica do foro (da compensação)*, O Direito (1869), t. I,

Aspectos Substantivos da Compensação

«Desde o momento em que um devedor de dívida certa, líquida, exigível e pecuniária ou de cousa fungível tenha contra o seu credor um crédito com os mesmos requisitos (…) – explicava CUNHA GONÇALVES – a compensação opera-se logo e as duas dívidas ficam extintas por *mero preceito legal*, sem a necessidade de um ajuste de contas, mesmo sem a ciência ou a vontade do credor ou do devedor (…)»[640].

3. Os sistemas da compensação (cont.): b) O sistema da compensação voluntária. Ao sistema da compensação legal contrapõe-se o *sistema da compensação por declaração de vontade*. De acordo com este sistema, para que a extinção recíproca dos créditos possa ocorrer, a parte interessada tem de manifestar, perante a outra, a vontade de obter a compensação[641], sendo a denominada «situação de compensabilidade», por si só, insusceptível de conduzir à extinção dos créditos.

Deste modo, o silêncio do devedor (credor do credor) tem de ser interpretado como uma renúncia ao direito de compensar. Só a declaração de vontade, portanto, é geradora do efeito extintivo retroactivo.

---

p. 339, acrescentando o seguinte: «É necessario (art. 765.°) que sejam liquidas, ou liquidaveis (§ 1) no praso de *nove dias*. É necessario que sejam exigiveis. E é necessario tambem que a divida, a que se pretende offerecer a compensação, não seja privilegiada (art. 767.°). A regra geral é entretanto em favor da compensação; e a difficuldade principal a exigencia de ser *liquida* a divida offerecida para desconto.»

[640] *Tratado e direito civil*, vol. V, p. 28.

[641] De forma expressa ou tácita. «Se, por exemplo – explica VAZ SERRA, *Compensação*, p. 128 –, uma das partes manda à outra uma conta, onde desconta o crédito da outra parte, pode ver-se aqui uma declaração tácita de compensação.»

Normalmente, porém, a declaração é feita de forma expressa, no momento em que titular do contracrédito é intimado pelo seu devedor-credor para cumprir a obrigação.

Este regime está consagrado, há muito, no BGB, em cujo § 388 se estabelece que a compensação (*Aufrechnung* ou *Kompensation*) se realiza «através de declaração dirigida à outra parte (...)»[642].

Mas, como resulta do § 389 do mesmo diploma, a declaração de compensação não produz efeitos apenas a partir do seu recebimento pela contraparte, antes extinguindo os créditos desde o momento em que se encontrem preenchidos os requisitos essenciais da compensação, ou seja, desde que os créditos se tornaram compensáveis e, portanto, o credor compensante (*Aufrechnungsgläubiger*) teve a faculdade de compensar[643].

Resta acrescentar duas breves notas.

A *primeira* é a de que deve considerar-se irrelevante qualquer reacção da parte contra quem seja dirigida, fundadamente, a declaração compensatória, pois o efeito desta impõe-se-lhe de modo inelutável[644];

A *segunda* nota destina-se a sublinhar que o regime da *retroactividade* da declaração visa impedir o nascimento de determinados efeitos prejudiciais para as partes, como a *prescrição* dos créditos ou a sucessiva formação, sobre estes, de *juros de mora*[645].

Directamente influenciado pelo direito germânico, o nosso legislador, rompendo com o sistema vigente no Código Civil de 1867, consagrou, no artigo 848.º, n.º 1, do actual C.C., a solução segundo a qual a compensação se efectiva «mediante declaração de uma das partes à outra.»

---

[642] Trata-se de uma declaração que não depende de forma especial, explicam COSACK/MITTEIS, *Lehrbuch des Bürgerlichen Rechts*, I, p. 471. Para uma análise do direito de compensar no sistema alemão, *vide* MENEZES CORDEIRO, *Da compensação no direito civil e no direito bancário*, pp. 47 e ss.

[643] Dispõe ainda o § 389 do BGB que «a compensação dá lugar a que os créditos, na medida em que se cubram (*soweit sie sich decken*), se extingam no momento em que estejam aptos para a compensação.»

[644] Cfr. COSACK/MITTEIS, ob. cit., p. 471.

[645] Cfr. ENNECCERUS/KIPP/WOLFF, *Tratado de derecho civil*, t. II, p. 347, e VAZ SERRA, *Compensação*, pp. 132 e ss.

Aspectos Substantivos da Compensação

«Que se deve exigir que o interessado invoque a compensação, afigura-se razoável», escreveu VAZ SERRA, autor do Anteprojecto relativo ao direito das obrigações.

E explicava, do seguinte modo, o seu pensamento: «A compensação, embora satisfaça o interesse geral na dispensa de dois pagamentos inúteis, não pode, no entanto, considerar-se de ordem pública. Aquele interesse não é tão forte que explique a imposição da compensação às partes que não desejem prevalecer-se dela. Elas podem preferir fazer valer os seus próprios créditos»[646].

Refira-se, ainda, que se adoptou a solução da *retroactividade* dos efeitos resultantes da declaração compensativa, sendo muito explícito, a este respeito, o artigo 854.º do C.C., ao dispor que, «feita a declaração de compensação, os créditos consideram-se extintos desde o momento em que se tornaram compensáveis»[647].

4. *Natureza do direito de compensar.* O exercício do direito de compensar gera um efeito que se impõe *inelutavelmente* à contraparte. Trata-se, portanto, de um *direito potestativo extintivo*, na medida em que produz a extinção simultânea de dois créditos contrapostos[648-649]. Como qualquer direito desta espécie, a sua eficá-

---

[646] Ob. cit., p. 16.

[647] E compreende-se que assim seja, pois o devedor, a partir do momento em que pode compensar o seu crédito, considera-se, no fundo, exonerado da sua dívida. Cfr. VAZ SERRA, *Compensação*, pp. 16 e s., e p. 135, e *Algumas questões em matéria de compensação no processo*, R.L.J., Ano 104.º, p. 325; PIRES DE LIMA/ANTUNES VARELA, *Código Civil anotado*, vol. II, p. 142.

[648] Cfr. VAZ SERRA, *Compensação*, p. 127; VON TUHR, *Tratado de las obligaciones*, t. II, p. 168; NATOLI, *In tema di compensazione legale secondo il nuovo codice civile*, F.I., vol. LXXI, 1948, p. 57; SCHLESINGER, «Compensazione», *in* N.D.I., vol. III, p. 724; MESSINA, «Diritti potestativi», *in* NN.D.I., vol. V, p. 738, nota 3; RAGUSA-MAGGIORE, «Compensazione (dir. civ.)», *in* E.D., vol. VIII, p. 17; PATTI, *La compensazione nei suoi aspetti giuridici*, p. 25; DALBOSCO, *La compensazione per atto unilaterale (la c.d. compensazione legale) tra diritto sostanziale e processo*, R.D.C.,

cia depende, naturalmente, do preenchimento de um conjunto de requisitos, devendo ler-se, do seguinte modo, o n.º 1 do artigo 848.º do C.C.: «a compensação torna-se efectiva mediante declaração de uma das partes à outra, *desde que estejam reunidos os requisitos legais.*»

Antes de proceder à sucinta análise dos requisitos da compensação, recordemos que o legislador estabelece *três formas de exercício* para os direitos potestativos.

De acordo com a *primeira,* a *simples declaração* do respectivo titular à contraparte é suficiente para se operar o efeito pretendido e, por consequência, o direito potestativo não pode, por falta de *interesse processual,* ser exercido através de uma acção constitutiva[650-651].

1989, pp. 370 e 380; LÜKE/HUPPERT, *Die Aufrechnung,* JuS, 1971, p.168; KAWANO, *Der prozessual unberücksichtigte Aufrechnungseinwand und seine materiellen Folgen,* ZZP, 1981, pp. 23-25, e ROSENBERG/SCHWAB/GOTTWALD, *Zivilprozessrecht,* p. 682.

[649] O direito à compensação, nas palavras de LEBRE DE FREITAS, *Código de Processo Civil anotado,* vol. 2.º (com M. MACHADO e R. PINTO), p. 314, é um contradireito cujo «exercício tem como efeito a *eliminação* – ou *preclusão* – do direito a que se opõe.» O devedor que, intimado a cumprir uma obrigação, exerce a compensação nos termos do artigo 848.º, n.º 1, do C.C., faz valer, como bem notam os Autores citados, uma *excepção de direito material.*

[650] O que naturalmente pode vir a ser proposta, após o exercício extrajudicial do direito potestativo, é uma acção de reconhecimento da produção do efeito jurídico. Cfr. CHIOVENDA, «L'azione nel sistema dei diritti», *in* Saggi di Diritto Processuale Civile (1900-1930), vol. I, p. 24; BOLAFFI, *Le eccezioni nel diritto sostanziale,* pp. 170 e s.; FERRI, *Profili dell'accertamento costitutivo,* pp. 58 e s.

[651] Como observa MANUEL DE ANDRADE, *Noções elementares de processo civil,* p. 80, nas acções constitutivas o interesse processual «deriva do puro facto de o direito potestativo correspondente não ser daqueles que se exercem por simples declaração unilateral de vontade do titular.» No mesmo sentido, ANTUNES VARELA, *Manual de processo civil,* p. 185.

É esta, conforme referimos já, a forma por que o nosso legislador optou, no artigo 848.º, n.º 1, do C.C., para o exercício do *direito potestativo de compensar*.

Num *segundo* grupo de casos, a lei, ao contrário, exige que o direito potestativo seja exercido através de uma *acção* (ou de uma *reconvenção*), faltando à mera declaração de vontade força para alcançar o novo efeito jurídico. Digamos que somente existe uma via para o exercício e que esta, de sentido único ou obrigatório, reveste natureza judiciária. O direito de anulação de um negócio jurídico ou o direito ao divórcio litigioso são exemplos típicos desta espécie de direitos potestativos (cfr. os arts. 287.º e 1773.º do C.C.)[652-653].

Finalmente, o legislador prevê, para o exercício dos direitos potestativos, o *recurso alternativo à mera declaração de vontade ou à acção judicial*.

Ao dispor, no artigo 436.º, n.º 1, do C.C., que «a resolução do contrato pode fazer-se mediante declaração à outra parte», o legislador permite o exercício do direito potestativo mediante *simples declaração extraprocessual*, mas não exclui que a resolução seja pedida através de uma acção constitutiva[654].

---

[652] Como referem PIRES DE LIMA/ANTUNES VARELA, *Código Civil anotado*, vol. I, pp. 263 e s., «para declarar a *anulabilidade* é necessário recorrer a uma *acção*, não bastando a simples declaração dirigida à parte contrária.» Ver também, quanto a este ponto, GALVÃO TELLES, *Introdução ao estudo do direito*, II, pp. 49 e s. Estamos, afirma CARVALHO FERNANDES, *Teoria geral do direito civil*, vol. II, p. 553, no domínio dos «direitos potestativos de exercício necessariamente judicial.»

[653] Interesses de ordem pública justificam a exigência do exercício judicial. Cfr. DÖLLE, «Zum Wesen der Gestaltungsklagrechte», *in* Festschrift für Eduard Bötticher, pp. 96 e s.

[654] Em sentido contrário, entende ANTUNES VARELA, ob. cit., p. 186, que, no caso do *direito de resolução*, o juiz deve abster-se de conhecer do pedido, pois é possível o seu exercício através de simples acto unilateral. Mas talvez não seja esta a melhor interpretação do preceito. Na verdade, da lei apenas resulta que a reso-

5. *Requisitos substantivos da compensação.* Para além da *reciprocidade* dos créditos (arts. 847.º, n.º 1, e 851.º do C.C.)[655], a lei considera ainda necessária não apenas a sua *exigibilidade* (art. 847.º, n.º 1, al. *a*), do C.C.,)[656], mas também a sua *fungibilidade* (os créditos devem ter por objecto coisas fungíveis da mesma *espécie* e *qualidade* (art. 847.º, n.º 1, al. *b*), do C.C.)[657]. Imaginemos que *A*, na

---

lução *pode* ser feita através de mera declaração de vontade, significando isto que o contraente interessado em resolver o contrato tanto pode fazê-lo *extrajudicialmente*, como *judicialmente*. Optando pela primeira via, e na eventualidade de a parte inadimplente teimar em ignorar o efeito decorrente da declaração extrajudicial resolutiva, assiste-lhe o direito de recorrer a uma acção de simples apreciação positiva. Cfr., quanto a este último problema, VAZ SERRA, *Resolução do contrato*, p. 79; CALVÃO DA SILVA, *Cumprimento e sanção pecuniária compulsória*, p. 323, e BRANDÃO PROENÇA, *A resolução do contrato no direito civil*, pp. 163-168.

Sendo a resolução invocada pelo *réu*, há que averiguar se o contrato já foi resolvido extrajudicialmente ou se se pretende obter, pela primeira vez, esse efeito no processo. No primeiro caso, o demandado deverá servir-se de uma *excepção peremptória*, com vista a ser absolvido do pedido; no segundo caso, o meio apropriado consiste numa *reconvenção constitutiva*.

[655] A coexistência de créditos recíprocos entre duas pessoas é a primeira e mais evidente condição para que a compensação possa obter-se. Mas os dois créditos não têm de ter por fonte o mesmo contrato ou o mesmo facto. O requisito da reciprocidade fica preenchido sempre que duas pessoas se encontrem numa posição jurídica de onde resulte que cada uma delas é simultaneamente credora e devedora da outra. Cfr. ENNECCERUS/KIPP/WOLFF, *Tratado de derecho civil*, t. II, p. 339.

[656] Assim sendo, explica VAZ SERRA, *Compensação*, p. 47, «não pode utilizar-se para a compensação um *crédito natural* ou um *crédito inutilizado por excepções*.» Sobre a impossibilidade de compensar no domínio das obrigações naturais, ver GALLUPPI, *La teoria della compensazione secondo il diritto civile italiano*, pp. 123 e ss.

[657] «O que importa – escreve VAZ SERRA, ob. cit., p. 68 (nota 152) – é que os objectos das duas dívidas possam ser substituídos um pelo outro, de modo que cada um dos credores fique como se tivesse recebido o pagamento.»

Já na vigência do Código Civil de 1867, ALEXANDRE DE SEABRA, *O Código Civil na pratica do foro (da compensação)*, O Direito (1869), t. I, p. 339, após afirmar que «as dividas (…) de dinheiro são indubitavelmente *compensáveis*», acrescentava:

Aspectos Substantivos da Compensação

qualidade de mutuante, vem pedir a condenação de *B*, mutuário, no pagamento de € 20.000 e que este, invocando um contrato de compra e venda celebrado entre ambos, se arroga, por sua vez, titular do direito à entrega de uma coisa móvel avaliada em € 15.000. Neste caso, *B* não pode obter a compensação, pois os créditos não têm por objecto coisas fungíveis.

A compensação somente produzirá o pretendido efeito extintivo quando, por um lado, se verifiquem os requisitos positivos para a sua admissibilidade material e, por outro lado, não ocorra qualquer causa que, nos termos do artigo 853.º do C.C., exclua a possibilidade da produção do referido efeito[658].

Duas regras ou exigências do artigo 847.º, do C.C. merecem especial atenção.

Por um lado, somente pode livrar-se da dívida através da compensação quem for titular de um *crédito judicialmente exigível* (n.º 1, al. *a*)) e, por outro lado, ainda de acordo com a mesma norma (n.º 3), a *iliquidez* do crédito não constitui obstáculo à compensação.

Começando pela primeira regra, importa averiguar qual o sentido da *exigibilidade judicial* do crédito invocado pelo compensante. Tem-se dito, a propósito, que deve existir a possibilidade de *exercício judicial* do direito e, portanto, de uma futura e eventual execução coactiva da prestação[659], com isto se afastando a compensação de créditos relacionados com as denominadas *obrigações naturais*[660].

«Se forem coisas fungiveis da mesma especie e qualidade são tambem compensaveis; trigo por trigo, milho por milho, etc.» E concluía: «A compensação por tanto não comprehende os imóveis, e mesmo das coisas moveis só as que forem *sommas de dinheiro*, ou coisas *fungiveis*.» Cfr. também Cunha Gonçalves, *Tratado de direito civil*, vol. V, pp. 21 e ss.

[658] Sobre as causas de exclusão da compensação, *vide* Almeida Costa, *Direito das obrigações*, pp. 1105 e s.

[659] Cfr. Schlesinger, «Compensazione», *in* NN.D.I., vol. III, p. 723.

[660] Previstas no artigo 402.º do C.C. Não é igualmente exigível a obrigação sujeita a *condição suspensiva* ou a *termo não vencido*.

Exigibilidade significa, em síntese, a possibilidade de o crédito ser exercido imediatamente. Se, por exemplo, *A* solicita a *B* o pagamento de certa quantia relativa ao preço de uma coisa, a este último não assiste o direito de compensar um contracrédito relacionado com uma dívida de jogo.

Não é igualmente exigível a obrigação sujeita a um *termo* que ainda não decorreu.

Pois bem. A propósito do requisito da exigibilidade, levanta-se o difícil problema de saber se será apenas *judicialmente exigível* o contracrédito *certo*, ou seja, aquele que, encontrando-se já reconhecido ou não tendo sido contestado, não pode mais ser posto em causa (*contracrédito não litigioso*).

Tornar-se-á a compensação processualmente impossível a partir do momento em que os factos constitutivos do contracrédito têm de ser levados à base instrutória?

Para PIRES DE LIMA e ANTUNES VARELA, «a necessidade de a dívida compensatória ser exigível no momento em que a compensação é invocada afasta (…) a possibilidade de, em acção de condenação pendente, o demandado alegar como compensação o crédito de indemnização que se arrogue contra o demandante, com base em facto ilícito extracontratual a este imputado, enquanto não houver decisão ou declaração que reconheça a responsabilidade civil do arguido.» E concluem: «Embora a dívida retroaja neste caso os seus efeitos ao momento da prática do facto, ela não é obviamente exigível enquanto não estiver reconhecida a sua existência»[661].

Na doutrina italiana, RAGUSA-MAGGIORE entende que o crédito do compensante deve estar «definitivamente atribuído pelo juiz ou, por unívocas manifestações exteriores, considerar-se com segurança pertencente à parte»[662].

---

[661] *Código Civil anotado*, vol. II, p. 131.

[662] «Compensazione», *in* E.D., vol. VIII, p. 26. Na mesma linha se situa GALLUPPI, *La teoria della compensazione*, pp. 183 a 185, para quem «a existência de um crédito deixa de ser certa quando é impugnada pelo devedor.» Mas, acres-

Com isto pretende evitar-se que o exercício extrajudicial ou judicial de um crédito venha a ser perturbado e intoleravelmente atrasado pela invocação de uma mera expectativa de contracrédito ou, pior, pela invocação de um contracrédito fictício.

Apesar das ponderosas razões em que assenta, não nos parece, contudo, aceitável esta interpretação da *primeira parte* da al. *a*) do artigo 847.º, n.º 1, do C.C. Expliquemos porquê.

Se o crédito tivesse, à partida, de estar judicialmente reconhecido ou jamais pudesse ser objecto de impugnação, a possibilidade de compensar ficaria drasticamente reduzida. Num processo, uma vez alegado determinado contracrédito, bastaria ao autor impugná-lo para, sem mais, afectar a certeza do direito do réu, impossibilitando a compensação. Ora, isto afigura-se-nos inadmissível.

O facto de o contracrédito não se encontrar à partida reconhecido é insusceptível de afastar a compensação, mas impõe, naturalmente, a necessidade de apurar, em muitos casos através de uma complexa actividade probatória, a sua real existência[663].

Como se entendeu no Acórdão da Relação de Lisboa de 6 de Jul. de 2005, é na acção em que se deduz a excepção da compensação que se vai apurar «se o crédito existe e é exigível e a sua natureza não afasta a compensação»[664].

Na doutrina estrangeira, ensina REDENTI que, para se saber se a compensação ocorreu, o juiz tem de apreciar a existência dos créditos recíprocos e dos demais requisitos fixados na lei substan-

---

centa, nem toda a impugnação tem força para afastar liminarmente a compensação, devendo o juiz decidir, de acordo com as circunstâncias do caso, quando a defesa se apresenta ou não fundada. Concretizando mais o seu pensamento, entende que a existência de um crédito não deve considerar-se certa quando, para poder concluir nesse sentido, o juiz tenha de resolver questões de direito ou recorrer a meios instrutórios (*v.g.*, a peritos).

[663] *Vide* VON TUHR, *Tratado de las obligaciones*, t. II, p. 163, e SCHLESINGER, «Compensazione», *in* N.D.I., vol. III, pp. 723 e 729.

[664] C.J. 2005, t. IV, p. 77.

tiva[665]. Se concluir pela inexistência do contracrédito ou pela falta de algum requisito, o juiz deverá, então, julgar improcedente o efeito pretendido pelo réu, condenando-o, se for caso disso, no pagamento da quantia pedida pelo autor.

A partir do momento em que o crédito se torna *litigioso*, sobre o juiz recai o dever de se pronunciar sobre a sua efectiva exigibilidade[666-667].

Esta tese acarreta, admitimos, um certo perigo, pois a abertura do processo à compensação de contracréditos litigiosos, quantas vezes derivados de factos diversos daqueles que sustentam a acção, acaba por tornar-se num obstáculo ao célere julgamento da causa.

E existe ainda o risco de o réu, entrando no terreno da litigância de má fé, alegar um crédito fictício, com o objectivo de atrasar o processo.

Seria conveniente, por tudo isto, a adopção, no nosso direito, de um regime análogo ao consagrado no § 145 III da ZPO, segundo o qual, «se o réu compensou um crédito que não se encontra relacionado com o pedido do autor, o tribunal pode ordenar que a acção e a compensação sejam julgadas separadamente»[668].

---

[665] *La compensazione dei debiti nei nuovi codici*, R.T.D.P.C., 1947, p. 30. No mesmo sentido, negando a necessidade da certeza do contracrédito que se pretende compensar e, portanto, a possibilidade de a excepção da compensação ser paralisada por qualquer contestação, *vide* Schlesinger, est. cit., p. 723, e Merlin, *Compensazione e processo*, vol. I, pp. 474 e ss.

[666] Cfr. Mendegris, *La nature juridique de la compensation*, pp. 77 e 167.

[667] Entre nós, Remédio Marques, *Acção declarativa à luz do Código revisto*, pp. 303 e s., defende que «a *existência* e a *validade* do contracrédito podem naturalmente ser objecto de controvérsia e de acertamento no quadro da apreciação do próprio pedido reconvencional.»

[668] Ver, sobre esta norma, Goldschmidt, *Derecho procesal civil*, pp. 247, 248 e 384. O § 145 evidencia que a ZPO quis tratar, de forma autónoma, a compensação, afastando-a do puro regime previsto para os pedidos reconvencionais. Cfr. Schreiber, *Prozeßvoraussetzungen bei der Aufrechnung*, ZZP, 1977, p. 404.

Aspectos Substantivos da Compensação

E do § 302 resulta que o réu pode ser condenado, adquirindo logo a sentença força executiva, mas com reserva do que vier a ser decidido sobre a compensação (sentença final *condicionada*, com *reserva da compensação*)[669-670]. Julgada procedente a excepção da compensação, a sentença anterior acabará por ficar sem efeito (§ 302 IV)[671].

A adopção, entre nós, de um regime idêntico evitaria problemas que se levantam na prática forense[672].

Analisemos, agora, o problema da *liquidez* dos créditos compensáveis, começando por recordar que hoje, de acordo com o disposto no artigo 847.º, n.º 3, do C.C., o facto de o compensante invocar um crédito *ilíquido* não se torna num obstáculo à compensação.

O *princípio da desnecessidade da liquidez dos créditos compensáveis* é, sem dúvida, um dos mais revolucionários do actual regime da compensação, com relevantes implicações *substantivas* e *processuais*. Vejamos porquê.

Na vigência do Código Civil de 1867, o devedor, como resultava expressamente do artigo 765.º, somente podia desobrigar-se da sua

---

[669] A importância do regime instituído no § 302 da ZPO não passou despercebida a MENESTRINA, *La pregiudiciale nel processo civile*, pp. 77 e s. Ver, sobre a matéria, MUSIELAK, *Grundkurs ZPO*, p. 199, e *Münchener Kommentar zur Zivilprozeßordnung* (LÜKE/WAX), vol. 1, pp. 1958 e s.; SCHILKEN, *Zivilprozessrecht*, pp. 231 e s.; GRUNSKY, *Zivilprozessrecht*, p. 118.

[670] Para alguns, o regime constante do § 302 da ZPO, que admite a prolação de sentença condenatória com reserva, somente é aplicável às hipóteses em que exista conexão entre o crédito e o contracrédito, ou seja, em que estes brotem da mesma relação jurídica. Cfr. SCHMITZ/GOLDMANN, *Feststellungsvorbehaltsurteil bei Aufrechnung mit konnexer Gegenforderung?*, N.J.W., 1999, p. 2953.

[671] Cfr. MÖLLER, *Die Prozessaufrechnung*, JA, 2001, p. 51, e ZIMMERMANN, *Zivilprozeßordnung*, pp. 383 e s.

[672] Para COLAÇO CANÁRIO, *Reconvenção e compensação*, p. 70, «no caso de o contra-crédito não ser conexo com o crédito da demanda, é possível a separação do contra-crédito, que pode entorpecer o processo.» Em face do direito constituído, porém, este entendimento não se nos afigura defensável.

dívida por meio de compensação com a dívida do seu credor se uma e outra fossem *líquidas*, explicitando-se no parágrafo primeiro desta norma que dívida líquida era aquela cuja importância se achava *determinada* ou *podia determinar-se no prazo de nove dias*.

Ao exigir-se a liquidez, pretendia-se, fundamentalmente, travar manobras dilatórias do devedor, ou seja, impedir que este viesse invocar um contracrédito ilíquido com o objectivo de protelar o pagamento do seu débito[673].

A doutrina criticava o apertado prazo para se proceder à liquidação, imperando na prática, aliás, o seu desrespeito sistemático, sem que isso acarretasse, nos casos menos escandalosos, a impossibilidade de se conseguir a compensação[674-675].

A dispensa da liquidez veio afastar, portanto, certos problemas e facilitar a compensação.

Inspirado noutros ordenamentos e em doutrina estrangeira, o nosso legislador foi sensível à ideia de que a exigência da certeza sobre o *quantum debeatur* era susceptível de impossibilitar, larguíssimas vezes, a compensação, podendo o titular do crédito ilíquido confrontar-se, mais tarde, com a insolvência do seu devedor[676]. Quer dizer, o titular de um crédito ilíquido corria sério risco de vir a ser fortemente prejudicado.

Ora, porque se havia de tratar de modo diverso o titular de um crédito líquido e o titular de um crédito ilíquido? Porque não podia prevalecer-se este último das vantagens da compensação?

---

[673] Cfr. CUNHA GONÇALVES, *Tratado de direito civil*, vol. V, p. 16.

[674] *Vide* ALEXANDRE DE SEABRA, *O Código Civil na prática do foro (da compensação)*, O Direito (1869), t. I, p. 340.

[675] Para CUNHA GONÇALVES, ob. cit., p. 17, este prazo, que não se encontrava em nenhum outro código europeu, era «deveras estranho.»

[676] Já o legislador italiano, por exemplo, não foi sensível a este argumento, impondo, como requisito indispensável para o êxito da compensação, a liquidez dos créditos recíprocos (cfr. art. 1243, § 1, do CCI).

Após levantar estas questões, Vaz Serra, nos trabalhos preparatórios do Código Civil de 1966, defendeu que a iliquidez não devia constituir um obstáculo à compensação[677]. Esta tese acabou por triunfar, passando a compensação a poder efectuar-se antes de se proceder à liquidação dos créditos[678].

Hoje, portanto, o titular de um crédito *ilíquido*, através de uma simples declaração extrajudicial, consegue extinguir, tal como o titular de um crédito líquido, o crédito da contraparte. Quer num plano *extraprocessual*, quer num plano *processual*, é *desnecessário* liquidar para compensar, pois *a liquidez deixou de ser uma condição indispensável para se proceder ao «encontro de contas»*.

Ilustremos o que acabamos de dizer através do seguinte exemplo: *A* e *B* são credores recíprocos. O crédito do primeiro é líquido (€ 20.000) e o do segundo ilíquido (*v.g.*, relativo à venda de mercadorias sem preço fixado).

Confrontado com a necessidade de saldar a sua dívida, *B* pode, mesmo antes de estar apurada a quantia relativa ao seu contracrédito, obter, nos termos do artigo 848.º, n.º 1, do C.C., a pretendida compensação.

Sendo um dos créditos ilíquido, a compensação apresentará contornos indefinidos ou incertos, pois é impossível saber se ambos os créditos se extinguiram total ou parcialmente. Logo, uma vez produzida a compensação, torna-se indispensável acertar definitivamente as contas e, portanto, liquidar o crédito cujo montante se apresenta indeterminado, podendo um dos credores ficar obrigado a pagar o saldo que vier a apurar-se em benefício do outro.

Regressando ao exemplo, se se concluir que *B* tem sobre *A* um crédito de € 15.000, ficará obrigado a pagar-lhe a quantia de € 5.000.

---

[677] Cfr. *Compensação*, p. 65, e *Algumas questões em matéria de compensação no processo*, R.L.J., Ano 104.º, p. 276.

[678] «A iliquidez do crédito – explica Vaz Serra, *Algumas questões em matéria de compensação no processo*, R.L.J., Ano 104.º, p. 291 – não é obstáculo à compensação, que pode ser declarada, liquidando-se depois o crédito.»

Vemos, assim, que a *dispensa do requisito da liquidez* veio, no plano das relações puramente privadas, facilitar a compensação.

Outro importante problema, a analisar mais tarde, é o de saber através de que meio processual deverá o réu alegar um contracrédito ilíquido com o objectivo de obter a compensação.

6. Formas de exercício do direito de compensar: a) O exercício do direito de compensar à luz do Código Civil de 1867. Até à entrada em vigor do Código Civil de 1966, a extinção dos créditos ocorria, como vimos, logo que se verificasse a denominada «situação de compensação» e, deste modo, sempre que alguém viesse exigir judicialmente o cumprimento de uma dívida já extinta por força da compensação legal, ao demandado cabia alertar o juiz para essa extinção «ipso iure» dos créditos recíprocos.

E era entendimento praticamente unânime que a invocação deste facto extintivo devia fazer-se através de uma pura *excepção peremptória*, cabendo ao tribunal verificar se e em que medida a compensação tinha operado[679].

«O réu – ensinava ALBERTO DOS REIS – não precisa de socorrer--se nem deve socorrer-se da reconvenção; contesta a acção, alegando que a sua obrigação está extinta em consequência da compensação. Quer dizer, defende-se mediante a dedução duma excepção peremptória, pois que invoca contra a pretensão do autor um facto extintivo do efeito jurídico do facto em que o autor se funda»[680].

Na mesma linha de raciocínio, para o caso em que ambos os créditos já antes da acção ou da reconvenção preenchessem os requisitos legais da compensação, afirmava MANUEL DE ANDRADE que o réu nada mais fazia do que defender-se por *excepção peremptória* se

---

[679] Neste sentido se pronunciou CUNHA GONÇALVES, *Compensação e reconvenção*, G.R.L., Ano 31.º (1917-1918), pp. 225-227, criticando o entendimento isolado de DIAS FERREIRA (*Código Civil anotado*), segundo o qual a compensação legal só podia ser objecto de reconvenção.

[680] *Comentário ao Código de Processo Civil*, vol. 3.º, p. 105.

tal crédito não ultrapassasse o do autor. De outro modo o réu reconviria pelo seu crédito residual[681].

Com efeito, na eventualidade de o contracrédito ser de valor superior ao crédito do demandante, a compensação deixava de pé um saldo que tanto podia ser objecto de *reconvenção*, como de *acção declarativa autónoma*[682].

Num plano distinto situava-se a denominada *compensação judiciária*, ou seja, aquela que era decretada através de uma *sentença constitutiva* e que somente ocorria quando fosse impossível, por falta de algum requisito, a compensação automática ou legal[683-684].

Para obter a *compensação judiciária*, o réu não deveria servir-se de uma excepção, mas antes de uma *reconvenção*, como, de resto, resultava claramente da primeira parte do artigo 279.º, n.º 2, do Código de Processo Civil de 1939[685].

---

[681] Cfr. *Noções elementares de processo civil* (1.ª edição), pp. 141 e s.

[682] Cfr. ALBERTO DOS REIS, R.L.J., Ano 83.º, pp. 205-206.

[683] *Vide* MANUEL DE ANDRADE, ob. cit., pp. 140 e s. Também a R.T., Ano 91.º (1973), p. 319, esclarece que «a exigência feita no Código Civil de 1867 de o crédito representativo da contraprestação do R. ser líquido constituía, sem dúvida, a principal fonte da compensação judiciária, que era autorizada pelo Juiz mediante a prévia liquidação do crédito do A.»

[684] «A compensação reconvencional – nas esclarecedoras palavras de CUNHA GONÇALVES, *Tratado de direito civil*, vol. V, pp. 38 e s. – só produz os seus efeitos desde que transita em julgado a sentença que a decretou, e não desde que coexistiram as duas obrigações opostas. Esta compensação não existia antes e não foi, apenas, verificada e declarada na sentença; ela é criada pelo juiz, depois de julgar procedente o pedido oposto pelo réu.»

[685] A redacção deste preceito manteve-se após a entrada em vigor do Código de Processo Civil de 1961 (Decreto-Lei n.º 44.129, de 28 de Dez. de 1961). Pode ler-se no correspondente artigo 274.º, n.º 2, al. *b*), 1.ª parte: «A reconvenção é admissível quando o réu se propõe obter a compensação judiciária.» O teor desta norma veio, porém, a ser alterado pelo Decreto-Lei n.º 47.690, de 11 de Maio de 1967.

6. *b) O exercício do direito de compensar à luz do Código Civil de 1966.* A forma de exercício judicial do direito de compensar teve de ser repensada no momento em que entrou em vigor, entre nós, no domínio da compensação, o *sistema da declaração*, acompanhado pela *dispensa da liquidez* da dívida compensável (art. 847.º, n.º 3).

Desde que estejam preenchidos certos requisitos previstos na lei, todo aquele que seja simultaneamente credor e devedor de outra pessoa pode declarar a vontade de compensar o crédito (mesmo ilíquido), bastando esta declaração para se obter, eficaz e extrajudicialmente, a extinção das obrigações[686].

«Não se afigura de exigir – como explica VAZ SERRA – uma decisão judicial (quer constitutiva, quer meramente reconhecedora da eficácia da declaração do devedor), pois não há necessidade de tornar indispensável a intervenção do tribunal numa matéria em que pode passar-se sem ela»[687].

Estamos perante uma declaração *receptícia* que, nos termos do disposto no artigo 224.º, n.º 1 (1.ª parte), do C.C., se torna eficaz logo que chega ao poder do destinatário[688].

Ora, tudo está em saber através de que *meio processual* deve o *demandado* efectuar esta declaração compensatória: é necessária uma *reconvenção* ou basta a dedução de uma *excepção peremptória*?

Dedicaremos o próximo capítulo a este problema.

---

[686] Vale, quanto a esta declaração, o *princípio da liberdade de forma* previsto no artigo 219.º do C.C. Mas, como adverte ALMEIDA COSTA, *Direito das obrigações,* pp. 1106 e s., a declaração de compensação pode ser efectuada por notificação avulsa, nos termos dos artigos 228.º, n.º 2 e 261.º do mesmo diploma.

[687] *Compensação,* p. 19.

[688] Cfr. VAZ SERRA, ob. cit., p. 128.

CAPÍTULO II

A COMPENSAÇÃO PROCESSUAL

SUMÁRIO: 1 – A acção e a compensação. 2 – A contestação e a compensação – o dilema da escolha entre a excepção e a reconvenção: A) Tese da compensação-excepção (VAZ SERRA; ANSELMO DE CASTRO; MENEZES CORDEIRO; LEBRE DE FREITAS): quem compensa excepciona. Apreciação crítica. B) Tese da compensação-reconvenção (CASTRO MENDES; ALMEIDA COSTA; TEIXEIRA DE SOUSA): quem compensa reconvém. Apreciação crítica. C) Tese da compensação-reconvenção híbrida (ANTUNES VARELA): quem compensa reconvém e excepciona. Apreciação crítica; D) Tese da ambivalência processual da compensação: quem compensa reconvém ou excepciona. Apreciação crítica. 3 – Síntese final: o sentido da al. *b*) (1.ª parte) do artigo 274.º, n.º 2, do Código de Processo Civil. 4 – Aplicação prática da tese da compensação-excepção: I) a) Alegação, no processo, da compensação extrajudicial fundada em contracrédito de valor *igual* ou *inferior* ao do crédito do demandante; b) Alegação, no processo, da compensação extrajudicial fundada em contracrédito de valor *superior* ao do crédito do demandante; II) a) Caso em que o réu pretende efectuar, no processo, a compensação de um contracrédito de valor *igual* ou *inferior* ao do crédito do demandante; b) O problema da inadmissibilidade processual da excepção da compensação; c) Caso em que o réu pretende efectuar, no processo, a compensação de um contracrédito de valor *superior* ao do crédito do demandante; d) Caso em que o réu pretende efectuar, no processo, a compensação de um contracrédito *ilíquido*; e) Caso em que o réu pretende efectuar, no processo, a *compensação eventual*. 5 – O caso julgado e a compensação processual: a) O problema; b) A resolução do problema pelo direito estrangeiro; c) Em defesa da transformação, *de iure constituendo*, da excepção da compensação numa «excepção reconvencional.» 6 - A litispendência e a compensação processual.

1. *A acção e a compensação*. Efectuando-se a compensação através de *simples declaração de vontade*, deve considerar-se desprovida de *interesse processual* a pessoa que pretenda obter *judicialmente* o seu *decretamento*.

Sendo a via judicial desnecessária, o tribunal não pode deixar de absolver o réu da instância com fundamento na falta do referido interesse[689].

O credor, querendo compensar o seu crédito, deve efectuar uma *declaração extrajudicial (compensatória)* ou recorrer a uma *notificação judicial avulsa*[690] e só na eventualidade de o destinatário actuar como se a compensação não tivesse produzido qualquer efeito é que poderá, agora com manifesto *interesse processual*, intentar uma *acção declarativa de simples apreciação* para obter o reconhecimento judicial da extinção dos créditos recíprocos[691-692].

E se o seu crédito for, porventura, superior ao do adversário, assiste-lhe ainda o direito de pedir, cumulativamente, a *condenação* deste no pagamento do excesso.

---

[689] Em sentido contrário, admitindo expressamente a possibilidade de o direito potestativo de compensar ser exercido «por via de *acção judicial*» e «através de *petição inicial*», vide KOHLER, *Prozesshandlungen mit Civilrechtswirkung*, Zeit. f. dts. Civilpr., 1901, pp. 16 e s., e, entre nós, ANTUNES VARELA, *Das obrigações em geral*, vol. II, p. 215. A mesma tese foi defendida no Ac. da Relação de Guimarães de 19 de Jan. de 2005, C.J. 2005, t. I, p. 282.

[690] ANTUNES VARELA, ob. cit., p. 215, aponta o meio da *notificação judicial avulsa* como apropriado para se efectuar a declaração compensatória (*declaração recepticia*).

[691] Neste sentido, ALMEIDA COSTA, *Direito das obrigações*, p. 1106.

[692] OERTMANN, *Die Aufrechnung im deutschen Zivilprozessrecht*, p. 117, também entende que, no domínio do *sistema da compensação por declaração unilateral*, não existe lugar para uma acção compensativa constitutiva, pois o facto de a compensação poder ser efectuada mediante simples declaração torna desnecessária a sua decretação por sentença. No entanto, o processualista germânico não descarta a possibilidade de ser instaurada uma *acção meramente declarativa (Feststellungsklage)* e isto porque pode existir interesse numa sentença que declare, com força de caso julgado, a extinção do crédito do adversário através da compensação já extrajudicialmente obtida.

Num considerável número de casos, porém, a declaração compensatória é feita pelo *réu* no âmbito de um *processo judicial*, sendo esta a realidade que mais interessa analisar[693]. Ora, desde a entrada em vigor do Código Civil de 1966, um problema de grande interesse prático vem suscitando, entre nós, acesa polémica: *qual o meio processualmente adequado para fazer valer a compensação? A excepção peremptória ou a reconvenção?*

O tortuoso problema, para que ainda não se conseguiu obter uma resposta consensual, exige uma reflexão muito cuidada.

2. A contestação e a compensação: o dilema da escolha entre a excepção e a reconvenção. É realmente difícil determinar o meio adequado para o exercício, pelo réu, *na contestação*, do direito de compensar. Por um lado, sendo a compensação uma causa de extinção das obrigações, a dedução de uma *excepção peremptória* parece ser o meio naturalmente indicado.

Mas, por outro lado, o Código de Processo Civil, no artigo 274.º, n.º 2, al. *b*), afirma que a *reconvenção* é admissível «quando o réu se propõe obter a compensação»[694].

---

[693] *Vide* Dernburg, *Die Compensation*, p. 456. Para Giuliano, *La compensazione (con particolare riguardo alle procedure concorsuali)*, p. 72, «na prática o direito de compensar é exercido quase exclusivamente no processo mediante uma excepção do réu.» Veremos se também entre nós a excepção deve considerar-se o meio próprio para o exercício da compensação pelo demandado.

[694] A lei não se refere hoje, contrariamente ao que ocorria nos Códigos de Processo Civil de 1939 e de 1961, à «compensação judiciária.» A redacção do actual artigo 274.º, n.º 2, al. *b*) (1.ª parte), provém do Decreto-Lei n.º 47.690, de 11 de Maio de 1967, diploma que introduziu no Código de Processo Civil de 1961 as adaptações exigidas pela entrada em vigor do Código Civil de 1966.

Castro Mendes, *Limites objectivos do caso julgado em processo civil*, pp. 189 e ss., observa que a Reforma processual de 1967 «trouxe uma revolução profunda no instituto da compensação e no seu enquadramento processual», mas cujos termos e limites é «difícil precisar».

Naturalmente se perguntará porque é que a palavra «judiciária» foi omitida pelo legislador de 1967. A explicação é a seguinte: a «compensação judiciária», ou

Refira-se que, noutras normas, o legislador faz uma clara associação entre o *exercício do direito de compensar* e a *reconvenção*: o artigo 85.º, al. *p*), da L.O.F.T.J. (Lei n.º 3/99, de 13 de Jan.) estatui que compete aos *tribunais do trabalho* o julgamento «das questões reconvencionais que com a acção tenham as relações de conexão referidas na alínea anterior, salvo no caso de compensação, em que é dispensada a conexão.»

E também no artigo 48.º da Lei dos Julgados de Paz[695], em cuja epígrafe figura a palavra «reconvenção», se diz, no seu primeiro número, que «não se admite a reconvenção, excepto quando o demandado se propõe obter a compensação ou tornar efectivo o direito a benfeitorias ou despesas relativas à coisa cuja entrega lhe é pedida.»

Confrontadas com o problema da escolha do meio adequado para o exercício, *na contestação*, do direito potestativo de compensar, a doutrina e a jurisprudência têm-se dividido, principalmente, entre os defensores da *tese da compensação-excepção* e os partidários da *tese da compensação-reconvenção*, não faltando ainda quem, vislumbrando uma terceira via menos extremada, entenda ser a compensação uma figura processual *híbrida*, um misto de *reconvenção* e de *excepção*. Já se defendeu, também, que o réu compensante pode optar livremente entre a excepção e a reconvenção.

---

seja, a que resultava de uma sentença, estava pensada, como vimos, para os casos em que o crédito compensável se apresentasse *ilíquido*. A pedido da parte interessada, o tribunal, após apurar o valor do crédito, decretava a compensação, revestindo a sentença natureza constitutiva.

Com o Código Civil de 1966, como atrás referimos, a liquidez dos créditos tornou-se dispensável, podendo, inclusivamente, obter-se o efeito extintivo através de mera declaração. Tendo em conta esta realidade, o citado Decreto-Lei n.º 47.690, ao adaptar o Código de Processo Civil ao novo Código Civil, baniu a expressão «judiciária» da al. *b*) do n.º 2 do artigo 274.º, deixando ficar apenas o termo «compensação.»

[695] Lei n.º 78/2001, de 13 de Julho.

A escolha do caminho certo em tão complexa encruzilhada – uma encruzilhada de quatro vias – implica uma prévia e sumária apresentação das teses em confronto, com o indispensável recurso a citações e transcrições. Temos, assim, pela frente uma tarefa morosa e de pendor descritivo, mas essencial para a cabal compreensão da matéria.

Após delinear os traços gerais de cada tese e proceder à sua imediata apreciação crítica, explicitaremos o entendimento que se nos afigura susceptível de resolver o complexo problema.

2. *A contestação e a compensação (cont.): A) Tese da compensação-excepção (VAZ SERRA; ANSELMO DE CASTRO; MENEZES CORDEIRO; LEBRE DE FREITAS): quem compensa excepciona.* A *doutrina da compensação-excepção* é defendida por VAZ SERRA, principal responsável pelas alterações introduzidas, no instituto da compensação, pelo Código Civil de 1966.

Com o intuito de resolver o problema da natureza jurídico-processual da compensação de créditos, apoia-se este Autor no artigo 848.º, n.º 1, do C.C., preceito segundo o qual, como vimos, a compensação se efectiva «mediante declaração de uma das partes à outra.» Ora, argumenta, precisamente devido a este sistema assente na *suficiência da declaração unilateral,* «a compensação judicial perde grande parte da sua importância, se não toda ela»[696].

Quer dizer, a compensação efectiva-se através de uma *mera declaração de vontade unilateral* (manifestada extrajudicialmente) e não por via de qualquer sentença. Esta realidade, contudo, não faz desaparecer o problema de saber através de que meio o *demandado,* no âmbito de um processo, deve declarar a compensação.

Em resposta, VAZ SERRA defende ser a *excepção peremptória* o meio apropriado. De acordo com o seu entendimento, sempre que o réu tenha «declarado a compensação antes de o autor propor a

---

[696] *Algumas questões em matéria de compensação no processo*, R.L.J., Ano 104.º, p. 291.

acção, e se defender do pedido deste invocando a compensação, não há lugar para reconvenção, visto (…) aquele *não formular qualquer pedido* contra o autor, limitando-se a opor à pretensão deste a extinção, pela compensação, do crédito feito valer pelo autor, nem se propor *obter* a compensação, que já se tinha produzido mediante a sua declaração de compensação (Cód. Civil, art. 848.°).

O caso é, portanto – *conclui* –, de defesa por excepção peremptória (Cód. Proc. Civil, arts. 487.°, n.° 2, 493.°, n.° 3)»[697].

E que sucederá nos casos em que o demandado manifesta a vontade de compensar, originariamente, na contestação que apresenta no pleito? Deverá servir-se de uma *excepção* ou de uma *reconvenção*?

Para Vaz Serra, o meio processualmente adequado continua a ser a *excepção peremptória*. O compensante também se defende através deste meio sempre que, não tendo declarado a compensação antes da proposição da acção, a declara no processo pendente.

O réu compensante – escreve –, «como no caso anterior, não formula nenhum pedido contra o autor, nem se propõe obter a compensação: o que alega é que o direito de crédito feito valer pelo autor se extinguiu pela compensação que ele demandado declarou»[698].

E logo acrescenta que «a compensação não é nunca objecto possível de um pedido do réu contra o autor, porque ela não é nunca operada pelo tribunal, só o podendo ser por declaração de uma das partes à outra (Cód. Civil, art. 848.°)»[699]. Para este consagrado civilista, quer a compensação seja declarada extrajudicialmente, quer o seja numa acção judicial, o efeito extintivo que o compensante pretende atingir decorre sempre da sua vontade e não de uma decisão judicial, que deverá limitar-se a declarar ou reconhecer que aquele efeito se produziu já.

---

[697] Est. cit., p. 292.

[698] Est. cit., p. 292.

[699] Est. cit., p. 293.

Em síntese, diremos que, à luz desta tese, o contracrédito do demandado assume relevo apenas como *facto extintivo* do crédito do autor, e não como direito[700].

A ideia de que a declaração compensatória enxertada na contestação produz efeitos substantivos imediatos é também defendida por LEBRE DE FREITAS: «(…) Não carecendo de ser feita judicialmente (art. 848-1 CC), a declaração de compensação opera (…) o seu efeito com a *notificação da contestação* ao autor e não com a sentença, que se limita a verificar a ocorrência dos respectivos requisitos substantivos, não justificando, diversamente do que acontecia na vigência do CPC de 1939, um regime processual diverso do da compensação já feita valer extraprocessualmente»[701].

Se a declaração ínsita na contestação produz o efeito extintivo, não faz sentido pedir reconvencionalmente ao tribunal que extinga o que já se encontra extinto. A *excepção* é o meio adequado para efectuar a compensação.

Ao estabelecer, no artigo 274.º, n.º 2, al. *b*), que a reconvenção é admissível «quando o réu se propõe obter a compensação», o legislador, de acordo com a *tese da compensação-excepção*, teve em mente aquelas hipóteses em que o contracrédito se apresenta *superior* ao crédito do demandante. O réu poderá, nestes casos, pedir que o autor seja condenado a pagar-lhe a *parte residual*, devendo recorrer, para isso, a uma *reconvenção*[702].

---

[700] Como explica LUISO, *Diritto processuale civile*, I, p. 257, um crédito somente se faz valer como direito quando num processo é objecto de um pedido (*di una domanda giudiziale*); pelo contrário, sendo invocado como *facto extintivo* do direito alheio, torna-se objecto de uma excepção.

[701] *A acção declarativa comum*, p. 111. *Vide* argumentação semelhante no estudo de PERACCHI, *A compensação no direito civil e tributário em Portugal e no Brasil*, p. 59.

[702] Cfr. VAZ SERRA, est. cit., Ano 104.º, p. 278, nota 2, e Ano 105.º, p. 52.

302 Reconvenção e Excepção no Processo Civil

Em síntese, de acordo com este entendimento, a reconvenção é admissível *quando o réu se propõe obter o que resta, a seu favor, depois da compensação*[703-704]. Quanto a esta parte sobejante do contracrédito, o réu tanto pode reconvir, como intentar uma *acção autónoma*[705].

ANSELMO DE CASTRO rejeita igualmente uma interpretação literal da al. *b*) (1.ª parte) do artigo 274.º, n.º 1, e, na esteira de VAZ SERRA, restringe o âmbito do preceito «aos casos em que a compensação é verdadeira reconvenção (compensação-pedido), isto é, em que o contracrédito (líquido ou ilíquido) seja de montante superior ao do autor e o réu peça a condenação ou a declaração do seu crédito, quanto ao excedente»[706-707].

---

[703] Cfr. VAZ SERRA, est. cit., R.L.J., Ano 104.º, p. 307. Já se considerou «estranha» esta interpretação (cfr. R.T., Ano 93.º, p. 182). Confrontado com a crítica, VAZ SERRA, Anotação ao Ac. do S.T.J. de 7 de Mar. de 1975, R.L.J., Ano 109.º, pp. 146 e s., nota 4, argumentou do seguinte modo: «Essa opinião pode, efectivamente, parecer ‹estranha›, mas tenta entender a lei de harmonia com os princípios por ela própria formulados: as palavras ‹quando o réu se propõe obter a compensação› são aí interpretadas como referindo-se, não a uma verdadeira compensação, mas a um pedido de reconhecimento da parte residual de um crédito oposto em compensação, pois só assim se põe a disposição de acordo com os princípios que regulam a compensação e a reconvenção.»

[704] Igual interpretação do preceito é sustentada por BARBOSA MOREIRA, *A conexão de causas como pressuposto da reconvenção*, p. 53.

[705] Cfr. est. cit., R.L.J., Ano 105.º, p. 53.

[706] *A acção executiva singular, comum e especial*, p. 282, nota 2.

[707] O legislador, através da Lei n.º 3/83, de 26 de Fev., quis consagrar, na al. *b*) do artigo 274.º, n.º 2, de forma inequívoca, a tese da compensação-excepção. A *reconvenção*, de acordo com este diploma, era admissível quando o réu, para além da compensação, pretendesse a condenação do autor no pagamento do excesso do contracrédito. Quer dizer, sendo o contracrédito de valor superior ao crédito do demandante, tinha de distinguir-se entre a parte do contracrédito que igualava o valor daquele crédito e a parte sobejante do contracrédito. Enquanto a primeira tinha de ser invocada através de *excepção*, a segunda somente podia fazer-se valer por via reconvencional ou, em alternativa, por via de uma *acção autónoma*.

A Lei n.º 3/83, porém, não chegou a entrar em vigor, frustrando-se, assim, a tentativa de consagrar *expressamente*, no direito positivo, a tese da compensação-

Para os dois Autores que acabamos de citar, a *tese da compensa-ção-excepção* é a única susceptível de afastar as «aberrantes» consequências que resultam da necessidade de se deduzir a compensação através de um *pedido reconvencional*[708].

Desde logo, afirmam, evita-se uma provável e indesejável mudança da *forma do processo*, motivada pela necessidade de somar os valores do crédito principal e do contracrédito[709].

Depois, ninguém colocará entraves à dedução da excepção da compensação no domínio do *processo sumaríssimo*, o que decerto não sucederá se se entender que o demandado tem de compensar através de um pedido reconvencional[710].

Por último, a seguir-se a tese da compensação-reconvenção, o exercício do direito de compensar ficaria afastado sempre que o tribunal da causa fosse incompetente em *razão da matéria* ou *da nacionalidade* para o julgamento do contracrédito[711].

Para os defensores da *tese da compensação-excepção*, não deve a compensação estar sujeita ao preenchimento dos *pressupostos processuais*, sob pena de a acção vir a ser decidida sem o réu se poder defender cabalmente e, portanto, em desconformidade com o direito substantivo[712].

Na doutrina estrangeira existe também quem entenda que estes pressupostos não devem impedir a excepção da compensação,

---

-excepção. Para uma análise da redacção que este diploma pretendeu introduzir na al. *b*) do artigo 274.º, n.º 2, *vide* TEIXEIRA DE SOUSA, *Observações críticas sobre algumas alterações ao Código de Processo Civil*, B.M.J., n.º 328, pp. 100 e s.

[708] Uma «artificial reconvenção», nas palavras de ANSELMO DE CASTRO, ob. cit., p. 282, nota 2.

[709] Por força do disposto no artigo 308.º, n.º 2.

[710] Recordemos que, para a doutrina dominante (na qual se incluem VAZ SERRA e ANSELMO DE CASTRO), o processo sumaríssimo não admite a dedução de pedidos reconvencionais. Logo, a seguir-se a tese da compensação-reconvenção, a compensação seria impossível no âmbito desta forma de processo.

[711] Cfr. VAZ SERRA, *Algumas questões em matéria de compensação no processo*, R.L.J., Ano 104.º, p. 307, e ANSELMO DE CASTRO, ob. cit., p. 282, nota 2.

[712] Cfr. ANSELMO DE CASTRO, ob. cit., p. 283 (adenda).

sob pena de se negarem ao réu os benefícios desta causa de extinção das obrigações[713].

Em suma, a tese da compensação-reconvenção, ao exigir o preenchimento dos pressupostos processuais para o pedido compensativo, pode conduzir, na prática, à indesejável consequência de o réu ficar sem defesa, vendo-se injustamente condenado a pagar aquilo que não deve[714].

Na linha de VAZ SERRA e de ANSELMO DE CASTRO, também LEBRE DE FREITAS sustenta que a *reconvenção* somente faz sentido «quando o crédito do réu é superior ao do autor e na medida do excesso»[715]. E logo adianta: «O facto de (...) se apreciar parte do contracrédito em sede de excepção e outra parte em sede de reconvenção não reveste especial complicação, visto que a mesma sentença apreciará normalmente a totalidade. Por outro lado, não sendo a reconvenção obrigatória, o risco de uma apreciação separada (no processo pendente e noutro que o réu instaure) existe sempre e não apenas nos casos em que as normas de competência internacional ou em razão da matéria ou da hierarquia impeçam a reconvenção, nos termos do art. 98-1: autor e réu reconvinte podem sempre limitar-se livremente a um pedido correspondente apenas a parte daquilo a que tenham direito, reservando o restante para outra acção»[716].

Mais recentemente, MENEZES CORDEIRO aderiu à tese da compensação-excepção, apoiando-se nos seguintes argumentos: «O

---

[713] Cfr. MERLIN, *Compensazione e processo*, vol. II, pp. 236 e s.

[714] Cfr. ANSELMO DE CASTRO, *Direito processual civil declaratório*, vol. I, p. 175.

[715] *Código de Processo Civil anotado*, vol. 1.º, p. 489. *Vide* também *A acção executiva depois da Reforma*, p. 178, nota 23, e *Introdução ao processo civil*, p. 186, nota 25.

[716] *A acção declarativa comum*, p. 112.

A Compensação Processual

Código Civil (...) trata a compensação como um modo de extinguir as obrigações, eficaz por declaração do compensante ao seu credor. Logo, a sentença que o reconheça é meramente declarativa. A compensação faz-se valer por (simples) excepção: artigo 487.°/2, 2.ª parte.»

E conclui deste modo: «Todavia, se o compensante não pretender apenas deter a acção com um facto extintivo do direito invocado, mas antes alcançar uma condenação do autor ou um título executivo que possa actuar contra ele, há que usar da reconvenção»[717-718].

No plano do *direito processual civil internacional*, a tese de que a compensação deve ser objecto de *defesa* e não de reconvenção foi sustentada, a propósito da interpretação do artigo 6.°, n.° 3, da Convenção de Bruxelas (correspondente ao mesmo preceito do Regulamento n.° 44/2001), pelo Tribunal de Justiça das Comunidades Europeias[719].

2. A) *Tese da compensação-excepção* (*cont.*): *apreciação crítica.* De tudo o que se disse, resulta que a tese da compensação--excepção, de raiz civilística, assenta em sólidos princípios logicamente interligados. Vejamos quais.

---

[717] *Da compensação no direito civil e no direito bancário*, pp. 132 e s.

[718] Refira-se que a tese da compensação-excepção é, há muito, defendida por RODRIGUES BASTOS, *Notas ao Código de Processo Civil*, vol. II, p. 33. Na esteira de VAZ SERRA e de ANSELMO DE CASTRO, entende que a compensação deve ser deduzida sob a forma de *excepção peremptória*. Na eventualidade, porém, de o contra-crédito ser de montante superior ao da dívida reclamada, uma de duas: «Se o réu pretende apenas ver extinta a dívida reclamada, limita-se a invocar o seu crédito, vendo-o reduzido na medida da dívida compensada; se pretende receber o excesso, então sim, terá de deduzir reconvenção pedindo a condenação do reconvindo a pagar-lhe a diferença.» É este, para o jurista agora citado, «o entendimento geral da referência feita à reconvenção na alínea *b*) do n.° 2 [do art. 274.°].» No mesmo sentido se pronuncia PAIS DE AMARAL, *Direito processual civil*, p. 229.

[719] Cfr. Ac. de 13 de Jul. de 1995, Proc. C-341/93 (*http://eur-lex. europa.eu*).

Em *primeiro lugar*, no *princípio da desnecessidade da acção ou da reconvenção compensativa*. É simples a ideia que lhe está subjacente: se a compensação, nos termos do artigo 848.º, n.º 1, do C.C., se efectua «mediante declaração de uma das partes à outra», não existe objectivamente *interesse processual* em pedir ao tribunal, quer por via de *acção*, quer por via de *reconvenção*, o decretamento da extinção dos créditos recíprocos[720].

E uma vez que o demandado, ao invocar a compensação, nada mais pretende do que a *improcedência total ou parcial da acção*, o meio adequado para alcançar esse efeito é a *excepção peremptória*[721-722].

Ocorre, sem dúvida, um evidente *nexo lógico* entre a *compensação*, enquanto forma de extinção de dívidas, e a *excepção peremptória*. Por um lado, o réu compensador quer ser absolvido do pedido e, por outro, a excepção é o meio próprio para alcançar este fim.

Logo, a excepção, temos de reconhecer, é o meio naturalmente indicado para efectuar a compensação no processo[723-724].

---

[720] Não pode esquecer-se que o julgamento do pedido reconvencional depende do preenchimento dos pressupostos processuais e, portanto, também da existência do denominado *interesse processual*. Cfr. Rosenberg/Schwab/Gottwald, *Zivilprozessrecht*, p. 640. Este pressuposto permite afastar as denominadas *acções constitutivas desnecessárias*. Cfr. Consolo, *Codice di Procedura Civile commentato* a cura di Consolo/Luiso, p. 584, e Sassani, «Interesse ad agire», *in* E.G., vol. XVII, p. 6.

[721] Na reconvenção, como vimos, o demandado há-de querer sempre algo mais do que a mera improcedência da acção.

[722] Excepção cuja admissibilidade obedecerá, naturalmente, às normas adjectivas. Cfr. Buß, *Prozeßaufrechnung und materielles Recht*, JuS, 1994, p. 147, e Möller, Die *Prozessaufrechnung*, JA, 2001, p. 49.

[723] Sendo a compensação um meio de extinção das obrigações, quem a opõe «deve recorrer a uma excepção e não a uma reconvenção», escreveu Carnelutti, *Sistema di diritto processuale civile*, I, p. 934. Cfr. também Satta, *Diritto processuale civile*, p. 43; Escobedo, *L'eccezione in senso sostanziale*, p. 94, e Oliva Santos, *Compensación y proceso civil de declaración*, La Ley, 1982, p. 919. Noltze, *Aufrechnung und Prozeß*, p. 134, baseando-se no efeito causado pela compensação, entende que a invocação desta, no processo, se assemelha mais a um *meio defensivo* do que a uma reconvenção. No ordenamento inglês, Neil Andrews, *Principles of civil pro-*

Em *segundo lugar*, a tese em análise parte do *princípio de que a vontade de compensar pode manifestar-se num acto processual*, com reflexos imediatos no plano do direito substantivo.

Estamos perante um princípio há muito reconhecido pela doutrina estrangeira. Em estudo clássico, WEISMANN afirmou que a declaração compensatória tanto pode ser feita extrajudicialmente, como no âmbito de um processo e que, nesta última hipótese, ela é «simultaneamente acto processual e negócio jurídico material; é um acto processual com dupla função» (*ist sie zugleich Prozessvollmacht und materielles Rechtsgeschäft; ist eine doppelfunktionale Prozeßhandlung*)[725].

Mais tarde, ALLORIO igualmente salientou a existência de *actos processuais* «com eficácia, ao mesmo tempo, de direito substantivo e de direito processual», logo acrescentando que «o efeito jurídico (de

---

cedure, p. 120, escreve que o direito de compensar se traduz numa defesa deduzida contra uma acção monetária e que não necessita de ser exercido por via reconvencional (*it need not be expressed as a counterclaim; set-off is a defence, a counterclaim is an active claim*).

[724] Não se afirme que o artigo 449.º acaba por autorizar o exercício, através de acção ou de reconvenção, do direito potestativo de compensar, onerando o compensante com o pagamento das custas. Realmente, esta norma está pensada para aqueles direitos potestativos que, tendo *necessariamente* de ser exercidos por via judicial, não são activados por qualquer facto ilícito praticado pelo réu. Nestas hipóteses, o legislador faz recair sobre o demandante o pagamento das custas. Ver, sobre o regime consagrado no artigo 449.º, LEBRE DE FREITAS, *Código de Processo Civil anotado*, vol. 2.º (com M. MACHADO/R. PINTO), p. 184

[725] *Die Aufrechnung nach dem Bürgerlichen Gesetzbuche*, Zeit. f. dts. Civilpr., 1899, p. 17. Veja-se igualmente PALANDT, *Bürgerliches Gesetzbuch* (§ 388 BGB), p. 584; BAUMGÄRTEL, *Wesen und Begriff der Prozeßhandlung einer Partei im Zivilprozeß*, pp. 153 e s.; NIESE, *Doppelfunktionelle Prozesshandlung*, pp. 31 e s., 52 e s., 109 e s.; SCHÖNKE, *Lehrbuch des Zivilprozessrechts*, p. 233; ZEISS/SCHREIBER, *Zivilprozessrecht*, p. 156; JAUERNIG, *Zivilprozessrecht*, p. 146; PAULUS, *Zivilprozessrecht*, p. 100; GREGER, *Zivilprozessordnung* (ZÖLLER), p. 632; BRAUN, *Die Aufrechnung des Klägers im Prozeß*, ZZP, 1976, p. 101, e NOLTZE, ob. cit., p. 268. No mesmo sentido, no direito austríaco, cfr. FASCHING, *Zivilprozeßrecht*, p. 654; RECHBERGER/SIMOTTA, *Grundriß des österreichischen Zivilprozeßrechts*, p. 245, e BALLON, *Einführung in das österreichische Zivilprozessrecht – Streitiges Verfahren*, p. 204.

direito substantivo) é produzido pelo acto processual da parte (que contenha, por exemplo, uma declaração compensatória); esse efeito não é fruto de qualquer sentença constitutiva»[726].

O processo está realmente recheado de actos geradores de efeitos materiais e, por isso, compreende-se que o réu se possa servir da contestação para manifestar a vontade de compensar[727-728].

É claro que, por um lado, tem de respeitar o *princípio da concentração da defesa na contestação* (art. 489.º, n.º 1) e, por outro lado, sobre o tribunal recai o dever de apreciar se se encontram preenchidos os requisitos de eficácia da declaração compensatória enxertada no articulado, pois só em caso afirmativo poderá julgar a excepção procedente[729].

Em *terceiro lugar*, a tese da compensação-excepção respeita o *princípio do igual tratamento entre a compensação declarada antes do processo (compensação pré-processual) e a que é declarada, pela primeira vez, no processo (compensação processual).*

É indiferente que o réu afirme que já compensou no passado ou que manifeste a vontade de compensar no momento em que contesta. Enquanto, na primeira situação, o réu alega que o crédito do autor se encontra extinto desde o momento em que foi feita a declaração compensatória, na segunda afirma que esse crédito se deve considerar neutralizado por força da declaração efectuada no acto de contestar.

---

[726] *Per una teoria dell'oggetto dell'accertamento giudiziale*, Jus, 1955, p. 184 (texto e nota 77). Ainda sobre o problema, BOLAFFI, *Le eccezioni nel diritto sostanziale*, pp. 116 e ss., e FERRI, *Profili dell'accertamento costitutivo*, p. 59.

[727] No sentido da existência de actos instrumentais dotados de eficácia extraprocessual se pronuncia também REDENTI, *Diritto processuale civile*, vol. I, p. 133.

[728] Assim, com extrema clareza, WEISMANN, est. cit., p. 19; NATOLI, *In tema di compensazione legale secondo il nuovo codice civile*, F.I., vol. LXXI, 1948, p. 58, e MUSIELAK, *Die Aufrechnung des Beklagten im Zivilprozeß*, JuS, 1994, p. 817.

[729] Quer a compensação seja declarada antes da contestação, quer seja declarada neste articulado, «o tribunal é chamado a apreciar, através de um juízo *ex post*, a ocorrência de um acontecimento: a extinção por força da compensação.» Cfr. MUSIELAK, *Grundkurs ZPO*, p. 190, e DALBOSCO, *La compensazione per atto unilaterale (la c.d. compensazione legale) tra diritto sostanziale e processo*, R.D.C., 1989, p. 387.

A *Compensação Processual*

Tanto num caso, como no outro, o réu invoca a extinção (total ou parcial) do crédito do demandante e, por isso, o meio naturalmente indicado para o fazer é a *excepção peremptória*, impondo-se ao tribunal o conhecimento de um *facto extintivo*.

Permitir a excepção no primeiro caso, mas afastá-la no segundo, forçando o demandado a formular um pedido reconvencional, conduz a um tratamento desigual de situações materialmente análogas.

Em defesa da tese segundo a qual não deve ocorrer uma diferença de tratamento entre a compensação alegada pela primeira vez no processo (*compensazione fatta valere per la prima volta nel processo*) e a compensação extrajudicial invocada no processo (*compensazione stragiudiziale richiamata nel processo*), pronuncia-se, na doutrina italiana, DALBOSCO, advertindo que «em ambas as situações o réu pretende alcançar apenas a *improcedência* (total ou parcial) da acção.» E acrescenta que «a excepção extintiva fundada na compensação extrajudicial não é estruturalmente diversa da excepção baseada na compensação deduzida no processo, pois o juiz em nenhum caso decreta uma modificação na relação material, limitando-se a conhecer um efeito já produzido em virtude da declaração, ou seja, a conhecer da extinção dos créditos ocorrida antes do julgamento»[730].

A doutrina alemã, acrescente-se, tem colocado também no mesmo plano a *compensação declarada extraprocessualmente* e a *compensação declarada no decurso de um processo*, sendo muito esclarecedoras, neste sentido, as palavras de PETERS: «Deve considerar-se irrelevante que a compensação seja declarada antes do processo ou no processo. Quem pretenda sujeitar a compensação declarada no

---

[730] *La compensazione per atto unilaterale (la c.d. compensazione legale) tra diritto sostanziale e processo*, R.D.C., 1989, pp. 384 e s. Ver também, no mesmo sentido, LORENZI, «Compensazione», *in* Dig. Disc. Priv. (sezione civile), vol. III, p. 69.

processo a regras meramente processuais, afasta-a do direito material e, em especial, da compensação declarada extraprocessualmente»[731].

GRUNSKY, por sua vez, escreve que, «para o efeito do tratamento processual da excepção da compensação, é indiferente o caminho escolhido pelo réu. Sendo a compensação declarada no processo, temos um acto material e processual, visto que o réu declara a compensação e procede simultaneamente à sua notificação»[732].

Por último, a tese da compensação-excepção põe em evidência o *princípio da liberdade de reconvir relativamente à parte ou ao* quantum *excedente do contracrédito*. Quer dizer, para as hipóteses em que o montante do contracrédito ultrapasse o valor do crédito principal, a compensação, uma vez deduzida através de excepção peremptória,

---

[731] *Münchener Kommentar zur Zivilprozeßordnung* (LÜKE/WAX), vol. 1, p. 1112. Na Alemanha, a doutrina dominante entende que a natureza jurídica da compensação não se altera pelo facto de ser declarada no âmbito de um processo: a parte pratica um acto material que reveste a forma de um acto adjectivo. Cfr. SIBER, *Compensation und Aufrechnung*, p. 112; WACH, *Prozeßvollmacht und Einrede der Aufrechnung*, ZZP, 1900, p. 6, e ROSENBERG/SCHWAB/GOTTWALD, *Zivilprozessrecht*, p. 684. No sentido de que não existe qualquer diferença substancial entre a compensação declarada no processo e a compensação declarada fora do processo (*Kein Wesensunterschied zwischen der Aufrechnung innerhalb und außerhalb des Prozesses besteht*), pronunciam-se, ainda, SCHWAB, «Bemerkungen zur Prozeßaufrechnung», *in* Festschrift für Hans Carl Nipperdey, vol. I, pp. 952 e ss. (para este Autor, a compensação processual tem de ser tratada como uma compensação material, ou seja, não processual); LÜKE/HUPPERT, *Durchblick: Die Aufrechnung*, JuS, 1971, p. 169; BRUNS, *Zivilprozessrecht*, p. 221. Em termos muito explícitos se manifestam também JAUERNIG, *Zivilprozessrecht*, p. 146; HÄSEMEYER, «Die sogenannte Prozeßaufrechnung – eine dogmatische Fehlakzentuierung», *in* Festschrift für Friedrich Weber zum 70 Geburtstag, p. 225; SCHREIBER, *Prozeßvoraussetzungen bei der Aufrechnung*, ZZP, 1977, pp. 395 e s.; ZEISS/SCHREIBER, *Zivilprozessrecht*, p. 150; REICHOLD, *Zivilprozessordnung* (THOMAS/PUTZO), p. 271; MUSIELAK, *Grundkurs ZPO*, p. 192; BUß, *Prozeßaufrechnung und materielles Recht*, JuS, 1994, p. 147, e BADELT, *Aufrechnung und internationale Zuständigkeit unter besonderer Berücksichtigung des deutsch-spanischen Rechtsverkehrs*, p. 15.

[732] *Grundlagen des Verfahrensrechts*, p. 149, e *Zivilprozessrecht*, p. 116.

A Compensação Processual   311

extingue o crédito do autor, bem como o contracrédito até ao montante daquele; quanto à parte residual do contracrédito, assiste ao réu o direito de se socorrer de uma reconvenção ou de propor, se preferir, uma acção autónoma[733-734].

A contestação pode, portanto, ser mista: por um lado, uma *contestação de natureza defensiva* (na qual se alega o contracrédito até ao limite do crédito principal); por outro, uma *contestação-reconvenção* (na qual se faz valer a quantia que ultrapassa aquele limite). Trata-se de um ponto muito acentuado pela doutrina estrangeira.

«A hipótese típica de reconvenção fundada num título que já pertence à causa como meio de excepção – escreve, por exemplo, SATTA – é a da compensação, quando se pede a condenação pelo excesso do montante do pedido»[735].

Igualmente para TARZIA e BALBI, o caso mais frequente de reconvenção fundada no título que já pertence à causa como meio de defesa é aquele em que o compensante pede a condenação do autor na quantia que excede o crédito principal[736].

Depois de tudo isto, parece dever concluir-se que a tese da compensação-excepção assenta em bases sólidas. No entanto, ela não

---

[733] Nos mesmos termos, ZANZUCCHI, *Diritto processuale*, I, p. 336; ROSENBERG/SCHWAB/GOTTWALD, ob. cit., p. 640.

[734] Para DAMIAN MORENO, *La reconvención en el proceso civil*, pp. 36 e s., «a compensação move-se na órbita das excepções de carácter material, destinando-se a anular os efeitos da pretensão do autor.» No entanto, na eventualidade de o contracrédito ser de valor superior ao crédito principal, «deve deduzir-se uma reconvenção para o excesso.» Em rigor, o demandado não tem o dever, mas antes a faculdade de reclamar o excesso. Neste mesmo sentido, MIGUEL MOCHOLI, *Reconvención y compensación*, Rev. Der. Proc., 1951, p. 499. Para maiores referências, no âmbito do direito espanhol, cfr. BADELT, ob. cit., pp. 53 e ss.

[735] *Commentario al Codice di Procedura Civile*, I, p. 162. E neste sentido se tem pronunciado a jurisprudência italiana. Cfr. GUIDETTI, *Le eccezioni nel processo civile*, R.T.D.P.C., 1962, p. 788.

[736] «Riconvenzione», *in* E.D., vol. XL, p. 674.

é isenta de pontos fracos. Sabemos que não tem, entre nós, a letra da lei a seu favor, conflituando com a primeira parte da al. *b)* do artigo 274.°, n.° 2, onde se estabelece, recordemos, que a reconvenção é admissível «quando o réu se propõe obter a compensação.»

Mas certamente ninguém ousará afirmar que a letra da lei constitui um obstáculo inultrapassável para o intérprete e, tendo isto em conta, um largo sector da doutrina, como vimos, entende que a citada alínea foi pensada para os casos em que o contracrédito é superior ao crédito principal e o réu pretende a condenação do autor no pagamento da quantia excedente: *quem compensa excepciona; quem quer o excesso excepciona e reconvém.*

Cumpre observar, no entanto, que o *saldo* do contracrédito nada tem a ver com a compensação, pois esta só opera até ao preciso montante do crédito do autor[737].

A principal deficiência da tese em análise relaciona-se com o instituto do *caso julgado.* Se este, em princípio, não se forma sobre os *fundamentos* da sentença, isto significa que a parte dos motivos respeitante à *excepção da compensação* não é abrangida pela força do caso julgado.

Por conseguinte, o demandado não fica impedido, *à luz do direito adjectivo,* de intentar uma acção para exercer o crédito já compensado ou declarado inexistente aquando do julgamento da excepção da compensação.

Esta fraqueza tem sido apontada como o «calcanhar de Aquiles» da tese que vê na compensação processual uma pura excepção peremptória[738].

---

[737] Cfr. CASTRO MENDES, *Limites objectivos do caso julgado em processo civil,* p. 193, nota 194.

[738] Cfr. LEBRE DE FREITAS, *A acção declarativa comum,* p. 113. COLAÇO CANÁRIO, *Reconvenção e compensação,* p. 75, há muito apontou a principal deficiência da tese da compensação-excepção, escrevendo o seguinte: «Parece claro que, quando o contra-crédito invocado pelo réu seja de montante inferior ou igual ao

A *Compensação Processual* 313

Veremos, adiante, o real peso desta crítica e de que modo será possível ultrapassá-la.

2. A contestação e a compensação (cont.): B) Tese da compensação-reconvenção (CASTRO MENDES; ALMEIDA COSTA; TEIXEIRA DE SOUSA): quem compensa reconvém. No pólo oposto da *tese da compensação-excepção* situa-se a *tese da compensação-reconvenção* ou da *reconvenção compensativa*, proclamando o seguinte princípio: o réu que pretenda compensar deve deduzir um pedido reconvencional.

Vejamos em que argumentos se fundamenta esta diferente doutrina.

Em primeiro lugar, apoia-se no próprio *texto da lei*, pois o Código de Processo Civil, como temos vindo a acentuar, dispõe, na al. *b)* (1.ª parte) do artigo 274.º, n.º 2, que a reconvenção é admissível «quando o réu se propõe obter a compensação.»

Daqui resulta que a tese da compensação-excepção «dificilmente se ajusta à letra da lei»[739-740-741].

---

do autor, o meio próprio a utilizar seja a excepção peremptória.» E logo questiona: «Mas, quanto aos efeitos materiais do caso julgado? Salvaguarda este meio tal desiderato? Parece-nos que não salvaguarda; a invocação de excepções peremptórias em processo, no caso de haver decisão sobre elas, tem meramente eficácia de caso julgado relativo.» *Vide*, na mesma linha, TAPIA FERNÁNDEZ, *La compensación en el proceso civil*, pp. 103 e s.

[739] Cfr. MANUEL DE ANDRADE, *Noções elementares de processo civil*, p. 148. Segue-se nesta obra a *doutrina da compensação-reconvenção*. Note-se que a adesão a esta tese é da autoria de HERCULANO ESTEVES, Autor a quem coube a tarefa de actualizar, à luz do Código Civil de 1966 e do Decreto-Lei n.º 47.690, de 11 de Maio de 1967, a obra que acabamos de citar.

[740] Mas sempre se vai reconhecendo que pela «circunstância de não ter a seu favor o texto legal ninguém, por certo, lhe verá objecção decisiva.» Cfr. MANUEL DE ANDRADE, ob. cit., p. 149.

[741] Para ALMEIDA COSTA, *Direito das obrigações*, p. 1109, a doutrina da compensação-reconvenção é a «mais conforme à letra da lei.» Também para MONTALVÃO MACHADO/PAULO PIMENTA, *O novo processo civil*, p. 175, nota 396, o actual texto do artigo 274.º, n.º 2, al. *b)*, e a sua evolução «não deixam dúvidas acerca da orientação que deve ser perfilhada.»

314   *Reconvenção e Excepção no Processo Civil*

Em segundo lugar, contra o argumento de que a obrigatorie-dade de deduzir *reconvencionalmente* a compensação é susceptível de se transformar, por força dos *requisitos* a que está sujeito este meio de actuação processual, num obstáculo à realização do direito subs-tantivo, tem-se dito, por um lado, que o valor da *autonomia norma-tiva do processo civil* não pode ser sacrificado e que, por outro lado, *é errado tratar a compensação como qualquer outra excepção peremp-tória*[742].

E isto porque, argumenta-se, existe, na compensação, de forma implícita, um «pedido de tutela judiciária para uma relação jurídica manifestamente autónoma da deduzida pelo Autor e quiçá sem qualquer conexão com ela»[743].

Também se tem acentuado a ideia de que a compensação con-siste na «auto-realização do crédito do compensante» e não na «mera invocação (…) de um facto extintivo do crédito principal»[744].

O Supremo Tribunal de Justiça, nos raros arestos em que seguiu a tese da compensação-reconvenção, deixou-se influenciar por este argumento: no Acórdão de 16 de Abr. de 1971, por exemplo, defende expressamente que «quando o réu pretenda exercitar um pedido cre-ditório contra o autor, só pode fazê-lo pelo meio reconvencional (se não preferir o uso de uma acção separada e distinta), dado que então não se limita a contradizer o facto gerador do pedido na acção, mas, antes, invoca um facto diferente, ainda que conexo, que, a proceder, certificará um crédito do demandado sobre o demandante»[745].

---

[742] Cfr. MANUEL DE ANDRADE, ob. cit., p. 150.

[743] MANUEL DE ANDRADE, ob. cit., pp. 150 e s. O facto de a compensação ter origem numa diferente relação jurídica é assinalado por LEBRE DE FREITAS, *A con-fissão no direito probatório*, p. 208, nota 31.

[744] Cfr. ALMEIDA COSTA, ob. cit., p. 1109. Argumenta, de forma semelhante, SCHREIBER, *Prozeßvoraussetzungen bei der Aufrechnung*, ZZP, 1977, p. 400.

[745] B.M.J., n.º 206, p. 57. Não deixa de ser curioso referir o facto de o Ac. reconhecer que «a compensação é, em princípio, uma excepção peremptória», mas logo adiantando o seguinte: «Como, porém, na base dela está o pedido de

A *Compensação Processual* 315

Por último, a tese da compensação-reconvenção, segundo os seus seguidores, fornece «cobertura conceitual às soluções que no plano prático-jurídico são encontradas para a compensação e que fazem com que ela seja (...) mais uma reconvenção que um meio de defesa. Assim, por ex., em matéria de *caso julgado, litispendência, prescrição,* e *valor* do litígio para efeitos de custas e de recurso»[746].

A tese da reconvenção compensativa é defendida por CASTRO MENDES. À luz do regime legal vigente – escreve o saudoso e respeitado processualista –, a compensação não pode considerar-se um «mero fundamento de oposição ao pedido do autor», mas, antes, um «pedido autónomo do réu contra o autor»; a compensação terá de ser sempre tratada «como um *pedido de apreciação* a ter-se como objecto do processo em si mesmo, objecto de caso julgado»[747].

Se recebesse o tratamento de uma mera excepção, argumenta, o *caso julgado* apenas cobriria o pedido e *não os seus fundamentos,* ou seja, a subsistência ou a insubsistência da compensação seria matéria de simples fundamento e sobre ela não incidiria o caso julgado[748].

Ora, a ser assim, o réu compensante ficaria com a possibilidade de, após ter conseguido obter a compensação judicial, vir novamente a fazer valer o crédito[749].

---

reconhecimento de um crédito do réu sobre o autor, só se pode obtê-lo por via de reconvenção, que é já um meio de pedir.»

[746] MANUEL DE ANDRADE, ob. cit., p. 151 (é nosso o itálico). A validade da tese em causa não chega, porém, a ser demonstrada à luz destes vários aspectos. Mas isto não afasta uma certeza: «O contracrédito não pode ser judicialmente apreciado à margem da exigência dos pressupostos processuais, como os da litispendência, caso julgado, competência material, capacidade e legitimidade» (p. 152). PIRES DE LIMA/ANTUNES VARELA, *Código Civil anotado,* vol. II, p. 136, observam que estes «aspectos adjectivos do problema» se encontram «mal estudados ainda na nossa literatura processual.»

[747] *Direito processual civil,* vol. II, p. 303 (é nosso o itálico).

[748] Cfr. ob. cit., p. 303.

[749] E se o réu ficasse vencido quanto à excepção de compensação, pelo facto

«Vê-se, portanto – conclui –, que a compensação não é um meio extintivo da obrigação como qualquer outro, e que há certa vantagem em tomar a formulação de uma reconvenção como alargamento do objecto do processo (e do correspondente valor) e *do objecto do caso julgado*. Hoje, oposta a compensação, o tribunal irá sempre decidir com força de caso julgado do direito do autor e do contradireito do réu»[750].

No fundo, para CASTRO MENDES, do que se trata é de tornar imperativo o que resultaria do uso, pelo réu, do mecanismo previsto no artigo 96.º, n.º 2[751-752].

Para esta doutrina, o enquadramento da compensação no regime da reconvenção permite resolver o problema da extensão do *caso julgado* ao contracrédito, ultrapassando-se, assim, a assinalada *debilidade* da tese da compensação-excepção.

TEIXEIRA DE SOUSA, para quem também se impõe a «adopção da tese da compensação-reconvenção, segundo a qual a compensação deve ser sempre deduzida por via de reconvenção, qualquer que seja o montante relativo do contracrédito perante o crédito do autor», rejeita, baseando-se em *três argumentos principais*, a tese da compensação-excepção[753].

---

de o tribunal entender que o contracrédito não existia, poderia sempre exercer esse pretenso direito através de uma acção autónoma.

[750] Ob. cit., p. 304.

[751] Cfr. ob. cit., p. 304.

[752] Nas hipóteses em que o contracrédito apresente valor superior ao valor do crédito do autor, REMÉDIO MARQUES, *Acção declarativa à luz do Código revisto*, p. 305, defende, na esteira de CASTRO MENDES, que o réu *deve* reconvir, pois, de acordo com as suas palavras, «só a qualificação como *reconvenção* permite apreciar e julgar todo o *objecto do contracrédito* com a *amplitude que o réu lhe quer conferir*, de sorte a (…) constituir *caso julgado* fora desse processo (art. 96.º/2 do CPC), ou seja, para formar *caso julgado material* entre ele e o autor (*hoc sensu*, a *reconvenção incidental*).»

[753] *As partes, o objecto e a prova na acção declarativa*, p. 173. No entanto, na p. 164, apresenta a compensação como um exemplo de «excepção extintiva.» Em

O primeiro é o de que esta tese acaba por originar «duas acções distintas e parciais sobre o mesmo crédito, dado que divide um crédito num montante que é deduzido por via de excepção e num outro que é apresentado pela via reconvencional.»

Depois, argumenta, a tese da compensação-excepção possibilita que sejam deduzidos créditos para os quais o tribunal da causa é desprovido de competência absoluta.

Por fim, a tese que critica é «incompatível com a admissibilidade legal da compensação de créditos ilíquidos (art. 847.°, n.° 3,

---

estudo anterior (*Observações críticas sobre algumas alterações ao Código de Processo Civil*, B.M.J. n.° 328, pp. 89 e s.), afirma que «a arguição da compensação representa, processualmente, a apresentação de uma excepção peremptória, pois a sua dedução fundamenta-se na alegação de um facto cuja subsunção a uma norma material conduz à extinção substantiva da pretensão do autor e, consequentemente, à absolvição do réu do pedido – a compensação é, assim, uma excepção negatória (*rechtsvernichtend Einrede*), dado que extingue as consequências jurídicas da norma material em que o autor fundamenta a pretensão contida no pedido por ele formulado.» Para TEIXEIRA DE SOUSA, «a alegação da compensação implica a dedução de um facto extintivo de natureza potestativa, o direito a exercer a compensação, pelo que a invocação da compensação é equivalente a uma acção constitutiva de exercício do direito à compensação. Assim – acrescenta o Autor –, a compensação é uma excepção peremptória cujas especialidades não devem ser desprezadas na análise do seu regime de dedução processual.»

E conclui na p. 99 do mesmo estudo: «A compensação opera a extinção não só do crédito principal, mas também do contracrédito, pelo que, como a excepção peremptória não pode ser a forma adjectiva de apresentação de um objecto que se extingue concomitantemente com o objecto por ele extinto, a reconvenção é, doutrinariamente, o único meio processual adequado à invocação da compensação.»

Mais recentemente, TEIXEIRA DE SOUSA, *Litispendência e compensação no processo civil europeu*, Anotação ao Ac. do Tribunal de Justiça (Quinta Secção), de 8/5/2003, Proc. C-111/01, C.D.P., n.° 3, Jul./Set. 2003, p. 35, escreve: no direito português, «como bem se sabe, a compensação, quando seja declarada em processo, deve ser deduzida através da via reconvencional (art. 274.°, n.° 2, alínea *b*), do CPC).» E a mesma tese é defendida no estudo *Reconvenção subsidiária, valor da causa e responsabilidade pelas custas*, C.D.P., n.° 7, Jul./Set. 2004, p. 14.

C.C.), dado que não é possível aferir se um deles é, quanto ao seu montante, maior ou menor que o outro»[754].

Mas o entendimento de TEIXEIRA DE SOUSA distingue-se, em dois relevantes pontos, da tese tradicional da compensação-reconvenção.

Por um lado, para os casos em que o réu já obteve *extrajudicialmente* a compensação, em clara sintonia com VAZ SERRA e ANSELMO DE CASTRO, defende que esta deve ser deduzida através de uma *excepção peremptória*. No fundo, o réu vem dizer que o crédito do autor já se encontra extinto, restando ao tribunal absolvê-lo do pedido[755].

Por outro lado, para o caso em que o réu pretenda obter a compensação no processo, TEIXEIRA DE SOUSA, ao contrário de CASTRO MENDES, defende a natureza *constitutiva,* e não meramente declaratória, da reconvenção[756]. A extinção dos créditos recíprocos *decorrerá da própria sentença,* pois «processualmente, a dedução da compensação contém não somente e, aliás, apenas implicitamente, um pedido de apreciação das condições materiais da compensação, mas também, e fundamentalmente, um pedido constitutivo de declaração da compensação»[757-758]. E logo acrescenta que «é pela existência

---

[754] Ob. cit., p. 172.

[755] *As partes, o objecto e a prova na acção declarativa,* p. 173.

[756] Na linha de NIKISCH, «Die Aufrechnung im Prozeß», *in* Festschrift für Heinrich Lehmann, vol. II, p. 780.

[757] CASTRO MENDES, *Limites objectivos do caso julgado em processo civil,* p. 193, também defendeu que *«o pedido reconvencional de compensação é um pedido constitutivo»* e que, «considerado procedente (…), crédito e contracrédito se consideram indiscutivelmente inexistentes.» No entanto, mais tarde, nas *Lições de direito processual civil,* vol. II, manifesta-se, como vimos, no sentido de que a dedução da compensação no processo implica um *pedido reconvencional de apreciação,* com resultados análogos aos previstos no artigo 96.º, n.º 2.

[758] Na Alemanha, os defensores da denominada «teoria processual» sustentam que a declaração compensatória enxertada na contestação não produz

deste pedido constitutivo, correspondendo a uma função processual que estravasa da contra-eficácia por mera apreciação das condições materiais das demais excepções peremptórias, que, num plano doutrinário, a compensação deve ser deduzida processualmente pela via reconvencional»[759-760].

2. B) *Tese da compensação-reconvenção (cont.): apreciação crítica.* Na tese acabada de expor existe uma fractura que lhe retira força: enquanto para uns o réu compensante deve propor uma *reconvenção meramente declarativa* (uma acção reconvencional para verificação e declaração de que os créditos recíprocos se extinguiram em virtude da compensação), para outros é indispensável o recurso a uma *reconvenção constitutiva.*

Esta divergência, que tem passado despercebida, revela uma forte discordância quanto à forma de exercício, pelo réu, do direito potestativo de compensar.

---

qualquer efeito extintivo, decorrendo este da sentença que venha a decretar a compensação. É a tese de NIKISCH, est. cit., pp. 765 s.

Ainda entre nós, PAULO PIMENTA, *Reconvenção*, Separata do B.F.D.U.C. LXX (1994), p. 479, parece aderir à doutrina segundo a qual a compensação deve ser deduzida, no processo, através de uma *reconvenção constitutiva.* Com efeito, entende que o réu compensante «pede (…) que se reconheça o seu contracrédito, e, nessa conformidade, se opere a compensação deste com o do autor.» «Daqui resulta – escreve a seguir – que o pedido conclusivo do réu será complexo, pois incluirá o pedido de reconhecimento do seu crédito, o pedido de compensação deste com o do autor, e o pedido de improcedência da acção, total ou parcialmente, na medida da compensação a operar.»

[759] *Observações críticas sobre algumas alterações ao Código de Processo Civil*, B.M.J., n.º 328, p. 99.

[760] «Na compensação (…) – escreve TEIXEIRA DE SOUSA, est. cit., p. 99 – a verificação das condições materiais não é bastante para extinguir o crédito principal do autor, o qual só vem a ser extinto pela declaração compensatória inserida na sentença: a extinção do crédito principal não é consequência da verificação do contracrédito mas corolário da declaração potestativa de compensação pelo contracrédito.»

320   *Reconvenção e Excepção no Processo Civil*

A primeira vertente do entendimento em apreciação – a *vertente da reconvenção meramente declarativa* – reconhece, de forma implícita, que a extinção dos créditos recíprocos não resulta da sentença, mas, antes, da declaração compensatória enxertada na contestação. Por isso mesmo, o que o réu tem de pedir é, tão-só, o reconhecimento judicial da eficácia desta declaração e, no fundo, que o seu próprio contracrédito já se encontra extinto.

Mas esta reconvenção afigura-se forçada e «antinatural», pois, como é evidente, nenhum réu estará interessado em pedir a declaração judicial da extinção do seu próprio direito, pelo que este pedido vai contra a natureza do processo ou contra o «jogo» de interesses que neste se reflecte. No fundo, pretende obrigar-se o demandado a fazer o que, em princípio, jamais faria de forma voluntária.

Admitindo, apesar de tudo, que ainda é possível ver na reconvenção compensativa uma acção de simples apreciação, logo surge o problema de saber se também estará obrigado a reconvir o réu que, contra o autor, já efectuou *extrajudicialmente* a compensação.

Caso se responda afirmativamente, ocorre perguntar o que sucederá nas situações em que, por falta de competência absoluta do tribunal da causa para o julgamento da reconvenção, por exemplo, se torne impossível conseguir o reconhecimento judicial da compensação já obtida, com eficácia, no passado.

A resposta só pode ser a seguinte: o réu que procedeu à compensação através de uma declaração extrajudicial, bem como aquele que a obtém por força da declaração ínsita na própria contestação, fica sujeito a uma condenação injusta.

CASTRO MENDES é, de resto, o primeiro a admitir este inconveniente, afirmando que a tese da compensação-reconvenção «cria processualmente um obstáculo à compensação: não são compensáveis – escreve – dívidas que se tenham de deduzir em tribunais

A Compensação Processual

cuja competência divirja entre si por matéria ou hierarquia ou internacional»[761-762].

Apercebendo-se deste grave inconveniente, apela a um estudo mais profundo do problema pela ciência jurídica.

É claro que, na eventualidade de a reconvenção ser admissível, a decisão relativa ao contracrédito acaba por revestir-se da autoridade do caso julgado, o que, sem dúvida alguma, é vantajoso.

Apreciemos agora a vertente segundo a qual a compensação deve ser deduzida no processo por via de uma *reconvenção constitutiva*.

Esta variante da tese da compensação-reconvenção tem forte apoio na letra do artigo 274.º, n.º 2, al. *b*) (1.ª parte): na realidade, a reconvenção aparece como o meio admissível para o exercício do direito potestativo de compensar e, logo, para se conseguir a extinção dos créditos recíprocos. O efeito extintivo resulta, numa leitura imediata da lei, do pedido reconvencional e da sentença que o julgar procedente.

Mas este entendimento *conflitua com o sistema da compensação por declaração unilateral* consagrado no Código Civil, à luz do qual a extinção se «efectiva mediante declaração de uma das partes à outra» (art. 848.º, n.º 1, do C.C.), *não se tornando necessário que o direito potestativo de compensar seja exercido através de acção ou de reconvenção*.

A declaração que se destina a exteriorizar a vontade de compensar tanto pode ser feita *extrajudicialmente,* como através de um *acto processual.*

---

[761] *Direito processual civil*, vol. II, p. 306.

[762] O fim do processo declarativo, que é o da «salvaguarda do direito material privado, como a protecção e o exercício das situações subjectivas» (cfr. TEIXEIRA DE SOUSA, *O fim do processo declarativo*, R.D.E.S., 1978, Jul.-Dez., p. 272), ficaria, no caso em análise, afectado.

Ao contrário, a *tese da compensação-reconvenção constitutiva* sustenta que a extinção dos créditos fundada na compensação resulta de uma *sentença constitutiva*.

Mas esta visão das coisas tem sido criticada por um largo sector da doutrina estrangeira.

DALBOSCO, por exemplo, afirma que só faz sentido «falar-se em sentença constitutiva necessária nos casos em que o direito potestativo apenas pode ser efectivado pelo juiz», o que não ocorre com o direito de compensar[763].

Precisamente porque a compensação representa uma «modificação privada que o réu alcança através de uma simples declaração de vontade», MITTENZWEI nega a existência de um pedido dirigido à modificação judicial da relação jurídica[764]. Na mesma linha de pensamento, KAWANO, após descrever a teoria segundo a qual a compensação resulta de uma sentença constitutiva, logo aponta como sua principal *debilidade* (*die entscheidende Schwäche der prozessualen Theorie*) o facto de ela ser *incompatível com o sistema da compensação por declaração unilateral*. Reproduzindo as suas palavras, este sistema não deixa espaço para a denominada *compensação judicial*: «O direito em vigor só admite a sentença constitutiva nos casos em que à

---

[763] *La compensazione per atto unilaterale (la c.d. compensazione legale) tra diritto sostanziale e processo*, R.D.C., 1989, p. 382.

[764] *Rechtshängigkeit der im Prozess zur Aufrechnung gestellten Forderung?*, ZZP, 1972, p. 480. HENCKEL, *Materiellrechtliche Folgen der unzulässigen Prozeßaufrechnung*, ZZP, 1961, p. 175, apontou igualmente esta fortíssima debilidade à teoria processual. Num sistema de compensação por declaração unilateral é *incorrecto* defender a necessidade ou a possibilidade de uma *sentença constitutiva* de decretamento da extinção dos créditos recíprocos. No mesmo sentido, com grande clareza, se pronunciam BAUMGÄRTEL, *Wesen und Begriff der Prozeßhandlung einer Partei im Zivilprozeß*, pp. 165 e s.; ARENS, *Willensmängel bei Parteihandlungen im Zivilprozeß*, p. 187; MUSIELAK, *Die Aufrechnung des Beklagten im Zivilprozeß*, JuS, 1994, pp. 818 e s.; NOLTZE, *Aufrechnung und Prozeß*, p. 16.

A Compensação Processual

parte não assiste o poder de, por si mesma e extraprocessualmente, modificar a relação material»[765].

VOLLKOMMER é também muito impressivo, afirmando que «a reconvenção se distingue da compensação, pois esta consiste num meio defensivo destinado à extinção do crédito principal»[766].

A tese da compensação-reconvenção sofre de outra fraqueza que a torna, a nosso ver, insustentável, ao criar uma intolerável *desigualdade* entre o réu que manifesta pela primeira vez a vontade de compensar na contestação e o réu que, neste articulado, alega ter já exercido, extrajudicialmente o direito potestativo de compensar.

Diz-se que o primeiro deve reconvir e que o segundo tem de excepcionar, mas não encontramos razões para tamanha *desigualdade* no tratamento processual de dois casos substancialmente análogos.

2. A contestação e a compensação (cont.): C) Tese da compensação-reconvenção híbrida (ANTUNES VARELA): quem compensa reconvém e excepciona. Sobre o problema da natureza processual da compensação de créditos existe uma terceira doutrina defendida por ANTUNES VARELA, que designaremos por *tese da compensação-reconvenção híbrida*.

Pressupondo a *liquidez* do contracrédito, o insigne processualita distingue duas hipóteses: 1.ª) Hipótese em que o contracrédito é de valor *superior* ao crédito do demandante; 2.ª) Hipótese em que esse contracrédito apresenta valor *igual* ou *menor* do que o crédito do autor.

---

[765] *Der prozessual unberücksichtigte Aufrechnungseinwand und seine materiellen Folgen*, ZZP, 1981, pp. 2 e s. Ver também, num contexto mais geral, SCHLOSSER, *Gestaltungsklagen und Gestaltungsurteile*, pp. 328 e 335 e s.

[766] *Zivilprozessordnung* (ZÖLLER), p. 156.

Quanto à *primeira hipótese,* sustenta que a *reconvenção* é o meio apropriado para se efectuar a compensação do contracrédito[767].

E considera que a *segunda hipótese* reveste maior grau de dificuldade: deverá a compensação, sempre que o contracrédito do réu seja *igual* ou *inferior* ao crédito do autor, implicar também a dedução de um pedido reconvencional?

Entende ANTUNES VARELA que, em rigor, a compensação, neste caso, configura processualmente uma «*figura híbrida,* um produto misto de *reconvenção* e de *excepção peremptória*»[768-769] ou, noutros termos, «uma espécie de *tertium genus,* ao lado das excepções peremptórias e da reconvenção»[770].

Está longe de se tratar de uma pura excepção, na medida em que introduz no processo «uma *relação jurídica* distinta e autónoma da alegada pelo autor», não se limitando o demandado «a alegar um facto enxertado na relação jurídica material que serve de base à acção

---

[767] «A generalidade dos autores – escreve, *Manual de processo civil,* p. 330 – não nega o carácter reconvencional da compensação, nos casos em que o contracrédito invocado pelo réu exceda o valor do crédito reclamado na acção e o réu pretenda a condenação do autor no montante da diferença (ou saldo) que lhe é favorável.»

O problema está, no entanto, em saber se o demandado deve reconvir para alegar a totalidade do seu crédito ou para fazer valer apenas aquela parte residual ou sobejante (como defendem VAZ SERRA e ANSELMO DE CASTRO). Este ponto não é esclarecido por ANTUNES VARELA.

[768] Ob. cit., p. 332. «A compensação constitui um meio processual (de defesa) *sui generis,* de natureza *mista, híbrida* ou *heterogénea*», escrevem PIRES DE LIMA e ANTUNES VARELA, *Código Civil anotado,* vol. II, p. 135.

[769] Observe-se, no entanto, que ANTUNES VARELA entende que o réu deve «deduzir o seu contra crédito nos termos do artigo 501.º do Código de Processo Civil (…)» (*Direito das obrigações,* vol. II, p. 209), ou seja, através de uma *reconvenção.* Também no *Código Civil anotado,* de que PIRES DE LIMA e ANTUNES VARELA são co-autores, se defende que «a compensação deveria ser sempre deduzida *discriminadamente,* nos termos do artigo 501.º, n.º 1, do Código de Processo Civil» (vol. II, p. 136).

[770] *Das obrigações em geral,* vol. II, p. 211.

creditória (como quando alega a *incapacidade*, o *erro*, o *dolo* ou a *coacção* que sofreu, o pagamento que efectuou, a novação que realizou, etc.).» A compensação, «ao mesmo tempo que *extingue* o direito de crédito do autor, *realiza* ou *dá execução* ao *contracrédito* do réu, *inteiramente distinto* e *autónomo* daquele direito»[771].

Quer dizer, sob esta perspectiva «a analogia entre a *compensação* (…) e a *reconvenção* é inquestionável, mete-se pelos olhos dentro»[772].

Mas, por outro lado, segundo esta tese, é *errado* falar-se numa *reconvenção pura e simples*, pois o réu, na hipótese em análise, não pretende afinal a condenação do adversário numa prestação em seu benefício, «limitando-se a pedir a improcedência *total* ou *parcial* da pretensão do autor»[773].

O réu alega um facto que, embora autónomo, «tende apenas à improcedência total ou parcial da acção, por ser total ou parcialmente extintivo do direito que o autor se arroga»[774-775].

---

[771] *Manual de processo civil*, p. 332. Em idêntico sentido, MONTALVÃO MACHADO/PAULO PIMENTA, *O novo processo civil*, p. 175.

[772] Ob. cit., p. 331. Saliente-se que o mesmo Autor, na p. 332, nota 2, faz um apelo directo, mas sem desenvolvimentos, ao conceito de «excepção reconvencional» de MORTARA. Bem vistas as coisas, no entanto, a teoria da compensação-reconvenção híbrida não é confundível com a doutrina do processualista italiano. Na verdade, MORTARA, ao contrário de ANTUNES VARELA, jamais afirma que a compensação deva ser objecto de uma *reconvenção*, mas, antes, de uma *excepção* a apreciar com força de caso julgado. Cfr. *Commentario del Codice e delle Leggi di Procedura Civile*, vol. II, p. 107.

[773] Ob. cit., p. 331.

[774] Reproduzimos ANTUNES VARELA, *Das obrigações em geral*, vol. II, p. 222.

[775] Refira-se que CASTRO MENDES, em obra anterior às *Lições de direito processual civil* (*Limites objectivos do caso julgado em processo civil*, p. 189), defendeu que na compensação «há uma certa medida de oposição: (…) a compensação é um fundamento possível de mera *absolvição* do réu, portanto fundamento do pedido *normal* do mesmo réu e não dum pedido autónomo em relação ao do autor, como o reconvencional.» Mas logo acrescentava que a compensação, por outro

Apoiando-se nestas ideias, conclui ANTUNES VARELA que o *regime processual da compensação*, no caso de o contracrédito ser de montante *igual* ou *inferior* ao crédito principal, não pode seguir à risca nem as normas relativas à reconvenção, nem as disposições reguladoras das excepções.

Tal regime, segundo o seu entendimento, «deve ser determinado, nos vários aspectos em que a problemática da compensação no processo se desdobra, de acordo com os critérios de integração das lacunas da lei estabelecidos no artigo 10.º do Código Civil, salvo se outra for, num ou noutro aspecto, a intenção expressa da lei»[776].

Quanto aos *pressupostos processuais*, afirma, sem hesitar, que a apreciação judicial da compensação implica o preenchimento destes requisitos[777].

A *reconvenção* é, por fim, o meio apropriado quando o contracrédito se apresenta *ilíquido*, e isto porque, pretendendo o réu a determinação do valor exacto do seu crédito, deve fazer «um pedido autónomo (…) sobre o qual o autor tem evidentemente de se pronunciar»[778].

2. C) *Tese da compensação-reconvenção híbrida (cont.): apreciação crítica.* A tese da compensação-reconvenção híbrida não é a mais adequada para a resolução e enquadramento conceitual do problema que temos vindo a analisar.

---

lado, assenta «num *direito autónomo* do réu (crédito compensante), e não num facto cujos efeitos se projectam apenas no direito do autor (pagamento, perdão, etc...).» A compensação, concluía CASTRO MENDES, «balança-se (...) entre o campo do autónomo (pedido, reconvenção) e o do não autónomo (excepção).»

[776] *Manual de processo civil*, p. 332.

[777] Cfr. ob. cit., pp. 332 e s.

[778] PIRES DE LIMA/ANTUNES VARELA, *Código Civil anotado*, vol. II, p. 135. Na mesma linha, MENEZES CORDEIRO, *Da compensação no direito civil e no direito bancário*, p. 120, entende que «a invocação de créditos ilíquidos, para efeitos de compensação, poderá recomendar o uso do esquema da reconvenção.»

Em primeiro lugar, quanto à hipótese em que o contracrédito seja de valor superior ao crédito principal, não nos esclarece se a *reconvenção* vale tão-só para a parte excedente do contracrédito (*reconvenção condenatória*) ou também para obter a compensação propriamente dita (fundada na parte do contracrédito que iguala o crédito do autor).

Neste último caso, aliás, sempre importaria saber se se trata de uma reconvenção meramente *declarativa* ou *constitutiva*.

Em segundo lugar, defende-se a natureza *híbrida* ou *mista* da compensação – *uma reconvenção que tem algo de excepção peremptória* – sempre que o contracrédito do compensante tenha valor igual ou inferior ao crédito do autor.

Mas a pretensa figura da «reconvenção-excepção» não merece acolhimento. A reconvenção, como vimos, é inconfundível com as excepções peremptórias. No respeitante à *forma de dedução* e aos *efeitos*, os dois meios situam-se em planos diametralmente opostos e, por isso, deve considerar-se *teoricamente inadmissível* e *sem utilidade prática* o conceito de «reconvenção-excepção». Já a denominada «excepção reconvencional», ou seja, a excepção que produz efeitos reconvencionais, é perfeitamente concebível.

Quem reconvém pretende alcançar, em primeira linha, um fim diverso de quem se limita a excepcionar, ou seja, pretende algo que se distingue da mera absolvição do pedido. Logo, a *compensação* não pode, ao mesmo tempo, originar uma reconvenção e uma excepção.

A doutrina estrangeira tem alertado, aliás, para a necessidade de distinguir, com rigor, os dois meios, chegando ao ponto de afirmar que *a compensação não pode ser simultaneamente objecto de uma reconvenção e de um meio defensivo*[779].

---

[779] Mittenzwei, *Rechtshängigkeit der im Prozess zur Aufrechnung gestellten Forderung?*, ZZP, 1972, p. 479.

A *obrigatoriedade da reconvenção* justificar-se-ia, segundo ANTUNES VARELA, pelo facto de o réu compensante fazer valer um *contracrédito* que deriva de uma *relação jurídica diversa* daquela que é alegada pelo autor[780-781].

Mas contra este argumento, igualmente usado pelos defensores da tese da compensação-reconvenção, pode dizer-se que as *excepções peremptórias* assentam, por vezes, em *direitos de crédito* do réu (a excepção baseada no direito de *retenção* ou a *excepção de não cumprimento do contrato*, por exemplo) e implicam, com frequência, a introdução no processo de *novas relações materiais* (pensemos na excepção fundada na *usucapião* ou na *novação*)[782].

Para além disto, o contracrédito do réu compensante pode perfeitamente derivar da mesma relação jurídica invocada pelo autor (*ex eadem causa*)[783]. Imaginemos o seguinte caso: *A* e *B* pedem a condenação dos sócios *C* e *D* no pagamento de uma indemnização, alegando ter sido violado, por estes, um acordo parasocial que todos eles subscreveram. Os réus, por seu turno, formulam, com base no mesmo acordo, um pedido idêntico.

A relação jurídica fonte do crédito e do contracrédito é a mesma.

---

[780] Cfr. *Manual de processo civil*, p. 331. «O compensante – escreve ANTUNES VARELA noutra obra (*Das obrigações em geral*, vol. II, p. 223) invoca uma relação jurídica inteiramente distinta e autónoma da que o autor trouxe ao conhecimento do tribunal. É uma relação que, não visando directamente a extinção do crédito do autor, nem a ele se referindo directamente, não pode ser incluída, com propriedade jurídica, na relação obrigacional objecto do litígio.»

[781] «Geralmente – escreve DAMIAN MORENO, *La reconvención en el proceso civil*, p. 35 –, a compensação introduz no processo uma relação jurídica diferente daquela que é objecto do processo principal.»

[782] Cfr. SCHOLLMEYER, *Die Compensationseinrede im deutschen reichs-Civilprozeß*, p. 26.

[783] É princípio assente que a compensação tanto pode ocorrer quando os créditos recíprocos derivam de causas diferentes, como quando derivam da mesma causa. Cfr. PATTI, *La compensazione nei suoi aspetti giuridici*, pp. 33 e s.

Diremos, a concluir, que a compensação processual implica a apreciação de um contracrédito (com origem na relação jurídica alegada pelo autor ou em diferente relação) destinada tão-somente a aferir (tal como ocorre noutras excepções que têm subjacente um crédito do réu) a procedência do meio defensivo.

O que releva, portanto, não é o facto de o réu invocar um contracrédito, mas o fim para que o invoca.

Ao afirmar que o réu compensante, titular de um contracrédito de valor *igual* ou *inferior* ao crédito do demandante, não pretende mais do que a *absolvição do pedido*, ANTUNES VARELA acaba, no fundo, por reconhecer que a *excepção peremptória* é o meio naturalmente apropriado para se efectuar, no processo, a compensação.

Mas a excepção continuará a servir na eventualidade de o contracrédito se apresentar *ilíquido*? Deve entender-se que sim.

A liquidez do contracrédito é hoje um requisito dispensável para se alcançar a compensação, assistindo ao credor o direito de, através de uma mera declaração (extrajudicial ou feita na própria contestação), obter a compensação de um crédito quantitativamente indeterminado.

No entanto, encontrando-se o demandado em condições de fixar o valor do contracrédito, tanto pode proceder à liquidação na própria contestação (*liquidação principal*), como deduzir, em fase mais avançada, nos termos dos artigos 378.º e ss., o *incidente da liquidação*.

Ora, o *pedido de liquidação* do contracrédito, feito de forma principal ou incidental, não torna processualmente impossível a dedução da compensação através de *excepção peremptória*. A liquidação do contracrédito permitirá que a procedência desta excepção conduza a uma absolvição do pedido com contornos definidos, ou seja, a uma absolvição total ou parcial do réu do pedido.

2. A contestação e a compensação (cont.): D) Tese da ambivalência processual da compensação: quem compensa reconvém ou excepciona.

A resposta ao problema da natureza processual da compensação de créditos não se esgota nas três teses expostas, pois, na realidade, existe ainda outra que, apesar da sua originalidade, nunca despertou grande atenção ou entusiasmo: vamos designá-la por *tese da ambivalência processual da compensação de créditos*[784].

A ser válida, resolveria para sempre todas as divergências. Vejamos se assim é.

Segundo este outro entendimento, os factos relativos à compensação podem, em princípio, de acordo com a vontade do demandado, originar tanto uma *excepção peremptória*, como uma *reconvenção*. Quer dizer, tal factualidade seria processualmente ambivalente.

Atentemos nas seguintes palavras, bem ilucidativas do conteúdo da presente tese: «O réu que pretenda invocar a compensação, em princípio, pode opô-la por excepção ou por reconvenção, como julgue mais conveniente e oportuno, salvo nos processos em que a reconvenção não seja admissível, caso em que a compensação só pode ser invocada por excepção»[785-786].

---

[784] Esta tese, de origem jurisprudencial, foi enunciada num despacho da autoria do Magistrado José Martins da Costa, publicado na R.T., Ano 94.º (1976), pp. 420 e ss.

Na doutrina espanhola anterior à LEC 1/2000, defendeu-se que a compensação tanto podia ser exercida através de *excepção*, como através de *reconvenção*. Cfr. Márquez Romero, *La reconvención*, pp. 65-72. Mas o novo Código, como veremos, transformou a excepção da compensação numa «excepção reconvencional», dissipando inúmeras dúvidas.

[785] Cfr. R.T., Ano 94.º (1976), pp. 420 e 424.

[786] Luso Soares, *Processo civil de declaração*, p. 678, sustenta igual entendimento, escrevendo o seguinte: «Salvo o maior respeito pelas teses contrapostas (...), atrever-me-ia a uma solução diferente. A compensação está no domínio livre das partes reciprocamente credoras (...). Por outro lado, a regra do processo civil é a do princípio dispositivo do n.º 1 do artigo 264.º. O réu só recon-

Se optar pelo meio da *reconvenção*, o réu deve pedir, de acordo com esta tese, «que se julgue extinto o crédito do autor pela compensação», podendo com isto vir a usufruir de «novas garantias (novos articulados, maior número de testemunhas ou intervenção do tribunal colectivo) por efeito da alteração da forma do processo»[787].

Dando-se o caso de ser inadmissível a reconvenção, o réu fica limitado a excepcionar.

2. D) *Tese da ambivalência processual da compensação (cont.): apreciação crítica.* A tese que acabámos de referir não fornece a resposta definitiva para o problema que nos propusemos tratar.

Tem de aceitar-se que o processo civil é um palco onde as partes actuam, em princípio, com grande margem de liberdade e que o réu pode introduzir factos novos na acção com finalidades diversas. Quer dizer, o ponto de partida da tese em análise é correcto.

Se certos factos apenas permitem sustentar uma excepção ou uma reconvenção (jamais a livre escolha entre os dois meios), a verdade, porém, é que outros existem que tanto podem servir, de acordo com a vontade do réu, para alcançar a *mera improcedência* da acção (a absolvição total, parcial ou temporária do pedido), como para obter, contra o autor, uma sentença *condenatória, constitutiva* ou de *simples apreciação*[788].

---

vém se quiser e lhe convier; e, por outro lado, também só excepciona se acaso quiser e lhe convier.»

E conclui: «Permito-me assim entender que, de acordo com estes simples princípios, seja maior ou seja menor o crédito do réu relativamente ao do autor, aquele excepcionará *se só se quiser defender da pretensão do autor* ou, ao contrário, reconvirá *se antes quiser atacar o autor com outra pretensão*.» Luso Soares não explicita que tipo de pretensão pode, na hipótese em análise, ser feita valer reconvencionalmente.

[787] *Vide* o mencionado despacho, Rev. cit., p. 424.

[788] Os factos relativos à prescrição, por exemplo, apenas permitem sustentar uma excepção peremptória. Cfr. Oriani, «Eccezione», *in* Dig. Disc. Priv., VII,

Se, para atingir o primeiro efeito, o demandado deve deduzir uma *excepção material,* já, diferentemente, para alcançar a segunda finalidade, terá de apresentar uma *reconvenção,* formulando aí o pedido correspondente ao efeito pretendido.

No domínio da contestação, sempre que os factos gozem da referida ambivalência, vigora o *princípio da liberdade de opção entre a excepção e a reconvenção.* Como bem escrevem CONSOLO e LUISO, «a escolha entre a reconvenção e a excepção depende da vontade do réu»[789].

Em síntese, o réu, ao abrigo do *princípio do dispositivo* (art. 264.º, n.º 1), tem o poder de introduzir novos factos no processo, determinando os efeitos que pretende atingir[790].

De tais factos nascem, portanto, direitos (ou interesses) que o réu, de acordo com o seu livre arbítrio, faz ou não valer no processo.

O que acabamos de dizer está longe de ser inédito. Há muito CHIOVENDA observou que «a mesma circunstância pode dar origem a uma excepção ou a uma reconvenção»[791] e, entre nós, ALBERTO DOS

---

p. 282; GARBAGNATI, *Questioni preliminari di merito e questioni pregiudiziali,* R.D.P., 1976, p. 265, nota 19, e RICCI, *Principi di diritto processuale generale,* p. 162.

[789] *Codice di Procedura Civile commentato,* I, p. 268.

[790] O princípio do dispositivo, nas palavras de TEIXEIRA DE SOUSA, *Apreciação de alguns aspectos da Revisão do Processo Civil – Projecto,* R.O.A., 1995 (Ano 55), p. 357, «representa a autonomia na definição dos fins prosseguidos no processo.»

[791] *Instituciones de derecho procesal civil,* t. I, p. 359. A doutrina italiana mais recente, em especial pela voz de PROTO PISANI, tem alertado para a existência de contrafactos que são fonte de direitos. Trata-se, segundo a terminologia adoptada, de «factos-direitos» (*fatti-diritti*). Em vez de se limitar a fazer valer, com base em tal espécie de factos, uma pura *excepção,* o demandado pode, se nenhum obstáculo processual se levantar, formular um *pedido* «com o objectivo de obrigar o juiz a pronunciar-se sobre o facto-direito impeditivo, modificativo ou extintivo.» Cfr. *Lezioni di diritto processuale civile,* p. 363. Observa, nos mesmos termos, FABBRINI, «L'eccezione di merito nello svolgimento del processo di cognizione», nos Studi in memoria di Carlo Furno, p. 290, que «o facto a que a excepção se refere pode também servir de *causa petendi* de uma acção autónoma» (*il fatto*

Reis, na esteira do processualista italiano, reconheceu, em termos genéricos, que, por vezes, a factualidade relativa a certas excepções é «de natureza a dar direito a uma prestação»[792].

Paralelamente, no direito processual norte-americano é comum dizer-se que «os factos subjacentes a determinadas defesas podem também sustentar uma reconvenção» (*facts underlying some defenses may also support a counterclaim*)[793]. Estamos perante uma verdade – diríamos – universal.

Tornemos o discurso menos abstracto através da apresentação de três exemplos:

Primeiro exemplo: *A*, fundado em determinado contrato, propõe uma acção de cumprimento contra *B*, vindo este a alegar factos reveladores de que foi «vítima» de coacção moral exercida pelo demandante.

Precisamente porque estamos perante factos ambivalentes, o réu tanto pode servir-se deles para conseguir a *mera improcedência* da acção, como para obter a própria *anulação* do negócio e a eventual *condenação* do autor na restituição das prestações efectuadas ao abrigo do negócio inválido[794].

B deve excepcionar no primeiro caso e reconvir no segundo.

Segundo exemplo: *C* propõe contra *D* uma acção para cumprimento de certa prestação pecuniária relativa a um contrato de fornecimento existente entre ambos. Na contestação, *D* alega factos revela-

---

potrebbe anche fungere da causa petendi di un'azione autonoma). Ver também pp. 293 e s. Alertando para a existência de factos susceptíveis de fundamentar diversas iniciativas processuais, Nappi, *La domanda proposta in via riconvenzionale*, R.T.D.P.C., 1989, p. 754.

[792] *Código de Processo Civil anotado*, vol. III, p. 30.

[793] Cfr. *United States Code annotated*, Title 28 (Rules 12 to 16), nota 45 à Norma 13 (Rule 13), p. 470. Ver Field/Kaplan/Clermont, *Civil procedure*, p. 685.

[794] Em sentido muito aproximado, Chiovenda, ob. cit., p. 359.

dores de que o autor jamais efectuou qualquer prestação ou, por outras palavras, jamais cumpriu o contrato.

Baseando-se nesta factualidade, o réu pode pedir a resolução judicial do contrato, nos termos do artigo 801.º, n.º 2, do C.C., ou limitar-se a solicitar a sua absolvição do pedido.

Na primeira hipótese, deverá reconvir; na segunda, bastar-lhe-á deduzir uma excepção peremptória. A vontade do réu, assente nos seus interesses, há-de ditar a escolha de um dos dois caminhos[795].

Terceiro exemplo: *E* intenta contra *F* uma acção de reivindicação de determinado imóvel, vindo o réu a alegar, na contestação, uma série de factos reveladores de que adquiriu a propriedade da coisa por usucapião.

A partir destes factos, o demandado pode escolher entre pedir a *mera absolvição do pedido* ou, indo mais longe, solicitar a própria *declaração do seu direito de propriedade*.

No primeiro caso, limitar-se-á a deduzir uma excepção peremptória; no segundo, terá de reconvir.

Naturalmente importa agora averiguar se *os factos relativos à compensação podem fundamentar tanto uma excepção peremptória, como um pedido reconvencional.*

Em nosso entender, não podem.

---

[795] Escreve, a propósito, Chiovenda, ob. cit., p. 359, que «o incumprimento do autor pode ser oposto pelo demandado como simples excepção, com o fim exclusivo de obter a improcedência do pedido do autor», mas pode, também, «invocar-se reconvencionalmente com vista à resolução do contrato.» Em termos análogos se pronuncia Carnelutti, *Appunti sulla riconvenzionale*, R.D.P., 1959, pp. 649 e s.

Mais recentemente, Satta/Punzi, *Diritto processuale civile*, p. 59, nota, afirmam que não existe qualquer reconvenção se o «comprador excepciona a falta de cumprimento por parte do vendedor, sem pedir a resolução ou a execução.» Também para Proto Pisani, *Lezioni di diritto processuale civile*, p. 363, o réu, contra quem é proposta uma acção para «execução» de certa prestação contratual, pode «não se limitar a excepcionar o incumprimento (ou a anulabilidade), deduzindo um pedido reconvencional de resolução (ou de anulação) do contrato.»

O instrumento da reconvenção, na sua forma pura, não se adequa ao instituto da compensação: ao réu falta, desde logo, *interesse processual* para formular o pedido de *decretamento judicial da compensação*. Como explicámos, esta, no nosso sistema, não se efectiva através de qualquer sentença constitutiva, mas, antes, por via de uma mera *declaração unilateral* que pode ser feita na própria contestação. Assim, a reconvenção constitutiva com vista à compensação não passa de um contra-senso.

Acrescente-se que o réu também não goza de interesse processual para pedir – através de uma *reconvenção de simples apreciação* – o reconhecimento da extinção dos créditos recíprocos por via da declaração compensatória feita extrajudicialmente ou na própria contestação: quanto ao crédito do autor, a inexistência deste direito resulta, sem mais, da sentença que venha a julgar procedente a excepção da compensação e a absolver o réu do pedido[796]; não vemos, por outro lado, que, num plano prático, o réu tenha qualquer vantagem em pedir a declaração da extinção, por força da compensação, do seu próprio crédito (*contracrédito*). As partes, em regra, omitem pedidos dos quais nenhum benefício retiram[797].

Por fim, insistimos, a compensação não precisa de ser deduzida reconvencionalmente quando o contracrédito se apresenta *ilíquido* e o réu pretende liquidar o seu direito no processo.

---

[796] «Com a sentença – como bem explica DALBOSCO, *La compensazione per atto unilaterale (la c.d. compensazione legale) tra diritto sostanziale e processo*, R.D.C., 1989, p. 386 –, a inexistência (ou a existência) do crédito do autor fica coberta pela força do caso julgado.»

[797] Por isso mesmo, REMÉDIO MARQUES, *Acção declarativa à luz do Código revisto*, pp. 305 e s., apesar de partir do princípio de que ao réu compensante, titular de um contracrédito de valor *igual* ou *inferior* ao montante do crédito do autor, assiste a liberdade de optar entre a excepção e a reconvenção, acaba por reconhecer que, na prática, «é legítimo que o réu não queira que se reconheça o seu direito de crédito com força de caso julgado, mas apenas que o seu *contracrédito* possa *extinguir*, nesta acção, *total* ou *parcialmente*, o crédito invocado pelo autor.»

O pedido de liquidação, a ser feito na contestação ou através de incidente apropriado, é perfeitamente compatível com a autónoma dedução da *excepção peremptória* da compensação. A prévia liquidação permitirá que a compensação venha a assentar em créditos recíprocos de valor determinado e, portanto, que a procedência da excepção peremptória conduza a uma absolvição total ou parcial do réu do pedido.

Voltaremos mais adiante a este ponto.

3. Síntese final: o sentido da al. b) (1.ª parte) do artigo 274.º, n.º 2.

Vimos, ao longo das páginas anteriores, como uma pergunta aparentemente simples – *através de que meio deve o réu compensar o contracrédito?* – desencadeou um debate doutrinal sem fim à vista.

Tamanha proliferação de teses, para além de revelar a complexidade da matéria, é sinal evidente de que o legislador foi pouco feliz ao redigir a citada al. *b)* (1.ª parte) do artigo 274.º, n.º 2: ao dispor que a reconvenção é admissível para se «obter a compensação» (ou seja, a *extinção dos créditos recíprocos*), parece partir da ideia de que o réu necessita de exercer o direito potestativo de compensar através de uma *reconvenção constitutiva.*

Mas este entendimento conflitua, temos vindo a dizer, não só com o *sistema da compensação por declaração unilateral* (segundo o qual a compensação se efectua mediante declaração de uma das partes à outra), mas também com a possibilidade, incontestável, de o réu manifestar a vontade de compensar na contestação.

Entre o artigo 848.º, n.º 1, do C.C. e o artigo 274.º, n.º 2, al. *b)* (1.ª parte), do Código de Processo Civil existe uma nítida *incongruência* ou *contradição.*

Este último preceito, interpretado à letra, conduziria também a uma intolerável *desigualdade* entre o réu que já obteve extraprocessualmente a compensação, legitimado a invocar este facto (extintivo) através de *excepção peremptória*, e o réu que manifesta a vontade de compensar na contestação, forçado, se aplicarmos cegamente a lei, a servir-se de uma *reconvenção.*

O desentendimento que tem suscitado na doutrina e o desrespeito, praticamente absoluto, a que tem sido votada pela jurisprudência, demonstram, à evidência, que a al. *b*) (1.ª parte) do artigo 274.º, n.º 2, se traduz numa «fórmula legislativa abortada», ou seja, num «verdadeiro lapso»[798]. Já se chegou, por isso, a defender, tímida e esporadicamente, a sua *interpretação revogatória* ou *ab--rogante*, passando a admitir-se, sem qualquer entrave, a *excepção peremptória* como o único meio para fazer valer a compensação: quer a já obtida *extrajudicialmente*, quer a declarada, pela *primeira vez*, na contestação[799].

Um Acórdão do Supremo Tribunal de Justiça de 20 de Jul. de 1976, após fazer a apologia da tese da compensação-excepção, afirma que «o erro cometido (...) pela Comissão encarregada de rever o Código de Processo Civil, ao redigir o artigo 274.º deste diploma, não pode, evidentemente, alterar o direito substantivo que lhe corresponde»[800-801].

---

[798] Expressões usadas por BAPTISTA MACHADO quando desenvolve o tema da interpretação revogatória. Cfr. *Introdução ao direito e ao discurso legitimador*, p. 186.

[799] A interpretação revogatória tem lugar, explicam PIRES DE LIMA/ANTUNES VARELA, *Noções fundamentais de direito civil*, vol. I, p. 156, quando «entre duas disposições legais há uma contradição irremovível» ou, recorrendo às palavras de CASTANHEIRA NEVES, *Textos de introdução ao estudo do direito*, p. 67, sempre que concorram «normas lógica ou normativamente contraditórias.» Cfr. ainda, nesta matéria, PINTO BRONZE, *Lições de introdução ao Direito*, pp. 916 e ss.

[800] O Acórdão foi relatado pelo Conselheiro RODRIGUES BASTOS. Cfr. B.M.J., n.º 259, pp. 223-226.

[801] O Supremo foi ainda mais incisivo no Ac. de 22 de Jun. de 1977 (relatado igualmente por RODRIGUES BASTOS), B.M.J. n.º 268, pp. 233-238). Atentemos nesta passagem:«A circunstância de, ao fazer-se a adaptação do Código de Processo Civil ao actual Código Civil, se ter declarado, no artigo 274.º, n.º 2, al. *b*), que a reconvenção é admissível *quando o réu se propõe obter a compensação*, só mostra que a Comissão encarregada de elaborar esse trabalho, pressionada pela urgência da reforma, não teve em conta o verdadeiro sentido da modificação operada, redi-

Concordamos em absoluto com este entendimento. Parece, no entanto, desnecessário defender a *interpretação revogatória* da alínea *b)* (1.ª parte) do artigo 274.°, n.° 2, na medida em que é possível, atendendo ao seu enquadramento sistemático, dar-lhe algum sentido[802]. E o único sentido válido foi encontrado pelos defensores da tese da compensação-excepção, quando afirmaram que a reconvenção é admissível sempre que o réu pretenda obter o *saldo resultante do encontro de contas.*

Sendo o contracrédito superior, o demandado deve excepcionar, reconvindo apenas para obter a condenação do autor no pagamento do excesso. Ao interpretarmos a lei deste modo, somos conduzidos – temos de o reconhecer – a um resultado óbvio.

Por isso, *de iure constituendo*, seria vantajosa a revogação da alínea em causa, passo indispensável para se poder resolver o problema e nos aproximarmos de sistemas mais evoluídos no domínio da compensação processual.

O segundo passo – a defender em tese – será o da transformação da excepção da compensação numa «excepção reconvencional», ou seja, numa excepção cuja procedência produza, ao nível do *caso julgado*, efeitos distintos dos de qualquer outra excepção peremptória.

---

gindo um preceito que está em flagrante oposição ao artigo 848.° do Código Civil. Perante essa oposição, o intérprete não pode deixar de dar prevalência à lei substantiva, em prejuízo da lei de processo que a contraria e contradiz.»

Note-se que, hoje, RODRIGUES BASTOS, *Notas ao Código de Processo Civil*, vol. II, p. 33, segue a tese de VAZ SERRA e de ANSELMO DE CASTRO, ou seja, defende que a referência feita, na referida al. *b)*, à reconvenção faz sentido quando o réu pretenda obter o *excesso do contracrédito.*

[802] Somente em casos extremos, como ensina GALVÃO TELLES, *Introdução ao estudo do Direito*, vol. I, p. 257, a interpretação lógica não é de molde a vencer o conflito entre normas inconciliáveis.

A *Compensação Processual* 339

Vamos de seguida, através de situações práticas correntes, pôr à prova a tese da compensação-excepção, aplicando ideias atrás expostas e tentando demonstrar, no fim, a vantagem da criação de uma «excepção reconvencional» neste domínio.

4. Aplicação prática da tese da compensação-excepção. Apesar da sua superioridade relativamente às outras doutrinas, a tese da compensação-excepção apresenta «pontos fracos», estando longe de ser perfeita. Façamos, pois, o seu confronto com uma série de casos a subsumir em dois grupos[803].

No *primeiro grupo* (I), trataremos as hipóteses em que o réu, citado para uma acção de dívida, alega ter efectuado, anteriormente, a compensação extrajudicial de um contracrédito de que era titular perante o autor.

No *segundo grupo* (II), analisaremos as situações mais frequentes e problemáticas em que o réu, que não efectuou no passado qualquer compensação, pretende obtê-la, pela primeira vez, em juízo.

4. I) *a) Alegação, no processo, da compensação extrajudicial fundada em contracrédito de valor* igual *ou* inferior *ao do crédito do demandante.* Imaginemos que *A* propõe uma acção, pedindo que o réu (*B*) seja condenado a pagar-lhe a quantia de € 20.000 e que este pretende alegar o facto de ter já procedido, antes da citação, através de carta enviada ao autor, à compensação de um contracrédito de igual montante.

Que deverá fazer o réu? Reconvir ou excepcionar?

---

[803] A consideração metodológica do caso como objecto problemático que permite interpretar e reconstituir o sistema normativo é devidamente acentuada, entre nós, por CASTANHEIRA NEVES, *O actual problema metodológico da interpretação jurídica*, I, pp. 80-83.

Parece óbvio que *o réu quer ser absolvido do pedido*, invocando, com vista a esse fim, uma causa extintiva do direito do autor. Na realidade, não pretende mais do que isto. Ora, valendo entre nós, como vimos, o princípio de que *a compensação se efectiva mediante simples declaração do compensante levada ao conhecimento do compensatário*, *B* não necessita de reconvir, bastando-lhe alegar, através de uma *excepção peremptória*, em sua estrita defesa, que o crédito de *A* se encontra já extinto na totalidade[804].

A doutrina alemã tem com insistência afirmado que a invocação, pelo réu, de uma compensação já declarada *extraprocessualmente* se traduz num meio defensivo (*Verteidigungsmittel*)[805-806].

É mais do que evidente, por um lado, a impossibilidade, no caso, de uma *reconvenção constitutiva*, pois deve considerar-se inviável e sem sentido pedir a extinção judicial de um direito alegadamente extinto, com eficácia, no passado.

Por outro lado, o réu também não tem qualquer interesse processual em pedir, por via de uma *reconvenção de simples apreciação*, a declaração de que os créditos recíprocos se encontram extintos, bastando-lhe uma sentença que julgue improcedente o pedido do autor.

---

[804] Para certa doutrina, esta situação equipara-se àquela em que o réu alega o pagamento do crédito do demandante. *Vide* SCHÖNKE, *Lehrbuch des Zivilprozessrechts*, p. 233, e HARTMANN, *Zivilprozessordnung* (BAUMBACH/LAUTERBACH/ /ALBERS/HARTMANN), p. 736 (§ 145 ZPO).

[805] Cfr. ROSENBERG/SCHWAB/GOTTWALD, *Zivilprozessrecht*, p. 684; BLOMEYER, *Zivilprozessrecht (Erkenntnisverfahren)*, p. 309; ZEISS/SCHREIBER, *Zivilprozessrecht*, p. 156; BRUNS, *Zivilprozessrecht*, p. 179; STEIN/JONAS, *Kommentar zur Zivilprozeßordnung*, vol. 2, p. 779, e GREGER, *Zivilprozessordnung* (ZÖLLER), p. 632.

[806] A compensação é vista como uma espécie de *acção directa* (*ein Akt der Selbstexekution*). Cfr. BÖTTICHER, «Die selbstexecution im Wege der Aufrechnung und die Sicherungsfunktion des Aufrechnungsrechts», *in* Festschrift für Hans Schima, p. 95.

Em suma, a compensação operada deve tornar-se objecto de uma *excepção peremptória*[807-808], cujo êxito dependerá da prova não apenas da declaração compensatória, mas também dos demais requisitos exigidos pela lei substantiva (existência dos créditos, exigibilidade e fungibilidade dos mesmos, etc..., ou seja, da prova do eficaz exercício do direito potestativo de compensar)[809-810]. Uma vez feita esta prova, o tribunal fica em condições de julgar procedente a excepção e absolver o réu do pedido[811].

De forma alguma o que acaba de ser dito contradiz a lei processual.

Ao dispor, no artigo 274.º, n.º 2, al. *b*), que a reconvenção é admissível «quando o réu se propõe obter a compensação», o legislador deixa de fora as hipóteses em que o demandado já efectuou extrajudicialmente a compensação.

---

[807] Como expressamente defende VAZ SERRA, *Algumas questões em matéria de compensação no processo*, R.L.J., Ano 114.º, p. 292. *Vide*, também neste sentido, R.T., Ano 89.º (1971), pp. 366 e s.

[808] Trata-se, como explica PAULUS, *Zivilprozessrecht*, p. 100, de uma excepção extintiva (*eine rechtvernichtende Einrede*).

[809] O acto de manifestação da vontade de compensar tem de ser visto como um facto de cuja existência depende o êxito da excepção. Cfr. LEBRE DE FREITAS, *Código de Processo Civil anotado*, vol. 2.º (com M. MACHADO e R. PINTO), p. 314, nota 3. Em termos gerais, reproduzindo NIKISCH, «Die Aufrechnung im Prozess», *in* Festschrift für Heinrich Lehmann zum 80. Geburtstag, II vol., p. 765, diremos que sobre o demandado recai o ónus de provar que a compensação era admissível e foi eficazmente declarada.

[810] A existência dos créditos recíprocos ou contrapostos é naturalmente um requisito principal da eficácia da compensação. Cfr. WEISMANN, *Die Aufrechnung nach dem Bürgerlichen Gesetzbuche*, Zeit. f. dts. Civilpr., 1899, pp. 28 e s.

[811] O réu que excepciona a compensação já declarada extrajudicialmente «faz valer um facto extintivo», escreve DALBOSCO, *La compensazione per atto unilaterale (la c.d. compensazione legale) tra diritto sostanziale e processo*, R.D.C., 1989, p. 379. A questão que no processo vai ser discutida, logo acrescenta, é a de saber «se o direito potestativo [de compensar] foi exercido e, portanto, se o facto extintivo alegado pelo réu ocorreu na realidade.»

342 Reconvenção e Excepção no Processo Civil

Actuais partidários da tese da compensação-reconvenção defendem, aliás, que a compensação deve ser invocada através de *excepção peremptória* sempre que o réu alegue já a ter declarado *antes* do início do processo (*rectius*, antes de ter sido citado para contestar).

Para TEIXEIRA DE SOUSA, por exemplo, na hipótese de «invocação de uma compensação já efectuada num momento anterior à propositura da acção (compensação extrajudicial)», «o réu afirma que o crédito invocado pelo autor já se encontra extinto por uma compensação efectuada extrajudicialmente», ou seja, alega «uma excepção peremptória»[812-813].

Este entendimento é incontestável. Efectivamente, se a lei adjectiva obrigasse o réu, nestes casos, a deduzir uma reconvenção (de *simples apreciação*), poderia gerar-se uma situação injusta: por falta de qualquer requisito processual (*v.g.*, competência do tribunal da causa para o julgamento da reconvenção), o réu ver-se-ia impossibilitado de reconvir, acabando por ser condenado a pagar uma dívida já eficazmente extinta, no passado, através de uma declaração compensativa extrajudicial.

Tendo o réu procedido à compensação extrajudicial de um contracrédito de valor *inferior* ao crédito do demandante, deve também defender-se através de *excepção peremptória*, com o objectivo de ser absolvido parcialmente do pedido.

Uma relevante questão que importa discutir é a de saber se esta excepção pode ser conhecida oficiosamente pelo tribunal, enquadrando-se no domínio das denominadas excepções peremptórias em *sentido impróprio*.

---

[812] *As partes, o objecto e a prova na acção declarativa*, p. 173.

[813] Como é evidente, trata-se de um ponto que não oferece qualquer dúvida aos defensores da tese da compensação-excepção. Cfr. LEBRE DE FREITAS, *A acção declarativa comum*, p. 105.

A Compensação Processual 343

Como é sabido, as excepções peremptórias assentam em contrafactos que, ao abrigo do princípio do dispositivo (art. 264.º, n.os 1 e 2), têm de ser alegados pelas partes. Ora, constando do processo os factos reveladores de que o réu procedeu, no passado, à compensação extrajudicial, poderá o tribunal extrair destes elementos o efeito extintivo silenciado pelo réu?

Deve entender-se que sim[814].

O artigo 496.º, ao dispor que «o tribunal conhece oficiosamente das excepções peremptórias cuja invocação a lei não torne dependente da vontade do interessado», não contraria a resposta.

Se o réu, titular do contracrédito, não manifestou a vontade de compensar, o tribunal fica impedido de ultrapassar a inércia da parte, julgando o pedido do autor total ou parcialmente improcedente com fundamento na compensação.

Diferentemente se passam as coisas quando – apesar da falta de invocação da excepção peremptória – os factos e as provas apontam para o anterior exercício, pelo demandado, do direito de compensar.

Sempre que isto suceda, o tribunal não pode, sob pena de proferir uma sentença injusta, deixar de conhecer oficiosamente a excepção da compensação.

Como explica LEBRE DE FREITAS, são de conhecimento oficioso, para além das «excepções cujo efeito se produz *ipso iure*» (a nulidade, por exemplo), «aquelas cujo efeito concretamente se produziu por manifestação extraprocessual da vontade da parte»[815]. Por outras palavras, «quando a lei (civil) permite que o exercício dum

---

[814] Neste sentido se pronuncia PAULUS, *Zivilprozessrecht*, p. 99. O juiz deve mesmo conhecer oficiosamente a excepção da compensação quando os factos que a fundamentam resultam das próprias alegações do autor.

[815] Não são de conhecimento oficioso, para LEBRE DE FREITAS, as excepções «que carecem de manifestação do interessado no *processo*, seja porque a lei só com esta manifestação se contenta (...), seja porque essa manifestação não teve lugar antes da contestação.» Cfr. *Código de Processo Civil anotado*, vol. 2.º (com M. MACHADO e R. PINTO), pp. 314 e s.

direito potestativo ou a invocação de uma excepção tenha lugar extrajudicialmente e o réu o tenha feito antes da contestação, o efeito desse exercício ou dessa invocação está já produzido quando o réu contesta, pelo que ao réu bastará alegar a manifestação extrajudicial da sua vontade, trazendo este facto ao processo com o que a excepção em sentido próprio ganha o tratamento das objecções»[816].

Também na doutrina italiana se tem defendido que o juiz deve julgar improcedente o pedido se os factos alegados e provados revelarem ter já ocorrido a *compensação extrajudicial* dos créditos recíprocos[817].

4. I) *b) Alegação, no processo, da compensação extrajudicial fundada em contracrédito de valor* **superior** *ao do crédito do demandante.* Suponhamos que *C* intenta acção contra *D*, pedindo que este seja condenado a pagar-lhe a quantia de € 20.000. O réu, por sua vez, não só quer valer-se do facto de ter procedido já extrajudicialmente, perante *C*, à compensação *parcial* de um contracrédito de € 30.000, mas também exigir do autor o pagamento dos restantes € 10.000.

A forma através da qual a contestação deve ser estruturada não apresenta, neste caso, qualquer dificuldade. Relativamente à parte compensada do contracrédito que iguala o montante do crédito do autor, o réu, como no caso anterior, tem de deduzir uma *excepção peremptória.*

Quanto à parte excedente do contracrédito, assiste-lhe o direito de a pedir através de reconvenção.

---

[816] *A acção declarativa comum*, p. 105.

[817] Cfr. Schlesinger, «Compensazione», *in* NN.D.I., vol. III, p. 724; Dalbosco, *La compensazione per atto unilaterale (la c.d. compensazione legale) tra diritto sostanziale e processo*, R.D.C., 1989, p. 380.

Sendo esta inadmissível (porque, por exemplo, o tribunal da causa é desprovido de competência material para o julgamento do pedido), o demandado poderá exigir a parte restante do seu crédito através de uma acção autónoma.

4. _Aplicação prática da tese da compensação-excepção (cont.)._ II) _a) Caso em que o réu pretende efectuar, no processo, a compensação de um contracrédito de valor_ igual _ou_ inferior _ao do crédito do demandante._ Procederemos, agora, à análise das hipóteses nas quais o réu, que não exerceu extrajudicialmente o direito potestativo de compensar, o pretende fazer valer no processo pendente.

Tomemos, como ponto de partida, o seguinte exemplo: _A_ propõe uma acção de condenação contra _B_ para exigir o pagamento de € 20.000.

O réu – titular, perante _A_, de um contracrédito de igual valor –, não pondo em causa a existência do crédito do demandante, pretende obter, no processo, a compensação, evitando, deste modo, uma sentença condenatória.

Vimos que, para um sector da doutrina e da jurisprudência, o réu, titular do direito potestativo de compensar, necessita, no caso, de reconvir, pois é esse o caminho que resulta literalmente da al. _b)_ do artigo 274.º, n.º 2 (a reconvenção é admissível «quando o réu se propõe obter a compensação»).

E enquanto certos Autores qualificam a reconvenção como _meramente declarativa,_ outros atribuem-lhe natureza _constitutiva._

Afirma-se que a reconvenção se torna necessária pelo facto de o réu compensante fazer valer um contracrédito nascido de uma _distinta relação jurídica_ e de, portanto, se justificar plenamente não só o respeito pelos _pressupostos processuais,_ mas também, noutro plano, a formação de _caso julgado_ sobre a decisão relativa àquele direito.

Sem querer repetir as críticas à teoria em causa, interessa neste momento recordar que a *reconvenção constitutiva* é incoerente ou incompatível com o sistema de declaração instituído no artigo 848.º, n.º 1, do C.C. E isto porque o princípio segundo o qual a compensação se torna efectiva «mediante declaração de uma das partes à outra» afasta a necessidade de um pedido constitutivo de decretamento da extinção dos créditos.

O réu, de forma muito simples, e em perfeita harmonia com o disposto na citada norma, deve exercer o seu direito potestativo de compensar através de uma *mera declaração compensatória enxertada na contestação.*

Ora, tendo o tribunal, na hipótese em análise, de apreciar a legalidade ou a eficácia desta declaração, há quem defenda – *ainda no âmbito da teoria da compensação-reconvenção* – que o réu necessita, por força do disposto no artigo 274.º, n.º 2, al. *b*), de pedir, *não o decretamento da compensação*, mas apenas, e através de uma *reconvenção de simples apreciação*, o reconhecimento, com força de caso julgado, dos efeitos resultantes daquela declaração compensatória.

Quer dizer, a lei adjectiva, de acordo com esta *variante* da tese da compensação-reconvenção, obrigaria o réu, que pretendesse compensar o seu crédito, a formular um *pedido de simples apreciação*, impedindo-o de se defender através de uma excepção peremptória[818]. O réu seria coagido a reconvir.

Mas, a ser assim, recairá também esta obrigação sobre o réu que, tendo já obtido *extraprocessualmente* a compensação do seu contracrédito, pretende valer-se, ao contestar, desse facto extintivo?

A *resposta afirmativa* parece não se harmonizar com o teor do artigo 274.º, n.º 2, al. *b*) (a reconvenção é admissível «quando o réu

---

[818] A compensação – escreve Castro Mendes, *Direito processual civil*, vol. II, p. 303 – «deve ser sempre tratada como um pedido de apreciação a ter-se como objecto do processo em si mesmo, objecto de caso julgado.»

E acrescenta na página seguinte: «A situação é, no fundo, tornar obrigatório o que seria resultante anteriormente do uso pelo réu do art. 96.º, n.º 2.»

A *Compensação Processual* 347

se propõe obter a compensação»), e, como observámos já, pode criar sérios embaraços ao réu que, com eficácia, declarou extraprocessualmente a compensação (pensemos nos casos em que a reconvenção é inadmissível).

A *resposta negativa* – avançada por actuais defensores da tese da compensação-reconvenção – conduz-nos a um *sistema dualista*: enquanto a *declaração compensatória extraprocessual* deve ser alegada sob a forma de *excepção*, já a *declaração efectuada na contestação* tem necessariamente de dar origem a um *pedido reconvencional.*

Mas porque se há-de tratar de modo diverso a compensação assente numa declaração feita antes da citação e a compensação baseada numa declaração (bem mais segura, aliás) feita na própria contestação?

Em caso de inadmissibilidade da reconvenção, o réu que não tenha efectuado a declaração compensatória antes de citado para contestar a acção vê-se impedido de compensar, enquanto aquele que, em situação análoga, a tenha efectuado uns dias antes, já pode valer-se, sob a forma de excepção peremptória, da compensação.

Não faz para nós sentido que o direito processual estabeleça soluções ou vias diferentes para situações substancialmente idênticas: *se o sujeito que declarou extrajudicialmente a vontade de compensar pode, com fundamento numa simples excepção peremptória, vir a ser absolvido do pedido, não é compreensível negar-se a mesma possibilidade àquele que, vendo-se réu num processo, se serve da contestação para manifestar a legítima vontade de compensar*[819].

---

[819] No sentido de que não deve criar-se uma «diferença de tratamento baseada sobre o momento e sobre o lugar em que a vontade de compensar é manifestada», pronuncia-se DALBOSCO, est. cit., p. 395. Na doutrina alemã, *vide*, por todos, PETERS, *Münchener Kommentar zur Zivilprozeßordnung* (LÜKE/WAX), vol. 1, p. 1112.

348   *Reconvenção e Excepção no Processo Civil*

A tese da compensação-reconvenção, baseada numa interpretação literal da lei, ofende, em nosso entender, a unidade do sistema, conduzindo a uma incoerência dificilmente compreensível.

E a verdade é que, também no domínio das normas processuais, à luz do artigo 9.º, n.º 1, do C.C., não deve o intérprete cingir-se à letra da lei, «mas reconstituir a partir dos textos o pensamento legislativo, tendo sobretudo em conta a unidade do sistema jurídico (…)»[820].

O réu que pretenda efectuar a compensação de um contracrédito tem de recorrer, analogamente àquele que a declarou antes da citação, a uma *excepção peremptória*.

A declaração de compensação feita pelo demandado na contestação torna-se eficaz, tal como qualquer declaração extrajudicial, logo que chega ao poder do autor ou é dele conhecida (em rigor, com a notificação da contestação)[821].

Ao réu incumbe, portanto, alegar, através de *excepção*, que o crédito do autor deverá considerar-se extinto mediante compensação ou, com mais rigor, que se extinguirá no momento em que a contestação, de onde consta a declaração compensatória, for notificada ao autor[822].

Resta acrescentar que também aqui o *êxito da excepção* depende não apenas do julgamento da acção, mas também da prova dos re-

---

[820] Como explica ANTUNES VARELA, *Manual de processo civil*, p. 43, «os princípios a que deve obedecer a interpretação das normas processuais são (…) os que resultam do disposto no artigo 9.º do Código Civil.»

[821] No caso em análise, a compensação é exercida através de um acto processual. Cfr. PETERS, ob. cit., p. 1031.

[822] Tese defendida na R.T., Ano 89.º (1971), p. 367: «A compensação pode ser conseguida por via de excepção, pois ao contestar a acção, o R. pode fazer a declaração exigida pelo art. 848.º.» «Se a compensação depende apenas da vontade do R., manifestada antes da acção ou na contestação, basta que ele deduza a excepção peremptória.» *Vide* também a mesma Revista, Ano 91.º (1973), p. 319.

quisitos da compensação (existência dos créditos, exigibilidade e fungibilidade dos mesmos, etc…)[823].

Tendo-se por certa a tese segundo a qual o réu deve efectuar a compensação através de uma *excepção peremptória*, que fazer na eventualidade de o demandado devedor reconvir em vez de excepcionar?

O já mencionado Acórdão do Supremo Tribunal de Justiça de 20 de Jul. de 1976 resolveu no bom sentido este problema[824]. «Uma vez que o réu alega a compensação, que é uma causa de extinção das obrigações, o tribunal tem de considerar que, na medida em que os créditos opostos atingem igual montante, a defesa é por excepção peremptória, servindo tal manifestação de vontade para tornar efectiva a compensação, nos termos do n.º1 do artigo 848.º do Código Civil, não sendo o direito do demandado prejudicado pelo erro técnico da formulação, nessa parte, de um desnecessário pedido reconvencional que só terá, nessa parte, projecção quanto a custas»[825].

Sintetizemos as ideias fundamentais válidas para o caso em que o réu pretende efectuar a compensação baseada num contracrédito de montante igual ao crédito do autor:

a) O réu, titular de um contracrédito de valor igual ao crédito do autor, não necessita de reconvir para obter compensação;

---

[823] O êxito da excepção depende obviamente do reconhecimento judicial do contracrédito. Mas este reconhecimento é levado a cabo para o mero efeito da improcedência do pedido do autor. O que o demandado pretende, como esclarece Vaz Serra, *Algumas questões em matéria de compensação no processo*, R.L.J., Ano 105.º, p. 66, «não é deduzir um pedido contra o autor, mas só defender-se da pretensão deste, alegando um facto extintivo desta pretensão, tal como se alegasse outro qualquer facto extintivo (*v.g.*, o pagamento, a novação ou a remissão), que, do mesmo modo que a compensação, pode exigir uma apreciação judicial mais ou menos complexa.»

[824] B.M.J. n.º 259, p. 225.

[825] No mesmo sentido, *vide* o Ac. do S.T.J. de 14 de Jan. de 1982, B.M.J. n.º 313, p. 290.

b) A procedência da excepção da compensação conduz à absolvição do réu do pedido;

c) É inaceitável, num sistema jurídico pautado pela unidade e coerência dos seus princípios e preceitos legais, um regime adjectivo que trate diferentemente a *declaração compensatória extraprocessual* e a *declaração compensatória enxertada na contestação*, permitindo a dedução de uma excepção no primeiro caso e impondo um pedido reconvencional no segundo;

d) Dando-se o caso de o réu reconvir, em vez de excepcionar, a reconvenção é afectada pela manifesta falta de interesse processual, mas o tribunal deve apreciar, oficiosamente, a excepção peremptória da compensação que, apesar de não expressamente alegada, se pode extrair da declaração compensatória enxertada na contestação.

Resta acrescentar que as conclusões enunciadas valem igualmente para a hipótese em que o réu se arrogue titular de um crédito de *valor inferior* ao do autor e pretenda a improcedência parcial da acção.

4. II) *b) O problema da inadmissibilidade processual da excepção da compensação.* Tem-se levantado um problema de enorme complexidade, largamente debatido pela doutrina germânica, e que é este: não chegando a *excepção* a ser apreciada (porque, por exemplo, foi deduzida para além do prazo fixado na lei processual), a declaração compensatória feita na contestação produzirá, por si só, a extinção dos créditos recíprocos?

HENCKEL coloca a questão nos seguintes termos: a declaração compensatória (*Aufrechnungserklärung*) contida na excepção de compensação *inadmissível* (*in dem unzulässigen Aufrechnungseinwand*) é materialmente eficaz[826]?

Há que distinguir, em nosso entender, dois tipos de casos:

Por um lado, aqueles em que o tribunal, para além de não apreciar a excepção da compensação, acaba também por não decidir o

---

[826] *Materiellrechtliche Folgen der unzulässigen Prozeßaufrechnung*, ZZP, 1961, p. 168.

A *Compensação Processual* 351

pedido do autor, absolvendo o réu da instância com fundamento em qualquer falha processual;

Por outro lado, as situações em que o tribunal não se pronuncia sobre a referida excepção, acabando, no entanto, por julgar o pedido do autor e por condenar o réu no pagamento do crédito principal.

Exemplo ilustrativo da primeira situação: em acção de dívida proposta por *A* contra *B*, o réu manifesta, na contestação, a vontade de compensar um contracrédito de igual montante. No despacho saneador, por hipótese, o juiz conclui que o tribunal não dispõe de *competência em razão da matéria* para o julgamento do pedido principal e, nos termos dos artigos 288.º, n.º 1, al. *a*), e 494.º, al. *a*), absolve o réu da instância.

Pergunta-se se o facto de a excepção da compensação não ter chegado a ser apreciada impedirá a declaração compensatória de produzir, à luz do artigo 848.º, n.º 1, do C.C., a extinção dos créditos (na parte em que se igualem).

Na Alemanha, existe larga controvérsia entre a *doutrina civilística* e a *doutrina processual,* surgindo ainda quem se situe numa posição mista ou intermédia.

Para os defensores da *teoria civilística* ou *material* (*zivilistische Theorie*), a compensação processual encerra em si mesma uma declaração compensatória susceptível de produzir efeitos à luz do direito material. Quer dizer, para além do acto processual propriamente dito (*Prozeßhandlung*), que tem de obedecer às regras adjectivas, existe uma *declaração material* com força suficiente para tornar efectiva a compensação[827].

---

[827] Siber, *Compensation und Aufrechnung,* pp. 112 e ss.; Leonhard, Die *Aufrechnung,* p. 147; Goldschmidt, *Prozeß als Rechtslage,* p. 468; Schönke, *Lehrbuch des Zivilprozessrechts,* p. 233; Blomeyer, *Zivilprozessrecht (Erkenntnisverfahren),* pp. 312 e ss.; Baumgärtel, *Wesen und Begriff der Prozeßhandlung einer Partei im Zivilprozeß,* pp. 164 e ss.; Arens, *Willensmängel bei Parteihandlungen im Zivilprozeß,* p. 191; Hartmann, *Zivilprozessordnung* (Baumbach/Lauterbach/Albers/ /Hartmann) p. 736 (§ 145 ZPO); Lüke/Huppert, *Durchblick: Die Aufrechnung,*

Esta tese suscita uma óbvia dificuldade: a compensação também se efectivará materialmente sempre que, após a respectiva excepção ser julgada processualmente inadmissível, o réu seja condenado a pagar ao autor o crédito principal?

A resposta afirmativa é inaceitável, pois levar-nos-ia a um resultado absurdo: o crédito do autor era reconhecido, mas o contracrédito (na parte em que igualasse aquele crédito) ficava «consumido» pela compensação materialmente eficaz.

Este ponto nunca constituiu qualquer obstáculo para a *teoria processualística* (*prozessuale Theorie*), representada principalmente por KÖHLER e por WACH, que vê na declaração compensatória deduzida no processo (*rectius*, na contestação) um *acto estritamente processual*, insusceptível de desencadear, por si só, qualquer efeito substantivo imediato[828].

«A declaração compensatória – escreveu WACH – é um acto meramente processual e não um negócio jurídico de carácter civil» (*Die Aufrechnungserklärung ist lediglich prozessualischer Akt, nicht civiles Rechtsgeschäft*)[829].

Como a compensação não resulta da declaração unilateral, mas da sentença (constitutiva) (*Gestaltungsurteil*), o juiz que não chega a apreciar a excepção fica logicamente impossibilitado de decretar a extinção dos créditos.

Tudo estaria certo se esta teoria não fosse justamente acusada, como vimos, de ser incoerente com o sistema da compensação por

---

JuS, 1971, p. 168; PAULUS, *Zivilprozessrecht*, p. 100, e NOLTZE, *Aufrechnung und Prozeß*, pp. 22 e ss.

[828] KÖHLER, *Aufrechnung nach dem B.G.B.*, Zeit. f. dts. Civilpr., 1898, pp. 18 e 28; *Prozesshandlungen mit Civilrechtswirkung*, Zeit. f. dts. Civilpr., 1901, p. 29. Tese também defendida por NIKISCH, «Die Aufrechnung im Prozess», *in* Festschrift für Heinrich Lehmann zum 80. Geburtstag, II, p. 780. Para uma clara descrição da teoria processual, *vide* KAWANO, *Der prozessual unberücksichtigte Aufrechnungseinwand und seine materiellen Folgen*, ZZP, 1981, p. 2.

[829] *Prozessvollmacht und Einrede der Aufrechnung*, ZZP, 1900, p 15.

A *Compensação Processual* 353

declaração unilateral: se a compensação se alcança por via de uma mera declaração unilateral (§ 388 do BGB), não faz sentido a sentença constitutiva de decretamento da compensação[830].

E é precisamente na confluência das duas teorias acabadas de enunciar que surge a denominada teoria mista (*gemischte Theorie*). De acordo com os seus defensores, a excepção da compensação encerra em si mesma um acto simultaneamente *material* e *processual* (*Doppeltatbestand*), cujo efeito substantivo extintivo depende da sorte ou do destino da excepção da compensação.

Quer dizer, enquanto a excepção não for julgada, a eficácia material da declaração compensatória considera-se *suspensa* ou *pendente*: os efeitos da declaração compensatória enxertada na contestação ficam assim dependentes de uma espécie de «condição processual interna» (*innerprozessuale Bedingung*), traduzida no efectivo julgamento da excepção[831]. Logo, na eventualidade de a excepção *não vir a ser decidida* (porque deduzida fora do prazo, por exemplo), aquele acto material acaba por não operar qualquer efeito[832].

Entre nós, VAZ SERRA, principal defensor da tese da compensação-excepção, adere à teoria acabada de expor.

«Parece de admitir – escreve – o ponto de vista da teoria processual [em rigor, da *teoria processual-material* ou *mista*], que considera a eficácia da compensação declarada no processo como pen-

---

[830] Cfr. HENCKEL, *Materiellrechtliche Folgen der unzulässigen Prozessaufrechnung*, ZZP, 1961, pp. 175 e s. (*vide* nota 27); ARENS, ob. cit., p. 187; MUSIELAK, *Grundkurs ZPO*, p. 192, e BUß, *Prozeßaufrechnung und materielles Recht*, JuS, 1994, pp. 150 e s.

[831] Cfr. PETERS, *Münchener Kommentar zur Zivilprozeßordnung* (LÜKE/ /WAX), Vol. 1, p. 1113. Em rigor, a eficácia da compensação fica suspensa até ao trânsito em julgado da sentença (*bis zur Rechtskraft des Urteils*). Cfr. NOLTZE, *Aufrechnung und Prozeß*, p. 7.

[832] Tese defendida por OERTMANN, *Die Aufrechnung*, pp. 45 e s.; MUSIELAK, *Die Aufrechnung des Beklagten im Zivilprozeß*, JuS, 1994, p. 822, e *Grundkurs ZPO*, p. 193.

dente enquanto se não decide, com autoridade de caso julgado, sobre a sorte do processo (se a acção for rejeitada como inadmissível ou o processo finda de outro modo, o contracrédito, que fora invocado apenas no processo e para este com o fim da compensação, mantém-se)»[833-834].

Em síntese, à luz da teoria mista, existe uma inseparável ligação entre a ocorrência do efeito extintivo no plano material e a produção do efeito processual a que tende a excepção da compensação. Consequentemente, se, por qualquer motivo, a excepção não puder ser apreciada, a declaração considera-se materialmente ineficaz[835-836].

---

[833] *Algumas questões em matéria de compensação no processo*, R.L.J., Ano 105.°, p. 6.

[834] Na doutrina italiana, o efeito substantivo da declaração compensatória, para alguns Autores, depende do êxito da própria excepção. Cfr. DALBOSCO, *La compensazione per atto unilaterale (la c.d. compensazione legale) tra diritto sostanziale e processo*, R.D.C., 1989, p. 403.

[835] Cfr. DALBOSCO, est. cit., p. 407. Também para JAUERNIG, *Zivilprozessrecht*, p. 147, «sendo rejeitada a compensação declarada no processo, ou sendo neste considerada inadmissível com base em razões adjectivas, a declaração compensatória é ineficaz, pois tornar-se-ia absurdo exigir ao réu condenado o sacrifício do respectivo contracrédito.» No mesmo sentido se pronuncia SCHWAB, «Bemerkungen zur Prozessaufrechnung», *in* Festschrift für Hans Carl Nipperdey, I, p. 953.

[836] A vontade do réu, segundo ROSENBERG/SCHWAB/GOTTWALD, *Zivilprozessrecht*, p. 690, é a de que o efeito substantivo somente se produza no caso de a excepção proceder: «vindo a excepção a ser processualmente rejeitada, a vontade do réu aponta no sentido da ineficácia da declaração.» Falam os Autores da existência de uma unidade (*Einheit*) entre a produção do efeito material e o êxito da excepção da compensação (*Aufrechnungseinrede*). Também para HÄSEMEYER, "Die sogenannte Prozeßaufrechnung – eine dogmatische Fehlakzentuierung", *in* Festschrift für Friedrich Weber zum 70. Geburtstag, p. 225, o réu não perde o crédito pelo facto de a excepção da compensação ser recusada por motivos processuais. Esta tese é seguida por LÜKE/HUPPERT, *Durchblick: Die Aufrechnung*, JuS, 1971, p. 168, e BLOMEYER, *Außerprozessuale Aufrechnung und Prozessaufrechnung*, ZZP, 1975, pp. 439 e s.

Numa breve apreciação crítica, diremos que a teoria mista acaba por introduzir uma injustificada diferença entre a declaração compensatória efectuada antes e fora do processo (hipótese em que falta a ligação entre a declaração e o acto processual) e a declaração feita no processo (hipótese em que existe esse estreito vínculo entre a declaração e o acto processual): por que razão a primeira há-de logo produzir efeitos substantivos e a declaração feita na contestação não goza da mesma eficácia?

Devemos colocar, num plano, a *eficácia substantiva* da declaração compensatória e, noutro, a *eficácia processual* da excepção da compensação.

Desde que estejam preenchidos os requisitos materiais da compensação, a declaração compensatória – *quer a extraprocessual, quer a enxertada na contestação* – produz, em princípio, a extinção dos créditos recíprocos[837].

Quanto à declaração compensatória incluída na contestação, o facto de a excepção vir a ser processualmente rejeitada não tem de traduzir-se na ineficácia material daquela[838]. Torna-se indispensável, quanto a nós, atender ao *conteúdo da sentença* e distinguir duas situações diferentes.

Em primeiro lugar, aquela em que o tribunal absolve o réu da instância (por exemplo, porque o tribunal não goza de competência absoluta) e, portanto, não chega a pronunciar-se sobre o pedido e sobre a excepção peremptória. Neste caso, pensamos que é possível atribuir *eficácia extraprocessual* à compensação deduzida na contestação[839].

---

[837] NOLTZE, *Aufrechnung und Prozeß*, p. 16, observa, criticando tanto a *teoria processual*, como a *teoria mista*, que o legislador, no BGB, não torna a compensação dependente de uma sentença judicial.

[838] Cfr. FASCHING, *Zivilprozeßrecht*, p. 654. Como explica NOLTZE, ob. cit., p. 21, o efeito material da compensação pode, em certos casos, não se reflectir no processo.

[839] Em sentido contrário, WACH, *Prozessvollmacht und Einrede der Aufrechnung*, ZZP, 1900, p. 14.

Assim, se o credor vier a propor nova acção para fazer valer o seu direito, o réu pode defender-se, alegando a extinção resultante da declaração compensatória efectuada no processo anterior[840].

Em segundo lugar, importa distinguir as situações em que o tribunal, após rejeitar a excepção da compensação com fundamento em razões puramente processuais (pensemos na dedução extemporânea da excepção), condena o demandado no pagamento da quantia principal em dívida.

Sempre que isto ocorra, torna-se claro que a declaração compensatória feita pelo réu não produziu, materialmente, a extinção de ambos os créditos.

Como explica BLOMEYER, «a condenação do réu comprova a existência do crédito principal e daqui resulta que o contracrédito invocado para a compensação não se extinguiu»[841-842].

Para terminar este ponto, pode dizer-se que a *ineficácia* material da declaração compensatória inserida na contestação somente ocorrerá nos casos em que, após a excepção ser rejeitada por razões estritamente processuais, o tribunal condene o réu no pagamento do crédito invocado pelo autor.

O êxito da acção afasta, para bem do réu, a eficácia extraprocessual da declaração compensatória, podendo, por consequência, o contracrédito ser exercido através de uma acção autónoma posterior.

---

[840] Como conclui DALBOSCO, *La compensazione per atto unilaterale (la c.d. compensazione legale) tra diritto sostanziale e processo*, R.D.C., 1989, p. 403, «certamente pode imaginar-se que a compensação é oposta no processo com *valência* ultraprocessual: neste caso, e perante a extinção do processo, tal excepção transforma-se numa oposição com *valência* extrajudicial e, como tal, operará num futuro e eventual processo.»

[841] *Außerprozessuale Aufrechnung und Prozessaufrechnung*, ZZP, 1975, pp. 441 e s. Já anteriormente, neste mesmo sentido se pronunciara GRUNSKY, *Die Unzulässige Prozeßaufrechnung*, JZ, 1965, p. 397, e *Grundlagen des Verfahrensrechts*, p. 153.

[842] O titular do contracrédito fica assim livre, como observa HÄSEMEYER, «Die sogenannte Prozeßaufrechnung – eine dogmatische Fehlakzentuierung», *in* Festschrift für Friedrich Weber zum 70. Geburtstag, pp. 223 e 225, para realizar o seu direito através de outra forma, ou seja, não fica onerado com a perda do crédito.

4. II) c) *Caso em que o réu pretende efectuar, no processo, a compensação de um contracrédito de valor* superior *ao do crédito do demandante.* Atentemos no seguinte exemplo: *C* propõe uma acção contra *D*, pedindo que este seja condenado a pagar-lhe € 20.000.

O réu, arrogando-se titular, perante o autor, de um contracrédito de € 30.000, pretende obter a compensação dos créditos recíprocos na parte em que se equivalem e exigir ainda o pagamento da parte que sobra em seu benefício (€ 10.000).

O caso agora apresentado também gera, como vimos, discordância entre os partidários da *tese da compensação-reconvenção* e os defensores da *tese da compensação-excepção*.

Para os primeiros, o réu deve reconvir, pedindo, por um lado, a apreciação judicial da compensação (ou o seu decretamento, para quem perfilhe, antes, a natureza constitutiva da compensação processual) e, por outro lado, a condenação do autor no pagamento da parte excedente do contracrédito.

Sendo a reconvenção processualmente inadmissível, ao réu, impedido de compensar, só resta um caminho: o de propor uma acção condenatória para fazer valer o seu crédito.

Para os segundos, o réu deve compensar a parte do contracrédito que iguala o crédito do autor através de uma *excepção peremptória* e pedir, com base numa *reconvenção condenatória*, o pagamento da quantia excedente[843]. É aceitável esta solução preconizada

---

[843] Esta solução é geralmente defendida pela doutrina estrangeira. Cfr., por exemplo, CHIOVENDA, *Principii di diritto processuale civile*, p. 561; CARNELUTTI, *Sistema di diritto processuale civile*, I, p. 936; ZANZUCCHI, *Diritto processuale civile*, I, p. 336; LIEBMAN, *Manuale di diritto processuale civile*, p. 190; ANDRIOLI, *Commento al Codice di Procedura Civile*, I, p. 125; FALQUI-MASSIDDA, *Le domande riconvenzionali*, pp. 140 e s.; ROSENBERG/SCHWAB/GOTTWALD, *Zivilprozessrecht*, pp. 639 e s.; LORFF, *Die Widerklage*, JuS, 1979, p. 571; ZIMMERMANN, *Zivilprozeßordnung*, p. 34; THOMAS/PUTZO, *Zivilprozessordnung*, p. 57, e VOLLKOMMER, *Zivilprozessordnung* (ZÖLLER), pp. 157 e s. Na doutrina espanhola, veja-se DAMIAN MORENO, *La reconvención en el proceso civil*, p. 36, ROSA SANZ, *La reconvención en el proceso civil*,

pela tese da compensação-excepção: a reconvenção, dando o único sentido possível à al. *b*) (1.ª parte) do artigo 274.º, n.º 2, é admissível *quando o réu se propõe obter o que resta depois da compensação.*

Após defender que «a reconvenção, (…) em matéria de compensação, é unicamente admissível quando o demandado utiliza para a compensação um contracrédito de montante superior ao do do autor e pede a condenação do autor a pagar a parte residual ou a declaração judicial do crédito residual», VAZ SERRA reconhece, citando CASTRO MENDES, que «com esta solução o art. 274.º, n.º 2, al. *b*), na parte relativa à compensação, se aplica num *caso que já não é de compensação*», pois, na parte residual do crédito do demandado, não pode haver compensação (Cód. Civil, art. 847.º), e, por conseguinte, não se propõe o réu obter compensação quanto a essa parte, propondo-se, antes, obter a condenação do autor ou a declaração judicial relativamente a tal parte»[844].

Também LEBRE DE FREITAS, após afirmar que «só pelo excesso a favor do réu (liquidado ou não na contestação) há reconvenção», logo adverte que nessa parte não se está já, em rigor, perante a figura da compensação[845-846].

---

p. 64, e MANUEL GONZÁLEZ, *Reconvención y excepciones reconvencionales en la LEC 1/2000*, p. 99. Na doutrina brasileira, cfr. BARBOSA MOREIRA, *A conexão de causas como pressuposto da reconvenção*, pp. 37, 64 e 83; AMARAL SANTOS, *Da reconvenção no direito brasileiro*, p. 182, e FORNACIARI JÚNIOR, *Da reconvenção no direito processual civil brasileiro*, p. 36.

[844] *Algumas questões em matéria de compensação no processo*, R.L.J., Ano 104.º, p. 293. Na continuação do mesmo estudo, VAZ SERRA volta a questionar: «Qual será (…) o sentido da al. *b*) do n.º 2 do artigo 274.º na parte relativa à compensação?» E responde da seguinte forma: «Parece-nos que não tem, em rigor, função útil, dado se achar já compreendido na al. *a*) do mesmo número o único caso em que o réu pode, havendo compensação, deduzir um pedido contra o autor: há, naquela al. *b*), repetição que pode, aliás, ter a vantagem de esclarecer que a reconvenção é admissível no referido caso.»

[845] *A acção declarativa comum*, p. 112.

[846] O Supremo, em Ac. de 17 de Jan. de 1950, B.M.J., n.º 17, pp. 211 e s.,

A *Compensação Processual* 359

Regressando ao caso exposto, *D* deverá estruturar a contestação do seguinte modo: em primeiro lugar, declara a compensação do montante comum de ambos os créditos, fazendo corresponder a esta sua vontade uma *excepção peremptória* susceptível de conduzir à sua absolvição do pedido.

Em segundo lugar, e quanto à *parte excedente do contracrédito*, tem a faculdade de reconvir, pedindo a condenação do autor no *pagamento* da quantia de € 10.000.

Se, por algum motivo de natureza processual (*v.g., falta de competência do tribunal*), este pedido reconvencional for inadmissível, *D* tem de limitar-se a excepcionar (ou seja, a compensar o montante comum dos créditos), fazendo valer a parte sobejante do contracrédito através de uma acção autónoma.

Esta possibilidade de o mesmo crédito dar origem a uma excepção peremptória e a uma acção autónoma é fortemente criticada pelos Autores que vêem na reconvenção o meio próprio para se fazer valer a compensação.

Concretizando, suponhamos que, no exemplo apresentado, o crédito do autor (€ 20.000) tem natureza *civil* (relaciona-se com um contrato de mútuo, por hipótese) e o contracrédito alegado pelo réu (€ 30.000) é de índole *laboral* (relacionado com salários).

Que sucederá?

Até ao limite de € 20.000, o contracrédito laboral (que é de € 30.000) pode fazer-se valer através de uma *excepção peremptória* e o tribunal, de acordo com o regime do artigo 96.°, n.° 1, goza de competência para o apreciar. Mas, para além deste limite, e uma vez

---

esclarece que «a compensação só será possível, como é óbvio, até ao montante em que vier a ser fixado o crédito que a autora se atribui, sendo insusceptível de compensação tudo o que exceda esse montante.» A R.T., Ano 91.° (1973), p. 318, esclareceu que «se o pedido do reconvinte exceder o do reconvindo, quanto àquilo em que aquele excede este, (…) não há compensação» (ver também a p. 320). Este ponto de vista é reafirmado na mesma Revista, Ano 93.° (1975), p. 181.

que o tribunal da causa é desprovido de competência em *razão da matéria para o julgamento da reconvenção*, o réu tem de intentar uma acção condenatória no tribunal do trabalho.

ANTUNES VARELA rejeita com veemência esta solução, considerando «de todo absurdo que, invocando o réu um contracrédito (laboral) de [30.000] perante o crédito de [20.000] reclamado pelo autor, se viesse a reconhecer (...) (...) que o tribunal podia conhecer do crédito laboral, mas só *até ao montante de* [20.000], *porque competentes para conhecerem da parte restante ... seriam os tribunais do trabalho!*»[847].

Estamos perante um complexo problema – *o primeiro grande problema* – com que se defronta a tese da compensação-excepção na sua vertente pura: *pode o contracrédito subjacente à compensação ser apreciado por um tribunal desprovido de competência absoluta? Pode, por exemplo, um tribunal de competência genérica julgar um contracrédito de natureza laboral?* Como acentuámos logo nas primeiras páginas da presente monografia, as excepções, ao contrário da reconvenção, não exigem o preenchimento dos pressupostos processuais, vigorando, quanto à competência, o princípio de que *o juiz da acção é o juiz da excepção* (art. 96.º, n.º 1).

Esta resposta tanto vale para o réu que já declarou no passado extrajudicialmente a compensação, como para aquele que a declara originariamente no acto de contestar.

A Relação de Lisboa entendeu que o facto de o tribunal não gozar de *competência absoluta* (e, precisamente, de competência em razão da matéria) é insusceptível de obstar ao julgamento da compensação alegada pelo demandado[848].

Apresentemos, sumariamente, o caso que originou o Acórdão deste tribunal superior: certa sociedade comercial propôs, num tri-

---

[847] *Manual de processo civil*, p. 333.
[848] Ac. de 26 de Jan. de 1979, C.J. 1979, t. I, pp. 118-120.

bunal de competência genérica, uma acção de dívida contra determinado sujeito que, na contestação, invocando a qualidade de trabalhador da demandante, se arrogou titular de determinado contracrédito laboral (relativo a vencimentos e subsídios) de valor superior ao montante do crédito invocado pela autora.

Baseado no seu pretenso direito, o réu reconveio, mas pedindo apenas que, com fundamento na declaração compensatória expressa na contestação, a acção fosse julgada improcedente.

O tribunal da causa considerou-se incompetente, em razão da matéria, para julgar este pedido, absolvendo a autora da instância reconvencional e o réu, inconformado, agravou para a Relação de Lisboa, vindo esta a revogar, e bem, a decisão proferida pelo tribunal *a quo*.

A Relação observou que o réu, sob a capa de um aparente pedido reconvencional, mais não quis, afinal, do que obter a mera improcedência da pretensão do autor.

«É certo que [a compensação] – lê-se no Acórdão – foi invocada por via reconvencional, mas, no fundo, trata-se de defesa por excepção.»

Entendeu-se no mesmo aresto, em sintonia com a corrente jurisprudencial dominante, que «a compensação, consistindo numa causa extintiva das obrigações, deve ser deduzida como excepção peremptória» e, por consequência, o tribunal de 1.ª instância, com fundamento no artigo 96.º, n.º 1, era competente para julgar a questão levantada pelo demandado[849].

É claro que sobre a decisão deste caso, por falta de competência em razão da matéria do tribunal da causa, jamais se poderia formar caso julgado material (cfr. o disposto no art. 96.º, n.º 2).

«Pelo facto de ser incompetente em razão da nacionalidade, da matéria e da hierarquia – acentua o Acórdão – o tribunal não

---

[849] Sendo vista como *pura excepção*, a compensação é insusceptível de modificar a competência objectiva do juiz da causa. Neste sentido, MÁRQUEZ ROMERO, *La reconvención*, pp. 71 e s.

fica inibido de conhecer das questões incidentais: o que acontece é que, nessa hipótese, a respectiva decisão só vale como caso julgado formal.»

Resta dizer que o réu, na eventualidade de querer fazer valer a parte excedente do contracrédito, teria de intentar, no tribunal do trabalho, uma acção condenatória independente.

A tese defendida pela Relação de Lisboa é, *de iure constituto*, correcta. *De iure constituendo*, porém, a excepção da compensação devia ser sempre apreciada com força de *caso julgado*, transformando-se, *ope legis*, numa «excepção reconvencional.»

Isto implicaria, no entanto, que o julgamento do contracrédito fosse levado a cabo pelo tribunal *absolutamente* competente, o que levanta problemas complexos. Mas deixemos para mais adiante a análise deste ponto.

4. II) *d) Caso em que o réu pretende efectuar, no processo, a compensação de um contracrédito ilíquido.* Vejamos, agora, como deve proceder o réu compensante sempre que o seu crédito seja ilíquido.

O problema foi já apreciado pelo Supremo Tribunal de Justiça, que teve de se pronunciar sobre o seguinte caso[850]: *A* propôs uma acção ordinária contra *B* e *C*, pedindo que estes fossem condenados a restituir certa quantia que lhes emprestara.

Na contestação, os réus, sem negarem a existência da dívida, alegaram, no entanto, serem proprietários da raiz de uma mata de que o autor era usufrutuário e onde este, ilicitamente, procedeu ao corte de centenas de árvores, causando-lhes avultados prejuízos.

---

[850] Caso pormenorizadamente exposto no Ac., que o tribunal de revista proferiu, de 24 de Jan. de 1991, B.M.J. n.º 403, pp. 364-370.

Apesar de não quantificarem os danos, os réus manifestaram a vontade de compensar os créditos recíprocos, defendendo-se através de excepção peremptória[851].

Tanto o tribunal de 1.ª instância, como a Relação[852], entenderam que, pelo facto de o contracrédito se apresentar ilíquido, a compensação não podia operar, devendo a excepção improceder.

O caso levanta problemas delicados: poderá alguém obter, numa acção judicial, a compensação de um contracrédito *ilíquido*? E, em caso afirmativo, poderá servir-se de uma *excepção peremptória* ou estará obrigado a deduzir uma *reconvenção*?

Como referimos já, no nosso direito actual, e ao contrário do regime em vigor no Código Civil de 1867, a «iliquidez da dívida não impede a compensação» (art. 847.º, n.º 3, do C.C.)[853].

---

[851] Os danos nem sempre são quantificados na petição inicial. Por um lado, de acordo com o artigo 569.º do C.C., «quem exigir a indemnização não necessita de indicar a importância exacta em que avalia os danos (...).» Por outro lado, o Código de Processo Civil autoriza a formulação de pedidos genéricos, dispondo o artigo 471.º, n.º 1, al. *b*), que é permitida a formulação desta espécie de pedidos «quando não seja ainda possível determinar, de modo definitivo, as consequências do facto ilícito, ou o lesado pretenda usar da faculdade que lhe confere o artigo 569.º do Código Civil.» Sobre a importância da condenação genérica, ver SATTA, *La condanna generica*, R.T.D.P.C., 1959, p. 1408.

[852] Relação do Porto.

[853] Diferente regime vigora no direito italiano (cfr. art. 1243 § 1, do C.C.I.). Perante um contracrédito ilíquido, deduzido através de reconvenção compensativa, o juiz deverá averiguar se o contracrédito é de *pronta e fácil liquidação*. Em caso afirmativo, tem, nos termos do § 2 do artigo 1243 do C.C.I., de «declarar a compensação para a parte da dívida que reconhecer como existente e pode também suspender a condenação para o crédito líquido até à verificação do contracrédito oposto através de compensação.» O juiz declara logo a compensação para o montante do contracrédito que se lhe apresente líquido (cfr. CARNELUTTI, *Compensazione giudiziale*, R.D.P.C., 1942, p. 53). Enquanto não termina a tarefa do apuramento do contracrédito, deve retardar a prolação da sentença condenatória. Não sendo o contracrédito de fácil e pronta liquidação, a parte fica impossibilitada

364 Reconvenção e Excepção no Processo Civil

Somando a isto o facto de valer, entre nós, o sistema da compensação por declaração unilateral, afigura-se legítimo concluir que o réu, não podendo ser prejudicado pela circunstância de se encontrar num processo, através da declaração feita na contestação pode obter a compensação dos créditos recíprocos. Claro está que o êxito da excepção da compensação depende, no plano processual, da prova da efectiva ocorrência do facto de onde provém o direito creditório do réu (no caso, da prova do abate ilícito das árvores)[854].

Acrescente-se que a compensação obtida, porque fundada num contracrédito ilíquido, apresenta, naturalmente, contornos indefinidos e, por isso, o tribunal deverá, estando convencido da existência do contracrédito, mas não havendo elementos para fixar o valor deste, condenar a parte cujo crédito for de menor montante a pagar à contraparte a diferença entre os dois créditos, apurada após a operação de liquidação.

O Supremo, contrariando as decisões dos tribunais inferiores, decidiu precisamente neste sentido o caso agora em análise. Após aderir à *tese da compensação-excepção*[855], colocou, nos seguintes termos, o problema essencial: «(...) A autora praticou um acto ilícito, causador de prejuízos, que são indemnizáveis. Será, então, que, não

---

de obter a compensação, devendo o tribunal tutelar, sem mais delongas, o crédito principal do autor. Para uma clara interpretação do artigo 1243 do C.C.I., *vide*, ainda, REDENTI, *La compensazione dei debiti nei nuovi codici*, R.T.D.P.C., 1947, pp. 41 e ss.; SCHLESINGER, «Compensazione», *in* N.D.I., vol. III, p. 729.

[854] E provou-se efectivamente, no caso em apreciação, a ocorrência de um elevado prejuízo, na medida em que ficou demonstrado que a mata, por causa do corte levado a cabo ilicitamente pelo autor, se desvalorizou em mais de 50%.

[855] O Ac. do S.T.J. revela algumas hesitações quanto ao problema da natureza processual da compensação de créditos. Nele se afirma, por um lado, que «não obstante o artigo 274.º, n.º 2, al. *b*) do Código de Processo Civil (...), a compensação deve ser oposta por via de excepção» e, por outro, que «a compensação, mais do que uma excepção, é uma reconvenção especial e o réu quando a invoca o que verdadeiramente está a fazer é a dirigir um pedido contra o autor.»

A Compensação Processual

tendo os réus fornecido elementos para a liquidação do seu crédito, a consequência é julgar-se improcedente a excepção de compensação? Julgamos que não. Nada na lei nos diz, com efeito, que a compensação é apenas possível quando o crédito do demandado só pode liquidar-se na própria acção declarativa.»

Para o tribunal de revista, uma vez feita a prova do direito creditório dos réus, a excepção deve proceder, «embora sem determinação do montante do crédito oferecido em compensação.» Esta falta de determinação «não impedia que se operasse a compensação, pois a liquidação do crédito oferecido em compensação pode até ser operada em execução de sentença»[856].

---

[856] Neste sentido *vide* também o Ac. do S.T.J. de 19 de Abr. de 2001, C.J. (Acs. do S.T.J.) 2001, t. II, p. 34. No caso aqui decidido, o autor, baseando-se em certo contrato internacional de fornecimento de mercadorias, veio exigir judicialmente o pagamento do preço em dívida e a ré, através de reconvenção, invocou a titularidade de um contracrédito indemnizatório decorrente do cumprimento defeituoso do mesmo contrato. Foi feita a prova dos factos reveladores deste incumprimento, mas não se determinaram, na acção declarativa, os concretos prejuízos sofridos pela ré.

Contra o decidido pela Relação do Porto, o Supremo reconheceu a eficácia da declaração compensatória, remetendo as partes para «liquidação em execução de sentença do crédito da ré referente à indemnização por dano, por via de cumprimento defeituoso do contrato estabelecido entre a autora e a ré.»

Concluindo, decidiu-se que «nessa liquidação (…) se condenará a autora ou a ré, conforme for o caso, ao pagamento da quantia que resultar da diferença dos créditos integralmente liquidados.»

Em defesa da tese segundo a qual a não liquidação do contracrédito na acção declarativa não obsta a que se opere a compensação oposta pelo réu, *vide* ainda o Ac. do S.T.J. de 14 de Jan. de 1982, B.M.J. n.º 313, pp. 288-291 («Nada na lei – escreve-se neste aresto – inculca que a compensação apenas seja possível desde que o crédito do demandado possa liquidar-se na própria acção declarativa»), e o Ac. da Relação de Coimbra de 5 de Jan. de 1993, C.J. 1993, t. I, pp. 9-11. Após afirmar que «a não liquidação do contracrédito na acção declarativa não obsta a que se opere a compensação oposta pela Ré», a Relação de Coimbra declarou operada a compensação do crédito certo da autora com o contracrédito indemnizatório da ré, de montante a liquidar em execução de sentença, e condenou ainda esta – que

Por tudo isto, o Supremo revogou o Acórdão do tribunal de 2.ª instância que afastara a compensação pelo facto de o contracrédito ser ilíquido e decidiu que a excepção da compensação devia proceder.

Em síntese, e no respeitante ao problema da compensação, no processo, de contracréditos ilíquidos, importa sublinhar as seguintes ideias:

1.ª) A dedução de um contracrédito ilíquido é possível à luz do nosso direito[857];

2.ª) Tanto no plano substantivo, como no plano processual, não existem, em princípio, obstáculos à compensação de um contracrédito ilíquido, pois a liquidez não é requisito indispensável para o funcionamento desta forma de extinção de dívidas;

3.ª) A compensação assente num contracrédito ilíquido apresenta contornos indefinidos, na medida em que se torna impossível saber se, por força dela, os créditos recíprocos se extinguiram total ou parcialmente.

Esta incerteza, que sobrevive à compensação, só será eliminada no momento em que se proceder à efectiva liquidação do crédito indeterminado.

Ao contrário do caso acabado de expor, pode acontecer que o réu – titular de um contracrédito ilíquido – se encontre em condições de determinar, no processo, a quantia que lhe é devida. Se assim suceder, consegue o reconhecimento de uma compensação fundada em créditos líquidos e até, se o desejar, a condenação do autor no pagamento da parte eventualmente excedente do seu contracrédito.

Recordemos que esta liquidação é susceptível de ser efectuada através de dois modos alternativos: por *via principal* ou por *via incidental.*

---

não deduziu qualquer reconvenção – a pagar à autora «a parte não compensada do crédito desta, se a houver.»

[857] Cfr. PIRES DE LIMA/ANTUNES VARELA, *Código Civil anotado*, vol. I, p. 587.

Optando pelo primeiro caminho, o réu deve – na contestação – começar por deduzir a *excepção da compensação* (baseada em declaração compensatória extrajudicial efectuada no passado ou em declaração enxertada no próprio articulado) e, de seguida, após alegar os factos indispensáveis para o apuramento do valor do contracrédito, converter o contracrédito ilíquido num contracrédito líquido, formulando, agora sim e só neste ponto, o *pedido reconvencional* para determinação ou declaração do *quantum*.

O tribunal, fazendo sempre respeitar o contraditório, tem o dever de se pronunciar não apenas sobre a existência do contracrédito, mas também sobre o seu valor, declarando-o para efeitos da compensação[858]. Esta deve ser, insistimos, objecto de *excepção peremptória* e não de reconvenção[859-860].

---

[858] Antevendo a hipótese de a liquidação se traduzir numa operação demorada, VAZ SERRA defendeu, no Anteprojecto dedicado à compensação, que, quando fosse previsível uma morosidade prejudicial ao autor e não existisse conexão jurídica entre os dois créditos, o juiz podia remeter para outro processo a determinação do contracrédito, julgando o crédito do autor sob reserva do que se viesse a decidir acerca da compensação. Mas esta proposta – inspirada nos direitos alemão e italiano (cfr., respectivamente, o § 145 III da ZPO e o art. 1243 do C.C.I.) – não foi seguida pelo legislador. Cfr. *Compensação*, pp. 181 e s. Mais tarde, VAZ SERRA viria a defender que, contra a invocação da compensação baseada num contracrédito de longa e difícil liquidação, destinada principalmente a atrasar a realização do crédito do autor, é possível invocar o abuso do direito. Cfr. *Algumas questões em matéria de compensação no processo*, R.L.J., Ano 104.º, pp. 340 e 356.

[859] É claro que, quanto à parte eventualmente sobejante do contracrédito, o réu pode valer-se de uma reconvenção condenatória. Mas esta nada tem a ver com a compensação propriamente dita.

[860] Em sentido contrário, defendendo o uso da reconvenção para os casos em que se pretenda compensar um contracrédito ilíquido, *vide* PIRES DE LIMA//ANTUNES VARELA, *Código Civil anotado*, vol. II, p. 135; EURICO LOPES CARDOSO, *Código de Processo Civil anotado*, anotação ao artigo 274.º, e, mais recentemente, MENEZES CORDEIRO, *Da compensação no direito civil e no direito bancário*, p. 120. A Relação do Porto, através do Ac. de 3 de Fev. de 1971 (sumariado no B.M.J., n.º 204, pp. 195-196) já defendeu que «sendo ilíquido o crédito que se pretende compensar, compreende-se que haja de recorrer-se à reconvenção, pois só,

Não se veja a liquidação (ao contrário do reconhecimento da existência dos créditos recíprocos) como um passo indispensável para a procedência da excepção da compensação, mas antes como uma mera operação cujo resultado autoriza o juiz a absolver o réu *total* ou *parcialmente* do pedido, condenando o autor, se for caso disso e se tiver sido formulado um pedido reconvencional condenatório, no pagamento da quantia excedente.

Sendo impossível proceder à liquidação na contestação, o réu excipiente tem ainda a faculdade de deduzir, nos termos dos artigos 378.º e ss., o *incidente da liquidação*, para cujo julgamento, acrescente-se, o tribunal da causa goza sempre de competência (cfr. o disposto no art. 96.º, n.º1)[861].

---

mediante esta, se poderá proceder ao seu apuramento pela liquidação e condenar a contraparte no excedente se o houver.» A mesma tese é defendida na R.T., Ano 89.º (1971), p. 367, na qual se escreve que «se a compensação depende de ser feita a liquidação ou se o crédito do R. excede o do A., a reconvenção é indispensável»; posição reafirmada pela mesma Revista, Ano 91.º, 1973, p. 318: «Se o crédito do demandado for ilíquido, a compensação tem de ser deduzida por via de reconvenção.»

Ainda segundo a R.T. (Ano 93.º, 1975, p. 182), nas hipóteses em que o contracrédito se apresente ilíquido, «não é o juiz que autoriza a compensação, destinando-se os actos de julgamento apenas a tornar efectiva a declaração feita pelo R., que, antes de obter tal sentença (...) reconhecendo e liquidando o seu crédito, não podia efectuar o encontro dele com o débito do reconvindo (...).»

É óbvio que se o réu compensante, ao contestar, quiser obter a liquidação do seu crédito no processo em que invoca a compensação, terá de formular para esse efeito um pedido reconvencional para determinação ou declaração do *quantum* (neste sentido, já há muito se pronunciou CARNELUTTI, *Appunti sulla riconvenzionale*, R.D.P., 1959, pp. 646-650). Mas isto, insistimos, nada tem a ver com a compensação propriamente dita, que opera ou se efectiva através da dedução de uma *excepção peremptória*.

No sentido de que a dedução de um contracrédito ilíquido, no que à compensação diz respeito, não implica, de forma alguma, um pedido reconvencional, *vide* VAZ SERRA, *Algumas questões em matéria de compensação no processo*, R.L.J., Ano 104.º, p. 293 e Ano 105.º, p. 7.

[861] A liquidação incidental – explica SALVADOR DA COSTA, *Os incidentes da instância*, p. 282 – distingue-se da liquidação principal, pois esta «é a operada nos

À excepção deduzida soma-se, neste caso, o incidente da liquidação de índole declarativa: uma vez apurada a quantia respeitante ao contracrédito, o juiz fica em condições de absolver o réu total ou parcialmente do pedido.

4. II. e) *Caso em que o réu pretende efectuar, no processo, a compensação eventual.* Imaginemos o seguinte exemplo: *G* propõe acção de dívida contra *H*, pedindo a condenação deste no pagamento de € 20.000. Na contestação, o réu nega a existência do crédito do autor e, alegando ser titular perante este de um crédito de igual valor, declara a compensação para a eventualidade de o tribunal vir a considerar existente o crédito principal: «Não pago porque o crédito reclamado não existe (encontra-se prescrito), mas se porventura existir (se se entender que não prescreveu), não devo ser obrigado a cumprir, na medida em que pretendo compensar o meu crédito com o do autor.»

Poderá o réu contestar nestes termos?

Estamos perante um problema clássico da denominada *compensação eventual* ou da *compensação subordinada*.

Normalmente este problema não se levanta, pois o réu compensante reconhece na totalidade ou em parte, de forma explícita ou tácita, o crédito do autor (compensação não subordinada, pura ou principal)[862].

Em casos excepcionais, porém, o demandado contesta a existência deste direito, manifestando a vontade de compensar para a eventualidade de o tribunal reconhecer o crédito do autor[863].

---

articulados da causa em que o autor ou o réu reconvinte procede à liquidação da obrigação genérica e conclui pela formulação de um pedido líquido.»

[862] *Primäraufrechnung*, na terminologia alemã, por contraposição à denominada *Eventualaufrechnung*. Cfr. PETERS, *Münchener Kommentar zur Zivilprozessordnung* (LÜKE/WAX), vol. 1, p. 1112.

[863] Cfr. VAZ SERRA, *Compensação*, p. 170. Compreende-se que o réu somente

370   *Reconvenção e Excepção no Processo Civil*

Entre nós, um certo sector da jurisprudência rejeita a possibilidade de compensar nestes termos, afirmando que o réu compensante tem necessariamente de admitir a existência do crédito do autor.

Representativo desta corrente é o Acórdão do Supremo Tribunal de Justiça de 10 de Fev. de 1983, como resulta do seguinte excerto[864]: «A pessoa que pretende liberar-se ou desobrigar-se, pelo recurso à compensação, tem, necessariamente, de admitir a preexistência de um crédito por banda daquele a quem se acha juridicamente vinculado. É intuitivo.»

E noutra passagem escreveu-se: «O declarante tem de admitir que se encontra obrigado para com outrem, procurando desvincular-se ou desobrigar-se e opondo o seu crédito. (...) Se os demandados não admitiam a existência do crédito da demandante, não podiam obter uma extinção da obrigação, por compensação.»

Prova de que esta tese está longe de ser pacífica é o voto de vencido que acompanha o aresto e onde se afirma que «o facto de a compensação não poder ser feita sob condição ou a termo não obsta a que ela seja invocada apenas subsidiária ou eventualmente no processo.»

Na doutrina, há muito se admite a possibilidade de o réu deduzir uma *compensação eventual*[865]. Entre nós, para VAZ SERRA, o artigo 848.º, n.º 2, do C.C., segundo o qual a declaração compensatória «é ineficaz, se for feita sob condição ou a termo», «não obsta à admissibilidade da compensação eventual, já que esta não é feita sob

---

sacrifique o crédito de que é titular, compensando-o, quando não possa obter, através de outro meio defensivo, a improcedência da acção. Cfr. DALBOSCO, *Compensazione per atto unilaterale (la c.d. compensazione legale) tra diritto sostanziale e processo*, R.D.C., 1989, p. 397.

[864] B.M.J., n.º 324, pp. 513-516.

[865] Vejam-se as clássicas obras de SCHOLLMEYER, *Die Compensationseinrede im deutschen Reichs-Civilprozeß*, p. 31, e de SIBER, *Compensation und Aufrechnung*, pp. 118 e s.

A *Compensação Processual* 371

uma autêntica condição, mas apenas sob reserva de uma circunstância (a existência do crédito contra o qual se compensa) que é pressuposto essencial da compensação.»

Na compensação eventual, acrescenta, «o seu autor declara esta só para o caso de a acção ser fundada, isto é, se tivesse de ser condenado (só então quer a compensação, não desejando, portanto, sacrificar o seu contracrédito, se não for preciso) (...)»[866].

Não vemos, realmente, como se possa rejeitar a compensação eventual declarada no processo[867]. O n.º 2 do artigo 848.º do C.C. (onde se afirma que a declaração compensatória é ineficaz se for feita sob condição) não se opõe à possibilidade da dedução da compensação eventual, porque, bem vistas as coisas, a eficácia da compensação eventual não fica sujeita à ocorrência de qualquer facto futuro e incerto (a uma verdadeira e própria condição), mas tão-só ao reconhecimento, pelo tribunal, da *existência do crédito do autor*, ou seja, ao reconhecimento judicial de um facto contemporâneo da própria declaração compensatória enxertada no articulado[868-869].

---

[866] *Algumas questões em matéria de compensação no processo*, R.L.J., Ano 104.º, pp. 373 s. A admissibilidade da compensação eventual é também afirmada por MENEZES CORDEIRO, *Da compensação no direito civil e no direito bancário*, p. 132, nota 313. TEIXEIRA DE SOUSA, *Reconvenção subsidiária, valor da causa e responsabilidade pelas custas*, C.D.P., n.º 7, Jul/Set., 2004, p. 13, aceita igualmente esta compensação, enquadrando-a, no entanto, na figura da reconvenção subsidiária: «A reconvenção subsidiária verifica-se quando o réu nega o crédito invocado pelo autor e, na reconvenção, invoca a compensação para a hipótese de esse crédito vir a ser reconhecido.»

[867] Neste sentido, no direito italiano, pode ver-se FRANCHI, *Profili processuali della compensazione*, R.D.P., 1963, p. 219, e BORGHESI, «Compensazione nel diritto processuale civile», *in* Dig. Disc. Priv., XIII, p. 84.

[868] Para ROSENBERG/SCHWAB/GOTTWALD, *Zivilprozessrecht*, p. 685, «a existência do crédito principal é um requisito de eficácia (*Wirksamkeitserfordernis*) da compensação» e não uma condição no sentido do § 158 do BGB. No mesmo sentido, SCHWAB, «Bemerkungen zur Prozessaufrechnung», *in* Festschrift für Hans Carl Nipperdey, I, p. 945; KAWANO, *Der prozessual unberücksichtigte Aufrechnungs-*

372   Reconvenção e Excepção no Processo Civil

O réu serve-se, no fundo, de uma *defesa alternativa*: no caso de não funcionar a primeira (a que visa afastar a existência do crédito do autor), deve funcionar a segunda (a que pressupõe a existência deste crédito para, de imediato, o extinguir). O fracasso da primeira é, pois, condição para o êxito da segunda, ou seja, para a eficácia da declaração compensatória enxertada na contestação.

Na verdade, se o tribunal, contra a defesa primordial do réu, acaba por reconhecer o crédito do autor, a declaração compensatória constante da contestação – desde que estejam preenchidos os demais requisitos materiais previstos na lei – produziu, desde o momento em que foi feita, a extinção dos créditos e, por isso, a acção não pode deixar de ser julgada improcedente.

O tribunal vai ter de apreciar se existe o crédito do autor e, em caso afirmativo, tem o caminho aberto para reconhecer a efectiva extinção de ambos os créditos por força da declaração compensatória efectuada na contestação.

Ao contrário, o reconhecimento da inexistência do crédito do autor conduz à ineficácia desta declaração e à sobrevivência do contracrédito.

Tendo em conta o exemplo atrás exposto, suponhamos agora o seguinte:

a) O réu nega a existência do crédito principal e efectua a compensação eventual de um contracrédito;

b) O autor reconhece a existência do contracrédito.

---

einwand und seine materiellen Folgen, ZZP, 1981, p. 8; BLOMEYER, *Zivilprozessrecht (Erkenntnisverfahren)*, p. 309; STEIN/JONAS, *Zivilprozeßordnung*, vol. 2, p. 792; PETERS, *Münchener kommentar zur Zivilprozeßordnung* (LÜKE/WAX), vol. 1, pp. 1112 e s.; HARTMANN, *Zivilprozessordnung* (BAUMBACH/LAUTERBACH/ALBERS/ /HARTMANN), pp. 736 e s. (§ 145 ZPO); BUß, *Prozeßaufrechnung und materielles Recht*, JuS, 1994, p. 152, e NOLTZE, *Aufrechnung und Prozeß*, pp. 28 e ss.

[869] No sentido de que a compensação eventual assenta numa verdadeira condição, pronunciam-se GRUNSKY, *Grundlagen des Verfahrensrechts*, p. 149; ARENS, *Willensmängel bei Parteihandlungen im Zivilprozeß*, p. 188, e BAUMGÄRTEL, *Wesen und Begriff der Prozeßhandlung einer Partei im Zivilprozeß*, p. 165.

Já se defendeu que, neste caso, a acção deve imediatamente improceder, não devendo o tribunal esforçar-se em averiguar se existe o crédito do autor. A compensação seria, assim, reconhecida, sem necessidade de se provar que o autor é efectivo titular do crédito principal.

Segundo esta teoria – designada por «teoria da rejeição da acção» (*Klageabweisungstheorie*) –, a acção deve, sem mais, ser rejeitada quando, sendo incerto o crédito accionado, for certo o contracrédito, por ser seguro que não pode condenar-se o demandado[870].

É inaceitável este entendimento. Temos, antes, de seguir a «teoria da produção da prova» (*Beweiserhebungstheorie*), à luz da qual, diferentemente, a compensação exige a prova da efectiva existência do crédito do autor.

Se este crédito nunca existiu, a declaração compensatória não produziu qualquer efeito e, assim sendo, impõe-se a absolvição do réu do pedido, mantendo-se o contracrédito de pé.

Vaz Serra escreve, a propósito, o seguinte: «O ponto de vista da teoria da produção da prova parece ser o preferível, (...) porque, apesar de a compensação ter sido declarada e de ser certo o crédito do demandado contra o autor, não deve ser logo rejeitado o pedido deste, pois há que apurar se o seu crédito existe e é eficaz e se a acção deve ser julgada improcedente por esse crédito não existir ou ser ineficaz, só depois de se verificar que ele, em princípio, existe e é eficaz havendo lugar a apreciar se se extinguiu pela compensação declarada pelo demandado (há que averiguar se o contracrédito deste se extinguiu em virtude da compensação ou se mantém): o contracrédito utilizado pelo demandado não carece de se extinguir pela compen-

---

[870] Cfr. Vaz Serra, *Algumas questões em matéria de compensação no processo*, R.L.J., Ano 105.º, p. 4. Trata-se de uma tese originariamente defendida por Stölzel, *Zur Verständigung über die Eventualaufrechnung*, Zeit. f. dts. Civilpr., 1898, pp. 53-55, e *Noch zwei Worte über die Eventualaufrechnung*, Zeit. f. dts. Civilpr., 1898, pp. 415-418.

374 *Reconvenção e Excepção no Processo Civil*

sação, se o crédito do autor não existir ou for ineficaz, como era intenção daquele ao declarar a compensação eventual»[871-872].

Na doutrina italiana, LUISO igualmente afirma que no julgamento das excepções vale o denominado princípio da razão mais líquida (*principio della ragione più liquida*)[873]. Quer dizer, na eventualidade de uma excepção se apresentar fundada, o juiz pode julgar a acção improcedente mesmo sem apreciar a subsistência dos factos constitutivos. O tribunal dirá então o seguinte: «Se se admitisse a existência do direito, este actualmente teria de considerar-se extinto.»

A verdade, porém, como explica o processualista italiano, é que este princípio não se aplica no domínio da *excepção da compensação*, pois aqui o tribunal tem sempre de averiguar se existe o crédito do autor e somente em caso afirmativo a excepção da compensação, preenchidos os demais requisitos, poderá proceder. Se assim não fosse, isto é, se o tribunal prescindisse de tal averiguação, o réu corria o risco de «gastar» o seu contracrédito para eliminar uma dívida afinal inexistente.

---

[871] Est. cit., p. 5.

[872] A «teoria da produção da prova», já defendida em finais do séc. XIX por certos Autores (cfr., por exemplo, PFIZER, *Aufrechnung im Prozess und Prozesskosten*, ZZP, 1899, p. 43), é a seguida hoje, em geral, na Alemanha. *Vide* SCHÖNKE, *Lehrbuch des Zivilprozessrechts*, p. 234; SCHWAB, «Bemerkungen zur Prozessaufrechnung», *in* Festschrift für Hans Carl Nipperdey, Vol. I, p. 947; HENCKEL, *Prozeßrecht und materielles Recht*, p. 221; GRUNSKY, ob. cit., p. 150; *Zivilprozessrecht*, p. 116; JAUERNIG, *Zivilprozessrecht*, p. 146. Como explicam ARENS/LÜKE, *Zivilprozessrecht*, p. 238, a teoria da rejeição da acção poderia conduzir a um problema: a sentença que deixasse em aberto a questão da existência do crédito principal e rejeitasse a acção poria termo ao processo, mas não ao litígio existente entre as partes acerca daquele crédito. O réu poderia sempre vir a negar a existência do crédito principal e, portanto, que o seu contracrédito não se extinguiu por efeito da compensação.

[873] *Diritto processuale civile*, I, p. 258.

5. *O caso julgado e a compensação processual: a) O problema.* O entendimento de que a compensação se faz valer, processualmente, através de *excepção peremptória* é susceptível de gerar embaraços ao nível do *caso julgado*[874]. Explicitemos este ponto, partindo de três hipóteses.

1.ª) *A* intenta, num tribunal de competência genérica, uma acção na qual pede que *B* seja condenado a pagar-lhe € 20.000, quantia relativa ao preço de venda de um automóvel.

O réu, através de excepção peremptória, alega, com êxito, a titularidade de um *contracrédito laboral* de € 25.000, acabando o tribunal por absolvê-lo do pedido.

O problema que se levanta é o de saber se, vindo, mais tarde, *B* a intentar, no competente tribunal do trabalho, uma acção para obter os restantes € 5.000, se encontra este tribunal vinculado à decisão proferida, no passado, sobre a excepção da compensação[875].

2.ª) *C* acciona *D*, pedindo a condenação deste no pagamento de certa quantia. O réu deduz uma excepção peremptória, com o objectivo de tentar compensar um contracrédito de igual valor, mas o tribunal, apreciando as provas, conclui pela *inexistência* deste direito e julga a acção procedente.

Poderá *D*, mais tarde, accionar *C* para exigir o pagamento do contracrédito alegado, sem êxito, no processo anterior?

3.ª) *E* intenta contra *F* uma acção, exigindo o pagamento de determinada quantia. O réu alega e prova ser titular de um contracrédito de igual montante, vindo o tribunal a absolvê-lo do pedido com fundamento na excepção da compensação.

---

[874] Lebre de Freitas, *A acção declarativa comum*, p. 113, reconhece que o caso julgado constitui o «argumento mais forte da doutrina da reconvenção.»

[875] Reproduzimos uma hipótese exposta, em termos análogos, por Teixeira de Sousa, *Observações críticas sobre algumas alterações ao Código de Processo Civil*, B.M.J n.º 328, p. 104.

376   *Reconvenção e Excepção no Processo Civil*

Tem-se perguntado se o réu fica *processualmente* inibido de fazer valer contra o autor, em acção autónoma, o crédito já compensado no processo anterior.

Esta última questão está longe de ser fruto de mera especulação teórica e abstracta, pois já se levantou e continuará a levantar na prática[876].

Entre nós, o Supremo Tribunal de Justiça, através do Acórdão de 30 de Set. de 2004[877], ocupou-se precisamente do seguinte problema: no âmbito de uma acção para cobrança de avultada quantia (cerca de 120.000 contos) intentada por *A* contra *B*, este efectuou a compensação de um contracrédito de 35.000 contos.

Após o trânsito em julgado da sentença, *B* propôs uma acção para pedir a condenação de *A* no pagamento da quantia que antes compensara. Poderia, agora, o tribunal abster-se de apreciar o pedido com fundamento na excepção do caso julgado?

Se a excepção da compensação for vista como uma pura *excepção peremptória*, a sua procedência conduz *unicamente* à absolvição total ou parcial do réu do pedido. Quer dizer, os factos alegados pelo réu compensante funcionam como meros factos extintivos do direito do autor, não se alargando o caso julgado, por força do sistema em vigor entre nós, à decisão relativa à compensação.

Assim, e quanto ao primeiro problema, o tribunal do trabalho, na acção destinada a fazer valer a parte excedente do contracrédito, não se encontra vinculado à anterior decisão de procedência da excepção peremptória.

Certa doutrina vê nisto um dos graves inconvenientes da tese da compensação-excepção, pois a possibilidade de o mesmo contracrédito ser, em parte, exercido através de *excepção peremptória* e, nou-

---

[876] A questão aparece referida em obras estrangeiras. *Vide* Merlin, *Codice di Procedura Civile commentato a cura di* Consolo/Luiso, p. 260.

[877] Disponível no sítio *http://www.dgsi.pt.*

tra parte, através de *acção condenatória*, conduz a uma «dirupção entre decisões processuais»[878].

Ninguém, estamos certos, deixará de reconhecer que a invocação de uma parte de determinado crédito como fundamento de uma *excepção* e a invocação da parte restante do mesmo crédito como fundamento ou causa de pedir de uma *acção* (*posterior*) é susceptível de gerar o fenómeno, pouco prestigiante para a justiça, de decisões contrárias relativas ao mesmo direito.

Quanto à segunda hipótese, nada obsta a que o réu venha futuramente a intentar uma acção para fazer valer o direito que, antes, lhe foi negado a propósito do julgamento da excepção da compensação.

CASTRO MENDES considera esta possibilidade uma das deficiências mais óbvias da tese da compensação-excepção, afirmando o seguinte: «Se *R* ficar vencido quanto à excepção de compensação, por o tribunal entender que o direito do compensante (de *R* sobre *A*) não existe, poderia *R*, apesar de tudo, fazer valer esse direito em acção nova»[879-880].

A última hipótese atrás apresentada origina um problema deveras curioso: poderá a pessoa que, na qualidade de réu, compensou, com êxito, o contracrédito voltar a fazer valer judicialmente, contra aquele que foi autor no primeiro processo, este seu direito já extinto?

Repetimos o que temos vindo a dizer: para quem entenda que a compensação deve ser efectuada através de uma pura excepção, o

---

[878] Cfr. TEIXEIRA DE SOUSA, *Observações críticas sobre algumas alterações ao Código de Processo Civil*, B.M.J. n.º 328, p. 104.

[879] *Direito processual civil*, vol. II, p. 303.

[880] Num regime em que a excepção da compensação não seja apreciada com força de caso julgado, a improcedência desta excepção não impede o réu de exercer de novo judicialmente o seu crédito. Cfr. GOTTWALD, *Münchener Kommentar zur Zivilprozessordnung* (LÜKE/WAX), vol. 1, p. 2138, e NOLTZE, *Aufrechnung und Prozeß*, pp. 279 e s. Neste sentido se pronuncia também MERLIN, *Compensazione e processo*, vol. II, p 266.

caso julgado, em princípio, não se transformará num obstáculo ao exercício judicial do crédito já extinto.

CASTRO MENDES adverte que esta é outra consequência negativa da tese da compensação-excepção, escrevendo o seguinte: «Se *A* pede contra *R* a condenação deste em 100 e *R* opõe a compensação legal, segundo o regime antigo por via de excepção, e se *R* vence, só fica *res judicata* que *R* não é devedor de *A*.»

Uma vez que «a subsistência ou insubsistência da compensação é matéria de simples fundamento, que não é objecto de caso julgado», «*R* pode em rigor demandar *A* pelo crédito com que operou a compensação, e vencer»[881].

Deparamo-nos com idêntica conclusão na obra que HEINITZ dedica à matéria dos limites objectivos do caso julgado: se nada houvesse em contrário – explica –, «a sentença que viesse a acolher a *exceptio compensationis* seria uma mera sentença de rejeição [da acção] e somente da motivação poderia deduzir-se que o juiz admitiu a compensação. Tal sentença – *acrescenta* – faria caso julgado apenas em relação à inexistência do direito do autor, não relativamente à compensação.»

E conclui: «Se, portanto, o réu, num segundo processo, viesse a exercer novamente o crédito já compensado, o juiz deveria resolver o problema da extinção, no passado, por força da compensação, deste direito. O juiz não estaria ligado de qualquer modo aos fundamentos da primeira sentença»[882].

Num ponto ambos os Autores têm razão: o réu que, através de uma pura excepção peremptória, consegue, com êxito, compensar o contracrédito não fica inibido de fazer valer, em futura acção, o mesmo direito. Por outras palavras, o caso julgado (salvo se o autor

---

[881] Ob. cit., p. 303. No mesmo sentido se pronuncia COLAÇO CANÁRIO, *Reconvenção e compensação*, p. 74.

[882] *I limiti oggettivi della cosa giudicata*, p. 226. Cfr. ainda OLIVA SANTOS, *Objeto del proceso y cosa juzgada en el proceso civil*, p. 229.

tiver formulado um pedido de apreciação incidental) não abrange o que foi anteriormente decidido sobre esta excepção e, portanto, não afasta tal possibilidade[883].

Mas terá a acção, na realidade, alguma hipótese de triunfar?

Em princípio, não, pois o réu facilmente conseguirá provar a extinção ou a actual inexistência do crédito do autor.

5. *O caso julgado e a compensação processual (cont.): b) A resolução do problema pelo direito estrangeiro.* Existem ordenamentos jurídicos que impedem processualmente o réu de accionar, após a improcedência da excepção da compensação, o direito de crédito antes negado. Isto consegue-se pela via do alargamento do caso julgado à decisão sobre a excepção da compensação.

Em Itália, segundo o disposto no artigo 35 do CPCI[884], *o caso julgado* forma-se sobre o *contracrédito na sua globalidade* sempre que este direito, *subjacente à excepção da compensação*, seja *impugnado* pelo autor, tornando-se, desta forma, litigioso[885].

---

[883] Também neste sentido se pronuncia ORIANI, «Eccezione», *in* Dig. Disc. Priv., VII, p. 286.

[884] Esta norma, expressamente dedicada à excepção da compensação, tem a redacção seguinte: «Quando for oposto através da compensação um crédito que seja contestado e exceda a competência, em razão do valor, do tribunal da causa, o juiz, se o pedido se basear em fundamento não controvertido ou facilmente verificável, pode proferir decisão sobre este e remeter, quanto à excepção da compensação, as partes para o tribunal competente, subordinando, sempre que o entenda necessário, a execução da sentença à prestação de uma caução (...).»

[885] Cfr. CHIOVENDA, *Principii di diritto processuale civile*, p. 562. É a contestação do contracrédito que determina a formação de caso julgado sobre ele, explica, na mesma linha, FRANCHI, *Profili processuali della compensazione*, p. 214, logo adiantando que o caso julgado se forma sobre o contracrédito, pois «a justiça pretende que este direito não volte a ser exercido.» PROTO PISANI, *Appunti sulla connessione*, D.G., 1993, p. 20, escreve que, «uma vez accionado um crédito, se o réu compensa com base num contracrédito contestado pelo autor, o juiz, *por força da lei*, tem de conhecer com autoridade de caso julgado o facto-direito extintivo e prejudicial relativamente ao direito alegado pelo autor.»

O mecanismo da *apreciação incidental* é, portanto, automaticamente activado em consequência da impugação do contracrédito, configurando-se a *questão da existência* deste como uma *típica questão prejudicial* susceptível de ser apreciada com força de caso julgado[886-887]. Este efeito, insistimos, torna *imodificável* a decisão proferida sobre o *valor total* do contracrédito.

Assim, se o réu, confrontado com uma dívida de € 20.000, alega em juízo a titularidade de um contracrédito de € 25.000, a declaração, com força de caso julgado, da inexistência deste direito impede-o de pedir, autonomamente, a parcela de € 5.000 que, em rigor, nada tem a ver com a compensação propriamente dita[888].

Na eventualidade de o autor *não impugnar* o contracrédito, a decisão sobre este não transita em julgado, gozando sempre o tribunal da causa de competência para apreciar a compensação. Esta configura-se como uma *pura excepção* conhecida *incidenter tantum*, ou seja, como uma excepção fundada num facto extintivo que fica fora do alcance dos limites objectivos do caso julgado[889].

REDENTI ensina que a compensação origina sempre a dedução pelo réu de uma excepção (*il punto di partenza è sempre la eccezione*)

---

[886] Cfr. FABBRINI, «L'eccezione di merito nello svolgimento del processo di cognizione», nos Studi in memoria di Carlo Furno, pp. 278 e 298 (nota 50). *Vide* também ANDRIOLI, *Commento al Codice di Procedura Civile*, vol. I, p. 122; FRANCHI, *La litispendenza*, p. 53, e BORGHESI, «Compensazione nel diritto processuale civile», *in* Dig. Disc. Priv., XIII, p. 79.

[887] Cfr. MERLIN, *Codice di Procedura Civile commentato a cura di* CONSOLO/ /LUISO, p. 259.

[888] Nos casos em que o contracrédito ultrapassa o crédito do autor, no posterior processo para se fazer valer a parte residual, a precedente sentença, que declarou ou negou o contracrédito, tem de ser levada em linha de conta. Cfr. LUISO, *Diritto processuale civile*, I, p. 261.

[889] Cfr. BORGHESI, est. cit., p. 86. A compensação, acrescente-se, enquanto mera excepção, não coloca problemas ao nível do tribunal da causa: este goza sempre de competência para a apreciar.

A *Compensação Processual* 381

e que o tribunal, somente *na eventualidade de o autor contestar o con-tracrédito*, tem de averiguar não apenas a existência deste, mas também a sua liquidez e exigibilidade.

E sobre a apreciação do contracrédito *litigioso* (*accertamento della causa excipiendi* ou *sull'intero credito attivo*) se formará, por vontade do legislador, o caso julgado[890-891-892].

---

[890] Cfr. *La compensazione dei debiti nei nuovi codici*, R.T.D.P.C., 1947, pp. 30 e s. Neste sentido, para REDENTI, a compensação pode originar uma «*excepção reconvencional.*» Esta posição é seguida por NATOLI, *In tema di compensazione legale secondo il nuovo codice civile*, F.I., vol. LXXI, 1948, p. 58, nota 19. A expressão «*excepção reconvencional*», aplicada à compensação – escreve BORGHESI, est. cit., p. 80 –, na linha de REDENTI, «possui uma inquestionável força sugestiva, pois traduz uma defesa que aparece no processo como excepção, mas que, por outro lado, tem em si mesma a potencialidade de extravasar os limites do meio através do qual foi deduzida, impondo a apreciação plena sobre o autónomo direito alegado pelo réu.»

Segundo ANDRIOLI, *Commento al Codice di Procedura Civile*, vol. I, p. 118 (art. 35 CPCI), e *Diritto processuale civile*, vol. I, p. 207, da contestação do contracrédito pelo autor nasce automaticamente a necessidade de uma apreciação incidental *ex lege* relativa a este direito. Ao contrário do regime instituído no artigo 34 do CPCI, o legislador prescindiu, no artigo 35, da real vontade das partes para que a questão prejudicial se transforme em causa prejudicial. No mesmo sentido, FABBRINI, «L'esecuzione di merito nello svolgimento del processo di cognizione», nos Studi in memoria di Carlo Furno, pp. 277 e s. (em especial, nota 30), e MONTESANO/ARIETA, *Diritto processuale civile*, I, pp. 219 e s.

[891] Para MENCHINI, *I limiti oggettivi del giudicato civile*, p. 334, tanto no caso em que o tribunal reconhece a existência (*accertamento positivo*) do contracrédito do réu, como na hipótese em que nega a sua existência (*accertamento negativo*), a decisão judicial deve gozar da autoridade do caso julgado, impedindo, deste modo, futuras acções relativas ao mesmo direito. Fenómeno idêntico não ocorre quando o tribunal se limita a concluir que o contracrédito não é compensável.

[892] LIEBMAN, *Manuale di diritto processuale civile*, p. 165, acentua que, no domínio da excepção da compensação, a lei transforma obrigatoriamente a questão prejudicial em causa prejudicial.

Para que tal suceda, porém, o tribunal tem de gozar de competência em razão do *valor* e da *matéria* para o julgamento do contracrédito[893].

Faltando esta competência, o juiz, à luz dos artigos 35 e 36 do C.P.C.I., pode seguir um de dois caminhos: ou remete *todo o processo* (sobre o julgamento do crédito principal e da excepção da compensação) para o tribunal competente, ou, se considerar fundado o pedido do autor, limita-se a enviar para este tribunal a apreciação do *contracrédito* alegado pelo réu[894].

Neste último caso, a condenação do réu fica subordinada ao julgamento do contracrédito, revestindo, por isso, natureza *condicional (condanna con reserva)*, podendo o juiz sujeitar a execução da sentença à prestação de uma *caução* por parte do autor[895]. Esta é perfeitamente compreensível: a pura sentença condenatória com *reserva de excepção* não assegura, por si só, o interesse do compensante em afastar o risco da futura insolvência do seu devedor. Para

---

[893] A lei refere-se apenas à *competência em razão do valor*. No entanto, através de uma interpretação extensiva, tem-se exigido também a competência *em razão da matéria*. Cfr. MERLIN, *Compensazione e processo*, vol. II, pp. 243 e s.

[894] A possibilidade da remessa de todo o processo para o tribunal competente é criticada por PUNZI, *Le questioni incidentali nel processo civile*, R.D.P., 1987, pp. 428 e s. Este Autor concorda, no entanto, com a suspensão do processo, a fim de se poder resolver, no tribunal competente, a questão prejudicial.

[895] Estamos perante a figura da «condenação com reserva de excepção» ou «condenação provisória», explica PROTO PISANI, *Appunti sulla connessione*, D.G., 1993, p. 20. Trata-se, nas suas palavras, de um «instituto de extrema importância teórica e prática, caracterizado pelo facto de o juiz condenar imediatamente o réu com base apenas na apreciação dos factos constitutivos, reservando para uma segunda fase do processo, que, nos termos do artigo 35 do C.P.C.I., decorre perante outro juiz, o exame da excepção da compensação.» Ver, sobre este regime, ZANZUCCHI, *Diritto processuale civile*, I, pp. 258 e s.; SCHLESINGER, «Compensazione», *in* N.D.I., vol. III, p. 730; GIULIANO, *La compensazione (con particolare riguardo alle procedure concorsuali)*, pp. 80 e ss.; SATTA, *Commentario al Codice di Procedura Civile*, I, pp. 154 e s.; FRANCHI, *Commentario del Codice di Procedura Civile* (ALLORIO), t. I, pp. 344 e s.; LUISO, *Diritto processuale civile*, I, p. 263.

A Compensação Processual 383

evitar este perigo, a caução «garante que o réu possa vir a recuperar aquilo que pagou ao autor em virtude da sentença condenatória com reserva de excepção»[896].

Vindo o julgamento do contracrédito a ser favorável ao réu, aquela condenação perde eficácia, ficando o autor obrigado a restituir o que, entretanto, recebeu[897].

Continuando a análise de direito comparado, importa referir que também o Direito adjectivo em vigor na Alemanha alarga o *caso julgado* à parte da sentença que aprecia a existência do contracrédito subjacente à excepção da compensação (*Aufrechnungseinrede*), sendo indiferente, como adverte a doutrina, que a vontade de compensar tenha sido manifestada *no* processo ou *antes* dele[898].

Estamos, como geralmente se assinala, perante um *desvio* ao *princípio segundo o qual sobre a decisão das excepções não se forma caso julgado* (*Keine Rechtskraft der Entscheidung über Einreden*), mesmo quando a elas subjaz um *crédito* do demandado[899].

Exemplificando, GOTTWALD explica que «não se forma qualquer caso julgado quando o *direito de retenção* [*rectius*, a excepção fundada no direito de retenção] é defensivamente alegado pelo réu:

---

[896] LUISO, ob. cit., p. 264.

[897] Cfr. ZANZUCCHI, ob. cit., p. 259.

[898] Cfr. GOTTWALD, *Münchener Kommentar zur Zivilprozessordnung* (LÜKE/ /WAX), vol. 1, p. 2138; ZEISS/SCHREIBER, *Zivilprozessrecht*, pp. 156 e s.; LEIPOLD, *Kommentar zur Zivilprozessordnung* (STEIN/JONAS), vol. 4, p. 232; SCHREIBER, *Prozeßvoraussetzungen bei der Aufrechnung*, ZZP, 1997, p. 396, e NOLTZE, *Aufrechnung und Prozeß*, p. 278.

[899] Cfr. ROSENBERG/SCHWAB/GOTTWALD, *Zivilprozessrecht*, p. 1064. ARENS/ /LÜKE, *Zivilprozessrecht*, p. 170, acentuam que «a extensão do caso julgado à decisão sobre a compensação representa um desvio ao princípio geral que domina os limites objectivos do caso julgado.» Também segundo LEIPOLD, ob. cit., p. 232, o § 322 II da ZPO afasta-se do regime-regra consagrado no § 322 I, sendo inaplicável analogicamente às demais excepções.

na eventualidade de este vir a ser condenado, o seu contracrédito (*Gegenforderung*) não é negado com força de caso julgado» (*ist nicht rechtskräftig aberkannt*)[900].

Ora, em flagrante desvio ao regime-regra consagrado no § 322 I, dispõe o § 322 II da ZPO que, «se o demandado faz valer a compensação de um contracrédito, a decisão de que este não existe faz caso julgado até ao montante relativamente ao qual a compensação foi feita valer»[901].

Assim, se o autor invoca um crédito de € 30.000 e o réu, por sua vez, se arroga titular de um contracrédito de € 35.000, a decisão da inexistência deste último direito, uma vez transitada em julgado, não impede o réu de fazer valer, através de acção autónoma, a parte excedente, ou seja, os € 5.000.

Quer dizer, o caso julgado forma-se sobre o contracrédito inerente à excepção da compensação, mas nos estritos limites do crédito principal[902].

---

[900] Ob. cit., p. 2138. *Vide*, em idêntico sentido, fazendo aliás uso do mesmo exemplo, LEIPOLD, ob. cit., p. 232.

[901] Se não fosse esta disposição especial, como explica SCHÖNKE, *Derecho procesal civil*, p. 268, a questão sobre a inexistência do contracrédito seria objecto de uma *mera apreciação incidental* e, neste sentido, a respectiva decisão careceria de força de caso julgado. A mesma ideia é realçada por HENCKEL, *Prozessrecht und materielles Recht*, p. 221, e por GOTTWALD, ob. cit., p. 2138. Segundo o entendimento de TIEDTKE, *Aufrechnung und Rechtskraft*, NJW, 1992, pp. 1473-1477, sobre o contracrédito somente recai o caso julgado quando a excepção da compensação é deduzida e apreciada no processo pendente.

[902] Do § 322 II da ZPO resulta que o réu, não vendo reconhecida a parte do contracrédito que iguala o montante do crédito principal, pode sempre propor uma acção autónoma para fazer valer o excesso do seu contracrédito. Cfr. ARENS/ /LÜKE, ob. cit., p. 240. Igual regime vigora no direito austríaco. Cfr. FASCHING, *Zivilprozeßrecht*, p. 656. Diferentemente, como vimos, em Itália, o caso julgado abrange a *globalidade do contracrédito* e não apenas a parcela invocada para efeitos de pura compensação.

Refira-se, ainda, que a doutrina tem interpretado extensivamente o § 322 II, sustentando que o caso julgado se alarga ao contracrédito não apenas quando se conclui pela sua *inexistência* (hipótese em que a excepção improcede), mas também quando a acção é rejeitada porque o tribunal reconheceu a eficácia da compensação (o contracrédito, na medida em que foi usado para a compensação, deixa de existir) (*er nicht mehr besteht*)[903].

Em suma, diremos que a ZPO criou para a *compensação* um regime diverso, ao nível do *caso julgado*, daquele que vigora para as restantes excepções materiais[904].

Precisamente porque a *compensação* não conduz à mera absolvição do réu do pedido, mas também à declaração da extinção do contracrédito (uma *declaração incidental de certeza*), a doutrina alemã tem acentuado, com particular ênfase, a diferente natureza desta excepção.

---

[903] Neste sentido *vide* KOHLER, *Aufrechnung nach dem B.G.B.*, Zeit. f. dts. Civilpr., 1898, p. 26; GOLDSCHMIDT, *Derecho procesal civil*, p. 390; LENT, *Diritto processuale civile tedesco*, p. 248; ROSENBERG/SCHWAB/GOTTWALD, *Zivilprozessrecht*, p. 1065; ZEUNER, *Die objektiven Grenzen der Rechtskraft im Rahmen rechtlicher Sinnzusammenhänge*, pp. 10 e 46; EIKE SCHMIDT, *Die Prozessaufrechnung im Spannungsfeld von Widerklage und prozessualer Einrede*, ZZP, 1974, p. 40; BLOMEYER, *Ausserprozessuale Aufrechnung und Prozessaufrechnung*, ZZP, 1975, p. 441; HENCKEL, *Prozessrecht und materielles Recht*, pp. 221 e s.; OERTMANN, «Die Aufrechnung im Prozess», *in* Festschrift für Heinrich Lehmann, zum 80. Geburtstag, p. 786; ARENS/ /LÜKE, *Zivilprozessrecht*, p. 240; GOTTWALD, ob. cit., p. 2139 (ver também, na mesma obra, PETERS, p. 1114); PAULUS, *Zivilprozessrecht*, pp. 102 e s.; SCHREIBER, *Prozeßvoraussetzungen bei der Aufrechnung*, ZZP, 1977, p. 401; *Grundprobleme der Prozessaufrechnung*, JA, 1980, p. 346, e SCHILKEN, *Zivilprozessrecht*, p. 235.

[904] Regime que, segundo MERLIN, *Compensazione e processo*, II, p. 234, não exige o preenchimento dos pressupostos processuais. Mas, como veremos, a necessidade da verificação do pressuposto da competência tem sido discutida.

Para alguns, ela deve ser vista, em rigor, como uma «reconvenção não desenvolvida», «embrionária» ou «implícita» (*unentwickelte Widerklage* ou *stillschweigende Widerklage*)[905]. Uma «*reconvenção*» – sustenta-se –, pois o demandado exerce um direito próprio (um contracrédito), estando este exercício sujeito, em certos aspectos delineados na lei, a um regime tipicamente reconvencional[906]. E «*não desenvolvida*» – acrescenta-se –, uma vez que se afasta a necessidade de recorrer a uma reconvenção propriamente dita, com expressa formulação de um pedido[907].

É certo que nem todos pensam assim, havendo quem veja na dedução da compensação uma autêntica «reconvenção para apre-

---

[905] Em estudo clássico dedicado à excepção da compensação, SCHOLLMEYER, *Die Compensationseinrede im deutschen Reichs-Civilprozeß*, p. 28, escreve que esta «não pode ser vista como um puro meio defensivo, na medida em que a decisão relativa ao contracrédito transita em julgado. Mas também não se traduz num puro meio de ataque (*Angriffsmittel*), pois, ao pedir a mera improcedência da acção, não se empreende qualquer ataque.» Por isto, o legislador – como explica nas pp. 33 e 35 do estudo citado – tornou desnecessária a reconvenção, facilitando a posição do demandado. No sentido de que a compensação se traduz numa «reconvenção não desenvolvida» se pronuncia também SCHREIBER, *Prozeßvoraussetzungen bei der Aufrechnung*, ZZP, 1977, p. 400, acentuando que esta não vale, de facto, como uma pura reconvenção.

[906] BETTERMANN, *Rechtshängigkeit und Rechtschutzform*, p. 85, chama a atenção para o regime constante dos §§ 145 III e 302 da ZPO. E o mesmo faz WAGNER, *Die Aufrechnung im Europäischen Zivilprozeß*, IPRax, Mar./Abr. 1999, pp. 67 e s.

[907] Cfr. EIKE SCHMIDT, *Die Prozessaufrechnung im Spannungsfeld von Widerklage und prozessualer Einrede*, ZZP, 1974, pp. 32, 33 e 37. Para este Autor, a compensação processual não é, na realidade, uma pura reconvenção, embora se assemelhe a esta quanto aos efeitos que produz. Ver ainda SCHREIBER, *Grundprobleme der Prozessaufrechnung*, JA, 1980, p. 347; MÖLLER, *Die Prozessaufrechnung*, JA, 2001, p. 52 (a compensação processual distingue-se da reconvenção); FRANCHI, «Profili processuali della compensazione», *in* Studi Asquini. Padova, 1965, pp. 573 e s.

ciação incidental» (*Inzidentfeststellungswiderklage*)[908]. A verdade, no entanto, é que, se o legislador tivesse tratado a compensação como uma reconvenção, o § 322 II da ZPO seria desnecessário.

Outros Autores, como BLOMEYER, classificam a compensação como uma excepção (*Einwendung*), pois, «apesar de sobre o contra-crédito se formar caso julgado, ela conduz apenas à improcedência da acção»[909].

Também HELLWIG, um dos clássicos representantes desta corrente, entende que «nenhuma reconvenção existe nos casos em que é invocado um crédito para compensação, apesar do disposto no § 322 II»[910-911].

---

[908] MITTENZWEI, *Rechtshängigkeit der im Prozeß zur Aufrechnung gestellten Forderung?*, ZZP, 1972, p. 480.

[909] Cfr. *Zivilprozessrecht (Erkenntnisverfahren)*, p. 315.

[910] *System des deutschen Zivilprozeßrechts*, I, p. 316. No mesmo sentido, numa análise do direito vigente na antiga Prússia, se pronunciou STÖLZEL, *Zur Verständigung über die Eventualaufrechnung*, Zeit. f. dts. Civilpr., 1898, p. 76: a excepção baseada na declaração compensatória não era mais do que uma *excepção*; não existia qualquer reconvenção.

[911] Igualmente WEISMANN, *Die Aufrechnung nach dem Bürgerlichen Gesetzbuche*, Zeit. f. dts. Civilpr., 1899, p. 21; HENCKEL, *Materiellrechtliche Folgen der unzulässigen Prozessaufrechnung*, ZZP, 1961, p. 167; ROSENBERG/SCHWAB/GOTTWALD, *Zivilprozessrecht*, pp. 683 e 688; JAUERNIG, *Zivilprozessrecht*, p. 146; BRUNS, *Zivilprozessrecht*, p. 223; MUSIELAK, *Grundkurs ZPO*, p. 190; HECKELMANN, *Die rechtshängigkeit bei der Prozessaufrechnung*, N.J.W., 1972, p. 1351; LEIPOLD, *Kommentar zur Zivilprozessordnung* (STEIN/JONAS), vol. 2, pp. 781, 788 e 820. Segundo este último Autor, «a dedução da compensação distingue-se da proposição de uma reconvenção baseada no contracrédito, não sendo correcto designar a compensação como uma reconvenção não desenvolvida.»

Ainda na doutrina alemã, WACH, *Prozessvollmacht und Einrede der Aufrechnung*, ZZP, 1900, pp. 10-13, acentua a natureza defensiva do meio da compensação processual, sendo o mesmo entendimento subscrito, mais tarde, por HÄSEMEYER, «Die sogenannte Prozeßaufrechnung – eine dogmatische Fehlakzentuierung», *in* Festschrift für Friedrich Weber zum 70. Geburtstag; LORFF, *Die Widerklage*, JuS,

No fundo, a excepção da compensação configura-se, no direito germânico, como uma autêntica «excepção reconvencional», sendo este o conceito que, com nitidez, espelha o regime consagrado no § 322 II da ZPO[912-913].

No direito suíço, tem-se entendido que o princípio geral dos limites objectivos do caso julgado – o *princípio do não alargamento do caso julgado aos motivos da decisão* – poderia conduzir, se aplicado à compensação judicial, a injustiças flagrantes. Por isso, certos cantões atribuem expressamente força de caso julgado aos fundamentos da sentença reveladores da *existência* ou a *inexistência* do contracrédito em que se tenha baseado a compensação[914].

Especial destaque merece o regime processual da compensação instituído no Código de Processo Civil espanhol. Após se discutir, durante décadas, se a compensação devia ser objecto de *excepção* ou de *reconvenção*[915], o problema foi finalmente resolvido – e bem resolvido, diga-se – pela LEC 1/2000.

1979, p. 572. VOLLKOMMER, *Zivilprozessordnung* (ZÖLLER), p. 156, coloca em planos separados a compensação e a reconvenção, caracterizando a primeira como um meio puramente defensivo.

[912] Cfr. MORTARA, *Commentario del Codice e delle Leggi di Procedura Civile*, vol. II, p. 134, nota 1. NOLTZE, *Aufrechnung und Prozeß*, pp. 47 (nota 118), 61, 62, 259 e 290, qualifica a excepção da compensação como um meio de defesa especial (*ein besonderes Verteidigungsmittel*) cujo julgamento não depende, em princípio, do preenchimento dos pressupostos processuais (*Sachentscheidungsvoraussetzungen*). Existe «ampla concordância» quanto à desnecessidade do preenchimento destes pressupostos, como observam ZEISS/SCHREIBER, *Zivilprozessrecht*, p. 158, e SCHREIBER, *Prozeßvoraussetzungen bei der Aufrechnung*, ZZP, 1977, pp. 395 e s.

[913] SCHREIBER, est. cit., p. 399, na esteira de SCHOLLMEYER, *Die Compensationseinrede im deutschen Reichs-Civilprozeß*, pp. 26 e s., acentua o carácter híbrido (*Zwitterstellung*) da compensação processual.

[914] Cfr. HABSCHEID, *Droit judiciaire privé suisse*, p. 314.

[915] Para uma análise da polémica, antes da entrada em vigor do novo Código, ver ROSA SANZ, *La reconvención en el proceso civil español*, pp. 49 e s.

Dispõe, com efeito, o artigo 408, 1, deste diploma, o seguinte: «Se, perante o pedido de pagamento de determinada quantia, o demandado alegar a existência de um crédito compensável, esta declaração poderá ser impugnada pelo autor através do meio previsto para a contestação à reconvenção, mesmo que o demandado [compensante] apenas peça a sua absolvição e não a condenação no saldo que em seu favor possa resultar.»

E o n.º 3 da mesma norma avança com uma solução que, estando longe de ser original, é deveras importante: «A sentença que vier a ser proferida terá de resolver os pontos a que se referem os números anteriores e as decisões que contenha sobre esses pontos terão força de caso julgado» (*los pronunciamientos que la sentencia contenga sobre dichos puntos tendrán fuerza de cosa juzgada*)[916].

A excepção da compensação reveste hoje, no direito espanhol, a natureza de «excepção reconvencional» (uma excepção «especial», «peculiar» ou *sui generis*) e, desta forma, o seu julgamento produz, ao nível do *caso julgado*, efeitos que a distinguem claramente das restantes excepções materiais[917].

---

[916] Ver também o artigo 222 da LEC, especialmente o n.º 2.

[917] Cfr. OLIVA SANTOS/DÍEZ-PICAZO GIMÉNEZ, *Derecho procesal civil*, p. 270, e GARCÍA-MORA, *La reconvención en la nueva Ley de Enjuiciamiento Civil*, R.G.D., Marzo-Abril 2001, pp. 1860 e s. Já antes da entrada em vigor da LEC 1/2000, se entendia que esta particular excepção se integrava nos meios defensivos aos quais se devia alargar o caso julgado. Cfr. OLIVA SANTOS, *Compensación y proceso civil de declaración*, La Ley, 1982, p. 919; *Sobre la cosa juzgada*, pp. 75 e s.; TAPIA FERNÁNDEZ, *La compensación en el proceso civil*, p. 89; MÁRQUEZ ROMERO, *La reconvención*, pp. 69 e 71; BADELT, *Aufrechnung und internationale Zuständigkeit unter besonderer Berücksichtigung des deutsch-spanischen Rechtsverkehrs*, pp. 60, nota 124, e 61, nota 130. A jurisprudência ia no mesmo sentido, como assinala ROSA SANZ, ob. cit., pp. 49 e ss. Ao contrário do que afirma RAMOS MÉNDEZ, *Guía para una transición ordenada a la Ley de Enjuiciamiento Civil*, p. 332, o alargamento do caso julgado às excepções da *nulidade* e da *compensação* não aumenta a «insegurança.» Estando este desvio expressamente previsto na lei, as partes sabem, à partida, com o que contam.

Tem-se questionado se estes efeitos dependem, como no direito italiano, da *oposição do demandante* à excepção da compensação, sendo certo que a lei não resolve expressamente o problema.

Para alguns, influenciados por uma leitura isolada do n.º 3 do citado artigo 408, o caso julgado produz-se sempre, independentemente da efectiva reacção do demandante[918].

Para outros, pelo contrário, a excepção da compensação, bem como a excepção da nulidade, somente se torna objecto de caso julgado se for essa a expressa vontade do autor[919].

5. O caso julgado e a compensação processual (cont.): c) Em defesa da transformação, de iure constituendo, da excepção da compensação numa «excepção reconvencional.» Como acabamos de ver, existem ordenamentos estrangeiros que fixaram um regime especial para a *excepção da compensação*, alargando automaticamente (*ex lege*) o caso julgado à *parte da sentença*[920] que a aprecia ou, por outras palavras, estendendo os limites objectivos do caso julgado à decisão da questão prejudicial relativa à referida excepção[921].

---

[918] Neste sentido se pronuncia MANUEL GONZÁLEZ, *Reconvención y excepciones reconvencionales en la LEC 1/2000*, pp. 127-129, para quem «a sentença tem de resolver os pontos a que se refere o artigo 408: a *compensação* e a *nulidade*. Portanto, o tribunal deverá pronunciar-se sobre ambas as questões, mesmo quando o autor as não haja impugnado, sempre que tenham sido devidamente alegadas na contestação, sem necessidade da dedução de um pedido reconvencional. Por conseguinte, não depende da vontade do autor que a alegação da compensação tenha este ou aquele efeito, mas, antes, constitui um ónus do autor contestar as excepções reconvencionais deduzidas pelo demandado, pois, se o não fizer, só a ele podem imputar-se os efeitos prejudiciais resultantes da falta de efectiva contestação.» *Vide* também FERNÁNDEZ-BALLESTEROS, *Comentarios a la nueva Ley de Enjuiciamiento Civil*, p. 1864.

[929] Cfr. MONTERO AROCA, *Derecho jurisdiccional*, II, pp. 213 e s.

[920] *Rectius*, aos *fundamentos* da sentença.

[921] Cfr. PROTO PISANI, *Appunti sulla connessione*, D.G., 1993, pp. 12 e 20. O instituto da compensação, de um ponto de vista processual, integra-se na «figura geral da prejudicialidade.» Em igual sentido se pronunciou ZANZUCCHI, *Connessione, accertamento incidentale e competenza per valore*, F.P., 1946, p. 396.

Isto significa que, uma vez decidida a excepção da compensação, a existência ou a inexistência do direito do réu jamais pode vir a ser reapreciada noutro processo, pois o caso julgado *neutraliza o risco* do posterior exercício judicial do contracrédito[922]. Este fica *definitivamente* julgado.

Como explica SCHREIBER, o alargamento do caso julgado à excepção da compensação «visa evitar um *perigo*: o de que o contracrédito seja *novamente* exercido após a extinção do processo»[923].

Levantemos, neste ponto crucial da II parte da presente dissertação, uma questão que naturalmente se impõe e que reputamos de grande importância: *deveria a nossa lei dar um passo semelhante ao das legislações analisadas, transformando a excepção da compensação numa «excepção reconvencional»?*

Este passo afigura-se decisivo para resolver, da melhor forma, o problema da escolha do meio adequado para efectuar, na contestação, a compensação de créditos. Muito importante seria pôr termo a um problema de enorme relevância prática e que se arrasta há décadas, originando teses contrastantes.

De iure constituendo, defendemos a transformação da excepção da compensação numa «*excepção reconvencional*», sendo esta, quanto a nós, a única via conducente a um *ponto de equilíbrio* entre as *teses da compensação-excepção* e da *compensação-reconvenção*.

Por um lado, o meio da «excepção reconvencional» não defraudará os partidários da primeira tese, que sempre viram, e bem, na *excepção* o meio próprio para o demandado efectuar a compensação no processo.

Por outro lado, não deixará de satisfazer os defensores da teoria segundo a qual o réu compensante tem de propor uma *reconvenção de simples apreciação*, pois só assim, afirmam, sobre a decisão da compensação se forma *caso julgado*. Ora, a «excepção reconven-

---

[922] Cfr. NIKLOWITZ, *Über die Grenzen der objektiven Rechtskraft*, pp. 48 e s.
[923] *Prozeßvoraussetzungen bei der Aufrechnung*, ZZP, 1997, p. 397.

cional» permitirá alcançar naturalmente tal efeito, sem obrigar o réu a reconvir.

Este efeito é dotado de grande utilidade prática, na medida em que, assentando a *excepção da compensação* num contracrédito (na esmagadora maioria das hipóteses, de natureza pecuniária), existe realmente o risco de o réu, ciente de que sobre ela não se forma caso julgado, tentar fazer valer de novo, perante os tribunais, o crédito já negado ou compensado.

Ao contrário da tese da compensação-reconvenção, a criação de uma «excepção reconvencional» permitiria ainda tratar igualmente duas situações substancialmente análogas: aquela em que o réu alega ter já procedido no passado, extrajudicialmente, à compensação dos créditos e aqueloutra em que se serve da contestação para manifestar, pela primeira vez, a sua vontade de compensar[924].

Em face do *direito constituído*, porém, é incorrecto ver-se na compensação uma «excepção reconvencional», pois a formação *automática* do caso julgado não pode fundar-se no artigo 96.º, n.º 2[925].

Esta norma limita-se a autorizar qualquer das partes a pedir que determinada questão seja apreciada com força de caso julgado, mas não permite a criação «ad hoc» de «excepções reconvencionais», ou seja, de excepções que, na ausência de um pedido da parte, acabam por ser apreciadas com força de caso julgado. O artigo 96.º, n.º 2, no que ao réu diz respeito, autoriza a formulação de pedidos de mera declaração relativos a questões prejudiciais suscitadas no pleito, mas isto é inconfundível com as denominadas «excepções reconvencionais.»

Estas têm de ser criadas expressamente pelo legislador.

---

[924] Para o alargamento do caso julgado à compensação, é irrelevante que esta tenha sido declarada no processo ou antes dele. Cfr. MÖLLER, *Die Prozessaufrechnung*, JA, 2001, p. 52.

[925] Em sentido oposto se pronuncia COLAÇO CANÁRIO, *Reconvenção e compensação*, p. 77.

No entanto, a transformação, *ope legis*, da excepção da compensação numa «excepção reconvencional» – que defendemos *de iure constituendo* – levanta problemas complexos.

Deverá exigir-se, como *condição* do alargamento automático do caso julgado à excepção da compensação, que esta, por força da oposição do autor, se tenha tornado *litigiosa* ou *controvertida*?

E exigirá esse alargamento que o tribunal goze de *competência absoluta* (em razão da *matéria*, da *hierarquia* e da *nacionalidade*) para decidir a excepção? Concluindo que sim, que sucederá na hipótese de o tribunal da causa se apresentar desprovido desta competência?

Quanto ao primeiro problema, vimos que tanto existem sistemas que fazem depender a extensão do caso julgado do facto de a excepção em causa se tornar, por força da oposição do autor, *litigiosa*, como existem ordenamentos que fazem recair o caso julgado sobre a excepção da compensação, *mesmo quando esta não se apresente controvertida*.

Este segundo sistema afigura-se preferível. O desvio ao princípio de que o caso julgado não se estende à decisão das excepções deverá ocorrer independentemente da reacção processual do autor.

Se este se opõe à excepção da compensação (*v.g.*, alegando a inexistência do contracrédito), a excepção torna-se litigiosa, acabando por ser efectivamente discutida, segundo as regras do contraditório, e objecto de apreciação jurisdicional.

Mas se, porventura, o autor não reage de qualquer modo à excepção da compensação, havendo, desde logo, uma confissão tácita quanto à existência do contracrédito do demandado, não se vislumbram razões para afastar do âmbito do caso julgado a decisão proferida sobre esta excepção.

Tanto na hipótese em que a excepção se torne litigiosa, como na hipótese em que não nasça, acerca dela, nenhum litígio, deveria o caso julgado, *de iure constituendo*, alargar-se à parte da sentença que decide a excepção da compensação, ficando, deste modo, as partes cientes de que, de futuro, qualquer tribunal se irá abster de reapreciar a excepção e, concretamente, o problema da existência ou da inexistência do contracrédito.

Quanto à questão de saber se o alargamento do caso julgado terá de depender do facto de o tribunal da causa gozar de *competência absoluta* para apreciar a excepção da compensação, entendemos que não deverá prescindir-se deste requisito sempre que esta se torne litigiosa[926]. Se se quiser que à excepção fique associado um efeito tipicamente reconvencional (a *declaração* definitiva da existência do contracrédito e da extinção dos créditos recíprocos), impõe-se exigir, por analogia com o disposto no artigo 98.º, a verificação da competência absoluta do tribunal da causa[927].

E se esta faltar?

A doutrina estrangeira considera este um dos mais difíceis problemas da compensação processual.

Na Alemanha, tem-se defendido que o processo deve, com fundamento no § 148 da ZPO, suspender-se, fixando-se ao réu um prazo dentro do qual deve pedir o reconhecimento do contracrédito no tribunal competente (o tribunal da família ou o tribunal do trabalho, por exemplo). E aceita-se que o juiz do processo inicial, se houver fundamento para o imediato conhecimento do pedido, e antes de ordenar a suspensão, condene logo, mas *sob reserva*, o réu compensante (com base no § 302 da ZPO). O autor não fica impedido de executar, sem mais delongas, o crédito judicialmente re-

---

[926] Neste sentido, JAUERNIG, *Zivilprozessrecht*, p. 147, e NOLTZE, *Aufrechnung und Prozeß*, pp. 60 e ss. Escreve, a propósito, TAPIA FERNÁNDEZ, *La compensación en el proceso civil*, p. 188: «Seria altamente perturbador que um juiz incompetente em razão da matéria pudesse pronunciar-se com força de caso julgado sobre o contracrédito exercido por via de excepção.»

[927] Fazendo nossas as palavras de SCHREIBER, *Prozeßvoraussetzungen bei der Aufrechnung*, ZZP, 1977, p. 410, diremos que quando uma decisão judicial goza de carácter definitivo, ela deve oferecer, no maior grau possível, a garantia da sua justeza (*Richtigkeit*).

conhecido, mas poderá ter de indemnizar o executado se a acção autónoma relativa ao contracrédito proceder[928].

Em Itália, os processualistas são, neste ponto, em geral, avessos à ideia da suspensão do processo, entendendo, com base numa aplicação analógica do artigo 35 do C.P.C.I., que a acção deve continuar a correr os seus termos, remetendo-se a apreciação do contracrédito litigioso para o tribunal competente.

Uma vez condenado o réu a pagar ao autor a quantia em dívida, a este assiste o direito de executar a sentença, mas, para tanto, o tribunal deverá exigir-lhe a prestação de uma *caução* que assegure a futura satisfação do contracrédito cuja efectiva existência tem de ser averiguada noutro tribunal.

Consideramos esta última a solução mais razoável, pois suspender o processo principal acabará por paralisar, de forma intolerável, o exercício do direito do autor, vendo-se este obrigado a esperar, porventura largo tempo, pelo julgamento do contracrédito[929].

O melhor, pois, será prosseguir com aquele processo, fixando um prazo ao réu para que peça o reconhecimento do contracrédito no tribunal competente: vindo a sentença condenatória a ser proferida antes do julgamento do contracrédito, o autor poderá executá-la, mas deverá sujeitar-se à prestação de uma *caução* que garanta a futura e eventual satisfação do direito do executado e compensante[930-931].

---

[928] Cfr. JAUERNIG, ob. cit., p. 147; THOMAS/PUTZO, *Zivilprozessordnung*, p. 277; MUSIELAK, *Grundkurs ZPO*, p. 201; *Die Aufrechnung des Beklagten im Zivilprozeß*, JuS, 1994, p. 823; GAA, *Die Aufrechnung mit einer rechtswegfremden Gegenforderung*, NJW, 1997, pp. 3346 e s.; MÖLLER, *Die Prozessaufrechnung*, JA, 2001, p. 53. Na jurisprudência, *vide* a decisão do Bundesarbeitsgericht de 23/Ago./2001, NJW, 2002, p. 317.

[929] Cfr. PROTO PISANI, *Pregiudizialità e ragionevole durata dei processi civili (Osserv. a Cass. 7 gennaio 1981)*, F.I., 1981, pp. 1065 e ss., e BORGHESI, «Compensazione nel diritto processuale civile», *in* Dig. Disc. Priv., XIII, p. 90.

[930] Para esta solução se tem inclinado boa parte da doutrina italiana. Cfr. D'ONOFRIO, *Commento al nuovo Codice di Procedura Civile*, vol. I, pp. 44 e s.;

Problema difícil é o de saber se o tribunal da causa tem de gozar de *competência internacional* para o julgamento da *excepção da compensação* e do respectivo *contracrédito.*

Na Alemanha, onde a questão tem sido estudada, existem diferentes entendimentos. Para a corrente dominante, faltando esta

---

ANDRIOLI, *Commento al Codice di Procedura Civile,* vol. I, pp. 120 e s.; BORGHESI, est. cit., p. 96, e LUISO, *Diritto processuale civile,* I, pp. 262-264.

[931] Têm-se levantado dois difíceis problemas relacionados com a *justiça arbitral.* O primeiro é o de saber se, estando a correr um processo num tribunal arbitral, ao réu assiste o direito de compensar um contracrédito cuja apreciação não compete a este órgão. Parece dever entender-se que está vedada a possibilidade de se conseguir, perante uma instância arbitral, a compensação de um crédito arredado da competência desta. Cfr. SCHREIBER, *Prozeßvoraussetzungen bei der Aufrechnung,* ZZP, 1977, p. 415. Em sentido contrário pronunciam-se ROSENBERG/SCHWAB/GOTTWALD, *Zivilprozessrecht,* p. 1081 (§ 172), com o argumento de que, contra a sentença arbitral, ao réu assiste sempre o direito de, através da oposição à execução, alegar o seu direito de crédito.

E será possível compensar, num tribunal estadual, um crédito cuja apreciação pertença a um tribunal arbitral? Para a doutrina dominante na Alemanha, a existência de uma *convenção de arbitragem* implica uma proibição de compensar nos tribunais estaduais, pois, de acordo com a vontade das partes, o contracrédito deve ser apreciado por árbitros. Cfr. ROSENBERG/SCHWAB/GOTTWALD, ob. cit., p. 1081; ALBERS, *Zivilprozessordnung* (BAUMBACH/LAUTERBACH/ALBERS/HARTMANN), p. 2633 (§ 1029 ZPO); MUSIELAK, *Die Aufrechnung des Beklagten im Zivilprozeß,* JuS, 1994, p. 823; LÜKE/HUPPERT, *Durchblick: Die Aufrechnung,* JuS, 1971, p. 170; SCHREIBER, est. cit., p. 443. Em defesa da tese de que o tribunal da causa tem o poder de suspender, com fundamento no § 148 da ZPO, o processo, até que o tribunal arbitral (*Schiedsgericht*) se pronuncie sobre o contracrédito, *vide* GRUNSKY, *Zivilprozessrecht,* p. 117; REICHOLD, *Zivilprozessordnung* (THOMAS/ /PUTZO), p. 273.

A jurisprudência italiana, confrontada com o problema, defende a existência de uma autêntica força atractiva por parte do tribunal estadual: este deverá apreciar o contracrédito, apesar da existência de um *compromisso arbitral* ou de uma *cláusula compromissória.* Mas a doutrina não vê com bons olhos este entendimento. O que o tribunal estadual poderá fazer, segundo alguns, é apreciar *incidenter tantum,* ou seja, sem força de caso julgado, o contracrédito. Ver, sobre esta matéria, BORGHESI, est. cit., pp. 91 e s.

espécie de competência, o juiz fica impossibilitado de apreciar a referida excepção, *salvo se o contracrédito não for litigioso ou se estiver já judicialmente reconhecido* [932].

Há mesmo quem defenda a aplicação do artigo 6, n.º 3, do Regulamento (CE) n.º 44/2001. De acordo com esta norma, a competência internacional do tribunal da causa alarga-se automaticamente aos pedidos reconvencionais que derivam do «contrato ou do facto em que se fundamenta a acção principal.»

Apesar de a compensação não originar qualquer reconvenção, parece razoável aplicar-lhe por analogia o princípio acabado de enunciar [933]. E esta aplicação mais se justifica nos sistemas que tratam processualmente a compensação como uma «excepção reconvencional.»

---

[932] Cfr. GRUNSKY, *Zivilprozessrecht*, p. 117; GREGER, *Zivilprozessordnung* (ZÖLLER), p. 635; VOLLKOMMER, *ibidem*, p. 1029; REICHOLD, *Zivilprozessordnung* (THOMAS/PUTZO), p. 272; JAYME/KOHLER, *Europäischeskollisionsrecht 1995 – Der Dialog der Quellen*, IPRax, Nov./Dez. 1995, p. 349, e MÖLLER, *Die Prozessaufrechnung*, JA, 2001, p. 53.

[933] Assim, GEIMER, *EuGVÜ und Aufrechnung: Keine Erweiterung der internationalen Entscheidungszuständigkeit – Aufrechnungsverbot bei Abweisung der Klage wegen internationaler Unzuständigkeit*, IPRax, Jul./Ago., 1986, p. 211; WAGNER, *Die Aufrechnung im Europäischen Zivilprozeß*, IPRax, Mar./Abr. 1999, pp. 70 e ss. No sentido de que o tribunal da causa goza de competência internacional para o julgamento dos contracréditos conexos pronunciou-se o BGH, através de decisão de 7/Nov./2001, NJW, 2002, pp. 2182-2184.

Contra, partindo do princípio de que a compensação deve ser invocada através de uma *excepção*, e não reconvencionalmente, o Tribunal de Justiça das Comunidades Europeias, através do Ac. de 13 de Jul. de 1995 (*caso Danvaern/ /Otterbeck*) (disponível no sítio *http://eur-lex.europa.eu*), decidiu que «o artigo 6, n. 3, da Convenção (…) apenas visa os pedidos, apresentados pelos demandados, de que seja proferida uma condenação distinta. Não visa a situação em que um demandado invoca como simples fundamento de defesa um crédito, de que se afirma titular, sobre o demandante. Os fundamentos de defesa susceptíveis de serem invocados e as condições em que a invocação é possível são regulados pelo direito nacional.»

Resta saber quais as consequências da falta de competência internacional do tribunal da causa para o julgamento da excepção da compensação.

Para alguns Autores, o processo tem de suspender-se, até que o contracrédito seja apreciado pelo tribunal internacionalmente competente.

Contra este entendimento afirma-se, e bem, que a suspensão pode gerar uma intolerável paralisação do direito do autor e que, assim sendo, o tribunal deve julgar o pedido por este deduzido[934].

Refira-se, ainda, que, para um sector *minoritário* da doutrina e da jurisprudência, o julgamento da compensação deve ser feito mesmo quando o tribunal for desprovido de competência internacional para apreciar o contracrédito. O interesse relevante das partes – especialmente do *demandado* – é invocado como justificação desta diferente tese[935].

Este entendimento estará correcto se qualificarmos a excepção da compensação como uma pura excepção peremptória. Em sistemas, porém, em que a mesma se apresenta como uma «excepção reconvencional», parece que o caso julgado sobre esta deverá depender do facto de o tribunal da causa gozar de competência internacional para a apreciação do contracrédito. Na prática – há que reconhecê-lo – isto pode inviabilizar a compensação, forçando o réu a intentar uma acção autónoma no tribunal competente.

6. *A litispendência e a compensação processual.* Analisaremos, por último, o problema de saber se a alegação da *compensação* pelo demandado origina uma situação de *litispendência*. Trata-se de uma questão amplamente estudada pela doutrina alemã e considerada uma das «questões célebres» do direito processual civil.

---

[934] Cfr. GEIMER, est. cit., p. 214. Quanto à doutrina defensora da suspensão, ver BADELT, *Aufrechnung und internationale Zuständigkeit unter besonderer Berücksichtigung des deutsch-spanischen Rechtsverkehrs*, p. 18 (nota 97).

[935] Cfr. NOLTZE, *Aufrechnung und Prozeß*, pp. 131 e ss.

A *Compensação Processual*

Como é sabido, a pendência de uma *acção* ou de uma *reconvenção* traduz-se num obstáculo, por força da excepção prevista no artigo 494.º, al. *i*), ao julgamento de outra causa idêntica «quanto aos sujeitos, ao pedido e à causa de pedir» (art. 498.º, n.º 1). Os tribunais não devem ocupar-se de acções que sejam uma mera repetição de outras já propostas e ainda não julgadas.

Por um lado, importa proteger a máquina judiciária e o próprio demandado contra a multiplicação de processos sobre o mesmo litígio; por outro lado, há que afastar o risco da prolação de decisões contraditórias.

Em síntese, fazendo uso das palavras do legislador, a *excepção dilatória da litispendência* visa «evitar que o tribunal seja colocado na alternativa de contradizer ou de reproduzir uma decisão anterior» (art. 497.º, n.º 2)[936].

Na segunda acção – a causa com o mesmo objecto da primeira e para a qual o réu tenha sido citado posteriormente (art. 499.º, n.º 1) –, a pedido do demandado ou *ex officio*, o tribunal tem o poder de, com base na referida excepção, pôr termo à causa repetida, absolvendo o réu da instância (art. 288.º, n.º 1, al. *e*)).

Após estas genéricas considerações, apresentemos o problema essencial que importa analisar: *deverá a dedução processual da compensação considerar-se litispendente?*

Imaginemos o seguinte caso: *A* intenta uma *acção condenatória* contra *B*, pedindo o pagamento de certa quantia; o réu, na contestação, manifesta a vontade de compensar um contracrédito de igual valor.

Na pendência deste processo, *B* propõe contra *A* uma acção para obter a condenação deste no cumprimento da obrigação relativa ao contracrédito já objecto da excepção de compensação.

---

[936] Sobre os fundamentos da excepção da litispendência, ver Sorace, «Litispendenza», *in* E.D., vol. XXIV, pp. 843-847.

Será isto admissível? Poderá o tribunal, com fundamento precisamente na *excepção da litispendência*, abster-se de julgar a segunda acção?

As teses da *compensação-excepção* e da *compensação-reconvenção* conduzem a respostas diversas.

Não existe qualquer litispendência se se entender que a *excepção* é o meio apropriado para fazer valer a compensação no âmbito de um processo (quer a que já foi declarada num momento anterior, quer a que é declarada no próprio processo). Na realidade, a *excepção*, enquanto meio estritamente defensivo, não origina nenhuma causa e a litispendência, à luz do disposto no artigo 497.º, é uma ocorrência processual resultante da proposição de acções[937-938].

Segundo TEIXEIRA DE SOUSA, «os meios de defesa são sempre insusceptíveis de desencadear a excepção de litispendência, isto é, nunca existe qualquer obstáculo à sua alegação simultânea em várias acções»[939-940].

---

[937] «A *litispendência* – ensina ALBERTO DOS REIS, *Processo ordinário civil e commercial*, p. 436 – verifica-se quando se propõe uma acção em juízo, estando já pendente, no mesmo ou em diverso juízo, uma acção sobre o mesmo objecto, entre as mesmas pessoas e com igual fundamento.»

[938] A doutrina alemã não se tem cansado de afirmar que «a litispendência de um meio defensivo é dogmaticamente insustentável» (MITTENZWEI, *Rechtshängigkeit der im Prozeß zur Aufrechnung gestellten Forderung?*, ZZP, 1972, p. 479) e que «na ZPO a litispendência vale apenas para a acção» (HECKELMANN, *Die Rechtshängigkeit bei der Prozeßaufrechnung*, NJW, 1972, p. 1351.). Neste sentido, *vide* também LÜKE/HUPPERT, *Durchblick: Die Aufrechnung*, JuS, 1971, p. 168 (ver igualmente a nota 39), e PETERS, *Münchener Kommentar zur Zivilprozeßordnung* (LÜKE/ /WAX), vol. 1, p. 1114.

[939] *Litispendência e compensação no processo civil europeu*, Anotação ao Ac. do Tribunal de Justiça (Quinta Secção) de 8/5/2003, Proc. C-111/01, C.D.P., n.º 3, Jul./Set., 2003, p. 33. No entanto, o citado Autor logo acrescenta que «a solução não se apresenta tão evidente quando o réu deduz a excepção da compensação com base num contracrédito que já constitui objecto de uma acção autónoma.»

[940] No mesmo sentido, MANUEL GONZÁLEZ, *Reconvención y excepciones reconvencionales en la LEC 1/2000*, p. 129.

A *Compensação Processual* 401

Mas nenhum outro obstáculo se levantará contra o réu que, após manifestar a vontade de compensar num processo, intenta, na pendência deste, uma acção para obter a condenação do devedor no cumprimento do contracrédito subjacente à excepção da compensação ainda não julgada?

Afastada a excepção da litispendência, contra esta segunda acção poderá invocar-se a falta de *interesse processual* do autor (réu compensante na primeira acção). Assim, deduzida com base em certo contracrédito a excepção da compensação, deve considerar-se *inútil* ou *desnecessária* uma posterior acção condenatória.

Como LINDACHER observa, quem defende o afastamento, na hipótese em análise, da excepção da litispendência, acaba por abrir as portas ao pressuposto do *interesse processual*. Precisamente com base na falta deste requisito (*Mangel des Rechtsschutzbedürfnisses*) torna-se possível proibir a «duplicação dos processos» (*Verfahrensverdoppelung*)[941].

Na verdade, ao absolver-se, na segunda acção, o réu da instância, por força da falta do referido interesse, evita-se a repetição ou, até, a eventual e indesejável contradição das decisões judiciais.

Com acerto se conclui, portanto, que do facto de a compensação processual não tornar o contracrédito litispendente não deve inferir-se a possibilidade de se exercer este mesmo direito num segundo processo[942-943].

---

[941] *Prozessaufrechnung und Rechtshängigkeit*, JZ, 1972, p. 430. Em defesa, na hipótese em análise, da *falta de interesse processual*, pronunciam-se expressamente SCHILKEN, *Zivilprozessrecht*, p. 233; MUSIELAK, *Grundkurs ZPO*, p. 195; *Die Aufrechnung des Beklagten im Zivilprozeß*, JuS, 2004, p. 825, e GREGER, *Zivilprozessordnung* (ZÖLLER), p. 635.

[942] LINDACHER, est. cit., p. 431. Em sentido contrário, afirmando a possibilidade de o contracrédito poder ser posteriormente accionado, *vide* ROSENBERG/ /SCHWAB/GOTTWALD, *Zivilprozessrecht*, p. 686, e REICHOLD, *Zivilprozessordnung* (THOMAS/PUTZO), p. 272.

[943] Observa NOLTZE, *Aufrechnung und Prozeß*, pp. 275-277, que é incorrecto negar o interesse processual se o réu impugnou o crédito do autor, efec-

Analisemos, agora, o mesmo problema à luz da *tese da compensação-reconvenção*: será que a *reconvenção compensativa* (deduzida por *B* contra *A*) e a posterior *acção declarativa condenatória* (proposta por *B* contra *A*) se podem considerar, para o efeito da aplicação da excepção dilatória regulada no artigo 497.º, causas repetidas?

Sabendo-se que a repetição de causas ocorre «quando se propõe um acção idêntica a outra quanto aos sujeitos, ao pedido e à causa de pedir» (art. 498.º, n.º 1), não existe, num *plano estritamente formal*, identidade entre a *reconvenção compensativa* e a *acção declarativa de condenação*.

Note-se, desde logo, que os *pedidos* não coincidem: na *reconvenção compensativa* o reconvinte ou pede o reconhecimento judicial da compensação operada ou o decretamento da extinção dos créditos.

Diferentemente, na *acção condenatória*, o autor requer, para além do reconhecimento judicial do seu crédito, a *condenação* do réu no pagamento da quantia em dívida[944-945-946].

---

tuando a denominada *compensação eventual*. Existindo a possibilidade de o tribunal negar a existência deste crédito, é evidente que ao réu assiste interesse em pedir a condenação do adversário no pagamento do contracrédito. Que o faça reconvencionalmente ou através de acção autónoma, parece ser indiferente. Enquanto não for decidida a excepção da compensação (eventual), o melhor, segundo o jurista germânico, é suspender-se a reconvenção ou a acção declarativa proposta.

[944] MITTENZWEI, *Rechtshängigkeit der im Prozess zur Aufrechnung gestellten Forderung?*, ZZP, 1972, p. 483, apesar de ver, na dedução processual da compensação, contra a doutrina dominante, uma *reconvenção de simples apreciação* (*zweitilige Feststellungsklage* ou uma *Inzidentfeststellungsklage*), afirma que, na hipótese em análise, «a excepção da litispendência não pode ser activada por causa da existência de pedidos diferentes» (*die Einrede der Rechtshängigkeit kommt wegen der unterschiedlichen Begehren nicht zum Zuge; trotz rechtshängiger Widerklage, keine Einrede der Rechtshängigkeit*).

[945] E também não se verifica uma coincidência absoluta entre as *causas de pedir* da reconvenção compensativa e da acção condenatória: a *causa de pedir da reconvenção compensativa de simples apreciação* é constituída pelos factos revela-

A *Compensação Processual* 403

Contra isto deve, contudo, dizer-se que a absolvição da instância com fundamento na excepção da litispendência não deve assentar numa análise formal do objecto das acções. No fundo, o que interessa averiguar é se – *na substância* – as acções repetidas visam alcançar o *mesmo fim* e se, portanto, existe o perigo da contradição ou da repetição dos julgados.

Há muito explica ANTUNES VARELA que «para sabermos se há ou não repetição da acção, deve atender-se não só ao critério *formal* (assente na tríplice identidade dos elementos que definem a acção) fixado e desenvolvido no artigo 498.°, mas também à directriz *substancial* traçada no n.° 2 do artigo 497.°, onde se afirma que a excep-

---

dores de que a compensação foi eficazmente declarada e efectivada. Já, noutro plano, a *causa de pedir* da *reconvenção compensativa constitutiva* consiste nos factos que sustentam o exercício do direito potestativo de compensar e permitem alcançar o decretamento judicial da extinção dos créditos recíprocos.

Pois bem. Fixemo-nos, agora, na segunda acção, ou seja, na *acção declarativa condenatória* proposta por *B* contra *A*. Qual será a causa de pedir desta acção? Muito simplesmente, o conjunto dos *factos em que assenta o direito creditório do autor*. Em rigor, não existe, pois, coincidência entre a *causa de pedir* da reconvenção compensativa (quer se lhe atribua natureza *meramente apreciativa*, quer se lhe confira, antes, natureza *constitutiva*) e a *causa de pedir* da posterior acção condenatória.

946 Igualmente para MERLIN, *Compensazione e processo*, vol. II, pp. 306 e s., mesmo a admitir-se que «com a compensação se faz valer uma verdadeira pretensão dirigida à satisfação do contracrédito, tem de dizer-se que esta é diversa do direito exercido através da acção condenatória.» Para a processualista italiana, é «pacífico» que a relação de litispendência entre dois processos pressupõe a existência de um idêntico objecto (p. 304). Escreve a Autora o seguinte: «(...) O instituto da litispendência exige bem mais do que a simples identidade do direito subjectivo (do crédito) que se transforma em objecto da decisão.» E logo acrescenta que a essência da litispendência se encontra na «relação de perfeita identidade dos pedidos (*perfetta identità delle domande*) e, por conseguinte, de coincidência dos efeitos das sentenças gerados por tais pedidos.» Desta forma, conclui ser «inaceitável» que «o prévio exercício da excepção da compensação possa conduzir a uma decisão de *absolutio ab instantia* baseada na litispendência da acção de condenação.»

ção da litispendência (tal como a do caso julgado) tem por fim evitar que o tribunal seja colocado na alternativa de contradizer ou de reproduzir uma decisão anterior»[947].

Ora, que se pretende na *reconvenção compensativa* (admitindo que o meio da reconvenção é o próprio para se fazer valer esta forma de extinção das obrigações) e na posterior *acção condenatória*? No fundo, a *realização judicial de um crédito*[948]. Logo, é errado afastar-se, à luz da teoria da compensação-reconvenção, no caso em análise, a excepção da litispendência[949].

Como afirma Teixeira de Sousa, «quando a compensação deva ser apresentada através de um pedido reconvencional, parece difícil (…) negar a pendência do contracrédito e deixar de considerar a sua alegação em várias acções como originando a excepção de litispendência»[950].

O que acabamos de dizer valerá igualmente se a compensação vier a transformar-se, por força da lei, numa «excepção reconvencional»?

Na Alemanha, onde a compensação se configura como uma excepção desta espécie (uma «reconvenção não desenvolvida», como alguns Autores preferem chamar-lhe), o problema é muito discutido,

---

[947] *Manual de processo civil*, p. 302. *Vide* também Alberto dos Reis, *Um caso de litispendência*, R.L.J., Ano 68.º (1935), p. 66.

[948] Eike Schmidt, *Die Prozeßaufrechnung im Spannungsfeld von Widerklage und prozessualer Einrede*, ZZP, 1974, pp. 39 e s., afirma, com acerto, que, no fundo, tanto na «reconvenção compensativa» como na posterior acção condenatória se pretende o exercício judicial do contracrédito.

[949] Para Teixeira de Sousa, *Observações críticas sobre algumas alterações ao Código de Processo Civil*, B.M.J., n.º 328, p. 107, não é «questionável» a litispendência «entre a dedução do contracrédito como excepção numa anterior acção e a prossecução desse crédito em autónoma acção subsequente contra o credor-devedor.»

[950] *Litispendência e compensação no processo civil europeu*, Anotação ao Ac. do Tribunal de Justiça (Quinta Secção) de 8/5/2003, Proc. C-111/01, C.D.P., n.º 3, Jul./Set., 2003, p. 36.

A *Compensação Processual* 405

prevalecendo o entendimento de que a compensação, uma vez deduzida no processo, não origina qualquer litispendência (*Die Aufrechnung sei keine Klage oder Widerklage, sondern ein Verteidigungsmittel; die Aufrechnung keine Rechtshängigkeit begründet*)[951]. Isto mesmo resulta das seguintes palavras de Leipold: «Com a dedução da excepção da compensação, segundo o pensamento dominante, o contracrédito não se torna litispendente, apesar de este direito, nos termos do § 322 II da ZPO, ser apreciado com força de caso julgado». E continua: «Contra a litispendência da compensação importa começar por dizer que a ZPO distingue claramente entre a proposição de uma acção (*Klageerhebung*) e a dedução de um meio defensivo (*und Vorbringen eines Verteidigungsmittels*); ora, a excepção da compensação é um meio defensivo e a litispendência deve relacionar-se tão-somente com a proposição de acções»[952-953].

---

[951] Os tribunais seguem geralmente esta tese. Cfr. a análise jurisprudencial levada a cabo por Mittenzwei, *Rechtshängigkeit der im Prozess zur Aufrechnung gestellten Forderung?*, ZZP, 1972, pp. 468-470. *Vide* a histórica decisão do B.G.H. de 11/Nov./1971, ZZP, 1972, pp. 485-486, segundo a qual a «compensação de um crédito num processo não o torna litispendente.»

[952] *Kommentar zur Zivilprozeßordnung* (Stein/Jonas), vol. II, p. 788. No sentido de que o instituto da litispendência, regulado no § 261 da ZPO, não é aplicável à dedução processual da compensação, *vide* também Kleinfeller, *Das Wesen der Rechtshängigkeit*, Zeit. f. dts. Zivilpr., 1930, pp. 196 e s.; Palandt, *Bürgerliches Gesetzbuch* (§ 388), p. 584; Rosenberg/Schwab/Gottwald, *Zivilprozessrecht*, p. 686. Para estes Autores, «o contracrédito exercido através da excepção da compensação não se torna litispendente». No mesmo sentido, *vide* Baumgärtel, *Der Zivilprozeßrechtsfall – Eine methodische Einführung*, JuS, 1966, p. 189; Lüke, *Münchener Kommentar zur Zivilprozeßordnung* (Lüke/Wax), vol. 1, p. 1555; Thomas/Putzo, *Zivilprozessordnung*, p. 272; Jauernig, *Zivilprozessrecht*, p. 147; Bruns, *Zivilprozessrecht*, p. 223; Hartmann, *Zivilprozessordnung* (Baumbach/Lauterbach/Albers/ /Hartmann), p. 737 (§ 145 ZPO); Schumann, *Kommentar zur Zivilprozeßordnung* (Stein/Jonas), p. 820; Paulus, *Zivilprozessrecht*, p. 103; Möller, *Die Prozessaufrechnung*, JA, 2001, pp. 51 e s., e Noltze, *Aufrechnung und Prozeß*, pp. 259 a 264.

Arens/Lüke, *Zivilprozessrecht*, p. 241, consideram a questão duvidosa e chegam mesmo a colocar a possibilidade de a litispendência encontrar fundamento no § 322 II da ZPO (o caso julgado pressupõe a litispendência, ou seja, a pendên-

Mas este entendimento, muito formalista e pouco atento à verdadeira natureza que a ZPO imprimiu à excepção da compensação, não nos parece correcto. Na verdade, estamos longe de uma pura excepção peremptória que nada acrescenta ao objecto do processo.

Parece razoável aplicar, por analogia, na linha de certa doutrina, o *regime da litispendência* à dedução processual da compensação, evitando que diversos tribunais venham a proferir decisões divergentes sobre o crédito oposto através de excepção e posteriormente accionado.

Por isto, BLOMEYER, contra a doutrina dominante, afirma – e muito bem – que «a dedução da excepção da compensação torna o contracrédito litispendente» e que, por conseguinte, a excepção da litispendência deve ser oposta contra o repetido exercício do direito de crédito. Deste modo, segundo o processualista germânico, é possível afastar o perigo de prolação de sentenças contraditórias[954].

---

cia de uma lide: neste sentido *vide* KOHLER, *Aufrechnung nach dem B.G.B.*, Zeit. f. dts. Zivilpr., 1930, pp. 196 e s.). Acabam, no entanto, por inclinar-se para a tese dominante que nega a litispendência do contracrédito subjacente à compensação.

Para HECKELMANN, *Die Rechtshängigkeit bei der Prozessaufrechnung*, N.J.W., 1972, p. 1352, a litispendência não pode justificar-se à luz do § 322 II da ZPO. Esta norma – argumenta – permite afirmar que se prevê excepcionalmente a formação do caso julgado, pois a dedução processual da compensação não é litispendente. Neste sentido se pronuncia MUSIELAK, *Die Aufrechnung des Beklagten im Zivilprozeß*, ZZP, 1994, p. 824, e NOLTZE, ob. cit., p. 261.

[953] No mesmo sentido se pronunciaram, em tempos mais remotos, LIPPMANN, *Die Einrede der Rechtshängigkeit nach neuen Civilprozeßorndnung*, AcP, 1882, p. 359; WEISMANN, *Die Aufrechnung nach dem Bürgerlichen Gesetzbuche*, Zeit. f. dts. Zivilpr., 1899, p. 24.

[954] *Zivilprozessrecht (Erkenntnisverfahren)*, p. 310. Cfr., na mesma linha de pensamento, ZEISS/SCHREIBER, *Zivilprozessrecht*, p. 157. HECKELMANN, est. cit., p. 1352, acaba também por defender que se deve aplicar *analogicamente* o regime da litispendência à dedução processual da compensação, pois só assim se pode evitar que os tribunais profiram *decisões divergentes* relativas ao crédito oposto através da compensação e ulteriormente accionado. No sentido da aplicação da excepção da

Igualmente, na doutrina espanhola, MANUEL GONZÁLEZ sustenta que «a atribuição de força de caso julgado à decisão sobre a excepção da compensação determina a litispendência do crédito do compensante.» Apesar de reconhecer que a LEC não resolve expressamente o problema, afirma que o efeito da litispendência «opera de forma implícita, tendo em conta a especial natureza da compensação, que se manifesta no efeito que a lei lhe atribui»[955].

Revestindo a excepção da compensação *natureza reconvencional*[956], deve entender-se que, uma vez deduzida, se torna *litispendente* e que, neste sentido, obstará à proposição de uma acção condenatória que vise a satisfação do mesmo crédito.

Imaginemos, agora, para terminar o ponto dedicado ao problema da litispendência da compensação processual, uma segunda hipótese muito delicada: *C* intenta uma acção de cumprimento de dívida contra *D*, alegando ter, sobre este, determinado crédito pecuniário (crédito *x*); na pendência desta acção, *D* acciona autonomamente *C* com o objectivo de obter o pagamento de uma dívida entretanto nascida.

---

litispendência ao caso em que o réu compensa um contracrédito que havia anteriormente accionado, se pronunciara já BETTERMANN, *Rechtshängigkeit und Rechtsschutzform*, pp. 86 e s. (*vide* também a *Anotação à decisão do BGH de 11 de Nov. de 1971*, ZZP 1972, p. 488). Resta acrescentar que a tese segundo a qual a excepção da compensação se torna litispendente foi defendida, em finais do século XIX, por ENDEMANN, *Der deutsche Zivilprozess*, p. 55. Na doutrina italiana, igual entendimento é seguido por SORACE, «Litispendenza», *in* E.D., vol. XXIV, p. 856.

[955] *Reconvención y excepciones reconvencionales en la LEC 1/2000*, p. 130.

[956] *De iure constituendo*, como tivemos oportunidade de defender, a excepção da compensação deveria transformar-se, entre nós, numa *excepção reconvencional*.

Poderá *C*, neste segundo processo, alegar a titularidade do crédito *x*, desta feita com o objectivo de obter a *compensação* dos créditos recíprocos[957]?

Se se entender que a compensação reveste a natureza de uma *pura excepção peremptória*, *C* pode compensar o crédito antes accionado, uma vez que não existe qualquer pendência de causas análogas. Recordemos que a excepção da compensação, enquanto meio defensivo, não se assemelha a uma causa litispendente.

Ao invés, sendo a compensação alegada sob a forma de uma *reconvenção* ou de uma «*excepção reconvencional*», a excepção da litispendência, por tudo o que atrás ficou dito, impede o julgamento, no segundo processo, da compensação.

Por isso, TEIXEIRA DE SOUSA, defensor da tese da compensação-reconvenção, após admitir ser «questionável a litispendência entre a acção de condenação do credor-devedor no pagamento do contracrédito e a arguição desse contracrédito como excepção em posterior acção», afirma: «Contudo, ainda assim, entre a posterior dedução do contracrédito através da excepção e a anterior apresentação desse crédito em acção autónoma verificam-se, no condicionalismo legal, os requisitos da excepção de litispendência»[958-959].

Contra o funcionamento desta excepção, a doutrina alemã, apesar de a compensação revestir carácter reconvencional, deixou-se impressionar pelo facto de ela representar, no confronto com a

---

[957] Hipótese análoga é apresentada por ARENS/LÜKE, *Zivilprozessrecht*, p. 235: «*K* pede judicialmente a *B* a restituição de uma quantia que lhe emprestara. Antes, porém, de esta acção ser julgada, *B* intenta contra *K*, noutro tribunal, uma acção de indemnização (*Klageaufschadenersatz*). Para o caso de esta acção vir a proceder, *K* declara a compensação com fundamento no seu crédito já exercido na acção anterior.»

[958] *Observações críticas sobre algumas alterações ao Código de Processo Civil*, B.M.J. n.º 328, p. 107.

[959] Fundado na litispendência, BLOMEYER, *Zivilprozessrecht*, p. 310, rejeita igualmente a compensação de um crédito já accionado.

acção declarativa de condenação, um meio mais avançado e amplo[960]. Enquanto na *acção condenatória* o autor visa preparar a ulterior satisfação coerciva do crédito, na *compensação* o credor consegue satisfazer imediatamente este direito, libertando-se, em simultâneo, de uma dívida. No fundo, diz-se, a compensação permite uma tutela mais ampla e eficaz do que a resultante de uma sentença condenatória.

Tem-se, assim, defendido que «a litispendência de um crédito não obsta a que com base nele se exerça a compensação noutro processo»[961-962].

Ao compensar o seu crédito, o réu evita, por um lado, a condenação e, por outro, afasta o perigo, muito injusto, da futura insolvência do adversário. E observa-se que, ao impedir o réu de compensar no

---

[960] Cfr. RIMMELSPACHER, *Materiellrechtlicher Anspruch und Streitgegenstandsprobleme im Zivilprozess*, pp. 328 e 331. Esta posição é seguida por LINDACHER, *Prozeßaufrechnung und Rechtshängigkeit*, JZ, 1972, p. 430, e SCHREIBER, *Grundprobleme der Prozeßaufrechnung*, J.A., 1980, p. 347.

[961] Cfr. RIMMELSPACHER, est. cit., p. 332. WEISMANN, em estudo publicado em finais do séc. XIX (*Die Aufrechnung nach dem Bürgerlichen Gesetzbuche*, Zeits. f. dts. Civilpr., 1899, p. 24), escreve que não pode impedir-se a compensação de um crédito já objecto de uma acção pendente. Também para ROSENBERG, SCHWAB e GOTTWALD, «a litispendência da acção condenatória não obsta à alegação do mesmo crédito através da excepção da compensação num segundo processo» (*Zivilprozessrecht*, p. 686). JAUERNIG, *Zivilprozessrecht*, p. 147, defende expressamente que «o réu pode compensar com base num crédito litispendente» (*kann der Beklagte auch mit einer rechtshängigen Forderung aufrechnen*). E no mesmo sentido se pronunciam ainda PETERS, *Münchener Kommentar zur Zivilprozessordnung* (LÜKE/WAX), vol. 1, p. 1114; SCHILKEN, *Zivilprozessrecht*, p. 233; GRUNSKY, *Zivilprozessrecht*, p. 117; REICHOLD, *Zivilprozessordnung* (THOMAS/PUTZO), p. 272 Na doutrina italiana, LORENZETTO-PESERICO, *La continenza di cause*, pp. 182 e s., exclui também a possibilidade de se invocar, contra a dedução do meio defensivo, a excepção da litispendência. A Autora entende que os dois processos devem seguir autonomamente.

[962] No mesmo sentido, cfr. MERLIN, *Compensazione e processo*, II, p. 307.

410 Reconvenção e Excepção no Processo Civil

segundo processo, faz-se recair sobre ele o risco da insolvência do seu devedor (*Solvenzrisiko*), o que é, de todo em todo, indesejável[963].

Para a doutrina alemã dominante, deve, portanto, permitir-se a compensação de um crédito já objecto de acção condenatória anterior, afastando-se o obstáculo representado pela excepção da litispendência[964].

Refira-se que também a jurisprudência alemã vai neste sentido: o BGH, numa decisão de Nov. de 1971, muito citada nos nossos dias, entendeu que «o réu não está impedido de compensar um crédito já accionado em processo anterior», pois «seria injusto que, pelo facto de já ter accionado o seu direito de crédito, viesse a ficar impedido de o compensar mais tarde»[965].

É claro que o duplo e simultâneo exercício do direito de crédito – através de uma *acção declarativa condenatória* e por via da *excepção da compensação* – acarreta o risco da prolação de decisões contraditórias.

Basta imaginarmos a possibilidade de a acção declarativa vir a ser julgada improcedente e de a excepção da compensação vir, pelo contrário, a ter êxito. Na primeira acção, negou-se a existência do direito de crédito; na segunda acção – na acção onde foi julgada a excepção da compensação – reconheceu-se a existência desse mesmo crédito e julgou-se procedente esta excepção.

---

[963] LINDACHER, est. cit., p. 429. Na nossa doutrina, TEIXEIRA DE SOUSA, *Litispendência e compensação no processo civil europeu*, Anotação ao Ac. do Tribunal de Justiça (Quinta Secção), de 8/5/2003, Proc. C-111/01, C.D.P., n.º 3, Jul./Set., 2003, p. 36, nota 14, reconhece que a possibilidade da compensação no segundo processo vai de encontro ao interesse do demandado, pois esta forma de extinção das obrigações permite a «auto-execução» do contracrédito.

[964] Neste sentido se pronuncia FRANCHI, *La litispendenza*, p. 150. Na doutrina alemã, cfr. MUSIELAK, *Die Aufrechnung des Beklagten im Zivilprozeß*, JuS, 1994, p. 824.

[965] Decisão de 11/Nov./1971, ZZP, 1972, p. 486. *Vide* também N.J.W., 1977, p. 1687.

O BGH, na atrás citada decisão, admitiu, realmente, que a possibilidade de se compensar um crédito já accionado é susceptível de gerar decisões contraditórias, mas logo desvalorizou este risco, afirmando que ele é «apenas teórico e suportável»[966].

Apesar disto, e com vista a evitar os julgados contraditórios, RIMMELSPACHER entende que, enquanto a *excepção da compensação* não for definitivamente julgada, a primeira acção (*a acção condenatória*) deve, nos termos do § 148 da ZPO, ser suspensa[967]. Vindo a excepção a proceder, o objecto do primeiro processo extingue-se necessariamente.

Na eventualidade, porém, de a excepção não ter êxito, o primeiro processo, para o citado Autor, deve recomeçar o seu curso normal[968-969].

Numa apreciação crítica do entendimento prevalecente no direito germânico, diremos que o afastamento da excepção da litispendência não é congruente com um sistema que consagra a excepção da compensação como uma «excepção reconvencional.»

O risco relacionado com a impossibilidade de compensar um crédito já accionado – representado pela futura insolvência do devedor – pode ser ultrapassado, se houver razões para tanto, pelo recurso aos meios processuais destinados à conservação da garantia patrimonial.

---

[966] ZZP, 1972, p. 486.

[967] Análoga solução é referida por FRANCHI, *Commentario del Codice di Procedura Civile* (ALLORIO), t. I, p. 400.

[968] *Materiellrechtlicher Anspruch und Streitgegenstandsprobleme im Zivilprozess*, p. 333. Esta solução é também defendida por GREGER, *Zivilprozessordnung* (ZÖLLER), p. 635 (e, na mesma obra, por VOLLKOMMER, p. 1029), e por NOLTZE, *Aufrechnung und Prozeß*, pp. 266, 273 e s., 275.

[969] Com o argumento de que não é possível saber se e quando o tribunal do segundo processo vai conhecer a excepção da compensação, PETERS, *Münchener Kommentar zur Zivilprozessordnung* (LÜKE/WAX), vol. 1.º, p. 1114, não considera recomendável a solução de suspender o primeiro processo (o processo declarativo de condenação).

PARTE III

O PROBLEMA DA FALTA DE EXERCÍCIO DO DIREITO DE RECONVIR

[TESE: A formulação de um pedido reconvencional nem sempre é uma simples faculdade, pois pode traduzir-se num autêntico ónus; a omissão da compensação jamais faz precludir o contracrédito do réu]

PARTE III

O PROBLEMA DA FALTA DE EXERCÍCIO DO DIREITO DE RECONVIR

SUMÁRIO: 1 – Tese tradicional da reconvenção facultativa (ALBERTO DOS REIS; ANSELMO DE CASTRO; CASTRO MENDES; LEBRE DE FREITAS). 2 – Apreciação crítica da tese da reconvenção facultativa: o fenómeno da transformação da faculdade de reconvir em ónus de reconvir. 3 – Fundamentos da reconvenção necessária ou compulsiva: I) A reconvenção necessária por força da lei (processual ou substantiva); II) A reconvenção necessária por força do caso julgado: A) O caso julgado como «escudo protector» das decisões judiciais; B) O caso julgado e a proibição da acção repetida; C) O caso julgado e a proibição da contra-acção autónoma proposta pelo ex-demandado; D) O fenómeno da transmutação da faculdade de reconvir em ónus de reconvir, por efeito do caso julgado; E) Aplicação prática do critério do caso julgado às hipóteses previstas no artigo 274.º, n.º 2: a) A reconvenção alicerçada no «facto jurídico que serve de fundamento à acção» – ou na causa de pedir da acção (art. 274.º, n.º 2, al. *a*)); b) A reconvenção alicerçada no facto que serve de fundamento à defesa (art. 274.º, n.º 2, al. *a*)); c) A reconvenção para tornar efectivo o direito a benfeitorias ou a despesas relativas à coisa cuja entrega é pedida (art. 274.º, n.º 2, al. *b*)); d) A reconvenção para obtenção do mesmo efeito jurídico que o autor se propõe alcançar através da acção (art. 274.º, n.º 2, al. *c*)). 4 – O problema da omissão da compensação processual: apreciação crítica da tese da preclusão do contracrédito. 5 – Em prol do sistema da reconvenção necessária?

1. *Tese tradicional da reconvenção facultativa (ALBERTO DOS REIS; ANSELMO DE CASTRO; CASTRO MENDES; LEBRE DE FREITAS).* Dedi-

caremos a presente e derradeira parte do trabalho ao problema de saber se o *direito de reconvir* constitui uma *mera faculdade* ou um autêntico *ónus*[970].

Tratando-se de uma *faculdade*, o exercício do poder de reconvir será *totalmente livre* e, assim, o réu que se abstenha de deduzir o pedido reconvencional admissível não sofre a *preclusão* ou a *perda* do seu direito material, ficando com a porta aberta para propor uma acção independente.

Ao invés, se ao direito de reconvir se reconhecer a natureza de um verdadeiro *ónus*, sobre o demandado recai a necessidade de avançar com o pedido reconvencional, sob pena de ver precludida a sua pretensão substantiva e, logo, a possibilidade de exercer, através de uma acção autónoma, o seu pretenso direito material[971].

Tudo, por outras palavras, está em averiguar se o réu que, apesar de se encontrarem preenchidos os requisitos da reconvenção, não reconvém, fica inibido de propor futuramente uma acção autónoma para tentar obter aquilo que se absteve de pedir por via reconvencional.

Em síntese, pode colocar-se o problema nos seguintes termos: *sendo legalmente admissível a reconvenção, a falta de exercício do direito de reconvir impedirá o réu de fazer valer a sua pretensão através de um processo independente ou autónomo?*

---

[970] Incorrecto é falar-se de um *dever* de reconvir, pois aquele que não reconvém não sofre qualquer sanção.

[971] Ao conceito de ónus está há muito associada a ideia de necessidade de observância de certo comportamento como forma de alcançar uma vantagem ou de afastar uma desvantagem ou um prejuízo. *Vide*, entre nós, sobre esta noção, ANTUNES VARELA, *Das obrigações em geral*, vol. I, p. 58; RUI DE ALARCÃO, *Direito das obrigações*, p. 36; MOTA PINTO, *Teoria geral do direito civil*, p. 188; LEBRE DE FREITAS, *A confissão no direito probatório*, p. 487, nota 69; PAULA COSTA E SILVA, *Acto e processo*, pp. 138-141. Como assinala LENT, *Zur Unterscheidung von Lasten und Pflichten der Parteien im Zivilprozess*, ZZP, 1954, p. 351, a omissão do comportamento pela parte onerada não pode ser considerada ilícita pela lei ou pelo tribunal. Logo, ao contrário do que afirma MENEZES CORDEIRO, *Tratado de direito civil português (Parte geral)*, t. I, p. 359, o ónus processual não traduz «deveres do processo.»

O *Problema da Falta de Exercício do Direito de Reconvir*

Entre nós, o problema, talvez por se considerar incontroverso, não tem sido objecto de grande desenvolvimento por parte da doutrina processualista[972]. Encontramo-lo tratado, de forma breve, quase de passagem, e somente por um grupo restrito de Autores. ALBERTO DOS REIS, porventura, de entre todos, o que lhe dedica mais atenção, defende a tese clássica segundo a qual «a reconvenção é *facultativa*»[973], explicitando o seu pensamento nos seguintes termos: «O réu pode deduzir pedidos contra o autor por meio de reconvenção, quando não existam os obstáculos objectivos ou processuais (...); mas não é obrigado a formulá-los a título ou sob a forma de reconvenção. Em vez de os apresentar sob este aspecto, pode fazê-los valer em acção separada e distinta»[974].

E cite-se ainda, pela sua importância e inexcedível clareza, este outro trecho da mesma obra: «A reconvenção oferece vantagens ao réu, porque lhe permite demandar o autor na própria acção que este propôs, poupando-o, portanto, aos incómodos e despesas duma acção autónoma; mas não se força o réu a usar do meio reconvencional. *Se ele julgar preferível intentar contra o autor uma acção independente, não está inibido de o fazer. Quer dizer, o facto de o réu se abster de deduzir o pedido reconvencional, podendo deduzi-lo, não o priva do direito de propor contra o autor a acção competente, em processo novo*»[975].

Nesta linha de raciocínio, também ANSELMO DE CASTRO ensina que «a contestação-reconvenção não constitui um ónus do réu, mas uma mera faculdade cujo não exercício lhe não preclude o direito a accionar o autor em acção autónoma»[976].

---

[972] Esta falta de sensibilidade para o problema verifica-se também, aliás, na doutrina processualista estrangeira que temos acompanhado ao longo deste trabalho, com ressalva para a doutrina norte-americana. Na doutrina alemã, cumpre destacar o estudo de HAU, *Widerklageprivileg und Widerklagelast*, ZZP, 2004, pp. 31 e ss.

[973] *Comentário ao Código de Processo Civil*, vol. 3.º, p. 97.

[974] *Ibidem.*

[975] *Ibidem.* É nosso o itálico.

[976] *Direito processual civil declaratório*, vol. III, p. 222, nota 2.

Partilhando a mesma ideia, escreve CASTRO MENDES que «a reconvenção é facultativa – o réu pode, querendo, deduzir os seus direitos em acção autónoma»[977].

LEBRE DE FREITAS e RIBEIRO MENDES trilham, com firmeza, idêntico caminho, afirmando que «a dedução da reconvenção nunca constitui um *ónus* do réu, mas uma sua *faculdade*, não precludindo a propositura duma acção com o mesmo objecto»[978].

Igualmente RODRIGUES BASTOS vem há muito defendendo que «a reconvenção não é obrigatória; ela constitui uma faculdade de que o réu pode usar ou não. Nada impede, por isso, que o réu, em vez de reconvir, proponha separadamente a acção que pode exercer contra o autor»[979-980].

Segundo a *communis opinio*, em síntese, a parte não pode ser jamais impedida de fazer valer uma pretensão pelo simples facto de a não ter deduzido *reconvencionalmente* num processo anterior. Vigora, assim, à luz desta tese, no domínio da contestação, o *princí-*

---

[977] *Direito Processual civil*, vol. II, p. 295. Refira-se que CASTRO MENDES já anteriormente se pronunciara em idêntico sentido, escrevendo o seguinte (*Caso julgado e acessão*, O Direito, Ano 105, 1973, p. 72): «(...) A reconvenção, é unânime dizê-lo, é facultativa e não obrigatória para o réu.»

[978] *Código de Processo Civil anotado*, vol. 3.º, p. 649.

[979] *Notas ao Código de Processo Civil*, vol. II, p. 31. Mais recentemente, escreveu ABRANTES GERALDES, *Temas da reforma do processo civil*, vol. I, p. 56: «Em caso algum prevê a lei a obrigatoriedade de dedução da reconvenção, ficando dependente das conveniências do réu a sua dedução, juntamente com a contestação ou a apresentação da pretensão em acção autónoma.»

[980] A doutrina tradicional da reconvenção facultativa é também perfilhada por PAIS DE AMARAL, *Direito processual civil*, p. 226; REMÉDIO MARQUES, *Acção declarativa à luz do Código revisto*, p. 294 («(...) Não existe um ónus de formular pedido reconvencional na acção pendente»), e por MONTALVÃO MACHADO/PAULO PIMENTA, *O novo processo civil*, p. 168. «A reconvenção tem um carácter facultativo», escreve-se nesta última obra. E logo se fundamenta a afirmação: «Com efeito, porque o pedido corresponde a uma acção própria, o réu pode optar entre fazê-lo valer em reconvenção ou deduzi-lo em separado.» Refira-se ainda COLAÇO CANÁRIO, *Reconvenção e compensação*, p. 10: «O réu não é obrigado a reconvir (...): pode fazê-lo ou deixar de o fazer.»

pio da liberdade de reconvir ou, talvez com mais rigor, o *princípio da liberdade de escolha entre a reconvenção e a acção autónoma.*

E, na verdade, do artigo 274.º não resulta que o réu necessite de reconvir, mas antes que o réu tem a *possibilidade* de o fazer («o réu – estabelece-se no n.º 1 desta norma – pode, em reconvenção, deduzir pedidos contra o autor»).

LOPES CARDOSO, apoiando-se precisamente na letra do n.º 1 do artigo 274.º, observa: «Como resulta do verbo *pode* (...), a reconvenção é sempre *facultativa*; não é obrigatório usá-la para nenhum dos fins para os quais é permitida.»

E conclui afirmando que «qualquer desses fins se poderá conseguir mediante acção autónoma»[981].

Também para a Revista dos Tribunais, «o art. 274.º-1 CPC mostra que a reconvenção é facultativa»[982].

A nossa jurisprudência tem-se orientado igualmente por esta tese[983-984].

---

[981] *Código de Processo Civil anotado* (anotação ao art. 274.º). Baseados igualmente no facto de os §§ 33 e 256 II da ZPO fazerem expresso uso do verbo «poder», muitos autores alemães têm caracterizado o exercício da reconvenção como uma mera faculdade. Cfr. OTT, *Die Parteiwiderklage: Grundlagen und ausgewählte Probleme*, p. 63, e HAU, *Widerklageprivileg und Widerklagelast*, ZZP, 2004, p. 43.

[982] Ano 93.º (1975), p. 183. *Vide* também Ano 94.º (1976), p. 425.

[983] Veja-se o Ac. do S.T.J. de 18 de Dez. de 2003 (disponível no sítio *http//:www.dgsi.pt*). E refiram-se também o Ac. do S.T.J. de 5 de Maio de 1942, R.L.J., Ano 75.º, p. 168; o Ac. da Relação de Lisboa de 4 de Nov. de 1955, J.R., Ano I, p. 936, e o Ac. da Relação de Lisboa de 18 de Maio de 1977, C.J. 1977, p. 618 («A reconvenção – escreve-se neste último aresto – traduz a dedução facultativa pelo Réu de um pedido contra o Autor, na acção proposta por este contra aquele.»

[984] Na literatura estrangeira não falta quem sustente a *natureza facultativa* da reconvenção. MICHELI, *Corso di diritto processuale civile*, I, p. 26, escreve que a reconvenção contém «um pedido que pode ser deduzido num distinto processo contra o autor originário.» DINI, «Riconvenzione», *in* NN.D.I., XV (1968), p. 966, após afirmar que o pedido reconvencional é dedutível num processo pendente, logo acrescenta que nada impede a sua formulação num processo distinto. Mais recentemente, VULLO, *La domanda riconvenzionale*, p. 136, admite que a recon-

420 *Reconvenção e Excepção no Processo Civil*

2. Apreciação crítica da tese da reconvenção facultativa: o fenómeno da transformação da faculdade de reconvir em ónus de reconvir. Apreciando a tese exposta, tem de começar por reconhecer-

venção pode «constituir sempre objecto de um julgamento separado.» E exemplifica: «O comprador, demandado em juízo para o pagamento do preço, pode fazer valer a sua eventual pretensão relativa à entrega da coisa, tanto no âmbito do mesmo processo e através de reconvenção, como por via de uma acção autónoma de condenação.» Trata-se, sem dúvida, como veremos, de um caso típico de reconvenção facultativa.

Na Alemanha, ROSENBERG/SCHWAB/GOTTWALD, *Zivilprozessrecht*, pp. 637 e s., defendem, genericamente, na esteira de LOENING (*Die Widerklage im Reichs-Civilprozess*, ZZP, 1882, p. 10), que o pedido do réu pode ser objecto de uma acção independente. O direito de reconvir, segundo SCHUMANN, *Kommentar zur Zivilprozeßordnung* (STEIN/JONAS), p. 826, pertence à livre disposição do réu. A liberdade de reconvir (*Widerklagefreiheit*) não passa de um reflexo da liberdade ínsita no *princípio do dispositivo*. Cfr. HAU, est. cit., p. 38 (texto e notas 34 e 35).

Na doutrina espanhola, FEDERICO SOLANO, *La demanda reconvencional en la legislación española*, Rev. Der. Proc., Abr./Maio/Jun. 1950, p. 225, escreve que o uso da reconvenção «é facultativo e não obrigatório para o reconvinte (...), se não deseja deduzi-la, fica livre de fazer valer o seu direito através do processo apropriado.» Na mesma linha de pensamento, MÁRQUEZ ROMERO, *La reconvención*, p. 52, entende que «não existe um ónus ou um dever processual de formular o pedido reconvencional» e que «a falta da reconvenção não pode prejudicar o demandado (...).» Para MONTERO AROCA, *Derecho jurisdiccional*, II, p. 220, ultrapassado o prazo da contestação, «fica a salvo o direito de o réu fazer valer a pretensão no tribunal competente.» No mesmo sentido veja-se MANUEL GONZÁLEZ, *Reconvención y excepciones reconvencionales en la LEC 1/2000*, pp. 144-154.

Entendimento radicalmente diferente é sustentado por OLIVA SANTOS/DÍEZ-PICAZO GIMÉNEZ, *Derecho procesal civil*, p. 269. Para estes Autores, da remissão do artigo 406, n.º 4, para o artigo 400 da LEC resulta que «se o demandado pode reconvir, porque se encontram preenchidos todos os requisitos de admissibilidade da reconvenção, sobre ele recai o ónus de o fazer, ficando impedido de exercer a acção reconvencional posteriormente através de um processo distinto.»

A referida remissão não permite, no entanto, sustentar esta tese. O artigo 400 da LEC limita-se a explicitar que o autor tem o ónus de alegar todos os factos e fundamentos em que assenta a sua pretensão, sob pena de não os poder invocar num processo posterior.

Assim, também sobre aquele que reconvém recai um encargo análogo. O

O Problema da Falta de Exercício do Direito de Reconvir

-se que o direito de reconvir, na maior parte dos casos, não passa realmente de uma mera *faculdade*.

A tese da reconvenção facultativa sofre, contudo, restrições ou desvios de diversa ordem, sendo incorrecto defender, como princípio de validade absoluta ou irrestringível, que o direito de reconvir se traduz *sempre* numa mera faculdade[985].

---

que a LEC não impõe, de todo em todo, é o ónus de reconvir sempre que se verifiquem os requisitos de admissibilidade da reconvenção.

Na doutrina brasileira, após referir os sistemas em que a reconvenção se torna obrigatória, BARBOSA MOREIRA, *A conexão de causas como pressuposto da reconvenção*, p. 143, escreve que «nada de semelhante se pode imaginar no direito pátrio.» A reconvenção fica, neste sentido, «à mercê» do *princípio do dispositivo*, afirma FORNACIARI JÚNIOR, *Da reconvenção no direito processual civil brasileiro*, p. 45. «Ao reconvinte – escreve na p. 63 – compete examinar da conveniência ou não de sua propositura em processo cumulado ou aguardar para oferecer a demanda autonomamente.» Note-se, no entanto, que este último Autor, num trecho mais adiantado da monografia, acaba por reconhecer que, no domínio de certas acções, «se não houver a propositura de reconvenção, gera-se para o demandado falta de *interesse em agir* para o seu oferecimento de forma independente no futuro.» Apresenta, para ilustrar a situação, o caso em que um dos cônjuges pede a separação judicial e o outro não reconvém, formulando o mesmo pedido com novo fundamento.

[985] Na nossa doutrina mais recente, TEIXEIRA DE SOUSA, *As partes, o objecto e a prova na acção declarativa*, pp. 168 e s., defende a tese clássica de que «a dedução da excepção peremptória é um ónus, mas a formulação da reconvenção é um mero poder», acrescentando, neste sentido, o seguinte: «Não existe qualquer ónus de formulação do pedido reconvencional no processo pendente (e, por isso, esse pedido pode ser apresentado autonomamente num outro processo), mas, dada a sua conexão com o objecto apresentado pelo autor ou a defesa deduzida pelo réu, torna-se aconselhável apreciá-lo na mesma acção.» No entanto, não deixa de assinalar, em termos genéricos, uma hipótese em que o réu acaba por ver precludido o poder de accionar futuramente o autor: «A formulação de um pedido reconvencional é sempre uma faculdade, que só preclude no caso de a procedência da acção ser incompatível com a eventual procedência do pedido reconvencional.» Em obra posterior (*Estudos sobre o novo processo civil*, p. 284), acrescenta: «Sempre que o pedido reconvencional não esteja sujeito a qualquer preclusão se não for formulado na acção pendente (como sucede na hipótese prevista no art. 274.º, n.º 2, al. *c*)), a opção pela sua formulação nessa acção só deve ser tomada quando for possível coligir, no prazo de contestação, todos os elementos necessários para a sua procedência.»

422   *Reconvenção e Excepção no Processo Civil*

Com efeito, sobre o réu recai, por vezes, o *ónus* de apresentar, na acção principal, a respectiva reconvenção, passando esta a ser necessária: o demandado, querendo obter certo efeito favorável, necessita de reconvir, pois, se o não fizer, perderá a única oportunidade de accionar o autor e de lutar contra uma eventual vitória deste.

Deparamo-nos, em ordenamentos jurídicos estrangeiros, com normas que fazem recair sobre o réu o ónus de reconvir.

Assim, no direito italiano, nas acções do âmbito do *direito societário*, com a finalidade confessa de se alcançar uma rápida e eficaz composição dos litígios, o legislador introduziu no artigo 4, parágrafos 1.º e 2.º, do Decreto n.º 5, de 17 de Jan. de 2003, a necessidade de o demandado propor, sob pena de perda do direito (*a pena di decadenza*), os pedidos reconvencionais dependentes do título deduzido em juízo pelo autor ou da excepção alegada no processo[986].

Resta averiguar se existem normas análogas no nosso sistema e, portanto, desvios legais ao clássico princípio da reconvenção facultativa.

3. Fundamentos da reconvenção necessária ou compulsiva: I) A reconvenção necessária por força da lei (processual ou substantiva).

As hipóteses de reconvenção necessária directamente previstas na lei são em número reduzidíssimo, facto demonstrativo da inexistência de uma política tendente a impor ao réu a necessidade de reconvir.

Denotam-se até sinais de recuo do legislador no respeitante à reconvenção necessária.

Assim, por exemplo, ao regular a *acção de despejo*, o corpo do artigo 53.º do Decreto n.º 5.411, de 17 de Abril de 1919, reconhecia ao arrendatário o *direito a indemnização*, sempre que o despejo fosse decretado judicialmente, por não convir ao senhorio a continuação do arrendamento, logo se acrescentando, no parágrafo 1.º, que tal direito *devia ser exercido na impugnação da acção de despejo*. Quer dizer, sobre o réu recaía um autêntico *ónus de reconvir*.

---

[986] Sobre este regime ver o estudo de GRAZIOSI, *Sul nuovo rito societario a cognizione piena*, R.T.D.P.C., 2005, pp. 9 e 21.

Mais tarde, o artigo 56.º, n.º 3, do R.A.U. veio dispor, diferentemente, que «o réu, ao contestar, pode deduzir em reconvenção o seu direito a benfeitorias ou a uma indemnização.» A reconvenção passou a revestir sempre, portanto, natureza facultativa[987].

De qualquer modo, é possível descortinar, na nossa lei, hipóteses de *reconvenção necessária*[988].

Começaremos por referir, no âmbito do processo especial de «consignação em depósito», a situação prevista no artigo 1029.º, n.º 1, do Código de Processo Civil.

Imaginemos que *A* pretende exonerar-se de determinada dívida que tem para com *B*, recorrendo, fundadamente, ao processo regulado nos artigos 1024.º e ss., porque o credor, por exemplo, recusa-se a receber o pagamento.

Para o efeito, o devedor recorre a este processo especial, indicando a obrigação de que pretende livrar-se e requerendo o depósito da quantia de que se considera devedor.

Citado para contestar, *B* impugna o depósito, alegando ser maior a quantia devida por *A*. Ora, precisamente acerca desta hipótese, dispõe o n.º 1 do artigo 1029.º o seguinte: «Quando o credor impugnar o depósito por entender que é maior ou diverso o objecto da prestação devida, deduzirá, em reconvenção, a sua pretensão, desde que o depositante seja o devedor (...).»

Resulta desta norma que o réu (credor) necessita de reconvir para obter o pagamento do contracrédito. E se não reconvier? Nessa eventualidade, por força do preceito em causa, a sua pretensão ficará pre-

---

[987] Sobre o artigo 56.º, n.º 3, do R.A.U., que não foi transposto para o NRAU, *vide* TEIXEIRA DE SOUSA, *A acção de despejo*, pp. 45 e ss.

[988] ABRANTES GERALDES, *Temas da reforma do processo civil*, vol. I, p. 56, refere-se a estas hipóteses como exemplos de «reconvenção conveniente.» Entre as expressões «reconvenção conveniente» e «reconvenção necessária», continuamos a preferir a segunda, uma vez que apela mais directamente à noção de ónus. De rejeitar é, sem dúvida, a expressão «reconvenção obrigatória», pois, em rigor, jamais recai sobre o demandado a obrigação ou o dever processual de reconvir.

cludida, pois o momento apropriado para a fazer valer é o da impugnação no âmbito do processo especial de consignação em depósito.

A lei pretende que o litígio fique resolvido de uma vez por todas, afastando a indesejável multiplicação de acções.

Também no Código Civil existe uma hipótese indiscutível de reconvenção necessária. Dispõe, com efeito, o artigo 1792.º, n.º 2, a propósito dos *danos não patrimoniais* nos casos de *divórcio*, que «o pedido de indemnização deve ser deduzido na própria acção de divórcio.»

Estabelece este preceito, com muita clareza, que a indemnização pelos referidos danos tem de ser requerida na acção de divórcio. Isto significa que o cônjuge réu necessita de reconvir, sob pena de ver precludido o direito à reparação dos danos morais resultantes da extinção do casamento[989-990].

Trata-se, sem dúvida, de uma boa solução, susceptível de pôr termo à multiplicação de processos e à consequente sobrecarga dos tribunais.

Em síntese, interessa, neste momento, acentuar a seguinte máxima: *sempre que a reconvenção se torne necessária por força da lei, a sua omissão faz precludir a pretensão material do demandado.*

Nas duas hipóteses apontadas, resulta expressamente das respectivas normas que o réu, desde que queira fazer valer o direito que lhe assiste, necessita de socorrer-se da reconvenção.

---

[989] Escreve, a propósito, ANTUNES VARELA, *Código Civil anotado*, vol. IV, p. 568, que se deduz «do disposto no n.º 2 do artigo 1792.º um princípio de *preclusão* do pedido. Se não for requerida na acção de divórcio (seja pelo autor, seja pelo réu), a indemnização pelos danos morais resultantes da dissolução do casamento caduca, já não podendo ser requerida em acção autónoma.»

[990] A nossa jurisprudência não duvida da necessidade, no caso, da reconvenção. «O cônjuge declarado único ou principal culpado – escreve-se no Ac. da Relação do Porto de 8/3/1999, C.J. 1999, t. II, p. 176 – deve reparar os danos não patrimoniais causados ao outro cônjuge pela dissolução do casamento», mas tal indemnização «deve (e só pode) ser pedida na própria acção de divórcio.»

O aresto distingue, com clareza, os danos resultantes dos factos que estão na base do divórcio e os danos derivados da própria dissolução do matrimónio, afirmando que somente estes últimos estão sujeitos à reconvenção obrigatória.

Nem sempre, no entanto, o legislador impõe de forma tão explícita o encargo de reconvir.

De facto, por vezes, deduz-se da lei – *mas num plano estritamente substantivo* – que o *contradireito* pertencente a certa pessoa deve ser exercido no momento em que alguém faça valer contra ela determinada pretensão. Quando assim for, fácil se torna passarmos do plano jurídico-material para o plano adjectivo: uma vez deduzida judicialmente a pretensão, impõe-se ao demandado o recurso ao meio reconvencional, na eventualidade de querer invocar o contradireito que lhe assiste.

A necessidade de reconvir pode assentar, portanto, nas normas reguladoras dos direitos subjectivos privados, resultando a reconvenção *necessária*, indirectamente, da lei material.

Atentemos, para ilustrar o que acaba de dizer-se, no que dispõem, em matéria de servidão legal de passagem, os artigos 1550.º, n.ºs 1 e 2, e 1551.º, n.º 1, do C.C.

No primeiro preceito estabelece-se o seguinte:

> «1. Os proprietários de prédios que não tenham comunicação com a via pública, nem condições que permitam estabelecê-la sem excessivo incómodo ou dispêndio, têm a faculdade de exigir a constituição de servidões de passagem sobre os prédios rústicos vizinhos.
>
> 2. De igual faculdade goza o proprietário que tenha comunicação insuficiente com a via pública, por terreno seu ou alheio.»

E no n.º 1 do artigo 1551.º acrescenta-se que «os proprietários de quintas muradas, quintais, jardins ou terreiros adjacentes a prédios urbanos podem subtrair-se ao encargo de ceder passagem, adquirindo o prédio encravado pelo seu justo valor.»

Isto é, sempre que o proprietário de um prédio encravado pretenda constituir coercivamente uma servidão de passagem sobre um prédio vizinho que se enquadre em alguma das categorias indicadas no n.º 1 do artigo 1551.º (*quinta murada, quintal, jardim* ou *terreiro adjacente a prédio urbano*) e intente, para esse efeito, uma acção judicial contra o respectivo dono, este poderá evitar a constituição da servidão declarando que pretende adquirir o prédio encravado e, por conseguinte, o *direito potestativo* que possibilita tal aquisição coerciva tem de ser *necessariamente* exercido na contestação, através da dedução de um pedido reconvencional, sob pena de o seu exercício ficar irremediavelmente precludido e não poder evitar-se a constituição da servidão.

Como observam PIRES DE LIMA e ANTUNES VARELA, em nota ao artigo 1551.º, n.º 1, do C.C., «o direito (potestativo) de adquirir o prédio encravado visa impedir a constituição da servidão, extinguindo-se se não for exercido, por via reconvencional, na acção intentada para esse efeito»[991].

3. Fundamentos da reconvenção necessária ou compulsiva (cont.). II) A reconvenção necessária por força do caso julgado: A) O caso julgado como «escudo protector» das decisões judiciais. O caso julgado formado sobre a decisão proíbe, em certos termos, reacções extemporâneas das partes dirigidas a «anular» ou aniquilar qualquer efeito desfavorável decorrente de uma sentença anterior.

Fazendo uso de uma frase célebre de CHIOVENDA, «não é permitido que o juiz, num processo futuro, possa vir a desconhecer ou a diminuir o bem reconhecido pela precedente decisão transitada em julgado» (*non è ammesso che il giudice in un futuro processo possa (...) disconoscere o diminuire il bene riconosciuto nel precedente giudicato*)[992]. Numa palavra, o conteúdo da decisão torna-se *intangível*. Se assim não fosse, a parte vencedora num processo jamais poderia estar tranquila. Ora, é absolutamente indispensável – para se alcançar a sempre desejável certeza do direito ou segurança jurídica – que o benefício resultante de uma sentença constitua uma aquisição definitiva, insusceptível de ser afectada por qualquer acção posterior[993].

---

[991] *Código Civil anotado* (com a colaboração de HENRIQUE MESQUITA), vol. III, p. 639.

[992] *Principii di diritto processuale civile*, p. 916.

[993] Cfr. ALBERTO DOS REIS, *Código de Processo Civil anotado*, vol. III, p. 94, e EDUARDO CORREIA, *Caso julgado e poderes de cognição do juiz*, p. 7. Sobre as razões

O Problema da Falta de Exercício do Direito de Reconvir

Importa averiguar até que ponto uma decisão transitada em julgado tem força para resistir a eventuais ataques perpetrados pela parte desagradada com o resultado do processo e que relação tem isto com a matéria da reconvenção necessária.

Contrariamente ao que acontece nos denominados *processos de jurisdição voluntária*[994], nos *processos de jurisdição contenciosa* toda a decisão relativa ao *mérito* da causa torna-se, a partir do momento fixado no art. 677.º, imodificável, ou seja, insusceptível de vir, no futuro, a ser afectada por outra sentença.

Diz-se que a decisão transita em julgado[995], somente podendo sofrer alterações com base nos restritos fundamentos do recurso de *revisão* (art. 771.º).

O caso julgado nasce, portanto, no momento em que a sentença deixa de ser impugnável pelas vias normais (neste sentido, o caso julgado assenta na denominada *preclusão da impugnabilidade*)[996].

---

subjacentes ao caso julgado, *vide* CHIOVENDA, *Instituciones de derecho procesal civil*, t. I, p. 383, e MOSCHZISKER, *Res judicata*, Yale L. J., 1928-1929, pp. 315 e s. Para VESTAL, *Rationale of preclusion*, St. Louis U.L.J., 1964-1965, p. 31, o caso julgado é uma resposta àquilo que é socialmente desejável. Conforme explica, tanto o interesse da sociedade, como o interesse dos litigantes, apontam para a impossibilidade da repetição do julgamento das questões litigiosas. Desta forma, *os tribunais funcionam mais eficientemente*, o seu *prestígio não é afectado* e os *litigantes não são indevidamente incomodados*.

[994] Cfr. artigo 1411.º, n.º 1.

[995] Ou que sobre a sentença se forma o denominado caso julgado *material*. Diferentemente, o caso julgado *formal* – a que o legislador se refere no artigo 672.º – constitui-se sobre as sentenças de forma, ou seja, sobre aquelas que resolvam questões de natureza meramente processual. O caso julgado formal obsta a que estas questões venham a ser diferentemente resolvidas no âmbito do mesmo processo, não impedindo, porém, uma decisão contrária no domínio de outro processo. Ver, sobre este ponto, ALBERTO DOS REIS, *Código de Processo Civil anotado*, vol. III, pp. 96 e s.

[996] Cfr. CHIOVENDA, *Cosa giudicata e preclusione*, R.I.S.G., 1933, p. 7.

Sendo intentada uma acção que se traduza numa *mera reprodução de outra causa antes decidida* ou que, não sendo efectivamente idêntica a esta, assenta em *factos defensivos não alegados pelo réu no anterior processo* (ou *infrutiferamente alegados*)[997], o tribunal deverá recusar-se a julgá-la de novo, absolvendo o demandado da instância, com fundamento na *excepção de caso julgado*, prevista e regulada nos artigos 494.º, al. *i*), 497.º e 498.º.

Esta recusa do tribunal evitará o aparecimento de uma sentença meramente *confirmatória* da anterior (e, logo, de uma sentença perfeitamente inútil) ou, pior, a prolação de uma sentença *atentatória* dos efeitos alcançados pela parte vencedora.

Pode, pois, com segurança, afirmar-se que a *exceptio rei iudicatae* afecta, em primeiro lugar, todo aquele que, assimilando mal uma derrota, venha a pedir, segunda vez e perante os tribunais, o que antes lhe foi, por decisão judicial, negado.

A excepção em causa obsta, por razões de interesse público e de interesse privado, ao julgamento de qualquer nova acção que não seja mais do que uma pura e simples repetição de outra acção (ou reconvenção) já julgada improcedente[998].

Tudo isto permite concluir que *a excepção dilatória do caso julgado protege o réu (ou o reconvindo) absolvido do pedido contra a teimosia do autor sucumbente (ou do reconvinte)*[999].

---

[997] E, consequentemente, susceptíveis de afectar o resultado obtido pelo autor no processo anterior.

[998] «Os efeitos do caso julgado material – escreve TEIXEIRA DE SOUSA, *O objecto da sentença e o caso julgado material*, B.M.J., n.º 325, p. 168 – projectam-se em processo subsequente necessariamente como autoridade de caso julgado material, em que o conteúdo da decisão anterior constitui uma vinculação à decisão de distinto objecto posterior, ou como excepção de caso julgado, em que a existência da decisão anterior constitui um impedimento à decisão de idêntico objecto posterior.»

[999] Ocorrendo, no entanto, uma situação de concurso de objectos processuais, o autor não fica inibido de tentar obter o mesmo efeito com base noutro

Em segundo lugar, é pacífico que o caso julgado afecta igualmente o ex-demandado que, propondo acção diferente de outra já decidida, pretenda, no fundo, «anular» ou destruir, através de um autêntico *ataque colateral*, o resultado ou o efeito nesta alcançado com êxito pelo autor (ou pelo reconvinte). E afecta-o na medida em que, também nesta hipótese, o tribunal se deve abster de levar a cabo o julgamento da segunda acção. Pode, pois, dizer-se que *a excepção em causa protege o autor (ou o reconvinte) cujo pedido tenha sido julgado procedente.*

O caso julgado funciona, portanto, como um autêntico «escudo protector» da sentença contra acções que venham a ser propostas pelo autor ou pelo réu de um anterior processo.

Por um lado, insistimos, o *autor* fica inibido de repetir a acção, voltando a alegar o que já alegara ou invocando, pela primeira vez, factos que tinha o ónus de alegar no processo cuja decisão transitou em julgado.

Por outro lado, o *réu* fica proibido de propor uma contra-acção independente, baseando-se em factos antes deduzidos sem êxito ou que, podendo ter sido deduzidos em sua defesa, o não foram.

Tanto para o autor como para o réu se aplica inteiramente o clássico princípio de que *o caso julgado cobre (rectius, preclude) o deduzido e o dedutível*[1000]. Recorrendo às palavras de CHIOVENDA,

---

fundamento ou causa de pedir. Por vezes, no entanto, a improcedência de uma pretensão – em situações de concurso de objectos processuais – acaba mesmo por ditar a improcedência da pretensão concorrente. Sobre este ponto, ver, por todos, TEIXEIRA DE SOUSA, *O concurso de títulos de aquisição da prestação*, pp. 313 e ss.

[1000] Em apoio do que se diz no texto, citemos esta importante passagem das Lições de PROTO PISANI (*Lezioni di diritto processuale civile*, p. 63): «Os factos juridicamente relevantes (meros factos ou factos-direitos), sejam ou não deduzidos no processo onde é exercido o direito sobre o qual o juiz decidiu com força de caso julgado, não poderão ser deduzidos num segundo processo com o objectivo de afectarem o resultado do primeiro processo. Esta ideia é eficazmente expressa através da máxima segundo a qual o caso julgado cobre o deduzido e o dedutível (*il giudicato copre il dedotto e il deducibile*).» Sobre a relevância jurisprudencial

«precludidas todas as questões alegadas, ou que podiam ter sido alegadas, produz-se o caso julgado, quer dizer, a afirmação indiscutível e obrigatória, para os juízes de todos os processos futuros, de uma vontade concreta da lei que reconhece ou nega um bem da vida a uma das partes»[1001].

Noutro estudo, o processualista italiano afirma, com inteira exactidão, que «o caso julgado repousa sobre a preclusão das questões», logo acrescentando que este efeito «garante a intangibilidade do resultado do processo, ou seja, o reconhecimento ou a negação de um bem, a fim de que a vida social se desenvolva o mais possível segura e pacífica»[1002].

---

deste princípio, impeditivo de uma ulterior reapreciação de factos susceptíveis de serem alegados anteriormente através de acção ou de excepção, *vide* PUGLIESE, «Giudicato civile», *in* E.D., vol. XVIII, p. 865, e COCCHI, *Orientamenti giurisprudenziali in tema di limiti oggettivi del giudicato e di impugnative negoziali*, F.I., 1984, pp. 300 e s.

Pela nossa parte, porém, preferimos dizer que *o caso julgado preclude o deduzido e o dedutível*, no sentido de que faz perder a possibilidade de uma reapreciação ou de uma apreciação futura (*ex novo*) de questões susceptíveis de afectar, de algum modo, uma decisão já transitada em julgado.

[1001] *Instituciones de derecho procesal civil*, t. I, p. 387. Ver também, do mesmo Autor, «Sulla cosa giudicata», *in Saggi di diritto processuale civile*, vol. II, p. 407. O «bem da vida» (*il bene della vita*), na linguagem chiovendiana, tanto pode traduzir-se na *propriedade*, como numa *servidão*, numa *herança*, num *crédito*, no *direito à anulação de um negócio jurídico*, etc.

[1002] *Cosa giudicata e preclusione*, R.I.S.G., 1933, p. 9. Vemos, assim, que o termo preclusão se associa intimamente ao conceito de caso julgado. Pode mesmo dizer-se que se traduz num efeito do caso julgado: transitada em julgado a sentença, ficam precludidas todas as questões susceptíveis de afectar, no futuro, o direito judicialmente reconhecido. No sentido de que a preclusão (*Präklusionswirkung*) consiste num efeito fundamental do caso julgado (*Rechtskraftwirkung*), *vide* OTTO, *Die Präklusion*, pp. 89 e s. Ver ainda LEBRE DE FREITAS, «Concentração da defesa e formação de caso julgado em embargos de executado», *in* Estudos sobre direito civil e processo civil, pp. 462 e s.

A palavra preclusão tem, no entanto, outro sentido. Trata-se de um expediente de que o legislador se serve para, como explica CHIOVENDA, est. cit., p. 8,

Estamos perante ideias cuja validade é reconhecida muito para além do direito continental europeu.

No direito norte-americano, por exemplo, entende-se que «o julgamento efectuado num processo influi numa acção posterior, não apenas quanto às questões ali discutidas, mas também quanto àquelas que o podiam ter sido, e isto quando as duas causas sejam em tal medida análogas que um diferente julgamento no segundo processo possa destruir ou diminuir os direitos ou os interesses reconhecidos no primeiro»[1003].

B) *O caso julgado e a proibição da acção repetida.* Quanto aos critérios que permitem aferir se, efectivamente, existe uma *repetição de causas*, o legislador dispõe, no artigo 498.°, n.° 1, que esta ocorre quando os *sujeitos (personae)*, o *pedido (petitum)* e a *causa de pedir (causa petendi)* coincidam em dois ou mais processos.

O caso julgado material forma-se sobre a *decisão* constante de uma sentença proferida num processo cujo *objecto* consiste em determinado *pedido* e em determinada *causa de pedir*[1004].

«tornar certo, ordenado e preciso o caminho do processo.» A preclusão significa, portanto, a perda dos poderes ou das faculdades processuais. Pensemos no réu que não contesta no prazo fixado na lei, perdendo, por causa disso, o direito de o fazer, ou pensemos na parte que, não alegando a nulidade do acto dentro do prazo, deixa de a poder invocar. Este segundo significado do conceito de preclusão é devidamente explicitado por TESORIERE, *Contributo allo studio delle preclusioni nel processo civile*, pp. 31 e 89; ATTARDI, «Preclusione (principio di)» *in* E.D., vol. XXXIV, p. 902, e GRASSO, *Interpretazione della preclusione e nuovo processo civile in primo grado*, R.D.P., 1993, pp. 639-641. *Vide* também, na doutrina alemã, OTTO, ob. cit., pp. 15-18, e na doutrina espanhola, VALLINES GARCÍA, *La preclusión en el proceso civil*, pp. 37-43.

[1003] Cfr. Schuylkill Fuel *v.* Nieberg Realty Corporation, 250 N.Y. 304, 306, 165 N.E. 456, 457 (1929). Para FRIEDENTHAL/KANE/MILLER, *Civil procedure*, p. 676, «o caso julgado preclude não apenas o que foi litigado, mas também o que podia ter sido litigado» (*As with plaintiff's claims*, res judicata *precludes not only what was litigated, but also what might have been litigated*).

[1004] Ver MANUEL DE ANDRADE, *Noções elementares de processo civil*, p. 320, e PROTO PISANI, *Note problematiche e no sui limiti oggettivi del giudicato civile*, F.I.,

Antunes Varela, de forma lacónica, mas impressiva, vem ensinando, há muito, que constitui *caso julgado* «a resposta final dada à pretensão concretizada no pedido e coada através da causa de pedir»[1005].

E a verdade é que, somente atendendo-se a este binómio (constituído pelo *pedido* e pela *causa de pedir*), se pode concluir pela efectiva repetição de uma acção já encerrada.

O caso julgado afecta, portanto, *dentro de tais limites objectivos* (objectivos, porque coincidentes com o *objecto da acção*), o *autor*, constituindo, para ele, uma autêntica proibição do exercício posterior do direito de accionar.

O princípio segundo o qual *o caso julgado cobre o deduzido e o dedutível* vale para o *autor* dentro dos limites identificadores da acção, ficando esta parte proibida de propor uma acção que seja idêntica a outra já previamente decidida a seu favor ou contra si: uma acção, por exemplo, para pedir, de novo, e com base nos mesmos factos, o pagamento de uma indemnização mais favorável do que a anteriormente decretada ou, noutro exemplo, para pedir o pagamento de uma dívida já declarada inexistente ou extinta.

Se isto fosse permitido, ficaria o caminho aberto para o afastamento da decisão anteriormente transitada em julgado[1006-1007].

A doutrina norte-americana, a respeito das razões subjacentes ao instituto do caso julgado, acentua que «ninguém deve ser duas

---

1987, p. 448, para quem «o objecto do processo e do caso julgado material se determina através dos elementos identificadores da acção.» A relevância do *pedido* e da *causa de pedir* na determinação do *objecto do processo* é igualmente acentuada por Mandrioli, *Riflessioni in tema di petitum e di causa petendi*, R.D.P., 1984, pp. 474 e s., e, entre nós, por Teixeira de Sousa, *O objecto da sentença e o caso julgado material*, B.M.J., n.º 325, pp. 102-106, e *Introdução ao processo civil*, pp. 32 e s.

[1005] *Manual de processo civil*, p. 714.

[1006] Cfr. Menchini, *I limiti oggettivi della cosa giudicata*, p. 230, e Field/ /Kaplan/Clermont, *Civil procedure*, pp. 652 e s.

[1007] Seguimos de perto Schwab, «Die Bedeutung der Entscheidungsgründe», *in* Festschrift für Eduard Bötticher, p. 326.

O *Problema da Falta de Exercício do Direito de Reconvir*

vezes incomodado com a mesma acção» (*no person should be twice vexed by the same claim*)[1008].

E uma vez que o caso julgado preclude não apenas o *deduzido*, mas também o *dedutível*, o autor fica impedido de se servir de uma segunda acção com o fim de invocar, contra a mesma pessoa, factos constitutivos não alegados ou alegados de forma incompleta no âmbito de um processo anterior[1009-1010].

É claro que, para além dos referidos limites, pode propor-se um novo processo com objecto total ou parcialmente diverso.

Assim, por exemplo, o autor que, com fundamento em adultério praticado pelo cônjuge, vem pedir o divórcio, poderá sempre, em caso de improcedência da acção, apoiando-se em novos factos fundamentais reveladores da violação do dever de fidelidade, requerer, através de outro processo, a dissolução do matrimónio.

Como ensina TEIXEIRA DE SOUSA, o caso julgado preclude «os factos que se referem ao objecto apreciado e decidido na sentença transitada. Assim, não está abrangida por essa preclusão a invocação de uma outra causa de pedir para o mesmo pedido, pelo que o

---

[1008] FRIEDENTHAL/KANE/MILLER, *Civil procedure*, p. 653. Máxima que reproduz o antigo princípio romanista de que «nemo debet bis vexari pro una et eadem causa.»

[1009] Os «factos antigos» que podiam ter sido alegados, mas não o foram, ficam precludidos, ou seja, jamais podem aproveitar, num processo posterior, ao demandante. Neste sentido se pronuncia SCHWAB, est. cit., pp. 327-329.

[1010] Citemos, a propósito, as esclarecedoras palavras de TEIXEIRA DE SOUSA, *Estudos sobre o novo processo civil*, p. 585: «(...) Está precludida a invocação pelo autor de factos que visam completar o objecto da acção anteriormente apreciada, mesmo que com uma decisão de improcedência. Se, por exemplo, o autor tiver omitido, na acção de despejo destinada a denunciar o arrendamento, por necessidade da casa para habitação própria, a alegação de que essa carência se verificava há mais de um ano (...), essa parte não pode propor uma nova acção em que supre a falta de alegação desse requisito (...). Portanto, quanto ao autor a preclusão incide apenas sobre os factos complementares.»

autor não está impedido de obter a procedência da acção com base numa distinta causa de pedir. Isto significa – *conclui* – que não há preclusão sobre factos essenciais, ou seja, sobre factos que são susceptíveis de fornecer uma nova causa de pedir para o pedido formulado»[1011-1012].

C) O caso julgado e a proibição da contra-acção autónoma proposta pelo ex-demandado.

O caso julgado não se limita a obviar às acções repetidas, pois também trava todas aquelas que visem «anular» ou aniquilar o efeito alcançado pelo autor num processo anterior. Quer dizer, o caso julgado afecta também o *réu sucumbente*, na medida em que faz recair sobre ele, em certos termos, a proibição do futuro exercício do direito de accionar.

Atentemos em dois pontos de primordial importância.

O *primeiro* é este: *o caso julgado protege a sentença contra uma acção que consista na repetição de uma estratégia defensiva já antes levada a cabo sem êxito.*

Suponhamos, por exemplo, que, numa acção de dívida, o réu alegou ter efectuado o pagamento, mas não conseguiu provar este facto extintivo. Poderá, após o trânsito em julgado da sentença condenatória, vir a propor uma acção, voltando a insistir no cumprimento e pedindo a repetição do pagamento entretanto efectuado?

Tem de entender-se que não o pode fazer, pois esta acção teria por único e exclusivo fim afectar ou atingir uma sentença já transitada em julgado[1013].

[1011] *Ibidem.* Sobre a relevância do caso julgado nas situações de «concurso objectivo», ver, na mesma obra, as pp. 576 e ss.

[1012] Tudo está em saber, como bem observa DIETRICH, *Zur materiellen Rechtskraft eines Klagabweisenden Urteils*, ZZP, 1970, p. 203, se estamos ou não perante um novo objecto, o que nem sempre é fácil de averiguar. Ver também HENCKEL, *Prozessrecht und materielles Recht*, pp. 169 e s. Para este Autor, «um facto novo é relevante se puder considerar-se fundamento para a improcedência ou para a procedência da acção.»

[1013] Cfr. TEIXEIRA DE SOUSA, ob. cit., p. 579.

O *Problema da Falta de Exercício do Direito de Reconvir*   435

Na realidade, e no respeitante ao réu, *o caso julgado faz preclu-dir, para sempre, as alegações defensivas efectivamente apresentadas*: o caso julgado «cobre o deduzido», ou seja, impede a reapreciação das questões já antes levantadas[1014-1015]. Este efeito preclusivo, indisso-

---

[1014] São muito esclarecedoras as seguintes palavras de PROTO PISANI, *Note problematiche e no sui limiti oggettivi del giudicato civile*, F.I., 1987, p. 447: o princípio segundo o qual o caso julgado cobre o deduzido e o dedutível, «se entendido de modo correcto (o que nem sempre acontece), não influi de nenhum modo no sentido de restringir ou ampliar os limites objectivos do caso julgado: determinado (com base em critérios a que é estranho o princípio agora em análise) o âmbito objectivo do caso julgado, o princípio (…) diz-nos somente que o resultado do primeiro processo não poderá ser posto em causa, diminuído ou desconhecido por via da dedução, num segundo processo, de questões que foram deduzidas ou podiam tê-lo sido no decurso do processo anterior.» *Vide* também, no mesmo sentido, a clássica obra de SERGIO COSTA, *Manuale di diritto processuale civile*, pp. 249 e s.

[1015] «Se a decisão não pode ser mais discutida por via do levantamento de questões resolvidas de passagem no decurso do processo – escreve LIEBMAN, «Giudicato», *in* E.G., p. 13 –, *isso não ocorre pelo facto de sobre elas se ter formado caso julgado*, mas antes porque a decisão transitou em julgado e não pode ser mais atacada; e isto vale não só para as questões que foram discutidas e resolvidas, mas também para aquelas que o poderiam ter sido, mas não o foram» (é nosso o itálico).

Realmente, a afirmação de que o caso julgado «cobre o deduzido» *em nada contradiz* a tese segundo a qual *o caso julgado não se estende aos motivos ou aos fundamentos da decisão*, nomeadamente às *excepções* alegadas pelo demandado: num plano, seguindo o ensinamento de HEINITZ (*I limiti oggettivi della cosa giudicata*, p. 229), está o problema da extensão do caso julgado aos motivos, e noutro, bem distinto, o problema da resistência do caso julgado formado sobre a decisão a eventuais ataques levados a cabo pelo ex-demandado. Também LANCELLOTTI, *Variazioni dell'implicito rispetto alla domanda, alla pronuncia ed al giudicato*, R.D.P., 1980, p. 483, explica que o princípio à luz do qual «o caso julgado preclude o deduzido e o dedutível» «não comporta a extensão do caso julgado aos pressupostos lógicos que conduzem o juiz à decisão. Trata-se da proibição da alteração e, antes de tudo, da impossibilidade da reconsideração da sentença à luz de elementos novos.» NAPPI, *La domanda proposta in via riconvenzionale*, R.T.D.P.C., 1989, p. 807, confunde estes dois planos, acabando por defender o alargamento do caso julgado às questões prejudiciais. SCHWAB, «Die Bedeutung der Entscheidungsgründe», *in* Festschrift für Eduard Bötticher, pp. 321 e ss, afirma que sobre estas questões se forma caso julgado relativo (*relative Rechtskraft*), mas não, em princípio, caso julgado absoluto (no sentido defendido por Savigny). Quer dizer, a decisão sobre a questão prejudicial é inatacável ou intangível (*unangreifbar*) enquanto suporte da sentença final.

No caminho até esta sentença, o juiz vê-se obrigado a resolver uma série mais ou menos ampla de pontos prejudiciais. Ora, como vimos na parte I da presente monografia, de acordo com o nosso sistema não se forma caso julgado sobre a resposta dada pelo tribunal a estes pontos preliminares, mesmo quando controvertidos: em princípio, são resolvidos de passagem ou *incidenter tantum* e, deste modo, podem vir a ser diferentemente decididos no âmbito de outro processo com objecto diverso. Apenas a *vontade das partes* ou uma *disposição legal* pode conduzir ao alargamento do caso julgado à decisão relativa à questão preliminar e prejudicial.

Deste regime, consagrado no artigo 96.º, resulta que as *excepções* não são abrangidas, em regra, pelo caso julgado. Este ponto necessita de *duas precisões*.

A *primeira* é esta: o facto de não ocorrer, em princípio, o alargamento do caso julgado às questões suscitadas pelo réu não permite que, num processo subsequente, o tribunal as possa reapreciar, proferindo decisão *incompatível*, na prática, com a primeira. Contra isto opõe-se a excepção do caso julgado: a decisão transitada em julgado não pode vir a ser afectada.

Quando se afirma que o caso julgado «cobre o deduzido» pretende acentuar-se que a decisão final fica resguardada contra uma reapreciação futura de questões já deduzidas, independentemente de sobre estas se ter formado caso julgado.

Mas qual, afinal de contas, o significado do não alargamento do caso julgado às questões alegadas pelo réu em sua defesa? Este problema conduz-nos a uma *segunda precisão* não menos importante: o não alargamento do caso julgado aos «motivos» *apenas* permite que os tribunais reapreciem e julguem diferentemente as referidas questões quando não exista o perigo de surgirem duas decisões, na prática, incompatíveis. Um exemplo apresentado por TEIXEIRA DE SOUSA, ob. cit., p. 580: «A relação de paternidade constitui um dos fundamentos do dever de prestação de alimentos (art. 2009.º, n.º 1, do C.C.), mas a procedência de uma acção de alimentos proposta contra um pretenso progenitor não implica que se considere estabelecida, com força de caso julgado, essa paternidade; a paternidade só é indiscutível enquanto fundamento do dever de alimentos e uma tal indiscutibilidade significa apenas que o devedor não pode isentar-se do cumprimento da obrigação com o fundamento de que não é o progenitor do alimentado».

O *Problema da Falta de Exercício do Direito de Reconvir*

ciavelmente ligado ao caso julgado, é, como adverte CHIOVENDA, «o expediente de que o direito se serve para garantir ao vencedor o gozo do resultado obtido através do processo»[1016].

Outro exemplo permite ilustrar o que acaba de ser dito. Imaginemos que o demandado, no âmbito de uma acção de reivindicação, se defendeu, sem êxito, através da *excepção da usucapião*, tendo esta sido decidida sem força de caso julgado.

Apesar disto, o réu fica proibido de invocar, de novo, judicialmente, a referida usucapião, pedindo o reconhecimento, em seu benefício, do direito de propriedade. Se assim não sucedesse, poderia vir a obter uma sentença incompatível com aquela que, no processo anterior, contra ele foi proferida[1017].

Na eventualidade de a acção de reivindicação ter *improcedido*, o réu não fica inibido de voltar a invocar a usucapião, pois o novo processo jamais afectará o resultado alcançado pelo demandante na acção anterior[1018].

Mas, para além de tudo o que se disse, *o caso julgado preclude também os factos que o demandado podia ter deduzido no processo, mas que, efectivamente, acabou por omitir*[1019].

Quanto aos factos silenciados, fica impedido, desde logo, de se opor, com base neles, a uma eventual e futura execução, pois conforme se dispõe no artigo 813.º, al. *g*), somente servirá de fundamento de oposição «qualquer facto extintivo ou modificativo da

---

[1016] *Cosa giudicata e preclusione*, R.I.S.G., 1933, pp. 7 e s.

[1017] Como explica FINKELSTEIN, *Effect in New York of non-assertion of counterclaim*, Syrac. L. Rev., vol. 3, 1951-52, p. 32, «o anterior julgamento desfavorável ao réu funciona como um obstáculo relativamente a uma acção posterior cujo objecto se traduza, no fundo, na defesa.»

[1018] O exemplo é apresentado por ATTARDI, *In tema di limiti oggettivi della cosa giudicata*, R.T.D.P.C., 1990, p. 511.

[1019] *Vide*, acerca deste concreto aspecto da preclusão operada pelo caso julgado, MANUEL DE ANDRADE, *Noções elementares de processo civil*, p. 324.

438 · *Reconvenção e Excepção no Processo Civil*

obrigação, desde que seja posterior ao encerramento da discussão no processo de declaração (...).»

Depois, e este é o ponto mais relevante no âmbito do presente trabalho, contra a alegação de tais factos através de uma acção autónoma levanta-se o obstáculo do *caso julgado.*

Assim, aquele que, numa acção de dívida, silencia o *pagamento* já efectuado, não pode vir, mais tarde, pedir judicialmente a repetição do indevido[1020]. Ou, recorrendo a um exemplo de MANUEL DE ANDRADE, «julgada procedente uma acção de reivindicação, não pode o réu vir depois com uma nova acção dessas contra o Autor, fundado em que tinha adquirido por usucapião a propriedade do respectivo prédio. Se a nova acção pudesse triunfar e valesse a correspondente decisão, seria contrariada a força de caso julgado que cabe à sentença anterior. Tirava-se ao Réu um *bem* que a mesma sentença lhe tinha dado»[1021-1022].

Sugestivamente, perguntam FRIEDENTHAL, KANE e MILLER «se os factos, que foram ou podiam ter sido usados como um escudo (*shield*) numa acção, podem servir de espada (*sword*) num processo ulterior.»

E respondem, com apoio na jurisprudência norte-americana, que é vedado o uso de tais factos num processo desprovido de inde-

---

[1020] E o mesmo vale, como assinala GIANNOZZI, *Pregiudizialità e dipendenza di cause*, R.T.D.P.C., 1965, p. 1044, para a hipótese em que o réu não alega a prescrição. Igualmente, TAVORMINA, *Dedotto, deducibile e costituzione*, R.D.P., 1992, p. 311.

[1021] Ob. cit., pp. 324 e s.

[1022] Como se escreve no Restatement of the Law second Judgments 2d, vol.1, p. 190, o réu que, contra uma acção de reivindicação, não alega o seu direito de propriedade sobre a coisa, fica impedido de fazer valer este direito através de uma acção independente (*the action is precluded*). O Estado da Califórnia, por exemplo, no respectivo Código de Processo Civil, prevê expressamente a natureza necessária da reconvenção (designada por *cross-complaint*) na eventualidade de a parte pretender fazer valer qualquer pretensão relativa à mesma propriedade. Cfr. os §§ 462.30 (*a*) e 428.10 (*b*).

pendência relativamente ao anterior, ou seja, num processo que se traduza, bem vistas as coisas, numa defesa separada movida contra o resultado obtido pelo autor na primeira acção (*a detached defense to the first action*)[1023].

O réu que se absteve de alegar direitos acaba por ver precludida a possibilidade de vir a obter uma futura decisão que afecte, na prática, o resultado anteriormente alcançado pelo adversário ou uma decisão que desfira um «golpe fatal» no direito reconhecido pela precedente sentença[1024].

D) ***O fenómeno da transmutação da faculdade de reconvir em ónus de reconvir, por efeito do caso julgado.*** O caso julgado traduz--se numa forte restrição à tese da reconvenção facultativa. Se é certo que o poder de reconvir espelha, em princípio, uma mera faculdade, significando isto que ao réu assiste a liberdade de optar entre a dedução da reconvenção e a proposição de uma acção autónoma, tam-

---

[1023] *Civil procedure*, p. 678. É frequentemente citado, a propósito, o «histórico» caso Barrow *v.* Santa Monica Builders Supply Co. et. al., decidido pelo Supremo Tribunal da Califórnia em 28 de Set. de 1937 (Pacific Reporter, second series, vol. 71 2d, Set./Nov. 1937, pp. 1108-1110). Em síntese, para este tribunal, o terceiro (Barrow) que, no âmbito de um processo para o qual foi citado, não fez valer, contra certos titulares de direitos reais de garantia sobre um imóvel, a sua própria garantia real, ficou impedido de, através de uma acção posterior, pôr em causa não só os direitos daqueles, mas também a aquisição entretanto feita por um terceiro (Santa Monica Builders Supply Co).

Segundo a mesma decisão, Barrow «foi demandado e citado, tendo tido a oportunidade de se valer da prioridade da sua garantia relativamente às garantias alheias.»

Ora, «quando uma questão foi discutida e a parte teve a oportunidade de litigar em juízo, a lei exige o recurso a todas as defesas, sob pena de perder para sempre o direito de, mais tarde, se defender.»

[1024] No sentido de que o réu não pode, através da proposição de uma acção posterior, deduzir um pedido susceptível de «anular» o julgamento obtido pelo autor num processo pretérito, pronunciam-se, na doutrina norte-americana, JAMES/HAZARD/LEUBSDORF, *Civil procedure*, p. 700.

bém não deixa de ser verdade que, por vezes, após o trânsito em julgado da sentença, o réu fica impedido de exercer, através de acção separada e distinta, o seu direito.

Portanto, não se tenha por absolutamente exacto que ao réu não reconvinte assiste sempre liberdade para propor uma acção independente[1025].

O réu que se considere titular de qualquer pretensão contra o autor não deverá deixar de formular, para si mesmo, a seguinte pergunta: *o caso julgado que eventualmente venha a incidir sobre uma decisão favorável ao demandante será susceptível de se transformar num obstáculo ao futuro exercício do meu direito através de uma acção independente?*

Sendo a resposta afirmativa, necessita de reconvir para afastar o *risco da futura preclusão* do direito, por força do caso julgado que venha a constituir-se sobre a decisão favorável ao autor[1026]. O réu

---

[1025] Na doutrina italiana, para Satta, *Commentario al Codice di Procedura Civile*, I, p. 158, «a reconvenção é facultativa para o réu, na medida em que pode ser sempre proposta num processo posterior, a menos que dependa de uma excepção precludida pelo caso julgado.» Ver, no mesmo sentido, Franchi, *Commentario del Codice di Procedura Civile* (Allorio), t. I, p. 353, nota 6, e Carpi/Taruffo, *Commentario breve al Codice di Procedura Civile*, p. 94. A associação entre o caso julgado e o ónus de reconvir é feita por Wieczorek, *Zivilprozeßordnung und Nebengesetze*, vol. I, p. 257 (§ 33 ZPO) e, mais recentemente, por Hau, *Widerklageprivileg und Widerklagelast*, ZZP, 2004, pp. 47 e 52.

[1026] Tem extrema importância, no direito processual norte-americano, a distinção entre a reconvenção facultativa (*permissive counterclaim*) e a reconvenção necessária ou compulsiva (*compulsory counterclaim*). Ora, muitos tribunais, explicam Friedenthal/Kane/Miller, ob. cit., p. 371, servem-se precisamente do *caso julgado* como critério distintivo entre estas duas espécies de reconvenção, averiguando, na ausência de uma norma que torne a reconvenção necessária, se o *caso julgado* é susceptível de impedir a proposição de uma acção posterior.

Apesar da dificuldade e da ambiguidade inerentes ao critério, entende-se, pacificamente, que o caso julgado impede o julgamento da segunda acção sempre que esta seja susceptível de anular a primeira sentença ou de diminuir os direitos nela reconhecidos (cfr. ob. cit., p. 359, nota 30). Encontrámos, sobre esta matéria, importantes considerações na decisão relativa ao litígio Libbey-Owens-Ford Glass

O *Problema da Falta de Exercício do Direito de Reconvir* 441

reconvirá para se livrar de um prejuízo *futuro* e *eventual* (não certo): o prejuízo da preclusão do seu direito[1027].

A faculdade de reconvir transforma-se num ónus, na medida em que o réu necessita de reconvir para afastar o referido *risco*[1028-1029].

Co. *v.* Sylvania Industrial Corporation, C.A. 2 d, 1946, 154 F. 2d 814, 818. Na p. 818, escreve-se: «Todos concordam que se uma reconvenção não é necessária, é facultativa, e que o critério decisivo (*the acid test*) para as distinguir é o seguinte: se o réu omite a reconvenção necessária, ele não pode posteriormente fazer valer o direito se a isso se opuser a *res judicata*; mas sendo a reconvenção facultativa, o réu não ficará impedido de o fazer.»

Quando não exista o perigo de afectação de uma sentença pretérita, o réu não reconvinte pode livremente exercer o seu direito através de acção autónoma: no litígio, ocorrido nos anos 40 do séc. XX, entre a Big Cola Corporation e a World Bottling Co., Limited (Federal Reporter, second series, vol. 134 F. 2d., 1943, pp. 718-723), tanto para o tribunal da causa (*District Court*), como para o tribunal de recurso (*Circuit Court of Appeals*), o caso julgado formado sobre uma sentença que declarou a nulidade de certo contrato não podia impedir a futura proposição, pela Big Cola Corporation (ré na anterior acção de nulidade), de uma acção indemnizatória relativa a gastos efectuados com a publicidade e com o registo dos direitos sobre a bebida cuja produção, através do mencionado contrato inválido, tinha sido autorizada pela World Bottling Corporation.

Segundo o tribunal de recurso, na hipótese em análise «o pedido do réu pode ser deduzido tanto em acção separada, como reconvencionalmente, não estando o réu obrigado a apresentá-lo no processo, pois a sentença proferida, à luz da doutrina do caso julgado, não impede o réu de exercer o seu direito através de uma acção independente.»

Sobre o uso do critério do caso julgado na determinação das hipóteses de reconvenção necessária, ver também as referências jurisprudenciais feitas no *United States Code annotated* (Federal Rules of Civil Procedure – Rules 12 to 16), nota 102 à Norma 13 (Rule 13), p. 487, e ainda as explicações de WRIGHT, *Estoppel by rule: the compulsory counterclaim under modern pleading*, Minn. L. Rev., vol. 38, April 1954, pp. 438 e s.

[1027] À falta do exercício do direito de reconvir não se segue, como nas raras hipóteses de reconvenção necessária previstas directamente na lei, a perda automática ou imediata da pretensão do réu. A preclusão, insistimos, é eventual, dependendo da formação ulterior de um caso julgado favorável ao autor.

[1028] Mas não poderá o réu, em vez de reconvir e antes do trânsito em jul-

A propósito do efeito resultante da falta de dedução da reconvenção, pode ler-se em célebre comentário jurídico norte-americano: «Nos casos em que o réu, podendo reconvir, acaba por não o fazer, ele não perde, por isso, a possibilidade de seguidamente intentar uma acção para exercer o seu direito, salvo se:

(*a*) A reconvenção devesse ter sido proposta com fundamento na lei;

(*b*) A relação entre a reconvenção e a acção seja de tal ordem, que a procedência da segunda acção viesse anular a anterior sentença ou diminuir os direitos nesta reconhecidos»[1030].

---

gado da sentença, propor contra o autor uma acção independente para fazer valer o direito? Não existindo ainda qualquer decisão transitada em julgado favorável ao autor, o réu não está processualmente impedido de intentar esta acção. Passaríamos a ter, entre as mesmas partes, duas acções paralelas e de sentido inverso.

Assim, por exemplo, logo após ser citado para uma acção de reivindicação, o demandado (*B*) não reconvém e opta por fazer valer o seu pretenso direito de propriedade sobre a coisa através de uma acção independente proposta contra o reivindicante (*A*).

O problema é que esta acção, ao contrário da reconvenção, não afasta, com total segurança ou certeza, o risco de preclusão do direito de *B*. Vejamos porquê.

Desde logo, na eventualidade de virem a ser proferidas decisões contraditórias, há-de valer a que «passou em julgado em primeiro lugar» (art. 675.°, n.°1). Ora, pode suceder que a sentença obtida no processo proposto por *B* contra *A* seja posterior à decisão proferida no processo que corre, há mais tempo, entre *A* e *B*. Dir-se-á que, com fundamento no artigo 275.°, assiste a *B* o direito de requerer a junção da acção por si intentada à que primeiramente foi proposta por *A*. No entanto, o estado do processo ou outra razão especial (art. 275.°, n.° 1, *in fine*) podem conduzir à rejeição deste pedido de apensação das acções, pelo que a reconvenção se apresenta como o único meio seguro para o afastamento do risco da preclusão do direito do réu por efeito do caso julgado favorável ao autor.

[1029] Na medida em que da falta de cumprimento do ónus não resulta um prejuízo certo e imediato, mas tão-só *eventual*, estamos perante um *ónus imperfeito*. *Vide*, sobre esta noção, BOLAFFI, *Le eccezioni nel diritto sostanziale*, p. 112.

[1030] *Restatement of the Law Second Judgments 2d*, vol. 1 (§§ 1-42), as adopted and promulgated by American Law Institute, 1982, p. 185 (§ 22). Ver, sobre este ponto, KANE, *Original sin and the transaction in Federal Civil Procedure*, Tex. L. Rev., Jun. 1998, pp. 1744 e s.

O *Problema da Falta de Exercício do Direito de Reconvir* 443

Como explica também Finkelstein, «a proposição da reconvenção no processo inicial pode ser necessária por força do caso julgado.»

Significa isto, ainda nas palavras do mesmo Autor, que «o advogado, ao preparar a contestação, terá de analisar qualquer possível pretensão do seu constituinte. Não existindo uma norma a impor a reconvenção, a doutrina do caso julgado pode actuar no sentido de tornar necessário o exercício do direito de reconvir»[1031-1032].

Suponhamos que o réu não reconvém e que a acção acaba por ser julgada *improcedente*: se assim acontecer, o réu poderá propor uma acção para fazer valer o seu direito.

E) *Aplicação prática do critério do caso julgado às hipóteses previstas no artigo 274.º, n.º 2.* Ocupemo-nos agora das hipóteses de admissibilidade da reconvenção previstas na lei, procurando determinar aquelas em que o réu necessita de reconvir para afastar o perigo da preclusão do seu direito, por efeito do eventual caso julgado favorável ao autor.

Fixemo-nos, de novo, nas três alíneas do artigo 274.º, n.º 2, já analisadas na parte I (cap. II) da monografia. Como dissemos, elas prevêem, de forma taxativa, as hipóteses de admissibilidade deste meio processual.

a) *A reconvenção alicerçada no «facto jurídico que serve de fundamento à acção» – ou na causa de pedir da acção* (art. 274.º, n.º 2, al. *a*)). Frequentemente, o réu invoca um direito que assenta

---

[1031] *Effect in New York of non-assertion of counterclaim*, Syrac. L. Rev. (1951--1952), vol. 3, pp. 307 e 315.

[1032] No sentido de que o caso julgado é susceptível de tornar a reconvenção numa necessidade, ver ainda, na doutrina norte-americana, Wright, *Joinder of claims and parties under modern pleading rules*, Minn. L. Rev., vol. XXXVI (1951--52), p. 588; Rosenberg/Hazard/Leubsdorf, *Civil procedure*, p. 571 (§ 9.11 – nota 2) e Field/Kaplan/Clermont, *Civil procedure*, pp. 57 e 688.

nos factos alegados pelo autor na petição inicial. Sempre que isto aconteça, e não resultando directamente da lei a necessidade de reconvir, o réu deve perguntar, a si próprio, se o caso julgado favorável ao autor acabará por transformar-se num obstáculo ao julgamento do mérito de uma acção futura e independente.

Sendo a resposta afirmativa, sobre o réu passa a impender o ónus de reconvir.

Tratando-se de uma pretensão *incompatível*, na prática, com o pedido do autor, a reconvenção torna-se necessária, pois não pode, mais tarde, pôr-se em causa, através de uma acção autónoma, o resultado alcançado no primeiro processo. O sistema impede que o réu venha «invalidar» o benefício que a anterior sentença, já transitada em julgado, atribuiu ao autor.

Em princípio, porém, não haverá este risco e, portanto, a reconvenção reveste natureza facultativa.

Assim, por exemplo, aquele que, com fundamento em determinado contrato de compra e venda, é demandado para o pagamento do preço da coisa alienada, pode reconvir, pedindo a entrega dessa mesma coisa. Mas, embora tenha toda a vantagem em fazê-lo, a verdade é que não recai sobre ele essa necessidade, podendo perfeitamente intentar uma acção posterior para obter a referida entrega.

Como é óbvio, a decisão que vier a ser proferida não afectará a sentença proferida no âmbito do primeiro processo.

Igualmente o demandado numa acção de cobrança de honorários relativos a determinada intervenção cirúrgica não necessita de reconvir, na eventualidade de pretender obter uma indemnização baseada em negligência médica[1033].

Não se fique, no entanto, com a ideia de que a reconvenção fundada total ou parcialmente na *causa de pedir* jamais reveste natureza necessária.

[1033] Cfr. Restatement of the Law, Second, Judgments (Case citations), § 23.

Analisemos o seguinte caso: *A*, na qualidade de *promitente-com-prador* de um apartamento, propôs contra o *promitente-vendedor* (*B*) uma acção pedindo que fosse condenado a restituir-lhe o *sinal em dobro*, alegando, em síntese:

1.°) Que *B* incorreu em *mora*, por não ter marcado a escritura até certa data, conforme se obrigara no contrato-promessa;

2.°) Que intimou *B* a cumprir dentro do prazo suplementar de cinco dias, com a cominação de que a obrigação se teria por definiti-vamente não cumprida após o decurso deste prazo;

3.°) Que *B* não cumpriu dentro do prazo suplementar que lhe foi fixado.

Citado para contestar, *B* reconheceu ter incorrido em *mora*, mas defendeu-se, alegando que não se constituiu uma situação de verda-deiro *incumprimento definitivo*, porque o promitente-comprador, contra o disposto no artigo 808.°, n.° 1, do C.C., fixou-lhe um prazo suplementar irrazoável (de apenas cinco dias) para o cumprimento da obrigação[1034].

O réu (promitente-vendedor) podia ter-se ficado por aqui, ten-tando obter, desta forma, a *improcedência da acção* e a *absolvição do pedido*.

Mas podia ir mais longe, sustentando que o autor incorreu numa situação de verdadeiro não cumprimento definitivo (porque, por exemplo, não pagou determinadas prestações do preço nas datas estabelecidas no contrato-promessa, nem dentro do prazo suple-mentar razoável que para o efeito lhe foi fixado) e pedindo, recon-vencionalmente, que lhe fosse reconhecido o direito de fazer seu o sinal que lhe havia sido entregue.

Necessitava o promitente-vendedor de reconvir ou poderia, mais tarde, propor uma acção independente para ver reconhecido este seu direito?

[1034] Como acentua CALVÃO DA SILVA, *Sinal e contrato-promessa*, p. 117, «a perda do sinal ou o pagamento do dobro deste são a indemnização devida pelo *não cumprimento* do contrato (…)».

Precisava realmente de reconvir, se queria afastar o risco da prolação de uma sentença favorável ao autor (promitente-comprador), funcionando o subsequente *caso julgado* formado sobre esta decisão como um autêntico obstáculo ao futuro julgamento, num processo autónomo, do seu contradireito.

Na verdade, a ordem jurídica não poderá permitir a coexistência de duas decisões contrastantes: uma que, reconhecendo o promitente-vendedor como a parte faltosa, atribua ao promitente-comprador o direito ao dobro do sinal; e outra que, reconhecendo o promitente-comprador como a parte que não cumpriu o contrato, confira ao promitente-vendedor o direito de fazer sua a quantia entregue a título de sinal.

A sentença que condenasse o promitente-vendedor a restituir ao promitente-comprador o dobro do sinal não poderia, após o trânsito em julgado, ser destruída por outra que dispensasse o promitente-vendedor dessa restituição e lhe reconhecesse o direito de fazer seu o sinal que recebera ou, por outras palavras, a sentença que considerasse o promitente-vendedor responsável pelo não cumprimento não poderia ser neutralizada por outra que imputasse o não cumprimento ao promitente-comprador, com as legais consequências daí decorrentes, designadamente em matéria de sinal.

b) *A reconvenção alicerçada no facto que serve de fundamento à defesa* (art. 274.º, n.º 2, al. *a*)). Vimos que o réu procede, muitas vezes, à alegação de factos novos (factos defensivos) com o intuito de obter a mera improcedência da acção e a sua absolvição do pedido.

Mas, como também acentuámos, ocorre que tais factos (*rectius*, contrafactos) são, frequentemente, fonte de direitos (*rectius*, contradireitos), colocando-se o problema de saber se o demandado tem o *ónus* ou a *mera faculdade* de os fazer valer através de *reconvenção*.

Na esmagadora maioria destas hipóteses, o réu necessita de reconvir para afastar o risco da preclusão do seu direito. Este efeito

O *Problema da Falta de Exercício do Direito de Reconvir*

preclusivo resulta da sentença que, julgando a acção procedente, venha a transitar em julgado[1035].

Note-se, no entanto, que a omissão da reconvenção não conduz imediata e necessariamente à perda do contradireito, pois a acção pode vir a improceder, ficando o réu com margem de liberdade para pôr em marcha a sua pretensão através de um processo independente.

Apresentemos exemplos em que à falta de dedução do direito fundado nos factos defensivos não se segue a impossibilidade do seu exercício através de acção autónoma.

Suponhamos que alguém é citado para uma acção de dívida e alega, com o objectivo de obter a *compensação*, um contracrédito de *valor superior*, omitindo, no entanto, o pedido condenatório relativo ao *quantum* excedente.

Que sucederá nesta hipótese? Perderá o réu o poder de vir a intentar uma acção posterior? Estaremos perante um caso de reconvenção necessária ou compulsiva?

Não estamos. A reconvenção reveste claramente natureza facultativa. O réu alegou um contracrédito de valor superior e fez a prova deste direito, mas não pediu, por qualquer motivo, a parte sobejante. Tanto pior para ele: terá, se quiser, de intentar uma acção no futuro. O sistema permite esta duplicação de meios.

O juiz da primeira causa, escusado seria dizê-lo, não pode, sob pena de flagrante violação do princípio do pedido, condenar o autor a pagar a parte excedente do contracrédito alegado para efeitos meramente compensatórios.

Imaginemos, agora, que, no âmbito de uma acção de despejo, fundada no não uso do local arrendado por mais de um ano[1036], o inquilino justifica esta falta com base no avançado e perigoso estado

---

[1035] A acção independente destinar-se-ia a minar ou a destruir o resultado obtido pelo adversário no processo anterior e, por isso, torna-se impossível o seu julgamento. Cfr. *Restatement of the Law Second Judgments 2d*, vol. 1, p. 189.

[1036] *Vide* o artigo 1083.º, n.º 2, al. *d*), do C.C.

de degradação do local arrendado, aproveitando ainda para pedir a condenação do senhorio a realizar obras necessárias.

Os factos reveladores do estado degradado do imóvel impedem, por um lado, o efeito jurídico pretendido pelo autor e, por outro, fundamentam o direito do inquilino à realização de obras.

Ora, a reconvenção reveste no caso natureza *facultativa*, significando isto que a sua falta não inviabiliza uma futura acção autónoma, salvo se, naturalmente, o senhorio conseguir obter entretanto o despejo do inquilino.

Analisemos, agora, uma série de exemplos em que a reconvenção baseada em factos defensivos não goza de igual natureza:

1.º exemplo: No âmbito de uma acção de cumprimento de determinada obrigação contratual, proposta por *A* contra *B*, este omitiu o facto de ter sido «vítima» de manobras dolosas levadas a cabo pelo autor. Vindo a acção a proceder, os tribunais deverão abster-se de julgar, futuramente, qualquer pedido de *B* tendente a anular, com base em *dolo*, o contrato em causa[1037].

Estamos perante o fenómeno da *preclusão* das excepções não deduzidas («assorbimento delle eccezioni non proposte», nas palavras de REDENTI[1038]): uma vez condenado a cumprir, o réu perde a possibilidade de vir a afectar o conteúdo da sentença anteriormente transitada em julgado. Com efeito, o caso julgado formado sobre a sentença torna intangíveis os direitos nela reconhecidos e paralisa toda e qualquer contrapretensão omitida pelo réu[1039]. O segundo processo,

---

[1037] E ao mesmo dever de abstenção está sujeito o tribunal nos casos em que o réu, no anterior processo, deduziu efectivamente, mas sem êxito, a excepção da anulabilidade baseada no dolo.

[1038] «Sull'assorbimento di eccezioni riconvenzionali», *in* Scritti e discorsi giuridici di un mezzo secolo, vol. I, p. 620.

[1039] No sentido do texto, escreve PROTO PISANI, *Note problematiche e no sui limiti oggettivi del giudicato civile*, F.I., 1987, p. 452: «Alegada a relação obrigacional, os factos extintivos (ou impeditivos) da eficácia jurídica do contrato ou do negócio ficam precludidos – mesmo na eventualidade de não terem sido deduzidos – com base no princípio segundo o qual o caso julgado cobre o deduzido e o dedutível.» Também para FABBRINI, «Connessione», *in* E.G., vol. VII, p. 7, «quando o

O *Problema da Falta de Exercício do Direito de Reconvir* 449

destinado ao exercício do direito potestativo de anular, não passaria de «uma defesa separada contra o resultado obtido pelo autor na primeira acção» (*a detached defense to the first action*)[1040-1041].

É claro que o direito de anular o contrato pode não ficar precludido. Pensemos – seguindo ANTUNES VARELA – na hipótese em que a pessoa, antes demandada na acção de cumprimento, vem «alegar na segunda acção a existência de erro que só descobriu após o encerramento da discussão na primeira acção ou de coacção que só cessou nos mesmos termos»[1042].

Também o réu que, no âmbito do primeiro processo, alegou com êxito a excepção peremptória fundada no dolo, não fica de forma alguma inibido de intentar uma acção com base nos mesmos factos defensivos[1043].

2.º exemplo: *C* propõe uma acção, alegando ser proprietário de um terreno de certo valor onde foi incorporada, de boa fé, por *D*, determinada construção de valor inferior e pede, ao abrigo do artigo 1340.º, n.º 3, do C.C., que o tribunal lhe reconheça o direito

---

pedido reconvencional de anulação não é deduzido e transita em julgado a sentença que acolhe o pedido do autor destinado à obtenção da prestação negocial, ocorre – sendo este o entendimento unânime da jurisprudência – a preclusão, por força do caso julgado, do eventual pedido de anulação do negócio.»

[1040] FRIEDENTHAL/KANE/MILLER, *Civil procedure*, p. 678. Ver, no mesmo sentido, ORIANI, «Eccezioni», *in* Dig. Disc. Priv., VII, pp. 306 e s.

[1041] Como explica FINKELSTEIN, *Effect in New York of non-assertion of counterclaim*, Syrac. L. Rev., 1951-52, vol. 3, pp. 311 e s., «a posterior acção baseada no dolo será impedida quando o núcleo dos direitos ou dos interesses reconhecidos no primeiro processo possa ser, em virtude dela, destruído ou enfraquecido.»

[1042] *Manual de processo civil*, p. 717, nota 1.

[1043] Este ponto é claramente afirmado no *Restatement of the Law Second Judgments*, vol. 1, p. 187. «Na eventualidade de os mesmos factos constituírem fundamento de defesa e de reconvenção – escreve-se neste Comentário –, o réu que os tenha usado defensivamente e com êxito não fica impedido de propor uma acção futura contra o autor baseada nesses factos.» A doutrina tem seguido pacificamente este entendimento. *Vide*, por exemplo, FIELD/KAPLAN/CLERMONT, *Civil procedure*, pp. 686 e s.

de adquirir, por *acessão industrial imobiliária*, a obra construída pelo réu[1044].

D, em condições de provar que a obra por si construída vale efectivamente mais do que o terreno pertencente ao autor, pretende adquirir, ele próprio, com fundamento no artigo 1340.º, n.º 1, do C.C., a propriedade deste imóvel alheio[1045].

A questão que também agora se levanta é a de saber se o réu tem a *necessidade* ou a mera *faculdade* de reconvir.

No exemplo exposto, a reconvenção reveste natureza necessária, pois o caso julgado que vier a formar-se sobre uma sentença favorável ao autor (sentença que o declare proprietário da coisa) impedirá o exercício futuro do contradireito por parte do réu.

Este risco – o risco de preclusão por efeito do caso julgado favorável ao autor – funcionará, também aqui, como uma autêntica mola impulsionadora da reconvenção[1046].

CASTRO MENDES foi confrontado, numa consulta jurídica, com o mesmo problema: «Transitada em julgado sentença que, entre duas pessoas, declara propriedade de uma delas (a autora) um terreno onde a outra (a ré) havia erigido uma construção, pode esta última

---

[1044] A acessão industrial imobiliária tem originado, na prática, frequentes pedidos reconvencionais. Atente-se, a título de mero exemplo, no caso apreciado pelo Ac. do S.T.J. de 12 de Fev. de 2004, C.J. (Acs. do S.T.J.) 2004, t. I, pp. 55 e ss.

[1045] Os civilistas dividem-se quanto ao problema de saber se a aquisição por acessão se produz *ope legis* ou se, ao invés, exige o exercício de um direito potestativo. Sobre este ponto, *vide* HENRIQUE MESQUITA, *Obrigações reais e ónus reais*, p. 296, nota 59, e CARVALHO FERNANDES, *Lições de direitos reais*, pp. 345 e s.

[1046] Sendo a obra efectuada de valor inferior ao do terreno onde foi implantada, a D apenas assistiria, nos termos do n.º 3 do artigo 1340.º, do C.C., o direito a uma indemnização. Ora, este direito tanto pode ser feito valer reconvencionalmente, como através de uma acção autónoma. Na verdade, o caso julgado favorável ao autor jamais faria precludir a pretensão substantiva do réu e, neste sentido, seria insusceptível de travar a proposição de uma acção futura. É claro que também aqui o réu tem toda a vantagem em reconvir, fazendo assentar o seu pedido na própria factualidade alegada pelo autor no processo.

fazer valer direito de acessão em relação ao terreno, ou a isso se opõe o caso julgado referido?»[1047].

De acordo com o diferente entendimento do ilustre processualista, «a sentença transitada declaratória da propriedade não obsta à acção tendente a fazer valer o direito de acessão.»

O direito de acessão é, segundo as suas palavras, um «daqueles que sobrevivem ao trânsito em julgado da afirmação da propriedade» e, por isso, sobre o réu não recai o ónus de exercer esse direito reconvencionalmente. Esta resposta alicerça-se em dois argumentos.

À luz do *primeiro*, o réu, apesar de os factos constitutivos da acessão já existirem no momento em que contesta, não tem de alegar o direito de acessão contra quem não considera proprietário do terreno (no caso, o autor).

«Seria estranho – *escreve* – que se *impusesse* ao réu, sob pena de preclusão do seu direito de aquisição por acessão, exercer tal direito contra uma pessoa que ele réu não considera proprietário do terreno, exercendo-o portanto em defesa que só poderia ser *subsidiária*»[1048].

Depois, e é este o *segundo* argumento, a reconvenção é *facultativa* e não obrigatória. A reconvenção é «facultativa para o réu, que pode-a guardar se quiser para a acção autónoma, mesmo posterior ao caso julgado»[1049].

O nosso entendimento sobre o problema, conforme resulta do que escrevemos anteriormente, é diverso. O facto de o réu entender que ao autor não pertence a propriedade não afasta o risco de uma decisão contrária do tribunal.

Isto significa que o demandado, ao elaborar a contestação, tem de colocar, para si mesmo, este cenário desfavorável, pedindo *reconven-*

[1047] *Caso julgado e acessão*, O Direito, Ano 105 (1973), p. 62.

[1048] Est. cit., p. 72.

[1049] Est. cit., p. 67.

cionalmente o reconhecimento do direito de acessão para a *eventualidade* de não vir a ser reconhecido o direito de propriedade do autor.

Não vemos que obstáculos se possam levantar contra um pedido que, logicamente articulado com a defesa, assume natureza *subsidiária* ou *eventual*. ALBERTO DOS REIS adverte que o pedido reconvencional pode ser «deduzido para a hipótese de a defesa não ter êxito», passando, assim, a revestir «carácter *eventual* e *subsidiário* em relação ao pedido da declaração de improcedência (...)»[1050].

Refira-se que a contestação se encontra sujeita ao *princípio da eventualidade*. Este princípio, reflexo do princípio geral da preclusão, significa que sobre o réu recai o ónus de avançar com todas as alegações, mesmo com aquelas destinadas a valer de *forma subordinada*, ou seja, somente para a eventualidade de não vir a ser acolhida a defesa deduzida a título principal[1051-1052].

O *caso julgado* é susceptível, portanto, de impedir a apreciação – num posterior processo – das questões que, antes, não foram alegadas de modo subordinado ou eventual.

Por outro lado, o pedido fundado no direito de acessão reveste carácter necessário.

Sobre o réu recai o ónus de reconvir sempre que o caso julgado favorável ao autor seja susceptível de obstar ao posterior exercício,

---

[1050] *Valor de acção de despejo seguida de reconvenção*, R.L.J., Ano 79.°, p. 146.

[1051] Sobre a ligação existente entre o princípio da preclusão e o princípio da eventualidade, *vide* ATTARDI, «Preclusione (principio di)», *in* E.D., vol. XXXIV, pp. 909 e s.; PRÜTTING, *La preparazione della trattazione orale e la conseguenze delle deduzioni tardive nel processo civile tedesco*, R.D.P., 1991, p. 424. Entre nós, ver MANUEL DE ANDRADE, *Noções elementares de processo civil*, p. 382, e ANSELMO E CASTRO, *Direito processual civil declaratório*, vol. III, pp. 171 e s.

[1052] O Tribunal de Cassação italiano, através de Ac. de 13 de Fev. de 1988, decidiu que «o caso julgado formado numa acção de reivindicação procedente preclude a proposição pelo réu de uma acção de acessão baseada em factos anteriores àquela primeira acção e aí omitidos.» Esta acertada decisão do Supremo Tribunal italiano é mencionada por MENCHINI, *Il giudicato civile*, p. 96.

O princípio da liberdade de reconvir não vale, efectivamente, de forma absoluta ou irrestrita, tendo o réu sempre de jogar, no momento em que contesta, com a probabilidade de vir a ser proferida uma sentença favorável ao autor. Porque sobre esta se forma *caso julgado material*, o réu não pode, através de uma acção, com base em *factos anteriores* ao encerramento da discussão no primeiro processo, vir a afectar o teor da sentença neste proferida.

E ao réu deve vedar-se este procedimento – acrescente-se – também na eventualidade de os referidos factos terem sido alegados sem êxito no processo anterior, sob a forma de excepção peremptória.

Citemos, a propósito, o Acórdão do Supremo Tribunal de Justiça de 24 de Nov. de 1977, que se ocupou do seguinte caso[1053]: *A* intentou contra *B* e *C* uma *acção de reivindicação* de certa parcela de terreno, vindo os réus a invocar, sob a forma de excepção peremptória, a *acessão imobiliária*.

O juiz julgou improcedente esta excepção, com fundamento em que as construções edificadas no referido terreno deviam qualificar-se como meras *benfeitorias*.

Após o trânsito em julgado da sentença favorável ao autor, *B* e *C* propuseram uma acção contra este, pedindo – com base nas mesmas construções, que enquadraram no instituto da *acessão* – o reconhecimento da propriedade sobre a referida parcela de terreno.

Perante o tribunal de revista, levantou-se o problema de saber se sobre a decisão da excepção se tinha formado caso julgado e se, com base nisto, a acção intentada por *B* e *C* estava condenada ao fracasso.

Apesar do regime instituído no artigo 96.º, n.º 2 – segundo o qual o caso julgado somente se forma sobre as excepções quando

---

[1053] B.M.J., n.º 271, pp. 172-176.

alguma das partes o requerer –, o Supremo entendeu ser este regime inaplicável sempre que as questões levantadas no processo impliquem o conhecimento do objecto da acção.

Na hipótese «em que a procedência do próprio pedido da acção de reivindicação dependia da solução a dar à questão da acessão imobiliária invocada pelos demandados – escreveu-se no texto do Acórdão –, considerar caso julgado *material* a parte da sentença que reconheceu o domínio, e caso julgado *formal* a parte da mesma decisão que julgou não verificados os requisitos legais da acessão, seria (...) um absurdo manifesto»[1054].

Em comentário a esta decisão, TEIXEIRA DE SOUSA entende ser correcto o alargamento do caso julgado à *excepção* deduzida no primeiro processo, apesar de nenhuma das partes o ter requerido. De acordo com a interpretação que defende para o artigo 96.º, n.º 2, os «fundamentos directos da decisão jurisdicional» ficam cobertos pela força do caso julgado e, neste sentido, o preceito em causa «só poderá ser expressamente aplicado quanto às questões ou incidentes que, por estarem contingentemente presentes numa certa causa, em abstracto não condicionam o seu julgamento de mérito»[1055].

Para o citado processualista, «a decisão do tribunal, que na causa considerada prejudicial julgou inexistente a acessão imobiliária invocada pelos réus, possui força de caso julgado material e, por isso, não poderia ser de novo levada a juízo entre as mesmas partes.»

Do artigo 96.º, n.º 2, porém, resulta que, por falta de expresso pedido, sobre a excepção fundada na acessão imobiliária não se formou qualquer caso julgado material. Apesar disto, os réus estavam impedidos de invocar em novo processo a acessão, pois isso poderia pôr em causa a sentença que, de forma definitiva, atribuiu a outrem a propriedade da parcela do terreno.

[1054] B.M.J. cit., pp. 175 e s.

[1055] *Prejudicialidade e limites objectivos do caso julgado*, R.D.E.S., 1977, p. 311 e s.

O *Problema da Falta de Exercício do Direito de Reconvir* 455

3.º exemplo: *E*, proprietário de determinado prédio rústico, intentou contra *F*, proprietário de um prédio vizinho, uma acção declarativa da existência, em proveito do seu prédio, de uma servidão de passagem adquirida por usucapião.

Esta servidão, antes de a acção ser proposta, já se tornara desnecessária ao prédio dominante, mas o réu, por inércia ou descuido, não requereu, nos termos do disposto no n.º 2 do artigo 1569.º do C.C., que fosse declarada extinta com este fundamento[1056].

Vindo a acção a proceder, poderá *F* intentar uma acção autónoma com vista a que seja declarada extinta a servidão?

Se a acção vier a ser proposta, o tribunal não deve pronunciar-se sobre o pedido, precisamente porque uma sentença anterior, transitada em julgado, declarou *E* titular da servidão de passagem.

O réu, se queria evitar isto, deveria ter reconvindo. Não o tendo feito – não tendo, portanto, cumprido esse ónus –, acabará por ver irremediavelmente precludido o contradireito que lhe assistia.

Um caso análogo foi objecto do Acórdão do Supremo Tribunal de Justiça de 5 de Jul. de 2005[1057]. O Supremo entendeu que não podia ser apreciada uma segunda acção destinada a declarar extinta, com fundamento em desnecessidade não superveniente, determinada servidão de passagem que, em acção anterior, decidida com trânsito em julgado, fora declarada constituída por usucapião, pois isso traduzia-se numa «inadmissível reacção» contra a precedente sentença: «há que respeitar e cumprir – lê-se no aresto – a sentença transitada, nada de posterior a destruiu nem lhe retirou a eficácia.»

O Acórdão é menos feliz quando defende, contraditoriamente, que «a reconvenção não é, face à lei adjectiva, obrigatória.» Na verdade, a reconvenção destinada a obter a declaração de extinção da servidão revestia carácter necessário, uma vez que a sentença que

---

[1056] Cfr. Santos Justo, *Direitos reais*, pp. 427 e s.; José Andrade Mesquita, *Direitos pessoais de gozo*, p. 127.

[1057] Ac. disponível no sítio *htt://www.dgsi.pt.*

reconheceu o direito de servidão impedia – *por força do caso julgado* – uma acção posterior com vista à declaração de extinção desse direito real.

4.º exemplo: Ainda no campo das servidões prediais, imaginemos que *G* propõe contra *H* uma acção com vista ao reconhecimento da existência de uma servidão de passagem que exerce sobre certa faixa de terreno.

Imaginemos, ainda, que, antes do início do processo, já a referida servidão tinha sido mudada, por acordo dos interessados, para local diferente do assinalado pelo autor, facto que o réu não alegou.

Acabando a acção por triunfar, poderá *H* pedir, num processo autónomo instaurado contra *G*, a declaração judicial de que é outro o local de exercício da servidão?

Em nosso entender, está-lhe vedada tal possibilidade. Desde que o réu não reconveio e a acção foi julgada procedente, não pode um tribunal decidir, contra a sentença transitada em julgado, que, afinal, a servidão não deve ser exercida no local *x*, mas, antes, no local *y*, pois isto traduzir-se-ia num claro desrespeito ao caso julgado anteriormente formado.

Quer dizer, também na hipótese em análise o demandado necessitava de reconvir para evitar o prejuízo da preclusão decorrente da eventual procedência do processo contra si proposto. Não tendo deduzido reconvenção, só lhe resta respeitar a sentença que declara o direito de passagem sobre o local indicado pelo autor.

c) A reconvenção para tornar efectivo o direito a benfeitorias ou a despesas relativas à coisa cuja entrega é pedida (art. 274.º, n.º 2, al. *b*)). Também acerca dos casos previstos na 2.ª parte desta alínea se tem suscitado o mesmo problema que temos vindo a analisar: o réu que se absteve de reconvir, deduzindo o pedido de pagamento de benfeitorias ou de despesas relativas à coisa cuja entrega lhe é pedida, ficará impossibilitado de accionar autonomamente a sua pretensão?

Não reveste natureza necessária, mas antes *facultativa*, a reconvenção destinada a tornar efectivo o direito a benfeitorias ou despesas a que o preceito citado se refere.

É claro que o réu tem vantagens em servir-se da acção contra si proposta, formulando, desde logo, o pedido de pagamento de tais benfeitorias ou despesas. Na verdade, verá o seu direito apreciado mais depressa, sem ter de intentar uma acção autónoma.

Suponhamos, no entanto, que não chega a ser deduzida, para esse efeito, qualquer reconvenção. Partindo do princípio de que assiste ao réu o referido direito creditório, ficará este precludido por força da sentença final que venha a julgar a acção procedente?

O facto de o tribunal condenar o réu na entrega da coisa não gera um efeito preclusivo sobre o direito creditório baseado em benfeitorias ou em despesas efectuadas na coisa. Ao réu assistirá a liberdade de propor uma acção para se ressarcir das despesas antes efectuadas, pois jamais o êxito desta sua pretensão afectará, na prática, o conteúdo da sentença antes transitada em julgado.

Tornemos o discurso mais concreto através de dois simples exemplos.

Primeiro exemplo: *A* intenta contra *B* uma acção de reivindicação de determinado prédio urbano no qual o réu efectuou uma série de benfeitorias[1058]. *B* pode reconvir, pedindo o pagamento destas benfeitorias ou, em alternativa, propor uma acção autónoma, e isto mesmo após o trânsito em julgado da sentença que venha a julgar procedente o pedido de *A*[1059].

[1058] Sobre a natureza da acção de reivindicação, *vide* HENRIQUE MESQUITA, *Direitos reais*, pp. 160-163.

[1059] Na eventualidade de a acção de reivindicação vir a ser julgada improcedente, *B* fica impossibilitado de fazer valer, através de uma acção futura, o seu direito contra *A*. Mas não pode afirmar-se, nesta hipótese, que a sentença transitada em julgado faz precludir o direito ao pagamento das benfeitorias. Apenas se pode concluir que *B* não é titular, contra *A*, do direito ao pagamento das benfeitorias, pois a este não pertence a propriedade do terreno. E, assim sendo, resta acrescentar, a reconvenção, a ter sido deduzida, estaria irremediavelmente condenada ao fracasso.

Segundo exemplo: *C*, na qualidade de senhorio, intentou contra o seu arrendatário (*D*) uma acção de despejo. Tendo *D* feito no andar benfeitorias necessárias, estas tanto podem ser invocadas reconvencionalmente, como através de uma acção autónoma[1060].

Conclusão inteiramente segura, no plano processual, é a de que o réu, em ambos os exemplos, não corre o risco de ver precludido o seu direito creditório por efeito de uma sentença que venha a considerar procedente a acção destinada à entrega da coisa. Fica, no entanto, impedido de invocar as benfeitorias no âmbito de uma oposição movida contra uma futura execução, pois, de acordo com o disposto no n.º 3 do artigo 929.º, «a oposição com fundamento em benfeitorias não é admitida quando, baseando-se a execução em sentença condenatória, o executado não haja oportunamente feito valer o seu direito a elas.»

d) A reconvenção para obtenção do mesmo efeito jurídico que o autor se propõe alcançar através da acção (art. 274.º, n.º 2, al. c)). Como já houve oportunidade de explicar, a reconvenção destina-se por vezes a alcançar o *mesmo efeito jurídico* requerido pelo autor.

Recordemos o exemplo clássico ilustrativo desta hipótese: *A* pede o decretamento do divórcio e o cônjuge demandado (*B*), fundado em distinta causa de pedir, requer também o divórcio, reconvencionalmente.

Revestirá esta reconvenção, à luz do critério do caso julgado, natureza *facultativa* ou *obrigatória*?

ALBERTO DOS REIS, que, como vimos, se encontra entre os principais defensores da *tese da reconvenção facultativa*, não deixa de proceder, precisamente a propósito do exemplo exposto, à seguinte reflexão: «Há casos em que conviria talvez atribuir à reconvenção carácter obrigatório, no sentido de que o réu só por esse meio po-

---

[1060] Cfr. LEBRE DE FREITAS, *A transmissão do direito à indemnização por benfeitorias e a caducidade do direito de retenção pelo facto da venda executiva*, Themis n.º 13 (2006), p. 19, nota 34.

O *Problema da Falta de Exercício do Direito de Reconvir*

deria fazer valer a sua pretensão. Assim compreende-se perfeitamente que o cônjuge, demandado em acção de divórcio ou de separação, fosse obrigado a servir-se da reconvenção quando quisesse obter em seu benefício o mesmo efeito jurídico: o divórcio ou a separação»[1061].

Se bem interpretamos estas palavras, a reconvenção prevista na al. *c*) do artigo 274.º, n.º 2, não reveste, segundo o seu entendimento, natureza obrigatória, embora fosse conveniente que isso acontecesse.

Mas, perguntamos, poderá o cônjuge réu, nesta hipótese, fazer sempre valer o seu direito através de uma acção independente?

Parece-nos que não, pois, na eventualidade de a acção já proposta vir a proceder, o caso julgado formado sobre a sentença torna-se um obstáculo ao julgamento dessa acção posterior.

Como explica Teixeira de Sousa, o pedido reconvencional, na hipótese prevista no artigo 274.º, n.º 2, al. *c*), está sujeito a preclusão[1062-1063].

Aliás, na hipótese em análise (em que está em causa o exercício de um direito potestativo extintivo) seria absurdo tentar alcançar um efeito já anteriormente decretado em benefício de outrem. Na verdade, uma vez obtido o divórcio pelo cônjuge autor, qual o sentido de uma futura acção proposta pelo outro cônjuge, com vista à obtenção do efeito já decretado pelo tribunal?

[1061] *Comentário ao Código de Processo Civil*, vol. III, p. 97.

[1062] *Estudos sobre o novo processo civil*, p 284. Esta ideia é concretizada na p. 585 da mesma obra: «Além dos factos que podiam ter sido alegados nos articulados normais (…), ficam igualmente precludidos os factos que o podiam ter sido em articulado superveniente (art. 506.º, n.º 1) ou de que o tribunal podia conhecer até ao encerramento da discussão (art. 663.º, n.º 1). Daí que esteja precludida, num processo posterior (…), a invocação de factos que contrariam o decidido na sentença transitada. Por exemplo: após o decretamento do divórcio a favor do cônjuge autor, não pode o ex-cônjuge demandado requerer que o tribunal o decrete a seu favor.»

[1063] Pronunciando-se sobre a indispensabilidade da reconvenção no domínio das acções de divórcio, *vide*, na doutrina francesa, Desdevises, «Demande reconventionnelle», *in* E. Dalloz, t. II, pp. 1 e s.

460 Reconvenção e Excepção no Processo Civil

Estará, portanto, votado ao fracasso o pedido de reconhecimento, num segundo processo, entre as mesmas partes, de um direito directamente incompatível com o direito já reconhecido e declarado num processo anterior cuja decisão transitou em julgado, a menos que o direito deduzido na segunda acção se fundamente num facto constitutivo posterior ao encerramento da discussão[1064].

Somos assim conduzidos à conclusão de que o réu, desejando obter, em seu benefício, o mesmo efeito que o autor se propõe alcançar, tem o *ónus* de reconvir, sob pena de – por efeito do caso julgado formado sobre uma sentença favorável ao autor – ver, para sempre, o seu direito precludido.

Para afastar o risco eventual da futura preclusão por efeito do caso julgado, o réu tem de vir a terreno fazer valer reconvencionalmente o contradireito.

É claro que, na eventualidade de a acção naufragar, o réu não reconvinte fica com as portas abertas para tentar alcançar, através de uma acção por si instaurada, o efeito que a outra parte não conseguiu obter.

4. *O problema da omissão da compensação processual: apreciação crítica da tese da preclusão do contracrédito.* Merece agora especial destaque o problema da falta de alegação, pelo demandado, da compensação de créditos.

Têm-se levantado, neste domínio, duas questões muito importantes.

A *primeira* é a seguinte: na eventualidade de o réu, na acção de dívida contra si proposta, omitir a existência, na sua esfera jurídica, de um contracrédito e, por consequência, silenciar a vontade de obter a compensação (ou, noutra hipótese, silenciar a compensação

---

[1064] Seguimos, de muito perto, as palavras de Proto Pisani, *Lezioni di diritto processuale civile*, p. 83. Sobre a preclusão dos direitos incompatíveis, *vide*, na doutrina alemã, Zeuner, *Die objektiven Grenzen der Rechtskraft im Rahmen rechtlicher Sinnzusammenhänge*, pp. 10-12 e 48 e ss.

já obtida, no passado, extrajudicialmente), ficará precludida a possibilidade de fazer valer o referido direito creditório, mais tarde, através da proposição de uma acção independente[1065]?

Reformulando a pergunta, em que medida o *caso julgado* condenatório, favorável ao autor, afectará o réu que não exerceu o direito de obter a extinção dos créditos recíprocos?

O *segundo* problema é o de saber se, uma vez proposta, com base em sentença condenatória, uma *acção executiva para pagamento de quantia certa* contra o *devedor não compensante*, poderá este, através do meio regulado no artigo 813.º e ss., opor-se à execução com fundamento, precisamente, no direito potestativo de compensar (exercido no momento da dedução dos embargos ou já efectivado extraprocessualmente).

Ilustremos a primeira questão com o caso apreciado no Acórdão da Relação de Coimbra de 11 de Fevereiro de 1992[1066]: *A*, alegando ter fornecido a *B*, ao abrigo de um contrato de prestação de serviços, um «banquete de casamento», propôs contra este uma acção a pedir o pagamento do preço em dívida.

O tribunal deu razão ao autor e, após a sentença ter transitado em julgado, *B* veio a intentar uma acção condenatória contra *A*, alegando que lhe forneceu, para o referido banquete, determinada quantidade de certo tipo de alimentos e que, portanto, lhe assistia o direito a ser pago do respectivo preço.

O juiz de comarca, fundamentando-se na *excepção de caso julgado*, indeferiu liminarmente a petição inicial, argumentando que, «transitada em julgado a sentença proferida na acção, a questão sobre o preço a pagar pelo banquete (...) passou a coisa julgada, definitivamente encerrada.»

[1065] O problema é referido, em termos gerais, por PROTO PISANI, ob. cit., p. 360.

[1066] C.J. 1992, t. I, pp. 98-100.

Interposto agravo para a Relação de Coimbra, este tribunal negou provimento ao recurso, com fundamento em que, transitada em julgado a sentença obtida na acção proposta por *A* contra *B*, ficaram precludidos todos os *meios de defesa* do réu que, podendo ter sido deduzidos, o não foram.

Realcemos a seguinte passagem do aresto: «O direito é o definido na sentença. Se não foi melhor definido, a culpa é dos ali réus, que não trouxeram todos os meios de defesa ao processo.»

Quais, em síntese, as linhas de força do Acórdão?

De forma sucinta, podem enunciar-se do seguinte modo:

a) O contracrédito de *B* devia ter sido compensado no âmbito do primeiro processo;

b) A excepção (peremptória) era o meio apropriado para fazer valer a compensação fundada num contracrédito de valor inferior ao do crédito do autor;

c) O caso julgado – formado sobre a sentença que condenou *B* no pagamento a *A* de certa quantia – cobre o deduzido e o dedutível e, neste sentido, *preclude a excepção da compensação* omitida pelo réu (*B*);

d) Assim sendo, ocorre também a preclusão ou a perda do contracrédito inerente à excepção[1067];

e) Fica, deste modo, salvaguardada a sentença condenatória proferida em benefício do autor. A posterior condenação deste a pagar a *B* o referido contracrédito – pode ler-se no Acórdão – iria «esbarrar sempre contra a decisão proferida na [primeira] acção, cuja eficácia, implicitamente pretende inutilizar.»

[1067] O Acórdão apoia-se em MANUEL DE ANDRADE, *Noções elementares de processo civil* (ed. de 1956), p. 302: «Se a sentença reconheceu no todo ou em parte o direito do Autor, ficam precludidos todos os meios de defesa do Réu, mesmo os que ele não chegou a deduzir, e até os que ele poderia ter deduzido com base num direito seu (crédito que tivesse extinguido por compensação o do Autor; ser ele, Réu, o proprietário do prédio reivindicado, etc.). Neste sentido – remata o insigne civilista –, pelo menos, vale a máxima segundo a qual o caso julgado cobre o deduzido e o dedutível.»

Para a Relação de Coimbra, *B* não pretendia, no fundo, mais do que reaver parte daquilo que pagou por efeito da condenação. Ora, se isto fosse permitido, «estava encontrada a forma de alterar as sentenças sem haver necessidade de recorrer.»

O problema não foi, em nosso entender, bem resolvido pelas instâncias. Tudo, afinal, está em saber se o réu que se abstém de compensar judicialmente o contracrédito, e que acaba por ser condenado a pagar ao autor certa quantia, fica irremediavelmente impossibilitado de fazer valer contra este – através de uma *acção de dívida autónoma* – o seu pretenso direito creditório.

Tanto o tribunal de comarca, como a 2.ª instância responderam afirmativamente, apoiando-se, para tanto, na *teoria da compensação-excepção* e no *princípio segundo o qual «o caso julgado cobre o deduzido e o dedutível»* (e, logo, as excepções que podiam ter sido deduzidas e não o foram).

Vamos por partes.

É perfeitamente correcto o ponto de partida de ambas as decisões, ou seja, o de que a compensação deve ser invocada processualmente através de excepção peremptória.

Mas terá a omissão desta excepção como efeito necessário a perda do contracrédito do réu?

Teixeira de Sousa, em crítica à teoria da compensação-excepção, e querendo demonstrar a superioridade da tese da compensação-reconvenção, entende que «o tratamento da compensação como qualquer outra excepção peremptória implica que, não sendo alegada num processo pendente, funciona a preclusão estabelecida no art.º 489.º, n.º 2: se o réu não alegar o contracrédito sobre o autor na acção pendente, fica impossibilitado de o fazer, pelo menos até ao montante em que os créditos são compensáveis, numa acção autónoma»[1068].

[1068] *As partes, o objecto e a prova na acção declarativa*, p. 172.

É indubitável que o enquadramento da compensação no regime das excepções a sujeita ao *princípio da concentração da defesa na contestação* e, portanto, ao regime instituído no artigo 489.°[1069].

Mas poderemos fundamentar neste preceito a *preclusão do direito de crédito* que não foi objecto da excepção da compensação?

A resposta a esta questão deve, quanto a nós, ser negativa[1070]. Expliquemos porquê.

O demandado tem o ónus de concentrar todos os meios de defesa na contestação e, no caso de não cumprir este encargo, perde o direito de os usar, mais tarde, contra o pedido do autor. Logo, aquele que omite a *excepção da compensação* não pode vir a invocá-la, numa fase posterior do processo, com o objectivo de alcançar a improcedência do pedido.

Mas que perde, bem vistas as coisas, o réu?

Perde, tão-só, o poder de alcançar a extinção do crédito do autor ou, se quisermos, o direito de se livrar da sua obrigação por meio da compensação, mas jamais o poder de exigir o pagamento da quantia em dívida através de uma acção independente[1071-1072].

[1069] Este preceito consagra o «princípio da preclusão das deduções» ou da «concentração da defesa na contestação.» *Vide* ALBERTO DOS REIS, *Código de Processo Civil anotado*, vol. III, pp. 43 e ss.

[1070] Seguimos LEBRE DE FREITAS, *A acção declarativa comum*, p. 110, nota 108.

[1071] Pode ver-se na hipótese em análise uma *renúncia* à compensação ou ao *direito potestativo* de exercer a compensação (sobre o conceito de renúncia ver, por todos, OLIVEIRA ASCENSÃO, *Direito civil – Teoria geral*, vol. III, pp. 150 e s.). Mesmo num sistema de compensação legal, PLANIOL/RIPERT, *Traité pratique de droit civil français*, t. VII (II Partie), p. 704, apontam como hipótese de *renúncia tácita* à compensação aquela em que o devedor (credor do credor), uma vez demandado em juízo, não se aproveita deste modo de extinção especial das obrigações recíprocas (*La renonciation à la compensation acquise est valable. (…). Elle peut notamment résulter du fait que le débiteur ne s'en prévaut pas en justice*). Os Autores não deixam de observar que o facto de o devedor ter renunciado à compensação e de ter sido condenado não o impede de, seguidamente, fazer valer nos tribunais o direito de crédito (*Elle* [a compensação] *doit être invoquée formellement en justice, sans quoi le débiteur poursuivi ne pourrait qu'être condamné à payer sa dette, sauf ensuite*

No fundo, o silêncio do réu traduz uma *renúncia tácita* ou *implícita* à compensação, mas nunca uma renúncia ao direito de crédito que lhe pertence e continuará a pertencer[1073-1074].

Quando, há mais de um século, alguém consultava a Revista de Legislação e de Jurisprudência, perguntando se «o devedor, que pagou uma divida sem fazer compensação do que o credor lhe devia, perdeu o direito de exigir o pagamento da sua divida», a resposta da prestigiada publicação, em parcas linhas, foi esta: «(...) o devedor pelo facto de ter pago uma divida sem fazer compensação de um crédito que tenha sobre o credor, não fica privado do direito de exigir este credito»[1075].

à réclamer dans une nouvelle instance ce qui lui est dû). Sobre a renúncia implícita à compensação, ver a clássica obra de Cuturi, *Tratatto delle compensazioni nel diritto privato italiano*, pp. 295 e s.

Em estudo clássico sobre as excepções, Hölder, *Über Ansprüche und Einreden*, AcP, 1902, p. 83, defendeu que a pessoa não perde a possibilidade de exercer o direito de crédito pelo facto de não o ter compensado. Na mesma linha de pensamento, explica Kawano, *Der prozessual unberücksichtigte Aufrechnungseinwand und seine materiellen Folgen*, ZZP, 1981, p. 23, que «a natureza da compensação permite que o réu possa fazer valer o seu crédito quando a excepção não tenha sido deduzida ou quando não tenha sido autorizada e o réu acabe por ser condenado no pagamento do crédito do autor.» É claro que o não julgamento da excepção da compensação deduzida acaba por deixar intocado o contracrédito: assim sendo, escreve Luiso, *Diritto processuale civile*, I, p. 258, este direito pode ser exercido num posterior processo.

[1072] Não é defensável a posição de Giuliano, *La compensazione (con particolare riguardo alle procedure concorsuali)*, p. 73, segundo a qual o réu que não compensa o respectivo contracrédito, e acaba por ser condenado, fica sempre com a possibilidade de conseguir, mais tarde, a compensação.

[1073] Sobre a renúncia à compensação, prevista na parte final do artigo 853.º, n.º 2, do C.C., *vide* Pires de Lima/Antunes Varela, *Código Civil anotado*, vol. II, p. 141, e Almeida Costa, *Direito das obrigações*, p. 1106.

[1074] Ver, neste sentido, Häsemeyer, «Die sogenannte Prozeßaufrechnung – – eine dogmatische Fehlakzentuierung», *in* Festschrift für Friedrich Weber zum 70. Geburtstag, p. 227.

[1075] R.L.J. Ano 29.º (1896-1897), p. 75 e s.

O que era válido, e continua hoje a valer no plano das relações estritamente privadas (isto é, no plano extraprocessual), há-de aplicar-se, sem destrinça, na hipótese em que o devedor omite a compensação no âmbito de uma acção contra si proposta[1076].

Contrariamente, e em defesa da perda ou da preclusão do contracrédito, a Relação de Coimbra invocou, como vimos atrás, a velha máxima segundo a qual «o caso julgado cobre o deduzido e o dedutível.»

Mas o problema não pode resolver-se de forma tão simplista e injusta para o titular do contracrédito.

O caso julgado, é certo, neutraliza todos os factos – carreados ou não para o processo – que possam ser invocados mais tarde com o objectivo de afectarem uma decisão e, neste sentido, preclude o deduzido e o dedutível.

No entanto, na hipótese em análise, o caso julgado obtido na primeira acção (na acção de dívida proposta por *A* contra *B*) é insusceptível de ser afectado pela decisão que venha a ser proferida na acção declarativa posterior (na acção de dívida proposta por *B* contra *A*): num plano está o reconhecimento do direito de crédito de *A* e a condenação de *B* no cumprimento da obrigação; noutro plano temos de colocar a eventual e futura condenação de *A* na realização da prestação em benefício de *B*.

Serão as duas decisões, *na prática*, incompatíveis ou conflituantes?

Não são.

A doutrina italiana vem, desde há muito, afirmando, com grande lucidez, pela voz dos seus mais prestigiados juristas, que o

---

[1076] Tese sustentada por EIKE SCHMIDT, *Die Prozeßaufrechnung im Spannungsfeld von Widerklage und prozessualer Einrede*, ZZP, 1974, p. 38; SCHILKEN, *Zivilprozessrecht*, p. 231; HAU, *Widerklageprivileg und Widerklagelast*, ZZP, 2004, pp. 50 e s., e BADELT, *Aufrechnung und internationale Zuständigkeit unter besonderer Berücksichtigung des deutsch-spanischen Rechtsverkehrs*, p. 65.

O Problema da Falta de Exercício do Direito de Reconvir

caso julgado constituído sobre a sentença condenatória apenas afasta o poder de operar, por via da compensação, a extinção do crédito do autor, ficando, contudo, «salvo o crédito que se teria podido opor através da compensação» (*resta salvo il credito che si sarebbe potuto opporre in compensazione*)[1077].

Fixemos a nossa atenção na seguinte e muito importante passagem da autoria de CALAMANDREI: «A decisão que declarou o crédito do autor, sem levar em conta o contracrédito que poderia ter sido oposto através da compensação, não negou a existência do contracrédito, mas negou antes implicitamente o direito de o réu se servir deste crédito com o objectivo de conseguir a compensação contra a pretensão exercida pelo autor e reconhecida por sentença transitada em julgado.»

«O caso julgado – remata o ilustre processualista – limitou-se a tornar o direito imune contra qualquer excepção deduzida ou dedutível e, portanto, também contra a excepção da compensação; mas o contracrédito pode ainda ser exercido não apenas através de acção independente, mas também através da compensação contra qualquer outra pretensão do mesmo autor»[1078].

São igualmente muito esclarecedoras as palavras de HEINITZ, que passamos a reproduzir: Num sistema em que «a compensação opera mediante declaração (direito potestativo privado), aquele que a não invoca fica inibido de o fazer mais tarde.» Mas – logo acrescenta –, na medida em que não obtivesse a compensação, restar-lhe-ia sempre o seu crédito (*gli resterebbe sempre il suo credito*)[1079].

[1077] CHIOVENDA, *Principii di diritto processuale civile*, p. 278.

[1078] *Compensazione in sede esecutiva per credito anteriore al giudicato*, R.D.P.C., vol. XVII – Parte II, 1940, pp. 6 e s.

[1079] *I limiti oggettivi della cosa giudicata*, p. 233. No mesmo sentido se pronuncia REDENTI, *La compensazione dei debiti nei nuovi codici*, R.T.D.P.C., 1947, p. 19: «Se a compensação não é oposta e o devedor paga ou, uma vez demandado num processo, se deixa condenar, o seu crédito sobreviverá (*sopravviverá*) tal e qual era» (a mesma ideia encontra-se explicitada nas pp. 16 e 23). Ver ainda, do mesmo Autor, «Sull'assorbimento di eccezioni riconvenzionali», *in* Scritti e dis-

Para Satta, «não sendo oposta a compensação, o crédito mantém-se» (*il credito permane*)[1080].

Na doutrina mais recente, Menchini aparece também como defensor da possibilidade do exercício – através de um processo autónomo – do crédito não compensado, considerando inaceitável a existência de uma «incompatibilidade jurídica entre o conteúdo da decisão transitada em julgado, que declarou o autor como titular de certa pretensão [de certo direito de crédito], e o conteúdo de uma eventual e posterior sentença que reconheça ao réu, sucumbente no primeiro processo, um crédito de montante maior ou menor, já existente em época anterior à decisão transitada em julgado»[1081].

Efectivamente, tal incompatibilidade somente poderia ocorrer se o reconhecimento do contracrédito, na acção posteriormente proposta, encerrasse em si mesmo a negação do direito de crédito objecto da anterior sentença condenatória, coisa que não ocorre.

Ao deixar na sombra o contracrédito e a excepção da compensação, *B* fica unicamente sujeito ao risco de, uma vez obtida a sentença condenatória contra *A*, este se encontrar numa situação de *insolvência*.

Da falta de alegação da compensação, portanto, e isto mesmo para quem, como nós, defende que esta, no processo, se deve fazer valer através de uma *excepção peremptória*, não deriva a preclusão ou

---

corsi giuridici di un mezzo secolo, p. 620. Também para Merlin, *Compensazione e processo*, vol. II, p. 82, nota 157, «o alcance prático da sentença de condenação fica assegurado pela perda da excepção da compensação – não fica prejudicado, portanto, o exercício do direito de crédito através de uma acção» (ver também pp. 161 e 169 e ss.). A possibilidade de o réu não compensante fazer valer, por via autónoma, o contracrédito é igualmente defendida por Borghesi, «Compensazione nel diritto processuale civile», *in* Dig. Disc. Priv., XIII, p. 86. No direito brasileiro, no mesmo sentido, *vide* Euclides Mesquita, *Da compensação*, pp. 244 e s.; no direito espanhol, sem divergir, cfr. Tapia Fernández, *La compensación en el proceso civil*, pp. 50 e s.

[1080] *Commentario al Codice di Procedura Civile*, I, p. 153.

[1081] *I limiti oggettivi del giudicato civile*, p. 336. No mesmo sentido se pronuncia Fabbrini, «Connessione», *in* E.G., vol. VIII, pp. 7 e s.

O caso julgado condenatório conduz apenas à preclusão da excepção da compensação e, neste sentido, fazendo uso das palavras de BLOMEYER, «a possibilidade de se obter a extinção do crédito judicialmente reconhecido fica em definitivo afastada»[1084].

a perda do crédito do réu[1082]. O que este perde é, tão-só, o poder de compensar, ou seja, o poder de extinguir, com base no artigo 847.º do C.C., o crédito do autor[1083].

O caso julgado condenatório conduz apenas à preclusão da excepção da compensação e, neste sentido, fazendo uso das palavras de BLOMEYER, «a possibilidade de se obter a extinção do crédito judicialmente reconhecido fica em definitivo afastada»[1084].

Concluindo, diremos que, quer à luz da *teoria da compensação--excepção*, quer à luz da *teoria da compensação-reconvenção*, a omissão da compensação não pode jamais causar a perda do crédito não compensado. Este sobrevive sempre à falta de invocação da compensação e contra o seu exercício através de uma acção independente é incorrecto levantar o obstáculo do caso julgado: a sentença que condena *B* a pagar a *A* determinada quantia não é afectada por outra sentença que, posteriormente, venha a condenar *A* no pagamento a *B* de uma quantia igual, maior ou inferior[1085].

[1082] No direito norte-americano tem-se entendido que a compensação não tem natureza obrigatória. O réu pode, assim, optar entre a dedução da compensação e a proposição de uma acção autónoma (*Set-off is not compulsory and a defendant may elect between* (a) *bringing a separate suit for his demand, or* (b) *setting it off against the plaintiff's*). Cfr. Crow *v* Mothers Beautiful Co., 115 Ga. App. 747, 156 S.E. 2d 193 (1967), p. 194. Note-se que, neste caso, o Tribunal de Apelação da Geórgia (Court of Appeals of Georgia) defendeu – aliás dentro do espírito do sistema processual norte--americano – que o contracrédito de cariz indemnizatório só deve ser necessariamente deduzido através de compensação (*rectius*, recoupment) na eventualidade de derivar da mesma relação jurídica discutida e apreciada no processo a título principal. Cfr. também Jones *v.* Schacter, 29 Ga. App. 132; 114 S.E. 59 (1922), pp. 1-2.

[1083] Na hipótese de o réu ter já declarado extraprocessualmente a compensação, o que ele perde, em bom rigor, não é o direito de compensar, mas sim o direito de invocar no processo a compensação antes declarada ou, por outras palavras, o direito de se defender através da invocação de um facto extintivo do direito do autor.

[1084] *Ausserprozessuale Aufrechnung und Prozessaufrechnung*, ZZP, 1975, p. 441.

[1085] Confrontado com uma hipótese em que alguém fez valer judicialmente o direito de regresso não exercido em acção anterior contra si intentada, o Tribu-

No caso em que nos apoiámos para analisar este ponto, tanto o tribunal de comarca, como a Relação entenderam o contrário, privando injustamente o réu de, por via de uma acção autónoma, exercer o seu pretenso crédito.

4. (*cont.*). Respondendo agora ao *segundo problema* atrás colocado – o problema do exercício do direito de compensar através da *oposição à execução* –, diremos que a preclusão da excepção da compensação e, logo, do direito potestativo de compensar torna inviável o exercício deste direito com fundamento na al. *g*) do artigo 814.º[1086].

Aquele que se deixou condenar, não fazendo uso da excepção da compensação, tem de pagar o preço da sua inércia, sendo intolerável e injusta uma reacção tardia destinada a travar – *in extremis* – o êxito da posterior acção executiva para pagamento de quantia certa.

Esta tese foi defendida, sem hesitações, no Acórdão do Supremo Tribunal de Justiça de 6 de Out. de 1987[1087].

Muito sinteticamente, eis o caso de que se ocupou o aresto: certa sociedade propôs uma acção de dívida com forma ordinária contra duas sociedades e, não tendo sido deduzidas por estas quaisquer excepções, o processo findou através de uma transacção homologada por sentença, de acordo com a qual cada uma das partes demandadas se comprometeu a pagar à autora determinada parcela da quantia em dívida.

---

nal da Cassação italiano – através de Ac. de 8 de Jun. de 1979 – aceitou a acção posterior e independente, afastando o princípio de que o caso julgado cobre o deduzido e o dedutível. Em comentário favorável ao aresto, CIAPPI, F.I., 1980, p. 154, defende que a negação de tal possibilidade – ou seja, do exercício do direito de regresso através de um processo sucessivo – traduzir-se-ia numa ofensa à garantia constitucional do direito de acção.

[1086] Sobre os fundamentos de oposição à execução baseada em sentença, *vide* LEBRE DE FREITAS, *A acção executiva depois da reforma*, pp. 172 e ss.; AMÂNCIO FERREIRA, *Curso de processo de execução*, pp. 170 e ss.

[1087] B.M.J., n.º 370, pp. 496-500.

O Problema da Falta de Exercício do Direito de Reconvir 471

Proposta execução para pagamento contra uma das sociedades devedoras, veio a executada alegar a titularidade de determinado contracrédito e pedir que o direito do exequente fosse julgado extinto por força da compensação.

O tribunal considerou improcedente este pedido e tanto a Relação como o Supremo entenderam que a decisão não poderia ter sido outra.

Vejamos porquê.

Segundo o artigo 814.º, al. *g*), fundando-se a execução em sentença, a oposição pode fundamentar-se em «qualquer facto extintivo ou modificativo da obrigação, desde que seja posterior ao encerramento da discussão no processo de declaração e se prove por documento.»

Para aferir se o facto extintivo da compensação é *anterior* ou *posterior* ao encerramento da discussão da matéria de facto, releva o momento em que foi feita a declaração compensatória ou o momento em que se preencheram os requisitos substantivos da compensação, nomeadamente o nascimento do contracrédito?

Teixeira de Sousa responde a este problema nos seguintes termos: «(...) Se a superveniência da compensação se aferisse (...) pelo momento da declaração da compensação, então nenhum significado teria o ónus de apresentação da excepção na contestação, pois o réu poderia sempre vir a torná-la superveniente proferindo a declaração compensatória posteriormente ao termo do prazo de contestação ou do encerramento da fase de discussão e julgamento. Por isso, a superveniência da compensação determina-se pelo momento em que se verificam as condições de compensabilidade dos créditos, constituindo-se, assim, três situações distintas: – se os créditos se tornaram compensáveis antes do momento da contestação, a compensação deve ser arguida na contestação, estando impedida, por preclusão, a sua arguição posterior (art. 489.º, n.º 2, *a contrario*); – se os créditos se tornaram compensáveis após o momento da contestação, e antes do encerramento da discussão e julgamento, a compensação deve ser arguida em articulado superveniente, estando vedada, por preclusão, a sua apresentação em acção declarativa ou executiva posterior (...); – se os créditos se tornaram compensáveis após o termo da fase de discussão e julgamento, a compensação não pode ser arguida no processo declarativo pendente (art. 506.°, n.° 1, *in fine*), mas pode ser apresentada, como fundamento de embargos de executado, na acção executiva subsequente»[1088-1089].

Pois bem. Ocupemo-nos de novo do caso apresentado. Porque terão sido os embargos julgados improcedentes?

Precisamente porque o contracrédito alegado pela sociedade executada, para além de não se encontrar provado por documento, era, nos termos das alegações feitas pela própria opoente, anterior ao encerramento da discussão no processo em que tinha sido proferida a sentença exequenda.

O Acórdão refere, e bem, que a possibilidade de compensar um contracrédito anterior ao encerramento da discussão conduziria ao desrespeito do caso julgado condenatório, o que seria inaceitável. E apoia-se em ANSELMO DE CASTRO, para quem o caso julgado exige que «o direito (...) declarado valha e possa ser executado nos precisos termos em que ficou definido, com o que é incompa-

---

[1088] *Observações críticas sobre algumas alterações ao Código de Processo Civil*, B.M.J. n.° 328, p. 113. *Vide* também *A acção executiva singular*, pp. 168 e s.

[1089] Não é difícil entender a admissibilidade da alegação, contra a execução, de factos extintivos posteriores à data em que a discussão se encerrou. «Pode suceder – explica ALBERTO DOS REIS, *Processo de execução*, vol. 2.°, pp. 28 e s. – que a situação jurídica apreciada e declarada pela sentença já não corresponda à realidade jurídica no momento em que se promove a acção executiva.» E logo exemplifica: «Suponha-se que o réu, condenado a pagar determinada quantia, não esperou pela execução: submeteu-se à condenação e efectivou voluntariamente o pagamento; não obstante, o credor requereu a acção executiva com base na sentença. É óbvio que deve o executado ser admitido a opor-se à execução com o fundamento de ter já pago a quantia pedida.»

E o que vale para o pagamento «aplica-se aos outros factos que (...) operem a extinção da obrigação, como a consignação em depósito, a compensação, a confusão, a novação, o perdão, a renúncia, etc.»

O *Problema da Falta de Exercício do Direito de Reconvir*

tível oposição à execução por compensação de contracrédito anterior»[1090-1091-1092].

LEBRE DE FREITAS defende igualmente que «a excepção em sentido próprio não pode ser feita valer na oposição quando se baseie

---

[1090] *A acção executiva singular, comum e especial*, pp. 285 e ss.

[1091] Em sentido contrário veja-se VAZ SERRA, *Algumas questões em matéria de compensação no processo*, R.L.J., Ano 105.º, p. 52. «A circunstância de ao caso julgado dever dar-se acatamento – *escreve* – não parece obstar a que o executado invoque uma compensação por ele declarada depois do encerramento da discussão no processo de declaração, visto o caso julgado formado na acção declarativa decidir apenas que o crédito do autor existia e era eficaz no momento do encerramento da discussão, não que esse crédito não pudesse vir a extinguir-se por facto posterior a esse momento: ora, o que, no caso de compensação, extingue o crédito não é a situação de compensação (compensabilidade dos créditos), mas a declaração de compensação, e, portanto, se esta for posterior ao encerramento da discussão no processo declarativo, tanto basta para poder ser oposta pelo devedor-executado ao credor-exequente.»

[1092] Em Ac. de 27 de Nov. de 2003, o Supremo entende não apenas que o contracrédito a invocar através da oposição à execução tem de ser «posterior ao encerramento da discussão no processo em que a sentença exequenda foi proferida», mas também que tem de «já estar judicialmente reconhecido.» E argumenta deste modo: «Permitir que o executado utilizasse os embargos para ver, neles, reconhecido judicialmente o seu contracrédito, seria abrir o caminho para entorpecer, ou até inviabilizar, a actividade de cobrança rápida e eficaz de créditos, como é a específica finalidade da execução para pagamento de quantia certa» (C.J. – Acs. do S.T.J. –, 2003, t. III, p. 169). No mesmo sentido se pronunciou o Ac. da Relação de Lisboa de 6 de Jul. de 2005, C.J. 2005, t. IV, pp. 76-78.

Não deixa de ser discutível a necessidade de o contracrédito se encontrar judicialmente reconhecido. Para LEBRE DE FREITAS, *A acção executiva depois da Reforma*, p. 179 – e é esta a tese correcta em face do direito constituído – «basta (...) que se prove por documento o facto constitutivo do contracrédito e as suas características relevantes para o efeito do art. 847 CC, bem como a declaração de querer compensar (...), no caso de esta ter sido feita fora do processo, sem necessidade de observar os requisitos legais da exequibilidade dos documentos.»

em pressupostos já verificados à data do encerramento da discussão», encontrando apoio no «lugar paralelo» do artigo 929.º, n.º 3[1093].

Importante doutrina estrangeira pode, aliás, ser citada em abono desta tese. CHIOVENDA, por exemplo, considera que o caso julgado condenatório exclui o direito de compensar que não foi exercido pelo réu até ao encerramento da instrução e discussão da causa (*momento in cui la trattazione della causa è chiusa*)[1094].

CALAMANDREI, na esteira de CHIOVENDA, afirma, com grande clareza, o seguinte: «Se a excepção não foi deduzida no momento próprio pelo réu, com o objectivo de impedir a prolação e o trânsito em julgado da sentença condenatória, o respeito pelo caso julgado e o princípio segundo o qual este cobre o deduzido e o dedutível impedem o condenado de invocar, em sede de oposição à execução, aquela excepção da compensação que podia utilmente ter deduzido no âmbito do processo declarativo: somente se se tratasse de um crédito nascido posteriormente ao título executivo poderia, em sede de oposição à execução, deduzir a excepção que não foi antes deduzida porque não era dedutível.»

E acrescenta: «É evidente que, se fosse lícito excepcionar no processo executivo a compensação baseada num crédito *nascido anteriormente à formação do caso julgado,* não haveria motivos para desatender, nesta sede, todos os possíveis factos extintivos do crédito consagrado no caso julgado, mesmo se existentes em momento anterior ao da formação do caso julgado (...). Para evitar este gravíssimo inconveniente, deve defender-se que o caso julgado preclude não apenas as excepções que não foram deduzidas, mas também aquelas que podiam ter sido invocadas, porque baseadas em factos jurídicos existentes antes do trânsito em julgado da sentença»[1095].

[1093] Ob. cit., pp. 176 e s.

[1094] *Principii di diritto processuale civile*, p. 278.

[1095] *Compensazione in sede esecutiva per credito anteriore al giudicato*, R.D.P.C., vol. XVII-Parte II, 1940, pp. 4 e s.

Na mesma linha de pensamento, HEINITZ escreve que, na hipótese em análise, o credor (executado) «não pode fazer valer o seu contracrédito em sede executiva»[1096-1097].

A doutrina mais recente, pela voz de MENCHINI, considera «indiscutível que a compensação não possa ser alegada em sede de oposição à execução da sentença que tenha condenado o réu no cumprimento do direito»[1098].

E citemos ainda as palavras de BORGHESI: «A possibilidade de opor a compensação no processo executivo encontra um limite na preclusão derivada do caso julgado, de modo que não pode ser oposto um crédito anterior à sentença, susceptível, portanto, de ter sido alegado no processo de onde esta resultou; mas já pode ser invocado um crédito nascido após a formação do título executivo»[1099].

Na Alemanha, OERTMANN rejeita a oposição à execução (*Vollstreckungsgegenklage*) fundada num direito de compensar que podia ter sido exercido na anterior acção declarativa[1100].

Esta tese é sufragada por HENCKEL, exprimindo-se, com grande clareza, nos seguintes termos: «A excepção da compensação dedu-

---

[1096] *I limiti oggettivi della cosa giudicata*, p. 232.

[1097] Neste sentido se pronunciam REDENTI, *La compensazione dei debiti nei nuovi codici*, R.T.D.P.C., 1947, pp. 10 e ss., e LA ROSA, *Per una triplice distinzione delle eccezioni*, G.I., vol. CVI (1954), pp. 86 e s. Veja-se também PATTI, *La compensazione nei suoi aspetti giuridici*, pp. 109-112, e MERLIN, *Compensazione e processo*, vol. II, p. 161. Na jurisprudência italiana, refira-se a sentença do Tribunal de Nápoles de 12 de Nov. de 1980, F.I., 1981, I Parte, pp. 863-865.

[1098] *I limiti oggettivi del giudicato civile*, p. 335.

[1099] Cfr. «Compensazione nel diritto procesuale civile», *in* Dig. Disc. Priv., XIII, p. 98. *Vide* também VACCARELLA, *Titolo esecutivo, precetto, opposizioni*, pp. 255 e 266. Sendo o crédito posterior, defende a possibilidade de o executado, através de um autêntico pedido reconvencional, pedir a condenação do exequente no pagamento do excesso. Neste sentido se pronunciou o Tribunal da Cassação italiano em 19 de Mar. de 1979, F.I., 1979, Parte I, pp. 2911 e ss.

[1100] Cfr. *Die Aufrechnung im deutschen Zivilprozessrecht*, pp. 108 e ss.

zida após a última audiência é, com fundamento no § 767 II da ZPO e no caso julgado material, rejeitada, contanto que a situação de compensabilidade já se verificasse na altura em que aquela excepção ainda podia ter sido autorizada»[1101].

5. *Em prol do sistema da reconvenção necessária?* Qualquer «política» legislativa no domínio da reconvenção defronta-se com dois problemas essenciais.

O *primeiro*, já analisado na parte I (cap. II), consiste em saber se a reconvenção deve ser admitida livremente ou, pelo contrário, de forma limitada.

O *sistema liberal ou aberto* não sujeita a admissibilidade da reconvenção a requisitos materiais, ou seja, o pedido do réu é aceite mesmo na ausência de uma conexão objectiva com a acção. E somente o juiz pode, de acordo com o seu prudente critério, baseando-se em razões de boa ordem processual, impedir o julgamento simultâneo da acção e da reconvenção.

Quer isto dizer que a liberdade de reconvir é, de certo modo, aparente.

Ao invés, como também houve oportunidade de explicar, o *sistema restritivo ou constringente* considera à partida legalmente inadmissível toda e qualquer reconvenção desconexa com o objecto da acção.

Vimos que o nosso legislador restringe a admissibilidade da reconvenção a uma série pré-definida de casos. Apesar da preferên-

---

[1101] *Materiellrechtliche Folgen der unzulässigen Prozeßaufrechnung*, ZZP, 1961, pp. 173 e s. No mesmo sentido, ver DIETRICH, *Die Aufrechnung*, AcP, 1970, p. 535; HÄSEMEYER, «Die sogenannte Prozeßaufrechnung – eine dogmatische Fehlakzentuierung», *in* Festschrift für Friedrich Weber zum 70. Geburtstag, p. 226. PETERS, *Münchener Kommentar zur Zivilprozeßordnung* (LÜKE/WAX), vol. 1, p. 1113, escreve: «O caminho da oposição à execução está bloqueado, pois a compensação já podia ter sido invocada no processo (§ 767 II).»

cia que manifestámos pelo princípio da admissibilidade restrita, acabámos por criticar o carácter demasiadamente rígido do artigo 274.º, n.º 2.

O *segundo problema* é o de saber se se justifica a intervenção do legislador no sentido de transformar, no maior número de hipóteses possível, a faculdade de reconvir num *ónus*: deverá o sistema da reconvenção facultativa ceder espaço ao sistema da reconvenção necessária?

Existe uma diferença fundamental entre os dois sistemas: enquanto, à luz do primeiro, a pretensão omitida pelo réu pode sempre fazer-se valer através de uma acção posterior e independente, já de acordo com o segundo, muito pelo contrário, a pretensão não deduzida reconvencionalmente equivale, em princípio, a uma pretensão perdida.

Entre nós, assim como na esmagadora maioria dos ordenamentos jurídicos, vale o *princípio da liberdade da dedução da reconvenção*, segundo o qual o direito de reconvir se traduz numa mera *faculdade* e, assim sendo, a falta da reconvenção não conduz irremediavelmente à perda definitiva do direito substantivo do demandado.

O princípio, baseado na ideia de que à parte deve assegurar-se a escolha do momento próprio para deduzir processualmente a sua pretensão, comporta, como observámos, importantes desvios.

Se, por um lado, a *lei*, em raras hipóteses, faz recair sobre o réu a necessidade de reconvir, por outro, o *risco* da perda da contrapretensão por efeito do *caso julgado* favorável ao autor acaba, na prática e em variadas situações, por forçar, naturalmente, a apresentação da reconvenção, não podendo dizer-se, portanto, que o direito de reconvir seja, em termos absolutos, livre.

A «política» da reconvenção necessária, traduzida em normas que directamente impõem ao réu o ónus de reconvir, visa alcançar o fim muito louvável da redução do número de acções, na medida em que a acção e a reconvenção acabam por ser instruídas, discutidas e julgadas num único processo, ou seja, em simultâneo.

Para além da maior eficiência do processo, consegue-se ainda o *julgamento uniforme* das questões comuns a ambas as causas, afastando o risco de prolação de decisões contraditórias.

Seria, no entanto, errado pensar que a «política» da reconvenção necessária é desprovida de inconvenientes. Ela conduz, por um lado, à complexificação dos processos e, neste sentido, pode gerar erros judiciários. Por outro lado, tem como efeito o agravamento sistemático da morosidade processual. Por último, priva o réu do direito de decidir livremente sobre o momento mais adequado para accionar a contraparte.

O réu pode realmente não estar preparado para reconvir no prazo fixado na lei e o facto de sobre ele impender um ónus acaba por forçá-lo a avançar com pedidos mal fundamentados ou, na pior das hipóteses, a desistir da reconvenção, perdendo, para sempre, a possibilidade de fazer valer perante os tribunais o seu direito.

A «política» da reconvenção necessária, neste sentido, discrimina o réu, pois o autor jamais é sujeito a semelhante pressão[1102].

Faz, portanto, todo o sentido a *prevalência do princípio da liberdade de reconvir.*

Para além das restrições que naturalmente advêm do caso julgado, e contra as quais nada há a fazer, o legislador apenas deverá intervir pontualmente – tornando necessária a reconvenção – quando se lhe afigure intolerável que o réu, estando reunidas todas as condições para reconvir, opte por fazer valer a contrapretensão através de um processo autónomo[1103].

[1102] Como explica BARBOSA MOREIRA, a propósito da reconvenção obrigatória, a necessidade de reconvir pode ser «inoportuna para o réu, constrangendo-o (...) a intentar precipitadamente uma ação para a qual gostaria de preparar-se com mais vagar» (*A conexão de causas como pressuposto da reconvenção*, p. 143).

[1103] Após analisar o sistema norte-americano da reconvenção compulsiva, HAU, *Widerklageprivileg und Widerklagelast*, ZZP, 2004, pp. 57 e s., questiona, em

Mesmo o direito processual norte-americano, de entre todos o que mais tem acentuado a «política» da reconvenção necessária, não é insensível, como vamos ver, aos interesses do demandado.

Distingue o legislador estadunidense, na Norma 13 do Código de Processo Civil, a reconvenção facultativa (*permissive counterclaim*) da reconvenção necessária ou compulsiva (*compulsory counterclaim*).

A primeira relaciona-se com os *pedidos desconexos* e a expressão «facultativa» quer significar que ao réu assiste a liberdade de escolha entre a dedução da reconvenção (*unrelated counterclaim*) e a proposição de uma acção autónoma.

Na Norma 13 (*b*) dispõe-se, com efeito, que «pode ser deduzido sob a forma de reconvenção qualquer pedido contra a outra parte, ainda que não resulte da mesma transacção ou ocorrência em que se fundamente o pedido desta parte»[1104-1105].

Já a *reconvenção necessária* – prevista na Norma 13 (*a*) – diz respeito às hipóteses em que o pedido do réu se encontra conexo com a matéria alegada pelo autor no processo.

Segundo este preceito, deve ser deduzido reconvencionalmente qualquer pedido derivado «do negócio ou da ocorrência que é

---

jeito de reflexão final, porque não há-de restringir-se o *princípio do dispositivo*, forçando o demandado, ao abrigo de uma ideia de *interesse público* (subjacente ao princípio da economia processual), a deduzir a reconvenção no processo pendente. Para HAU, este passo abalaria os alicerces em que assenta o sistema processual germânico. A protecção do réu – escreve – exige que a necessidade de reconvir seja determinada pontualmente pelo legislador. Mas o legislador alemão tem sido avesso à ideia da reconvenção necessária (cfr. p. 47 do est. agora citado).

[1104] *Permissive counterclaims: A pleading may state as a counterclaim any claim against an opposing party not arising out of the transaction or occurrence that is the subject matter of the opposing party's claim.*

[1105] Sobre este ponto, ver VESTAL, *Rationale of preclusion*, St. Louis U.L.J., 1964-1965, pp. 38 e s.; JAMES/HAZARD/LEUBSDORF, *Civil procedure*, p. 699.

objecto do pedido da parte contrária e que não exija, para a sua apreciação, a presença de terceiros sobre os quais o tribunal não possa exercer jurisdição»[1106].

Apoiando-se nesta disposição legal, a esmagadora maioria dos Estados torna necessária a dedução de certos pedidos reconvencionais, sob pena de ficar precludido, para sempre, o seu exercício processual (*penalty of precluding later assertion of omitted claims*)[1107].

Com isto se visa, explica WRIGHT, diminuir o número dos processos e assegurar a mais eficaz resolução dos litígios existentes entre as partes[1108].

Mas não se pense que é inteiramente pacífica a disciplina da reconvenção necessária. Muitas dificuldades surgem a propósito da Norma 13 (*a*), em especial quando se procura o sentido dos termos «transacção» (*transaction*) e «ocorrência» (*occurrence*)[1109-1110].

O primeiro conceito («a word of flexible meaning», nas palavras do Supremo Tribunal dos Estados Unidos[1111]) parece abarcar as relações contratuais ou negociais (*business negotiations*) e o segundo

---

[1106] *A pleading shall state as a counterclaim any claim which at the time of serving the pleading the pleader has against any opposing party, if it arises out of the transaction or occurrence that is the subject matter of the opposing party's claim and does not require for its adjudication the presence of third parties of whom the court cannot acquire jurisdiction.*

[1107] Cfr. *United States Code annotated* (Federal Rules of Civil Procedure Rules 12 to 16), nota 5 à Norma 13, p. 464.

[1108] *Estoppel by rule: the compulsory counterclaim under modern pleading,* Minn. L. Rev., vol. XXXVIII (1953-54), p. 465.

[1109] Termos que FIELD/KAPLAN/CLERMONT, *Civil procedure*, p. 58, espirituosamente definem como autênticos «camaleões legais.» A sua indeterminação gera sentidos diversos.

[1110] A expressão «arising out» (resultante de) é usada noutros domínios, como, por exemplo, no domínio da arbitragem. Traduz a ideia de «ligação essencial.» Cfr. RAÚL VENTURA, *Convenção de arbitragem*, R.O.A., 1986, pp. 359 e s.

[1111] Cfr. WRIGHT, *Joinder of claims and parties under modern pleading rules,* Minn. L. Rev., vol. XXXVI, 1951-52, p. 591.

– o conceito de «ocorrência» – reporta-se ao facto ou aos factos em que o autor se fundamenta para deduzir o pedido.

Os tribunais têm, aliás, interpretado de modo liberal estas expressões, com o objectivo de promover a economia processual[1112].

Perante isto, levanta-se o problema de saber se a reconvenção se torna necessária sempre que o pedido do réu derive do negócio ou dos factos alegados pelo autor no processo.

Insatisfeitos com o carácter impreciso da lei, os juízes esforçam-se por encontrar *critérios auxiliares* que permitam, com segurança, qualificar a reconvenção como *necessária* ou *facultativa*. Enunciemo-los de forma esquemática.

Para alguns tribunais, o problema deve se resolvido à luz do *critério das provas*. Com base nele afirma-se que a reconvenção reveste natureza necessária sempre que o seu julgamento se fundamente nas mesmas provas da acção.

Critério pouco feliz, pois, como bem se tem observado, a reconvenção necessária pode perfeitamente implicar a apreciação de provas diversas daquelas em que a acção se baseia.

Outros, em segundo lugar, fazem «cavalo de batalha» do denominado *critério da analogia das questões*. Realmente, para um sector da jurisprudência, a analogia entre as questões (de facto e de direito) da acção e da reconvenção determina a necessidade desta. Trata-se, no entanto, de um critério ambíguo e problemático, na medida em que é difícil saber, à partida, quais as questões inerentes a ambas as acções. Por outro lado, a reconvenção necessária pode perfeitamente envolver questões diversas daquelas que subjazem à acção pendente.

Muito seguido é o *critério da relação lógica*, que aponta para a necessidade da reconvenção quando esta se relacione logicamente com a acção ou com o pedido aqui formulado.

[1112] KANE, *Original sin and the transaction in Federal Civil Procedure*, Tex. L. Rev., Jun. 1998, p. 1728.

A verdade, no entanto, é que a dependência lógica entre o pedido reconvencional e a acção acaba, na prática, por ser difícil de explicitar: o critério fundado nesta dependência é, tem-se dito, vago. E considera-se indesejável combater a aridez da lei com um critério minado pelo mesmo defeito.

Por tudo isto, para muitos tribunais, o critério válido, o único que ilumina o problema, é o do *caso julgado*. Ele traduz a ideia – já por nós seguida e aplaudida – de que *a reconvenção reveste natureza necessária sempre que o caso julgado favorável ao autor seja susceptível de impedir a dedução do pedido do réu através de uma acção independente.*

Os tribunais norte-americanos têm afirmado ser este o critério decisivo (*the acid test*) para, quando a lei nada diga ou seja pouco explícita, determinar se, efectivamente, a reconvenção é necessária.

Também entre nós, insistimos, o caso julgado não pode de forma alguma ser ignorado quando, ao contestar, o réu tenha de optar entre deduzir a pretensão no processo ou fazê-lo através de uma acção autónoma.

O risco de formação de caso julgado sobre uma sentença favorável ao autor funciona como um estímulo para certo tipo de pedidos reconvencionais.

Para distinguir a reconvenção necessária da reconvenção facultativa, o *caso julgado* acaba por ter um papel preponderante, e isto tanto no nosso sistema, como no sistema norte-americano. Mas, sem qualquer dúvida, este último é indiscutivelmente mais sensível ao problema da reconvenção necessária[1113].

Ainda muito «tímida» no séc. XIX, a «política» da reconvenção necessária foi ganhando cada vez mais força ao longo do séc. XX, estando hoje consagrada em quase todos os Estados.

[1113] *Vide* VESTAL, *Res judicata/preclusion: expansion*, So. Calif. L. Rev., 1974, vol. 47, p. 358.

Foi assim perdendo terreno o *princípio da liberdade de reconvir*, apesar de nunca ter sido totalmente saneado do rol dos princípios que norteiam o direito processual civil.

Acerca dos pedidos reconvencionais, observava BLACK, em 1891, que pertence ao demandado «a possibilidade de os deduzir ou não no primeiro processo; se ele se abstém, não fica impedido de propor mais tarde uma acção separada contra o autor»[1114].

O tratadista advertia, no entanto, para a existência de algumas jurisdições onde a reconvenção se tornava necessária.

As reformas processuais ocorridas no séc. XX acentuaram a «política» da reconvenção compulsiva, colocando em confronto o *princípio da liberdade de reconvir* e o *princípio da economia processual.*

O primeiro exprime, por um lado, a ideia de que aos litigantes assiste o direito de escolher quando e onde deduzem as suas pretensões e, por outro, que o autor não deve ter o privilégio de obrigar o réu a propor reconvenções de modo prematuro (*the plaintiff should not have the advantage of compelling the defendant to bring claims prematurely*)[1115].

Já de acordo com o *princípio da economia processual,* consagrado na Norma 13 (*a*) do Código de Processo Civil dos Estados Unidos, os escassos recursos judiciais somente são poupados e bem aproveitados se as contrapretensões do demandado, intimamente relacionadas com a acção, vierem a ser apreciadas no processo pendente[1116].

Não se pense, no entanto, que o interesse público ínsito no princípio da economia processual reduz a nada a liberdade de reconvir, pois nem sempre a reconvenção omitida equivale a uma pretensão irremediavelmente perdida.

Da Norma 13 (*a*) têm-se deduzido hipóteses em que esta preclusão é afastada, ficando o réu livre de propor, mais tarde, uma acção independente.

[1114] *A treatise on the law of judgments,* vol. II, p. 913.

[1115] FRIEDENTHAL/KANE/MILLER, *Civil procedure*, p. 675.

[1116] Cfr. FRIEDENTHAL/KANE/MILLER, ob. cit., p. 675.

Tanto a doutrina, como a jurisprudência entendem que o réu não necessita de reconvir se, por exemplo, a pretensão não estiver devidamente amadurecida.

Mas, mesmo nos casos em que a reconvenção é necessária, a lei (a Norma 13 (*f*)) contém uma «válvula de segurança» para o réu não reconvinte, autorizando-o a deduzir a pretensão na *acção pendente*. À luz desta alínea, «quando o advogado não reconvém devido a descuido, inadvertência ou negligência desculpável, ou quando a justiça o ordene, o advogado, sob autorização do tribunal, pode apresentar reconvenção através de aditamento», ou seja, pode ser autorizado a deduzir, em momento mais tardio, a reconvenção[1117].

Diremos, a terminar esta monografia, que, mesmo no sistema norte-americano, que aposta em força na reconvenção necessária, existe uma notória preocupação em não sacrificar, em demasia, os interesses do demandado e, no fundo, em não ofender ostensivamente o clássico princípio da liberdade de reconvir.

[1117] *Omitted counterclaim: When a pleader fails to set up a counterclaim through oversight, inadvertence, or excusable neglect, or when justice requires, the pleader may by leave of court set up the counterclaim by amendment.* Sobre este ponto ver FIELD/KAPLAN/CLERMONT, *Civil procedure*, p. 57.

BIBLIOGRAFIA

ALARCÃO, Rui de
- *Direito das obrigações* (texto elaborado por J. SOUSA RIBEIRO; J. SINDE MONTEIRO; ALMENO DE SÁ e J. C. PROENÇA, com base nas Lições do Prof. Doutor RUI DE ALARCÃO ao 3.º Ano Jurídico). Coimbra: Ed. copiogr., 1983.

ALBERS, Jan
- *Zivilprozessordnung* (BAUMBACH/LAUTERBACH/ALBERS/HARTMANN). 64. Auf. München: C.H. Beck, 2006.

ALLORIO, Enrico
- *Commentario del Codice di Procedura Civile.* Tomo I (art. 1-68). Torino: U.T.E.T., 1973
- «Critica della teoria del giudicato implicito», *in* Sulla dottrina della giurisdizione e del giudicato e altri studi. Milano: Giuffrè, 1957.
- *Per una teoria dell'oggetto dell'accertamento giudiziale.* Jus (Rivista de Scienze Giuridiche). Milano: U.C.S.C., 1955, pp. 154-204.

AMARAL, Jorge Augusto Pais de
- *Direito processual civil.* 7.ª ed. Coimbra: Livr. Almedina, 2007.

ANDRADE, José Carlos Vieira de
- *A justiça administrativa (Lições).* 8.ª ed. Coimbra: Livr. Almedina, 2006.

ANDRADE, Manuel Domingues de
- *Noções elementares de processo civil* (ed. revista e actualizada por HERCULANO ESTEVES). Reimp. Coimbra: Coimbra Ed., 1993.
- *Ensaio sobre a teoria da interpretação das leis.* Coimbra: Arménio Amado – – Editor Sucessor, 1987.
- *Teoria geral da relação jurídica.* Vol. I (*sujeitos e objecto*). 3.ª reimp. Coimbra: Livr. Almedina, 1972.

486   *Reconvenção e Excepção no Processo Civil*

- *Teoria geral das obrigações* (com a colaboração de RUI DE ALARCÃO). 3.ª ed. Coimbra: Livr. Almedina, 1966.
- *Noções elementares de processo civil.* Ed. copiogr., Coimbra, 1956.
- *Lições de processo civil* (texto elaborado por MORENO, SECO e JUNQUEIRO). Coimbra: Casa do Castelo Ed., 1945.
- *Anotação ao Assento de 22 de Março de 1946.* Revista de Legislação e de Jurisprudência. Coimbra: Coimbra Ed., Ano 78.º (1945-1946), pp. 409-416.

ANDREWS, Neil
- *Principles of civil procedure.* London: Sweet & Maxwell, 1994.

ANDRIOLI, Virgilio
- *Commento al Codice di Procedura Civile.* Vol. I (*disposizioni generali*). 3.ª ed. Napoli: Jovene, 1961.

ARENS, Peter
- *Willensmängel bei Parteihandlungen im Zivilprozeß.* Berlin/Zurich: Verlag Gehlen, 1968.

ARENS, Peter/LÜKE, Wolfgang
- *Zivilprozessrecht.* 9 Auf. München: C.H. Beck, 2006.

AROCA, Juan Montero
- *La prueba en el proceso civil.* 5.ª ed. Navarra: Editorial Aranzadi, 2007.

AROCA, Juan Montero/COLOMER, Juan Luís/REDONDO, Alberto Montón/VILAR, Sílvia Barona
- *Derecho jurisdiccional II (processo civil).* 13.ª ed. Valencia: Tirant lo Blanch, 2004.

ASCENSÃO, José de Oliveira
- *Direito civil – Teoria geral.* Vol. III (*Relações e situações jurídicas*). Coimbra: Coimbra Ed., 2002.
- *Direito civil – Teoria geral.* Vol. I (*Introdução; As pessoas; Os bens*). 2.ª ed. Coimbra: Coimbra Ed., 2000.

ASTUTI, Guido
- «Compensazione (storia)», *in* Enciclopedia del Diritto, vol. VIII. Milano: Giuffrè, 1961, pp. 1-16.

Bibliografia

ATTARDI, Aldo
- «Preclusione (principio di)», *in* Enciclopedia del Diritto, vol. XXXIV. Milano: Giuffrè, 1985, pp. 893-911.
- *In tema di limiti oggettivi della cosa giudicata.* Rivista Trimestrale di Diritto e Procedura Civile. Milano: Giuffrè, 1990, pp. 475-539.

BADELT, Thomas
- *Aufrechnung und internationale Zuständigkeit unter besonderer Berücksichtigung des deutsch-spanischen Rechtsverkehrs.* Frankfurt: Peter Lang, 2005.

BALLON, Oskar J.
- *Einführung in das österreichische Zivilprozessrecht – Streitiges Verfahren.* 11 Auf. Graz: Leykam, 2006.

BASTOS, Jacinto Fernandes Rodrigues
- *Notas ao Código de Processo Civil.* Vol. II (arts. 264.° a 466.°). 3.ª ed. Lisboa, 2000.

BAUMBACH, Adolf/LAUTERBACH, Wolfgang/ALBERS, Jan/HARTMANN, Peter
- *Zivilprossordnung.* 64. Auf. München: C.H. Beck, 2006.

BAUMGÄRTEL, Gottfried
- *Der Zivilprozeßrechtfall – Eine methodische Einführung.* Juristische Schulung (JuS). München/Berlin/Frankfurt: C.H. Beck, 1966, pp. 187-195.
- *Wesen und Begriff der Prozeßhandlung einer Partei im Zivilprozeß.* Berlin/ /Frankfurt: Verlag Franz Vahlen, 1957.
- *Treu und Glauben, gute Sitten und Schikaneverbot im Erkenntnisverfahren.* Zeitschrift für Zivilprozeß. Köln/Berlin: C. Heymanns Verlag, 1956, pp. 89-131.

BERNHARDT, Wolfgang
- *Das Zivilprozeßrecht.* 3. Auf. Walter De Gruyter & Co.: Berlin, 1968.

BETTERMANN, Karl August
- *Anmerkung zu dem BGH-Urteil vom 11/11/1971.* Zeitschrift für Zivilprozeß. Köln: Carl Heymanns Verlag, 1972, pp. 486-489.
- *Rechtshängigkeit und Rechtsschutzform.* Detmold/Frankfurt/Berlin: Albert Nauck & Co., 1949.

BLOMEYER, Arwed
- *Zivilprozessrecht (Erkenntnisverfahren).* 2. Auf. Berlin: Duncker & Humblot, 1985.

488 *Reconvenção e Excepção no Processo Civil*

  – *Außerprozessuale Aufrechnung und Prozeßaufrechnung.* Zeitschrift für Zivilprozeß. Köln: Carl Heymanns Verlag, 1975, pp. 439-442.
  – «Der Rechtsschutzanspruch im Zivilprozeß», *in* Festschrift für Eduard Bötticher zum 70. Geburtstag am 29. Dezember 1969. Berlin: Duncker & Humblot, 1969, pp. 61-73.

BÖTTICHER, Eduard
  – *Die Selbstexekution im Wege der Aufrechnung und die Sicherungsfunktion des Aufrechnungsrechts.* Festschrift für Hans Schima zum 75. Geburtstag. Wien: Manzsche Verlags – und Universitätsbuchhandlung, 1969.

BLACK, Henry Campbell
  – *A treatise on the law of judgments.* Vol. II. St. Paul (Minn.): West Publishing Company, 1891.

BOLAFFI, Renzo
  – *Le eccezioni nel diritto sostanziale.* Roma/Milano/Napoli: Società Editrice Libraria, 1936.

BONACCORSO, Liborio Ciffo
  – *Questione pregiudiziale e accertamento incidentale nel processo civile.* Giurisprudenza Italiana, 1960, pp. 121-128.

BORGHESI, Domenico
  – «Compensazione nel diritto processuale civile», *in* Digesto delle Discipline Privatistiche (Sezione civile). Vol. XIII. Torino: U.T.E.T., 1995, pp. 78-99.

BOWER, Spencer/TURNER/HANDLEY
  – *The doctrine of res judicata.* London/Edinburgh/Dublin: Butterworths, 1996.

BRAUN, Johann
  – *Die Aufrechnung des klägers im Prozeß. Zeitschrift für Zivilprozeß.* Köln: Carl Heymanns, 1976, pp. 93-110.

BRONZE, Fernando José
  – *Lições de introdução ao Direito.* 2.ª ed. Coimbra: Coimbra Ed., 2006.

BRUNS, Rudolf
  – *Zivilprozessrecht.* 2. Auf. München: Verlag Franz Vahlen, 1979.

Bibliografia

BÜLOW, Oskar
- *Die Lehre von den Prozesseinreden und die Prozessvoraussetzungen.* Giessen, 1868 (Aalen: Scientia Verlag, 1969).

BUß, Thomas
- *Prozeßaufrechnung und materielles Recht.* Juristische Schulung (JuS). München/Frankfurt: C.H. Beck, 1994, pp. 147-153.

CALAMANDREI, Piero
- *Compensazione in sede esecutiva per credito anteriore al giudicato.* Rivista di Diritto Processuale Civile. Vol. XVII – Parte II. Padova: Cedam, 1940, pp. 3-7.
- *Il processo come situazione giuridica.* Rivista di Diritto Processuale Civile. Vol. IV – Parte I. Padova: Cedam, 1927, pp. 219-226.

CALIENDO, Leopoldo
- *A proposito delle questioni pregiudiziale nel processo civile.* Rivista di Diritto Processuale Civile. Vol. I – Parte II, 1924, pp. 124-135.

CAMPOGRANDE, Valerio
- «Eccezioni», *in* Il Digesto Italiano (Enciclopedia di Legislazione, Dottrina e Giurisprudenza). Vol. X. Torino: U.T.E.T., 1895-1898, pp. 17-23.

CANÁRIO, António Colaço
- *A reconvenção e a compensação em processo civil.* Lisboa: Associação Académica da Faculdade de Direito de Lisboa, 1983.

CANNATTA, Carlo Augusto
- *Profilo istituzionale del processo privato romano.* Vol. II (*Il processo formulare*). Torino: G. Giappichelli Ed., 1982.
- «Eccezione – diritto romano», *in* Novissimo Digesto Italiano. Vol. VI. Torino: U.T.E.T., 1960, pp. 346-349.

CANOTILHO, J. J. Gomes
- *Direito constitucional e teoria da Constituição.* 7.ª ed. (4.ª reimp.). Coimbra: Livr. Almedina, 2003.

CANOTILHO, J. J. Gomes/MOREIRA, Vital
- *Constituição da República Portuguesa anotada* (artigos 1.º a 107.º). Vol. I. 4.ª ed. Coimbra: Coimbra Ed., 2007.

490   *Reconvenção e Excepção no Processo Civil*

CAPELO, Maria José de Oliveira
- *Interesse processual e legitimidade singular nas acções de filiação.* Coimbra: Coimbra Ed. (Studia Juridica), 1996.

CAPPELLETTI, Mauro
- *Il valore delle sentenze straniere in Italia.* Rivista di Diritto Processuale. Vol. XX (II Serie). Padova: Cedam, 1965, pp. 192-220.
- *L'eccezione come controdiritto del convenuto.* Rivista di Diritto Processuale. Padova: Cedam, 1961, pp. 266-275.
- *Nuovi fatti giuridici ed eccezioni nuove nel giudizio di rinvio.* Rivista Trimestrale di Diritto e Procedura Civile. Milano: Giuffrè, 1959, pp. 1610-1620.

CARAVELLI, Casimiro
- *Teoria della compensazione.* Pisa: Scuola Tipografica «B. Giordano», 1930.

CARBONNIER, Jean
- *Droit Civil – Les Obligations.* Tome 4. 21.ᵉ ed. Paris: Presses Universitaires de France, 1998.

CARDOSO, Eurico Lopes
- *Código de Processo Civil anotado.* 4.ª ed. Coimbra: Livr. Almedina, 1972.
- *Projectos de Revisão do Código de Processo Civil.* Vol. III (*Disposições gerais do processo/processo de declaração*). Edição oficial: Imprensa Nacional de Lisboa, 1960.

CARLOS, Adelino da Palma
- *Direito processual civil.* Vols. I e II. Lisboa: Associação Académica da Faculdade de Direito de Lisboa, 1955.
- *Código de Processo Civil anotado.* Lisboa: Edição da «Procural», 1940.

CARNELUTTI, Francesco
- *Eccezione e analisi dell'esperienza.* Rivista di Diritto Processuale. Padova: Cedam, 1960, pp. 644-650.
- *Un lapsus evidente?* Rivista di Diritto Processuale. Padova: Cedam, 1960, pp. 446-449.
- *Appunti sulla riconvenzionale.* Rivista di Diritto Processuale. Padova: Cedam, 1959, pp. 646-650.
- *Diritto e processo.* Napoli: Morano Editore, 1958.
- *Istituzioni del processo civile italiano.* Tomo I. 5.ª ed. Roma: Soc. ed. del «Foro Italiano», 1956.

Bibliografia   491

- *In tema di accertamento incidentale.* Rivista di Diritto Processuale Civile. Padova: Cedam, 1943, pp. 17-22.
- *Compensazione giudiziale.* Rivista di Diritto Processuale Civile. Padova: Cedam, 1942, pp. 52-53.
- *Sistema di diritto processuale civile.* Vol. I (*Funzione e composizione del processo*). Padova: Cedam, 1938.
- *Lezioni di diritto processuale civile.* Vol. II (*La funzione del processo di cognizione*). Padova: Cedam, 1931.
- *Lezioni di diritto processuale civile.* Vol. IV (*La funzione del processo di cognizione*). Padova: Cedam, 1930.

CARPI, Federico/COLESANTI, Vittorio/TARUFFO, Michele
- *Commentario breve al Codice di Procedura Civile.* Padova: Cedam, 2002.

CASTELLAZZO, Carlo Toesca di
- «Compensazione», in Nuovo Digesto Italiano. Torino: U.T.E.T., 1938.

CASTRO, Artur Anselmo de
- *Direito processual civil declaratório.* Vol. III. Coimbra: Livr. Almedina, 1982.
- *Direito processual civil declaratório.* Vol. I. Coimbra: Livr. Almedina, 1981.
- *A acção executiva, singular, comum e especial.* 3.ª ed. Coimbra: Coimbra Ed., 1977.

CASTRO, Leonardo Prieto
- *Acumulación de acciones.* Revista de Derecho Procesal, 1956, pp. 11-28.

CASTRO, Mário de
- *Se a nulidade do contrato é matéria de excepção ou matéria de reconvenção.* Revista da Ordem dos Advogados. Ano 7.º. Lisboa: Ordem dos Advogados, 1947, pp. 560-476.

CHIOVENDA, Giuseppe
- *Instituciones de derecho procesal civil.* Vol. I. 2.ª ed. Madrid: Editorial Revista de Derecho Privado, 1948.
- *Cosa giudicata e preclusione.* Rivista Italiana per le Scienze Giuridiche. Roma: Società Editrice del Foro Italiano, 1933, pp. 3-53.
- *Azioni e sentenze di mero accertamento.* Rivista di Diritto Processuale Civile. Padova: Cedam, 1933, pp. 3-31.

- *Saggi di diritto processuale civile.* Vols. I e II. Roma: Società Editrice del Foro Italiano, 1930/1931.
- *Principii di diritto processuale civile (Le azioni. Il processo di cognizione).* 3.ª ed. Napoli: Jovene e C., 1923.

CIAPPI, E.
- *Anotação ao Ac. do Tribunal da Cassação italiano de 8 de Jun. de 1979 (cosa giudicata; limiti oggettivi).* Il Foro Italiano. Roma: Società Editrice del Foro Italiano, 1980, pp. 152-156.

COCCHI, Vanna
- *Orientamenti giurisprudenziali in tema di limiti oggettivi del giudicato e di impugnative negoziali.* Il Foro Italiano. Società Editrice de Il Foro Italiano: Roma, 1984, pp. 2997-3003.

COELHO, Francisco Pereira/OLIVEIRA, Guilherme de
- *Curso de direito da família.* Vol. I (*Introdução; Direito matrimonial*). 3.ª ed. Coimbra: Coimbra Ed., 2003.

COLESANTI, Vittorio
- *«Eccezioni (dir. proc. civ.)»,* in Enciclopedia del Diritto, vol. XIV. Milano: Giuffrè, 1965, pp. 172-204.
- *Alcune osservazioni in tema di «eccezione riconvenzionali».* Rivista di Diritto Processuale. Padova: Cedam, 1964, pp. 492-500.
- *Riconvenzionale d'accertamento nel giudizio per danni?* Giurisprudenza Italiana. Torino: U.T.E.T., 1959, pp. 563-570.

COMOGLIO, Luigi Paolo
- *Il principio di economia processuale.* Tomo I. Padova: Cedam, 1980.

CONSOLO, Claudio
- *Oggetto del giudicato e principio dispositivo.* Rivista Trimestrale di Diritto e Procedura Civile. Milano: Giuffrè, 1991, pp. 215-290.

CONSOLO, Claudio/LUISO, Francesco Paolo
- *Codice di Procedura Civile commentato.* Libro I. 2.ª ed. I.P.S.O.A. Editore, 2000.

CORDEIRO, António Menezes
- *Tratado de direito civil português I. Parte geral.* Tomo IV. Reimp. Coimbra: Livr. Almedina, 2007.

- *Tratado de direito civil português I. Parte geral.* Tomo I. 3.ª ed. Coimbra: Livr. Almedina, 2005.
- *Da compensação no direito civil e no direito bancário.* Coimbra: Livr. Almedina, 2003.
- «Depósito bancário e compensação», *in* Colectânea de Jurisprudência (Acs. do S.T.J.) 2002, t. I, pp. 5-10.

CORREIA, Eduardo Henriques da Silva
- *A teoria do concurso em direito criminal – Caso julgado e poderes de cognição do juiz.* Coimbra: Livr. Atlântida, 1948.

CORREIA, Fernando Alves
- «Os direitos fundamentais e a sua protecção jurisdicional efectiva», *in* Boletim da Faculdade de Direito de Coimbra. Vol. LXXIX. Coimbra: Universidade de Coimbra, 2003, pp. 63-96.

COSACK, Konrad/MITTEIS, Heinrich
- *Lehrbuch des Bürgerlichen Rechts.* Erster Band. 8. Auf. Jena: Verlag Von Gustav Fischer, 1927.

COSTA, Américo de Campos
- *Admissibilidade do pedido reconvencional de indemnização por perdas e danos em acção de venda de penhor – Efeito da extinção da instância sobre a reconvenção.* Revista de Direito e de Estudos Sociais. Coimbra: Atlântida Ed., 1959, pp. 71-81.

COSTA, Mário Júlio de Almeida
- *Direito das obrigações.* 10.ª ed. Coimbra: Livr. Almedina, 2006.

COSTA, Salvador da
- *Código das Custas Judiciais anotado e comentado.* 9.ª ed. Coimbra: Livr. Almedina, 2007.
- *Os incidentes da instância.* 4.ª ed. Coimbra: Livr. Almedina, 2006.
- *A injunção e as conexas acção e execução.* 4.ª ed. Coimbra: Livr. Almedina, 2004.

COSTA, Sergio
- *Manuale di diritto processuale civile.* Torino: U.T.E.T., 1973.
- «Domanda giudiziale», *in* Novissimo Digesto Italiano. Vol. VI. Torino: U.T.E.T., 1960, pp. 161-169.
- «Eccezione – diritto vigente», *in* Novissimo Digesto Italiano. Vol. VI. Torino: U.T.E.T., 1960, pp. 349-353.

494 — Reconvenção e Excepção no Processo Civil

CUNHA, Paulo
- *Curso de processo civil e comercial*. Tomo I (Apontamentos de ALBERTO QUEIROZ; CARLOS PAUL; E. PAMPLONA CORTE-REAL). Lisboa: Faculdade de Direito da Universidade de Lisboa, 1936-1937.

CUTURI, Torquato
- *Trattato delle compensazioni nel diritto privato italiano*. Milano: Società Editrice Libraria, 1909.

DALBOSCO, Maria Cristina
- *La compensazione per atto unilaterale (la c.d. compensazione legale) tra diritto sostanziale e processo*. Rivista di Diritto Civile. Padova: Cedam, 1989, pp. 357-407.

D'ANGELO, Agostino
- *Appunti sull'accertamento incidentale*. Giurisprudenza Italiana. Vol. CVI. Torino: U.T.E.T., 1954, pp. 439-444.

D'AVANZO, Walter
- «Obbligazioni», *in* Enciclopedia Forense. Vol. V. Milano: Casa Editrice Dr. Francesco Vallardi, 1959/1960, pp. 213-216.

DE STEFANO, Giuseppe
- *Note sull'abuso del processo*. Rivista di Diritto Processuale. Padova: Cedam, 1964, pp. 582-600.

DENTI, Vittorio
- «Questioni pregiudiziali», *in* Novissimo Digesto Italiano. Vol. XIV. Torino: U.T.E.T., 1967, pp. 675-678.
- *In tema di eccezioni riconvenzionali*. Giurisprudenza Italiana, 1964, pp. 119-124.
- *L'eccezione nel processo civile*. Rivista Trimestrale di Diritto e Procedura Civile. Milano: Giuffrè, 1961, pp. 22-40.

DESDEVISES, Yvon
- «Demande reconventionnelle», *in* Encyclopédie Dalloz – Répertoire de Procédure Civile, 2.ᵉ ed., t. II, 1996, pp. 1-6.

DIETRICH, Peter
- *Zur materiellen Rechtskraft eines Klagabweisenden Urteils*. Zeitschrift für Zivilprozeß. Köln/Berlin/Bonn/München: Carl Heymanns Verlag, 1970, pp. 201-214.

- *Die Aufrechnungslage*. Archiv für die Civilistische Praxis. Tübingen: J.C.B. Mohr, 1970, pp. 534-553.

DINI, Mario
- «Riconvenzione», *in* Novissimo Digesto Italiano, vol. XV. Turim: U.T.E.T., 1968 (ristampa 1982), pp. 965-972.
- *La domanda riconvenzionale nel Diritto Processuale Civile*. Milano: Giuffrè, 1954.

DÖLLE, Hans
- «Zum Wesen der Gestaltungsklagrechte», *in* Festschrift für Eduard Bötticher zum 70. Geburtstag am 29. Dezember 1969, pp. 93-99.

D'ONOFRIO, Paolo
- *Commento al nuovo Codice di Procedura Civile*. Vol. I. Padova: Cedam, 1941.

EISELE
- *Zur Lehre von der Compensation*. Archiv für die Civilistische Praxis. Heidelberg: J.C.B. Mohr, 1872, pp. 167-222.

ENDEMANN, Wilhelm
- *Der deutsche Zivilprozess*. Band 2. Berlin: 1879 (Aalen: Scientia Verlag, 1974).

ENNECCERUS, Ludwig/KIPP, Theodor/WOLFF, Martin
- *Tratado de derecho civil*, t. II. Barcelona: Bosch, 1944.

ESCOBEDO, Felicia
- *L'eccezione in senso sostanziale (Studio di Diritto Processuale)*. Milano: Soc. An. Istituto Editoriale Scientifico, 1927.

EVANGELISTA, Stefano
- «Riconvenzionale (domanda)», *in* Enciclopedia Giuridica, vol. XXVII. Roma: Istituto della Enciclopedia Italiana, 1991, pp. 1-11.

FABBRINI, Giovanni
- *L'eccezione di merito nello svolgimento del processo di cognizione*. Studi *in* memoria di Carlo Furno. Milano: Giuffrè, 1973, pp. 245-309.
- «Eccezione», *in* Enciclopedia Giuridica, vol. XII. Roma: Istituto della Enciclopedia Italiana, 1989, pp. 1-12.
- «Connessione (diritto processuale civile)», *in* Enciclopedia Giuridica, vol. VIII. Roma: Istituto della Enciclopedia Italiana, 1988, pp. 1-12.

FALQUI-MASSIDDA, Carlo
- *Le domande riconvenzionali*. Rivista di Diritto Civile. Padova: Cedam, 1962 (Parte Seconda), pp. 139-178.

FASCHING, Hans W.
- *Lehrbuch des österreichischen Zivilprozeßrechts.* 2. Auf. Wien: Manzsche Verlags-und Universitätsbuchhandlung, 1990.

FAZZALARI, Elio
- *Lezioni di diritto processuale civile.* I (*processo ordinario di cognizione*). Padova: Cedam, 1995.
- *Processo e giurisdizione.* Rivista di Diritto Processuale. Padova: Cedam, 1993, pp. 1-19.
- *Istituzioni di diritto processuale.* 5.ª ed. Padova: Cedam, 1989.

FERNANDES, Luís A. Carvalho
- *Lições de direitos reais.* 5.ª ed. Lisboa: Quid Iuris, 2007.
- *Teoria geral do direito civil.* Vol. II. 3.ª ed. Lisboa: Universidade Católica Editora, 2001.

FERNÁNDEZ, Isabel Tapia
- *La compensación en el proceso civil.* Madrid: Editorial Trivium, 1988.

FERNÁNDEZ-BALLESTEROS, Miguel Ángel/SOLER, José María Rifá/GOMBAU, José Francisco Valls
- *Comentarios a la nueva Ley de Enjuiciamiento Civil.* Barcelona: Iurgium Editores, 2000.

FERRÁNDIZ, Leonardo Prieto-Castro
- *Tratado de derecho procesal civil.* Pamplona: Editorial Aranzadi, 1982.

FERREIRA, Fernando Amâncio
- *Curso de processo de execução.* 10.ª ed. Coimbra: Livr. Almedina, 2007.
- *Manual dos recursos em processo civil.* 7.ª ed. Coimbra: Livr. Almedina, 2007.

FERREIRA, José Dias
- *Código de Processo Civil annotado.* Tomo I. Lisboa: Typographia Lisbonense, 1887.

FERREIRA, J.O. Cardona
- *vide* SOUSA, António Pais de

FERRI, Corrado
- *Profili dell'accertamento costitutivo.* Padova: Cedam, 1970.

FETTWEIS
- *Manuel de procédure civile.* Liège: Faculté de Droit, d'Économie et de Scienses Sociales de Liège, 1985.

FIELD, Richard H./KAPLAN, Benjamin/CLERMONT, Kevin M.
- *Civil procedure.* 8d ed. New York: Foundation Press, 2003.

FINKELSTEIN, Howard M.
- *Effect in New York of non-assertion of counterclaim.* Syracuse Law Review. Syracuse (New York): Syracuse University College of Law, 1951-1952, pp. 307-315.

FOURCADE, Jean Pierre
- *La connexité en procédure civile.* Paris: Domat-Montchrestien, 1938.

FRANCHI, Giuseppe
- *Commentario del Codice di Procedura Civile* (ALLORIO). Tomo I (Art. 33--39). Torino: U.T.E.T., 1973.
- *La litispendenza.* Padova: Cedam, 1963.
- *Profili processuali della compensazione.* Rivista di Diritto Processuale. Padova: Cedam, 1963, pp. 207-226.

FREEDMAN, Warren
- *Res judicata and collateral estoppel.* New York: Quorum Books, 1988.

FREITAS, José Lebre de
- «Experiência-piloto de um novo processo civil», *in* Associação Jurídica do Porto (AJP), vol. 1 (Novas exigências do processo civil; organização, cele- ridade e eficácia). Coimbra: Coimbra Ed., 2007, pp. 209-223.
- *A transmissão do direito à indemnização por benfeitorias e a caducidade do direito de retenção pelo facto da venda executiva.* Themis (Revista da Facul- dade de Direito da UNL). Ano VII – N.º 13, 2006, pp. 5-29.
- *Introdução ao processo civil (conceito e princípios gerais).* 2.ª ed. Coimbra: Coimbra Ed., 2006.
- *A acção executiva depois da Reforma.* 4.ª ed. Coimbra: Coimbra Ed., 2004.

498   *Reconvenção e Excepção no Processo Civil*

- *Estudos sobre direito civil e processo civil.* Coimbra: Coimbra Ed., 2002.
- *A acção declarativa comum à luz do Código revisto.* Coimbra: Coimbra Ed., 2000.
- *Revisão do processo civil.* Revista da Ordem dos Advogados. Lisboa: Ordem dos Advogados, 1995, pp. 417-518.
- *A confissão no direito probatório.* Coimbra: Coimbra Ed., 1991.

FREITAS, José Lebre de/REDINHA, João/PINTO, Rui
- *Código de Processo Civil anotado.* Vol. 1.°. Coimbra: Coimbra Ed., 1999.

FREITAS, José Lebre de/MACHADO, Montalvão/PINTO, Rui
- *Código de Processo Civil anotado.* Vol. 2.°. Coimbra: Coimbra Ed., 2001.

FREITAS, José Lebre de/MENDES, Armindo Ribeiro
- *Código de Processo Civil anotado.* Vol. 3.°. Coimbra: Coimbra Ed., 2003.

FRIEDENTHAL, Jack H./KANE, Mary Kay/MILLER, Arthur R.
- *Civil procedure.* 4d ed. St. Paul: Thomson West, 2005.

FUCHS
- *Das Recht der Widerklage, insbesondere nach den neueren Civilprozeßord-nungen.* Archiv für die Civilistische Praxis. J.C.B. Mohr: Heidelberg, 1870, pp. 149-188.

GAA, Meinhard
- *Die Aufrechnung mit einer rechtswegfremden Gegenforderung.* Neue Juristische Wochenschrift. München/Frankfurt: C.H. Beck, 1997, pp. 3343--3347.

GALLUPPI, Enrico
- *La teoria della compensazione secondo il diritto civile italiano.* Roma, 1879.

GARBAGNATI, Edoardo
- *Questioni preliminari di merito e questioni pregiudiziali.* Rivista di Diritto Processuale. Padova: Cedam, 1976, pp. 257-280.
- *Azione ed interesse.* Jus (Rivista di Scienze Giuridiche). Milano: U.C.S.C., 1955, pp. 316-349.
- *Domanda riconvenzionale e competenza inderogabile.* Il Foro Padano, Milano, 1954, pp. 633-638.

GARCÍA, Enrique Vallines
- *La preclusión en el proceso civil.* Madrid: Civitas, 2004.

GARCÍA-MORA, Guillermo Romero
- *La reconvención en la nueva Ley de Enjuiciamiento Civil.* Revista General de Derecho. Valencia, Marzo-Abril 2001, pp. 1853-1867.

GEIMER, Reinhold
- *EuGVÜ und Aufrechnung: Keine Erweiterung der internationalen Entscheidungszuständigkeit – Aufrechnungsverbot bei Abweisung der Klage wegen internationaler Unzuständigkeit.* IPRax (Praxis des Internationalen Privat- und Verfahrensrechts). 6 Jahrgang. Nr. 4 Juli/Aug. 1986, pp. 208-216.

GERALDES, António Santos Abrantes
- *Temas da reforma do processo civil.* Vol. III. 3.ª ed. Coimbra: Livr. Almedina, 2004.
- *Temas da reforma do processo civil.* Vol. I. 2.ª ed. Coimbra: Livr. Almedina, 1998.

GIALLONGO, Natale
- *Note in tema di sospensione, pregiudizialità e connessione nel processo di cognizione.* Rivista Trimestrale di Diritto e Procedura Civile. Milano: Giuffrè, 1985, pp. 616-689.

GIANNOZZI, Giancarlo
- *La modificazione della domanda nel processo civile.* Milano: Giuffrè, 1958.
- *Pregiudizialità e dipendenza di cause.* Rivista Trimestrale di Diritto e Procedura Civile. Milano: Giuffrè, 1965, pp. 1027-1063.

GIULIANO, Enrico
- *Sul rapporto fra la negazione della compensazione giudiziale e l'ammissibilità della domanda riconvenzionale.* Giustizia Civile, 1957, pp. 870-875.
- *La compensazione con particolare riguardo alle procedure concorsuali.* Milano: Giuffrè, 1955.

GOLDSCHMIDT, James
- *Derecho procesal civil.* Barcelona: Editorial Labor, 1936.
- *Der Prozess als Rechtslage – Eine Kritik des prozessualen Denkens.* Berlin: Verlag Von Julius Springer, 1925.

500   *Reconvenção e Excepção no Processo Civil*

GONÇALVES, Luís da Cunha
- *Tratado de Direito Civil*. Vol. V. Coimbra: Coimbra Ed., 1932.
- *Compensação e reconvenção*. Gazeta da Relação de Lisboa. Ano 31.º (1917--1918). Lisboa: Tipografia Universal, pp. 225-227.

GONZÁLEZ, Manuel Richard
- *Reconvención y excepciones reconvencionales en la LEC 1/2000*. Madrid: Civitas, 2002.

GOTTWALD, Peter
- *Münchener Kommentar zur Zivilprozeßordnung* (LÜKE/WAX). Band 1 (§ 322). 2. Auf. München: C.H. Beck, 2000.

GOUVEIA, Mariana França
- *Regime processual experimental*. Coimbra: Livr. Almedina, 2006.
- *A causa de pedir na acção declarativa*. Coimbra: Livr. Almedina, 2004.

GRASSI, A.
- «Riconvenzione (domanda in)», *in* Il Digesto Italiano (Enciclopedia di Legislazione, Dottrina e Giurisprudenza, diretta da Luigi Lucchini). Vol. XX (parte seconda). Torino: U.T.E.T., 1913-1918, pp. 617-619.

GRASSO, Eduardo
- *Interpretazione della preclusione e nuovo processo civile in primo grado*. Rivista di Diritto Processuale. Padova: Cedam, 1993, pp. 639-655.
- *Note per un rinnovato discorso sull'interesse ad agire*. Jus (Rivista di Scienze Giuridiche). Milano: U.C.S.C., 1968, pp. 349-374.

GRAZIOSI, Andrea
- *Sul nuovo rito societario a cognizione piena*. Rivista Trimestrale di Diritto e Procedura Civile (Numero speciale – Diritto e Processo Commerciale). Milano: Giuffrè, 2005, pp. 1-50.

GREGER, Reinhard
- *Zivilprozessordnung* (ZÖLLER). 26 Auf. Köln: Otto Schmidt, 2007.

GRUNSKY, Wolfgang
- *Zivilprozessrecht*. 12. Auf. München: Wolters Kluwer, 2006.
- *Grundlagen des Verfahrensrechts*. Bielefeld: Gieseking Verlag, 1974.

– *Die unzulässige Prozeßaufrechnung.* Juristenzeitung. Tübingen: J.C.B. Mohr, 1965, pp. 391-399.

GUIDETTI, Giorgio
– *Le eccezioni nel processo civile.* Rivista di Diritto e Procedura Civile. Milano: Giuffrè, 1962, pp. 777-802.

GULDENER, Max
– *Schweizerisches Zivilprozeßrecht.* Zürich: Schulthess Polygraphischer Verlag, 1979.

HABSCHEID, Edgar J.
– *Rechtsverhältnis und Feststellungsinteresse.* Zeitschrift für Zivilprozeß. Köln: Carl Heymanns Verlag, 1999, pp. 37-59.

HABSCHEID, Walther J.
– *Droit judiciaire privé suisse.* 2.ᵉ ed. Genève: Georg, 1981.

HARTMANN, Peter
– *Zivilprozeßordnung* (BAUMBACH/LAUTERBACH/ALBERS/HARTMANN). 64. Auf. München: C.H. Beck, 2006.

HAASE, Richard
– *Besondere Klagearten im Zivilprozeß.* Juristische Schulung. München: C.H. Beck'sche Verlagsbuchhandlung, 1967, pp. 405-408.

HÄSEMEYER, Ludwig
– «Die sogenannte Prozeßaufrechnung – eine dogmatische Fehlakzentuierung», *in* Festschrift für Friedrich Weber zum 70. Geburtstag. Berlin/New York: Walter de Gruyter, 1975, pp. 215-235.

HAU, Wolfgang
– *Widerklageprivileg und Widerklagelast.* Zeitschrift für Zivilprozeß. Köln//Berlin/Bonn/München: Carl Heymanns Verlag, 2004, pp. 31-58.

HAZARD Jr., Geoffrey C./TARUFFO, Michele
– *American Civil Procedure (An Introduction).* Yale University Press, 1993.

HECKELMANN, Dieter
– *Die Rechtshängigkeit bei der Prozeßaufrechnung.* Neue Juristische Wochenschrift. München: C.H. Beck, 1972, pp. 1350-1355.

502   *Reconvenção e Excepção no Processo Civil*

HEINITZ, Ernesto
- *I limiti oggettivi della cosa giudicata.* Padova: Cedam, 1937.

HEINSHEIMER
- *Klage und Widerklage.* Zeitschrift für deutschen Zivilprozess. Berlin: Carl Heymanns Verlag, 1909, pp. 1-48.

HELLWIG, Konrad
- *System des deutschen Zivilprozeßrechts.* Teil 1. Leipzig, 1912 (Aalen: Scientia Verlag, 1968).
- *Anspruch und Klagrecht.* Leipzig, 1924 (Aalen: Scientia Verlag, 1967).

HENCKEL, Wolfram
- *Prozessrecht und materielles Recht.* Göttingen: Otto Schwartz & Co, 1970.
- *Materiellrechtliche Folgen der unzulässigen Prozeßaufrechnung.* Zeitschrift für Zivilprozeß. Köln: Carl Heymanns Verlag, 1961, pp. 165-186.

HERGET, Kurt
- *Zivilprozessordnung* (ZÖLLER). 26. Auf. Köln: Otto Schmidt, 2007.

HÖLDER, E.
- *Über Ansprüche und Einreden.* Archiv für Civilistische Praxis. Tübingen/ /Leipzig: J.C.B. Mohr, 1902, pp. 1-130.

HOLZHAMMER, Richard
- *Österreichisches Zivilprozeßrecht (Erkenntnisverfahren).* Wien/New York: Springer-Verlag, 1970.

HOWELL, Stanley
- *Counterclaims and cross-complaints in California.* Southern California Law Review. Los Angeles: School of Law University of Southern California, 1936-1937, pp. 415-458.

INVREA, Francesco
- *Interesse e azione.* Rivista di Diritto Processuale Civile. Padova: Cedam, 1928, pp. 320-339.

JAEGER, Nicola
- *La riconvenzione nel processo civile.* Padova: Cedam, 1930.

– *Riconvenzione di accertamento e suoi pretesi limiti territoriali; onere della prova; allegazione generica per assunzione di prove.* Rivista di Diritto Processuale Civile. Padova: Cedam, 1930, pp. 73-94.

JAHR, Günter
– *Die Einrede des bürgerlichen Rechts.* Juristische Schulung. München: C.H. Beck's, 1964, pp. 125-132.

JAYME, Erik/KOHLER, Christian
– *Europäischeskollisionsrecht 1995 – Der Dialog der Quellen.* IPRax (Praxis des Internationalen Privat-und Verfahrensrechts). 15 Jahrgang. Nr. 6. Nov./Dez. 1995, pp. 343-354.

JAMES JR., Fleming/HAZARD JR., Geoffrey C./LEUBSDORF, John
– *Civil procedure.* 5d ed. New York: Fundation Press, 2001.

JAUERNIG, Othmar
– *Zivilprozessrecht.* 29. Auf. München: C.H. Beck, 2007.

JORGE, Nuno de Lemos
– «Notas sobre o regime processual civil experimental», *in* Associação Jurídica do Porto (AJP), vol. 1 (*Novas exigências do processo civil; organização, celeridade e eficácia*). Coimbra: Coimbra Ed., 2007, pp. 175-208.

JÚNIOR, Clito Fornaciari
– *Da reconvenção no direito processual civil brasileiro.* São Paulo: Saraiva, 1979.

JUNIOR, Nelson Nery/NERY, Rosa Maria Andrade
– *Código de Processo Civil comentado e legislação processual civil extravagante em vigor.* 4.ª ed. São Paulo: Editora Revista dos Tribunais, 1999.

JUSTO, António dos Santos
– «Comodato (Direito Romano) – Breve referência ao direito português», *in* Estudos jurídicos em homenagem ao Prof. Doutor António Motta Veiga. Coimbra: Livr. Almedina, 2007.
– *Direitos reais.* Coimbra: Coimbra Ed., 2007.
– *Direito privado romano* I. *Parte geral* (*Introdução; Relação jurídica; Defesa dos direitos*). 3.ª ed. Coimbra: Coimbra Ed., 2006.

504   *Reconvenção e Excepção no Processo Civil*

- *As acções do pretor (actiones praetoriae)*. Separata do vol. LXV do Boletim da Faculdade de Direito da Universidade de Coimbra, 1989.
- *A «fictio iuris» no Direito Romano («actio ficticia»)*. Separata do vol. XXXII do Suplemento ao Boletim da Faculdade de Direito da Universidade de Coimbra, 1988.

KANE, Mary Kay
- *Original sin and the transaction in Federal Civil Procedure*. Texas Law Review Jun. 1998, pp. 1723-1747.

KAWANO, Masanori
- *Der prozessual unberücksichtigte Aufrechnungseinwand und seine materiellen Folgen*. Zeitschrift für Zivilprozeß 94 (1981), pp. 1-27.

KLEINFELLER, G.
- *Das Wesen der Rechtshängigkeit*. Zeitschrift für deutschen Zivilprozeß. Berlin: Carl Heymanns Verlag, 1930, pp. 193-232.

KOHLER, Josef
- *Ueber die Grundlagen des Civilprozesses*. Archiv für die Civilprozesses. Tübingen: J.C.B. Mohr, 1905, pp. 1-16.
- *Prozesshandlungen mit Civilrechtswirkung*. Zeitschrift für deutschen Civilprozess. Band XXIX. Berlin: Carl Heymanns Verlag, 1901, pp. 1--49.
- *Die Aufrechnung nach dem Bürgerlichen Gesetzbuche*. Zeitschrift für deutschen Civilprozess. Band. XXIV. Berlin: Carl Heymanns Verlag, 1898, pp. 1-49.

KUMMER, Max
- *Grundriss des Zivilprozessrechts*. Bern: Stämpfli & Cie, 1978.

LAMEIRAS, Luís Filipe Brites
- *Comentário ao regime processual experimental*. Coimbra: Livr. Almedina, 2007.

LANCELLOTTI, Franco
- *Variazioni dell'implicito rispetto alla domanda, alla pronuncia ed al giudicato*. Rivista di Diritto Processuale. Padova: Cedam, 1980, pp. 465-486.

Bibliografia

LEIPOLD, Dieter
- *Kommentar zur Zivilprozeßordung* (STEIN/JONAS). Band 4. 21. Auf. J.C.B. Mohr: Tübingen, 1998, pp. 231-235.
- *Kommentar zur Zivilprozeßordnung* (STEIN/JONAS). Band 2. J.C.B. Möhr: Tübingen, 1994, pp. 771-800.

LENT, Friedrich
- Zur *Unterscheidung von Lasten und Pflichten der Partein im Zivilprozeß. Zeitschrift für Zivilprozeß.* Köln/Berlin: C. Heymanns Verlag, 1954, pp. 344-356.
- *Diritto Processuale Civile tedesco.* Trad. ital. 9.ª ed. (1959), 1962.

LEONHARD, Franz
- *Die Aufrechnung.* Göttingen: Dieterich's Verlag, 1896.

LESSING-BLUM, Marianne
- *Die Zulässigkeit der Widerklage.* Inauguraldissertation zur Erlangung des akademischen Grades eines Doktors der Rechte durch die Rechtswissenschaftliche Fakultät der Ruhr – Universität Bochum, 1978.

LIEBMAN, Enrico Tullio
- *Manuale di diritto processuale civile (Principii).* 5.ª ed. Milano: Giuffrè, 1992.
- *Fondamento del principio dispositivo.* Rivista di Diritto Processuale. Padova: Cedam, 1960, pp. 551-565.
- *Intorno ai rapporti tra azione ed eccezione.* Rivista di Diritto Processuale. Padova: Cedam, 1960, pp. 449-452.
- «Azione» (Appendice), *in* Nuovo Digesto Italiano, a cura di Mariano D'Amelio. Torino: U.T.E.T., 1937, pp. 46-47.
- *Efficacia ed autorità della sentenza.* Milano: Giuffrè, 1935.
- «Giudicato», *in* Enciclopedia Giuridica. Vol. XV. Roma: Istituto della Enciclopedia Italiana, 1989, pp. 1-17.

LIMA, Pires de
- *Caso julgado em acções de filiação.* Gazeta da Relação de Lisboa. Ano 35.º (1921-1922). Lisboa: Tipografia da Imprensa Diário de Notícias, pp. 241--242.

LIMA, Pires de/VARELA, Antunes
- *Código Civil anotado.* Vol. II. Coimbra: Coimbra Ed., 1997.

506   *Reconvenção e Excepção no Processo Civil*

- *Código Civil anotado.* Vol. III (com a colaboração de M. HENRIQUE MESQUITA). 2.ª ed. Coimbra: Coimbra Ed., 1997.
- *Código Civil anotado.* Vol. IV. Coimbra: Coimbra Ed., 1992.
- *Noções fundamentais de direito civil.* Vol. I. 4.ª ed. Coimbra: Coimbra Ed., 1957.

LINDACHER, Walter
- *Prozeßaufrechnung und Rechtshängigkeit.* Juristenzeitung. Tübingen: J.C.B. Mohr, 1972, pp. 429-431.

LIPPMANN
- *Zur Lehre von der prozessualen Rechtshängigkeit.* Archiv für die Civilistische Praxis. Freiburg: J.C.B. Mohr, 1887-1888, pp. 291-354.
- *Die Einrede der Rechtshängigkeit nach der neuen Civilprozeßordnung.* Archiv für die Civilistische Praxis. Freiburg/Tübingen: J.C.B. Mohr, 1882, pp. 358-461.

LOENING, Richard
- *Die Widerklage im Reichs-Civilprozess.* Zeitschrift für deutschen Civilprozess. Berlin: Carl Heymann's Verlag, 1882, pp. 1-190.

LORENZI, Valeria de
- «Compensazione», *in* Digesto delle discipline privatistiche (sezione civile). Torino: U.T.E.T., 1988, pp. 65-77.

LORFF, Günther Joachim
- *Die Widerklage.* JuristischeSchulung. München: C.H. Beck, 1979, pp. 569-574.

LUGO, Andrea
- *Manuale di diritto processuale civile.* 11.ª ed. (ristampa). Milano: Giuffrè, 1995.

LUISO, Francesco Paolo
- *Istituzioni di diritto processuale civile.* Torino: Giappichelli Editore, 2003.
- *Diritto Processuale Civile.* Vol. I (*Principi generali*). 3.ª ed. Milano: Giuffrè, 2000.
- *Diritto Processuale Civile.* Vol. II (*Il processo di cognizione*). 3.ª ed. Milano: Giuffrè, 2000.

LÜKE, Gerhard
- *Münchener Kommentar zur Zivilprozeßordnung.* Band 1 (§ 260 ZPO) 2. Auf. München: C.H. Beck, 2000.

LÜKE, Gerhard/HUPPERT, Ulf
- *Durchblick: Die Aufrechung.* Juristische Schulung (JuS). München/Frankfurt: C.H. Beck, 1971, pp. 165-171.

MACHADO, António Montalvão
- *O dispositivo e os poderes do tribunal à luz do novo Código de Processo Civil.* 2.ª ed. Coimbra: Livr. Almedina, 2001.

MACHADO, António Montalvão/PIMENTA, Paulo
- *O novo processo civil.* 9.ª ed. Coimbra: Livr. Almedina, 2007.

MACHADO, João Baptista
- *Introdução ao Direito e ao discurso legitimador.* Coimbra: Livr. Almedina, 1983.

MACKELDEN, F.
- *Manuel de droit romain.* Bruxelles: Societè Typographique Belge, 1841.

MAGALHÃES, Barbosa de
- *Estudos sôbre o novo Código de Processo Civil.* Vol. I. Lisboa, 1940.
- *Estudos sôbre o novo Código de Processo Civil.* Vol. II *(da competência internacional).* Coimbra: Coimbra Ed., 1940.
- *Comentário a um despacho judicial relativo à admissibilidade da reconvenção no processo sumaríssimo.* Gazeta da Relação de Lisboa. Ano 54.º (1940-1941). Vila Nova de Famalicão: Minerva, pp. 327-328.
- *Comentário ao Acórdão da Relação de Lisboa de 13 de Dez. de 1919.* Gazeta da Relação de Lisboa. Ano 33.º (1919-1920). Lisboa: Imprensa Tipográfica Rosa Lda., p. 284.
- *Comentário ao Acórdão da Relação do Porto de 18 de Maio de 1911.* Gazeta da Relação de Lisboa. Ano 24.º (1910-1911). Lisboa: Imprensa Lusitana Editora, p. 781.

MANDRIOLI, Crisanto
- *Diritto Processuale Civile.* Vol. I *(Nozioni introduttive e disposizioni generali).* 16.ª ed. Torino: Giappichelli Editore, 2004.

508   *Reconvenção e Excepção no Processo Civil*

- *Riflessioni in tema di «petitum» e di «causa petendi».* Rivista di Diritto Processuale Civile. Padova: Cedam, 1984, pp. 465-480.

MARQUES, João Paulo Remédio
- *Acção declarativa à luz do Código revisto.* Coimbra: Coimbra Ed., 2007.
- *Curso de processo executivo comum à face do Código revisto.* Coimbra: Livr. Almedina, 2000.

MARTINS, Alfredo de Soveral
- *A organização dos tribunais judiciais portugueses.* Vol. I. Coimbra: Fora do Texto, 1990.
- *Processo e direito processual.* Vol. 2.º (*Processos heterocompositivos*). Coimbra: Centelha, 1986.

MARTINS, António Carvalho
- *Demarcação.* 2.ª ed. Coimbra: Coimbra Ed., 1999.

MASSARI, Alberto
- *Riconvenzione e connessione strumentale.* Giurisprudenza Italiana. Vol. CIV. Torino: U.T.E.T., 1952, pp. 859-864.

MENCHINI, Sergio
- *Il giudicato civile.* 2.ª ed. Torino: U.T.E.T., 2002.
- *I limiti oggettivi del giudicato civile.* Milano: Giuffrè, 1987.

MENDEGRIS, Roger
- *La nature juridique de la compensation.* Paris: Librairie Générale de Droit et de Jurisprudence, 1969.

MENDES, Armindo Ribeiro/FREITAS, José Lebre de
- *Parecer da Comissão de Legislação da Ordem dos Advogados sobre o Anteprojecto do Código de Processo Civil.* Revista da Ordem dos Advogados. Lisboa: Ordem dos Advogados, 1989 (Ano 49), pp. 613-666.

MENDES, João de Castro
- *Direito processual civil.* Vol. I. Lisboa: Associação Académica da F.D.L., 1986.
- *Direito Processual Civil.* Vol. II. Lisboa: Associação Académica da F.D.L., 1980.

- *Caso julgado e acessão*. O Direito. Ano 105 (1973), pp. 62-74.
- *Limites objectivos do caso julgado em processo civil*. Lisboa: Edições Ática, 1968.
- *Sobre a admissibilidade da reconvenção em processo sumaríssimo*. Revista da Faculdade de Direito da Universidade de Lisboa. Vol. XVI (1963), pp. 307-336.
- *O direito de acção judicial*. Lisboa: Suplemento da Revista da Faculdade de Direito da Universidade de Lisboa, 1957.

MÉNDEZ, Francisco Ramos
- *Guía para una transición ordenada a la Ley de Enjuiciamiento Civil*. Barcelona: J.M. Bosch, 2000.

MENESTRINA, Francesco
- *La pregiudiciale nel processo civile*. Milano: Giuffrè, 1963.

MERLIN, Elena
- «Azione di accertamento negativo di crediti ed oggetto del giudizio (casi e prospettive)», *in* Studi in onore di Luigi Montesano, vol. II. Padova: Cedam, 1997, pp. 473-502.
- *Compensazione e processo*. Vol. II. Milano: Giuffrè, 1994.
- *Compensazione e processo*. Vol. I. Milano: Giuffrè, 1991.

MESQUITA, Euclides de
- *Da compensação*. Curitiba: Editora Lítero-Técnica, 1961.

MESQUITA, José Andrade
- *Direitos pessoais de gozo*. Coimbra: Livr. Almedina, 1999.

MESQUITA, Manuel Henrique
- *Obrigações reais e ónus reais*. Coimbra: Livr. Almedina, 1990.
- «Arbitragem: competência do tribunal arbitral e responsabilidade civil do árbitro», *in* Ab uno ad omnes (1920-1995). Coimbra Ed., 1998, pp. 1381--1392.
- *Direitos reais*. Coimbra: Lições polic., 1966/1967.

MESSINA, Giuseppe
- «Diritti potestativi», *in* Novissimo Digesto Italiano. Vol. V. Torino: U.T.E.T., pp. 736-744.

MICHELI, Gian Antonio
- *Corso di diritto processuale civile.* Vol. II (*Il processo di cognizione*). Milano: Giuffrè, 1960.
- *Corso di diritto processuale civile.* Vol. I (*Parte generale*). Milano: Giuffrè, 1959.

MIRANDA, Jorge/MEDEIROS, Rui
- *Constituição portuguesa anotada.* Tomo I (Artigos 1.º a 79.º). Coimbra: Coimbra Ed., 2005.

MIRANDA, Pontes de
- *Comentários ao Código de Processo Civil.* Tomo I. 2.ª ed. Rio de Janeiro: Forense, 1979.

MITTENZWEI, Ingo
- *Rechtshängigkeit der im Prozeß zur Aufrechnung gestellten Forderung?* Zeitschrift für Zivilprozeß 85. Köln/Berlin/Bonn/München: Carl Heymanns Verlag, 1972, pp. 466-484.

MOCHOLI, Miguel Moreno
- *Reconvención y compensación.* Revista de Derecho Procesal. Año VII, 1951, pp. 487-499.

MÖLLER, Andreas
- *Die Prozessaufrechnung.* Juristische Arbeitsblätter. 33 Jahrgang. Jan. 2001, pp. 49-53.

MONTEIRO, António Joaquim Pinto
- *vide* PINTO, Carlos Alberto da Mota

MONTEIRO, Jorge Ferreira Sinde
- *vide* ALARCÃO, Rui de

MONTELEONE, Girolamo
- *Limiti alla proponibilità di nuove eccezioni in appello.* Rivista di Diritto Civile. Padova: Cedam, 1983, pp. 714-755.

MONTESANO, Luigi
- *In tema di accertamento incidentale e di limiti del giudicato.* Rivista di Diritto Processuale. Padova: Cedam, 1951, pp. 329-345.

- *Questioni e cause pregiudiziali nella cognizione ordinaria del Codice di Procedura Civile*. Rivista di Diritto Processuale. Padova: Cedam, 1988, pp. 299-332.

MONTESANO, Luigi/ARIETA, Giovanni
- *Diritto processuale civile*. Vol. I (*Le disposizioni generali*). 3.ª ed. Torino: G. Giappichelli Editore.

MOREIRA, José Carlos Barbosa
- *O novo processo civil brasileiro*. 21.ª ed. Rio de Janeiro: Editora Forense, 2001.
- *A conexão de causas como pressuposto da reconvenção*. São Paulo: Saraiva, 1979.
- *Temas de direito processual*. São Paulo: Saraiva, 1977.

MORENO, Faustino Cordón
- *Proceso Civil de declaración*. Pamplona: Aranzadi, 1996.

MORENO, Juan Damián
- *Comentarios a la nueva Ley de Enjuiciamiento Civil* (LORCA NAVARRETE). Tomo II (arts. 406-408). Valladolid: Lex Nova, 2000.
- *La reconvención en el proceso civil*. Editorial Colex, 1993.

MORRIS, John K.
- *Nonparties and preclusion by judgment: the privity rule reconsidered*. California Law Review. Vol. 56. January 1968, pp. 1098-1133.

MORTARA, Lodovico
- *Commentario del Codice e delle Leggi di Procedura Civile*. Vol. II (*della competenza; principii generali della procedura*). 2.ª ed. Milano: F. Vallardi, 1923.
- *Manuale della procedura civile*. 7.ª ed. Torino: U.T.E.T., 1913.

MOSCHZISKER, Robert Von
- *Res judicata*. Yale Law Journal. Vol. 38, 1928-1929, pp. 299-334.

MUSIELAK, Hans-Joachim
- *Grundkurs ZPO*. 8. Auf. München: Verlag C.H. Beck, 2005.
- *Münchener Kommentar zur Zivilprozeßordnung* (LÜKE/WAX). Band 1 (§ 302 ZPO). 2. Auf. München: C.H. Beck, 2000.
- *Die Aufrechnung des Beklagten im Zivilprozeß*. Juristische Schulung (JuS). München/Frankfurt: Verlag C.H. Beck, 1994, pp. 817-826.

NABAIS, José Casalta
– *Por uma liberdade com responsabilidade – Estudos sobre direitos e deveres fundamentais.* Coimbra: Coimbra Ed., 2007.

NAPPI, Pasquale
– *La domanda proposta in via riconvenzionale.* Rivista Trimestrale di Diritto e Procedura Civile. Milano: Giuffrè, 1989, pp. 751-813.

NATOLI, Ugo
– *In tema di compensazione legale secondo il nuovo Codice Civile.* Il Foro Italiano, vol. LXXI, Roma, 1948, pp. 55-64.

NAVARRETE, Antonio María
– *Comentarios a la Nueva Ley de Enjuiciamiento Civil.* Tomo II. Valladolid: Lex Nova, 2000.

NETO, Abílio
– *Código de Processo Civil anotado.* Reimp. da ed. de 1970. Coimbra: Livr. Almedina, 2007.

NEVES, António Castanheira
– *O actual problema metodológico da interpretação jurídica.* Vol. I. Coimbra: Coimbra Ed., 2003.
– *Curso de Introdução ao Estudo do Direito (Relatório; O sentido do Direito; O pensamento moderno iluminista como factor determinante do positivismo jurídico; Fontes do Direito; Interpretação jurídica).* Coimbra: Ed. Copiogr.
– *Questão-de-facto – Questão-de-direito ou o problema metodológico da juridicidade (Ensaio de uma reposição crítica).* Coimbra: Livr. Almedina, 1967.

NIEDER, Michael
– *Die Widerklage mit Drittbeteiligung.* Zeitschrift für Zivilprozeß. Köln/Berlin, 1972, pp. 437-465.

NIKISCH, Arthur
– «Die Aufrechnung im Prozeß», *in* Festschrift für Heinrich Lehmann zum 80. Geburtstag. II Band. 1956, pp. 765-788.

NIKLOWITZ, Gerhard
– *Über die Grenzen der objektiven Rechtskraft des Zivilurteils. Massgeblichkeit von Entscheidungsgründen zur Sicherung des Prozessergebnisses.* München: Dissertationsdruck, 1968.

NOLTZE, Guido Karl
- *Aufrechnung und Prozeß*. Inaugural-Dissertation zur Erlangung des Grades eines Doktors der Rechte. Bonn, 2000.

OERTMANN, Paul
- *Die Aufrechnung im deutschen Zivilprozeßrecht*. Berlin: Karl Heymanns Verlag. 1916.

OLIVEIRA, Mário Esteves de/OLIVEIRA, Rodrigo Esteves de
- *Código de Processo nos tribunais administrativos*. Vol. I (*Estatuto dos tribunais administrativos e fiscais anotados*). Coimbra: Livr. Almedina, 2004.

ORIANI, Renato
- «Eccezioni», *in* Digesto delle Discipline Privatistiche, VII. Turim: U.T.E.T., 1991, pp. 262-311.

OTT, Arne
- *Die Parteiwiderklage: Grundlagen und ausgewählte Probleme*. Baden--Baden: Nomos Verl.-Ges., 1999.

OTTO, Hansjörg
- *Die Präklusion*. Berlin: Duncker & Humblot, 1970.

PAGENSTECHER, Max
- *Zur Lehre vom Rechtsschutzanspruch des Beklagten*. Archiv für die Civilistische Praxis. Tübingen: J.C.B., 1905, pp. 17-44.

PAJARDI, Piero
- *Sulla proponibilità della domanda riconvenzionale oltre i limiti di cui all'articolo 36 Codice di Procedura Civile, quando non implichi spostamento di competenza*. Giurisprudenza Italiana. 1957. Parte I – Sez. II, pp. 373-384.

PALANDT, Otto
- *Bürgerliches Gesetzbuch*. 62. Auf. München: C.H. Beck, 2003.

PATTI, Mario Cosentino
- *La compensazione nei suoi aspetti giuridice*. Napoli: Jovene Editore, 1983.

PATZINA, Reinhard
- *Münchener Kommentar zur Zivilprozeßordnung* (LÜKE/MAX). Band 1 (§ 33 ZPO). 2. Auf. München: C.H. Beck, 2000.

PAULUS, Christoph G.
- *Zivilprozessrecht*. 3. Auf. Berlin: Springer, 2004.

PEKELIS, Alessandro
- «Azione», *in* Nuovo Digesto Italiano, a cura di Mariano D'Amelio. Torino: U.T.E.T., 1937, pp. 91-108.

PERACCHI, Daniel
- *A compensação no direito civil e tributário em Portugal e no Brasil*. Coimbra: Livr. Almedina, 2007.

PESCATORE, G./RUPERTO, C.
- *Codice Civile annotato*. Tomo I (art. 1-1551), 10.ª ed. Milano: Giuffrè, 1997.

PETERS, Egbert
- *Münchener Kommentar zur Zivilprozeßordnung* (LÜKE/WAX). Band 1 (§§ 139; 145 ZPO) 2. Auf. München: C.H. Beck, 2000.

PETRIS, Vicenzo De
- «Connessione», *in* Enciclopedia del Diritto. Vol. IX. Milano: Giuffrè, 1961, pp. 10-23.

PIMENTA, Paulo
- *Reconvenção*. Separata do vol. LXX (1994) do Boletim da Faculdade de Direito da Universidade de Coimbra.

PINTO, Carlos Alberto da Mota
- *Teoria Geral do Direito Civil*. 4.ª ed. (por PINTO MONTEIRO e PAULO MOTA PINTO). Coimbra: Coimbra Ed., 2005.
- *Cessão da posição contratual*. Coimbra: Atlântida Ed., 1970.

PFIZER, G.
- *Aufrechnung im Prozess und Prozesskosten*. Zeitschrift für deutschen Civilprozess. Berlin: Carl Heymanns, 1899, pp. 43-62.

PISANI, Andrea Proto
- *Diritto processuale civile*. 3.ª ed. Napoli: Jovene Editore, 1999.
- *Appunti sulla connessione*. Diritto e Giurisprudenza. Vol. XLIX, 1993, pp. 1-47.
- *La nuova disciplina del processo civile*. Napoli: Jovene Editore, 1991.

- *Note problematiche e no sui limiti oggettivi del giudicato civile.* Il Foro Italiano, vol. CX. Roma, 1987, pp. 446-454.
- «Appunti sulla tutela di mero accertamento», Studi in memoria di Salvatore Satta. Vol. II. Padova: Cedam, 1982, pp. 1179-1223.
- *Pregiudizialità e ragionevole durata dei processi civili* (Osservaz. a Cass. 7 gennaio 1981, n.° 79). Il Foro Italiano, vol. CIV. Roma, 1981, pp. 1058-1067.
- *La trascrizione delle domande giudiziali.* Napoli: Casa Editrice Dott. Eugenio Jovene, 1968.
- *Petizione di eredità e mero accertamento della qualità di erede.* Il Foro Italiano, vol. LXXXIV. Roma, 1961, pp. 1989-2006.

PLANIOL, Marcel/RIPERT, Georges
- *Traité pratique de droit civil français.* 2.ᵉ ed. Tome VII (II Partie). Paris: Librairie générale de droit et de jurisprudence, 1954.

PLAZA, Manuel de la
- *Hacia una nueva ordenación del régimen de las excepciones en nuestro derecho positivo.* Revista de Derecho Procesal. Año I, 1945. pp. 29-58.

POLASKY, Alan N.
- *Collateral estopel – Effects of prior litigation.* Iwoa Law Review. Vol. 39, 1953-1954, pp. 217-254.

POLLAK, Rudolf
- *Die Widerklage.* Wien: Alfred Hölder, 1889.

POMARES, Sierra
- «Reconvención», *in* Enciclopedia Juridica Española, t. XXVI. Barcelona: Francisco Seix Editor, 1910, pp. 682-683.

POUCHAIN, Giulio
- *La teoria e la pratica della riconvenzione nel diritto e nella procedura civile.* Lanciano: Carabba Editore, 1887.

PROENÇA, José Carlos Brandão
- *A resolução do contrato no direito civil (do enquadramento e do regime).* Coimbra: Separata do Boletim da Faculdade de Direito de Coimbra, 1982.

516 *Reconvenção e Excepção no Processo Civil*

PRÜTTING, Hanns
- *La preparazione della trattazione orale e la conseguenze delle deduzioni tardive nel processo civile tedesco.* Rivista di Diritto Processuale. Padova: Cedam, 1991, pp. 414-427.

PRÜTTING, Hanns/WETH, Stephan
- *Teilurteil zur Verhinderung der Flucht in die Widerklage?* Zeitschrift für Zivilprozeß. Köln/Berlin/Bonn/München: Carl Heymanns Verlag, 1985, pp. 131-159.

PUGLIESE
- «Giudicato civile», *in* Enciclopedia del Diritto. Vol. XVIII. Milano: Giuffrè, 1956, pp. 862-874.

PUNZI, Carmine
- *Le questioni incidentali nel processo civile.* Rivista di Diritto Processuale. Padova: Cedam, 1987, pp. 417-436.

RAGUSA-MAGGIORE, Giuseppe
- «Compensazione (dir. civ.)», *in* Enciclopedia del Diritto, vol. VIII. Milano: Giuffrè, 1961, pp. 17-28.

RAMOS, Manuel Ortells/SÁNCHEZ, Ricardo Juan/RUIZ, Juan Cámara
- *Derecho procesal. Introducción.* Madrid: Edisofer, 2006.

RASELLI, Alessandro
- *Della cosa giudicata in rapporto alle eccezioni e alle domande ricconvenzionali.* Rivista di Diritto Processuale Civile. Padova: Litotipo, 1926, pp. 241-248.

RECCHIONI, Stefano
- *Pregiudizialità processuale e dipendenza sostanziale nella cognizione ordinaria.* Padova: Cedam, 1999.

RECHBERGER, Walter H./SIMOTTA, Daphne-Ariane
- *Grundriß des österreichischen Zivilprozeßrechts. Erkenntnisverfahren.* 4. Auf. Wien: Manzsche Verlags-und Universitätsbuchhandlung, 1994.

REDENTI, Enrico
- *La compensazione dei debiti nei nuovi codici.* Rivista Trimestrale di Diritto e Procedura Civile. Milano: Giuffrè, 1947, pp. 10-45.

Bibliografia   517

- «Sull'assorbimento di eccezioni riconvenzionali», *in* Scritti e discorsi giuridici di un mezzo secolo. Vol. I. Milano: Giuffrè, 1962, pp. 619-625.
- *Diritto processuale civile*. 4.ª ed. Vol. 1 (*Nozioni e regole generali*). Milano: Giuffrè Editore, 1995.

REDENTI, Enrico/VELLANI, Mario
- *Lineamenti di diritto processuale civile*. Milano: Giuffrè, 2005.

REGO, Carlos Lopes do
- *Comentários ao Código de Processo Civil*. Vols. I e II. Coimbra: Livr. Almedina, 2004.

REICHOLD, Klaus
- *Zivilprozessordnung* (THOMAS/PUTZO). 27. Auf. München: Verlag C.H. Beck, 2005.

REIS, José Alberto dos
- *Código de Processo Civil anotado*. Vol. III. 4.ª ed. (reimpressão). Coimbra: Coimbra Ed., 1985.
- *Código de Processo Civil anotado*. Vol. V. (reimpressão). Coimbra: Coimbra Ed., 1984.
- *Código de Processo Civil anotado*. Vol. I. 3.ª ed. (reimpressão). Coimbra: Coimbra Ed., 1982.
- *Processo de execução*. Vol. 2.º. Coimbra: Coimbra Ed., 1954.
- *A figura do processo cautelar*. Separata do n.º 3 do Boletim do Ministério da Justiça. Lisboa, 1947.
- *Comentário ao Código de Processo Civil*. Vol. 3.º. Coimbra: Coimbra Ed., 1946.
- *Valor de acção de despejo seguida de reconvenção (notas a um acórdão)*. Revista de Legislação e de Jurisprudência. Coimbra: Coimbra Ed., Ano 79.º (1946), pp. 145-148.
- *Um caso de litispendência*. Revista de Legislação e de Jurisprudência. Coimbra: Coimbra Ed., Ano 68.º (1935), pp. 65-68; 81-82.
- *Processo ordinário e sumário*. Vol. 1.º. 2.ª ed. Coimbra: Coimbra Ed., 1928.
- *Processo ordinário civil e commercial*. Vol. I. Coimbra: Imprensa Académica, 1907.

RIBEIRO, António da Costa Neves
- *Processo Civil da União Europeia (Principais aspectos – textos em vigor, anotados)*. Coimbra: Coimbra Ed., 2002.

518 *Reconvenção e Excepção no Processo Civil*

RIBEIRO, Joaquim de Sousa
- *Direito dos contratos (Estudos)*. Coimbra: Coimbra Ed., 2007.

RICCI, Edoardo F.
- *Principi di diritto processuale generale*. 3.ª ed. Torino: G. Giappicheli Editore, 2001.
- «Sull'accertamento della nullità e della simulazione dei contratti come situazioni preliminari», Studi in onore di Luigi Montesano. Vol. 2.º. Padova: Cedam, 1997, pp. 607-621.

RIMMELSPACHER, Bruno
- «Zur Bedeutung des § 33 ZPO», *in* Verfahrensrecht am Ausgang des 20. Jahrhunderts: Festschrift für Gerhard Lüke zum 70. Geburtstag. München: Beck, 1997, pp. 655-673.
- *Materiellrechtlicher Anspruch und Streitgegenstandsprobleme im Zivilprozess*. Göttingen: Verlag Otto Schwartz & Co, 1970.

ROCCO, Ugo
- *Trattato di diritto processuale civile*. I (*Parte generale*). Torino: U.T.E.T., 1957.

RODRIGUES, Manuel
- *Do processo declarativo* (Apontamentos das Lições feitas no ano lectivo de 1944-45 ao Curso do 4.ª Ano Jurídico da Faculdade de Direito de Lisboa, compiladas por Flório José de Oliveira).

RODRÍGUEZ, Carolina Fons
- *La acumulación objectiva de acciones en el proceso civil*. Barcelona: Bosch Editor, 1988.

ROLLA, Carlo
- *Eccezione riconvenzionale o domanda di accertamento incidentale?* Giurisprudenza Italiana. Vol. XCI (1939). Torino: U.T.E.T., pp. 913-916.

ROMERO, Pedro Márquez
- *La reconvención*. Granada: Editorial Comares, 1994.

ROSA, Francesco la
- *Per una triplice distinzione delle eccezioni*. Giurisprudenza Italiana. Vol. CVI (1954). Torino: U.T.E.T., pp. 81-88.

ROSENBERG, Leo/SCHWAB, Karl Heinz/GOTTWALD, Peter
- *Zivilprozessrecht.* 16. Auf. München: C.H. Beck, 2004.

ROSENBERG, Maurice/SMIT, Hans/KORN, Harold L.
- *Elements of civil procedure – cases and materials.* 4d ed. Mineola/New York: The Foundation Press, Inc., 1985.

ROUARD, Pierre
- *Traité élémentaire de droit judiciaire privé.* Vol. I. Bruxelles: Émile Bruylant, 1979.

SALGADO, M. Sanpons
- *La reconvención.* Barcelona: Colección Nereo, 1962.

SANTOS, Andrés de la Oliva
- *Objeto del proceso y cosa juzgada en el proceso civil.* Navarra: Aranzadi, 2005.
- *Sobre la cosa juzgada (civil, contencioso-administrativa y penal, con examen de la jurisprudencia del Tribunal Constitucional).* Madrid: Editorial Centro de Estudios Ramón Areces, 1991.
- *Sobre la congruencia de la sentencia civil.* La Ley (Revista Juridica Española). Madrid: Edilex, 1982, pp. 890-902.
- *Compensación y proceso civil de declaración.* La Ley (Revista Juridica Española). Madrid: Edilex, 1982, pp. 918-924.
- *Sobre conceptos básicos del derecho procesal.* Revista de Derecho Procesal Iberoamericana. Madrid, 1976, pp. 191-214.

SANTOS, Andrés de la Oliva/GIMÉNEZ, Ignacio Díez-Picazo
- *Derecho procesal civil – El proceso de declaración conforme a la Ley 1/2000, de 7 de Enero, de Enjuiciamiento Civil.* Madrid: Editorial Centro de Estudios Ramón Areces, 2000.

SANTOS, Moacyr Amaral
- *Da reconvenção no Direito brasileiro.* São Paulo: Max Limonad, 1958.

SANZ, Maria Rosa Gutiérrez
- *La reconvención en el proceso civil español.* Barcelona: J. M. Bosch editor, 1993.

SASSANI, Bruno
- «Interesse ad agire», *in* Enciclopedia Giuridica. Vol. XVII. Roma: Istituto della Enciclopedia Italiana, 1989, pp. 1-16.
- *Note sul concetto di interesse ad agire.* Perugia: Maggioli Editore, 1983.

SATTA, Salvatore
- *Diritto processuale civile.* 7.ª ed. Padova: Cedam, 1967.
- *Commentario al Codice di Procedura Civile.* Vol. I (*Disposizione generali*). Ristampa. Casa editrice Dr. Francesco Vallardi, 1966.
- *Commentario al Codice di Procedura Civile.* Vol. III (*Processo di esecuzione*). Casa editrice Francesco Vallardi, 1966.
- *La condanna generica.* Rivista Trimestrale di Diritto e Procedura Civile. Milano: Giuffrè, 1959, pp. 1402-1412.
- *Nuove riflessioni sugli accertamenti incidentali.* Il Foro Italiano. Vol. LXXI. Roma: Società editrice del Foro Italiano, 1948, pp. 64-70.
- «Accertamento incidentale», *in* Enciclopedia del Diritto. Milano: Giuffrè, vol. I, pp. 243-246.

SATTA, Salvatore/PUNZI, Carmine
- *Diritto processuale civile.* 13.ª ed. Milano: Cedam, 2000.

SEABRA, Alexandre de
- O *Código Civil na prática do foro (da compensação).* O Direito – Revista de jurisprudência e de Legislação, t. I. Lisboa: Typographia Lisbonense 1869, pp. 338-340.

SCHILKEN, Eberhard
- *Zivilprozessrecht.* 5. Auf. Köln/Berlin/München: Carl Heymanns Verlag, 2006.

SCHLESINGER, Piero
- «Compensazione (diritto civile)» *in* Novissimo Digesto Italiano. Vol. III. Turim: U.T.E.T., 1959, pp. 722-731.

SCHLOSSER, Peter
- *Gestaltungsklagen und Gestaltungsurteile.* Bielefeld: Verlag Ernst und Werner Gieseking, 1966.

SCHOLLMEYER, F.
- *Die Compensationseinrede im deutschen Reichs-Civilprozeß.* Berlin/Leipzig: Verlag von J. Guttentag, 1884.

SCHÖNKE, Adolfo
- *Lehhrbuch des Zivilprozessrechts.* 8. Auf. Karlsruhe: C.H. Müller, 1956.
- *Il bisogno di tutela giuridica.* Rivista di Diritto Processuale. Padova: Cedam, 1948, pp. 132-153.

SCHMIDT, Eike
- *Die Prozeßaufrechnung im Spannungsfeld von Widerklage und prozessualer Einrede.* Zeitschrift für Zivilprozeß. Köln/Berlin/Bonn/München: Carl Heymanns Verlag, 1974, pp. 29-49.

SCHMITZ, Wolfgang/GOLDMANN, Michael
- *Feststellungsvorbehaltsurteil bei Aufrechnung mit konnexer Gegenforderung?* Neue Juristische Wochenschrift. München: C.H. Beck, 1999, pp. 2952-2953.

SCHREIBER, Klaus
- *Grundprobleme der Prozeßaufrechnung.* Juristische Arbeitsblätter. Bielefeld Verlag Ernst und Werner Gieseking, 1980, pp. 344-348.
- *Prozeßvoraussetzungen bei der Aufrechnung.* Zeitschrift für Zivilprozeß. Köln/Berlin/Bonn/München: Carl Heymanns Verlag, 1997, pp. 395-417.

SCHRÖDER, Jochen
- *Widerklage gegen Dritte?* Archiv für die Civilistische Praxis. Tübingen: J.C.B. Mohr, 1964, pp. 517-535.

SCHUMANN, Ekkerhard
- *Kommentar zur Zivilprozeßordnung* (STEIN/JONAS). Band 1 (§§ 1-90 ZPO). J.C.B. MOHR: Tübingen, 1993.

SCHWAB, Karl Heinz
- «Die Bedeutung der Entscheidungsgründe», *in* Festschrift für Eduard Bötticher zum 70. Geburtstag. Berlin: Duncker & Humblot, 1969, pp. 321-340.
- «Bemerkungen zur Prozessaufrechnung», *in* Festschrift für Hans Carl Nipperdey zum 70. Geburtstag. Band I. München/Berlin: C.H. Beck, 1965, pp. 939-956.
- *Der Streitgegenstand im Zivilprozess.* München/Berlin: C.H. Beck, 1954.

SCHWERDTFEGER, Dirk
- *Münchener Kommentar zur Zivilprozeßordnung.* Band 1 (§ 5 ZPO). 2. Auf. München: C.H. Beck, 2000.

SCOTT, Austin Wakeman
- *Collateral estoppel by judgment.* Harvard Law Review. Cambridge, Mass. The Harvard Law Review Association. Vol. LVI (1942-1943), pp. 1-29.

SEIJO, José María Fernández
- *El proceso civil* (SILVIA BARONA VILAR). Vol. IV. Valencia: Tirant lo Blanch, 2001.

SERRA, Adriano Paes da Silva Vaz
- *Anotação ao Ac. do S.T.J. de 4 de Abr. de 1978*. Revista de Legislação e de Jurisprudência. Coimbra: Coimbra Ed., Ano 111.º (1978-1979), pp. 32-327.
- *Anotação ao Ac. do S.T.J. de 29 de Junho de 1976*. Revista de Legislação e de Jurisprudência. Coimbra: Coimbra Ed., Ano 110.º (1977-1978), pp. 232-240.
- *Anotação ao Ac. do S.T.J. de 7 de Mar. de 1975*. Revista de Legislação e de Jurisprudência. Coimbra: Coimbra Ed., Ano 109.º (1976-1977), pp. 142-151.
- *Algumas questões em matéria de compensação no processo*. Revista de Legislação e de Jurisprudência. Coimbra: Coimbra Ed., Ano 104.º (1971-1972), pp. 276-278; 291-293; 307-310; 324-327; 339-341; 356-357; 371-374; Ano 105.º (1972-1973), pp. 4-6; 19-21; 36-37; 51-53; 66-69; 83-85; 101-102.
- *Resolução do contrato*. Separata do Boletim do Ministério da Justiça n.º 68. Lisboa, 1957.
- *Compensação*. Separata do Boletim do Ministério da Justiça n.º 31. Lisboa, 1952.

SIBER, Heinrich
- *Compensation und Aufrechnung*. Leipzig: Verlag von C.L. Hirschfeld, 1899.

SIEDLECKI, Ladislas
- *Les demandes reconventionnelles*. Revue Trimestrielle de Droit Civil. Paris: Librairie du Recueil Sirey, 1937, pp. 772-791.

SILVA, João Calvão da
- *Sinal e contrato-promessa*. 12.ª ed. Coimbra: Livr. Almedina, 2007.
- *Banca, Bolsa e Seguros (Direito europeu e português)*. Tomo I (*Parte Geral*). 2.ª ed. Coimbra: Livr. Almedina, 2007.
- *Compra e venda de coisas defeituosas. Conformidade e segurança*. 4.ª ed. Coimbra: Livr. Almedina, 2006.
- *Cumprimento e sanção pecuniária compulsória*. 4.ª ed. Coimbra: Livr. Almedina, 2002.
- *Estudos de direito civil e de processo civil (pareceres)*. Coimbra: Livr. Almedina, 1996.

SILVA, Joaquim Manuel Lopes da
- *Pressupostos da reconvenção*. Revista da Ordem dos Advogados. Ano 12.º (1952), n.os 1 e 2. Lisboa: Ordem dos Advogados, pp. 227-237.

SILVA, Paula Costa e
- *Acto e processo*. Coimbra: Coimbra Ed., 2003.

SMITH, Arlo E.
- *Res judicata in California*. California Law Review. Berkeley: School of Law –
– University of California, 1952, pp. 412-424.

SOARES, Fernando Luso
- *A responsabilidade processual civil*. Coimbra: Livr. Almedina, 1987.
- *Processo civil de declaração*. Coimbra: Livr. Almedina, 1985.

SOLANO, Federico Rodríguez
- *La demanda reconvencional en la legislación española*. Revista de Derecho Procesal, Abr./Maio/Jun. 1950, pp. 219-300.

SORACE, Silvio
- «*Litispendenza*», *in* Enciclopedia del Diritto. Vol. XXIV. Milano: Giuffrè Editore, 1974, pp. 840-896.

SOUSA, António Pais de/FERREIRA, J. O. Cardona
- *Processo civil*. Lisboa: Editora Rei dos Livros, 1997.

SOUSA, Miguel Teixeira de
- *Reconvenção subsidiária, valor da causa e responsabilidade pelas custas*. Cadernos de Direito Privado, n.º 7 (Jul./Set. 2004), pp. 11-18.
- *Litispendência e compensação no processo civil europeu*. Anotação ao Ac. do Tribunal de Justiça (Quinta Secção) de 8/5/2003, Proc. C-111/01, Cadernos de Direito Privado, n.º 3 (Jul./Set. 2003), pp. 25-39.
- *As recentes alterações na legislação processual civil*. Separata da Revista da Ordem dos Advogados. Lisboa: Ordem dos Advogados, 2001, pp. 49-99.
- *Introdução ao processo civil*. 2.ª ed. Lisboa: Lex, 2000.
- *A acção executiva singular*. Lisboa: Lex, 1998.
- *Estudos sobre o novo processo civil*. 2.ª ed. Lisboa: Lex, 1997.
- *Apreciação de alguns aspectos da Revisão do Processo Civil – Projecto*. Revista da Ordem dos Advogados. Lisboa: Ordem dos Advogados, 1995 (Ano 55), pp. 353-416.

524 Reconvenção e Excepção no Processo Civil

- *As partes, o objecto e a prova na acção declarativa.* Lisboa: Lex, 1995.
- *A competência declarativa dos tribunais comuns.* Lisboa: Lex, 1993.
- *A acção de despejo.* Lisboa: Lex, 1991.
- *O interesse processual na acção declarativa.* Lisboa: Associação Académica da Faculdade de Direito de Lisboa, 1989.
- *Sobre o sentido e a função dos pressupostos processuais (Algumas reflexões sobre o dogma da apreciação prévia dos pressupostos processuais na acção declarativa).* Revista da Ordem dos Advogados. Lisboa: Ordem dos Advogados, 1989 (Ano 49), pp. 86-124.
- *O concurso de títulos de aquisição da prestação (Estudo sobre a dogmática da pretensão e do concurso de pretensões).* Coimbra: Livr. Almedina, 1988.
- *Observações críticas sobre algumas alterações ao Código de Processo Civil.* Boletim do Ministério da Justiça n.º 328 (1983), pp. 71-120.
- *O objecto da sentença e o caso julgado material (O estudo sobre a funcionalidade processual).* B.M.J., n.º 325 (1983), pp. 49-229.
- *Sobre a teoria do processo declarativo.* Coimbra: Coimbra Ed., 1980.
- *O fim do processo declarativo.* Revista de Direito e de Estudos Sociais. Coimbra: Atlântida Ed., 1978 (Jul./Dez.), pp. 251-276.
- *Acções de simples apreciação (objecto; conceito; ónus da prova; legitimidade).* Revista de Direito e de Estudos Sociais. Coimbra: Atlântida Ed., 1978 (Jan./Jun.), pp. 123-148.
- *Prejudicialidade e limites objectivos do caso julgado (anotação ao Ac. do S.T.J. de 24 de Nov. de 1977).* Revista de Direito e de Estudos Sociais. Coimbra: Atlântida Ed., 1977 (Ano XXIV), pp. 304-316.

Sousa, Rabindranath Capelo de
- *Teoria geral do direito civil.* Vol. I. Coimbra: Coimbra Ed., 2003.
- *Lições de direito das sucessões.* Vol. I. 3.ª ed. Coimbra: Coimbra Ed., 1997.

Sparano, Vicenzo
- *Domanda riconvenzionale tra convenuti.* Diritto e Giurisprudenza (Rassegna di dottrina e giurisprudenza civile della Corte di Napoli e delle Corti Meridionali). Napoli: Casa Editrice Dott. Eugenio Jovene, 1958 (Gennaio), pp. 920-922.

Stein, Friedrich/Jonas, Martin
- *Kommentar zur Zivilprozessordnung.* Band. 1 (§§ 1-90). 21. Auf. Tübingen: J.C.B. Mohr Siebeck, 1993.

Bibliografia

STEPHAN, Dieter
- *Zivilprozeßordnung* (ZÖLLER). 26. Auf. Köln: Verlag Otto Schmidt, 2007.

STÖLZEL
- *Zur Verständigung über die Eventualaufrechnung.* Zeitschrift für deutschen Civilprozess. Berlin: Carl Heymanns Verlag, 1898, pp. 50-128.
- *Noch zwei Worte über die Eventualaufrechnung.* Zeitschrift für deutschen Civilprozess. Berlin: Carl Heymanns Verlag, 1898, pp. 415-418.

TARUFFO, Michele
- *Collateral estoppel e giudicato sulle questioni.* Rivista di Diritto Processuale. Vol. XXVI (II Serie). Padova: Cedam, 1971, pp. 651-687; 1972, pp. 272-300.

TARZIA, Giuseppe
- *Connessione di cause e processo simultaneo.* Rivista Trimestrale di Diritto e Procedura Civile. Milano: Giuffrè, 1988, pp. 397-443.

TARZIA, Giuseppe/BALBI, Celso
- «Riconvenzione», *in* Enciclopedia del Diritto. Vol. XL. Milano: Giuffrè, 1989, pp. 665-684.

TAVORMINA, Valerio
- *Dedotto, deducibile e costituzione.* Rivista di Diritto Processuale. Padova: Cedam, 1992, pp. 311-319.
- *In tema di condanna, accertamento ed efficacia esecutiva.* Rivista di Diritto Civile. Padova: Cedam, 1989, pp. 21-30.

TELLES, Inocêncio Galvão
- *Introdução ao estudo do direito.* Vol. II. 10.ª ed. Coimbra: Coimbra Ed., 2000.
- *Introdução ao estudo do direito.* Vol. I. 11.ª ed. Coimbra: Coimbra Ed., 1999.
- *Expectativa jurídica (algumas notas).* O Direito (Revista de Ciências Jurídicas e de Administração Pública). Coimbra: Coimbra Ed., Ano XC (1958), pp. 2-6.

TESORIERE, Giovanni
- *Contributo allo studio delle preclusioni nel processo civile.* Padova: Cedam, 1983.

THOMAS, Heinz/PUTZO, Hans
- *Zivilprozessordnung.* 27. Auf. München: C.H. Beck, 2005.

526 Reconvenção e Excepção no Processo Civil

TIEDTKE, Klaus
- *Aufrechnung und Rechtskraft.* Neue Juristische Wochenschrift. München: C.H. Beck, 1992, pp. 1473-1477.

TRABUCCHI, Alberto
- *Istituzioni di diritto civile.* 28.ª ed. Padova: Cedam, 1986.

TROCKER, Nicolò
- «Giudicato (Diritto comparato e straniero)», *in* Enciclopedia Giuridica. Vol. XV. Roma: Istituto della Enciclopedia Italiana: Roma, 1989, pp. 1-5.

TUHR, A. Von
- *Tratado de las obligaciones.* Tomo II. 1.ª ed. Madrid: Editorial Reus, S.A., 1934.

VACCARELLA, Romano
- *Titolo esecutivo, precetto, opposizioni.* 2.ª ed. Torino: U.T.E.T., 1994.

VACCARELLA, Romano/VERDE, Giovanni
- *Codice di Procedura Civile commentato* (Artt. 1-408). Torino: U.T.E.T., 2001.

VARELA, João de Matos Antunes
- *Das obrigações em geral.* Vol. I. 10.ª ed. Coimbra: Livr. Almedina, 2000.
- *Das obrigações em geral.* Vol. II. 7.ª ed. Coimbra: Livr. Almedina, 1985.
- *O direito de acção e a sua natureza jurídica.* Revista de Legislação e de Jurisprudência. Coimbra: Coimbra Ed., Ano 125.º, pp. 325-331; 357-361.

VARELA, João de Matos Antunes/BEZERRA, Miguel/NORA, Sampaio e
- *Manual de processo civil.* 2.ª ed. Coimbra: Coimbra Ed., 1985.

VAZ, Alexandre Mário Pessoa
- *Direito processual civil (Do antigo ao novo Código; Novas tecnologias ao serviço da Justiça).* 2.ª ed. Coimbra: Livr. Almedina, 2002.
- *Atendibilidade de factos não alegados (poderes instrutórios do juiz moderno).* Separata do Boletim da Faculdade de Direito de Coimbra (vols. XIX a XXI), 1981.

VENTURA, Raúl
- *Convenção de arbitragem.* Revista da Ordem dos Advogados. Lisboa: Ordem dos Advogados. Ano 46 (1986), pp. 289-413.

VESTAL, Allan D.
- *Res judicata/Preclusion: Expansion.* Southern California Law Review. Vol. 49, February 1974, pp. 357-381.
- *Rationale of preclusion.* St. Louis University Law Journal. Vol. 9, 1964--1965, pp. 29-55.

VILAR, Silvia Barona
- *El proceso civil.* Vol. IV. Valencia: Tirant lo Blanch, 2001.

VINCENT, Jean/GUINCHARD, Serge
- *Procédure civile.* 26.ᵉ ed. Paris: Dalloz, 2001.

VITALI
- *La riconvenzione in materia civile nella storia e nel diritto giudiziario.* Piacenza, 1887.

VOLLKOMMER, Max
- *Zivilprozessordnung* (ZÖLLER). 26. Auf. Köln: Verlag Otto Schmidt, 2007.

VULLO, Enzo
- *La domanda riconvenzionale nel processo ordinario di cognizione.* Milano: Giuffrè, 1995.

WACH, Adolf
- *Manual de derecho procesal civil.* Vol II. Buenos Aires: E.J.E.A., 1977.
- *Prozessvollmacht und Einrede der Aufrechnung.* Zeitschrift für deutschen Civilprozess. Berlin: Carl Heymanns Verlag, 1900, pp. 1-19.

WAGNER, Gerhard
- *Die Aufrechnung im Europäischen Zivilprozeß.* IPRax (Praxis des Internationalen Privat-und Verfahrensrechts). 19. Jahrgang. Nr. 2. März/April 1999, pp. 65-76.

WAX, Peter
- *Münchener Kommentar zur Zivilprozeßordnung.* Band. 1 (§§ 1-354). 2. Auf. München: C.H. Beck, 2000.

WEISMANN, Jakob
- *Die Aufrechnung nach dem Bürgerlichen Gesetzbuche.* Zeitschrift für deutschen Civilprozess. Berlin: Carl Heymanns Verlag, 1899, pp. 1-42.

WETZELL, Georg Wilhelm
- *System des ordentlichen Zivilprozesses*. 3. Auf. Leipzig, 1878 (Aalen: Scientia Verlag, 1969).

WHEATON, Carl C.
- *The code «cause of action»: its definition.* Cornell Law Quarterly. Vol. XXII. Ithaca/New York, 1936-1937, pp. 1-16.

WIECZOREK, Bernhard
- *Zivilprozeßordnung und Nebengesetze.* Band. I (§§ 1-107 ZPO). Berlin: Walter de Gruyter & Co., 1957.

WRIGHT, Charles Alan
- *Joinder of claims and parties under modern pleading rules.* Minnesota Law Review. Vol. 36, 1951-1952, pp. 580-632.
- *Estoppel by rule: the compulsory counterclaim under modern pleading.* Minnesota Law Review. Vol. 38, 1954, pp. 423-465.

WRIGHT, Charles Alan/MILLER, Arthur R./KANE, Mary Kay
- *Federal practice and procedure (Federal Rules of Civil Procedure).* Vol. 6. 2.ª ed. St. Paul: West Publishing Co., 1990.

ZANZUCCHI, Marco Tullio
- *Connessione, accertamento incidentale e competenza per valore.* Il Foro Padano. Milano: Fratelli Bocca, 1946, pp. 394-396.
- *Diritto processuale civile.* Vol. I (*diritto processuale generale*). Milano: Giuffrè, 1936.

ZAPPAROLI, Fausto
- *Note sulla «reconventio reconventionis.»* Rivista di Diritto Civile. Padova: Cedam, 1958, pp. 291-325.

ZEISS, Walter/SCHREIBER, Klaus
- *Zivilprozessrecht.* 10. Auf. Tübingen: J.C.B. Mohr Siebeck, 2003.

ZEUNER, Albrecht
- *Die objektiven Grenzen der Rechtskraft im Rahmen rechtlicher Sinnzusammenhänge.* Tübingen: J.C.B. Mohr, 1959.

ZIMMERMANN, Walter
- *Zivilprozeßordnung.* Heidelberg: C. F. Müller Juristischer Verlag, 1990.

ZÖLLER, Richard
- *Zivilprozessordnung.* 26. Auf. Köln: Verlag Otto Schmidt, 2007.

ÍNDICE

INTRODUÇÃO 9

1. O dilema da escolha entre a reconvenção e a excepção peremptória 9
2. O problema da omissão do direito de reconvir 12

PARTE I
A DISTINÇÃO ENTRE A EXCEPÇÃO PEREMPTÓRIA E A RECONVENÇÃO E O PROBLEMA DA «EXCEPÇÃO RECONVENCIONAL» COMO *TERTIUM GENUS*

[TESE: Para além da reconvenção e das excepções peremptórias, existe, no nosso sistema processual, a figura híbrida e rara da «excepção reconvencional», cuja origem assenta na lei e jamais na vontade do juiz.]

CAPÍTULO I
A EXCEPÇÃO PEREMPTÓRIA

1. O problema da distinção entre a excepção peremptória e a reconvenção. 17
2. Importância prática da distinção: 19

    a) Requisitos de admissibilidade 19
    b) Litispendência 20
    c) Caso julgado 21
    d) Desistência do pedido.. 22
    e) Valor 23
    f) Contraditório 24
    g) Recursos... 24

3. Classificação legal das excepções 25

532   *Reconvenção e Excepção no Processo Civil*

4. Excepções e prejudicialidade 29
5. Espécies de contrafactos subjacentes às excepções peremptórias: 41

    a) Critérios classificadores 41
    b) Os contrafactos impeditivos 41
    c) Os contrafactos modificativos 41
    d) Os contrafactos extintivos 41

6. Regime de arguição das excepções peremptórias 47
7. Natureza do direito de excepcionar 49
8. Caso julgado 56
9. Crítica à classificação das excepções constante do Código de Processo
    Civil 82
10. Conceito de excepção material 93
11. Natureza da excepção de não cumprimento do contrato e do direito de
    retenção 94

CAPÍTULO II

A RECONVENÇÃO

1. Conceito de reconvenção 99
2. Reconvenções atípicas 104
3. Espécies de reconvenção 111
4. Materialidade da reconvenção 117
5. Autonomia da reconvenção 121
6. Forma da reconvenção 131
7. Recebimento da contestação pela secretaria 133
8. Problemas relativos ao valor da reconvenção: o princípio da soma do
    valor da reconvenção ao valor da acção. Apreciação crítica 135
9. O registo da reconvenção 145
10. Admissibilidade da reconvenção: os requisitos materiais ou objectivos
    (análise do art. 274.º, n.º 2) 146
11. A proibição de reconvir 169
12. Questões finais relativas à admissibilidade da reconvenção:

    a) Efeitos da admissibilidade 179
    b) Efeito da inadmissibilidade 180
    c) Apreciação crítica do sistema restritivo de admissibilidade da re-
    convenção 186

Índice   533

CAPÍTULO III

A «EXCEPÇÃO RECONVENCIONAL»

1. A conversão da excepção material em questão reconvencional, por força
   da exclusiva intervenção do juiz (tese de MORTARA): a «excepção reconvencional» como *tertium genus* entre a excepção e a reconvenção 211
2. A doutrina de ALBERTO DOS REIS e de ANTUNES VARELA 222
3. Crítica, pela moderna doutrina italiana, à «teoria da excepção recon-
   vencional» 229
4. Em defesa do princípio do efeito limitado da excepção material 235
5. Regime processual do pedido de apreciação incidental (reconvenção
   incidental) 258

PARTE II

A COMPENSAÇÃO PROCESSUAL E O DILEMA DA ESCOLHA
ENTRE A RECONVENÇÃO E A EXCEPÇÃO

[TESE: A dedução processual da compensação de créditos deve fazer-se sob a forma de
excepção peremptória; *de iure constituendo*, esta excepção deveria transformar-se
numa «excepção reconvencional»]

CAPÍTULO I

ASPECTOS SUBSTANTIVOS DA COMPENSAÇÃO

1. Conceito de compensação 269
2. Razão de ser do instituto da compensação: a simplicidade e a equidade   273
3. Os sistemas da compensação:

   a) O sistema da compensação legal automática 275
   b) O sistema da compensação voluntária 279

4. Natureza do direito de compensar 281
5. Requisitos substantivos da compensação 284
6. Formas de exercício do direito de compensar:

   a) O exercício do direito de compensar à luz do Código Civil de 1867   292
   b) O exercício do direito de compensar à luz do Código Civil de 1966   294

534   *Reconvenção e Excepção no Processo Civil*

CAPÍTULO II
A COMPENSAÇÃO PROCESSUAL

1. A acção e a compensação 296
2. A contestação e a compensação: o dilema da escolha entre a excepção
e a reconvenção 297

    A) Tese da compensação-excepção (VAZ SERRA; ANSELMO DE CASTRO;
    MENEZES CORDEIRO; LEBRE DE FREITAS): quem compensa excepciona.
    Apreciação crítica 299
    B) Tese da compensação-reconvenção (CASTRO MENDES; ALMEIDA COSTA;
    TEIXEIRA DE SOUSA): quem compensa reconvém. Apreciação crítica   313
    C) Tese da compensação-reconvenção híbrida (ANTUNES VARELA): quem
    compensa reconvém e excepciona. Apreciação crítica 323
    D) Tese da ambivalência processual da compensação: quem compensa
    reconvém ou excepciona. Apreciação crítica 330

3. Síntese final: o sentido da al. *b*) (1.ª parte) do artigo 274.°, n.° 2.......... 336
4. Aplicação prática da tese da compensação-excepção............................ 339

    I) a) Alegação, no processo, da compensação extrajudicial fundada
        em contracrédito de valor igual ou inferior ao do crédito do de-
        mandante 339
        b) Alegação, no processo, da compensação extrajudicial fundada em
        contracrédito de valor superior ao do crédito do demandante .. 344
    II) a) Caso em que o réu pretende efectuar, no processo, a compensa-
        ção de um contracrédito de valor igual ou inferior ao do crédito
        do demandante... 345
        b) O problema da inadmissibilidade processual da excepção da com-
        pensação... 350
        c) Caso em que o réu pretende efectuar, no processo, a compensa-
        ção de um contracrédito de valor superior ao do crédito do de-
        mandante... 357
        d) Caso em que o réu pretende efectuar, no processo, a compensa-
        ção de um contracrédito ilíquido...................................... 362
        e) Caso em que o réu pretende efectuar, no processo, a compensa-
        ção eventual 369

5. O caso julgado e a compensação processual:

    a) O problema 375
    b) A resolução do problema pelo direito estrangeiro 379

Índice

c) Em defesa da transformação, *de iure constituendo*, da excepção da compensação numa «excepção reconvencional.».............................. 390

6. A litispendência e a compensação processual.. 398

PARTE III

O PROBLEMA DA FALTA DE EXERCÍCIO DO DIREITO DE RECONVIR

[TESE: A formulação de um pedido reconvencional nem sempre é uma simples faculdade, pois pode traduzir-se num autêntico ónus; a omissão da compensação jamais faz precludir o contracrédito do réu]

1. Tese tradicional da reconvenção facultativa (ALBERTO DOS REIS; ANSELMO DE CASTRO; CASTRO MENDES; LEBRE DE FREITAS)..................................... 415
2. Apreciação crítica da tese da reconvenção facultativa: o fenómeno da transformação da faculdade de reconvir em ónus de reconvir 420
3. Fundamentos da reconvenção necessária ou compulsiva:

 I) A reconvenção necessária por força da lei (processual ou substantiva) 422
 II) A reconvenção necessária por força do caso julgado:

 A) O caso julgado como «escudo protector» das decisões judiciais 426
 B) O caso julgado e a proibição da acção repetida........................ 431
 C) O caso julgado e a proibição da contra-acção autónoma proposta pelo ex-demandado 434
 D) O fenómeno da transmutação da faculdade de reconvir em ónus de reconvir, por efeito do caso julgado 439
 E) Aplicação prática do critério do caso julgado às hipóteses previstas no artigo 274.º, n.º 2.

 a) A reconvenção alicerçada no «facto jurídico que serve de fundamento à acção» – ou na causa de pedir da acção (art. 274.º, n.º 2, al. *a*)) 443
 b) A reconvenção alicerçada no facto que serve de fundamento à defesa (art. 274.º, n.º 2, al. *a*)) 446
 c) A reconvenção para tornar efectivo o direito a benfeitorias ou a despesas relativas à coisa cuja entrega é pedida (art. 274.º, n.º 2, al. *b*))... 456

536   *Reconvenção e Excepção no Processo Civil*

d) A reconvenção para obtenção do mesmo efeito jurídico que o autor se propõe alcançar através da acção (art. 274.º, n.º 2, al. *c*)) 458

4. O problema da omissão da compensação processual: apreciação crítica da tese da preclusão do contracrédito 460

5. Em prol do sistema da reconvenção necessária? 476

Bibliografia 485

Índice 531